D1728555

Band 69

Schriften zum Sozialrecht
hervorgegangen aus den von Prof. Dr. Ulrich Becker begründeten
„Schriften zum deutschen und europäischen Sozialrecht"

Herausgegeben von

Prof. Dr. Peter Axer | Prof. Dr. Ulrich Becker, LL.M. | Prof. Dr. Karl-Jürgen
Bieback | Prof. Dr. Winfried Boecken | Prof. Dr. Wiebke Brose | Prof. Dr. Frauke
Brosius-Gersdorf | Prof. Dr. Hermann Butzer | Prof. Dr. Ulrike Davy | Prof. Dr.
Ingwer Ebsen | Prof. Dr. Dr. h.c. Eberhard Eichenhofer | Prof. Dr. Maximilian
Fuchs | Prof. Dr. Richard Giesen | Prof. Dr. Alexander Graser | Prof. Dr. Stefan
Greiner | Prof. Dr. Andreas Hänlein | Prof. Dr. Friedhelm Hase | Prof. Dr. Timo
Hebeler | Prof. Dr. Hans Michael Heinig | Prof. Dr. Claudia Maria Hofmann |
Prof. Dr. Stefan Huster | Prof. Dr. Gerhard Igl | Prof. Dr. Constanze Janda | Prof.
Dr. Jacob Joussen | Prof. Dr. Markus Kaltenborn | Prof. Dr. Andrea Kießling |
Prof. Dr. Thorsten Kingreen | Prof. Dr. Wolfhard Kohte | Prof. Dr. Katharina von
Koppenfels-Spies | Prof. Dr. Heinrich Lang | Prof. Dr. Elmar Mand | Prof. Dr.
Johannes Münder | Prof. Dr. Laura Münkler | Prof. Dr. Katja Nebe | Prof. Dr.
Ulrich Preis | Prof. Dr. Stephan Rixen | Prof. Dr. Christian Rolfs | Prof. Dr.
Reimund Schmidt-De Caluwe | Prof. Dr. Heinz-Dietrich Steinmeyer | Prof. Dr.
Felipe Temming | Prof. Dr. Astrid Wallrabenstein | Prof. Dr. Raimund
Waltermann | Prof. Dr. Felix Welti

Katharina Bertelsmeier

Entwicklung und Entwicklungstendenzen der Rentenversicherung

Eine rechtsvergleichende Untersuchung
zwischen Deutschland und den BRICS-Staaten
Brasilien und China

 Nomos

Die Deutsche Nationalbibliothek verzeichnet diese Publikation in
der Deutschen Nationalbibliografie; detaillierte bibliografische
Daten sind im Internet über http://dnb.d-nb.de abrufbar.

Zugl.: Münster (Westf.), Univ., Diss. der Rechtswissenschaftlichen Fakultät, 2022

ISBN 978-3-7560-0654-0 (Print)
ISBN 978-3-7489-3988-7 (ePDF)

Onlineversion
Nomos eLibrary

D 6

Vorwort

Die vorliegende Arbeit wurde von der Rechtswissenschaftlichen Fakultät der Westfälischen Wilhelms-Universität Münster als Dissertation angenommen. Es konnten Literatur, Rechtsprechung und Entwicklungen bis Anfang August 2020 berücksichtigt werden.

Das Thema der Arbeit ist im Rahmen von zwei internationalen Forschungsprojekten entstanden, an denen ich während meiner Tätigkeit als wissenschaftliche Mitarbeiterin am Institut für Arbeits-, Sozial- und Wirtschaftsrecht der Universität Münster unter der Leitung von Prof. Dr. Heinz-Dietrich Steinmeyer mitwirken durfte. Professor Steinmeyer wusste von meinem Interesse an internationalen Zusammenhängen und hat mir nicht nur die Teilnahme an den in hohem Maße lehrreichen Projekten ermöglicht, sondern mich auch ermutigt, sie als Basis für meine Doktorarbeit zu nutzen.

Eines der Projekte hatte den Aufbau eines Netzwerkes zwischen Brasilien und Deutschland zum Thema „Sozialstaat und Globalisierung" zum Gegenstand, wurde vom Deutschen Akademischen Austauschdienst (DAAD) gefördert und war unter anderem verbunden mit Konferenzen in São Paulo und Münster. Im Fokus stand die Frage, wie in Zeiten der Globalisierung soziale Sicherheit gestärkt, aber gleichzeitig auch Wettbewerbsfähigkeit als wesentliche Voraussetzung für Wohlstand, Wachstum und Lebensqualität aufrechterhalten und gefördert werden kann.

Bei dem zweiten dieser Arbeit zugrundeliegenden Forschungsvorhaben handelt es sich um ein personenbezogenes Forschungsprojekt mit der Volksrepublik China mit dem Titel „Rechtliche Mechanismen zur Verbesserung der sozialen Sicherheit in China – Eine Analyse aus rechtsvergleichender Perspektive". Das Projekt wurde vom DAAD und mit Mitteln des Bundesministeriums für Bildung und Forschung unter dem Förderkennzeichen 56194259 gefördert.[1] Es beschäftigte sich mit dem Ausbau des chinesischen Sozialversicherungssystems und lebte vom Austausch mit Wissenschaftlern der Renmin Universität Beijing und der Universität Shanghai. Dieses Projekt beziehungsweise die Zusammenarbeit mit den Wissenschaftlerinnen und Wissenschaftlern der beiden Universitäten trug wesentlich dazu bei,

---

1 Die Verantwortung für den Inhalt dieser Veröffentlichung liegt bei der Autorin.

über die chinesische Rentenversicherung schreiben zu können. Während dieser Zusammenarbeit kristallisierte sich immer wieder heraus, dass im chinesischen Recht viele Besonderheiten zu beachten sind; vor allem, dass dem geschriebenen Recht nicht das gleiche Gewicht und die gleiche Bedeutung zukommt, wie man es aus dem deutschen Recht kennt. Dies wird sich insbesondere in den herangezogenen chinesischen „Rechtsquellen" bemerkbar machen.

Ich möchte mich an dieser Stelle bei all denjenigen bedanken, die mit ihrer Unterstützung zum Gelingen dieser Arbeit beigetragen haben.

Allen voran danke ich Herrn Prof. Dr. Heinz-Dietrich Steinmeyer von Herzen für die Ermöglichung dieser Arbeit sowie für die konstruktive Unterstützung in sämtlichen Entwicklungsstadien. Herrn Prof. Dr. Fabian Wittreck möchte ich ebenfalls ausdrücklich für die Erstellung des Zweitgutachtens einschließlich der ausführlichen und hilfreichen Anregungen danken.

Ich danke auch den Wissenschaftlerinnen und Wissenschaftlern, mit denen ich im Rahmen der angeführten Projekte zusammenarbeiten durfte und die mich an ihrem Wissen über die chinesische und brasilianische Rentenversicherung – und darüber hinaus – so großzügig teilhaben ließen. Mein besonderer Dank gilt hier Dr. Juxi Jin, Prof. Marcus Orione Gonçalves Correia und Prof. Flávio Roberto Batista.

Keinesfalls vergessen werde ich die Unterstützung meiner Lehrstuhlkolleginnen und -kollegen, von denen mein Dank vor allem Dr. Jennifer Coenen gilt, die mir stets motivierend zur Seite stand.

Ich danke schließlich meiner Familie, insbesondere meinen Eltern, Marlies und Franz Knuf. Meinem Mann Hubertus bin ich dankbarer für seine verständnisvolle Unterstützung, als ich es mit Worten je ausdrücken könnte.

Inhaltsverzeichnis

Abkürzungsverzeichnis

AEUV	Vertrag über die Arbeitsweise der Europäischen Union
Begr.	Begründer
CAPS	*Caixas de Aposentadorias e Pensões* Die historischen Rentenkassen in Brasilien
CLT	*Consolidação das Leis do Trabalho* Brasilianisches Arbeitsgesetzbuch
COFINS	*Contribuição para o Financiamento da Seguridade Social* Beitrag zur Finanzierung der sozialen Sicherheit (Brasilien)
CSLL	*Contribuição Social sobre o Lucro Líquido* Sozialbeitrag über den Nettogewinn
FUNRURAL	*Fundo de Assistência e Previdência do Trabalhador Rural* Der ehemalige Rentenversicherungsfonds für die ländlichen Arbeiter in Brasilien
IAVG	Gesetz betreffend die Invaliditäts- und Altersversicherung
IBGE	*Instituto Brasileiro de Geografia e Estatística* Brasilianisches Institut für Geographie und Statistik
ILO	*International Labour Organization* Internationale Arbeitsorganisation
INPS	*Instituto Nacional de Previdência Social* Nationales Institut für Sozialversicherung in Brasilien
INSS	*Instituto Nacional de Seguridade Social* Nationales Institut für soziale Sicherheit in Brasilien
KPCh	Kommunistische Partei Chinas
LOAS	*Lei Orgânica da Assistência Social* Sozialhilfegesetz (Brasilien)
RGPS	*Regime Geral de Previdência Social* Allgemeines Sozialversicherungsregime in Brasilien
RJU	*Regime Jurídico Único* Einheitliches Rechtssystem für die Beschäftigten im öffentlichen Dienst in Brasilien
RPPS	*Regimes Próprios de Previdência Social* Rentenversicherungsregime für die brasilianischen Beamten
RPS	*Regulamento da Previdência Social*

	Rentenversicherungsverordnung in Brasilien
SVG	Sozialversicherungsgesetz der Volksrepublik China
u. a.	und andere
v. Chr.	vor Christus
VR	Volksrepublik
zit.	zitiert

Im Übrigen wird Bezug genommen auf: *Kirchner, Hildebert/Böttcher, Eike*, Abkürzungsverzeichnis der Rechtssprache, 9. Aufl., Berlin/Boston 2018.

Vorwort zur Form

1. Jahresdaten werden ausschließlich nach dem westlichen Kalender angegeben.
2. Namen werden entsprechend der europäischen Reihenfolge angegeben.
3. Werden Personenbezeichnungen aus Gründen der besseren Lesbarkeit lediglich in der weiblichen oder männlichen Form verwendet, so schließt dies das jeweils andere Geschlecht mit ein.
4. Sofern im Rahmen der Arbeit in den Fußnoten auf das „China-Projekt" verwiesen wird, ist damit das im Vorwort dargestellte Forschungsprojekt mit dem Titel „Rechtliche Mechanismen zur Verbesserung der sozialen Sicherheit in China – Eine Analyse aus rechtsvergleichender Perspektive" gemeint.

A. Einführung

I. Staatliche Rentenversicherung und Rechtsvergleichung

Weltweit gibt es viele staatliche Systeme, die finanzielle Risiken im Alter absichern sollen. Die Zielsetzungen, Funktionen und Herangehensweisen im Einzelnen sind dabei so wie die in den Ländern gelebte soziale Wirklichkeit: höchst unterschiedlich.[2] Soziale Sicherungssysteme sind verknüpft mit nahezu allen Ebenen menschlichen Zusammenlebens. Damit sie den Menschen zugutekommen können, müssen sie den individuellen Bedürfnissen, aber auch den rechtlichen, politischen, kulturellen und sonstigen gesellschaftlichen Umständen vor Ort Rechnung tragen; tun sie dies nicht, sind sie schnell zum Scheitern verurteilt.[3] Aller so begründeter Unterschiede zum Trotz lassen sich Alterssicherungssysteme aber durchaus gewissen Grundstrukturen zuordnen,[4] die es ermöglichen, einen rechtsvergleichenden Blick auf sie zu werfen, der in vielerlei Hinsicht lohnenswert erscheint.

Ein Grundmodell, dem sich verschiedene Länder bedienen – wenn auch wiederum in unterschiedlichster Ausformung – ist das der staatlichen Rentenversicherung, einem Sozialversicherungssystem.[5]

Sozialversicherungssysteme lassen sich grundsätzlich anhand der beiden Begriffsbestandteile „sozial" und „Versicherung" charakterisieren.[6] Sie sind zum einen geprägt durch das Versicherungsprinzip beziehungsweise den Versicherungsgedanken: Soziale Risiken wie das Altwerden werden typisiert und durch Beitragsentrichtung wird Vorsorge für einen zukünftigen, nicht im Einzelnen, aber in seiner Gesamtheit vorhersehbaren Be-

---

2 Vgl. *Steinmeyer*, NZS 2012, 721.
3 *Zacher*, in: FS Herzog, S. 537 (556); *Steinmeyer*, NZS 2012, 721.
4 *Steinmeyer*, NZS 2012, 721.
5 Eine eindeutig festgelegte Definition von Sozialversicherung existiert nicht (*Seewald*, in: Kasseler Kommentar, § 4 SGB I Rn. 4); der Arbeit wird das im Folgenden umschriebene Grundverständnis zugrunde gelegt.
6 So *Bley/Kreikebohm/Marschner*, Sozialrecht, Rn. 279; siehe auch *Rolfs*, Das Versicherungsprinzip im Sozialversicherungsrecht, S. 541.

darf getroffen.[7] Die Versicherten werden zu einer Gefahrengemeinschaft zusammengeschlossen und tragen gemeinsam die finanziellen Lasten sowie das versicherte Risiko, wobei die jeweilige Leistung und Gegenleistung in einem Entsprechungsverhältnis zueinander stehen.[8] Das System der Versicherung unterscheidet sich insbesondere durch die Charakteristika der gemeinsamen Risikotragung, der Beitragszahlung und des dafür erforderliche Mindestmaßes an Leistungsfähigkeit des Einzelnen von anderen Typen sozialer Sicherheit wie der öffentlichen Fürsorge, die steuerfinanziert ist und Leistungen (nur) bei Bedürftigkeit vorsieht, und der Versorgung, die ebenfalls steuerfinanziert ist und dem Ausgleich besonderer Opfer dient oder auf einem besonderen öffentlich-rechtlichen Verhältnis beziehungsweise einem Titel, etwa der beamtenrechtlichen Alimentationsverpflichtung, beruht.[9] Mit der Sozialversicherung verbunden ist auch der Gedanke der Lohnersatzfunktion;[10] es soll im Regelfall mehr geleistet werden als eine bloße Mindestsicherung.[11]

Zum anderen sind Sozialversicherungssysteme aber auch geprägt durch das Solidarprinzip, welches das Versicherungsprinzip entscheidend modifiziert: Da die staatliche Rentenversicherung im Wesentlichen auf dem Gedanken der Solidarität ihrer Mitglieder sowie des sozialen Ausgleichs beruht, enthält sie auch Fürsorgeelemente zugunsten Hilfsbedürftiger und der versicherungsmäßige Risikoausgleich wird mit sozialen Komponenten verbunden.[12] Es findet eine gewisse soziale Umverteilung, ein sozialer Aus-

---

7   *Waltermann*, Sozialrecht, Rn. 78; *Schmähl*, in: ders., Versicherungsprinzip und soziale Sicherung, S. 1 (2); *Knels*, Das Sozialversicherungsprinzip, S. 46 f.; *Bley/Kreikebohm/Marschner*, Sozialrecht, Rn. 281; *Kolb*, in: Schmähl, Versicherungsprinzip und soziale Sicherung, S. 120 (123).

8   *Rixen*, SRa 2008, 81 (87 f.); *Waltermann*, Sozialrecht, Rn. 114; *Schmähl*, in: ders., Versicherung und soziale Sicherung, S. 1 (2 f.); *Kolb*, in: Schmähl, Versicherungsprinzip und soziale Sicherung, S. 120 (123).

9   *Butzer*, in: Maunz/Dürig, Grundgesetz-Kommentar, Art. 120 Rn. 194; *Isensee*, NZS 2004, 393 (396); *Waltermann*, Sozialrecht, Rn. 78. Zugrunde gelegt wird damit die klassische deutsche Einteilung des Sozialrechts in Sozialversicherung, Versorgung und Fürsorge – siehe hierzu auch *v. Koppenfels-Spies*, Sozialrecht, Rn. 31 ff. –, mit der sich auch international die Grenze zwischen dem System der Versicherung und anderen Systemen abstecken lässt.

10 *Meinhold*, in: Schmähl, Versicherungsprinzip und soziale Sicherung, S. 13 (24); *Kolb*, in: Schmähl, Versicherungsprinzip und soziale Sicherung, S. 120 (126).

11 Vgl. *Waltermann*, Sozialrecht, Rn. 108; *Igl/Welti*, Sozialrecht, § 2 Rn. 6; siehe auch *Rolfs*, Das Versicherungsprinzip im Sozialversicherungsrecht, S. 110 f.

12 So das Bundesverfassungsgericht zur deutschen gesetzlichen Rentenversicherung, BVerfG, Beschluss vom 30.9.1987, 2 BvR 933/82, NVwZ 1988, 329, 331. Diese Sicht-

gleich statt.[13] Insofern orientiert sich die Höhe der Beiträge auch nicht an dem versicherten Risiko, sondern sie ist einkommensbezogen und es herrscht grundsätzlich Versicherungszwang.[14] Auch das versicherungsrechtliche Äquivalenzprinzip kann in Ausnahmefällen aufgrund des Solidargedankens durchbrochen werden. Das sozialversicherungsrechtliche Äquivalenzprinzip fordert, dass Leistungen an Personen oder für Risiken nur dann aus Beitragsmitteln gewährt werden, wenn hierfür auch Beiträge erbracht worden sind, dass nur dann Beiträge von oder für Personen erhoben werden, wenn dem auch eine Gefahrtragungsleistung gegenübersteht, und schließlich, dass bei gleichen Beiträgen ungleiche Leistungen nur gewährt werden dürfen, wenn und soweit der Gedanke der Solidarität dies zu rechtfertigen vermag.[15]

Zusammenfassend lässt sich das System der staatlichen Rentenversicherung als ein öffentlich-rechtlich organisiertes Vorsorgesystem bezeichnen, „das auf Versicherungszwang beruhend dem sozialen Ausgleich dient und das überwiegend durch Beiträge finanziert wird, die nicht risiko-, sondern einkommensabhängig erhoben werden".[16] Es handelt sich um ein System, das durch ein Mischverhältnis aus Versicherungsprinzip und Sozialausgleich gekennzeichnet ist.[17]

Eines der ältesten staatlichen Rentenversicherungssysteme ist das deutsche, eingeführt durch das 1891 in Kraft getretene „Gesetz betreffend die Invaliditäts- und Altersversicherung"[18]. Deutschland wird als „Mutterland des Sozialstaates"[19] bezeichnet und gilt als Vorreiter im Bereich der So-

---

weise dürfte auch über die deutsche Rentenversicherung hinaus im Allgemeinen zutreffen.

13 Siehe hierzu *Kehls*, Das Sozialversicherungsprinzip, S. 50 ff.; *Isensee*, NZS 2004, 393 (396); *Meinhold*, in: Schmähl, Versicherungsprinzip und soziale Sicherung, S. 13 (15); *Rolfs*, Das Versicherungsprinzip im Sozialversicherungsrecht, S. 187 f.; 208 ff.

14 Siehe auch *Papier/Shirvani*, in Ruland/Becker/Axer, SRH, § 3 Rn. 13; *Axer*, in: Ruland/Becker/Axer, SRH, § 14 Rn. 1 ff.

15 *Rolfs*, Das Versicherungsprinzip im Sozialversicherungsrecht, S. 545 f.; siehe zur Notwendigkeit der Rechtfertigung von Einschränkungen des Äquivalenzprinzips durch das Solidarprinzip auch *Steinmeyer*, Gutachten 73. DJT, S. B 48 ff.

16 *Mrozynski*, SGB I, § 4 Rn. 3b.

17 *Rolfs*, Das Versicherungsprinzip im Sozialversicherungsrecht, S. 559; vgl. auch *Schmähl*, in: ders., Versicherungsprinzip und soziale Sicherung, S. 1 (2).

18 Gesetz vom 22.6.1889, RGBl. 1889, S. 97.

19 *Butterwegge*, Krise und Zukunft des Sozialstaates, S. 37.

zial- einschließlich der Rentenversicherung.[20] Sozialversicherungssysteme werden auch nach dem deutschen Begründer, Fürst Otto von Bismarck, „Bismarck-Systeme" genannt.[21]

Das wohl international prominenteste Gegenmodell zum Sozialversicherungssystem ist das am Fürsorgegedanken orientierte, rein steuerfinanzierte und damit einkommensunabhängig für jedermann zugängige – aber auch nur Pauschalleistungen gewährende – „Beveridge-System", benannt nach seinem britischen Schöpfer William Henry Beveridge.[22] Auch wenn sich viele Staaten einer konzeptionellen Mischung dieser beiden Herangehensweisen bedienen, dienen die Systeme Bismarck und Beveridge international in der Regel zur Klassifizierung der bestehenden Systeme sozialer Sicherheit.[23]

Die deutsche „Bismarck'sche" Rentenversicherung ist international bekannt und fungierte mitunter als Vorbild. Auch wenn dies Kritik keinesfalls ausschließt, lässt sich beobachten, dass Fachleute und Wissenschaftler aus Staaten mit verhältnismäßig alten und „ausgereiften" Rentenversicherungssystemen wie dem deutschen nicht selten als Berater und Wissensvermittler agieren in Staaten mit jüngeren oder noch aufzubauenden Systemen. Der internationale Vergleich und Austausch auf dem Gebiet der Rentenversicherung ist generell – trotz der Komplexität und Kompliziertheit eines jeden einzelnen Systems – ein nicht nur zur Systembegründung, sondern auch zur Systemoptimierung gern genutztes, wichtiges Hilfsmittel.[24]

Dies hat nicht zuletzt den Hintergrund, dass Herausforderungen und Probleme global ähnlich sind, auch wenn sie sich nicht immer überall zur selben Zeit und in gleicher Ausformung sowie Intensität zeigen – als allgemein bekanntes Beispiel sei hier nur die demographische Entwicklung genannt. Naturgemäß stellen sich einige Herausforderungen in einem älteren System früher als in einem jüngeren. Für die „Jüngeren" bietet dies die Chance, bei den „Älteren" Einblick zu nehmen und sich bereits vorhandene Kenntnisse zu Nutze zu machen. Vorgehensweisen und Erfahrungen können analysiert sowie die Übertragbarkeit von möglichen Lösungsansätzen

---

20 *Lessenich*, in: FS Bäcker, S. 41 (42); *Campos*, Regime Próprio de Previdência Social dos Servidores Públicos, S. 26; *Schulze/Jochem*, in: Immergut et al., The Handbook of West European Pension Politics, S. 660.

21 *Steinmeyer*, NZS 2012, 721.

22 Siehe hierzu z.B. *Eichenhofer*, Sozialrecht, Rn. 40.

23 *Eichenhofer*, NZS 1997, 97 (100 f.).

24 Vgl. hierzu im Allgemeinen *Zweigert/Kötz*, Einführung in die Rechtsvergleichung, S. 13 ff.

untersucht werden, bevor eigene Entscheidungen getroffen werden. Nachvollziehbarerweise galt für Bismarck zu Ende des 19. Jahrhunderts: „Man geht überhaupt mit der socialen Gesetzgebung in unbekannte Erdtheile und findet den richtigen Weg hierin nicht prima facie."[25] Mehr oder weniger als Pionier hatte Bismarck nicht die Möglichkeit, bei anderen nach „dem richtigen Weg" oder einer Art Hilfestellung zu suchen. Für die „nachfolgenden" Staaten bietet gerade ein „Ab-" oder „Anschauen" aber möglicherweise die Chance, den für sie vermeintlich richtigen Weg schneller zu finden und Fehler zu vermeiden. Karl Marx formulierte es einmal so: „Eine Nation soll und kann von der anderen lernen. Auch wenn eine Gesellschaft dem Naturgesetz ihrer Bewegung auf die Spur gekommen ist, [...] kann sie naturgemäße Entwicklungsphasen weder überspringen noch wegdekretieren. Aber sie kann die Geburtswehen abkürzen und mildern."[26]

Die Rechtsvergleichung hat darüber hinaus das Potential, zum besseren Verständnis auch im eigenen Land beizutragen.[27] Sie vermag die Vorstellung darüber zu erweitern, wie auf bestimmte Fragen oder Herausforderungen rechtlich reagiert werden kann, sie eröffnet einem Land die Chance, möglicherweise interessante Anregungen aus dem Ausland aufzugreifen und sie vermag Wirkungen rechtlicher Lösungen vor Augen zu führen.[28] Schließlich kann mit ihrer Hilfe herausgefunden werden, ob sich vielleicht internationale Trends und Standards abzeichnen, die eine zukunftsgerichtete Sozialpolitik beachten sollte.[29]

All dies erscheint in einer Zeit, in der es aufgrund vielfältiger globaler Herausforderungen überall erheblicher Korrekturen bedarf, um Rentenversicherungssysteme zukunftsfähig zu machen, sinnvoll. An erster Stelle steht bei der Rechtsvergleichung jedoch aus wissenschaftlicher Perspektive die Erkenntnis – das Erfassen, Verstehen und Bewerten von Recht.[30] Erst in einem zweiten Schritt kann idealerweise praktischer Nutzen daraus gezogen werden.[31]

---

25 Ansprache Bismarcks an die Abordnung der Anhalter am 21.4.1895, *Kohl*, Reden und Ansprachen Bismarcks, S. 372.
26 *Marx*, in: MFW, Bd. 23, S. 15 f.
27 *Haase*, JA 2005, 232 (233).
28 Vgl. *v. Maydell*, in: Köhler/Zacher, Beiträge zu Geschichte und aktueller Situation der Sozialversicherung, S. 369 (370); *Eichenhofer*, NZS 1997, 97 (98).
29 *v. Maydell*, in: Köhler/Zacher, Beiträge zu Geschichte und aktueller Situation der Sozialversicherung, S. 369 (370).
30 *Zacher*, in: ders., Methodische Probleme des Sozialrechtsvergleichs, S. 21 (22).
31 *Eichenhofer*, NZS 1997, 97 f.

II. Staatliche Rentenversicherung und Globalisierung

Eine besondere Rolle kann sozialer Sicherheit[32] und damit auch der Rentenversicherung in Zeiten aktueller Herausforderungen wie vor allem der Globalisierung zugesprochen werden. Für eine nähere Beleuchtung der Zusammenhänge gilt es zunächst zu verstehen, was Globalisierung überhaupt bedeutet, denn der Begriff ist – obwohl viel diskutiert – nicht einheitlich definiert.

Umschrieben wird die Globalisierung allgemein als ein Prozess zunehmender Verbindung zwischen Gesellschaften und Problembereichen dergestalt, dass Ereignisse in einem Teil der Welt in zunehmendem Maße Gesellschaften und Problembereiche in anderen Teilen der Welt berühren.[33] Oder als Verdichtung des Zusammenlebens und Intensivierung der Interaktion der Menschheit, als ein Prozess, der Grenzen verschiebt, lockert, entfernt.[34] Alle Definitionsversuche gehen davon aus, dass die Vorstellung, in geschlossenen und abgrenzbaren nationalstaatlichen Räumen zu leben und zu handeln, nicht mehr zeitgemäß ist.[35]

Die sich aus dem beschriebenen Phänomen ergebenden Auswirkungen und Herausforderungen sind vielfältig, nicht nur in kultureller, gesellschaftlicher oder ökologischer, sondern auch in wirtschaftlicher Hinsicht, und letztere ist für soziale Sicherungssysteme – die schließlich finanziert werden wollen – von besonderer Bedeutung. Die Globalisierung wird gerade wegen ihrer wirtschaftlichen Auswirkungen von einigen als Schreckgespenst, als Auslöser einer Krise für den Sozialstaat charakterisiert.[36] Denn Globalisierung bedeutet einen direkteren Wettbewerb der Volkswirtschaften mit der Folge, dass die Höhe der Lohnkosten vielleicht mehr als zuvor zu einem Überlebenskriterium wird.[37] Sozialausgaben aber verursachen höhere Kosten und führen in den Augen einiger zu einem Wettbewerbsnachteil;[38] sie können die wirtschaftliche Leistungsfähigkeit eines Staates mitunter über-

---

32 Zu dem Begriff und auch zu dem des Sozialrechts in rechtsvergleichendem Kontext siehe *Zacher*, in: ders., Methodische Probleme des Sozialrechtsvergleichs, S. 7 ff.
33 *Varwick*, in: Woyke/Varwick, Handwörterbuch Internationale Politik, S. 148.
34 *Zacher*, in: FS Herzog, S. 537; vgl. auch *Eichenhofer*, Sozialer Fortschritt 60 (2011), 215.
35 *Varwick*, in: Woyke/Varwick, Handwörterbuch Internationale Politik, S. 148.
36 Sieh hierzu *Seliger*, ORDO 52 (2001), 215 (217, 221 ff.).
37 *Steinmeyer*, NZS 2012, 721 (722).
38 Vgl. *Berthold/Neumann*, in: Linzbach et al., Globalisierung und Europäisches Sozialmodell, S. 27 (29).

fordern.[39] Kann ein Staat beziehungsweise können seine Unternehmen im Wettbewerb nicht mithalten, bedeutet dies den Verlust von Arbeitsplätzen und Arbeitslosigkeit, was wiederum durch staatliche Sicherungssysteme – sofern vorhanden – aufgefangen werden muss. Ebenso problematisch kann die Abwanderung von Arbeitsplätzen sein, die sich durch eine arbeitsteiligere Wirtschaft ergibt, wenn Industrien sich nur noch auf Länder konzentrieren, in denen die Bedingungen als besonders vorteilhaft erachtet werden – aus Unternehmenssicht nicht selten dort, wo die Lohnkosten und damit die Sozialabgaben niedrig sind.[40] Dies stellt ein Risiko für die Finanzierungsgrundlagen sozialer Sicherheitssysteme dar.[41] Manch einer mag sich fragen, ob ein vermeintlich teures staatliches Altersvorsorgesystem da überhaupt noch Sinn ergibt.

In jedem Fall ergibt es Sinn, sich ganz grundlegend und losgelöst von wirtschaftlichen Betrachtungen darauf zu besinnen, dass Sicherheit im Alter als Menschenrecht anerkannt und als solches in der Allgemeinen Erklärung der Menschenrechte[42] verankert ist (Art. 25 Abs. 1), ebenso im Internationalen Pakt über wirtschaftliche, soziale und kulturelle Rechte (UN-Sozialpakt)[43] sowie in anderen internationalen und regionalen Statuten.[44] So hat soziale Sicherheit im Alter schon deshalb einem jeden Menschen zuteil zu werden.[45]

---

39 *Eichenhofer*, Sozialrecht, Rn. 59.
40 Siehe hierzu *Steinmeyer*, NZS 2012, 721 (722 f.); vgl. auch *Eichenhofer*, Sozialer Fortschritt 60 (2011), 215 (216 f.).
41 Vgl. *Seliger*, ORDO 52 (2001), 215 (220).
42 Die Allgemeine Erklärung der Menschenrechte, A/RES/217, UN-Doc. 217/A-(III), auch UN-Menschenrechtscharta genannt, wurde am 10.12.1948 in einer Resolution der Generalversammlung der Vereinten Nationen im Palais de Chaillot in Paris genehmigt und verkündet.
43 Der UN-Sozialpakt wurde am 16.12.1966 von der Generalversammlung der Vereinten Nationen einstimmig verabschiedet (Resolution 2200 A (XXI)) und liegt seither zur Unterschrift aus. Im Gegensatz zur Allgemeinen Erklärung der Menschenrechte ist der UN-Sozialpakt als multilateraler völkerrechtlicher Vertrag für die Vertragsstaaten verbindlich, die Überwachung von multilateralen Verträgen ist aber bekanntlich schwach.
44 Z.B. in der United Nations' Convention on the Elimination of All Forms of Discrimination against Women (34/180), verabschiedet von der am 18.12.1979; der ILO Social Security (Minimum Standards) Convention (Nr. 102), verabschiedet am 28.6.1952; der Europäischen Sozialcharta (SEV-Nr. 035), verabschiedet vom Europarat am 18.10.1961, revidiert am 3.5.1996 (SEV-Nr. 163).
45 Siehe hierzu ausführlich *Eichenhofer*, Sozialer Fortschritt 60 (2011), 215 (217).

Und tatsächlich konnte die International Labour Organisation (ILO)[46] in jüngerer Zeit einen weltweiten Anstieg der Absicherung im Alter durch Renten verzeichnen – während 2014 weltweit nur die knapp die Hälfte, nämlich 48% der Menschen im rentenfähigen Alter eine Rente bezogen,[47] waren es drei bis fünf Jahre später bereits 68%.[48] Diese Entwicklung dürfte auch damit zusammenhängen, dass es nicht unbedingt Staaten ohne soziale Sicherungssysteme sind, die sich als besonders gut aufgestellt, als „Gewinner der Globalisierung" bezeichnen können.

Denn nicht nur das Recht, sondern auch eine Vielzahl überzeugender und ganz praktischer Gründe streitet – gerade in Zeiten der Globalisierung – für die Unterhaltung von Alterssicherungssystemen. Soziale Sicherungsmechanismen im Allgemeinen haben – gut konzipiert – das Potential, auf vielerlei Weise die Wirtschaft zu fördern; durch eine gut balancierte Umverteilung kann Nachfrage begründet werden, was wiederum wirtschaftliche Aktivitäten fördert und Anreize für Investitionen setzt.[49] Risiken wie Lohndumping und Ausbeutung kann gegengesteuert werden. Soziale Sicherheit kann die Lebensqualität steigern und so zu Gesundheit und besserer Arbeitsfähigkeit beitragen.[50] Die weltweite Finanz- und Wirtschaftskrise hat nach Angaben der ILO gezeigt, dass Staaten – egal welchen Entwicklungsstatus – mit sozialen Sicherungssystemen die sozialen Folgen der Krise weit besser bewältigen konnten.[51] Soziale Sicherungsmechanismen haben nicht nur für den Schutz der Arbeitnehmer gesorgt, sondern durch Aufrechterhaltung von Inlandsnachfrage, Humanressourcen und Arbeitsproduktivität letztlich zur Nachhaltigkeit des Wirtschaftswachstums beigetragen.[52] Der Einzelne kann sich in Zeiten, in denen sich internationale Krisen schneller ausbreiten, viel weniger effektiv vor sozialen Risiken schützen als zuvor, er ist mehr denn je auf Absicherung angewiesen.[53] Soziale Sicherung, ein-

---

46 Die International Labour Organization – Internationale Arbeitsorganisation – ist eine Sonderorganisation der Vereinten Nationen und wurde 1919 als Teil des Friedensvertrages von Versailles gegründet. Sie basiert auf der Überzeugung, dass Frieden soziale Gerechtigkeit erfordert und soll dementsprechend soziale Gerechtigkeit sowie Menschen- und Arbeitsrechte fördern. Siehe hierzu ausführlich die Homepage der ILO, https://www.ilo.org/global/about-the-ilo/lang--en/index.htm (Stand: 8.8.2020).
47 *ILO*, World Social Protection Report 2014/15, S. 73.
48 *ILO*, World Social Protection Report 2017–2019, S. 75.
49 *Eichenhofer*, Sozialrecht, Rn. 57.
50 *ILO*, Social security for social justice and a fair globalization, S. 18.
51 Ebenda, S. 17.
52 Ebenda.
53 Ebenda, S. 16, 26.

schließlich der Absicherung im Alter, kann insofern als integraler Bestandteil einer jeden marktwirtschaftlichen Ordnung bezeichnet werden.[54]

Systeme sozialer Sicherheit sind außerdem allgemeinhin anerkannt als effektives Mittel für die Verminderung und Vermeidung von Armut und Ungleichheit;[55] für OECD-Länder schätzt man, dass soziale Sicherungssysteme diese Risiken um mehr als die Hälfte reduzieren.[56] Durch Armut und Ungleichheit produzierte soziale Spannungen können Konflikte, auch gewalttätiger Art, auslösen und haben das Potential, nicht nur Regierungen, sondern ganze Regionen zu destabilisieren.[57] Weniger Armut und mehr Gerechtigkeit hingegen können Frieden, Stabilität und sozialen Zusammenhalt fördern.[58] Die Bereitstellung sozialer Sicherheit wird als eines der effektivsten Maßnahmen bezeichnet, die ein Staat ergreifen kann, um Legitimität zu erlangen und Stabilität zu gewährleisten.[59]

All dies setzt natürlich voraus, dass soziale Sicherheitssysteme gut konzipiert sowie verlässlich sind und effektiv funktionieren; sie dürfen die Wirtschaft gerade nicht behindern, müssen aber dennoch eine ausreichende Absicherung gewährleisten. Dieser Balanceakt fordert ungeheure Anstrengungen. Das geschilderte Potential erklärt aber vielleicht den weltweiten Trend, diese Anstrengungen auf sich zu nehmen und Altersvorsorgesysteme rechtlich auf- und auszubauen – seit etwa den 1990er Jahren gerade auch in sich entwickelnden Ländern.[60] Während viele jahrzehntelang fürchteten, soziale Sicherheit könnte Wettbewerbsfähigkeit und wirtschaftliches Wachstum schmälern, ist zunehmend – und besonders auch in weniger entwickelten Ländern – ein Konsens zu verzeichnen, dass Altersversorgungssysteme trotz ihrer hohen Kosten einen wichtigen Beitrag zur Entwicklung leisten,[61] dass soziale Sicherheit, einschließlich derjenigen im Alter, eine lohnende Investition ist.[62] Die Geschichte gibt ihnen recht: Diejenigen Länder, die langfristig nachhaltiges Wachstum und Armutsreduzierung vor-

---

54 *Eichenhofer*, Sozialrecht, Rn. 57 m.w.N.
55 *ILO*, Social security for social justice and a fair globalization, S. 18, 22; *OECD*, Promoting Pro-Poor Growth, S. 11; *UNRISD*, Combating Poverty and Inequality, S. 156.
56 *ILO*, Social security for social justice and a fair globalization, S. 22.
57 *ILO*, Can low-income countries afford basic social security?, S. 2.
58 *ILO*, Can low-income countries afford basic social security?, S. 2; *BMZ*, Soziale Sicherungssysteme in Entwicklungsländern stärken, S. 1; *ILO*, Social security for all, S. 1 und passim.
59 *ILO*, Can low-income countries afford basic social security?, S. 2.
60 *Bonnet*, in: World of Work Report 2/2015, S. 73 ff.
61 *Schwarzer*, Sozialstaatliche Rentenreformen in Lateinamerika?, S. 319.
62 *ILO*, Social security for social justice and a fair globalization, S. 25, 86.

weisen können, verfügen alle auch über ein umfassendes System sozialer Sicherheit.[63]

Soziale Alterssicherungssysteme bringen also viele Vorteile mit sich – auch in Zeiten der Globalisierung. Es sind nicht nur die Lohnkosten, die einen Staat wettbewerbsfähig und attraktiv machen.[64] Aber die Systeme müssen sich aktueller Herausforderungen annehmen. Es muss beispielsweise darauf eingegangen werden, dass Arbeitskräfte immer mobiler werden, dass der Anteil informeller Arbeit vielleicht steigt, der weltweite Wettbewerb größer wird. Eine ganz besondere Bedeutung kommt dabei der demographischen Entwicklung zu, die alle der hier betrachteten Rentenversicherungssysteme unter enormen Druck setzt und die Finanzierung mehr denn je in Frage stellt. Nur wenn die Systeme angepasst werden und leistungsfähig bleiben, können sie die ihnen zukommenden wichtigen Aufgaben auch erfüllen.

III. Staatliche Rentenversicherung, Globalisierung und Rechtsvergleichung

Rechtssysteme zeichnen sich im Unterschied zu diversen anderen gesellschaftlichen Systemen regelmäßig durch ihr Beharrungsvermögen aus.[65] Das Sozialrecht wird dabei regelmäßig als noch beharrlicher und damit auch weniger „globalisierungsoffen"[66] charakterisiert als andere Rechtsgebiete, es wird als rein nationale Angelegenheit betrachtet,[67] schon aufgrund der damit verbundenen finanziellen Aspekte. Die Globalisierung führt aber unausweichlich dazu, dass auch originär als national behandelte Themen aus einem internationalen Blickwinkel betrachtet (und teilweise auch gehandhabt) werden (müssen).

Das heißt natürlich nicht, dass das Lokale außer Acht gelassen werden muss oder darf. Gerade für das Sozialrecht gilt, wie bereits erwähnt, dass es immer auch den Bedürfnissen vor Ort Rechnung tragen muss. Es kommt zu einer Art Spagat, die man auch als „Glokalisierung"[68] bezeichnen könnte: Globalisierung darf lokale Gegebenheiten nicht außer Acht lassen, beide gehen Hand in Hand.

---

63 Ebenda, S. 107.
64 Vgl. *Steinmeyer*, NZS 2012, 721 (723).
65 *Voigt*, in: Mayer et al., Globalisierung im Fokus von Politik, Wirtschaft, Gesellschaft, S. 123 f.; *Steinmeyer*, NZS 2012, 721 (722).
66 *Birk*, in: Schwarze, Globalisierung und Entstaatlichung des Rechts, S. 3 (18).
67 *Pieters*, in: Schwarze, Globalisierung und Entstaatlichung des Rechts, S. 191 (196).
68 *Baumann*, Das Argument 217 (1996), 653 (658) ff.

In den Fokus europäischer Politik ist die Alterssicherung längst gelangt, gilt doch in Europa ein umfassendes System der Koordinierung der Altersvorsorge – ein System, das sozialen Schutz aufrechterhalten, die nationalen Systeme an sich aber nicht berühren soll. Die europäische Integration wird mitunter als eine Art Vorläufer der Globalisierung, als *„mini-globalization"*[69] gesehen. Die ILO hat versucht, eine weltweite Vernetzung sozialer Sicherheit durch das Übereinkommen Nr. 157[70] zu fördern. Bisher ist sie damit aber weitgehend gescheitert; nur vier Staaten haben das Übereinkommen ratifiziert.[71] Der Versuch, Mindeststandards auf internationaler Ebene festzulegen, war etwas erfolgreicher; die Social Security (Minimum Standards) Convention[72] ist immerhin von 59 Staaten[73] ratifiziert worden. Verabschiedet wurde die Konvention allerdings bereits 1952, also in einer Zeit, in der die Globalisierung noch nicht das Gesicht von heute trug.

Angesichts des weltweiten Zusammenrückens in nahezu jeder Hinsicht, vor allem aber in wirtschaftlicher, erscheint es problematisch, das mit vielerlei Ebenen verwobene Sozialrecht nur rein national betrachten zu wollen. Bleibt auch in Zeiten der Globalisierung der nationale Staat das Zentrum für die Gestaltung der sozialen Sicherungssysteme, so erhöht die Globalisierung doch das Erfordernis der internationalen Koordinierung und Zusammenarbeit, gerade auch auf rechtlicher Ebene.[74] Herausforderungen werden global immer ähnlicher und die Systeme müssen zukunftsfähig gemacht werden. Das gilt angesichts der weltweiten demographischen Entwicklung in besonderer Weise für die Rentenversicherung. All dies lässt einen rechtsvergleichenden Blick auf das Thema lohnenswert erscheinen.

IV. Rechtsvergleichende Untersuchung mit Brasilien und China

Als besonders aktiv darin, soziale Sicherungssysteme rechtlich auf- und auszubauen, werden von der ILO Länder in Asien und Lateinamerika ange-

---

69 So *Pieters*, in: Schwarze, Globalisierung und Entstaatlichung des Rechts, S. 191, (202).

70 Maintenance of Social Security Rights Convention (C157), verabschiedet am 1.6.1982.

71 Kirgistan, die Philippinen, Spanien und Schweden, so die Angabe der ILO, http://www.ilo.org/dyn/normlex/en/f?p=1000:11300:0::NO:11300:P11300_INSTRUMENT_ID: 312302 (Stand: 8.8.2020).

72 Übereinkommen Nr. 102 (C102), verabschiedet am 28.6.1952.

73 So die aktuelle Angabe der ILO, https://www.ilo.org/dyn/normlex/en/f?p=1000:11300 :0::NO:11300:P11300_INSTRUMENT_ID:312247 (Stand: 8.8.2020).

74 *BMF*, Monatsbericht 04/2006, 73 (84).

führt.[75] Den beiden BRICS-Staaten Brasilien und China dürfte dabei eine Führungsposition zukommen; sie werden für ihren Fortschritt in puncto soziale Sicherheit – insbesondere der Altersvorsorge – gelobt.[76] Obwohl für sich entwickelnde Länder häufig steuerfinanzierte soziale Sicherungssysteme empfohlen werden, setzen die Schwellenländer[77] Brasilien und China zumindest dem Grunde nach und in einem gewissen Umfang auf beitragsfinanzierte Sozialversicherungssysteme. Sie bedienen sich – wie die deutsche Rentenversicherung – (zumindest auch) des Sozialversicherungsprinzips. Und während einige Staaten eine vollständige Privatisierung ihrer Alterssicherungssysteme vorgenommen haben – das bekannteste Beispiel dürfte Chile[78] sein – ist man sich in den hier betrachten Ländern bisher darüber einig, dass eine private Absicherung nur zusätzlich greifen und nicht die staatliche Rentenversicherung ersetzen soll.[79] Gleichzeitig werden die beiden Länder allgemein als „Gewinner der Globalisierung" gesehen,[80] wenn auch die wirtschaftliche Entwicklung nicht problemlos verläuft – sie müssen, laienhaft gesprochen, etwas richtig gemacht haben, vielleicht auch in puncto sozialer Sicherheit.

Dass Entwicklungs- und Schwellenländer gerade auch durch das Lernen von Vorreitern Sozialversicherungssysteme in sehr viel früheren gesellschaftlichen und wirtschaftlichen Entwicklungsstadien als die Vorläufer einführen können, ist eine bekannte These.[81] Dies versetzt sie möglicherweise zudem in die Lage, von vornherein besonders fortschrittliche Systeme zu entwickeln. So lässt sich fragen, ob die älteren Systeme – wie das deutsche – nicht auch von innovativen Ideen der jüngeren lernen können.

Brasilien und China, die jedenfalls im Grundsatz den gleichen Sozialversicherungsansatz gewählt haben wie Deutschland, scheinen sich für einen

---

75 *ILO*, World Social Protection Report 2014/15, S. 142.

76 Ebenda, S. 141.

77 Die Bezeichnung Schwellenland ist umstritten, China und Brasilien werden aber in der Regel (noch) als solche bezeichnet, vgl. *Schneider/Toyka-Seid*, Das junge Politik-Lexikon, Schwellenland.

78 Siehe zu Chile *Larraín Ríos*, in: Inter-American Development Bank, A Quarter Century of Pension Reform, S. 219 ff.

79 Überdies machten mehrere Länder, die ihre Rentensysteme privatisiert hatten, in Folge der durch die Finanzkrise verursachten Finanzierungsschwierigkeiten eine Kehrtwende zurück zu staatlichen Systemen. *ILO*, World Social Protection Report 2017–2019, S. 98.

80 *BMF*, Monatsbericht 04/2006, 73 (74 f., 82).

81 Vgl. *Zacher*, in: ders., Bedingungen für die Entstehung und Entwicklung von Sozialversicherung, S. 7 (13); *Fischer*, in: Zacher, Bedingungen für die Entstehung und Entwicklung von Sozialversicherung, S. 91 (101).

Vergleich mit der deutschen Rentenversicherung nach all dem gut zu eig-
nen. Auch ist die Vergleichskonstellation – soweit ersichtlich – in dieser
Weise bisher unerforscht.

V. Methode und Gang der Untersuchung

Wie sieht das Grundmodell „Rentenversicherung" in Deutschland, Brasili-
en und China aus rechtlicher Perspektive aus? Inwieweit berücksichtigen
die Systeme Sozialversicherungsprinzipien und lassen sich legitimerweise
als Renten*versicherung* bezeichnen? Wo sind Vergleichbarkeiten, wo Unterschiede? Wie gehen sie mit globalen Herausforderungen wie der demographischen Entwicklung um? Wo besteht Nachbesserungsbedarf? Und
können sie von den gegenseitigen Erfahrungen profitieren? Lassen sich
möglicherweise sogar Trends und Standards ablesen, die eine zukunftsgerichtete Rentenpolitik bei der Gesetzgebung beachten sollte?

Diese und weitere Fragen sollen rechtsvergleichend in Bezug auf
Deutschland als gestandene Industrienation mit altem staatlichen Rentenversicherungssystem und Brasilien sowie China als aufstrebende Industrienationen mit jüngeren Alterssicherungssystemen, die – in unterschiedlicher
Ausprägung – den Ansätzen des Bismarck'schen Versicherungssystems folgen und deswegen hier auch – wenngleich unter Vorbehalt – als Rentenversicherungssysteme bezeichnet werden, beantwortet werden.

Es werden zunächst kurze Länderberichte erstattet, die vor allem die
Rentenversicherungssysteme in einen national-rechtlichen Kontext einbet-
ten sollen (B.). Es folgt ein historischer Abriss über die Entwicklung
der Systeme (C.), bevor das jeweilige Rentenversicherungssystem inklusive seiner Grundcharakteristika aus rechtlicher Perspektive dargestellt und
schließlich einer rechtsvergleichenden Analyse vor dem Hintergrund aktueller Herausforderungen unterzogen wird (D.).

Diese Arbeit konzentriert sich dabei allein auf die staatlichen Rentenversicherungssysteme der ersten Säule und hier auf die Altersrenten. Auf
die von der deutschen Rentenversicherung ebenfalls abgesicherten Risiken
Invalidität und Tod kann maximal am Rande eingegangen werden. Denn
abgesehen davon, dass eine genaue Untersuchung den Umfang der Arbeit
sprengen würde, würde sie auch an dem zu unterschiedlichen Umgang mit
diesen Risiken scheitern: in China bleiben sie mehr oder weniger unerfasst,
in Brasilien hingegen werden sogar noch weitere Risiken mitversichert.

Eine vergleichende Untersuchung über die Absicherung des Risikos Alters hinaus erschiene daher wenig zielführend.

Methodisch ist die Untersuchung im Wesentlichen am Prinzip der Funktionsäquivalenz orientiert nach der Prämisse „vergleichbar ist im Recht nur, was dieselbe Aufgabe, dieselbe Funktion erfüllt".[82] Denn es gibt zwar in allen der zu betrachtenden Länder ähnliche Probleme, sie werden aber im Einzelnen auf unterschiedliche Weise gelöst und die verwendeten Systembegriffe sind alles andere als einheitlich. Die hinter der funktionalen Rechtsvergleichung stehende Erkenntnis, dass Rechtsinstitute keine abstrakten Konstrukte sind, sondern der Lösung realer zwischenmenschlicher, gesellschaftlicher oder wirtschaftlicher Probleme dienen,[83] trifft auf das Sozialrecht, das Probleme in all diesen Bereichen lösen will, in besonderem Maße zu. In der vergleichenden Analyse sollen Unterschiede der jeweiligen Lösungen herausgearbeitet, Gründe für unterschiedliche Lösungen gesucht und letztlich versucht werden, eine Systematik zu bilden und die Ergebnisse einer kritischen Würdigung zu unterziehen.[84]

Der Vergleich kann dabei aufgrund der Komplexität der Materie und ihrer Verknüpfung mit nahezu allen Lebensbereichen insgesamt nur anhand wesentlicher Aspekte geführt werden.[85] Etwaige Konvergenzen, Kongruenzen und Differenzen sollen möglichst zusammenfassend und der Übersichtlichkeit halber in jeweils vergleichendem Zusammenhang dargestellt werden. Einen Anspruch auf Vollständigkeit erhebt diese Arbeit nicht.

Im Rahmen der Untersuchung wird sich zeigen, dass sich alle drei Länder zwar dem Grunde nach für „Bismarck-Systeme" entschieden haben, es aber durchaus Abweichungen vom Sozialversicherungsprinzip gibt – teilweise so gravierende, dass sich die Frage aufdrängt, ob die Bezeichnung als „Versicherung" noch adäquat ist. Gerade weil das Sozialversicherungsprinzip aber einen gemeinsamen Ausgangspunkt bildet und die Länder selbst ihre Systeme als Renten*versicherungs*systeme bezeichnen, soll – wohl wissend, dass die Begrifflichkeit im Einzelnen kritisch zu hinterfragen ist – in dieser Arbeit für die Systeme die Oberbezeichnung „Rentenversicherung" verwendet werden.

---

82 *Zweigert/Kötz*, Einführung in die Rechtsvergleichung, S. 33, siehe hierzu auch *Kischel*, Rechtsvergleichung, S. 6 f.
83 *Kischel*, Rechtsvergleichung, S. 6.
84 Siehe ausführlich zur klassischen Methode der funktionalen Rechtsvergleichung *Zweigert/Kötz*, Einführung in die Rechtsvergleichung, S. 42 ff.
85 Vgl. *v. Maydell*, in: Köhler/Zacher, Beiträge zu Geschichte und aktueller Situation der Sozialversicherung, S. 369 (371).

B. Länderberichte: Staatliche Strukturen und rechtliche Verankerung der Rentenversicherungssysteme

Dass Brasilien, China und Deutschland in kultureller, politischer, gesellschaftlicher, geschichtlicher und fast jeder weiteren denkbaren Hinsicht mehr oder weniger völlig unterschiedlich sind – und auch bleiben sollen –, steht außer Frage. Allein die geographische Entfernung zueinander dürfte bereits dazu führen, dass gewisse Entwicklungen nicht allzu parallel verlaufen und sich staatliche Strukturen unterscheiden. Bemerkenswert sind auch die Größenunterschiede der Länder. Blickt man auf die Bevölkerungszahlen, ist Deutschland mit seinen etwa 83,1 Millionen Einwohnern[86] im Vergleich zu dem 211 Millionen[87] Einwohner zählenden Brasilien klein. Verglichen mit dem mit rund 1,397.7 Milliarden Einwohnern[88] weltweit bevölkerungsstärksten Land China – fast siebzehnmal mehr als Deutschland – ist die Bundesrepublik ein Zwerg. Betrachtet man die Fläche des deutschen Territoriums, steht das Land noch mehr als Außenseiter da. Während sich China mit 9.388.200 Quadratkilometern und Brasilien mit 8.515.800 Quadratkilometern hier zumindest relativ gesehen annähern, passt das deutsche Gebiet mit einer Fläche von nur 357.600 Quadratkilometern gut 26-mal in das chinesische und fast 24-mal in das brasilianische Territorium.[89] Es ist zu vermuten, dass derartige Dimensionen wiederum eine weite Vielfalt an innerstaatlichen Unterschieden mit sich bringen – sei es im Hinblick auf Kultur, Sprache, Ethnien, wirtschaftliche Entwicklung et cetera –, welche bei der Schaffung staatlicher Strukturen und auch eines Sozialversicherungssystems Beachtung finden müssen. Dass in dieser Arbeit angesichts all dessen teilweise mit Verallgemeinerungen gearbeitet wird, obwohl es regional deutliche Unterschiede gibt, ist leider nicht vermeidbar.

Um mit den jeweiligen Gegebenheiten und beschriebenen Dimensionen einen funktionierenden Staat inklusive sozialem Sicherungssystem zu kreieren, geht jeder seinen eigenen Weg. An dieser Stelle soll erläutert werden, in welchen jeweiligen staatlichen und rechtlichen Kontext die Rentenver-

---

86 Zahlen für 2019, *The World Bank*, World Development Indicators, Tabelle 2.1: Population dynamics.
87 Ebenda.
88 Ebenda.
89 *The World Bank*, World Development Indicators, Tabelle WV1: Size of the economy.

sicherungssysteme eingebettet sind, denn ohne Kenntnis der Rahmenbedingungen sind die Systeme weder zu verstehen, noch können Handlungsmöglichkeiten für ihre Weiterentwicklung sowie Grenzen für Änderungen aufgezeigt und analysiert werden.

Ein besonderer Fokus wird bei der Darstellung auf die jeweiligen verfassungsrechtlichen Grundlagen gelegt. Diese werden zunächst auf ihre Rechtsstaatlichkeit[90] hin untersucht, denn Rechtsstaatlichkeit weist – falls vorhanden – verbindlich den Weg und setzt die Grenzen für Veränderungen. Des Weiteren sollen sozialstaatliche[91] Elemente herausgearbeitet werden, denn sie können nicht nur Ziele statuieren und den Staat zum Handeln instruieren, sondern auch Aufschluss über die hinter den Sozial- und Rentenversicherungssystemen stehenden Werte und Philosophien geben. Unter Umständen können sie sogar Leistungsrechte gewähren. Zu fragen ist auch nach etwaigen sozialen Staatszielbestimmungen, dem Vorhandensein sozialer (Grund-)Rechte[92] – insbesondere einem Recht auf soziale Sicherheit[93] – oder sonstigen Bezugnahmen auf das Thema soziale Sicherheit.

---

90 Als Rechtsstaat ist dabei (aus westlicher Sicht) ein Staat zu verstehen, der nicht nur eine formelle Rechtsordnung aufstellt und garantiert (formelle Rechtsstaatlichkeit), sondern auch inhaltlich bestimmte historisch entwickelte „rechtsstaatliche" Grundsätze garantiert (materielle Rechtsstaatlichkeit), wie z.B. die Gewaltenteilung, Grundrechte, Bindung der Staatsgewalt an Verfassung/Recht und Gesetz; zur Definition siehe *Creifelds*, Rechtswörterbuch, Stichwort: Rechtsstaat.

91 Auch wenn für den umstrittenen Terminus „Sozialstaat" keine einheitlich anerkannte Definition besteht, soll der Begriff hier Anwendung finden; es soll aufgezeigt werden, welche im weitesten Sinne sozialstaatlichen Konturen die Verfassungswerke der Staaten aufzeigen und woran für die Rentenversicherung anzuknüpfen ist, nicht aber sollen Inhalt und Terminus des Sozialstaates diskutiert werden oder die Frage beantwortet werden, ob es sich bei den Staaten per definitionem um Sozialstaaten handelt.

92 Als Soziale Grundrechte können verstanden werden „Verpflichtungen des Staates zur Gewährleistung bestimmter Güter und Einrichtungen [...] als subjektive Rechte" (*Ebsen*, Grundgesetz und soziale Sicherung, S. 46) beziehungsweise „verfassungsrechtlich verankerte Forderungen nach positivem staatlichen Handeln zur Schaffung der Voraussetzungen freier Persönlichkeitsentfaltung" (*Lange*, in: Böckenförde et al., Soziale Grundrechte, S. 49); es kommt also darauf an, dass den Staat neben der Pflicht, Eingriffe abzuwehren, eine besondere Erfüllungsverantwortung trifft [*Nußberger*, in: Linzbach et al., Globalisierung und Europäisches Sozialmodell, S. 295 (297)].

93 Brunner unterteilt die sozialen Grundrechte in vier Gruppen: das Recht auf Arbeit, das Recht auf soziale Sicherheit, das Recht auf kulturelle Entfaltung und das Recht auf Umweltschutz, *Brunner*, Die Problematik der sozialen Grundrechte, S. 11 f.

In Bezug auf Deutschland werden die staatlichen Strukturen und verfassungsrechtlichen Grundlagen als grundsätzlich bekannt vorausgesetzt und nur wesentliche Aspekte dargestellt.

I. Brasilien

„Brasilien steht heute für Wirtschaftswachstum, Armutsreduzierung und sozialen Fortschritt"[94] – so formulierte es 2013 der Leiter des Büros der Friedrich-Ebert-Stiftung in Brasilien. Ganz so optimistisch würde man den Stand Brasiliens heute, einige Jahre später, wohl nicht mehr beschreiben, macht es doch den Anschein, dass sich die Lage in dem von politischen Querelen gebeutelten Land als allgemein eher schwierig darstellt. Reformen werden zum Teil sogar rückgängig gemacht, statt weiter vorangetrieben, dabei ist der Reformbedarf groß in diesem Land, das nach wie vor für seine Ungleichheiten bekannt ist und mit einem Wert von 53,9 in 2018 einen der höchsten Gini-Koeffizienten[95] weltweit aufweist.[96] Systeme sozialer Sicherheit sollen in Brasilien mitunter dazu dienen, Armut und Einkommensungleichheit, besonders zwischen Stadt und Land, zu verringern.[97] Hierzu bedürfen sie des Ausbaus und der regelmäßigen Anpassung an aktuelle Gegebenheiten. Für die Rentenversicherung wurde nach langem Ringen 2019 eine Reform beschlossen, deren Umsetzung – wie noch gezeigt werden wird – teilweise noch aussteht und dringend notwendig ist.

Um zu veranschaulichen, welche Wege Rentenversicherungsreformen in Brasilien durchlaufen müssen und wie die Rentenversicherung in das staatliche Gesamtsystem einzuordnen ist, soll zunächst ein Überblick über die Grundstrukturen des Staates (1.) sowie die Verfassung und die in ihr enthaltenen Elemente von Rechtsstaatlichkeit gegeben werden (2.). Des Weiteren wird die Verfassung auf Bestimmungen zur sozialen Sicherheit hin untersucht (3.). Schließlich werden die Gesetzgebung (4.) und die brasilianische Normenhierarchie beleuchtet (5.).

---

94 *Stöllger*, APuZ 50-51/2013, 19.
95 Der Gini-Koeffizient ist ein häufig verwendetes Maß zur Darstellung von Ungleichverteilungen. Er hat eine Messweite von 0 bis 100; je kleiner der Wert, desto gleichmäßiger die Verteilung. Bei einem Wert von 100 herrscht absolute Ungleichheit. Siehe hierzu *The World Bank*, World Development Indicators 2013, S. 36.
96 *The World Bank*, Data: GINI index (World Bank estimate).
97 *Hochman/Williamson*, IRSS 48 (2/1995), 33 (49).

1. Staatsaufbau und politisches System

Der in der brasilianischen Verfassung[98] – *Constituição da República Federativa do Brasil de 1988* – verwendete offizielle Name des Staates, Föderative Republik Brasilien, verrät es bereits: Brasilien ist wie Deutschland föderativ aufgebaut. 26 Bundesstaaten und der Bundesdistrikt Brasília (*Distrito Federal*),[99] diese wiederum untergliedert in insgesamt 5.565 Munizipien[100] als dritte Verwaltungs- und Regierungsebene, formen zusammen die brasilianische Union (*União*), wie die politisch-administrative Einheit auf Bundesebene in der Verfassung genannt wird.[101] Jede Ebene hat ihre eigene, direkt gewählte Exekutive und Legislative; eine eigene Judikative fehlt nur auf Ebene der Munizipien. Der Katalog der in der Verfassung festgeschriebenen Bundeskompetenzen (Art. 21 für die Organisation und Art. 22 für die Gesetzgebung) ist ein weitgehender. Durch ihn soll sichergestellt werden, dass wesentliche und wichtige Materien landesweit einheitlich geregelt werden.[102] Brasilien möchte mit dem Föderalismus seiner flächenmäßigen Größe und der großen ethnischen sowie zum Teil auch sprachlichen Vielfalt im Land begegnen,[103] eine weitgehende Kontrolle des Bundes soll aber eine Zersplitterung verhindern.

Staatsorganisatorisch ist der brasilianische Bundesstaat eine präsidentielle Republik, was durch die aus dem Präsidenten und seinen Ministern bestehende Exekutive zum Ausdruck kommt. Die Parteienlandschaft in Brasilien ist vielfältig[104] und in der Regel müssen breite Koalitionen gebildet werden,[105] was in der Fachliteratur auch als „Koalitionspräsidentialismus" bezeichnet wird.[106] Die Beschlussfassung gestaltet sich aufgrund dessen

---

98 Veröffentlicht im *Diário Oficial da União* Nr. 191-A vom 5.10.1988, zuletzt geändert durch Verfassungsänderung Nr. 107 vom 2.7.2020 (*Diário Oficial da União* vom 3.7.2020, Teil 1, S. 3); im Folgenden: Verfassung.

99 *Konrad-Adenauer-Stiftung*, Wahlsystem und Hintergrundinformationen.

100 *IBGE*, Perfil dos Municípios Brasileiros, Zusammenfassung.

101 Art. 1 und 18; siehe hierzu *Castro/Lazzari/Duarte*, RDP 4 (2011), 11 (13 f.).

102 Zu diesen Materien gehört im Hinblick auf die Gesetzgebung – nicht aber die Organisation – auch die Sozialversicherung mit Ausnahme der Versicherung für die Beamten, deren Gestaltung den Bundesstaaten obliegt, hierzu ausführlich im folgenden Punkt B.I.4.

103 *Mendes/Branco*, Curso de Direito Constitucional, S. 806.

104 Die Gründungsfreiheit von politischen Parteien gewährleistet Art. 17 der Verfassung.

105 Derzeit (Juli 2020) sind im Abgeordnetenhaus 25 Parteien vertreten, die Regierungskoalition besteht aus elf Parteien, *Konrad-Adenauer-Stiftung*, Wahlsystem und Hintergrundinformationen.

106 *Costa*, BIS 2013, 23 (24).

häufig schwierig und führt mitunter zu einer ausgeprägten politischen „Tauschbörse".[107] Der Weg zu Reformen kann durch die Parteienvielfalt erschwert werden.

2. Verfassung und Rechtsstaatlichkeit

Die Grundstrukturen des Staates ergeben sich aus der 1988 ins Leben gerufenen brasilianischen Verfassung, der höchsten Norminstanz Brasiliens. Das in einem demokratisch-legitimierten Verfassungsgebungsprozess von 1985 bis 1988[108] entstandene Werk kennzeichnet, so heißt es, den „demokratischen Neubeginn"[109] des Staates. Mit ihm sollte ein Schlussstrich unter die vorangegangene Militärdiktatur (1964–1985) gezogen werden. Die brasilianische Verfassung ist mit ihren aktuell[110] 250 zum Teil sehr ausführlichen Artikeln und 114 Übergangsbestimmungen eine der längsten Verfassungsurkunden weltweit.[111] Sie folgt in dieser Hinsicht traditionsgemäß ihren Vorgängerinnen, die ebenfalls ausführlich ausgestaltet waren.[112] Als Reaktion auf die (nicht wieder erwünschte) Militärdiktatur wurden nun aber die Grundsätze der Rechtsstaatlichkeit und Demokratie stark ausgebaut und ein besonderes Augenmerk auf die Ausgestaltung von individuellen und sozialen Grundrechten gelegt. Ihre Bedeutung betonend, sind diese Grundsätze bereits in den ersten Artikeln der Verfassung normiert und umfangreich ausgestaltet – allein der Grundrechtskatalog des Art. 5[113] enthält bereits 78 Absätze.[114] Man geht in Brasilien zudem von einem offenen materiellen Grundrechtskatalog aus,[115] was bedeutet, dass Grundrechtsnormen auch in Artikeln außerhalb des Grundrechtskataloges und zudem in internationalen Abkommen enthalten sein können. Die Frage, welche Bestim-

---

107 Hierzu ausführlich *Costa*, BIS 2013, 23 (24).
108 *Sarlet*, Die Problematik der sozialen Grundrechte in der brasilianischen Verfassung und im deutschen Grundgesetz, S. 52 ff.
109 *Costa*, BIS 2013, 23 (24).
110 Nach dem Stand von Anfang August 2020.
111 Vgl. *Sarlet*, Die Problematik der sozialen Grundrechte in der brasilianischen Verfassung und im deutschen Grundgesetz, S. 53.
112 Vgl. Verfassungen von 1934, 1937, 1946, 1967.
113 Artikel ohne Gesetzesangabe sind in dem Brasilien gewidmeten Teil B. I. solche der brasilianischen Verfassung von 1988.
114 Siehe hierzu ausführlich *Sarlet*, Die Problematik der sozialen Grundrechte in der brasilianischen Verfassung und im deutschen Grundgesetz, S. 55 ff.
115 Vgl. Art. 5 § 2 der Verfassung.

mungen tatsächlich auch Grundrechte enthalten, ist allerdings Gegenstand vielfältiger Diskussionen und soll hier nicht näher erläutert werden.[116]

Der verfassungsrechtliche Grundrechtskatalog enthält verschiedene Arten von Grundrechten wie Freiheitsrechte, Leistungsrechte, Verfahrensgrundrechte und Einrichtungsgarantien.[117] Darunter finden sich Grundrechte, die man auch aus dem deutschen Grundgesetz kennt. Der brasilianische Art. 1 III etwa garantiert die Menschenwürde, aus welcher das Grundrecht auf Sicherung des Existenzminimums abgeleitet wird,[118] Art. 5 I die Gleichheit von Mann und Frau und Art. 5 XXII das Recht auf Eigentum. Ähnlich wie in Deutschland wird in der Garantie der Menschenwürde die Grundlage für staatliche Fürsorgeleistungen gesehen; letztere sind aber zudem ausdrücklich als soziale Grundrechte festgeschrieben (Art. 6) und in Art. 203 und 204 der Verfassung sogar näher ausgestaltet.

Neben dem Grundrechtskatalog ist ein wichtiges Merkmal der Rechtsstaatlichkeit die Garantie des Vertrauensschutzes (Art. 5 XXXVI), welcher insbesondere das Vertrauen auf den Bestand der Gesetze schützen soll und insofern natürlich auch für die Rentenversicherung zum Tragen kommen kann. Der hieraus abgeleitete sogenannte Schutz erworbener Rechte (*direitos adquiridos*) umfasst inhaltlich nicht nur den mit Erfüllen der Leistungsvoraussetzungen entstehenden Anspruch auf den Bezug einer Rente, sondern besagt auch, dass diese so zu gewähren ist, wie es dem Einzelnen beim Eintritt in den Ruhestand gesetzlich zustand; der rechtliche Status quo wird sozusagen konserviert.[119] Dieser Schutz greift aber, das ist zu betonen, erst ab dem Moment des Renteneintritts – bis dahin bleibt der Einzelne von Gesetzesänderungen nicht verschont, es sind jedoch Übergangsvorschriften zu normieren. Anwartschaften werden von der Verfassung nicht unmittelbar geschützt, weder im Wege des Vertrauensschutzes noch anderweitig.[120]

Art. 5 normiert in Abs. XXXV die Rechtsschutzgarantie und in Abs. II den Vorbehalt des Gesetzes. Aus der zuletzt genannten Vorschrift folgt unmittelbar, dass jede Verpflichtung in Bezug auf die Rentenversicherung wie etwa die Erhebung und auch Erhöhung von Beiträgen stets einer ge-

---

116 Vgl. *Sarlet*, ZIAS 2005, 217 (229).
117 Siehe hierzu *Sarlet*, Die Problematik der sozialen Grundrechte in der brasilianischen Verfassung und im deutschen Grundgesetz, S. 107.
118 *Sarlet*, in: FS Canaris, 771 (777).
119 Vgl. *Moraes*, Direito Constitucional, S. 409.
120 Vgl. *Favaro*, Revista do mestrado em direito UCB 3 (2009), 163 (170); *Bulos*, Curso de Direito Constitucional, S. 636 f.

setzlichen Grundlage bedarf.[121] Der Vorrang des Gesetzes wiederum ist in Art. 37 der Verfassung normiert.[122] Wichtig ist auch das für das brasilianische rechtsstaatliche Institutionsgefüge geltende und direkt zu Beginn der Verfassung festgehaltene Prinzip der Gewaltenteilung (Art. 2). Titel IV der Verfassung bestimmt eine präsidentielle Exekutive, eine unabhängige Judikative, deren verfassungsrechtliche Spitze der Verfassungsgerichtshof (*Supremo Tribunal Federal*)[123] bildet, sowie eine Legislative, welche auf Bundesebene durch den Nationalkongress verkörpert wird. Die Verfassung ordnet die Unabhängigkeit der Gewalten sowie die Wahrung eines Gleichgewichts zwischen ihnen an, Art. 2 S. 2. Die Gewaltenteilung unterliegt – ebenso wie die individuellen Rechte und Garantien sowie der Grundsatz geheimer, direkter und universaler Wahlen – der in Art. 60 § 4 verankerten Ewigkeitsklausel (*cláusula pétrea*); sie kann auch durch eine Verfassungsänderung nicht angetastet werden.[124] Zusammengefasst wartet die brasilianische Verfassung also mit allen essentiellen Elementen formeller und materieller Rechtsstaatlichkeit auf.

3. Soziale Sicherheit und Rentenversicherung in der Verfassung

Ein ausdrückliches Bekenntnis zum Sozialstaat, wie es dem deutschen Grundgesetz entnommen wird, sucht man zwar vergebens, inhaltlich lässt sich der Verfassung aber eine deutliche Entscheidung pro Sozialstaatlichkeit entnehmen.[125] Dies kommt schon in den zu Beginn der Verfassung verankerten *objetivos fundamenteis* (Art. 3), den fundamentalen Staatszielen zum Ausdruck, die auch solche sozialer Art enthalten wie das Schaffen einer freien, gerechten und solidarischen Gemeinschaft, die Beseitigung

---

121 Vgl. *Ibrahim*, Curso de Direito Previdenciário, S. 63; zum Vorbehalt des Gesetzes im brasilianischen Recht generell *Rodrigues*, Gesetzmäßigkeit der Verwaltung, S. 107 ff.
122 Hierzu ausführlich, *Rodrigues*, Gesetzmäßigkeit der Verwaltung, S. 53 ff.
123 Zu beachten ist, dass im Gegensatz zum deutschen Recht, in welchem dem Bundesverfassungsgericht das Verwerfungsmonopol im Falle der Verfassungswidrigkeit von Parlamentsgesetzen zusteht, im brasilianischen Recht jedes Gericht zur Nichtanwendung eines von ihm für verfassungswidrig gehaltenen Gesetzes befugt ist, mit der Möglichkeit – aber nicht der Pflicht – der Überprüfung durch den Obersten Gerichtshof, siehe hierzu *Mendes*, Die abstrakte Normenkontrolle vor dem Bundesverfassungsgericht und vor dem brasilianischen Supremo Tribunal Federal, S. 33 f.
124 Zum Prozess der Verfassungsänderung siehe unten, B.I.4.
125 Siehe hierzu ausführlich *Sarlet*, Die Problematik der sozialen Grundrechte in der brasilianischen Verfassung und im deutschen Grundgesetz, S. 62 ff.; *Sarlet*, ZIAS 2005, 217 (220 f.).

von Armut und Ausgrenzung, die Verminderung sozialer und regionaler Ungleichheiten sowie die Förderung des Wohls aller. Auch die umfassenden (allgemeinen) Grundrechte beeinflussen naturgemäß die Haltung eines Staates zum Thema soziale Sicherheit. Vor allem aber präsentiert die Verfassung den Willen zur Sozialstaatlichkeit in ihrem ausführlichen Kapitel diverser, explizit so benannter *sozialer* Grundrechte (*direitos sociais*), Art. 6 bis 11 – die Ausführlichkeit dieser Regelungen lässt aus deutscher Perspektive schlicht staunen.

Art. 6 der Verfassung listet die sozialen Grundrechte auf – darunter auch das Recht auf Sozialversicherung (*Previdência Social*) –[126] und formuliert, dass diese „in der Form dieser Verfassung"[127] zu gewähren sind. Damit verweist die Norm auf den Titel der Sozialordnung der Verfassung, Art. 193– 232, in welchem die sozialen Grundrechte konkretisiert werden. Art. 6 der Verfassung ist daher stets zusammen mit den entsprechenden Bestimmungen im Titel der Sozialordnung zu betrachten und anzuwenden.[128] Im Gegensatz zu den im Titel der Sozialordnung enthaltenen Normen sind die sozialen Grundrechte aber von der Ewigkeitsklausel erfasst und damit unabänderlich und vor allem unabschaffbar, Art. 60 § 4 IV der Verfassung.

In dem zum Titel der Sozialordnung gehörigen Art. 201 werden für die Rentenversicherung bemerkenswert detaillierte Regelungen getroffen. Bestimmt werden etwa die Leistungsvoraussetzungen für den Rentenbezug, der Pflichtcharakter der Versicherung, ein Anspruch auf Weihnachtsgeld für Rentner und die Möglichkeit des freiwilligen Beitritts zur Rentenversicherung. Erwähnenswert ist, dass zudem eine Mindestrentenhöhe in Höhe eines Mindestlohnes festgeschrieben wird;[129] 1.045,00 Reais in 2020 (ab Februar).[130] Dies öffnet die Tür für die Integration von Fürsorgeelementen in die Rentenversicherung und ist sozusagen Ausdruck des in Brasilien in besonderer Weise ausgeprägten Solidargedankens. Nicht zuletzt finden in diesem Kapitel auch die Grundlagen der Finanzierung der Versicherung ihre Niederschrift; insbesondere wird hier die Finanzierung durch Beiträge

---

126 Zu dem Begriff sogleich.
127 So auch die Übersetzung von *Sarlet*, Die Problematik der sozialen Grundrechte in der brasilianischen Verfassung und im deutschen Grundgesetz, S. 135.
128 *Sarlet*, Die Problematik der sozialen Grundrechte in der brasilianischen Verfassung und im deutschen Grundgesetz, S. 135.
129 Art. 201 § 2 der brasilianischen Verfassung. Siehe hierzu auch *Ibrahim*, Curso de Direito Previdenciário, S. 119 f.
130 Art. 2 Gesetz Nr. 14.013 vom 10.6.2020, veröffentlicht im *Diário Oficial da União* vom 12.6.2020, Teil 1, S. 5 (zuvor Art. 1 *Medida Provisória* Nr. 919 vom 30.1.2020, veröffentlicht im *Diário Oficial da União* vom 31.1.2020, Teil 1, S. 1).

und damit ein entscheidendes Wesensmerkmal eines Versicherungssystems normiert, Art. 195 und 201 der Verfassung. Die brasilianische Verfassung offenbart bereits den Grundcharakter der Rentenversicherung als „Bismarck-System".

Art. 7–11 der Verfassung normieren die sozialen Grundrechte der Arbeiter, welche damit sozusagen eine soziale Sondergruppe bilden.[131] Art. 7 XXIV gewährt ihnen ein Recht auf Altersversorgung (*aposentadoria*), Art. 7 IV, VII sichern den Erhalt eines Mindestlohnes zu.

Bemerkenswert ist auch, dass Art. 5 § 1 der Verfassung die unmittelbare Anwendbarkeit der Grundrechte anordnet und sich damit nach herrschender Meinung auf alle Grundrechte bezieht, auch auf die sozialen Leistungsrechte.[132] Pate für diese Norm stand unter anderem Art. 1 Abs. 3 des deutschen Grundgesetzes.[133] Eine unmittelbare Anwendbarkeit von Leistungsrechten bringt aber – wenig verwunderlich – große Umsetzungsschwierigkeiten mit sich. Dies gilt schon deshalb, weil Grundrechte in der Regel stark konkretisierungsbedürftig sind, auch in Brasilien. Der Umgang mit dieser Norm wird daher kontrovers diskutiert, ebenso das Finden verfassungskonformer Lösungen.[134] Vorgeschlagen wird – nachvollziehbarerweise – etwa, dass im konkreten Fall eine Abwägung stattzufinden hat zwischen der „existenziellen Notwendigkeit einer bestimmten sozialen grundrechtlich-verbürgten Leistung und den kollidierenden Verfassungsgrundsätzen des Parlamentsvorbehalts, des Gewaltenteilungsprinzips und des Vorbehalts des Möglichen".[135] Art. 5 § 1 soll insgesamt als Gebot verstanden werden, den Grundrechten zu ihrer größtmöglichen Wirksamkeit und Verwirklichung zu verhelfen.[136] Beabsichtigt war vom Gesetzgeber wohl vor allem, ein grundrechtsfreies Agieren der staatlichen Organe zu verhindern.[137]

Gerade auf die Rentenversicherung bezogen sind subjektive Leistungsrechte aber bereits höchstrichterlich anerkannt und unter unmittelbarer Anwendbarkeit der Verfassung gewährt worden – dies war möglich, gerade

---

131 So *Sarlet*, Die Problematik der sozialen Grundrechte in der brasilianischen Verfassung und im deutschen Grundgesetz, S. 132.
132 Siehe hierzu ausführlich ebenda, S. 170.
133 Ebenda, S. 169.
134 Hierzu ebenda, S. 171 ff.
135 *Sarlet*, ZIAS 2002, 1 (15).
136 Ebenda, (13).
137 *Sarlet*, Die Problematik der sozialen Grundrechte in der brasilianischen Verfassung und im deutschen Grundgesetz, S. 551.

weil Art. 201 einige Bestimmungen für die Rentenversicherung enthält, die nicht weiter konkretisierungsbedürftig sind.[138]

Dass die unmittelbare Anwendbarkeit der Grundrechte natürlich in den meisten Fällen nicht realisierbar ist, zeigt aber auch, was bekannt ist, nämlich dass Verfassung und Verfassungsrealität nicht immer gleichzusetzen sind. Sozialstaatliche Ambitionen sind in der brasilianischen Verfassung mehr als nur erkennbar. Für die Rentenversicherung bleibt zu untersuchen, wie die sozialen Verfassungsvorgaben näher umgesetzt werden.

Für das systematische Verständnis ist zu beachten, dass die Verfassung den Oberbereich und -begriff soziale Sicherheit in drei verschiedene Teilbereiche unterteilt[139]: Gesundheit (*saúde*), Sozialhilfe (*assistencia social*) und *Previdência Social*, was regelmäßig und auch hier mit Sozialversicherung übersetzt wird.[140] Es handelt sich um einen brasilianischen Eigenbegriff beziehungsweise die Bezeichnung für die brasilianische Sozialversicherung und beschreibt ein staatlich verwaltetes und durchgesetztes, obligatorisches und kollektives Versicherungssystem zur Absicherung sozialer Risiken.[141] Einer wörtlichen Übersetzung in die deutsche Sprache ist der Begriff nicht zugänglich. Zur Aufgabe der *Previdência Social* gehören vor allem die Absicherung der Risiken Arbeitsunfall, Arbeitslosigkeit, Tod, Invalidität und Mutterschaft sowie auch die soziale Absicherung im „vorgerückten Alter" (*idade avancada*), Art. 201. Die staatliche Gesundheitsversorgung der Bürger wird in Brasilien beitragsunabhängig gewährleistet; sie ist steuerfinanziert und damit nicht dem Bereich der Versicherung zuzuordnen. Die Sozialhilfe ist bedarfsorientiert und ebenfalls steuerfinanziert.

Wichtig ist, dass die Verfassung eine Differenzierung zwischen der Sozialversicherung für die Beamten und derjenigen für alle sonstigen Beschäftigten und Bürger anordnet. Für die der Beamten sind in den Art. 39 ff. der Verfassung, die seit Einführung der Verfassung zahlreiche Änderungen erfahren haben, eigene Rahmenbedingungen festgeschrieben.

Schließlich enthält die Verfassung auch Grundsätze zur Organisation der Rentenversicherung. Art. 194 *parágrafo único* VII schreibt ihren demokratischen Charakter unter Beteiligung der Gemeinschaft, besonders der Arbeitnehmer, Unternehmer und Rentner vor.

---

138 Siehe hierzu ausführlich ebenda, S. 208.
139 Siehe Titel XIII Kapitel II der brasilianischen Verfassung.
140 Z.B. *Schwarzer*, Sozialstaatliche Rentenreformen in Lateinamerika?, S. 88.
141 *Malloy*, The politics of social security in Brazil, S. 4; *Ibrahim*, Curso de Direito Previdenciário, S. 27.

4. Gesetzgebung und Gesetzgebungskompetenzen

Die Gesetzgebung obliegt auf Bundesebene dem Nationalkongress (*Congresso Nacional*), der sich aus zwei Häusern, auch Kammern genannt, zusammensetzt; dem Senat (*Senado*) und dem Abgeordnetenhaus (*Câmara dos Deputados*), Art. 44 der Verfassung. Der 81 Senatoren[142] umfassende Senat formt sich aus jeweils drei Vertretern eines jeden Bundesstaates. Die 513 Sitze[143] des Abgeordnetenhauses werden unter den Bundesstaaten und dem Regierungsdistrikt nach der Anzahl der Einwohner verteilt. Allein der Nationalkongress hat die Kompetenz inne, die Verfassung zu ändern.

Zu den in Art. 22 der Verfassung geregelten ausschließlichen Gesetzgebungskompetenzen des Bundes gehört auch der Bereich soziale Sicherheit, Art. 22 XXIII. Das Rentenversicherungsrecht wird demnach auf Bundesebene gesetzlich geregelt – mit einer Ausnahme: Art. 24, der die konkurrierende Gesetzgebungskompetenz betrifft, zählt in Abs. XII die *Previdência Social* auf, womit aber unstreitig ausschließlich das Rentenversicherungssystem für die staatlich Bediensteten, die Beamten, gemeint ist.[144] Die Beamten werden seit jeher in eigenen Systemen versorgt beziehungsweise versichert, und die Details können die einzelnen Gebietskörperschaften mithin für ihre Bediensteten selbst regeln.[145] Steht dem Nationalkongress wie bei der Rentenversicherung der Beamten nicht die ausschließliche, sondern nur die konkurrierende Gesetzgebungskompetenz für eine Materie zu, so beschränkt sie sich auf Bundesebene auf den Erlass allgemeiner Normen (Art. 24 § 1).

Während also aufgrund der genannten Kompetenzen für die gesetzliche Rentenversicherung des privaten Sektors national einheitliche Regelungen gelten, ergibt sich für die Versicherung der Beamten theoretisch eine gewisse regionale Systemvielfalt.

5. Rechtsquellen der Rentenversicherung: Normen und Normenhierarchie

Art. 59 der Verfassung listet die in Brasilien existierenden Normarten auf, von denen es eine nicht geringe Vielfalt gibt und von denen die im Folgenden dargestellten für die Rentenversicherung zum Tragen kommen. Da

---

142 *Konrad-Adenauer-Stiftung*, Wahlsystem und Hintergrundinformationen.
143 Ebenda; *Nicolau/Stadler*, in: Fontaine/Stehnken, Das politische System Brasiliens, S. 103 (110).
144 *Ibrahim*, Curso de Direito Previdenciário, S. 83.
145 Vgl. auch Art. 39 der brasilianischen Verfassung.

einige der brasilianischen Normarten im deutschen Recht nicht bekannt sind und es dementsprechend an einer feststehenden deutschen Bezeichnung für sie fehlt, werden sie im Folgenden unter Heranziehung ihrer brasilianischen Bezeichnung näher erläutert. Ferner bildet eine weitere „Rechtsquelle" in Brasilien, wie auch in Deutschland, das Richterrecht.

a. Die Verfassung (*Constituição*)

An höchster Stelle in der Normenhierarchie steht die bereits beschriebene Verfassung mit ihren Änderungen (*Emendas Constitucionais*). Aufgrund der Detailliertheit der Verfassung fallen auch ihre Änderungen, die stets in eigenen Gesetzen festgehalten werden, entsprechend umfangreich aus.

b. *Leis complementares* und *leis ordinárias*

Es folgen sogenannte ergänzende und ordentliche Gesetze (*leis complementares* und *leis ordinárias*), die vom Nationalkongress erlassen werden. Das Wort „ergänzend" bezieht sich auf die Verfassung; diese wird durch die ergänzenden Gesetze vervollständigt. Was durch ergänzende Gesetze zu regeln ist, ist in der Verfassung selbst an den entsprechenden Stellen festgeschrieben. Die ordentlichen Gesetze befassen sich mit der übrigen Materie. Ansonsten unterscheiden sich die ergänzenden Gesetze von den ordentlichen dadurch, dass ihr Erlass aufgrund der Verfassungsnähe eine absolute Mehrheit erfordert (Art. 69 der Verfassung), während für die ordentlichen Gesetze lediglich eine einfache Mehrheit erreicht werden muss (Art. 47). Ob zwischen den ergänzenden und den ordentlichen Gesetzen tatsächlich eine Hierarchie herrscht, ist in der brasilianischen Literatur umstritten. Da die Regelungsbereiche unterschiedlich sind, stellt sich die Frage der Hierarchie in der Praxis aber normalerweise nicht. Bei den Sozialversicherungsgesetzen, den Gesetzen Nr. 8.212/91 und Nr. 8.213/91 (dazu noch später), handelt es sich um ordentliche Gesetze.

c. *Medidas provisórias*

In der Hierarchie zwei Stufen unter den ergänzenden und ordentlichen Gesetzen liegen die *medidas provisórias*, die sogenannten provisorischen

Maßnahmen, die man auch als einstweilige Anordnungen mit vorläufigem Charakter bezeichnen könnte. Sie können nach Art. 62 der Verfassung in den dort aufgelisteten Bereichen in wichtigen und eilenden Fällen mit unmittelbarer Gesetzeskraft vom Präsidenten erlassen werden, verlieren ihre Wirksamkeit aber wieder, wenn sie nicht innerhalb von 60 Tagen nach ihrer Bekanntgabe vom Nationalkongress in ein Gesetz umgewandelt werden (Art. 62 § 3 der Verfassung). Die *medidas provisórias* veranschaulichen zusammen mit den zuvor genannten *leis delegadas* die große Macht, die in Brasilien dem Präsidenten des Landes zukommt. Von den provisorischen Maßnahmen wird nicht selten Gebrauch gemacht, und das Staatsoberhaupt mischt sich auf diesem Wege auch aktiv in die Sozialgesetzgebung ein. Eine unlängst viel diskutierte provisorische Maßnahme ist Nr. 676 vom 17. Juli 2015, die inzwischen Gesetz geworden ist[146] und mit der die Rentenberechnung (präsidentiell) verändert wurde.[147]

d. *Decretos*

Das *decreto*, die von der Exekutive erlassene Rechtsverordnung, ist als nicht unter die Gesetzgebung fallend nicht in Art. 59 der Verfassung aufgeführt und gehört nach brasilianischem Rechtsverständnis streng genommen nicht eingereiht in die Normenhierarchie. Sie soll an dieser Stelle aber Beachtung finden, da auch die sozialversicherungsrechtlichen Gesetzesvorschriften für die Rentenversicherung auf diese Weise näher ausgestaltet und konkretisiert werden (insbesondere durch das *Decreto* Nr. 3.048/99, dazu später). Es versteht sich von selbst, dass ein *decreto* stets mit den Gesetzen in Einklang zu stehen hat; es darf ein Gesetz aber – sofern es das Gesetz erlaubt – konkretisieren.[148]

---

146 Gesetz Nr. 13.183 vom 4.11.2015, veröffentlicht im *Diário Oficial da União* vom 5.11.2015, S. 1.

147 Hierzu noch später, D.I.1.g.bb.

148 An einigen Stellen in dieser Arbeit, hauptsächlich im geschichtlichen Teil, ist die Rede von einem *decreto-lei*, einem Exekutivgesetz – hierbei handelt es sich weder um ein *decreto*, noch um ein oben erläutertes *decreto legislativo*, sondern um eine Zwischenform, die in der Vergangenheit verwendet wurde und heute am ehesten einer *medida provisória*, einer vorläufigen Maßnahme/einstweiligen Anordnung entspricht. Sie wurde von der Exekutive erlassen und durfte nur in Ausnahmebeziehungsweise Notfällen verwendet werden. In der heutigen Verfassung findet sie sich so nicht mehr.

6. Zusammenfassung

Die brasilianische Verfassung rechtfertigt es, Brasilien als Rechtsstaat[149] zu bezeichnen. Nicht nur wird mit ihr eine formelle Rechtsordnung begründet, sie garantiert auch inhaltlich rechtsstaatliche Grundsätze wie etwa die Gewaltenteilung, die Bindung der Staatsgewalt an Recht und Gesetz sowie die Überprüfung staatlicher Entscheidungen von unabhängigen Gerichten. Die Verfassung selbst nimmt eine herausragende Rolle in dem rechtsstaatlichen Gefüge ein und manifestiert ambitionierte Ziele, auch für die Verwirklichung eines Sozialstaates. Gleich zu Beginn wartet sie mit einem umfangreichen Kapitel über – so bezeichnete – fundamentale und soziale Grundrechte auf. Die Ausführlichkeit, mit der sich die Verfassung der sozialen Sicherheit widmet, betont, wie wichtig es bei ihrer Verabschiedung erschien, diesbezügliche Regelungen so verbindlich wie möglich festzuhalten, auch aus Angst vor staatlicher Willkür. Der Anspruch des Einzelnen auf Sozialversicherung – *Previdência Social* – ist in Art. 6 als soziales Grundrecht festgeschrieben und zu den sozialen Grundrechten der Beschäftigten gehört explizit das Recht auf Rente. Sind die Leistungsvoraussetzungen erfüllt, gewährt der Vertrauensgrundsatz, der bei Veränderungen auch für Übergangsregelungen sorgt, Schutz vor Leistungskürzungen. Denjenigen, die die Leistungsvoraussetzungen nicht erfüllen, garantiert die in Art. 1 III der Verfassung festgeschriebene Menschenwürde zumindest die Absicherung des Existenzminimums.[150] Die fundamentalen und sozialen Grundrechte sind von der Ewigkeitsklausel erfasst. Wörtlich genommen darf das Institut der Sozialversicherung nicht im Wege von Reformen beseitigt werden.

Art. 201 der Verfassung formuliert Rahmenbedingungen für die Rentenversicherung und normiert gleichzeitig Einzelheiten für ihre Ausgestaltung – und zwar im Grundsatz als Versicherungssystem. Denn festgelegt werden hier insbesondere ihr Beitragscharakter und der Versicherungszwang; zwei Grundcharakteristika der Sozialversicherung. Gleichzeitig wird jedoch auch ein Mindestrentenwert in Höhe eines Mindestlohnes festgelegt – ein solcher ist dem Versicherungsprinzip prinzipiell fremd und offenbart, dass in Brasilien die Armutsbekämpfung eines der Hauptziele ist, das auch mit der Sozialversicherung und nicht nur der Sozialhilfe erreicht werden soll.

---

149 Zur Definition siehe Fn. 90.
150 Siehe Fn. 118.

Eine Änderung des Art. 201 der Verfassung ist – im Gegensatz zu den zuvor genannten sozialen Grundrechten – möglich, jedoch schwierig durchzusetzen. Sie bedarf gemäß Art. 60 § 2 der Verfassung einer Drei-Fünftel-Mehrheit der Stimmen beider Kammern des Nationalkongresses (Senat und Abgeordnetenhaus), und die dort vertretenen Ansichten können aufgrund der Parteienvielfalt stark variieren. Die Verfassung kann aufgrund ihrer Ausführlichkeit und schwierigen Änderungsmöglichkeit immer wieder Reformen in die Quere kommen und soll es auch. Sie ist eine Medaille mit zwei Seiten: Schutz der Rechte vor staatlicher Willkür auf der einen, Gefahr des Reformstillstandes auf der anderen Seite. Die Zahl der Verfassungsänderungen – 107 seit Einführung der Verfassung 1988[151] – zeigt aber, dass Reformen keineswegs unmöglich sind. Ob die Verfassungswirklichkeit, die in Brasilien oftmals als nicht ausreichend vorhanden kritisiert wird, den ambitionierten Zielen gerecht wird, ist eine andere Frage, auf die möglicherweise die folgenden Ausführungen in Teilen Antwort geben können.

Für die Rentenversicherung der Beamten kommt die föderative Struktur des Staates zum Tragen, da die einzelnen Regierungs- beziehungsweise Verwaltungsebenen ihre eigenen Rentenversicherungssysteme schaffen können. Die Rentenversicherung für den privaten Sektor hingegen ist bundeseinheitlich geregelt.

Neben der Verfassung sind für die Rentenversicherung vor allem die ordentlichen Gesetze relevant sowie zusätzlich Ausführungsbestimmungen in exekutiven Rechtsverordnungen, den *decretos*. Im Konfliktfall von Normen auf der gleichen Hierarchieebene geht die speziellere der allgemeineren sowie die neuere der älteren Norm vor.[152]

II. China

Dass die Volksrepublik China in den vergangenen Jahrzehnten ein rasantes Wirtschaftswachstum vollzogen hat, ist allgemein bekannt. Dass China auch bemüht ist, ein funktionierendes System sozialer Sicherheit zu etablieren sowie rechtlich zu verankern und darin in den vergangenen Jahren bemerkenswerte Fortschritte erzielt hat, hingegen weniger. Dies mag mitunter daran liegen, dass China aus westlicher Perspektive nicht als Rechtsstaat

---

151 *Presidência da República*, Emendas Constitucionais, http://www.planalto.gov.br/cci vil_03/constituicao/Emendas/Emc/quadro_emc.htm (Stand: 8.8.2020).

152 Vgl. *Ibrahim*, Curso de Direito Previdenciário, S. 152.

angesehen wird – ja häufig sogar als Unrechtsstaat, der sein Volk unter-
drückt, tituliert wird –, ein System sozialer Sicherheit aber in der Regel
mit Recht, verbindlichen Gesetzen und Gerechtigkeit in Zusammenhang
gebracht wird.

China hat mittlerweile ein nicht allzu kleines Regelwerk an Gesetzen
inklusive Sozialversicherungsgesetz und Verfassung vorzuweisen. Diese verleihen der Volksrepublik aber natürlich nicht automatisch Rechtsstaatsqua-
litäten im westlichen Sinne, auch wenn China sich selbst als Rechtsstaat
bezeichnet. Und genauso wenig lässt sich allein aus der Existenz von Systemen sozialer Sicherung auf einen Sozialstaat schließen. Man mag aber
auch bereits erahnen, dass das westliche Verständnis von Begriffen wie
Rechtsstaatlichkeit ein anderes ist als das chinesische. Um zu verstehen, wie
Recht und Gesetz in China funktionieren, einzuordnen sind, mit anderen
Parametern zusammenspielen und was sie tatsächlich gewährleisten, muss
das staatliche Gefüge insgesamt in Augenschein genommen werden und
die Stellung von Recht und Gesetz und schließlich der sozialen Sicherheit
darin untersucht werden.

Zunächst soll ein Überblick über die Entwicklung von Recht und Gesetz
in China überhaupt gegeben (1.) und dann das Staatsgefüge näher erläutert
werden (2.). Danach wird auf die Verfassung – sowohl im Hinblick auf
ihren Inhalt als auch ihre Stellung im Staatsgefüge – eingegangen (3.).
Auch soll die Verfassung auf Bestimmungen zur sozialen Sicherheit hin
untersucht werden (4.). Schließlich werden die Gesetze beziehungsweise
Normen sowie die chinesische Normgebung erläutert (5.).

1. Überblick über die Entwicklung eines „westlichen" Rechtssystems

Das, was man aus westlicher Sicht als Recht und Gesetz betrachtet, hat
in China keine Tradition.[153] Das traditionelle chinesische Rechtssystem
ist eng verbunden mit der chinesischen Kultur. Das Zusammenleben wurde bestimmt und geordnet durch die geltenden Werte – Sitte, Moral, Hu-
manität, ethisches Verhalten, das Prinzip der Familien-Hierarchie sowie

---

153 Die Rechtsentwicklung in China ist ein komplexes Thema, dem in der Literatur
vielfach Aufmerksamkeit gewidmet wird. Hier soll nur ein kurzer Abriss gegeben
werden. Für eine ausführliche Darstellung siehe z.B. *Kischel*, Rechtsvergleichung,
S. 732 ff.

die Pflichten des Einzelnen standen im Vordergrund.[154] Objektives Recht und subjektive Rechte hingegen spielten keine Rolle.[155] Die Kultur war und ist stark geprägt ist von prominenten chinesischen Denkern – allen voran Konfuzius (551–479 v. Chr.) –, die dem, was in der westlichen Welt als Recht gilt, häufig eher feindlich gesinnt waren.[156] Seit jeher gab es umfassende gesellschaftliche Verhaltensregeln als Gewohnheitsnormen, deren Nichtbeachtung mit harten Strafen geahndet wurde, ohne dass es hierzu formeller Gesetze bedurfte.[157] In der angestrebten „harmonischen Gesellschaft", in der der – von Natur aus gute – Mensch sein Leben an den gesellschaftlichen und naturgegebenen Werten orientiert, sind formelle Gesetze nicht erforderlich, um die Gesellschaftsnormen durchzusetzen, so die konfuzianistische These; die Moral genüge zum Regieren.[158]

Die Gegenthese lautete, dass der Mensch von Natur aus egoistisch sei und das Recht dazu dienen müsse, den Menschen zu disziplinieren und darüber hinaus auch zu kontrollieren;[159] die Denkschule der Legisten sah Gesetze als ideal zur Staatsleitung an.[160] Beide Denkweisen hatten gemein, dass das Recht als Pflichtenlehre, als dem Staatswohl dienend angesehen wurde. Positive Attribute für den Einzelnen waren mit ihm nicht verbunden – der Gedanke individueller Rechte war beiden Richtungen fremd.[161]

Die konfuzianistische Ablehnung von Gesetzen erwies sich jedoch dauerhaft als wenig praktikabel, und Gesetzen wurde zunehmend eine gewisse Ordnungsfunktion zuerkannt – die Gesetzgebung wurde letztlich zum Mittel der Wahl.[162] Entsprechend der Vorstellung von Gesetzen als Durchsetzungs- und Machtmittel gegenüber dem Bürger enthielten diese weit

---

154 *Liu*, Reformen des Sozialleistungsrechts in der Volksrepublik China, S. 29; siehe zum traditionellen chinesischen Rechtssystem z.B. auch *v. Senger*, Einführung in das chinesische Recht, S. 17 ff.

155 *Zweigert/Kötz*, Einführung in die Rechtsvergleichung, S. 280.

156 *Jones*, in: Zhu, Law and institutions of modern China, S. 275; *Tay/Kamenka*, New York Law School Journal of International and Comparative Law 7:1 (1986), 1 (2).

157 *Kischel*, Rechtsvergleichung, S. 733.

158 Vgl. *Folsom/Minan*, Law in the People's Republic of China, S. 3 f.; *Kischel*, Rechtsvergleichung, S. 735.

159 Siehe hierzu ausführlich *Darimont*, Alterssicherung in China vor dem Hintergrund konfuzischer und marxistischer Lebensvorstellungen, S. 5 f.

160 *Kischel*, Rechtsvergleichung, S. 737.

161 *Kischel*, Rechtsvergleichung, S. 736.

162 *Darimont*, Alterssicherung in China vor dem Hintergrund konfuzischer und marxistischer Lebensvorstellungen, S. 6; *Kischel*, Rechtsvergleichung, S. 737.

überwiegend Strafvorschriften; privatrechtliche Normen wurden zunächst kaum geschaffen, an subjektive Rechte war nicht zu denken.[163]

Eine Re- beziehungsweise Transformierung des traditionellen, von kulturellen Werten geprägten chinesischen Rechtssystems hin zu Recht und Gesetz westlicher Art, auch genannt „modernes chinesisches Recht"[164], hat in China zu Ende des 19./Beginn des 20. Jahrhunderts Eingang gefunden,[165] und zwar in erster Linie durch Rechtsrezeption.[166] China wurde zu dieser Zeit durch die Kolonialmächte, die das Land seit etwa 1840 für sich entdeckt hatten, infolge der Opiumkriege gezwungen, das Land für Ausländer und ausländische Handelsinstrumente zu öffnen; mit den sogenannten ungleichen Verträgen wurde China von den westlichen Mächten unter Druck gesetzt, sein Rechtssystem zu verwestlichen.[167] Darüber hinaus forderten soziale und politische Unruhen Reformen[168] und China liebäugelte mit der Macht und nationalen Stärke, welche die westlichen Staaten durch ihre Rechtssysteme zu erreichen schienen.[169] Im frühen 20. Jahrhundert wurden nicht nur erstmals weitgehende privatrechtliche Vorschriften entworfen und eingeführt – 1930 trat das an deutsches und japanisches Recht angelehnte Zivilgesetzbuch in Kraft –, es wurden seitdem auch Verfassungen erlassen. Diese orientierten sich zwar an westlichen Vorbildern, wurden aber entweder nach den konkreten Bedürfnissen der jeweiligen Politiker ausgerichtet,[170] oder faktisch oder durch Rechtsnormen wieder nullifiziert.[171] An die Umsetzung eines „modernen chinesischen Rechts" wurde mit dem Verständnis herangegangen, dass das Recht der Erreichung der Ziele der Kommunistischen Partei Chinas zu dienen hat, und nicht umgekehrt (*Rule*

---

163 Siehe hierzu *Kischel*, Rechtsvergleichung, S. 736, 738 ff.
164 *Zhu*, in: ders., Law and institutions of modern China, S. 1 (3).
165 Ebenda; *Schulte-Kulkmann*, Der Einfluss westlicher Rechtsberatung auf die Rechtsreformen in der Volksrepublik China, S. 4.
166 Vgl. *Liu*, Reformen des Sozialleistungsrechts in der Volksrepublik China, S. 31; *Zhang*, The tradition and modern transition of Chinese law, S. 696; siehe auch *Jin*, Entwicklung des gesetzlichen sozialen Grundaltersversicherungssystems in der Volksrepublik China, S. 37.
167 Siehe hierzu ausführlich und mit weiteren Nennungen *Kischel*, Rechtsvergleichung, S. 744 f.; *Liu*, Reformen des Sozialleistungsrechts in der Volksrepublik China, S. 31.
168 *Kischel*, Rechtsvergleichung, S. 745.
169 Vgl. *Schulte-Kulkmann*, Der Einfluss westlicher Rechtsberatung auf die Rechtsreformen in der Volksrepublik China, S. 5; *Darimont*, in: Becker/Zheng/Darimont, Grundfragen und Organisation der Sozialversicherung, S. 127 (130).
170 *Liu*, Reformen des Sozialleistungsrechts in der Volksrepublik China, S. 31.
171 *Heinzig*, Volksrepublik China in: Brunner/Meissner, Verfassungen der kommunistischen Staaten, S. 72.

by Law statt *Rule of Law*).[172] Die Staatsführung durch die Partei sollte durch die Verfassung legitimiert werden.[173] Rechtsdogmatische Erwägungen und das hinter dem Recht stehende Gedankengut spielten keine Rolle;[174] die Idee eines Rechtstaates im westlichen Sinne (*Rule of Law*) war nicht präsent und ein solcher wurde auch nicht angestrebt.

Eine erste entscheidende Zäsur in der chinesischen Rechtsentwicklung ergab sich 1949 mit dem politischen Machtwechsel und der Gründung der Volksrepublik China. Unter der Herrschaft von Mao Zedong orientierte sich die Rechtssetzung nunmehr an sowjetischen Vorbildern, da man diesen auch in politischer, ideologischer und wirtschaftlicher Hinsicht folgte.[175] Bereits zuvor entstandenes Recht – sozusagen das Werk der politischen Gegner – wurde mehr oder weniger wieder abgeschafft und die Rechtsprechung außer Kraft gesetzt.[176] Die folgenden Jahre beziehungsweise Jahrzehnte waren insgesamt geprägt durch die persönliche Autorität des „Herrschers" Mao Zedong, dessen Anweisungen eine weit größere Rolle spielten, als rechtliche Bestimmungen es hätten können.[177] Das Recht diente vor allem der Unterdrückung und Disziplinierung von Volksfeinden; ansonsten wurde es eher als hinderlich für die beabsichtigte gesellschaftliche Umgestaltung angesehen.[178] Seinen Höhepunkt fand die Unterdrückung und Ausnutzung von Recht für Terror wohl in der Zeit der Kulturrevolution (1966–1976).

Zwei „Rechts"modelle standen stets und stehen wohl zu einem gewissen Grad auch heute noch nebeneinander: Das neu erlassene, formelle Recht, durchgesetzt durch staatliche Obrigkeiten, und das weiterhin existierende

---

172 Vgl. *Seibert*, Die Begründung und Beendigung von Arbeitsverhältnissen und Arbeitsverträgen, S. 35; *v. Senger*, Einführung in das chinesische Recht, S. 99; *Liu*, Reformen des Sozialleistungsrechts in der Volksrepublik China, S. 31.

173 *Heinzig*, Volksrepublik China, in: Brunner/Meissner, Verfassungen der kommunistischen Staaten, S. 73.

174 *Schulte-Kulkmann*, Der Einfluss westlicher Rechtsberatung auf die Rechtsreformen in der Volksrepublik China, S. 8 f.; *Liu*, Reformen des Sozialleistungsrecht in der Volksrepublik China, S. 32.

175 *Chen*, in: Zhu, Law and Institutions of Modern China, S. 306 (308); *Wang*, Contemporary Chinese Politics, S. 21.

176 *Schmitz/Kleining*, China auf dem Weg zum Rechtsstaat?, S. 1; *Jianfan*, Columbia Journal of Transnational Law 22 (1/1983), S. 1 (37); *Zhu*, in: ders., Law and institutions of modern China, S. 1.

177 Vgl. *Ahl*, in: Fischer/Müller-Hofstede, Länderbericht China, S. 289; siehe auch *Zhu*, in: ders., Law and institutions of modern China, S. 1 (4).

178 *Heuser*, Einführung in die chinesische Rechtskultur, S. 153.

informelle Recht, bestehend aus sozial etablierten Werten, durchgesetzt durch sozialen Druck und Anpassung.[179] Es lässt sich erahnen, dass die Übergänge zwischen beiden fließend waren und sind.

Eine Wendung hin zum formellen Recht und eine zunehmende Gesetzgebungstendenz lassen sich in China seit Beginn der bis heute andauernden Phase der „Reform und Öffnung" erkennen, die 1978 nach dem Tod Mao Zedongs eingeleitet wurde.[180] Für die dringend notwendige Modernisierung des Staates und den nun immer mehr forcierten wirtschaftlichen Fortschritt sollte ein institutionelles Gerüst in Form von Gesetzen geschaffen werden, auch, um eine Anpassung an internationale Standards zu erreichen.[181] Des Weiteren hoffte man, auf diesem Wege eine Wiederkehr chaotischer Zustände wie zur Zeit der Kulturrevolution zu verhindern.[182] Als wichtigstes neues Gesetzeswerk trat 1982 die bis heute geltende Verfassung in Kraft.[183] Sie ist die vierte Verfassung seit Gründung der Volksrepublik 1949[184] und wurde seit ihrem Inkrafttreten verschiedene Male revidiert. Von dem Verständnis, dass das Recht letztlich dazu dient, die Politik der Partei durchzusetzen (*Rule by Law*), wurde aber auch mit dieser Verfassung keinesfalls abgerückt. So wird die Führungsrolle der stets über allem stehenden Partei bereits in der Präambel der Verfassung mehrfach hervorgehoben.

Der Einfluss ausländischen Rechts ist weiterhin stark in China, da die Volksrepublik diesbezüglich kaum auf eine eigene Tradition zurückgreifen kann.[185] Vor allem scheint nun westliches Recht für die zunehmend westlich orientierte und liberaler werdende Wirtschaft eine sinnvolle Wahl zu

---

179 *Zhu*, in: ders., Law and institutions of modern China, S. 1 (4); *Li*, The role of law in communist China, S. 96 f.

180 Vgl. *Zhu*, in: ders., Law and institutions of modern China, S. 1; *Liu*, Reformen des Sozialleistungsrechts in der Volksrepublik China, S. 35.

181 Vgl. *Schulte-Kulkmann*, Der Einfluss westlicher Rechtsberatung auf die Rechtsreformen in der Volksrepublik China, S. 1, 7 f.; *Zhu*, in: ders., Law and institutions of modern China, S. 1 (4 f.).

182 *Folsom/Minan*, Law in the People's Republic of China, S. 17.

183 中华人民共和国宪法, eine englische Übersetzung der heute gültigen Fassung vom 14.3.2004 findet sich auf der Homepage des Nationalen Volkskongresses, http://www.npc.gov.cn/zgrdw/englishnpc/Constitution/node_2825.htm (Stand: 8.8.2020).

184 Wenn man das „Allgemeine Programm der Politischen Konsultativkonferenz des chinesischen Volkes" vom 29.9.1949 als vorläufige Verfassung mitzählt; siehe hierzu *v. Senger*, Einführung in das chinesische Recht, S. 49; *Liu*, Reformen des Sozialleistungsrechts in der Volksrepublik China, S. 65.

185 *Bu*, Einführung in das Recht Chinas, S. 4.

sein, während ein reines Festhalten an sowjetischen Rechtsvorbildern nicht mehr als adäquat angesehen wird.[186] Es lässt sich seit Beginn der Phase der „Reform und Öffnung" eine deutliche „Tendenz zur Verrechtlichung"[187] erkennen in dem Sinne, dass immer mehr gesetzlich geregelt wird. Die Gesetze an sich sind denen des Westens – jedenfalls auf den ersten Blick – häufig ähnlich. Das Bestreben aber, das Recht an die chinesischen Bedürfnisse und den sozialistischen Staat anzupassen sowie ihm eine ganz eigene Wirkung zu verleihen, ist seit jeher groß. Sehr anschaulich spiegelt sich die chinesische Sichtweise in einer Aussage Deng Xiaopings,[188] der nach dem Tod Mao Zedongs die Herrschaft übernommen hatte: „Den frischen Wind hereinlassen – die Moskitos draußen halten."[189] Die Unterschiede – die sozusagen in China fehlenden Moskitos – lassen sich in dem im Folgenden dargestellten Staatsaufbau, dem politischen System und der Verfassung gut lokalisieren.

2. Staatsaufbau und politisches System

Im Kontrast zu Brasilien und Deutschland ist China (formal) ein zentralistischer Staat – auch bezeichnet als zentralistischer Einheitsstaat –,[190] womit zunächst gemeint ist, dass alle politischen Kompetenzen und Machtbefugnisse auf der obersten staatlichen Ebene konzentriert sind.[191] Die territoriale Untergliederung in 22 Provinzen (ohne Taiwan), fünf autonome Regionen, vier regierungsunmittelbare Städte und zwei Sonderverwaltungszonen[192] soll lediglich der Verwaltung dienen, was auch die chinesische Verfassung in ihrem Art. 30 festhält.[193]

Auf der obersten staatlichen Ebene sind die staatlichen Machtbefugnisse bei dem nach der Verfassung höchsten Organ der chinesischen Staats-

---

186 *Chen*, in: Zhu, Law and Institutions of Modern China, S. 306 (312); vgl. auch *Folsom/Minan*, Law in the People's Republic of China, S. 17.

187 *Ahl*, PM 423 (2005), S. 25 (30).

188 Deng Xiaopeng hatte den Westen aus nächster Nähe kennengelernt: Er war im Alter von 16 Jahren zum Studium nach Frankreich gereist, hatte dort einige Jahre gelebt und mehr oder weniger als Handlanger gearbeitet, *Franz*, Portrait: Deng Xiaoping.

189 *Franz*, Portrait: Deng Xiaoping.

190 Siehe hierzu ausführlich *Heilmann*, Das politische System der Volksrepublik China, S. 101 ff.

191 Vgl. *Schubert/Klein*, Das Politiklexikon, Zentralismus.

192 *Heilmann*, Das politische System der Volksrepublik China, S. 105.

193 Artikel ohne Gesetzesangabe sind in dem China gewidmeten Teil B. II. solche der chinesischen Verfassung von 1982.

macht, dem Nationalen Volkskongress und seinem Ständigen Ausschuss konzentriert, vgl. Art. 57 ff. der chinesischen Verfassung. Der Nationale Volkskongress ist nicht nur verantwortlich für die Rechtssetzung und insofern legislativ tätig, sein Ständiger Ausschuss hat zudem auch die Macht, sämtliche weiteren staatlichen Organe – judikative wie exekutive Organe – sowohl zu konstituieren beziehungsweise zu wählen, als auch zu kontrollieren, Art. 67 der Verfassung. Darüber hinaus verfügt der Ständige Ausschuss über die Kompetenz, administrative Vorschriften, Entscheidungen und Anordnungen des Exekutivorgans Staatsrat, die (seiner Auffassung nach) im Widerspruch zur Verfassung oder den Gesetzen stehen, aufzuheben, Art. 67 Nr. 7; die Auslegung der Verfassung obliegt ihm ebenfalls, Nr. 1. Eine Verfassungsgerichtsbarkeit gibt es nicht.[194] Die insofern große Macht des Ständigen Ausschusses im Vergleich zu dem Gesamtkonstrukt Nationaler Volkskongresses erklärt sich dadurch, dass letzterer mit etwa 3.000 Mitgliedern zu groß ist und mit nur einem Treffen pro Jahr zu selten zusammenkommt, um als effektiver Entscheidungsträger fungieren zu können.[195]

Die Regierung der Volksrepublik China bildet der Staatsrat, dem umfassende Exekutivrechte zukommen, und Staatsoberhaupt ist der Präsident, dem eine weitgehend repräsentative Funktion zukommt, Art. 85 ff. der Verfassung. Nach der Institutionsreform von 2018 soll der Staatsrat aus dem Generalbüro sowie sechsundzwanzig Ministerien und Kommissionen bestehen.[196]

Bei der in China vorhandenen Differenzierung zwischen Rechtsetzungs-, Verwaltungs- und Justizorganen handelt es sich im Ergebnis nicht um eine Gewaltenteilung, sondern um eine „Funktionenteilung"[197]. Die für eine Gewaltenteilung erforderliche gegenseitige Kontrolle ist nicht vorgesehen. Vielmehr hat stattdessen der Ständige Ausschuss des Nationalen Volkskongresses die alleinige Kontrolle über alle Organe inne – er selbst jedoch unterliegt keiner Kontrolle. Statt einer Gewaltenteilung gibt es demnach vielmehr eine Gewaltenkonzentration;[198] das „Legislativorgan" Nationaler Volkskongress und sein Ständiger Ausschuss haben sozusagen

---

194 *Bu*, Einführung in das Recht Chinas, S. 32; *Kischel*, Rechtsvergleichung, S. 754.

195 *Bu*, Einführung in das Recht Chinas, S. 26.

196 国务院机构改革方案, Institutioneller Reformplan des Staatsrates vom 17.3.2019, verabschiedet auf der ersten Tagung des 13. Chinesischen Nationalen Volkskongresses.

197 *Bu*, Einführung in das Recht Chinas, S. 25.

198 Siehe hierzu auch *Liu*, Reformen des Sozialleistungsrechts in der Volksrepublik China, S. 72.

einen Machtüberschuss. Dies ist für ein kommunistisch regiertes Land keineswegs ungewöhnlich, lehnt die marxistisch-leninistische Staatslehre die Gewaltenteilung doch ab.[199]

Auch das seit Gründung der Volksrepublik herrschende Einparteiensystem ist Ausdruck des Zentralismus und gleichzeitig Zeichen sowjetischer Einflussnahme – die politische Führung der Volksrepublik China liegt bei der Kommunistischen Partei Chinas (KPCh).[200] Zwar wird in China offiziell von einem Mehrparteiensystem gesprochen, die neben der KPCh bestehenden acht sogenannten Demokratischen Parteien stehen aber nicht mit der KPCh im Wettbewerb, sondern sind von ihr kontrollierte Konsultativorgane, so dass ein Mehrparteiensystem de facto nicht existiert.[201]

Staatsorganisatorisch ist in Art. 1 der Verfassung von der demokratischen Diktatur des Volkes, geführt durch die Arbeiterklasse die Rede. Es gilt zu wissen, dass die Arbeiterklasse wiederum von der KPCh geführt, das Volk also letztlich durch diese repräsentiert wird, wie sich der Präambel der Verfassung sowie Art. 2 Abs. 1 der Satzung der KPCh[202] entnehmen lässt. Die Partei bedient sich letztlich der Verfassung und des Rechts, um ihren Herrschaftsanspruch durchzusetzen.[203]

Art. 3 der Verfassung ordnet das Prinzip des demokratischen Zentralismus an. Es soll zwar eine zentrale Leitung staatlicher Tätigkeiten geben, verbunden aber mit einer gewissen Beteiligung der Bevölkerung.[204] Nicht nur der Staat, sondern auch die KPCh ist hierarchisch zentralistisch aufgebaut und das Führungspersonal wird von unten nach oben gewählt – die Kandidaten hingegen werden von oben nach unten ausgewählt und die Beschlüsse der höheren Organe sind bindend für die unteren.[205] Staat und Partei sind dabei eng verknüpft, entscheidende staatliche Positionen werden stets mit Führungskadern der Partei besetzt; Partei und Staat sind personell weitgehend identisch.[206]

---

199 *Brunner*, Die Problematik der sozialen Grundrechte, S. 20 m.w.N.
200 Festgehalten in der Präambel der Verfassung.
201 *Heilmann*, Das politische System der Volksrepublik China im Überblick, S. 9.
202 中国共产党章程, Satzung der Kommunistischen Partei Chinas vom 21.10.2007, teilweise abgeändert am 14.11.2012, deutsche Übersetzung: http://german.china.org. cn/china/archive/cpc18/2012-09/27/content_26653640.htm (Stand: 8.8.2020).
203 Siehe hierzu ausführlich *Kischel*, Rechtsvergleichung, S. 757 ff.
204 *Brunner*, Einleitung, in: Brunner/Meissner, Verfassungen der kommunistischen Staaten, S. 15.
205 Vgl. *Schubert/Klein*, Das Politiklexikon, China (CHN).
206 *Heilmann*, Das politische System der Volksrepublik China, S. 66; *Kischel*, Rechtsvergleichung, S. 759 ff.

Der Zentralismus wird als historisches Erbe betrachtet und akzeptiert, es gilt die durch die Geschichte geformte und geprägte Regel „Spaltung bedeutet Chaos, Krieg und Verfall. Nur die Vereinigung und eine mächtige Zentrale können ein friedliches und erfolgreiches China gewährleisten."[207] Auch wenn es Phasen der Dezentralisierung gegeben hat, etwa um das wirtschaftliche Wachstum oder Reformen voranzutreiben, ist man insgesamt immer wieder zum zentralen System zurückgekehrt beziehungsweise hat es nie wirklich verlassen. Die zentrale Ebene hat schließlich die Frage der Dezentralisierung immer auch selbst in der Hand.[208]

Aufgrund der Größe des Landes erscheint aber eine Verwaltungsgliederung unumgänglich, und diese hört auf der bereits genannten Provinzebene noch nicht auf, sondern die Provinzen und autonomen Regionen werden wiederum untergliedert in Bezirke, Kreise, Gemeinden und Ortschaften (vgl. Art. 30 der Verfassung, der die Bezirke allerdings nicht nennt). Die Strukturen der unteren Verwaltungseinheiten entsprechen im Kern denen der Zentralebene – auch hier bestehen (lokale) Volksregierungen und Volkskongresse mit Ständigen Ausschüssen, Art. 95 f. der chinesischen Verfassung. Die Verwaltungsgliederung der Volksrepublik spielt, wie näher noch gezeigt werden wird, auch für die chinesische Sozialversicherung eine wichtige Rolle, denn deren Verwaltung findet nicht zentral, sondern auf den unteren Ebenen statt. Die Verfassung selbst enthält zur Organisation der Sozial- oder Rentenversicherung aber keine Vorgaben.

Dass China ein sozialistischer Staat ist, wird stets betont. Liest man die chinesische Verfassung, erscheint kaum ein anderer Begriff so vorherrschend. Eine einheitlich geltende Definition des Begriffs „Sozialismus" gibt es nicht. Der in China vertretene Sozialismus wird von der Kommunistischen Partei Chinas seit den 1980er Jahren offiziell als „Sozialismus chinesischer Prägung" proklamiert, eine genaue Definition bleibt aber auch dieser Begriff schuldig. Inhaltlich begründete er, grob zusammengefasst, eine Abkehr vom sowjetischen Sozialismus, rechtfertigt in gewisser Weise die Einführung marktwirtschaftlich-kapitalistischer Methoden für die Förderung von Wirtschaft und Wohlstand und dient ebenfalls der Abwehr westlicher Wertvorstellungen wie Interessenpluralismus und Individualismus.[209] Die Ideologie nimmt in China mit der fortschreitenden Ökonomisierung

---

207 *Liu*, Reformen des Sozialleistungsrechts in der Volksrepublik China, S. 31.
208 Ebenda, S. 52.
209 *Heilmann*, Das politische System der Volksrepublik China, S. 70 f.; *Heilmann*, in: FAZ vom 13.6.2008.

des Denkens und Handelns seit den 1980er Jahren aber eine zunehmend unwichtigere Position ein und wird heute von kritischen Beobachtern als vornehmlich der Herrschaftsrechtfertigung der Partei dienend verstanden.[210] Der Begriff „sozialistisch" scheint mitunter gerne die chinesischen Eigenheiten beziehungsweise ein ganz eigenes chinesisches Verständnis der Dinge (ideologisch) zu begründen. So etwa, wenn die Verfassung den „sozialistischen Rechtsstaat" proklamiert, der eben nur aus chinesischer Sicht ein Rechtsstaat ist, nicht hingegen aus westlicher, wie im Folgenden mit Blick auf die Verfassung erläutert werden wird. Erahnen lässt sich an dieser Stelle schon, dass auch das Verständnis von „Sozialversicherung" eines mit „chinesischer Prägung" sein könnte und an der ein oder anderen Stelle vom eingangs dargestellten (westlichen) Verständnis abweicht.

3. Verfassung und chinesische Rechtsstaatlichkeit

Die 1982 in Kraft getretene und aktuelle Verfassung der Volksrepublik ist die formal höchste Norminstanz des Staates. Ihren Vorrang legen die Präambel sowie § 78 Gesetzgebungsgesetz[211] fest; sämtliche Normen haben mit ihr im Einklang zu stehen (Art. 5). Wie in anderen Staaten regelmäßig auch, bildet sie das „Kernstück des staatsrechtlichen Systems"[212] – wohlgemerkt aber nicht des rechtsstaatlichen Systems und hier liegt der entscheidende Unterschied zu Verfassungen nach westlichen Vorstellungen. Denn auch wenn Art. 5 den Aufbau eines (sozialistischen) Rechtsstaates proklamiert, was nach Einführung des Artikels im Jahre 1999 international eine weite Debatte darüber auslöste, ob China tatsächlich ein Rechtsstaat geworden sein oder werden könnte,[213] fehlen hierfür nach westlichem Verständnis – nicht nach chinesischem – nach wie vor entscheidende Parameter.

Die vorigen Ausführungen haben bereits gezeigt, dass eine Gewaltenteilung in China nicht existiert, auch nicht formal. Wenn die Verfassung vorschreibt, dass sich sämtliche Machtebenen an Verfassung und Gesetz zu halten haben (Art. 5), fehlt es für eine effektive Durchsetzung der Gesetzesmäßigkeit an Kontrollmechanismen und Sanktionsmöglichkeiten. Dass der

---

210 So *Heilmann*, in: FAZ vom 13.6.2008.

211 中华人民共和国立法法, verabschiedet am 15.3.2000 auf der 3. Sitzung des 9. Nationalen Volkskongresses, deutsche Übersetzung: *Münzel*, Chinas Recht, 15.3.00/2.

212 *Shi*, in: Becker/Zheng/Darimont, Grundfragen und Organisation der Sozialversicherung in China und Deutschland, S. 57.

213 Siehe *Bu*, Einführung in das Recht Chinas, S. 31 m.w.N.

beschriebene Vorrang der Verfassung eher formaler Natur ist, lässt bereits die Präambel erahnen, welche die Vormachtstellung der Kommunistischen Partei betont. Alles staatliche Handeln soll unter ihrer Führung geschehen, was de facto durch die Präsenz der Partei in sämtlichen Staatsorganen umgesetzt wird. So auch im Nationalen Volkskongress, der als höchstes Gesetzgebungsorgan die Verfassung abändern darf[214] – wozu laut Verfassung die Zustimmung von zwei Dritteln der Abgeordneten erforderlich ist –[215] und auch im Ständigen Ausschuss, der die Verfassung auslegt. Dass die Verfassung damit immer auch beziehungsweise gerade die politische Linie der Partei widerspiegelt, liegt auf der Hand; es gilt das „Primat der Politik"[216]. Zu beachten ist auch, dass der Vorrang des Gesetzes ohne eine Anerkennung des Vorbehalts des Gesetzes leerzulaufen droht. Letzteren sucht man in Art. 5 und auch sonst in der Verfassung jedoch vergeblich.

Die Verfassung enthält ein Kapitel über „Grundrechte und Grundpflichten", das theoretisch individuelle Freiheiten gewährt, wie man sie in ähnlicher Weise auch aus westlichen Staaten kennt. Gewährleistet werden sollen zum Beispiel die Gleichheit und Freiheit der Bürger (Art. 33, 37) sowie die Unverletzbarkeit ihrer Würde (Art. 38). Auch das Recht auf Eigentum wird in verschiedenen Artikeln gewährleistet, Art. 13 schützt das Privateigentum. Die Grundrechte können aber naturgemäß nur insoweit wirksam werden, als das Recht auch Geltung beanspruchen kann.[217] Die Staatsgewalt ist aber nicht ausdrücklich an die Grundrechte gebunden und es fehlt für die Durchsetzung an gerichtlichen und auch sonstigen Schutzmechanismen,[218] auch wenn die Gerichte in der Tendenz zunehmend versuchen, durch ihre Rechtsprechung verfassungsrechtliche Befugnisse zu gewinnen.[219] Die Gewährleistung der Grundrechte wird darüber hinaus eingeschränkt bis versagt, wenn Interessen des Staates, der Gesellschaft oder des Kollektivs entgegenstehen, Art. 51. Das Kollektiv wird im Sozialismus seit jeher höher gewertet als der Einzelne[220] – hier macht sich der sowjetische Einfluss wieder bemerkbar, ähnliche Vorschriften waren auch in dortigen Verfassungen

---

214 Art. 62 Nr. 1 der Verfassung.
215 Art. 64 Abs. 1 der Verfassung.
216 *Brunner*, Einleitung, in: Brunner/Meissner, Verfassungen der kommunistischen Staaten, S. 12.
217 Vgl. ebenda.
218 Vgl. auch *Darimont*, Sozialversicherungsrecht der V. R. China, S. 21.
219 Siehe hierzu ausführlich *Liu*, Reformen des Sozialleistungsrechts in der Volksrepublik China, S. 83 ff.
220 *Dixon*, in: Dixon/Macarov, Social Welfare in Socialist Countries, S. 10 (11).

zu finden.[221] Von zentraler Bedeutung ist in diesem Kontext auch Art. 28 der chinesischen Verfassung, der staatliches Eingreifen für die Aufrechterhaltung der öffentlichen Ordnung und bei Gefährdung der öffentlichen Sicherheit erlaubt. Ohne verbindliche einengende Auslegung kann er von den Sicherheitsbehörden in nahezu jeder Situation herangezogen werden. Schließlich fehlt für eine tatsächliche Garantie der normierten Rechte wieder die Gewaltenteilung.

Der Grundrechtskatalog gewährleistet faktisch – jedenfalls bisher – keine (einklagbaren) subjektiv-öffentlichen Rechte, sondern ist als Programmsatz und Auftrag an den Gesetzgeber zu verstehen, einen Grundrechtsschutz durch einfache Gesetzte zu gewährleisten.[222] Subjektive Rechte sind dem chinesischen Recht – wie bereits erwähnt – traditionell fremd und nun jedenfalls der wirtschaftlichen Entwicklung und Modernisierung untergeordnet; sie sollen diese nicht behindern.[223] Von einer Garantie von Grundrechten, wie sie für die Bejahung eines Rechtsstaats erforderlich ist, kann somit nicht gesprochen werden und die verwendeten Begrifflichkeiten sind stets mit „chinesischer Prägung"[224] zu verstehen.

Die Beispiele zeigen, dass China unter westlichen Vorzeichen kein Rechtsstaat ist, weder in formeller noch in materieller Hinsicht, insbesondere solange die Kommunistische Partei Chinas über dem Recht steht. Das chinesische Rechtsstaatsverständnis ist aber ein anderes: Es bedeutet (nur), dass sich Staat und Partei an die geltenden Gesetze halten (*Rule by Law* beziehungsweise Herrschaft durch Recht oder mit Hilfe des Rechts anstelle von *Rule of Law*). Man kann es auch so beschreiben, dass die Volksrepublik mit dem „sozialistischen Rechtsstaat" immer jeweils für die Ziele der Partei offenbleiben will.[225] Unter diesen Vorzeichen ist auch die chinesische Debatte zur Rechtsstaatlichkeit zu verstehen. China ist durchaus bemüht, diese Art der Rechtsstaatlichkeit zu verfestigen, wie etwa das vierte Plenum

---

221 Vgl. Art. 43 der Verfassung der Union der Sozialistischen Sowjetrepubliken vom 7.10.1977, deutsche Übersetzung: *Meissner*, Sowjetunion, in: Brunner/Meissner, Verfassungen der kommunistischen Staaten, S. 385 ff.

222 *Ahl*, in: Fischer/Müller-Hofstede, Länderbericht China, S. 289 (299); *Liu*, Reformen des Sozialleistungsrechts in der Volksrepublik China, S. 77 f.; *Darimont*, in: Kupfer, Sozialer Sprengstoff in China?, S. 67; *Darimont*, Sozialversicherungsrecht der V. R. China, S. 21.

223 Vgl. *Liu*, Reformen des Sozialleistungsrechts in der Volksrepublik China, S. 88, 93.

224 Ebenda, S. 42.

225 So Lohmann in Bezug auf den sozialistischen Rechtsstaat DDR, *Lohmann*, Zur Staats- und Rechtsordnung der DDR, S. 405.

des Parteitages 2014, welches unter dem Thema Rechtsstaatlichkeit stand, gezeigt hat. Auf dem Parteitag wurde eindringlich betont, dass sich sämtliche Organe der chinesischen Staatsmacht – allen voran die Regierung – an Recht und Gesetz zu halten haben.[226] Unmissverständlich wurde aber auch hervorgehoben, dass der Rechtsstaat gerade durch die Führungsrolle der Kommunistischen Partei garantiert wird. Die Stellung der Partei über dem Gesetz wird mithin in keiner Weise angetastet. In dem auf dem Parteitag so definierten „sozialistischen Rechtsstaat mit chinesischen Charakteristiken"[227] bleibt damit ein *Rule of Law* im westlichen Sinne unerwünscht.

4. Soziale Sicherheit und Rentenversicherung in der Verfassung

Wie auch in der brasilianischen Verfassung lässt sich in der chinesischen ein Bekenntnis zum Sozialstaat nicht finden; ein ausdrücklicher Katalog sozialer Grundrechte – im Gegensatz zur brasilianischen Verfassung – allerdings ebenso wenig. Enthalten sind jedoch Artikel sozialen Inhalts, immerhin ähnlich sozialer Grundrechte und zum Teil auch so benannt, ausgestaltet und formuliert als Programmsätze. Art. 19, 21 und 22 der chinesischen Verfassung beispielsweise proklamieren die Verantwortlichkeit des Staates für die Einrichtung und Gewährung von Bildung, Gesundheitswesen, Massensport und Kultur. In Art. 45 übernimmt der Staat Verantwortung für behinderte Bürger. Erwähnt werden kann auch der 2004 eingeführte Art. 33 Abs. 3, nach dem der Staat die Menschenrechte respektiert und beschützt. Art. 38 erklärt zwar nicht die Würde des Menschen, aber zumindest der Bürger der Volksrepublik China für unverletzlich.

Auch konkret auf die soziale Sicherheit wird Bezug genommen: Art. 14 Abs. 4 – geschaffen im Zuge der Verfassungsrevision vom 14. April 2004 – formuliert das Staatsziel der Errichtung und Vervollständigung des Systems sozialer Sicherheit und wird als Verfassungsgrundlage für die soziale Sicherheit angeführt.[228] Art. 45 sichert allen Bürgern das Recht auf materielle Unterstützung von Seiten des Staates und der Gesellschaft im Alter, bei Krankheit und bei Arbeitsunfähigkeit zu und verspricht zudem die Ausweitung der Sozialversicherung. Der Staat, so heißt es in Art. 44, unterhält

---

226 *Communist Party of China*, Communiqué of the Fourth Plenary Session of the 18th Central Committee.
227 Ebenda.
228 *Liu*, Reformen des Sozialleistungsrechts in der Volksrepublik China, S. 70.

ein Altersvorsorgesystem für Beschäftigte, finanziert vom Staat und der Gesellschaft.

Normiert wird aber bereits in Art. 14 Abs. 4, dass das chinesische System sozialer Sicherheit stets der wirtschaftlichen Entwicklung angepasst werden muss und ihrem Niveau entsprechen soll.[229] Die hier verschriftlichte Verknüpfung zwischen sozialer Sicherheit und Wirtschaft ist Ausdruck der chinesischen Philosophie in puncto soziale Sicherheit und gewissermaßen auch als „Bremse" zu verstehen: Der Fokus liegt auf der Produktivität des Landes. Nur wenn diese ausreichend vorhanden ist, kann die soziale Sicherheit nachziehen; mit wirtschaftlichem Wachstum steigt auch das Niveau der sozialen Absicherung.[230] Soziale Sicherheitssysteme sollen die Wirtschaft nicht behindern, gleichzeitig sollen die Bürger im Wege sozialer Sicherheit aber auch am Wirtschaftswachstum teilhaben. Die Gewährung sozialer Sicherheit wird unter eine Art Vorbehalt ökonomischer Möglichkeit oder sogar Rentabilität gestellt. Diese Sichtweise spiegelt auch die sozialistische Prägung des Landes: Im chinesischen Sozialismus sollen Wohlfahrt und soziale Sicherheit zwar auf der einen Seite ein Sicherheitsnetz spinnen, um die sozialen Probleme, die gerade auch die wirtschaftliche Entwicklung mitbringt, aufzufangen, auf der anderen Seite soll die Wirtschaft aber keines Falls behindert werden. Soziale Sicherheit soll vielmehr – im Gegenteil – einen Anreiz zur Produktivität des Einzelnen schaffen und so die Wirtschaft fördern.[231] Aus diesem Grund soll die Leistung des Einzelnen sich auch in seiner sozialen Absicherung widerspiegeln. So erklärt sich, dass die Herangehensweise des Staates eher eine inkrementalistische ist und man nicht ein System großer Umverteilung schaffen will.[232] Garantien lassen sich hier für den Bürger nicht herleiten, es gilt Ähnliches wie für die Grundrechte.

Die Verfassung verlangt vom Staat ausdrücklich soziales Handeln und bestimmt zudem, dass dieses – jedenfalls auch – in Form der Sozialversicherung zu geschehen hat. Auf die Rechtsstellung des Einzelnen hat die Verfassung jedoch wohl keine signifikanten Auswirkungen. Ebenso wenig lassen sich allzu große Vorgaben oder Hindernisse für das Handeln der Staatsobrigen aus ihr herleiten.

---

229 Siehe hierzu ebenda, S. 92 f.
230 Siehe hierzu *Dixon*, in: Dixon/Macarov, Social Welfare in Socialist Countries, S. 10.
231 *Dixon/Kim*, in: Dixon/Macarov, Social Welfare in Socialist Countries, S. 1 (3).
232 *Dixon/Kim*, in: Dixon/Macarov, Social Welfare in Socialist Countries, S. 1 (2).

5. Rechtsquellen: Normen, Normgebung und Normenhierarchie

Wie die erst allmähliche Entwicklung westlich orientierten Gesetzesrechts beziehungsweise der starke Kontrast zwischen traditionellem und modernem chinesischen Recht bereits erahnen lässt, sind Gesetze in China nicht die einzigen geltenden Rechtsquellen. Vielmehr existiert eine Vielfalt an zentralen und lokalen Normen, Regelungen, Beschlüssen et cetera mit und ohne Zwangscharakter, die sowohl von Legislativ- als auch von Exekutivorganen stammen können. Ihr Verhältnis zueinander ist weder in der Theorie noch in der Praxis völlig klar.[233]

Die Verfassung nennt an verschiedenen Stellen unterschiedliche Rechtsquellen. Rechtsnormen werden näher konkretisiert in dem am 1. Juli 2000 in Kraft getretenen Gesetzgebungsgesetz.[234] Neben legislativ erlassenen Gesetzen spielen in China die von der Exekutive bestimmten politischen Richtlinien der Kommunistischen Partei sowie die staatlichen Politnormen eine wichtige Rolle und haben starken Einfluss auf die Gesetzgebung.[235] In der hier vorgenommenen Erläuterung soll daher differenziert werden zwischen Rechtsnormen auf der einen Seite (a.) und den politischen Richtlinien der Kommunistischen Partei sowie den staatlichen Politnormen auf der anderen Seite (b.). Im Anschluss wird das Zusammenspiel der verschiedenen Quellen im Hinblick auf die soziale Sicherheit kurz beleuchtet (c.).

a. Rechtsnormen und Normenhierarchie

Die chinesischen Rechtsnormen werden unterteilt in Gesetze einschließlich der Verfassung[236] (aa.), Verwaltungsrechtsnormen[237] (bb.) und territoriale Rechtsnormen[238] (cc.). Die Normenhierarchie ist in §§ 78 ff. Gesetzgebungsgesetz festgelegt.

---

233 *Kischel*, Rechtsvergleichung, S. 755.
234 Siehe Fn. 211.
235 *Liu*, Reformen des Sozialleistungsrechts in der Volksrepublik China, S. 59.
236 Kapitel 2 des Gesetzgebungsgesetzes; deutsche Übersetzung von *Münzel*, Chinas Recht, 15.3.00/2.
237 Kapitel 3 des Gesetzgebungsgesetzes.
238 Kapitel 4 des Gesetzgebungsgesetzes.

aa. Gesetze

Der an erster Stelle in der Normenhierarchie verorteten Verfassung untersteht das normale Gesetzesrecht. In § 8 des Gesetzgebungsgesetzes sind – nicht abschließend – die Bereiche festgelegt, die nur durch Gesetz und nicht auf niedrigerer Ebene geregelt werden dürfen. Genannt werden etwa die Grundlagen des Zivilrechts oder das grundlegende Wirtschaftssystem. Die soziale Sicherheit wird nicht aufgezählt, sie war zum Zeitpunkt der Verabschiedung des Gesetzgebungsgesetzes am 15. März 2000 auch noch nicht gesetzlich geregelt. Diese sogenannten grundlegenden Gesetze erlässt der Nationale Volkskongress.[239] Gesetze, die nicht als grundlegend betrachtet werden, erlässt der Ständige Ausschuss des Nationalen Volkskongresses.[240]

Das Sozialversicherungsgesetz[241] ist ein vom Ständigen Ausschuss des Nationalen Volkskongresses verabschiedetes Gesetz und wird demnach als nicht grundlegendes Gesetz eingestuft, was aber für seine Geltung und Stellung in der Hierarchie irrelevant ist. Mit ihm hat die Sozialversicherung 2011 erstmals den Gesetzesstatus erlangt. Das Sozialversicherungsgesetz trifft neben den Regeln für die Rentenversicherung auch solche für die Krankenversicherung, Arbeitsunfallfallversicherung, Arbeitslosenversicherung und Mutterschaftsversicherung.

Beim Erlass von Gesetzen gilt: „Ein grobes Gesetz ist besser als ein detailliertes"[242]; ein Prinzip, das sich auch im Sozialversicherungsgesetz widerspiegelt. Das Sozialversicherungsgesetz gibt mit 98 jeweils nicht sonderlich langen Paragraphen für alle Bereiche nur einen groben Rahmen vor und bedarf vielfältiger Konkretisierung. Es zeigt sich in dieser Vorgehensweise eine auch dem Westen bekannte Neigung oder Vorliebe des chinesischen Gesetzgebers, heikle Fragen zu umgehen. Zudem gelten grobe Gesetze als anpassungsfähiger an die sich schnell wandelnden Bedingungen von Gesellschaft und Wirtschaft.[243] Eine Konkretisierung wird häufig auf niedrigeren (Norm-)Ebenen vorgenommen.

---

239 Art. 62 Nr. 3 der Verfassung; § 7 S. 2 Gesetzgebungsgesetz.
240 Art. 67 Nr. 2 Verfassung; § 7 S. 3 Gesetzgebungsgesetz.
241 中华人民共和国社会保险法, verabschiedet am 28.10.2011, deutsche Übersetzung von *Münzel*, Chinas Recht, 28.10.10/01.
242 *Bu*, Einführung in das Recht Chinas, S. 3.
243 Ebenda.

bb. Verwaltungsrechtsnormen / Verordnungen (Exekutivrechtsnormen)

Die hierarchisch unter den Gesetzen stehenden Verwaltungsrechtsnormen werden gemäß Art. 89 Abs. 1 der Verfassung und § 56 S. 1 Gesetzgebungsgesetz vom Staatsrat (oder von Ministerien) erlassen, also der Exekutive, weshalb sie auch Exekutivrechtsnormen oder Rechtsnormen des Staatsrates genannt werden.[244] Geregelt werden können durch sie zum einen, falls notwendig, die Durchführung von Gesetzen, und zum anderen alle Angelegenheiten, in denen das Exekutivorgan Staatsrat gemäß Art. 89 der Verfassung die Verwaltungskompetenz hat, § 56 Gesetzgebungsgesetz. Zudem kann der Nationale Volkskongress seine Gesetzgebungsbefugnis in gewissen Grenzen auf den Staatsrat delegieren, § 9 Gesetzgebungsgesetz.

Das Verfahren für den Erlass von Verwaltungsrechtsnormen ist ein förmliches, das rechtlich geregelt ist und durch die Unterschrift des Ministerpräsidenten sowie die Bekanntmachung abgeschlossen wird.[245] Die Verwaltungsrechtsnormen werden hauptsächlich als „Verordnungen", „Vorschriften", „Maßnahmen" oder „Bestimmungen" bezeichnet und sind mitunter mit dem Zusatz „vorläufig" versehen.[246] An einer klaren Abgrenzung der Begrifflichkeiten fehlt es.[247] Für die Rentenversicherung gibt es viele solcher Maßnahmen, häufig erlassen vom zuständigen Ministerium für Humanressourcen und Soziale Sicherheit.

cc. Territoriale Rechtsnormen

Auch in den Provinzen, autonomen Regionen und regierungsunmittelbaren sowie anderen größeren Städten gibt es Volkskongresse, welche Rechtsnormen erlassen können.[248] Diese Normen haben mit der Verfassung und den Gesetzen stets im Einklang zu stehen.[249] Die Rechtsnormen der größeren Städte müssen, bevor sie in Kraft treten können, von den Volkskongressen

---

244 Vgl. *Liu*, Reformen des Sozialleistungsrechts in der Volksrepublik China, S. 57; *Darimont*, Sozialversicherungsrecht in der V. R. China, S. 23.

245 *Liu*, Reformen des Sozialleistungsrechts in der Volksrepublik China, S. 58.

246 *Zuo*, Ein Rechtsvergleich der agrarsozialen Sicherung zwischen der VR China und Deutschland, S. 35.

247 *Zuo*, Ein Rechtsvergleich der agrarsozialen Sicherung zwischen der VR China und Deutschland, S. 36; *Kischel*, Rechtsvergleichung, S. 755.

248 Art. 99 der Verfassung und §§ 63 ff. Gesetzgebungsgesetz.

249 § 63 S. 1, 2 Gesetzgebungsgesetz.

der Provinz oder der autonomen Region, zu der sie gehören, genehmigt werden.[250] Durch die territorialen Rechtsnormen können Bestimmungen, die zur Durchführung von Gesetzen und Verwaltungsrechtsnormen benötigt werden und den lokalen Verhältnissen und Bedürfnissen angepasst sind, geregelt oder Regelungen getroffen werden, für welche nicht nach § 8 Gesetzgebungsgesetz ein Gesetz erforderlich ist und die nicht bereits durch Gesetz oder Verwaltungsrechtsnorm geregelt sind.[251] Es war und ist üblich, dass für die Rentenversicherung diverse Durchführungsregelungen auf lokaler Ebene getroffen werden, wie noch näher gezeigt werden wird. Dies kann zu Problemen führen und das System zersplittern.

b. Die politischen Richtlinien der Kommunistischen Partei und die staatlichen Politnormen

Bei den politischen Richtlinien der Kommunistischen Partei sowie den staatlichen Politnormen handelt es sich nicht um Gesetzesrecht, sie haben de facto aber einen großen Einfluss auf dieses.

aa. Die politischen Richtlinien der Kommunistischen Partei

Aufgrund der engen Verknüpfung zwischen Staat und Partei spielen die politischen Richtlinien der Kommunistischen Partei eine wichtige Rolle: Sie entfalten zwar keine rechtliche Bindungswirkung, lenken den Staat aber ideologisch, zeigen die staatlichen Entwicklungstendenzen auf und geben die Richtung für Gesetzgebungsaktivitäten vor.[252] Nicht ohne Grund wird zum Beispiel die Verfassung auch als „juristisches Echo der jeweiligen politischen Linie der Partei"[253] bezeichnet. In der Rechtsrealität haben die politischen Richtlinien, die häufig in Form von Mitteilungen, Leitlinien, Grundsätzen oder etwa Beschlüssen veröffentlicht werden,[254] bei

---

250 § 63 S. 2 Gesetzgebungsgesetz.
251 § 64 Gesetzgebungsgesetz.
252 *Liu*, Reformen des Sozialleistungsrechts in der Volksrepublik China, S. 60; *v. Senger*, Einführung in das chinesische Recht, S. 302.
253 *v. Senger*, Einführung in das chinesische Recht, S. 51.
254 *Darimont*, Sozialversicherungsrecht der V. R. China, S. 28; *Liu*, Reformen des Sozialleistungsrechts in der Volksrepublik China, S. 59.

Überschneidungen Anwendungsvorrang vor dem Gesetz.[255] Ihr Einfluss zeigt sich insbesondere auch bei den – auch vom Westen mit Interesse verfolgten – Fünfjahresplänen zur gesellschaftlichen und wirtschaftlichen Entwicklung Chinas, welche inhaltlich auf Vorschläge der Partei zurückzuführen sind.[256] Gerade hier wird auch immer wieder Bezug auf die soziale Sicherheit genommen. Wichtig für deren Entwicklung war etwa der „Beschluss des Zentralkomitees der Kommunistischen Partei Chinas über einige Fragen zur Errichtung einer sozialen Marktwirtschaft" vom 14. November 1993, in dem der Aufbau eines Sozialversicherungssystems festgelegt wurde.[257] Weiter wurde 2004 auf dem 16. Parteitag das Ziel formuliert, eine „Harmonische Gesellschaft" aufzubauen, die das Wohl des Menschen in den Vordergrund stellt, woraufhin soziale Sicherheit zu einem Grundprinzip in der Sozialpolitik wurde.[258] Seitdem spielt auch für die Bewertung der Arbeit der verschiedenen territorialen Regierungen durch die Zentralregierung nicht mehr nur das lokal erwirtschaftete Bruttoinlandsprodukt eine Rolle, sondern unter anderem auch der Fortschritt in puncto soziale Sicherheit.[259]

bb. Die staatlichen Politnormen

Von den politischen Richtlinien der Partei zu unterscheiden sind die staatlichen Politnormen, welche in der Regel konkrete Angelegenheiten in verschiedensten Bereichen regeln, vor allem da, wo noch keine gesetzliche Regelung existiert. Sie werden von der Zentralregierung, also dem Staatsrat erlassen, oft auch in Zusammenarbeit mit dem Zentralkomitee der Kommunistischen Partei. Sie sind zwar theoretisch nur als Richtlinien zu verstehen,[260] da sie nicht über die Zwangsnatur des Rechts verfügen, jedoch sind sie de facto allgemein gültig und werden effektiv umgesetzt.[261]

---

255 *Xie*, Chinesisches und deutsches Wirtschaftsverfassungsrecht, S. 2.
256 *Liu*, Reformen des Sozialleistungsrechts in der Volksrepublik China, S. 61.
257 Siehe hierzu *Darimont*, in: Kupfer, Sozialer Sprengstoff in China?, S. 67.
258 *Jia/Porsche-Ludwig*, in: Porsche-Ludwig et al., Sozialpolitik in Asien, S. 48 (49 f.); *Liu*, Reformen des Sozialleistungsrechts in der Volksrepublik China, S. 44 f.
259 *Stepan/Lu*, Free movement of labor, free movement with social entitlements?, S. 29.
260 *Zuo*, Ein Rechtsvergleich der agrarsozialen Sicherung zwischen der VR China und Deutschland, S. 36.
261 *Liu*, Reformen des Sozialleistungsrechts in der Volksrepublik China, S. 62; *v. Senger*, Einführung in das chinesische Recht, S. 198 ff.; *Kischel*, Rechtsvergleichung, S. 762.

In § 6 der Allgemeinen Grundsätze des Zivilrechts der Volksrepublik China[262] heißt es, „Zivilgeschäfte haben sich an das Gesetz zu halten; soweit das Gesetz keine Bestimmungen trifft, müssen sie sich an die staatlichen Richtlinien halten".[263] Obwohl dies darauf hindeutet, dass Gesetze über den Politnormen stehen, wird zum Teil angenommen, dass ihnen im Verhältnis zum Gesetzesrecht ein Vorrang zukommt.[264] Tatsächlich wirft dieses ungeklärte Verhältnis auch für die Rentenversicherung Fragen auf, und zwar dann, wenn sich beide widersprechen, was durchaus vorkommt.[265] Durch die staatlichen Politnormen können Sachverhalte ohne Gesetzgebungsverfahren kurzfristig und flexibel geregelt werden.[266] Bezeichnet werden sie häufig als „Beschluss", „Ansichten" oder „Mitteilung".[267] Vor Inkrafttreten des Sozialversicherungsgesetzes 2011 wurden die Sozialversicherungsangelegenheiten und insbesondere die Rentenversicherung hauptsächlich durch Politnormen geregelt.[268] Aber auch heute spielen Politnormen weiterhin in verschiedenen Bereichen der Rentenversicherung eine Rolle, wie noch gezeigt werden wird.

c. Zusammenspiel der Normen

Für die soziale Sicherheit spielen die dargestellten Normen in der Regel etwa folgendermaßen zusammen: Nach der Richtungsbestimmung durch die Richtlinien der KPCh werden Entscheidungen in Exekutivrechtsnormen oder den einfacher zu erlassenen Politnormen durch den Staatsrat festgehalten. Nun folgt als chinesische Besonderheit häufig ein – im Bereich Rentenversicherung viel genutzter – Zwischenschritt: die Durchführung von Pilotprojekten. Soll eine Materie landesweit eingeführt werden, wird sie gelegentlich zunächst in verschiedenen Regionen durch Pilotprojekte lokal erprobt oder es wird den lokalen Regierungen schlicht ein Umset-

---

262 中华人民共和国民法通则, verabschiedet am 12.4.1986 auf der 4. Sitzung des 6. Nationalen Volkskongresses.

263 Deutsche Übersetzung von *Münzel*, Chinas Recht, 12.4.86/1.

264 Vgl. *Kischel*, Rechtsvergleichung, S. 762.

265 Siehe hierzu unten, D.II.3.f.bb.(3).

266 *Liu*, Reformen des Sozialleistungsrechts in der Volksrepublik China, S. 62.

267 *Zuo*, Ein Rechtsvergleich der agrarsozialen Sicherung zwischen der VR China und Deutschland, S. 36.

268 Siehe hierzu unten, C.II.1.; *Liu*, Reformen des Sozialleistungsrechts in der Volksrepublik China, S. 62.

zungsspielraum zugestanden, nach dem Motto „nach den Steinen tastend den Fluss durchqueren".[269] So soll ohne Eingehen allzu großer Risiken eine optimale Lösung für das ganze chinesische Territorium gefunden werden. Erst wenn eine Pilotphase als erfolgreich abgeschlossen angesehen wird, werden die regionalen Regelungen vereinheitlicht, konkretisiert und in einem letzten Schritt im Idealfall als Gesetz erlassen.[270]

6. Zusammenfassung

In dem zentralistischen Einheitsstaat Volksrepublik China haben Recht und Gesetz in den letzten Jahrzehnten zwar eine Stärkung ihrer Stellung im staatlichen Gefüge erfahren, sie dienen aber nach wie vor der Durchsetzung der Herrschaft der Partei. Die Verfassung bildet formal die höchste Norminstanz des Staates, mangels rechtsstaatlichen Gefüges kann sie aber nur mit vergleichsweise geringer Verbindlichkeit aufwarten – und sie soll es auch gar nicht. Denn über der Verfassung steht die Kommunistische Partei Chinas und diese will die Möglichkeit haben, die Verfassung ihrer jeweiligen politischen Linie anzupassen; die Verfassung ist ein politisches Manifest. Um das Funktionieren von Staat und Recht in China zu verstehen, dürfen die rechtlichen (Organisations-)Strukturen der Volksrepublik nie separat und ohne die Führungsrolle der Kommunistischen Partei betrachtet werden.

Die chinesische Verfassung will soziale Elemente im staatlichen Gefüge verankern, dies aber stets unter dem Vorbehalt ausreichender wirtschaftlicher Entwicklung. Das „Wie" – ob etwa im Wege der Sozialversicherung – ist dabei völlig offen; verbindliche Regelungen oder Garantien finden sich hier nicht. Die in der Verfassung enthaltenen Zielsetzungen und Programmsätze deuten an, dass die Volksrepublik von einem „Sozialstaat" recht weit entfernt ist. Wo sie in puncto Rentenversicherung tatsächlich steht, gilt es herauszufinden.

Die für die Untersuchung heranzuziehenden (rechtlichen) Grundlagen für die Rentenversicherung sind rechtshistorisch und kulturell bedingt nicht nur in Gesetzen oder Exekutivrechtsnormen zu finden. Vielmehr hält China eine ganze Reihe verschiedener Normarten bereit, insbesondere

---

269 Deng Xiaopeng, zitiert nach *Kleining*, Zehn Annahmen über China, S. 2.
270 Vgl. hierzu *Liu*, Reformen des Sozialleistungsrechts in der Volksrepublik China, S. 124.

solche, die von der Kommunistischen Partei erlassen wurden, wenngleich auch nur als Richtschnur. Nicht zu vergessen sind die in der Volksrepublik eine große Rolle spielenden Fünfjahrespläne, die vom Volkskongress für die Planung ihrer volkswirtschaftlichen Aktivitäten erlassen werden und regelmäßig auch Ziele für die Verwirklichung sozialer Sicherheit vorgeben. Der aktuelle, im März 2016 verabschiedete 13. Fünfjahresplan sieht beispielsweise vor, dass die Sozialversicherung bis 2020 alle Bürger Chinas erfassen soll.[271]

Sich in diesem Gefüge zurechtzufinden, ist aus westlicher Sicht nicht ganz einfach, ist man es doch gewohnt, vornehmlich Gesetzesrecht als Grundlage für staatliches Handeln heranzuziehen. Zudem entsteht der Eindruck, dass die vorwiegend programmatischen Charakter aufweisende Verfassung nicht, wie formell ja vorgesehen, an erster Stelle steht. Angesichts der Bemühungen für eine chinesische Rechtsstaatlichkeit im Sinne von *Rule by Law* und der verstärkten Gesetzgebung kann insgesamt wohl von einer zunehmenden Aufwertung des Rechts gesprochen werden. Es bleibt dennoch dabei, dass seine Stellung aufgrund aus westlicher Sicht fehlender rechtsstaatlicher Elemente und vor allem aufgrund der Vormachtstellung der Kommunistischen Partei eine schwächere Position einnimmt als in westlichen Rechtsstaaten.

Die für die Rentenversicherung zu beachtenden Regelungen dürfen in China nicht, wie man es in einem zentralistischen Staat vielleicht vermuten würde, nur auf zentraler Ebene gesucht werden. Vielmehr sind aufgrund der nur groben Ausgestaltung der zentralen Gesetze eine Vielzahl an konkretisierenden Normen auch auf territorialer Ebene zu beachten, so dass eine im Grunde als national angesehene Angelegenheit regional sehr unterschiedlich ausgestaltet sein kann. Inwiefern die Systeme tatsächlich als Sozialversicherungssysteme einzustufen sind und Strukturprinzipien durchgesetzt werden, gilt es zu untersuchen.

Die Arbeit konzentriert sich mangels Durchführbarkeit einer Untersuchung aller Einzelregelungen und vor dem Hintergrund des chinesischen Ziels der Vereinheitlichung der Systeme auf die Darstellung der staatlichen Ebene. An gegebener Stelle werden Beispiele von territorialer Ebene herangezogen.

---

271 *Beijing Rundschau* vom 10.11.2015, Gliederungspunkt 6.

III. Deutschland

1. Soziale Sicherheit und Rentenversicherung im Grundgesetz[272]

Die häufig verwendete Bezeichnung „Mutterland des Sozialstaates"[273] drückt es unmissverständlich aus: Deutschland gilt als Sozialstaat. Diese Annahme findet ihre Hauptverankerung in dem verfassungsrechtlich normierten Sozialstaatsprinzip – so wird das in Art. 20 Abs. 1 und Art. 28 Abs. 1 S. 1 Grundgesetz[274] (GG) formulierte soziale Staatsziel regelmäßig bezeichnet. Nach Art. 20 Abs. 1 GG ist die Bundesrepublik Deutschland ein demokratischer und sozialer Bundesstaat, nach Art. 28 Abs. 1 S. 1 GG ein demokratischer und sozialer Rechtsstaat. Genauere Regelungen, etwa zur Sozialversicherung oder gar zur Rentenversicherung, sucht man bekanntlich – anders als in den Verfassungen Brasiliens und Chinas – vergebens. Das Sozialstaatsprinzip entpuppt sich aber als facettenreicher Baukasten.

Das Sozialstaatsprinzip begründet nach höchstrichterlicher Auslegung Handlungspflichten für den Staat und gibt ihm Ziele vor: Der Staat ist zu „sozialer Aktivität" verpflichtet und hat sich „um die Herstellung erträglicher Lebensbedingungen für alle zu bemühen";[275] er hat für einen Ausgleich sozialer Gegensätze und „eine gerechte Sozialordnung zu sorgen".[276] Eine Definition des Sozialstaates gibt das Grundgesetz aber nicht vor. Wegen der hohen Unbestimmtheit bedarf es daher in erheblichem Maße der Konkretisierung und Auslegung.[277]

Diese Konkretisierung ist in weitem Umfang bewusst dem Gesetzgeber überlassen worden – so kann dieser auch entscheiden, ob er das Ziel des Sozialstaates im Wege der Sozialversicherung oder anders erreichen will.

---

272 Der Staatsaufbau, das politische System, die Elemente der Rechtsstaatlichkeit im Grundgesetz sowie die Gesetzgebung werden in Bezug auf Deutschland als bekannt vorausgesetzt – auf eine Darstellung wird deshalb hier, anders als für Brasilien und China, verzichtet.

273 *Butterwegge*, Krise und Zukunft des Sozialstaates, S. 37.

274 Vom 23.5.1949 (BGBl. 1949 I, S. 1), zuletzt geändert durch Art. 1 Gesetz zur Änderung des Grundgesetzes (Art. 72, 105, 125b) vom 15.11.2019 (BGBl. 2019 I, S. 1546).

275 BVerfG, Beschluss vom 19.12.1951, 1 BvR 220/51, BVerfGE 1, 97 (105).

276 BVerfG, Urteil vom 18.7.1967, 2 BvF 3-8, 139, 140, 334, 335/62, NJW 1967, 1795; BVerfG, Beschluss vom 12.3.1996, 1 BvR 609/90, NJW 1996, 2293 (2295); siehe auch *Papier/Shirvani*, in: Ruland/Becker/Axer, SRH, § 3 Rn. 8; *Grzeszick*, in: Maunz/Dürig, Grundgesetz-Kommentar, Art. 20 VIII Rn. 1.

277 *Grzeszick*, in: Maunz/Dürig, Grundgesetz-Kommentar, Art. 20 VIII Rn. 4; *Huster/Rux*, in: BeckOK Grundgesetz, Art. 20 Rn. 209.

Art. 20 Abs. 1 GG „bestimmt nur das ‚Was', das Ziel, die gerechte Sozialordnung; er lässt aber für das ‚Wie', das heißt für die Erreichung des Ziels, alle
Wege offen".[278] Der Gesetzgeber soll für soziale Gerechtigkeit sorgen und
dabei stets situationsangemessen reagieren können.[279]

Das Grundgesetz gibt jedoch eine wichtige Leitlinie vor, an der sich
der Gesetzgeber zu orientieren hat.[280] Denn zunächst einmal wird die
Staatszielbestimmung der Sozialstaatlichkeit im Grundgesetz nicht separat,
sondern im Kontext mit anderen Grundprinzipien des Staates genannt und
ist als mit ihnen auf einer Stufe stehend zu begreifen. Dies verdeutlicht,
dass bei der Verwirklichung des sozialen Staatsziels die anderen Prinzipien – Demokratieprinzip, Bundesstaatsprinzip, Rechtsstaatsprinzip (und
Republikprinzip) – den Weg und auch die Grenzen weisen.[281] Besonders
eng ist die Verknüpfung des Sozialstaatsprinzips mit dem Rechtsstaatsprinzip,[282] denn gerade die soziale Gestaltung des Staates ist ein wichtiges Element materieller Rechtsstaatlichkeit und ergänzt insofern die rein formelle
Rechtsstaatlichkeit.[283]

Eine gewisse Konkretisierung erfährt das Sozialstaatsprinzip auch durch
das Zusammenspiel mit den Grundrechten.[284] Zum Beispiel wird aus der
Verbindung des Sozialstaatsprinzips mit der in Art. 1 Abs. 1 GG verankerten
Menschenwürde eines der wichtigsten Ziele des Sozialstaates hergeleitet,
nämlich die Gewährleistung eines menschwürdigen Existenzminimums für
jedermann.[285] Auch die Gleichbehandlungsgrundrechte haben Einfluss auf
die Verwirklichung des Sozialstaatsprinzips, sie fordern etwa den Schutz
vor faktischen Benachteiligungen aufgrund des Geschlechts und begründen

---

278 BVerfG, Entscheidung vom 18.7.1967, 2 BvF 3/62, 2 BvF 4/62, 2 BvF 5/62, 2 BvF
6/62, 2 BvF 7/62, 2 BvF 8/62, 2 BvR 139/62, 2 BvR 140/62, 2 BvR 334/62, 2 BvR
335/62, BVerfGE 22, 180 (204).
279 *Butzer*, Fremdlasten in der Sozialversicherung, S. 116.
280 *Ebsen*, Grundgesetz und soziale Sicherung, S. 46; *Maurer*, Staatsrecht I, 2. Teil § 8
Rn. 72.
281 *Papier/Shirvani*, in: Ruland/Becker/Axer, SRH, § 3 Rn. 2 ff.
282 Da Deutschland nach der hier verwendeten Rechtsstaats-Definition (Fn. 90) unstreitig ein Rechtsstaat ist, soll auf die Frage der Rechtsstaatlichkeit nicht näher
eingegangen werden; hierzu ausführlich *Maurer*, Staatsrecht I, 2. Teil § 8 Rn. 1 ff.
283 Vgl. *Maurer*, Staatsrecht I, 2. Teil § 8 Rn. 8.
284 Hier sollen nur Beispiele genannt werden, siehe ausführlich z.B. *Grzeszick*, in:
Maunz/Dürig, Grundgesetz-Kommentar, Art. 20 VIII Rn. 22 ff.; *Huster/Rux*, in:
BeckOK Grundgesetz, Art. 20 Rn. 213 ff.; *Wittreck*, in: Dreier, Grundgesetz-Kommentar, Bd. II, Art. 20 Rn. 39 ff.
285 *Wittreck*, in: Dreier, Grundgesetz-Kommentar, Bd. II, Art. 20 Rn. 45; *Grzeszick*, in:
Maunz/Dürig, Grundgesetz-Kommentar, Art. 20 VIII Rn. 23 m.w.N.

den Grundsatz der Beitragsgerechtigkeit.[286] Zu beachten sind auch die Freiheitsrechte des Einzelnen, die naturgemäß im Spannungsverhältnis zum Sozialstaat stehen, deren Einschränkung stets der Rechtfertigung bedarf und die dem Sozialstaat Grenzen setzen.[287]

Die Sozialversicherung ist eines der Hauptinstrumente, denen sich der deutsche Staat zur Verwirklichung des Sozialstaatsprinzips bedient, und damit als besonders prägnanter Ausdruck des Sozialstaatsprinzips zu verstehen.[288] Mit ihr kommt der Staat seiner Pflicht nach, durch geeignete Einrichtungen für ein Mindestmaß an sozialer Sicherheit seiner Bürger zu sorgen, indem er eine Absicherung gegen die „Wechselfälle des Lebens" zur Verfügung stellt.[289] Zu diesen Wechselfällen des Lebens zählt auch das Alter.[290] Das Sozialstaatsprinzip begründet damit die Pflicht des Staates, ein Alterssicherungssystem zur Verfügung zu stellen; dieser Pflicht kommt er mit der gesetzlichen Rentenversicherung nach.[291] Die Institution der Rentenversicherung an sich ist durch Art. 20 Abs. 1 GG aber nicht geschützt;[292] dem Grundgesetz ist weder eine Garantie des bestehenden Systems noch seiner tragenden Organisationsprinzipien zu entnehmen.[293]

Hat der Staat sich aber einmal für ein bestehendes System sozialer Sicherheit entschieden – wie für das der gesetzlichen Rentenversicherung –, setzt ihm das Grundgesetz bei Veränderungen Grenzen. Den gesetzgeberischen Spielraum in Bezug auf die Rentenversicherung schränkt vor allem Art. 14 GG ein, denn Rentenansprüche und Rentenanwartschaften genießen nach der ständigen Rechtsprechung des Bundesverfassungsgerichts den grundgesetzlichen Eigentumsschutz.[294] Als entscheidend hierfür wird

---

286 Siehe hierzu *Grzeszick*, in: Maunz/Dürig, Grundgesetz-Kommentar, Art. 20 VIII Rn. 30 ff.

287 Siehe hierzu *Huster/Rux*, in: BeckOK Grundgesetz, Art. 20 Rn. 213 ff.; *Grzeszick*, in: Maunz/Dürig, Grundgesetz-Kommentar, Art. 20 VIII Rn. 27 ff.

288 BVerfG, Beschluss vom 27.5.1970, 1 BvL 22/63, 1 BvL 27/64, BVerfGE 28, 324 (348 ff.).

289 BVerfG, Beschluss vom 27.5.1970, 1 BvL 22/63, 27/64, NJW 1970, 1675 (1676).

290 *Huster/Rux*, in: BeckOK Grundgesetz, Art. 20 Rn. 211; *Hofmann*, in: Schmidt-Bleibtreu/Hofmann/Henneke, GG, Art. 20 Rn. 29; siehe auch *Maurer*, Staatsrecht I, 2. Teil § 8 Rn. 75.

291 Vgl. *Huster/Rux*, in: BeckOK Grundgesetz, Art. 20 Rn. 211.

292 Vgl. *Ruland*, NZS 2010, 121 (122).

293 BVerfG, Beschlüsse vom 9.4.1975 – 2 BvR 879/73 –, Rn. 71, juris und vom 15.12.1987 – 2 BvL 11/86 –, BVerfGE 77, 340-344, Rn. 13, juris.

294 BVerfG, Urteil vom 28.2.1980, 1 BvL 17/77 u. a., NJW 1980, 692 (693); BVerfG, Beschluss vom 1.7.1981, 1 BvR 874/77 u. a., NJW 1982, 155; siehe zur Eigentumsgaran-

angesehen, dass Rentenansprüche und -anwartschaften nicht ausschließlich auf einem Anspruch, den der Staat in Erfüllung seiner Fürsorgepflicht einräumt, beruhen, sondern vielmehr auf nicht unerheblichen Eigenleistungen.[295] Sie stellen regelmäßig eine Position dar, die nach Art eines Ausschließlichkeitsrechts dem Rechtsträger als privatnützig zugeordnet wird und der Sicherung seiner Existenz dient.[296] Da Art. 14 GG mit seinem in der Beitragsleistung begründet liegenden verfassungsrechtlichen Schutz das Vertrauensfundament für die Rentenversicherung legt, wird Art. 14 GG auch als „verfassungsrechtlicher Verankerungspunkt des Versicherungsprinzips im Sozialversicherungsrecht" verstanden.[297]

Die Kürzung von Renten und Rentenanwartschaften stellt eine Eigentumsbeeinträchtigung (Inhalts- und Schrankenbestimmung) dar, die nur dann zulässig ist, wenn sie durch Gründe des öffentlichen Interesses unter Berücksichtigung des Grundsatzes der Verhältnismäßigkeit gerechtfertigt ist.[298] Das gilt nach der Rechtsprechung des Bundesverfassungsgerichts sowohl für zukünftige als auch für Bestandsrenten.[299] Die Sicherung der Funktions- und finanziellen Leistungsfähigkeit der Rentenversicherung ist ein anerkanntes öffentliches Interesse,[300] aufgrund dessen – im Rahmen der Verhältnismäßigkeit – Leistungen gekürzt oder auch Beiträge erhöht werden können.[301] Und da in Bezug auf Anwartschaften die Folgen der Rechtsänderungen naturgemäß in der Zukunft liegen, handelt sich um eine unechte Rückwirkung, die regelmäßig zulässig ist.[302] Letztlich muss aber auch der Grundsatz des Vertrauensschutzes Berücksichtigung finden, denn gerade die Rentenversicherung begründet in der Regel ein besonderes Vertrauen auf den Fortbestand gesetzlicher Leistungsregelungen.[303] Dies führt

---

tie in der Sozialversicherung ausführlich z.B. *Rolfs*, Das Versicherungsprinzip im Sozialversicherungsrecht, S. 135 ff.

295 BVerfG, Urteil vom 28.2.1980, 1 BvL 17/77 u. a., NJW 1980, 692 (693); BVerfG, Urteil vom 4.7.1995, 1 BvF 2/86 u. a., NJW 1996, 185 (189); BVerfG, Urteil vom 16.7.1985, 1 BvL 5/80, BVerfG, Urteil vom 16.7.1985, 1 BvL 5/80, NJW 1986, 39 (41).

296 BVerfG, Beschluss vom 12.2.1986, 1 BvL 39/83, NJW 1986, 1159; siehe hierzu auch *Jarass*, NZS 1997, 545 ff.

297 Hierzu *Rolfs*, Das Versicherungsprinzip im Sozialversicherungsrecht, S. 135.

298 BVerfG, Urteil vom 28.2.1980, 1 BvL 17/77 u. a., NJW 1980, 692 (694); BVerfG, Beschluss vom 8.4.1987, 1 BvR 564/84, NZA 1988, 139.

299 BVerfG, Urteil vom 28.2.1980, 1 BvL 17/77, NJW 1980, 692 (694).

300 BVerfG, Beschluss vom 13.6.2006, 1 BvL 9/00 u. a., NVwZ 2007, 437 (439) m.w.N.

301 Siehe auch *Ruland*, NZS 2010, 121 (126) m.w.N.

302 *Jarass*, NZS 1997, 545 (548).

303 BVerfG, Beschluss vom 30.9.1987, 2 BvR 933/82, NVwZ 1988, 329 (341).

dazu, dass Änderungen stets durch angemessene Übergangsbestimmungen abgemildert oder ausgeglichen werden müssen.[304] Im Ergebnis dürfen Kürzungen also im Regelfall nur zum Erhalt der Systems und stets nur verhältnismäßig sowie versehen mit Übergangsregelungen vorgenommen werden.

Bei der Schaffung des Grundgesetzes im Jahre 1949 ist auf die Formulierung sozialer Grundrechte grundsätzlich verzichtet worden[305] – und dies, obwohl die Weimarer Reichsverfassung vom 11. August 1919 sozusagen als Vorgänger-Verfassung bereits eine Vielfalt sozialer Grundrechte vorzuweisen hatte.[306] Oder vielmehr gerade deshalb, denn verwirklicht wurden die sozialen Grundrechte unter der Weimarer Reichsverfassung kaum und als subjektive Rechte, aus denen sich Leistungsrechte ableiten ließen, wurden sie nicht verstanden.[307] Im Grundgesetz wurden die Grundrechte – und auch Art. 20 Abs. 1 GG – hingegen ausdrücklich als „unmittelbar geltendes Recht" (Art. 1 Abs. 3 GG) konzipiert, welches Gesetzgebung, Rechtsprechung und vollziehende Gewalt unmittelbar bindet. Die Grundrechte sind damit grundsätzlich gerichtlich durchsetzbare subjektive Rechte;[308] „leere Versprechungen" wollte man im Grundgesetz aber möglichst vermeiden.[309] Und gerade die Gewährleistung sozialer Rechte hängt zum großen Teil auch von der wirtschaftlichen Leistungsfähigkeit des Staates ab.

Aus dem stattdessen in das Grundgesetz integrierten Sozialstaatsprinzip als objektiver Verfassungsnorm lassen sich subjektive Rechte nur in Ausnahmefällen und in Verbindung mit den Grundrechten herleiten.[310] Anerkannt ist – wie bereits erwähnt – ein Anspruch auf ein menschenwürdiges

---

304 BVerfG, Beschluss vom 30.9.1987, 2 BvR 933/82, NVwZ 1988, 329 (344); *Jarass*, NZS 1997, 545 (549) m.w.N.

305 Als Ausnahme werden regelmäßig lediglich der Mutterschutz in Art. 6 Abs. 4 GG, die Gleichstellung unehelicher Kinder mit ehelichen in Art. 6 Abs. 5 GG oder auch Art. 6 Abs. 1 GG, der Schutz von Ehe und Familie, genannt, *Lange*, in: Böckenförde et al., Soziale Grundrechte, S. 49 (56); *Sarlet*, Die Problematik der sozialen Grundrechte in der brasilianischen Verfassung und im deutschen Grundgesetz, S. 302.

306 Siehe hierzu ausführlich *Lange*, in: Böckenförde et al., Soziale Grundrechte, S. 49 (50 f.); *Grzeszick*, in: Maunz/Dürig, Grundgesetz-Kommentar, Art. 20 VIII Rn. 11.

307 *Lange*, in: Böckenförde et al., Soziale Grundrechte, S. 49 (52 f.); *Thamm*, Probleme der verfassungsrechtlichen Positivierung sozialer Grundrechte, S. 142.

308 *Ebsen*, Grundgesetz und soziale Sicherung, S. 46.

309 *Sarlet*, Die Problematik der sozialen Grundrechte in der brasilianischen Verfassung und im deutschen Grundgesetz, S. 302 ff.; zu den weiteren Gründen für die Zurückhaltung in puncto sozialer Grundrechte siehe *Maurer*, Staatsrecht I, 2. Teil § 8 Rn. 62 ff.

310 Siehe hierzu *Ebsen*, Grundgesetz und soziale Sicherheit, S. 45, 48 f.; *Hofmann*, in: Schmidt-Bleibtreu/Hofmann/Henneke, GG, Art. 20 Rn. 28.

Existenzminimum, konkret: das Recht eines Bedürftigen auf Sozialhilfe, hergeleitet aus Art. 1 Abs. 1 GG in Verbindung mit dem Sozialstaatsprinzip.[311]

Zu beachten ist letztlich, dass das deutsche Grundgesetz hinsichtlich der Altersversorgung für Beamte, ähnlich wie die brasilianische Verfassung, in Art. 33 Abs. 5 GG besondere Regelungen bereithält. Diese Vorschrift soll die Institution des Berufsbeamtentums und ihre Funktionsfähigkeit im Interesse der Allgemeinheit erhalten sowie gewährleisten, dass der Bedienstete in rechtlicher und wirtschaftlicher Unabhängigkeit zur Erfüllung der dem Berufsbeamtentum vom Grundgesetz vorgeschriebenen Aufgabe – nämlich im politischen Kräftespiel eine stabile, gesetzestreue Verwaltung zu sichern – beitragen kann.[312] Darüber hinaus begründet die Norm ein grundrechtsgleiches Recht der Beamten, soweit ein hergebrachter Grundsatz deren persönliche Rechtsstellung betrifft.[313] Zu den hergebrachten Grundsätzen des Berufsbeamtentums zählt das Alimentationsprinzip, welches unter anderem die Verpflichtung des Dienstherren enthält, dem Beamten nach dessen altersbedingtem Ausscheiden aus dem aktiven Dienst einen angemessenen Lebensunterhalt zu zahlen.[314] Die genaue Ausgestaltung legt das Grundgesetz nicht fest, insbesondere steht dem Gesetzgeber bei der Beurteilung der Angemessenheit ein weiter Spielraum zu.[315] Die Alimentation darf aber nicht (ohne Weiteres) in Leistungen anderer Qualität wie beispielsweise Sozialversicherungsleistungen übergeleitet werden.[316]

Insgesamt sind die verfassungsrechtlichen Grundlagen für die Sozial- und damit auch Rentenversicherung sehr grob gehalten und konstituieren keine konkreten Ausgestaltungsvorgaben. Mit den sozialen Staatszielbestimmungen gibt das Grundgesetz aber eine wichtige Zielrichtung für den Gesetzgeber vor, deren Einhaltung die Judikative überwacht. Für Veränderungen eines einmal bestehenden Systems sozialer Sicherheit wie dem jetzigen der Versicherung ergeben sich aus dem Grundgesetz im Ergebnis sowohl Möglichkeiten als auch Grenzen. Geschützt werden die in Art. 20

---

311 BVerfG, Urteil vom 9.2.2010, 1 BvL 1/09, 1 BvL 3/09, 1 BvL 4/09, BVerfGE 125, 175; siehe auch *Niedermeyer*, in: BeckOK Sozialrecht, § 1 SGB I Rn. 3.

312 BVerfG, Urteil vom 5.7.1983, 2 BvR 460/80, BVerfGE 64, 367 (379).

313 BVerfG, Urteil vom 6.3.2007, 2 BvR 556/04, BVerfGE 117, 330 (344).

314 BVerfG, Urteil vom 27.9.2005, 2 BvR 1387/02, BVerfGE 114, 258 (287); *Jarass*, in: Jarass/Pieroth, Grundgesetz Kommentar, Art. 33 Rn. 55, 61.

315 BVerfG, Beschluss vom 6.5.2004, 2 BvL 16/02, BVerfGE 110, 353 (364).

316 BVerfG, Beschluss vom 30.9.1987, 2 BvR 933/82, BVerfGE 76, 256 (319); dazu noch sogleich unter D.III.3.

Abs. 1 GG verankerten Grundsätze durch die in Art. 79 Abs. 3 GG normierte Ewigkeitsklausel.[317]

Ähnlich wie das brasilianische Verfassungswerk enthält das deutsche Grundgesetz Vorgaben für die Organisation der Sozialversicherung. Art. 87 Abs. 2 S. 1 GG gibt vor, dass Sozialversicherungsträger als bundesunmittelbare Körperschaften des öffentlichen Rechts zu führen sind, wenn sich ihr Zuständigkeitsbereich über das Gebiet eines Landes hinaus erstreckt; dies ist für die Deutsche Rentenversicherung Bund und die Deutsche Rentenversicherung Knappschaft Bahn-See der Fall (§ 125 Abs. 2 S. 1 SGB VI[318]). Sie unterstehen damit der bundesmittelbaren Verwaltung.[319] Art. 87 Abs. 2 S. 2 GG eröffnet den Ländern aber die Möglichkeit, Sozialversicherungsträger in landesmittelbarer Verwaltung als landesunmittelbare Körperschaften des öffentlichen Rechts zu führen,[320] wenn sich ihr Zuständigkeitsbereich zwar über das Gebiet eines Landes, aber nicht über drei Länder hinaus erstreckt und wenn das aufsichtsführende Land durch die beteiligten Länder bestimmt ist.[321] Für die regionalen Rentenversicherungsträger bleibt daher nach dem in Art. 83 GG formulierten Grundsatz die Verwaltungskompetenz der Länder bestehen. Da die Sozialversicherung allerdings durch Selbstverwaltungsträger ausgeführt wird (§ 29 SGB IV[322]), ist die Beteiligung der Länder de facto eher gering.

---

317 Hierzu BVerfG, Urteil vom 3.3.2004, 1 BvR 2378/98 u. 1 BvR 1084/99, NJW 2004, 999 (1001).

318 Sozialgesetzbuch Sechstes Buch – Gesetzliche Rentenversicherung – (Artikel 1 des Gesetzes vom 18.12.1989, BGBl. 1989 I, S. 2261, 1990 I, S. 1337) in der Fassung der Bekanntmachung vom 19.2.2002, BGBl. 2002 I, S. 754, ber. S. 1404, 3384, zuletzt geändert durch Art. 312 Elfte ZuständigkeitsanpassungsVO vom 19.6.2020 (BGBl. 2020 I, S. 1328).

319 *Ibler*, in: Maunz/Dürig, Grundgesetz-Kommentar, Art. 87 Rn. 160; zur Terminologie siehe z.B. *Maurer*, Staatsrecht I, 4. Teil § 18 Rn. 19.

320 Hierzu *Sachs*, in: ders., Grundgesetz, Art. 87 Rn. 58 ff.

321 Siehe hierzu *Hermes*, in: Dreier, Grundgesetz-Kommentar, Bd. III, Art. 87 Rn. 59.

322 Sozialgesetzbuch Viertes Buch – Gemeinsame Vorschriften für die Sozialversicherung – (Artikel I des Gesetzes vom 23.12.1976, BGBl. 1976 I, S. 3845) in der Fassung der Bekanntmachung vom 12.11.2009, BGBl. 2009 I, S. 3710, Berichtigung S. 3973 und BGBl. 2011 I, S. 363, zuletzt geändert durch Art. 310 Elfte ZuständigkeitsanpassungsVO vom 19.6.2020 (BGBl. 2020 I, S. 1328).

2. Gesetzgebungskompetenzen

Die Gesetzgebungskompetenz für die Sozialversicherung steht in der föderal strukturierten Bundesrepublik nach Art. 74 Abs. 1 Nr. 12 GG dem Bundesgesetzgeber im Rahmen der konkurrierenden Gesetzgebungskompetenz zu. Eine feststehende Definition für den Begriff Sozialversicherung gibt es nicht. Laut Bundesverfassungsgericht ist unter Sozialversicherung die Vorsorge durch Versicherung, die Elemente des sozialen Ausgleichs enthält, zu verstehen,[323] und sie bezieht sich dem Gesetzesrecht zufolge auf die Absicherung sozialer Risiken wie Krankheit, Alter, Invalidität, Unfall, Arbeitslosigkeit und Pflegebedürftigkeit. Der Begriff der Sozialversicherung im Sinne des Art. 74 Abs. 1 Nr. 12 GG erfasst zwar nicht den gesamten Bereich der sozialen Sicherheit, er ist aber als weit gefasster Gattungsbegriff zu verstehen und erfasst Systeme, die das soziale Bedürfnis nach Ausgleich besonderer Lasten erfüllen und dazu selbständige Anstalten oder Körperschaften des öffentlichen Rechts als Träger vorsehen, die ihre Mittel im Wesentlichen durch Beiträge aufbringen.[324] Die gesetzliche Rentenversicherung fällt unstreitig darunter.[325] Der Bund hat seine Gesetzgebungskompetenz im Bereich der Rentenversicherung auch umfassend wahrgenommen, eine Ausnahme bilden nur die berufsständischen öffentlich-rechtlichen Rentenversicherungen für bestimmte freie Berufe.[326] Die Gesetzgebungskompetenz für die Beamtenversorgung liegt für Bundesbeamte ausschließlich beim Bund (Art. 73 Abs. 1 Nr. 8 GG) und für Landesbeamte ausschließlich bei den Ländern (vgl. Art. 74 Abs. 1 Nr. 27 GG).

3. Rechtsquellen

Greift der Gesetzgeber in Freiheitsrechte des Bürgers ein, bedarf dies im deutschen Rechtsstaat der gesetzlichen Legitimation (Art. 2 Abs. 2 S. 3 GG). Auch die Begründung von Leistungsansprüchen erfordert in der Regel

---

323 BVerfG, Urteil vom 6.6.1978, 1 BvR 102/76, NJW 1978, 1849 f.

324 BVerfG, Beschluss vom 13.9.2005, 2 BvF 2/03, BVerfGE 114, 196-257, Rn. 148 bei juris; siehe hierzu auch *Wittreck*, in: Dreier, Grundgesetz-Kommentar, Bd. III, Art. 74 Rn. 61.

325 *Papier/Shirvani*, in: Ruland/Becker/Axer, SRH, § 3 Rn. 11 f.; *Rolfs*, Das Versicherungsprinzip im Sozialversicherungsrecht, S. 100 ff.

326 *Papier/Shirvani*, in: Ruland/Becker/Axer, SRH, § 3 Rn. 23.

eine gesetzliche Grundlage.[327] Dementsprechend ordnet § 31 SGB I[328] einen vollumfänglichen Gesetzesvorbehalt für das deutsche Sozialrecht an und macht das Gesetz zur „zentrale[n] Rechtsquelle des Sozialrechts".[329]

Gemäß Art. 80 Abs. 1 GG darf der Gesetzgeber der Exekutive in engen Grenzen gestatten, durch Rechtsverordnungen sozialrechtliche Einzelfragen normativ zu regeln, was auch für die Rentenversicherung zum Tragen kommt, zum Beispiel in Bezug auf die Beitragssätze und die Beitragsbemessungsgrenzen (§ 160 SGB VI). Eine weitere Rechtsquelle bildet – oder jedenfalls faktische Bindungswirkung entfaltet –[330] in Deutschland schließlich das Richterrecht.[331]

4. Recht der Europäischen Union

Kurze Erwähnung finden soll an dieser Stelle auch das Recht der Europäischen Union (EU); vor allem die europäischen Grundfreiheiten hat der deutsche Gesetzgeber stets zu beachten. Bedeutung für die Rentenversicherung kommt insbesondere der Arbeitnehmerfreizügigkeit[332] zu, aufgrund welcher Rentenanwartschaftszeiten, die im EU-Ausland erworben wurden, anerkannt werden müssen und Renten in das EU-Ausland zu exportieren sind. Auch die Dienstleistungsfreiheit[333] kann bei der Leistungsgewährung eine Rolle spielen. Zu berücksichtigen ist ferner das Verbot der Diskriminierung aus Gründen der Staatsangehörigkeit.[334]

IV. Vergleichende Analyse

Alle hier untersuchten Länder haben gemein, dass ihr jeweiliges Verfassungswerk – formal betrachtet – die oberste Norminstanz des Staates bildet.

---

327 *Eichenhofer*, Sozialrecht, Rn. 162 m.w.N.
328 Sozialgesetzbuch Erstes Buch – Allgemeiner Teil – (Artikel I des Gesetzes vom 11.12.1975, BGBl. 1975 I, S. 3015) zuletzt geändert durch Art. 2 Siebtes Gesetz zur Änderung des Vierten Buches SGB und anderer Gesetze vom 12.6.2020 (BGBl. 2020 I, S. 1248).
329 *Eichenhofer*, Sozialrecht, Rn. 162.
330 *Preis*, in: Erfurter Kommentar zum Arbeitsrecht, § 611a BGB, Rn. 234.
331 Siehe hierzu *Eichenhofer*, Sozialrecht, Rn. 164.
332 Art. 45 Vertrag über die Arbeitsweise der Europäischen Union (AEUV) in der Fassung der Bekanntmachung vom 9.5.2008, Celex-Nr. 1 1957 E, zuletzt geändert durch Art. 2 ÄndBeschl. 2012/419/EU vom 11.7.2012 (ABl. L 204 S. 131).
333 Art. 56 AEUV.
334 Art. 18 AEUV.

Es bestimmt die Verankerung der Systeme sozialer Sicherheit einschließlich der Alterssicherungssysteme im jeweiligen Staatsgefüge und Normensystem, legt Vorgaben, Ziele und Grenzen für ihre Ausgestaltung fest und gibt Aufschluss über das dahinterstehende Wertesystem. Die Verfassungswerke zeigen aber, dass dem Recht als solchem eine sehr unterschiedliche Stellung zukommt, auch für die Ausgestaltung der Rentenversicherungssysteme.

Dabei sei noch einmal darauf hingewiesen, dass der Begriff Rentenversicherung hier einheitlich in Bezug auf alle drei Länder verwendet wird, weil sie sich alle dem Grunde nach für „Bismarck-Systeme" entschieden haben, auch wenn die Ausgestaltungen – was noch zu untersuchen sein wird – möglicherweise teils so sehr vom Sozialversicherungsprinzip[335] abweichen, dass hinsichtlich der Bezeichnung dogmatisch durchaus Fragen aufkommen können.[336]

1. Rentenversicherung in Staatsgefüge und Rechtssystem

Demokratische Rechts- und Bundesstaaten versus sozialistischen, autoritären und zentralistischen Einparteienstaat: Es wäre überraschend, wenn nicht schon diese unterschiedlichen Staatsstrukturen auch zu sichtbaren Differenzen im Hinblick auf Recht, Gesetz und sonstige Normierungen – den formellen Grundlagen der staatlichen Rentenversicherungssysteme – führten.

Brasilien und Deutschland sind föderalistisch aufgebaut, die Gesetzgebungskompetenz für die Rentenversicherung liegt aber in beiden Staaten beim Bund. Zwar darf die Exekutive in beiden Staaten Rechtsverordnungen erlassen, dies geschieht im Bereich der Rentenversicherung aber ebenfalls nur auf Bundesebene. Die Materie Rentenversicherung wird demnach bundesweit einheitlich geregelt, der Föderalismus wirkt sich nicht signifikant aus. Man könnte meinen, die Lage im zentralistisch aufgebauten China, in dem die Untergliederung des Staates in Provinzen hauptsächlich der Verwaltung dienen soll und sich die Frage der Gesetzgebungskompetenz (im engeren Sinne) erst gar nicht stellt, müsste eine ganz ähnliche sein. Dem ist aber nicht so und das hat mehrere Ursachen. Zunächst einmal gibt es auch in den chinesischen Provinzen und kleineren Untergliederungseinheiten Volkskongresse, welche Rechtsnormen erlassen dürfen und im Bereich der

---

335 Zum Sozialversicherungsprinzip siehe oben unter A.I.
336 Vgl. auch bereits oben, A.V. am Ende.

Rentenversicherung auch sollen.[337] Zudem sind die nationalen Normvorgaben, insbesondere für die Rentenversicherung, in der Volksrepublik üblicherweise so grob gehalten, dass sie einen großen Spielraum für regional unterschiedliche Ausgestaltungen lassen, der nicht nur ausgenutzt werden darf, sondern auch soll und wird.[338] Eine Region darf „vorpreschen", denn möglicherweise kann sich der Rest des Landes die gewonnenen Erkenntnisse zu Nutze machen – diese Vorgehensweise hat sich ganz offenbar bewährt, auch weil die einzelnen Regionen ihren Spielraum durchaus kreativ nutzen.[339] Die immensen Dimensionen des Landes dürften einer der Gründe hierfür sein; der Preis für die Durchsetzung einer einheitlichen Politik wäre mitunter hoch. Schließlich hat auch die chinesische Vorliebe für gezielte Pilotprojekte gerade im Bereich der Rentenversicherung zu einer weiten regionalen Vielfalt von Systemen geführt.

Während der Föderalismus in Deutschland und Brasilien für die inhaltliche Ausgestaltung der gesetzlichen Rentenversicherung an sich keine Rolle spielt, kann man in Bezug auf China den Eindruck gewinnen, es gäbe eine Art Föderalismus, da Regelungen regional höchst unterschiedlich ausfallen können. Dies führt in China durchaus zu Schwierigkeiten, weshalb das Thema auch so ausführlich zum Gegenstand der Arbeit gemacht wird. Wie später noch gezeigt werden wird, versucht China der landesweit sehr unterschiedlichen Entwicklung der Rentenversicherung und den daraus resultierenden Problemen seit einiger Zeit durch diverse Maßnahmen zumindest entgegen zu wirken und das Auseinanderfallen zu bremsen. Die Verfassung und Staatsstruktur des zentralistischen Einheitsstaates jedenfalls verhinderten und verhindern die Entstehung eines solchen Phänomens – anders als in Deutschland und Brasilien – nicht.[340]

Rechtshistorisch und kulturell bedingt sind die (normativen) Grundlagen für die chinesische Rentenversicherung nicht nur in Gesetzen oder den Exekutivrechtsnormen – welche man mit Rechtsverordnungen in Brasilien und Deutschland vergleichen könnte – zu finden, sondern auch in staatlichen Politnormen sowie den Richtlinien der Kommunistischen Partei Chinas. Die Rentenversicherung ist – aus westlicher Sicht kaum

---

337 Art. 99 der chinesischen Verfassung und §§ 63 ff. Gesetzgebungsgesetz.
338 Vgl. *Kischel*, Rechtsvergleichung, S. 775; dazu noch näher im Folgenden.
339 Dies werden die folgenden Ausführungen zeigen; so auch *Kischel*, Rechtsvergleichung, S. 775 f.
340 Bemerkbar macht sich der Föderalismus in Brasilien und Deutschland aber für die Versorgung der Beamten, die den Ländern unterstellt sind. Hier dürfen die Länder inhaltlich eigene Ausgestaltungen vornehmen.

vorstellbar – bis zum Inkrafttreten des Sozialversicherungsgesetzes im Jahr 2011 sogar so gut wie gar nicht gesetzlich geregelt gewesen. Die chinesische Verfassung schiebt dem keinen Riegel vor, kennt sie doch weder einen Vorbehalt des Gesetzes noch eine echte Gewaltenteilung – undenkbar in Deutschland und Brasilien. Denn in diesen beiden Staaten ist die Rentenversicherung aufgrund des verfassungsrechtlich normierten[341] oder jedenfalls verfassungsrechtlich hergeleiteten[342] Vorbehalts des Gesetzes im Wesentlichen gesetzlich zu regeln, und zwar von der Legislative; Gesetze bilden die zentrale Rechtsquelle für die Rentenversicherung.

So jedenfalls in Deutschland. Bei genauem Hinsehen fällt an dieser Stelle auf, dass die Exekutive auch in Brasilien eine größere Macht im Hinblick auf die Gesetzgebung besitzt als in der Bundesrepublik, auch für die Rentenversicherung. So kann der Präsident im Wege von einstweiligen Anordnungen (*medidas provisorias*) in wichtigen und eilenden Fällen Regelungen mit unmittelbarer Gesetzeskraft erlassen.[343] Zwar verlieren diese Anordnungen ihre Wirksamkeit, wenn sie nicht innerhalb von 60 Tagen in ein formelles Gesetz umgewandelt werden, bis dahin aber sind sie geltendes Recht und können richtungsweisend sein. Nicht selten werden eben diese einstweiligen Anordnungen schließlich zu Gesetzen, auch im Bereich der Rentenversicherung.[344]

Es bleibt festzuhalten, dass in den drei zu vergleichenden Ländern – historisch bedingt – höchst unterschiedliche Rechtskulturen herrschen, die die Herangehensweise an die rechtliche Verankerung der Rentenversicherung prägen. Es wäre falsch, hier von besser oder schlechter zu sprechen; wichtig ist, dass das jeweilige System zur Situation des Staates passt und funktioniert. Das deutsche System scheint staatsorganisationsrechtlich gesehen trotz minimalistischer Normierung im Grundgesetz den strengsten, aber auch klarsten staatlichen Regelungen unterworfen zu sein. Deutsche Übersichtlichkeit und Stringenz stehen einer recht unübersichtlichen und wenig transparenten chinesischen Vielfalt gegenüber; Brasilien geht einen – wenn auch deutlich näher am deutschen System orientierten – Mittelweg.

---

341 So in Brasilien in Art. 5 II der brasilianischen Verfassung.
342 In Deutschland wird der Vorbehalt des Gesetzes insbesondere aus dem jeweils verfassungsrechtlich verankerten Rechtsstaats- und Demokratieprinzip hergeleitet; siehe hierzu *Huster/Rux*, in: BeckOK Grundgesetz, Art. 20 Rn. 172 ff.; *Grzeszick*, in: Maunz/Dürig, Grundgesetz-Kommentar, Art. 20 Rn. 97 ff.
343 Art. 62 der brasilianischen Verfassung.
344 Siehe oben, B.I.5.c.

2. Soziale Sicherheit und Rentenversicherung: Verfassungsrechtliche Vorgaben

Interessanterweise sind alle hier untersuchten Verfassungen nach dem Ende eines totalitären Regimes entstanden: in Brasilien nach der Militärdiktatur, in China nach der kommunistischen Diktatur Mao Zedongs und in Deutschland nach der Diktatur der Nationalsozialisten. In allen Verfassungswerken wurde mitunter deshalb nicht nur die Staatsmacht beschränkt, sondern auch die Stellung der Grundrechte gestärkt, zumindest auf dem Papier. Alle Verfassungswerke formulieren, rein formal betrachtet, Grundrechte, welche bei der Schaffung eines Systems sozialer Sicherheit Berücksichtigung finden müssen, wie allen voran die Menschenwürde (in China allerdings beschränkt auf die chinesischen Bürger), Gleichheitsrechte und Freiheitsrechte. Und alle drei Staaten haben gemeinsam, dass ihr Verfassungswerk in irgendeiner Weise die Schaffung eines staatlichen Systems sozialer Sicherheit fordert. Im Einzelnen sind aber höchst unterschiedliche Werke entstanden, gerade auch in Bezug auf die soziale Sicherheit.

Konkurrenzloser Gewinner bei den detailliertesten Vorgaben für die soziale Sicherheit ist die brasilianische Verfassung. Derart konkrete Regelungen suchen in den anderen Verfassungswerken vergebens ihresgleichen und nur die brasilianische Verfassung offenbart den Charakter des Altersvorsorgesystems als „Bismarck-System", als Sozialversicherung. Gleich zu Beginn wartet sie mit einem bunten Blumenstrauß von sogenannten fundamentalen und sozialen Grundrechten auf. Unter ihnen findet sich ausdrücklich – anders als in Deutschland und China – das Recht (aller) auf Sozialversicherung[345] und für die Beschäftigten auf Absicherung im Alter[346]. Diese Normen sind von der Ewigkeitsklausel erfasst; die Institution der Sozialversicherung ist demnach – wörtlich genommen – nicht im Wege von Reformen zu beseitigen. Art. 201 der brasilianischen Verfassung normiert den Beitragscharakter sowie den Versicherungszwang; zwei Grundcharakteristika der Sozialversicherung. Eine Änderung des Art. 201 der brasilianischen Verfassung ist – im Gegensatz zu den zuvor genannten sozialen Grundrechten – möglich, jedoch aufwendig und politisch nicht immer durchsetzbar. Die Verfassung gewährt der Rentenversicherung einen

---

345 Art. 6 der brasilianischen Verfassung spricht von dem Recht auf *previdência social*, womit die Sozialversicherung gemeint ist, vgl. oben, B.I.3.
346 Art. 7 Abs. 24 der brasilianischen Verfassung.

weitgehenden Schutz, was gleichzeitig eine hohe Hürde für Reformen bedeuten kann.

Man könnte meinen, diese Hürde für Reformen würde noch dadurch erhöht, dass die brasilianische Verfassung in Art. 5 § 1 auch die unmittelbare Anwendbarkeit der Grundrechte – einschließlich der sozialen Grundrechte – anordnet. Da dies aber kaum je zu verwirklichen wäre, geht man in Brasilien nicht davon aus, dass hieraus ohne Weiteres subjektive Rechte folgen können. Die Gewährleistung wird vielmehr als unter dem Vorbehalt des Möglichen stehend betrachtet und die Norm als ein Gebot verstanden, den Grundrechten eine größtmögliche Effektivität zu verleihen.[347] Dies mag man zwar positiv sehen können, nimmt der brasilianischen Verfassung aber ein Stück ihrer Glaubwürdigkeit und verleiht ihr insoweit einen programmatischen Charakter. Man mag sich fragen, ob nicht möglicherweise die Institution der Sozialversicherung ebenfalls unter dem Vorbehalt des Möglichen steht.

Mit der geschilderten Programmatik ähnelt die brasilianische Verfassung in gewisser Weise der chinesischen. Beispielhaft sei angeführt, dass sowohl in der brasilianischen (Art. 6) als auch der chinesischen Verfassung (Art. 42 Abs. 1) ein Recht auf Arbeit festgeschrieben ist – die ernsthafte Verwirklichung dieses Rechts müsste streng genommen bedeuten, der Staat hätte jeden, der keine Arbeit findet, einzustellen.[348] Umgesetzt wird dies jedenfalls nicht.

Dass sich subjektive Rechte aus der chinesischen Verfassung ohnehin nicht herleiten lassen, auch wenn sie dort formuliert werden, ist unstreitig und darauf zurückzuführen, dass die Verfassung geprägt ist von traditionellen chinesischen Rechtsgedanken und sozialistischen Philosophien, nach denen die wirtschaftliche Entwicklung und das Wohl des Kollektivs stets über der Gewährung subjektiver individueller Rechte stehen; subjektive Rechte sind dem traditionellen chinesischen Recht fremd.

Dass die chinesische Verfassung einen programmatischen Charakter trägt, tut sie offen kund – sie mag zwar behaupten, einen Rechtsstaat zu begründen, die dafür aus westlicher Sicht erforderlichen Mechanismen fehlen aber ganz offensichtlich. Ein Verfassungsprogramm hinsichtlich sozialer Sicherheit enthält sie durchaus, ordnet sie doch insbesondere die Schaffung eines Systems sozialer Sicherheit, den Ausbau der Sozialversicherung und die Gewährung von Ruhestandsleistungen an. Eine ausdrückliche oder

---

347 Siehe hierzu oben, B.I.3.
348 *Brunner*, Die Problematik der sozialen Grundrechte, S. 14.

implizite Absicherung des Existenzminimums sieht sie allerdings, anders als die brasilianische Verfassung oder das deutsche Grundgesetz, nicht vor. Auch wird die soziale Sicherheit ausdrücklich an die wirtschaftliche Entwicklung gekoppelt. Insgesamt werden nur grobe Ziele, nicht aber Vorgaben für die Ausgestaltung formuliert. Zwar sollen die chinesischen Gesetze mit der Verfassung im Einklang stehen, eine prüfende oder unabhängige auslegende Instanz wie eine Verfassungsgerichtsbarkeit gibt es jedoch nicht. Vielmehr kommt dem Nationalen Volkskongress nicht nur die Kompetenz zu, Verfassungsänderungen vorzunehmen, sondern auch (in Form des Ständigen Ausschusses) die Verfassung auszulegen. Überdies schwebt über der Verfassung die Kommunistischen Partei Chinas – was ihr politischer Wille ist, prägt auch die geltende Verfassung. Es ist damit kaum vorstellbar, dass in China die Verfassung jemals einem Gesetzgebungsvorhaben im Weg stehen könnte wie in Brasilien und auch in Deutschland. Dies gilt umso mehr wenn man bedenkt, dass in China ein autoritäres Einparteiensystem herrscht, eine wirkliche Meinungsvielfalt also nicht auftritt – durchaus vorhandene innerparteiliche Differenzen einmal unberücksichtigt gelassen. Rechtlichen Schutz für die Rentenversicherung vermag die Verfassung nicht zu bieten, ebenso wenig einen Schutz des Einzelnen und seines Vertrauens. Sie ist ein Mittel, um die Politik der Partei durchzusetzen.

Das deutsche Grundgesetz mutet mit seinem Sozialstaatsprinzip recht karg an. Mit seiner insgesamt reduzierten Ausgestaltung und vor allem der Nichtaufnahme eines Katalogs sozialer Grundrechte wurde ein programmatischer Charakter des Grundgesetzes weitgehend gezielt vermieden. Das Sozialstaatsprinzip gibt jedoch – simpel ausgedrückt – einiges her. So lässt sich hieraus, wie gezeigt, die Pflicht für den Staat herleiten, ein Alterssicherungssystem zu schaffen. Dieses muss nicht als Versicherung ausgestaltet sein wie in Brasilien, mindestens aber – irgendwie – das Existenzminimum absichern. Kann eine Rente dieses Ziel im Einzelfall nicht gewährleisten (auch, weil der Einzelne vielleicht gar nicht versichert ist), müssen andere Mechanismen hierfür greifen; im Ergebnis die Sozialhilfe in Form der Grundsicherung im Alter. Auch wenn die Institution der Rentenversicherung als solche nicht geschützt ist und – theoretisch – durch ein anderes Alterssicherungssystem ersetzt werden könnte, so wären dafür weitreichende Übergangsregelungen erforderlich und bestehende Rentenansprüche und -anwartschaften dürften finanziell nicht entwertet werden, da diese von der Eigentumsgarantie des Art. 14 GG erfasst sind. Auch wenn sich den Verfassungen der anderen Staaten ebenfalls ein Recht auf Eigentum entnehmen lässt, so wird doch ein Schutz von Rentenansprüchen und -anwartschaften hierdurch nicht angenommen. Während die chinesische Verfassung über keinerlei Schutzrechte für den Einzelnen verfügt, setzt ein vollwertiger Schutz durch die brasilianische Verfassung erst dann ein, wenn der Einzelne bereits die Leistungsvoraussetzungen für den Rentenerhalt erfüllt hat; vorher genießen Anwartschaften allein den verfassungsrechtlichen Vertrauensschutz, welcher dem Gesetzgeber (lediglich) vorschreibt, Übergangsregelungen zu normieren.

Das deutsche Grundgesetz verhindert nicht die Abschaffung des Instituts der Rentenversicherung, wohl aber die Abschaffung staatlicher Alterssicherung im Ganzen und setzt Änderungen Grenzen – verhältnismäßig eng sind diese, wenn es um Leistungskürzungen geht. Obwohl die brasilianische Verfassung detaillierter ist, ist der gesetzgeberische Spielraum in Brasilien im Ergebnis insofern nicht geringer. Zwar ist das Institut der Sozialversicherung dort von der Ewigkeitsklausel erfasst, ebenso die Vertrauensschutzgrundsätze, nicht aber sind es die inhaltlichen Ausgestaltungsregelungen der Rentenversicherung – sie machen Änderungen nur schwieriger. In China hingegen ist der Spielraum enorm – rechtlich betrachtet ist der „Gesetzgeber" weitgehend frei. Die ohnehin nur unkonkret und grob gehaltene Verfassung kann jederzeit geändert werden.

3. Resümee

Rechtsstaatlichkeit und Demokratie sind offenbar weder Voraussetzung für die Entstehung von Systemen sozialer Sicherheit noch für ihre Aufrechterhaltung. Es ist nicht nur die Verfassung, die Druck zur Verwirklichung sozialstaatlicher Ziele ausübt; autokratische Regimes unterliegen für die Aufrechterhaltung ihrer Macht einem Legitimations- und Glaubwürdigkeitsdruck, dem sie mitunter mit dem Schaffen sozialer Institutionen begegnen. „Der soziale Elan bedarf keiner zusätzlichen Verfassungsimpulse und Verfassungskrücken",[349] so kann man meinen. Mag es also in China um die Rechtsstaatlichkeit anders stehen als in Deutschland und Brasilien – *Rule by Law* in China versus *Rule of Law* in Brasilien und Deutschland –, so dürfte doch faktisch zunächst entscheidend sein, dass sich die Länder – ob mit oder ohne rechtsstaatlichen Zwang – um den Auf- und Ausbau ihrer Rentenversicherungssysteme in ausreichendem Maße kümmern. Der Erfolg hängt überall auch von vielen anderen Faktoren ab.

---

349 *Isensee*, Der Staat 19 (1980), 367, 383.

Eine feste verfassungsrechtliche Verankerung und rechtsstaatliche Absicherung, wie sie in Deutschland und Brasilien vorzufinden ist, kann aber Auswirkungen auf die Beständigkeit und Stabilität eines Systems sozialer Sicherheit haben. Sozialstaatliche Ziele sind in Deutschland und Brasilien verbindlicher in den Verfassungswerken verankert als in China, sie nehmen eine höhere Stellung ein und die Systeme sozialer Sicherheit sind rechtlich weniger einfach auszuhebeln. Die brasilianische Verfassung sieht als Einzige sogar die Ausgestaltung der Alterssicherung als Rentenversicherung mit sozialversicherungsrechtlichen Prinzipen vor. Reformen mögen in Brasilien aufgrund der detaillierten verfassungsrechtlichen Verankerung am schwierigsten zu realisieren sein, die Verfassung versperrt ihnen aber auch hier nicht den Weg. Überdies kann das Erfordernis einer Konsensfindung einem auf Änderungen sensibel reagierendem System wie der Rentenversicherung auch zu Gute kommen.[350] Eine bindende Verfassung ist als Zeichen eines ernst zu nehmenden Wertesystems einzustufen und kann Vertrauen schaffen. Die Bürger zahlen für ihre Altersvorsorge Beiträge und beziehen die Versicherung in ihre Lebensplanung ein – haben sie das Gefühl, diesbezüglich nicht auf den Staat vertrauen zu können, kann oder sogar muss dies zu Unzufriedenheit, Unruhen und staatlicher Instabilität führen. Dem vermag ein funktionierendes rechtsstaatliches Gefüge mit einer verbindlichen Verfassung entgegen zu wirken. Ziele können zwar auch dann verwirklicht und Systeme sozialer Sicherheit aufrechterhalten werden, wenn sie nicht bindend in der Verfassung festgeschrieben und rechtsstaatlich verankert sind. Sie laufen aber Gefahr, Spielball der Politik zu werden. Letztlich ist das jeweilige Verfassungswerk jedoch nicht nur in Brasilien und Deutschland, sondern auch in China mindestens als Wegweiser etabliert, an dem staatliches Handeln gemessen werden kann.

---

350 So *Steinmeyer*, NZS 2012, 721 (727).

C. Historische Hintergründe – Anfänge und Entwicklung der Rentenversicherungssysteme

Das Wort Entwicklung impliziert es bereits: Jedes der Rentenversicherungssysteme befindet sich naturgemäß seit jeher in Bewegung und verzeichnet irgendwo seine sogenannten Anfänge. Verständnis und Analyse des Status quo erscheinen, wie so häufig, ohne rückblickende historische Betrachtung kaum möglich. Und auch für die Frage des „Wohin" verspricht ein Blick auf das „Woher" nützlich zu sein.[351]

Daher möchte die folgende Darstellung näherbringen, unter welchen Umständen und vor welchem historischen Kontext die Rentenversicherungssysteme in Brasilien, China und Deutschland jeweils entstanden und zu den heutigen geworden sind. Nicht nur die für jedes Land an sich schon komplexe Materie, sondern auch die völlig unterschiedlichen Verläufe in den zu vergleichenden Staaten machen in den Ausführungen jeweils verschiedene Schwerpunktsetzungen erforderlich. Eine erschöpfende Behandlung kann und soll hier nicht vorgenommen, zentrale Entwicklungsverläufe aber erkennbar gemacht werden, um im Rahmen einer rechtsvergleichenden Analyse mögliche Entwicklungstendenzen aufzuzeigen. Die Konzentration liegt auf der Herausarbeitung wesentlicher Aspekte – dies gilt auch für die vergleichende Analyse, die versucht, ebendiese Aspekte zueinander in ein Verhältnis zu bringen.

I. Brasilien

Charakteristisches Merkmal der brasilianischen Rentenversicherung, welches auch die Geschichte der staatlichen Altersvorsorge in Brasilien kennzeichnet, ist der Dualismus von Rentenversicherung für den privaten und den öffentlichen Sektor. Dass die Altersvorsorge der Beamten[352] eigenstän-

---

351 So auch *v. Maydell*, in: Köhler/Zacher, Beiträge zu Geschichte und aktueller Situation der Sozialversicherung, S. 369.

352 Die aktuelle Verfassung spricht von *servidores públicos* (Título I, Capítulo VII, Seção I), was auch mit Staatsbediensteten oder Beschäftigte im öffentlichen Dienst übersetzt wird. In dieser Arbeit wird zum Zwecke der Einheitlichkeit und besseren Vergleichbarkeit der Begriff Beamte verwendet. Wie die einzelnen Verwaltungsebe-

dig funktioniert, ist nicht ungewöhnlich und auch aus China und Deutschland bekannt. In Brasilien aber ist die Entwicklung der beiden Systeme in besonderer Weise miteinander verwoben und das System für die Beamten mittlerweile eins, das dem Sozialversicherungsprinzip unterliegt, was zu erläutern sein wird.[353] Aus diesem Grund wird der Alterssicherung der brasilianischen Beamten in dieser Arbeit eine zumindest etwas größere Aufmerksamkeit geschenkt als der der deutschen Beamten.

Für den Staat wichtige Beamtengruppen waren in Brasilien, wie in vielen anderen Ländern auch, die ersten, denen eine staatliche Versorgung im Alter zugesichert wurde. Der offizielle Beginn der Rentenversicherung wird in Brasilien aber in einem Gesetz gesehen, das sich auf Arbeiter im privaten Sektor bezog, nämlich dem sogenannten *Lei Eloy Chaves*[354] von 1923. Dies ist systematisch gesehen konsequent, da die Beamtenversorgung in ihren Anfängen – anders als das mit dem *Lei Eloy Chaves* eingeführte System – noch nicht als Versicherung ausgestaltet war, sondern nach dem Fürsorgeprinzip funktionierte. Diese Sichtweise wird mitunter aber auch als Zeichen dafür gewertet, dass die Privilegierung der Beamten in Brasilien als Selbstverständlichkeit angesehen wird und die Zweiklassengesellschaft tief verankert ist.[355]

Im Folgenden sollen zunächst die Anfänge der Altersversorgung der Staatsbediensteten skizziert werden (1.), bevor auf den zeitlich später liegenden Beginn der Rentenversicherung für den privaten Arbeitssektor eingegangen wird (2. und 3.). Im Anschluss soll die weitere Entwicklung der die heutigen Systeme prägenden Merkmale in den Blick genommen werden (4. und 5.).

---

nen die für sie tätigen Personen konkret beschäftigen – ob sie verbeamtet werden oder nicht –, überlässt die Verfassung ihnen zur freien Entscheidung. Die Verwaltungsebenen sind lediglich verpflichtet, alle Personen auf die gleiche Art und Weise zu beschäftigen. Bis zum Erlass des Gesetzes 8.112 vom 11.11.1990 war es üblich gewesen, dass die für den Staat tätigen Personen sowohl nach privatem Arbeitsrecht als auch in einem öffentlich-rechtlichen Dienstverhältnis angestellt werden konnten.

353 Hierzu unter D.I.2.
354 Hierzu näher sogleich.
355 So *Gerstenberger*, Alterssicherung in Brasilien, S. 120.

1. Erste Formen staatlicher Alterssicherung – Die Absicherung der brasilianischen Beamten

Für die brasilianischen Beamten wurden bereits im Laufe des 19. Jahrhunderts zahlreiche Rechtsverordnungen im Hinblick auf ihre soziale Absicherung erlassen.[356] Dominierende Intention für die staatliche Versorgung war, die für den Aufbau des Staates und den Machterhalt wichtigen Personengruppen und Gesellschaftsschichten, insbesondere auch das Militär, für sich zu gewinnen.[357] Deren Loyalität war zunächst für den 1808 nach Brasilien übergesiedelten portugiesischen König zum angestrebten Aufbau Brasiliens als Kolonie von Bedeutung.[358] Aber auch nach dem mit der Unabhängigkeitserklärung Brasiliens einhergehenden Ende der kolonialen Besetzung 1825 versuchte die dann herrschende Monarchie und seit 1889 die Regierung der Republik, sich mit Hilfe staatlicher Absicherung die Unterstützung und Loyalität der für ihre Herrschaft wichtigen Personengruppen zu sichern.[359] Während zunächst verschiedene andere allgemeine Lebensrisiken abgesichert wurden, kam gegen Ende des Jahrhunderts auch die Absicherung im Alter hinzu. So wurde beispielsweise 1888 den Postbeamten eine Alterssicherung zugesichert[360] und 1892 folgte die Alters- und Invaliditätsabsicherung der Marine.[361] Finanziert wurde die Absicherung allein vom Staat, sie funktionierte nach dem Versorgungsprinzip; das Recht auf Leistungen war an die Tätigkeit für den Staat gebunden, nicht an Beiträge.[362] Einen generellen, systematischen und umfassenden Charakter ließen die Systeme aber noch vermissen.[363] Verfassungsrechtlich wurde

---

356 Vgl. auch *Schwarzer*, Sozialstaatliche Rentenreformen in Lateinamerika?, S. 52.

357 Vgl. *Gerstenberger*, Alterssicherung in Brasilien, S. 120.

358 Der König schuf damals auch eine wichtige Voraussetzung für die Durchsetzung staatlicher Politik: die Einführung einer erstmalig zentralen Verwaltung in Brasilien, *Bernecker/Pietschmann/Zoller*, Eine kleine Geschichte Brasiliens, S. 127 f.

359 Vgl. *Gerstenberger*, Alterssicherung in Brasilien, S. 120.

360 *Decreto* Nr. 9.912-A vom 26.3.1888, veröffentlicht in der *Coleção de Leis do Império do Brasil*, 1888, Bd. 1, Teil II, S. 345.

361 *Decreto* Nr. 127 vom 29.11.1892, veröffentlicht in der *Coleção de Leis da Republica dos Estados Unidos do Brasil*, 1892, Teil I, S. 164–168.

362 Vgl. *Campos*, Regime Próprio de Previdência Social dos Servidores Públicos, S. 33; *Malloy*, The politics of social security in Brazil, S. 41.

363 *Campos*, Regime Próprio de Previdência Social dos Servidores Públicos, S. 28.

Beamten erstmals 1891 eine staatliche Pension zugesprochen, dies jedoch nur für den Fall der Invalidität.[364]

2. Die Situation vor Einführung der brasilianischen Rentenversicherung – Das Entstehen der „sozialen Frage"

Soweit es für Personengruppen außerhalb der Beamtenschaft Mechanismen sozialer Absicherung gab, waren diese privat organisiert und freiwilliger Natur.[365] Eine abzusichernde Industriearbeiterschaft existierte im 19. Jahrhundert in dem weiterhin agrargeprägten Staat noch kaum,[366] vielmehr bildeten in Brasilien Sklaven die Basis des Arbeitsmarktes.[367] Die Sklaverei hatte im 16. Jahrhundert ihren Einzug in Brasilien gefunden und wurde erst am 13. Mai 1888 offiziell abgeschafft.[368] Etwa zur gleichen Zeit setzte ein wirtschaftlicher Aufschwung ein, der zu Beginn und vor allem Mitte des 20. Jahrhunderts auch zu der langerhofften Industrialisierung Brasiliens führte. Der Industrialisierungsprozess vollzog sich zunächst vornehmlich in den weiter entwickelten Ballungsräumen im Süden und Südosten des Landes mit São Paulo und Rio de Janeiro als durch die Urbanisierung wachsende Hochburgen. Die immer größer werdende Gruppe der Arbeiter hatte mit schlechten Lebensbedingungen zu kämpfen, gegen die sie sich zunehmend zur Wehr setzte.[369] Wirtschaftliche Defizite im Land wurden beklagt; vor allem die stark steigende Inflation und die damit einhergehenden hohen Lebenskosten machten den Menschen zu schaffen.[370] Der soziale Wandel forderte politische Maßnahmen in fast allen Bereichen.[371] Das soziale Auseinanderklaffen wurde immer bewusster wahrgenommen, ermöglicht durch einen zunehmend besseren Bildungsstand sowie neue Medien und Kommunikationswege.[372] Dies heizte soziale Unruhen an, die Druck auf die Regierung ausübten; es entwickelten sich zunehmend orga-

---

364 Art. 75 der Verfassung vom 24.2.1891, veröffentlicht im *Diário do Congresso Nacional* vom 24.2.1891, S. 523.
365 Siehe hierzu etwa *Ibrahim*, Curso de Direito Previdenciário, S. 54.
366 *Bernecker/Pietschmann/Zoller*, Eine kleine Geschichte Brasiliens, S. 195.
367 Ebenda, S. 166.
368 Ebenda, S. 166, 206; siehe hierzu auch *Prutsch/Rodrigues-Moura*, Brasilien, S. 84 ff.
369 Vgl. *Malloy*, The politics of social security in Brazil, S. 35.
370 *Malloy*, The politics of social security in Brazil, S. 26 f.
371 *Bernecker/Pietschmann/Zoller*, Eine kleine Geschichte Brasiliens, S. 210.
372 Ebenda, S. 225.

nisierte Arbeiteraufstände, mit denen unter anderem bessere Löhne und Arbeitsbedingungen gefordert wurden.[373]

Die verschiedenen Probleme, die vor allem durch die stark wachsende Zahl der Arbeiter entstanden waren, fasste man unter dem Begriff der „sozialen Frage" zusammen, für die es Antworten zu finden galt. Aus Sicht der sich bedroht fühlenden Regierung allerdings hatte vor allem der eigene Machterhalt Priorität, wofür es Aufstände sowie soziale Unruhen zu unterbinden und vermeiden galt.[374]

3. Die Anfänge der *Previdência Social* – Die Begründung der Rentenversicherung für den privaten Sektor

Eine der „Antworten" auf die soziale Frage – oder jedenfalls eine soziale Maßnahme, die in diesem Zusammenhang beschlossen wurde – war das am 24. Januar 1923 erlassene *Decreto* Nr. 4.682[375], das sogenannte *Lei Eloy Chaves*; ein Gesetz, das die Eisenbahngesellschaften verpflichtete, beitragsfinanzierte betriebliche Altersversicherungskassen für die Angestellten einzurichten, sog. *Caixas de Aposentadorias e Pensões*. Das nach seinem Initiator, dem Abgeordneten Eloy Chaves aus São Paulo, benannte Gesetz wird in der einschlägigen Literatur regelmäßig als Beginn der modernen Sozialversicherung in Brasilien angeführt.[376] Mit ihm fand erstmals eine Berufsgruppe des privaten Sektors Beachtung in der staatlichen Sozialpolitik. Die vom *Lei Eloy Chaves* erfasste Gruppe war zwar nur eine kleine und die Wirkung des Gesetzes im Grunde zunächst gering, das errichtete System der betrieblichen Rentenkassen bildete aber die konzeptionelle Grundlage für sämtliche nachfolgend eingeführten Systeme und wurde in den folgenden Jahren auf viele städtische Sektoren ausgeweitet, angetrieben durch die dort tätigen Arbeiter, die eine Absicherung auch für sich forderten.[377] Die

---

373 *Malloy*, The politics of social security in Brazil, S. 29 ff.

374 Malloy bezeichnet den Beginn der Sozialversicherung in Brasilien als „an elite-designed response to a general political crisis", *Malloy*, The politics of social security in Brazil, S. 45.

375 Veröffentlicht in der Coleção de Leis da Republica dos Estados Unidos do Brasil, 1923, Band I, S. 126–131.

376 Vgl. *Malloy*, The politics of social security in Brazil, S. 40; *Correia/Correia*, Curso de Direito da Seguridade Social, S. 27; *Schwarzer*, Sozialstaatliche Rentenreformen in Lateinamerika?, S. 53; *Ibrahim*, Curso de Direito Previdenciário, S. 55; *Oliveira/Beltrão/Ferreira*, TD 508/1997, S. 6.

377 Siehe hierzu *Ibrahim*, Curso de Direito Previdenciário, S. 57.

Leistungen des Systems umfassten neben der Altersrente auch eine medizinische Versorgung der ganzen Familie inklusive vergünstigter Medikamente, eine Hinterbliebenenrente für den Todesfall des Versicherten sowie eine Invalidenrente.[378] Das System wurde finanziert im Kapitaldeckungsverfahren[379] durch Beiträge der Arbeiter, der Arbeitgeber und des Staates. Die Arbeiter hatten 3% ihres Arbeitsentgelts zu entrichten,[380] die Arbeitgeber 1% ihres jährlichen Bruttoumsatzes beziehungsweise mindestens einen Beitrag in Höhe der Arbeitnehmerbeitragssumme[381] und der Staat erhob eine Steuer auf die Dienstleistungen der Unternehmen, die der Pflicht zur Errichtung einer Betriebsrentenkasse unterlagen.[382] Die Leistungen richteten sich nach den Beitragszahlungen des Einzelnen.[383] Leistungsvoraussetzungen für den Bezug einer Altersrente waren ein Alter von 50 Jahren für beide Geschlechter sowie eine Mindestarbeitszeit von 30 Jahren, wobei nach Erfüllen der Mindestarbeitszeit auch schon vor Erreichen der Altersgrenze von 50 Jahren der Ruhestand angetreten werden konnte, jedoch verbunden mit Abschlägen in der Rentenhöhe.[384] Die Lebenserwartung lag um 1920 in Brasilien allerdings bei lediglich 32 Jahren (bei Geburt).[385] In den folgenden Jahren wurden nach diesem Prinzip immer mehr Rentenkassen – *Caixas de Aposentadorias e Pensões*, kurz *CAPS* – errichtet. Als rechtliche Grundlage dienten verschiedene Rechtsverordnungen, die Durchführung blieb aber zunächst privat organisiert und den einzelnen Unternehmen überlassen.[386]

Die erfassten Berufsgruppen wurden vor allem nach ihrer Bedeutung für den wirtschaftlichen Fortschritt sowie nach ihrer Organisationsstärke und Forderungskraft ausgewählt. Im Vordergrund stand wohl weniger das Finden von Antworten auf die soziale Frage als das Bestreben, die potentiell unruhig und aufständisch werdenden und sich immer besser organisierenden Arbeitergruppen ruhig zu halten.[387] Da die Einbeziehung damit in

---

378 Art. 9 und 10 des *Lei Eloy Chaves*.
379 Zu den Begriffen Kapitaldeckungs- und Umlageverfahren siehe unten unter D.IV.3.a.
380 Art. 3 a) des *Lei Eloy Chaves*.
381 Art. 3 b), 5 des *Lei Eloy Chaves*.
382 Vgl. Art. 3 c) bis j) des *Lei Eloy Chaves*.
383 Vgl. Art. 11 des *Lei Eloy Chaves*.
384 Art. 12 des *Lei Eloy Chaves*.
385 *Roser*, Life Expectancy, Differences in life expectancy across the world.
386 Vgl. *Oliveira/Beltrão/Ferreira*, TD 508/1997, S. 7.
387 *Gerstenberger*, Alterssicherung in Brasilien, S. 123; vgl. auch *Schwarzer*, ESA 8 (14/2000), 72 (74 f.).

gewisser Weise die Machtposition der jeweiligen Berufsgruppe widerspiegelte, ist die Ausweitung der sozialen Absicherung auch als „*a kind of power map*" bezeichnet worden.[388] Nach den für den Ausbau der Infrastruktur tätigen Personen wurden etwa die im Exportsektor Arbeitenden erfasst, dann die im Banken- und Wirtschaftssektor Tätigen und irgendwann auch die einfachen Industriearbeiter.[389] Da der Intention nach – wie bei einem Versicherungssystem üblich – eine umfassende Erfassung der Bevölkerung zunächst nicht im Fokus stand, weitete sich der Deckungsgrad auch nicht besonders schnell aus. Dass schwache Gruppen wie etwa auf dem Land arbeitende Personen oder Hausangestellte nicht berücksichtigt wurden, hängt aber auch damit zusammen, dass man wie auch einige Zeit zuvor in Europa davon ausging, dass eine staatlich organisierte Absicherung aufgrund der zur Seite stehenden familiären Absicherung bei ihnen weniger erforderlich sei, während den städtischen Industriearbeitern eine familiäre Absicherung fehle.[390]

4. Die Entwicklung der Rentenversicherung für den privaten Sektor

Unter der Diktatur von Getúlio Vargas (1930–1945) wurde der Altersversorgung mit den branchendeckenden Zusammenlegungen der Rentenkassen ein neues Gesicht gegeben. Mit dem Ziel der Vereinheitlichung der zahlreichen betrieblichen Systeme wurden ab 1933 Renteninstitute, die sog. *Institutos de Aposentadoria e Pensões*, eingeführt, welche die Rentenkassen nach und nach ersetzten und auf nationaler Ebene agierten. Insgesamt gab es sechs nach Berufsgruppen organisierte Institute[391] für den privaten Sektor (Schifffahrt, Handel, Banken, Industrie, Eisenbahn, Transport).[392] Eine bedeutende Änderung war, dass sie im Gegensatz zu den Rentenkassen nicht mehr privat, sondern staatlich verwaltet wurden, womit der Staat gewissermaßen die Verantwortung für die Alterssicherung übernahm. Dies geschah in ähnlicher Weise auch für andere Sozialleistungen wie die Gesundheitsversorgung, die Sozialhilfe oder die Arbeitsunfallversicherung.

---

388 So *Malloy*, Politics, fiscal crisis and social security reform in Brazil, S. 14.
389 *Malloy*, The politics of social security in Brazil, S. 68.
390 Vgl. *Malloy*, The politics of social security in Brazil, S. 107.
391 *Ibrahim*, Curso de Direito Previdenciário, S. 58.
392 Siehe beispielsweise für das für die Marine gegründete Institut Art. 1 des *Decreto* Nr. 22.872 vom 29.6.1933, veröffentlicht im *Diário Oficial da União* vom 31.12.1933.

Von einigen wird die Ansicht vertreten, dass erst hier der wirkliche Beginn der Sozialversicherung in Brasilien zu verzeichnen ist.[393]

Die Aufsicht über die unabhängigen Institute übernahm das 1930 eingerichtete Ministerium für Arbeit, Industrie und Handel.[394] Verwaltet wurden sie formell von Arbeitnehmern, Arbeitgebern und dem Staat, wobei aber Arbeitnehmervertreter zunächst vom Staat akkreditiert werden mussten, was letzterem faktisch eine stärkere Machtposition zukommen ließ.[395] Für die Finanzierung der Rentenversicherung wurde das Kapitaldeckungsverfahren beibehalten, die Beiträge variierten aber von Institut zu Institut.[396] 1945 waren etwa 17,4% der privat beschäftigten Erwerbsbevölkerung erfasst, zu den Erfassten zählten aber nur Arbeiter in formellen städtischen Sektoren.[397] Obwohl bereits im Jahr 1934 die Verfassung allen Arbeitern, auch den ländlichen, eine soziale Absicherung zusagte,[398] blieben gerade ländliche Arbeiter sowie Selbständige und Personen mit Berufen, die nicht einem Institut zuzuordnen waren, außen vor.[399]

Dieser Zustand hatte vorerst auch Bestand, da es in der Zeit von 1945 bis Mitte der 1960er Jahre aufgrund widerstreitender politischer Interessen, von denen sich keine durchzusetzen vermochten, nicht zu großen Veränderungen kam, obwohl es viele Pläne für die Weiterentwicklung der Rentenversicherung gab.[400] Insbesondere schaffte man es zu dieser Zeit nicht, wie eigentlich geplant, die Versicherung auf weniger beitragsfähige Bevölkerungsgruppen auszuweiten.[401] Die Zeit war geprägt von zunehmenden finanziellen Schwierigkeiten – nicht nur der Rentenversicherung, sondern des ganzen Staates –, die sich zu einer ausgewachsenen Wirtschaftskrise entwickelten, welche schließlich 1964 einen Militärputsch begünstigte.[402]

---

393 *Ibrahim*, Curso de Direito Previdenciário, S. 58.
394 *Ministerio do Trabalho, Indústria e Comércio*, gegründet mit dem *Decreto* Nr. 19.433 vom 26.11.1930, veröffentlicht im *Diário Oficial da União* vom 2.12.1930, Teil 1, S. 21604.
395 *Schwarzer*, Sozialstaatliche Rentenreformen in Lateinamerika?, S. 53.
396 Siehe *Gerstenberger*, Alterssicherung in Brasilien, S. 126.
397 *Gerstenberger*, Alterssicherung in Brasilien, S. 122 f.
398 Art. 121 der Verfassung vom 16.7.1934, veröffentlicht im *Diário Oficial da União* 16.7.1934, Teil 1, Anhang, S. 1.
399 *Gerstenberger*, Alterssicherung in Brasilien, S. 127.
400 Siehe hierzu *Gerstenberger*, Alterssicherung in Brasilien, S. 127 f.; *Schwarzer*, Sozialstaatliche Rentenreformen in Lateinamerika?, S. 53; *Malloy*, Politics, fiscal crisis and social security reform in Brazil, S. 20.
401 *Schwarzer*, Sozialstaatliche Reformen in Lateinamerika?, S. 53.
402 Siehe *Malloy*, The politics of social security in Brazil, S. 119 ff.

Die finanziellen Probleme der Rentenversicherung waren vor allem durch eine massive Zweckentfremdung des Kapitals der Rentenversicherungs-fonds verursacht worden,[403] die ihren Höhepunkt wohl in der Finanzierung des 1956 beschlossenen Baus der neuen Hauptstadt Brasília[404] gefunden haben dürfte.[405] So wird von offiziellen Dokumenten berichtet, in denen jedem Renteninstitut die Finanzierung genauestens festgelegter Gebäude auferlegt worden sei, ohne dass dies etwa als sich für die Institute lohnende Kapitalanlage zu verstehen gewesen wäre.[406] Daneben hatten aber auch die Nichterfüllung der staatlichen Finanzierungsverpflichtungen,[407] steigende Verwaltungskosten durch Ämterpatronage sowie großzügige Änderungen der Leistungsvoraussetzungen – wie beispielsweise die Abschaffung eines Mindestalters für die Rente nach 35 Jahren Arbeitsleben –[408] die finanzielle Lage der Rentenversicherungsinstitute deutlich verschlechtert beziehungs-weise sie sogar in die Insolvenz getrieben.[409] De facto wurde notgedrungen längst das Umlageverfahren praktiziert.[410]

Unter der nun von 1964 bis 1984 währenden Militärdiktatur waren aber wieder – von einigen als paradox bezeichnet –[411] sichtbare Entwicklungs-fortschritte zu verzeichnen, die Teil der von den neuen Herrschern ange-strebten großen Wirtschaftsmodernisierung und -reformierung waren. Im Rahmen eines Staatsumbaus sollten die Macht zentralisiert, die Kontrolle über das Volk verstärkt und Arbeiterbewegungen unterbunden werden.[412] Die seit längerem anvisierte Zusammenlegung und Vereinheitlichung der Rentenversicherungssysteme sowie die Ausweitung des Deckungsgrades waren für diese Zwecke gut zu gebrauchen; auch der Leistungskatalog der Sozialversicherung wurde ausgeweitet. Bestimmt durch das *Decreto-*

---

403 *Beltrão/Pinhanez*, PAD 34 (2014), S. 305 (307); *Oliveira/Beltrão*, TD 775/2000, S. 1.

404 Siehe Gesetz Nr. 2.874 vom 19.8.1956, veröffentlicht im *Diário Oficial da União* vom 20.9.1956, Teil 1, S. 17905.

405 Siehe hierzu ausführlich *Teixeira*, RCE 1997, 43 ff., der den von den Renteninstituten getragenen Anteil an der äußerst kostspieligen Errichtung Brasílias auf 30% schätzt.

406 Ebenda.

407 *Gerstenberger*, Alterssicherung in Brasilien, S. 129; *Beltrão/Pinhanez*, PAD 34 (2014), S. 305 (307).

408 Art. 2 des Gesetzes Nr. 4.130 vom 28.8.1962, veröffentlicht im *Diário Oficial da União* vom 21.5.1962.

409 *Malloy*, The politics of social security in Brazil, S. 119.

410 Vgl. *Oliveira/Beltrão/David*, TD 638/1999, S. 6.

411 *Schwarzer*, ESA 8 (14/2000), 72 (75).

412 *Gerstenberger*, Alterssicherung in Brasilien, S. 134; *Malloy*, Politics, fiscal crisis and social security reform in Brazil, S. 19.

Lei Nr. 72 vom 21. November 1966[413] fusionierten die Renteninstitute auf Bundesebene im neu gegründeten *Instituto Nacional de Previdência Social* (INPS).[414] Die unterschiedlichen Gestaltungsmerkmale der Institute konnten auf nationaler Ebene vereinheitlicht werden, und es wurde einfacher, weitere Berufsgruppen mit einzubeziehen. Das Finanzierungsmodell stellte man vom seit langem nicht mehr durchführbaren Kapitaldeckungsverfahren offiziell auf das Umlageverfahren um.[415] Die Finanzierung wurde weiterhin durch Beiträge von Arbeitnehmern und Arbeitgebern sowie durch staatliche Zuschüsse gewährleistet. Als Altersgrenze für den Renteneintritt wurden für Männer 65 Jahre, für Frauen 60 Jahre festgesetzt.[416] Möglich war weiterhin auch der Bezug einer Rente nach Erfüllung einer Arbeitszeit von 35 Jahren beziehungsweise 30 Jahren mit Abschlägen in der Rentenhöhe, ohne dass es eines Mindestalters hierfür bedurfte.[417] 1974 wurde das Nationale Sozialversicherungsinstitut dem neu eingeführten Sozialversicherungsministerium unterstellt.

Den Deckungsgrad der Sozialversicherung wollte die Militärregierung durch Einbeziehung weiterer Personengruppen ausweiten. Als strategische Beweggründe werden zum einen – wie bereits zuvor – die präventive Abwehr potentieller Unruhen von kraftvoller werdenden Gruppen genannt sowie zum anderen die Verbesserung der innerstaatlichen Sicherheit; sozialer Frieden sollte mit sozialer Gerechtigkeit erreicht werden.[418] Es waren nun aber auch Technokraten an der Macht, die sich immer mehr an den Prinzipien der ILO orientierten, welche eine Ausweitung der Absicherung empfahl.[419] So wurden durch die Rentenversicherung seit Anfang der 1970er Jahre neben der heterogenen Gruppe der Selbständigen zunehmend auch weniger beitragsfähige Gruppen von Beschäftigten erfasst wie beispielsweise Hausangestellte, hauptsächlich finanziert durch Aufschläge auf den Beitragssatz der leistungsfähigeren Arbeitnehmer und Arbeitgeber.[420]

---

413 Veröffentlicht im *Diário Oficial da União* vom 22.11.1966, Teil 1, S. 13523.
414 Art. 1 des *Decreto-Lei* Nr. 72 vom 21.11.1966.
415 *Matijascic/Kay*, ISSR 67 (3–4/2014), 105 (107).
416 Art. 30 Gesetz Nr. 3.807 vom 26.8.1960.
417 Art. 32 Gesetz Nr. 3.807 vom 26.8.1960.
418 So *Malloy*, The politics of social security in Brazil, S. 131; *Schwarzer*, ESA 8 (14/2000), 72 (75).
419 *Schwarzer*, ESA 8 (14/2000), 72 (75); *Malloy*, Politics, fiscal crisis and social security reform in Brazil, S. 6.
420 *Schwarzer*, Sozialstaatliche Rentenreformen in Lateinamerika?, S. 55.

Die größte neu einbezogene Personengruppe war die der ländlichen Arbeiter. Der Einbeziehungsprozess hatte bereits einen längeren Weg hinter sich; schon 1963 war mit dem Gesetz Nr. 4.214 vom 2. März 1963[421] die Ausweitung der Rentenversicherung auf diese Personengruppe beschlossen und ein eigener Fonds für die ländlichen Arbeiter geschaffen worden, der *Fundo de Assistência e Previdência do Trabalhador Rural*, kurz FUNRU-RAL. Aufgrund unzureichender finanzieller Grundlagen wird das Vorhaben aber als „keineswegs ernsthaft gemeint" und folgenlos bezeichnet.[422] Mit den Regelungen des *Decreto-Lei* Nr. 564 vom 1. Mai 1969 und dem *Lei Complementar* Nr. 11 vom 25. Mai 1971[423] wurden konkrete Vorgaben geschaffen, die finanzielle Basis ausgearbeitet und die Umsetzung schließlich ermöglicht. Der FUNRURAL wurde wie das INPS dem Sozialversicherungsministerium beziehungsweise vor dessen Gründung dem Ministerium für Arbeit und Sozialversicherung unterstellt.[424] Die Finanzierung gestaltete sich gänzlich anders als die des INPS, wie aufgrund der geringen Leistungsfähigkeit dieser Personengruppe zu erwarten war. An die Stelle von klassischen Beiträgen der „Versicherten" traten eine zusätzliche Besteuerung städtischer Unternehmen in Höhe von 2,4% der von ihnen gezahlten Lohnsumme sowie eine Abgabe der landwirtschaftlichen Unternehmer in Höhe von 2% des Umsatzes der landwirtschaftlichen Erzeugnisse bei ihrer Erstkommerzialisierung.[425] Das System gewährte eine Rente in Höhe der Hälfte des höchsten gesetzlichen Mindestlohnes der jeweiligen Region ab einem Alter von 65 Jahren.[426] Gezahlt wurde die Rente an das Familienoberhaupt;[427] Voraussetzung war lediglich der Nachweis des Versicherten, dass er in der Landwirtschaft tätig gewesen war, und dies ohne Hilfe bezahlter Angestellter.

Das geschaffene ländliche Sicherungssystem entsprach damit in keiner Weise dem Versicherungsprinzip, sondern war schlicht als nicht bedürftig-

---

421 Veröffentlicht im *Diário Oficial da União* vom 18.3.1963, Teil 1, S. 2857.
422 So *Schwarzer*, Sozialstaatliche Rentenreformen in Lateinamerika?, S. 53 und auch *Malloy*, The politics of social security in Brazil, S. 120. Dies ist insofern nicht erstaunlich, als die Finanzierung mit lediglich 1% des Umsatzes der landwirtschaftlichen Erzeugnisse bei ihrer Erstkommerzialisierung erfolgen solle, Art. 158 Gesetz Nr. 4.214 vom 2.3.1963.
423 Veröffentlicht im *Diário Oficial da União* vom 26.5.1971, Teil 1, S. 3969.
424 Art. 1 § 1 Gesetz Nr. 11 vom 25.5.1971.
425 Art. 15 des *Lei Complementar* Nr. 11 vom 25.5.1971.
426 Art. 4 des *Lei Complementar* Nr. 11 vom 25.5.1971.
427 Art. 4 *parágrafo único* des *Lei Complementar* Nr. 11 vom 25.5.1971.

keitsorientierte staatliche Versorgung ausgestaltet. Wenngleich dogmatisch und wirtschaftlich sicherlich kritikwürdig, kann dieses Konzept für die Landwirtschaft aber als einzigartig unter Entwicklungsländern bezeichnet werden und wird als „eines der effizientesten sozialpolitischen Programme Lateinamerikas" gesehen, gelang es doch auf diese Weise, einen großen Teil der ländlichen Bürger mit einer Alterssicherung zu versorgen.[428] Neben der Altersrente wurden auch eine medizinische Grundversorgung sowie eine Invaliden- und Hinterbliebenenrente gewährt, der Leistungskatalog fiel aber deutlich knapper aus als in der übrigen Rentenversicherung, dem INPS.

Eine weitere Umstrukturierung durchlief die Alterssicherung 1977. Während bisher zwei verschiedene Einrichtungen für die ländlichen und die städtischen Versicherten zuständig gewesen waren, FUNRURAL und INPS, und dies für sämtliche Leistungen von der Beitragserhebung über die Verwaltung bis hin zur Auszahlung, wurden 1977 vollständig neue Institutionen gegründet. Diese waren nun jeweils für alle Versicherten zuständig, hatten aber verschiedene Funktionen inne. Das (nach wie vor so bezeichnete) INPS war wie zuvor für die Berechnung und Leistungserbringung in der Sozialversicherung zuständig, nun aber für die ländlichen wie die städtischen Bürger. Es wurde darüber hinaus unter anderem ein Institut ausschließlich für die Verwaltung gegründet und die medizinische Versorgung in ein eigenes Institut ausgegliedert.[429] Zusammen bildeten alle Institute das neue Nationale System für Sozialversicherung und Sozialhilfe (*Sistema Nacional de Previdência e Assistência Social*).

Problematisch war aber, dass der Deckungsgrad der Rentenversicherung weitgehend ohne versicherungsmathematische Grundlage und ausreichende Finanzierungsgrundlage ausgeweitet wurde, was spätestens mit der Umkehr von wirtschaftlichem Wachstum in wirtschaftliche Krise mit starker Inflation vor allem zu Beginn der 1980er Jahre zu einer prekären Verschärfung des ohnehin bereits hohen finanziellen Defizits der Rentenversicherung führte.[430]

Nach dem Ende der Militärdiktatur 1984 und dem friedlichen Übergang zu einer demokratischen Regierung wurde in Brasilien eine Phase der Neuordnung mit dringend erforderlichen Reformen im Rentensystem eingelei-

---

428 *Schwarzer*, Sozialstaatliche Rentenreformen in Lateinamerika?, S. 140.
429 Siehe *Oliveira/Beltrão*, TD 775/2000, S. 3.
430 Vgl. *Hochman/Williamson*, IRSS 48 (2/1995), 33 (39); *Gerstenberger*, Alterssicherung in Brasilien, S. 137 f.

tet.[431] Ein entscheidender Schritt wurde mit der Verfassung von 1988 getan, die bis heute die verfassungsrechtliche Grundlage für die Rentenversicherung bildet und ihr ein neues Gesicht gab. In keiner Verfassung zuvor war die Sozialversicherung so detailliert normiert worden. Kritiker bewerteten die Verfassung als ineffizient und zu großzügig – viele der Regelungen waren mit höheren Kosten verbunden.[432] Die sich schließlich durchsetzenden Befürworter hingegen sahen die detaillierten Regelungen als notwendig an, um der ungleichen Wohlstandsverteilung und Armut im Land entgegen zu wirken.[433] So wurden unter anderem die Garantie sozialer Leistungen, eine universelle Absicherung sowie gleiche Rechte für alle Arbeiter festgeschrieben. Die einzelnen Bereiche der sozialen Sicherheit wurden von nun an voneinander getrennt und eigenständig finanziert.[434] Mit dem Gesetz Nr. 8.029 vom 12. April 1990[435] wurde das *Instituto Nacional do Seguro Social*, kurz INSS, gegründet, das nationale Institut für soziale Sicherheit, das bis heute zuständig ist für die Verwaltung der Sozialversicherung.

Die Rentenversicherung hat seit Verabschiedung der Verfassung zwei große Reformen durchlaufen – in 1998 und 2003 –, die in erster Linie zum Ziel hatten, ein finanzielles Gleichgewicht herzustellen, die Frühverrentung zu bekämpfen und eine größere Umverteilung zu erreichen.[436] Eingeführt wurde insbesondere ein Rentenfaktor bei der Rentenberechnung, der die Restlebenserwartung berücksichtigt und damit in gewisser Weise die steigende Lebenserwartung und demographische Entwicklung mit einbezieht. Im Zuge der Reformen wurde beispielsweise aber auch die Höchstrente erhöht[437] und die Rente nach Arbeitszeit ersetzt durch die Rente nach Beitragszeit, um so das Verhältnis von Beitrag und Leistung zu stärken.[438] Insgesamt versucht man bis heute, das System nachhaltiger auszugestalten.

---

431 Sieh hierzu *Gerstenberger*, Alterssicherung in Brasilien, S. 140.
432 Siehe hierzu *Beltrão/Pinhanez*, PAD 34 (2014), S. 305 (308).
433 *ISSA*, Social security coverage extension in the BRICS, S. 20.
434 *Gerstenberger*, Alterssicherung in Brasilien, S. 142.
435 Veröffentlicht im *Diário Oficial da União* vom 13.4.1990, Teil, S. 7101.
436 *Gerstenberger*, Orientierungen zur Wirtschafts- und Gesellschaftspolitik 114, 35 (38 ff.).
437 Verfassungsänderung Nr. 41, Art. 5.
438 *Gerstenberger*, Alterssicherung in Brasilien, S. 298.

5. Von der Beamtenversorgung hin zu einer Rentenversicherung für Beamte

Nach Einführung der Rentenkassen im privaten Sektor wurden auch für den öffentlichen Sektor sogenannte Rentenkassen, *Caixas de Aposentadoría e Pensões*, geschaffen, wobei diese trotz gleicher Namensgebung anders funktionierten und vor allem nicht beitragsfinanziert waren. Der Deckungsgrad wurde auch hier ausgeweitet und Regelungen national vereinheitlicht. Mit dem *Decreto* Nr. 20.465 vom 1. Oktober 1931[439] etwa sollten Staatsbedienstete erfasst werden, deren Berufszweige bisher noch nicht abgesichert waren wie zum Beispiel in den Bereichen öffentlicher Transport, Energie oder Kommunikation tätige Personen.[440] Das Dekret erfasste gleich mehrere Berufsgruppen und wendete für alle die gleichen Maßstäbe an; zuvor hatte es für jeden Bereich stets eigene Regelungen gegeben.[441] Unter dem Regime Vargas bekamen die Beamten – zumindest auf Bundesebene – ihr eigenes Institut, das *Instituto de Previdência e Assistência dos Servidores do Estado*.

1934 wurde der Dualismus zwischen Altersvorsorge im privaten und öffentlichen Sektor erstmals verfassungsrechtlich normiert, indem die Verfassung die Parameter für den Erhalt einer Altersrente unterschiedlich setzte. Nur für den privaten Sektor knüpfte die Verfassung den Rentenbezug ausdrücklich an Beitragszahlungen,[442] während die weiteren Leistungsvoraussetzungen unbenannt blieben und Freiraum für den Gesetzgeber ließen. Für den öffentlichen Sektor hingegen sah die Verfassung keine Anknüpfung an Beiträge vor und hielt stattdessen fest, dass Beamten eine Rente obligatorisch ab dem 68 Lebensjahr zu gewähren war, sofern sie 30 Jahre lang Dienst geleistet hatten.[443]

Erwähnenswerte Veränderungen brachte auch für die Beamten die Verfassung von 1988 mit sich. Wie in Deutschland auch waren in Brasilien nicht alle öffentlich Bediensteten verbeamtet. Die brasilianische Verfassung bestimmte in Art. 39 aber nun, dass für die Beschäftigten im öffentlichen Dienst auf jeder Ebene (Bund, Länder sowie Munizipien) ein einheitliches Rechtssystem (*Regime Jurídico Único*) zu gelten hatte; Unterschiede zwischen verschiedenen staatlich Bediensteten sollten abgebaut werden.

---

439 Veröffentlicht im *Diário Oficial da União* vom 3.10.1931, Teil 1, S. 15578.
440 Art. 1 des *Decreto* Nr. 20.465 vom 1.10.1931.
441 Vgl. *Bickel*, Rentenreform in Brasilien, S. 14 f.
442 Art. 121 § 1 h).
443 Art. 170 Nr. 3, 4.

Dies bedeutete nicht nur, dass von nun an für alle öffentlich Beschäftigten die gleichen arbeits- beziehungsweise dienstrechtlichen Regelungen gelten mussten – zuvor war es dem Staat wahlweise möglich gewesen, öffentlich Bedienstete nach dem Beamtenstatut oder nach regulärem Arbeitsrecht beziehungsweise -gesetzbuch (*Consolidação das Leis do Trabalho*, CLT)[444], also als Arbeitnehmer einzustellen –,[445] sondern auch, dass die Alterssicherung nun für alle identischen Kriterien zu folgen hatte.[446] Eckdaten für die Ausgestaltung des Beamtenstatuts gab die Verfassung bereits vor, wie etwa die nur unter besonderen Voraussetzungen mögliche Kündbarkeit (Art. 41 § 1) und hinsichtlich der Rentenversicherung etwa die Altersgrenze (Art. 40 I–III). Es wäre in der näheren einfachgesetzlichen Ausgestaltung aber verfassungsrechtlich möglich gewesen, sich den für den privaten Sektor geltenden Regelungen anzunähern, solange nur die Regelungen für alle einheitlich gewesen wären.[447] Hiervon sah man jedoch ab, denn dies erschien der besonderen Stellung und Funktion der Staatsbediensteten nicht gerecht zu werden.[448] Vielmehr wurde in dem nach Einführung der Verfassung neu erlassenen und bis heute für Staatsbedienstete maßgeblichen Gesetz Nr. 8.112 vom 11. Dezember 1990[449] die allgemeine Verbeamtung der Beschäftigten des Staates auf allen Ebenen beschlossen und mit diversen Privilegien verbunden. Letztlich wollte man so auch der Korruption vorbeugen.[450] Das Gesetz regelt sozusagen das Dienstrecht der Beamten und führt die geforderte einheitliche Rechtsordnung – *Regime Jurídico Único* (RJU) – ein, weshalb das Gesetz auch so genannt wird. Das RJU enthält auch Regelungen zur Altersvorsorge, die vor allem zunächst weiterhin steuerfinanziert blieb. Den Gebietskörperschaften wurde aber erlaubt, innerhalb des vorgegebenen Rahmens eigene Altersvorsorgesysteme für

---

444 Exekutivgesetz (*Decreto-Lei*) Nr. 5.452 vom 1.5.1943, veröffentlicht im *Diário Oficial da União* vom 9.8.1943, Teil I, S. 11937.

445 Siehe hierzu *Bickel*, Rentenreform in Brasilien, S. 17.

446 Bisher war es möglich gewesen, öffentlich Bedienstete als Beamte anzustellen oder als „normale" Arbeitnehmer nach dem Arbeitsgesetzbuch (CLT); diese Differenzierung sollte nun nicht mehr möglich sein.

447 Siehe hierzu *Bickel*, Rentenreform in Brasilien, S. 19 ff.

448 *Silva*, Regime de Previdência Social dos Servidores Públicos no Brasil, S. 17.

449 Im Folgenden 8.112/90; veröffentlicht im *Diário Oficial da União* vom 12.12.1990, Teil 1, S. 23935 ff.

450 *Gerstenberger*, Alterssicherung in Brasilien, S. 177.

ihre Beamten einzurichten, die *Regimes Próprios de Previdência Social* (RPPS).[451] Dem kamen die meisten Länder und Munizipien auch nach.

Durch die Vorgabe des RJU, dass sämtliche staatlich bedienstete Personen zu verbeamten sind (vgl. Art. 2 Gesetz Nr. 8.112/90), wurden all diejenigen, die zuvor nach dem Arbeitsgesetzbuch, also als private Arbeitnehmer eingestellt worden waren, nun ebenfalls verbeamtet.[452] Einer der Hintergründe war auch, dass der Staat als Arbeitgeber für diese Personen, die zuvor wie privat Beschäftigte im RGPS sozial- und rentenversichert gewesen waren, nur selten seine Pflicht zur Beitragszahlung erfüllt hatte und hohe Nachzahlungen drohten.[453] Der Pflicht der Beitragsnachzahlung versuchten viele der Gebietskörperschaften nun zu entkommen, indem sie eigene Rentenversicherungssysteme für ihre Beamten errichteten, die bereits genannten *Regimes Próprios de Previdência Social*.[454] Dass sich durch diese Rechnung Geld sparen ließ, dürfte aber wohl eine Fehlkalkulation oder Illusion oder nur auf kurze Sicht gedacht gewesen sein. Denn die Beamtensysteme waren insgesamt großzügig ausgestaltet, vor allem im Hinblick auf die Pensionshöhe. Brasilien war weltweit das einzige Land, in dem eine Rente beziehungsweise Pension in Höhe von 100% des zuletzt erwirtschafteten Einkommens gewährleistet wurde, und zwar ohne Höchstgrenze.[455] In Folge der Verbeamtung wurden dem Rentenversicherungssystem des privaten Sektors etwa 400.000 Beitragszahler entzogen und erhielten Pensionsanspruch auf 100% ihres Einkommens ohne ein Erfordernis von Beitragszahlungen im Gegenzug.[456] Charakteristikum der Systeme für Beamte war letztlich, dass die soziale Absicherung stets als Erweiterung der Personalpolitik des Staates gesehen wurde.[457]

Die Privilegierung der Beamten rief nicht nur eine zunehmende Unzufriedenheit bei großen Teilen des brasilianischen Volkes hervor, welches mehr Gerechtigkeit und Gleichbehandlung forderte, sondern führte auch zu immer größer werdenden finanziellen Schwierigkeiten, die eine Kehrtwende schließlich unausweichlich machten. Mit dem Gesetz Nr. 8.688 vom

---

451 *Schwarzer*, Sozialstaatliche Rentenreformen in Lateinamerika?, S. 161; *Bickel*, Rentenreform in Brasilien, S. 19.
452 Vgl. hierzu *Oliveira/Beltrão*, TD 775/2000, S. 5.
453 *Bickel*, Rentenreform in Brasilien, S. 22 f.
454 *Ibrahim*, Curso de Direito Previdenciário, S. 760; *Bickel*, Rentenreform in Brasilien, S. 23.
455 *Bickel*, Rentenreform in Brasilien, S. 31 m.w.N.
456 Vgl. *Beltrão/Pinhanez*, PAD 34 (2014), S. 305 (308).
457 *Campos*, Regime Próprio de Previdência Social dos Servidores Públicos, S. 33.

21. Juli 1993[458] gelang es, eine einschneidende Änderung für das Altersvor-sorgesystem der Beamten durchzusetzen, indem eine allgemeine Beitrags-pflicht einführt und damit das bisher geltende Versorgungsprinzip beendet wurde. Die Systeme blieben aber eigenständig; bis heute regeln die *Regimes Próprios de Previdência Social* die Alterssicherung der Beamten.

Im Zuge einer weiteren Reform von 1998 wurden Privilegien für Pro-fessoren, Richter, höhere Beamte und Mitglieder von Staatsanwaltschaft und Bundesrechnungshof abgeschafft.[459] Nur Lehrer, die in der Kinderer-ziehung sowie der Grundschule und Sekundarstufe I tätig waren, behielten das Privileg, fünf Jahre eher in den Ruhestand gehen zu dürfen.[460] Insge-samt versucht man in Brasilien bis heute, die Alterssicherung der Beamten derjenigen des privaten Sektors anzupassen, um sie weiterhin finanzieren zu können und um für mehr Gerechtigkeit zu sorgen.

II. China

Womöglich mehr als sonst auf der Welt ist es in China traditionell die Familie, die für die soziale Absicherung zuständig ist – sie nimmt in der Volksrepublik eine Position von überragender Wichtigkeit in der Gesell-schaft ein,[461] die mitunter sogar als legendär bezeichnet wird.[462] Ihr Zusam-menhalt, so heißt es häufig, sei stärker als der in der westlichen Welt. Dass alte, nicht mehr arbeitsfähige Familienmitglieder von der Familie versorgt werden, galt stets als Selbstverständlichkeit; die Ehrfurcht vor dem Alter und das Gefühl der Kinder, für das Wohlergehen ihrer Eltern im Alter verpflichtet zu sein, sind in der traditionellen, durch den Konfuzianismus geprägten chinesischen Kultur tief verankert.[463] Während in westlichen Staaten wohl die Sorge der Eltern um das Kind im Vordergrund stand und steht, funktionierte die familiäre Sorge in China schon immer in beide Richtungen: sowohl abwärts (Eltern–Kind) als auch aufwärts (Kind–El-

---

458 Veröffentlicht im *Diário Oficial da União* vom 23.7.1993, Teil 1, S. 10297.
459 Siehe hierzu *Gerstenberger*, Alterssicherung in Brasilien, S. 314.
460 Ebenda.
461 *Bösch*, Soziale Sicherung in China, S. 13; *Chow*, Socialist Welfare with Chinese Characteristics, S. 19.
462 *Dixon*, The Chinese Welfare System, S. 7.
463 *Lin*, ZIAS 2000, 30 (43); *Bösch*, Soziale Sicherung in China, S. 13; *Chow*, Socialist Welfare with Chinese Characteristics, S. 19.

tern).[464] Industrialisierung und Modernisierung änderten hieran wenig.[465] Darauf dürfte mitunter zurückzuführen sein, dass die finanzielle Unterstützung der Eltern im Rentenalter durch ihre erwachsenen Kinder auch nach wie vor eine nicht unbedeutende Rolle spielt.[466] Aber wie nahezu überall sonst auch auf der Welt ist es in China erforderlich geworden, ergänzende oder alternative staatliche Alterssysteme zu schaffen. Und diese sollen, so das vor allem im letzten Jahrzehnt von der Regierung immer wieder proklamierte Ziel, ausnahmslos alle chinesischen Bürger absichern.

Die ersten, die in China von einem staatlichen Rentenversicherungssystem profitierten, waren die Beschäftigten in den Städten (hierzu unter 1.). Die Absicherung der in der Landwirtschaft beziehungsweise auf dem Land tätigen Bevölkerung und der übrigen, nicht unter die Beschäftigten fallenden städtischen Bevölkerung entwickelte sich erst später und verläuft bis heute separat. Ebenso eigenständig versorgt wurden Beamte.

Die sich so ergebende Vierteilung zwischen städtischen Beschäftigten, sonstigen städtischen Bürgern, ländlichen Bürgern und Beamten war bis vor kurzem charakteristisch für die chinesische Alterssicherung. Für jede Gruppe gab es ein eigenes System: Die Rentenversicherung für die (städtischen) Beschäftigten, die Rentenversicherung für die städtischen Bewohner, die Rentenversicherung für die ländlichen Bürger und das Beamtenversorgungssystem. Anfang 2014 wurden das System für die ländlichen Bürger und das für die städtischen Bewohner, die nicht von der Rentenversicherung für Beschäftigte erfasst sind, zusammengelegt zur Grundrentenversicherung für die städtischen und ländlichen Bewohner.[467] In der Darstellung der geschichtlichen Entwicklung wird jedoch noch zwischen den vormaligen Systemen differenziert (3. und 5.). Die bis vor kurzem steuerfinanzierte Beamtenversorgung soll hier außen vor bleiben.[468]

Eine Besonderheit, die sich aufgrund der schematischen Unterteilung der Bevölkerungsgruppen vielleicht schon erahnen lässt, ist die starke Dif-

---

464 So *Lin*, ZIAS 2000, 30 (44).
465 *Lin*, ZIAS 2000, 30 (44).
466 *Chen*, in: Harper/Hamblin, International handbook on ageing and public policy, S. 306 (318).
467 国务院关于建立统一的城乡居民基本养老保险制度的意见, Ansichten des Staatsrates zur Errichtung eines einheitlichen Basis-Rentenversicherungssystems für die städtischen und ländlichen Bewohner vom 21.2.2014 (Nr. 8); *Ministry of Human Resources and Social Security of the People's Republic of China*, Decision of 26 February 2014, Material for the press conference.
468 Siehe hierzu *Liu*, Reformen des Sozialleistungsrechts in der Volksrepublik China, S. 105 f.

ferenzierung zwischen Stadt- und Landbevölkerung. Sie liegt vor allem in dem weltweit einmaligen und bis heute geltenden Haushaltsregistrierungssystem, genannt *Hukou*-System, begründet, welches jedem Chinesen einen festen Wohnsitz – sein *Hukou* – auf dem Land oder in der Stadt zuordnet. Da die soziale Absicherung bis heute auch mit dem Wohnsitz verknüpft ist, indem dieser zumeist den Leistungsort bestimmt, wird die Entwicklung des *Hukou*-Systems als chinesisches Charakteristikum ebenfalls beleuchtet (2.). Im Zuge wachsender Mobilität von Arbeitskräften und zunehmender Landflucht sowie Urbanisierung hat sich eine weitere Gruppierung in China herausgebildet: die der sogenannten Wanderarbeiter. Da sich für die Wanderarbeiter aufgrund des *Hukou*-Systems verschiedene Besonderheiten in Bezug auf ihre Altersvorsorge ergeben, werden auch sie separat untersucht (4.).

1. Anfänge und Entwicklung der Grundrentenversicherung für die Beschäftigten

Den Beginn des Aufbaus der Systeme sozialer Sicherheit einschließlich der Rentenversicherung kennzeichnen die vom Staatsverwaltungsrat – dem Vorgänger des heutigen Staatsrates[469] – erlassenen Regeln über die Arbeiterversicherung vom 26. Februar 1951.[470] [471] Bereits vor der Gründung der Volksrepublik China im Jahre 1949 hatte es erste Versuche gegeben, staatliche Maßnahmen zur sozialen Sicherung einschließlich der Alterssicherung durchzusetzen.[472] Zu Beginn des 20. Jahrhunderts hatte die chinesische Wirtschaft begonnen, erste Ansätze einer Industrialisierung zu zeigen, und es entwickelte sich eine Art Einkommenssystem, das den Gedanken der Einkommenssicherung erstmals relevant werden ließ.[473] 1938 schuf

---

469 *Darimont*, Sozialversicherungsrecht der V. R. China, S. 35.

470 中华人民共和国劳动保险条例, englische Übersetzung in: *Blaustein*, Fundamental Legal Documents of Communist China, S. 534 ff.

471 Siehe hierzu auch *Liu*, Reformen des Sozialleistungsrechts in der Volksrepublik China, S. 102 ff.; *Gao*, in: Becker/Zheng/Darimont, Grundfragen und Organisation der Sozialversicherung in China und Deutschland, S. 19; *Jin*, Entwicklung des gesetzlichen sozialen Grundaltersversicherungssystems in der Volksrepublik China, S. 45.

472 Vgl. *Chow*, Socialist Welfare with Chinese Characteristics, S. 20; *Darimont*, Sozialversicherungsrecht der V. R. China, S. 35; *Jin*, Entwicklung des gesetzlichen sozialen Grundaltersversicherungssystems in der Volksrepublik China, S. 38 f.

473 *Chow*, Socialist Welfare with Chinese Characteristics, S. 19.

die damalige Staatsregierung ein Ministerium für soziale Angelegenheiten und stieß damit eine positive soziallegislative Entwicklung an.[474] Auf den Entwurf eines Sozialversicherungsplanes im Jahr 1944 folgte 1947 die Verabschiedung der „Grundsätze zum Sozialversicherungsgesetz".[475] Dennoch gelang es zu dieser Zeit aufgrund der durch den jahrelang währenden Bürgerkrieg und die japanische Invasion bedingten chaotischen Zustände im Land noch nicht, ein System sozialer Vorsorge in der Praxis zu etablieren.[476] Infolge der Kriege und revolutionären Unruhen litten neben der chinesischen Wirtschaft auch die Bürger. Das Land war gebeutelt von einer zunehmenden Inflation und die soziale Lage der Menschen geprägt von hoher Arbeitslosigkeit und Verelendung.[477] Mit der Gründung der Volksrepublik China 1949 wurde der Neuanfang des nun von Kolonialmächten unabhängigen sozialistischen Staates proklamiert.[478] Das nun – jedenfalls auf dem Papier – vereinte chinesische Volk erwartete Besserung und eine Stabilisierung der Lebensbedingungen, auch in sozialer Hinsicht.[479] Als Teil der Lösungsstrategie und vor allem als ihre Hauptaufgabe sah die neue Regierung die Entwicklung des vorindustriellen Agrarstaates hin zu einem modernen Industriestaat, welcher Wohlstand mitzubringen versprach. Realisiert werden sollte diese Entwicklung nach sowjetischem Vorbild mit Hilfe der sozialistischen Planwirtschaft, was zu einem enormen Umwälzungsprozess in China führte;[480] die Privatindustrie wurde verstaatlicht und die Landwirtschaft kollektiviert.[481] Tatsächlich gelang es der Regierung bereits in den ersten Jahren, nicht nur die Industrie aufzubauen, sondern auch Inflation und Arbeitslosigkeit in den Griff zu bekommen.[482] Der Arbeitslosigkeit begegnete man kreativerweise mit ihrer Abschaffung: Arbeitsplätze wurden für jeden garantiert, die Arbeiter entsprechend staatlicher Planvor-

---

474 *Jin*, Entwicklung des gesetzlichen sozialen Grundaltersversicherungssystems in der Volksrepublik China, S. 38 f.
475 Ebenda, S. 39.
476 Siehe hierzu *Darimont*, Sozialversicherungsrecht der V. R. China, S. 35; *Jürgens*, Soziale Sicherung in der VR China seit Beginn der Reformpolitik, S. 18 f.; *Chow*, Socialist Welfare with Chinese Characteristics, S. 20 f.
477 Vgl. *Klaschka*, in: Fischer/Lackner, Länderbericht China, S. 129 (131); *Saich*, Governance and Politics of China, S. 34; *Liu*, Reformen des Sozialleistungsrechts in der Volksrepublik China, S. 203.
478 Vgl. *Liu*, Reformen des Sozialleistungsrechts in der Volksrepublik China, S. 32.
479 Vgl. *Darimont*, Sozialversicherungsrecht der V. R. China, S. 36.
480 *Wang*, Contemporary Chinese Politics, S. 21 f.
481 Siehe *Taube*, in: Fischer/Müller-Hofstede, Länderbericht China, S. 645 (649 ff.).
482 *Klaschka*, in: Fischer/Lackner, Länderbericht China, S. 129 (140).

gaben den staatlichen beziehungsweise verstaatlichten Unternehmen zugewiesen und eine Kündbarkeit nahezu unmöglich gemacht.[483] Die eingangs
genannten Regeln über die Arbeiterversicherung vom 26. Februar 1951
wurden bereits in einem vergleichsweise frühen Stadium der Industrialisierung eingeführt, was aufgrund der dahinter stehenden sozialistischen
Philosophie nur konsequent war. Denn soziale Sicherheit gilt ihr zufolge
sowohl als die wirtschaftliche Entwicklung fördernd als auch den Sozialismus konsolidierend und war insofern mit den chinesischen Staatszielen
untrennbar verbunden.[484] Der Sozialismus sollte den Weg zur chinesischen
Modernisierung ebnen.[485] Vertreter von Sozialismus und Kommunismus
wie Lenin – der sich von den europäischen Sozialversicherungsentwicklun-
gen positiv hatte beeinflussen lassen –, Marx und Stalin hatten sich bereits
ausgiebig mit dem Thema soziale Sicherheit befasst.[486] Soziale Sicherheit
wurde verstanden als wesentlicher Bestandteil der sozialistischen Gesellschaft und als Recht der Arbeiter; sie sollte in ihrem Umfang dem vom
Arbeiter geleisteten Arbeitsbeitrag entsprechen und galt daher als Anreiz-
aber auch Disziplinierungsmittel.[487] Da sie die Wirtschaft vorantreiben
sollte, war sie letztlich Mittel zum Zweck.[488]

Die Regeln über die Arbeiterversicherung vom 26. Februar 1951 privile-
gierten gewissermaßen die für den wirtschaftlichen Fortschritt wichtigen
Industriearbeiter;[489] diese wurden gegen die Risiken Krankheit, Arbeitsunfall, Tod (Hinterbliebenenfürsorge), Alter und Mutterschaft[490] abgesichert.
Für diejenigen, die keine Arbeit hatten, wurde als finanzielle Unterstützung
eine „Auf-Arbeit-Wartenden"-Hilfe eingeführt,[491] de facto eine Art Arbeits-
losengeld, das nur anders bezeichnet werden musste, denn das „kapitalisti-

---

483 Siehe hierzu *Seibert*, Die Begründung und Beendigung von Arbeitsverhältnissen
     und Arbeitsverträgen, S. 37 f.
484 *Dixon/Kim*, in: Dixon/Macarov, Social Welfare in Socialist Countries, S. 1 (3 f.).
485 *Liu*, Reformen des Sozialleistungsrechts in der Volksrepublik China, S. 32 f.
486 *Dixon/Kim*, in: Dixon/Macarov, Social Welfare in Socialist Countries, S. 1 (3 f.).
487 Ebenda, S. 1 (3 ff.).
488 Vgl. ebenda, S. 1 (4).
489 Vgl. *Jürgens*, Soziale Sicherung in der VR China seit Beginn der Reformpolitik, S. 19.
490 Siehe v.a. Kapitel III der Regeln über die Arbeiterversicherung vom 26.2.1951, eng-
     lische Übersetzung in: *Blaustein*, Fundamental Legal Documents of Communist
     China, S. 534 ff.
491 Vgl. *Drouin/Thompson*, Perspectives on the social security system of China, S. 17.

sche Problem"[492] Arbeitslosigkeit gab es ja nicht. Der umfassende Schutz für die Arbeitnehmer wurde auch als „eiserne Reisschüssel" bezeichnet.[493]

Finanziert wurde das Sicherungssystem allein von den Unternehmen – da diese in staatlicher Hand waren, im Ergebnis also vom Staat. Sie hatten 3% der monatlichen Lohnsumme aller von ihnen beschäftigten Arbeitnehmer in den allgemeinen Arbeiterversicherungsfonds sowie den Betriebsarbeiterversicherungsfonds zu zahlen.[494] 70% der Beiträge wurden im Wege des Umlageverfahrens für aktuelle Rentenzahlungen genutzt, 30% wurden in Fonds zurückgelegt.[495] Aufgrund des Verhältnisses von etwa 400 Arbeitern zu einem Rentner konnte dieses System trotz des niedrigen Beitragsprozentsatzes zunächst auch funktionieren.[496] Die Verwaltung lag beim Nationalen Gewerkschaftsbund, welcher vom Staat beziehungsweise dem Arbeitsministerium kontrolliert wurde.[497] Voraussetzungen für den Bezug einer Altersrente waren bei Männern eine mindestens 25-jährige Arbeitszeit, davon mindestens fünf Jahre in dem Unternehmen, das Beiträge für sie entrichtet hat, sowie das Erreichen eines Alters von 60 Jahren.[498] Frauen konnten nach einer Arbeitszeit von 20 Jahren im Alter von 50 Jahren in Rente gehen.[499] Die damalige Lebenserwartung von 43,1 Jahren bei Männern und 46,2 bei Frauen zeigt, dass diese Altersgrenzen nicht allzu großzügig waren.[500] Das Rentenniveau belief sich auf 50–70% des Standardlohns.[501]

Der Geltungsbereich der Regeln über die Arbeiterversicherung war vorerst beschränkt auf staatliche Unternehmen und andere Betriebsformen mit mehr als 100 Arbeitnehmern sowie Unternehmen auf den Gebieten Infra-

---

492 *Bösch*, Soziale Sicherung in China, S. 18.

493 *Drouin/Thompson*, Perspectives on the social security system of China, S. 17; *Bösch*, Soziale Sicherung in China, S. 20.

494 Art. 7, 8 der Regeln über die Arbeiterversicherung vom 26.2.1951; siehe hierzu *Schetelig*, in: Weigelin-Schwiedrzik/Hauff, Das System der sozialen Sicherung und seine Umsetzung in den ländlichen Unternehmen im Kreis Qingpu, S. 173 (176); *Jin*, Entwicklung des gesetzlichen sozialen Grundaltersversicherungssystems in der Volksrepublik China, S. 45.

495 *The World Bank*, Old Age Security, S. 15.

496 Ebenda.

497 *Liu*, Reformen des Sozialleistungsrechts in der Volksrepublik China, S. 103 f.; *Drouin/Thompson*, Perspectives on the social security system of China, S. 17.

498 Art. 15 (a) der Regeln über die Arbeiterversicherung vom 26.2.1951.

499 Art. 15 (b) der Regeln über die Arbeiterversicherung vom 26.2.1951.

500 Siehe hierzu *Whitefort*, GSP 2003, 45 (47).

501 Art. 15 (a) der Regeln über die Arbeiterversicherung vom 26.2.1951.

struktur, Luftfahrt und Postwesen.[502] Er wurde aber, wie in Art. 2 S. 3 der Regelungen bereits vorgesehen, nach und nach ausgeweitet.[503] Ab 1958 regelte man das Rentensystem in den „Vorläufigen Maßnahmen des Staatrates über die Regelung des Ruhestands von Arbeitern und (Staats-)Bediensteten"[504] als eigenständigen Bereich, einer eigenen Institution war es aber noch nicht zugeordnet[505].

In der jungen Volksrepublik China kam es immer wieder zu Unruhen, die Revolution brodelte weiter[506] und die mit brachialer Gewalt durchgesetzte Industrialisierung führte nach Ernteausfällen zur „schlimmsten Hungersnot der Weltgeschichte".[507] Ihren Höhepunkt fanden die Unruhen während der „Kulturrevolution" von 1966 bis 1976, in der staatliche Strukturen völlig zerrüttet wurden.[508] Die Durchführung der Arbeiterversicherung konnte verwaltungsmäßig nicht mehr gewährleistet werden, Gelder wurden zweckentfremdet und die Arbeiterversicherungsfonds schließlich aufgelöst.[509] Jeder Betrieb war nun vollständig alleine für die Verwaltung und Durchführung der Versicherung zuständig, es entstand eine reine Betriebsversicherung[510] und von einem staatlichen System konnte nicht mehr die Rede sein. Die hiermit verbundene Systemfragmentierung und Ungleichheit wird als „schweres Hindernis für die spätere Rentenversicherungsreform" betrachtet.[511]

Mit der Zeit änderte sich aber die chinesische Politik, wurde offener gegenüber dem Westen und nahm gesellschaftlich wie wirtschaftlich eine

---

502 Art. 2 der Regelungen über die Arbeiterversicherung vom 26.2.1951.
503 Siehe hierzu *Liu*, Reformen des Sozialleistungsrechts in der Volksrepublik China, S. 103.
504 国务院关于工人、职员退休处理的暂行规定（草案） vom 6.2.1958, englische Übersetzung in *Blaustein*, Fundamental Legal Documents of Communist China, S. 555 ff.
505 *Heuer*, Das Altersrentensystem in der Volksrepublik China, S. 5.
506 *Vogelsang*, Geschichte Chinas, S. 541.
507 Ebenda, S. 494.
508 Ebenda.
509 *Liu*, Reformen des Sozialleistungsrechts in der Volksrepublik China, S. 104 f.; *The World Bank*, Old Age Security, S. 16; *Schetelig*, in: Weigelin-Schwiedrzik/Hauff, Das System der sozialen Sicherung und seine Umsetzung in den ländlichen Unternehmen im Kreis Qingpu, S. 173 (176); *Darimont*, Das Sozialversicherungsrecht der V. R. China, S. 37 f.
510 *Darimont*, Das Sozialversicherungsrecht der V. R. China, S. 38.
511 *Jin*, Entwicklung des gesetzlichen sozialen Grundaltersversicherungssystems in der Volksrepublik China, S. 46.

liberalere Haltung ein.[512] Nach dem Tod Mao Zedongs im Jahre 1976 war der Weg frei für dringend notwendige Reformen und es begann ein großer Umwälzungsprozess.[513] 1978 wurde die bis heute andauernde Phase der „Reform und Öffnung" proklamiert mit dem Ziel der sozialistischen Modernisierung des Staates,[514] was zunächst im Agrarsektor die Entkollektivierung[515] und dann auch die Umwandlung der Planwirtschaft in Richtung freie Marktwirtschaft – „sozialistische Marktwirtschaft" genannt –[516] mit sich brachte.[517] Der Arbeitsmarkt wurde liberalisiert und ein Arbeitsvertragssystem eingeführt, das das System des staatlich gesicherten Arbeitsplatzes – der „eisernen Reisschüssel" – ersetzte und die Arbeitsverhältnisse wieder kündbar machte.[518]

Das Betriebsrentensystem, welches vorläufig zunächst bestehen geblieben war – seit 1978 geregelt durch die „Vorläufige Methode des Staatsrates zur Pensionierung und zum Ausscheiden von Arbeitern"[519] –, war finanziell an seine Grenzen gestoßen und drohte nun, die Staatsunternehmen im Wettbewerb einer freien Marktwirtschaft zu benachteiligen.[520] Es entsprach zudem schlicht nicht mehr den aktuellen ökonomischen Bedingungen. Die wirtschaftliche Entwicklung erforderte eine flexible, mobile Arbeiterschaft und damit eine soziale Absicherung, die überbetrieblich organisiert war[521] und sich nicht mehr nur auf Arbeitnehmer in Staatsunternehmen, sondern auf alle Arbeitnehmer erstreckt. Die sozialen Sicherungssysteme einschließ-

---

512 *Vogelsang*, Geschichte Chinas, S. 495.
513 Vgl. ebenda, S. 580.
514 *Liu*, Reformen des Sozialleistungsrechts in der Volksrepublik China, S. 35; *Bösch*, Soziale Sicherung in China, S. 23.
515 *Klaschka*, in: Fischer/Lackner, Länderbericht China, S. 129 (151).
516 *Hambüchen/Schlegel*, VSSR 2009, 259 (267); *Fischer/Schüller*, in: Fischer/Lackner, Länderbericht China, S. 227 (236 f.).
517 Dies bedeutet aber nicht, dass die Regierung Lenkung und Kontrolle im wirtschaftlichen Bereich aufgab – wie bereits im vorhergehende Teil dieser Arbeit dargestellt, nimmt sie bis heute ihren Einfluss etwa durch weiterhin regelmäßig verabschiedete Fünfjahrespläne wahr, wenn auch weniger detailliert; siehe hierzu *Fischer/Schüller*, in: Fischer/Lackner, Länderbericht China, S. 227 (237).
518 *Seibert*, Die Begründung und Beendigung von Arbeitsverhältnissen und Arbeitsverträgen, S. 40 ff.; *Liu*, Reformen des Sozialleistungsrechts in der Volksrepublik China, S. 110.
519 国务院关于工人退休、退职的暂行办法, verabschiedet am 24.5.1978 und verkündet am 2.6.1978; deutsche Übersetzung von *Münzel*, Chinas Recht, 2.6.78/1.
520 *Darimont*, Sozialversicherungsrecht der V. R. China, S. 38.
521 Ebenda.

lich der Rentenversicherung bedurften einer grundlegenden Umstrukturierung.[522]

Die vom Staatsrat am 12. Juli 1986 erlassenen „Vorläufigen Bestimmungen zur Durchführung des Arbeitsvertragssystems bei Staatsunternehmen"[523] führten neben den neuen Arbeitsvertragsregelungen auch ein neues Rentenversicherungssystem für die nun entstandene Gruppe der sogenannten Vertragsarbeiter ein. Erstmals musste nicht nur das Unternehmen, sondern auch der Arbeiter selbst Beiträge entrichten.[524] Die einzigen, die weiterhin beitragsbefreit blieben, waren die seit jeher staatlich versorgten Beamten. Finanziert wurde das neue Rentensystem im Gegensatz zum vorherigen allein im Kapitaldeckungsverfahren – wohl auch, weil man von einer jungen Vertragsarbeiterschaft ausging, die in der Lage ist, den notwendigen Kapitalstock aufzubauen, bevor sie in Rente geht.[525] Der Staat hatte Zuschüsse zu geben, falls die Mittel der Rentenfonds nicht ausreichten.[526] Eingezahlt wurde aber nicht nur in einen allgemeinen Rentenfonds, sondern auch auf ein sogenanntes individuelles Konto, das eigens für jeden Versicherten eingerichtet wurde und allein ihm zustehen sollte.[527]

Der Kreis der Versicherten war insgesamt noch klein; zum einen waren bisher nur staatliche Unternehmen erfasst, während aber die Zahl privater Unternehmen stark zunahm, und zum anderen waren mit den Vertragsarbeitern im Sinne der Bestimmungen nur die neu mit Vertrag eingestellten Arbeiter gemeint.[528]

Der vom Staatsrat erlassene „Beschluss zur Reform des Rentenversicherungssystems für Beschäftigte in Unternehmen" von 1991[529] weitete die Rentenversicherung auf die Arbeiter privater Unternehmen aus und leg-

---

522 Siehe auch *Steinmeyer*, in: FS Adomeit, S. 737 (739).
523 国营企业实行劳动合同制的暂行规定 (Nr. 77), deutsche Übersetzung von *Münzel*, Chinas Recht, 12.7.86/1.
524 § 26 der Vorläufigen Bestimmungen zur Durchführung des Arbeitsvertragssystems bei Staatsunternehmen vom 12.7.1986.
525 § 26 der Vorläufigen Bestimmungen zur Durchführung des Arbeitsvertragssystems bei Staatsunternehmen vom 12.7.1986; *Lin*, ZIAS 1993, 96 (101).
526 § 26 der Vorläufigen Bestimmungen zur Durchführung des Arbeitsvertragssystems bei Staatsunternehmen vom 12.7.1986.
527 Siehe hierzu ausfühtlich *Jin*, Entwicklung des gesetzlichen sozialen Grundaltersversicherungssystems in der Volksrepublik China, S. 171 ff.; *Lin*, ZIAS 1993, 96 (102).
528 *Darimont*, Sozialversicherungsrecht der V. R. China, S. 38.
529 国务院关于企业职工养老保险制度改革的决定, erlassen am 26.6.1991 (Nr. 33).

te erstmals auch ein Drei-Säulen-Modell für die Alterssicherung fest,[530] wenn auch im Fokus weiterhin die erste Säule – die staatlich verwaltete Rentenversicherung als Grundabsicherung – stand. Mit dem Arbeitsgesetz vom 5. Juli 1994[531] wurde nicht mehr zwischen Vertragsarbeitern und den bereits vor Einführung des Arbeitsvertragssystems angestellten Personen differenziert und für sie alle wurden Sozialversicherungsleistungen im Alter erstmals gesetzlich im Arbeitsgesetz festgehalten.[532] Das bis heute gültige Arbeitsgesetz gibt aber nur grob das Ziel vor, ein Sozialversicherungssystem zu entwickeln, und sichert Leistungen im Alter nur allgemein zu. Konkrete Regelungen finden sich hier nicht, ihr Erlass blieb weiterhin dem Exekutivorgan Staatsrat und den Lokalregierungen überlassen.

Nachdem sich die Kommunistische Partei Chinas 1993 hinsichtlich der Finanzierung für das Modell „Solidarfonds und Individualkonto" ausgesprochen hatte, wurde mit der „Bekanntmachung des Staatsrates über die Vertiefung der Reform des Rentenversicherungssystems für Beschäftigte in Unternehmen"[533] das Teilkapitaldeckungsverfahren – eine Mischung aus Umlage- und Kapitaldeckungsverfahren – eingeführt, das bis heute in etwa beibehalten worden ist. Die privaten individuellen Konten wurden nun im Wege des Kapitaldeckungsverfahrens weitergeführt. Der andere Teil der Beiträge floss in dem Umlageverfahren unterliegende sogenannten Solidarfonds.[534] Mit dem reinen Kapitaldeckungsverfahren hatten sich die Renten als nicht mehr finanzierbar erwiesen – die Doppelbelastung, die dadurch entstanden war, dass die Bestandsrenten gezahlt und gleichzeitig Kapitalstöcke für die noch erwerbstätigen Arbeitnehmer aufgebaut werden mussten, war zu groß gewesen.[535] Dennoch sollte das Kapitaldeckungsverfahren zum Teil beibehalten werden, weil man davon ausging, mit dieser Finanzierungsart dem Problem einer alternden Bevölkerung besser begegnen zu können.[536] Die nun teilweise Finanzierung im Wege des Umlageverfahrens

---

530 *Liu*, Reformen des Sozialleistungsrechts in der Volksrepublik China, S. 110; *Jin*, Entwicklung des gesetzlichen sozialen Grundaltersversicherungssystems in der Volksrepublik China, S. 47.

531 中华人民共和国劳动法, deutsche Übersetzung: *Münzel*, Chinas Recht, 5.7.94/2.

532 Kapitel 9 des Arbeitsgesetzes; *Darimont*, Sozialversicherungsrecht der V. R. China, S. 38.

533 国务院关于深化企业职工养老保险制度改革的通知, erlassen am 1.3.1995 (Nr. 6).

534 Nr. 1 und 3 der Bekanntmachung des Staatsrates über die Vertiefung der Reform des Rentenversicherungssystems für Beschäftigte in Unternehmen vom 1.3.1995 (Nr. 6).

535 *Hambüchen/Schlegel*, VSSR 2009, 259 (270).

536 *Queisser/Reilly/Hu*, EPS 4 (2016), 345 (350).

war von verschiedenen Spezialisten, auch deutschen,[537] und internationalen Organisationen wie der Weltbank[538] vorgeschlagen worden. Die Bekanntmachung des Staatsrates von 1995 sah außerdem – wie auch bereits der Beschluss zur Reform des Rentenversicherungssystems für Beschäftigte in Unternehmen vom 26. Juni 1991 –[539] vor, dass die Einzelheiten auf lokaler Ebene bestimmt und an die dortigen jeweiligen Bedingungen angepasst werden sollten,[540] was auch geschah und zu einer sehr unterschiedlichen Entwicklung der Systeme führte, da zum Beispiel die Höhe des Beitragsteils, der auf das Individualkonto einfloss, ganz unterschiedlich festgelegt wurde.[541] Da dies naturgemäß zu Problemen führte, versuchte man, die Systeme 1997 mit dem „Beschluss des Staatsrates über die Errichtung eines einheitlichen Grundrentenversicherungssystems für Beschäftigte in Unternehmen"[542] zu vereinheitlichen und legte identische Beitragssätze fest.

Aber die Finanzierung gestaltete sich auch weiterhin schwierig. Zum einen nahm die Anzahl von Rentnern in Relation zu den Arbeitnehmern zu, und dies nicht nur infolge der demographischen Entwicklung, sondern auch infolge der Umstrukturierung der Staatsunternehmen, welche für viele Arbeitnehmer, die nicht mehr zu beschäftigen waren, mit einem frühzeitigen Ruhestand einherging.[543] Zum anderen entstanden hohe Übergangskosten, da auch Renten für die Generationen gezahlt werden mussten, die bereits vor Einführung der Individualkonten beschäftigt gewesen waren und keinen Kapitalstock aufgebaut hatten.[544] Auch wenn man dem entgegen zu wirken versuchte, indem man etwa in die Rentenberechnung die Lebenserwartung (leistungsmindernd) mit einbezog, führten finanzielle Schwierigkeiten dazu, dass die Gelder auf den Individualkonten zu großen Teilen für die Zahlung der Bestandsrenten verwendet wurden und die Individualkonten infolgedessen leer waren – das Teilkapitaldeckungs-

---

537 *Hambüchen/Schlegel*, VSSR 2009, 259 (270).
538 *The World Bank*, Old Age Security, S. 4.
539 Vgl. *Jin*, Entwicklung des gesetzlichen sozialen Grundaltersversicherungssystems in der Volksrepublik China, S. 175.
540 Vgl. Nr. 3 und 4 der Bekanntmachung des Staatsrates über die Vertiefung der Reform des Rentenversicherungssystems für Beschäftigte in Unternehmen vom 1.3.1995 (Nr. 6).
541 *Liu*, Reformen des Sozialleistungsrechts in der Volksrepublik China, S. 172.
542 国务院关于建立统一的企业职工基本养老保险制度的决定, verabschiedet am 16.7.1997 (Nr. 26), deutsche Übersetzung: *Münzel*, Chinas Recht, 16.7.97/1.
543 *Liu*, Reformen des Sozialleistungsrechts in der Volksrepublik China, S. 172 f.
544 Ebenda, S. 173.

verfahren war faktisch ein reines Umlageverfahren.[545] Aber nicht nur die nicht vorgesehene Finanzierung von Bestandsrenten führte zu leeren Individualkonten, sondern auch die sonstige Zweckentfremdung der sich auf den Konten befindenden Gelder, ermöglicht durch das Fehlen wirksamer Kontrollmechanismen.[546]

In dem 2005 erlassenen „Beschluss des Staatsrates über die Vervollkommnung des Grundrentenversicherungssystems für Beschäftigte in Unternehmen"[547] wurde die Auffüllung der Individualkonten als eine der wichtigsten Aufgaben festgehalten.[548] Es wurde versucht, insbesondere mit Pilotprojekten die finanziellen Löcher durch Verkleinerung der Individualkonten und mit zentralstaatlichen sowie lokalen Zuschüssen zu stopfen.[549] Für das Auffüllen sämtlicher individueller Konten landesweit fehlten jedoch die finanziellen Mittel, so dass das Problem der leeren Konten bis heute fortwirkt.[550]

Um generell zukünftigen finanziellen Schwierigkeiten, insbesondere verursacht durch die demographische Entwicklung, entgegen wirken zu können, beschloss man am 1. August 2000, einen nationalen Fonds für soziale Sicherheit als finanzielle Reserve einzurichten, der mit verschiedenen staatlichen Einnahmen gespeist wird.[551]

Als problematisch für die Rentenversicherung erwies sich auch, dass seit Ende der 1980er Jahre – bestärkt durch die beschriebenen, in mehreren nationalen Beschlüssen eingeräumten Freiräume für die Lokalregierungen – in verschiedenen Teilen Chinas diverse Pilotprojekte in Gang gesetzt worden waren, mit denen auf lokaler Ebene und damit vergleichsweise „risikoarm" getestet wurde, wie ein Rentensystem für China idealerweise

---

545 *Queisser/Reilly/Hu*, EPS 4 (2016), 345 (350); *Liu*, Reformen des Sozialleistungsrechts in der Volksrepublik China, S. 173; *West*, in: Yin/Lin/Gates, Social security reform: Options for China, S. 117 (124).

546 *Liu*, Reformen des Sozialleistungsrechts in der Volksrepublik China, S. 177.

547 国务院关于完善企业职工基本养老保险制度的决定 vom 3.12.2005 (Nr. 38).

548 Nr. 1 des Beschlusses des Staatsrates über die Vervollkommnung des Grundrentensystems für Beschäftigte in Unternehmen vom 3.12.2005 (Nr. 38).

549 *Queisser/Reilly/Hu*, EPS 4 (2016), 345 (350); *Liu*, Reformen des Sozialleistungsrechts in der Volksrepublik China, S. 175.

550 Vgl. *Hambüchen/Schlegel*, VSSR 2009, 259 (270), wo die Finanzierungslücke bis zum Jahr 2015 auf 500 Milliarden € geschätzt wird; *Gruat*, Some striking features of the Chinese pension system, S. 7, 15; *Jin*, Entwicklung des gesetzlichen sozialen Grundaltersversicherungssystems in der Volksrepublik China, S. 172.

551 *Queisser/Reilly/Hu*, EPS 4 (2016), 345 (350); inzwischen normiert in § 71 SVG.

aussehen könnte.[552] Angesichts signifikanter wirtschaftlicher Disparitäten zwischen den Regionen und divergierender lokaler Handhabungen entwickelten sich viele unterschiedliche Systeme,[553] die nicht miteinander korrespondierten. Diesem chaotischen Zustand galt es auf lange Sicht ein Ende zu bereiten, denn man war sich darüber einig, dass das Ziel für den zentralistischen Staat nur ein einheitliches System sein konnte. Zwar hatte man mit dem bereits erwähnten Beschluss des Staatsrates über die Errichtung eines einheitlichen Grundrentenversicherungssystems für Beschäftigte in Unternehmen[554] von 1997 versucht, die Systeme zumindest in die gleiche Richtung zu lenken. Aufgrund der auch bei diesem Beschluss verwendeten nichtgesetzlichen Regelungsebene blieb den lokalen Regierungen jedoch nach wie vor zu viel Spielraum; eine Umsetzung fand zudem kaum statt, die unterschiedlichen Regelungen galten weiter.[555] Ferner waren die Systeme nicht miteinander verknüpft, was ein großes Problem vor allem für den mobilen Teil der Bevölkerung darstellte.

In Nr. 8 des Beschlusses des Staatsrates über die Vervollkommnung des Grundrentenversicherungssystems für Beschäftigte in Unternehmen vom 3. Dezember 2005 wurde das Ziel festgehalten, die Verwaltung der Rentenversicherungsfonds von der Stadtebene auf die Provinzebene zu verlagern. Dies sollte die allgemeine Kontrolle und die Risikostreuung des Solidarfonds verbessern, aber auch durch einheitlichere Beitragsleistungen die Mobilität der Arbeitnehmer erleichtern.[556] Ebenfalls eine Erleichterung der Mobilität, die sich bisher wegen fehlender Übertragbarkeit der Leistungsansprüche zwischen den regional unterschiedlichen Systemen als sehr nachteilhaft auf die soziale Absicherung auswirkte, sollte mit den am 28. Dezember 2009 bekannt gemachten „Vorläufigen Maßnahmen für die Übertragung und Fortsetzung der Grundrentenversicherungsbeziehungen"[557] erreicht werden. Diese Maßnahmen wollen eine Übertragbarkeit

---

552 Siehe hierzu z.B. *Fan*, Alterssicherung in China, S. 84; *Darimont*, China aktuell 2003, 1102 (1103).

553 *Zuo*, ZIAS 2010/2011, 322 (323).

554 Deutsche Übersetzung: *Münzel*, Chinas Recht, 16.7.97/1.

555 Vgl. *Darimont*, ZChinR 18 (2011), 266 (267).

556 *Liu*, Reformen des Sozialleistungsrechts in der Volksrepublik China, S. 181 f.

557 国务院办公厅关于转发人力资源社会保障部、财政部城镇企业职工基本养老保险关系转移 接续暂行办法的通知, Bekanntmachung des Zentralbüros des Staatsrates vom 28.12.2009 (Nr. 66) über die Weiterleitung der „Vorläufigen Maßnahmen für die Übertragung und Fortführung der Grundrentenversicherungsbeziehungen der Beschäftigten" des Ministeriums für Humanressourcen und Soziale Sicherheit und des Finanzministeriums.

ermöglichen.[558] Der aktuelle Stand dieser Maßnahmen wird noch erörtert werden.

Bis 2011 schließlich das Sozialversicherungsgesetz (als Rahmengesetz) in Kraft trat, bildeten die Beschlüsse der Exekutive von 1997 und 2005 zusammen mit dem Arbeitsgesetz von 1994 die Grundlage für die Grundrentenversicherung für Beschäftigte in Unternehmen. Mit der nunmehr gesetzlichen Regelung wurde unter anderem bezweckt, das aufgrund der zahlreichen Änderungen und finanziellen Schwierigkeiten nur schwache Vertrauen der Bevölkerung in die Rentenversicherung zu stärken.[559] Änderungen zielen seitdem vor allem darauf ab, die (nach wie vor verschiedenen regionalen) Systeme finanziell zu stabilisieren, nachhaltiger und fairer zu gestalten sowie zu vereinheitlichen.

2. Eine chinesische Besonderheit: Das *Hukou*-System

Die Industrialisierung brachte eine starke Abwanderung vom Land in die zunehmend attraktiver werdenden Städte mit sich, was zum einen die dortige Infrastruktur inklusive Nahrungsmittelversorgung zu überfordern drohte und zum anderen die wirtschaftliche Entwicklung gefährdete.[560] Das künstlich geschaffene Ungleichgewicht der Preisentwicklung zwischen Stadt und Land, das die vorrangige Entwicklung der Industrie in den Städten forcieren sollte, hätte bei zu starker Abwanderung in die Städte nicht mehr funktioniert.[561] Außerdem wurde auf dem Land bereits ein Mangel an Feldarbeitskräften spürbar.[562] Aus diesen Gründen versuchte die Regierung, die Binnenmigration in die Städte zu unterbinden. 1951 führte sie ein Haushaltsregistrierungssystem ein, das *Hukou*-System, das zunächst nur für die Städte galt und der Überprüfung diente, dann aber landesweit ausgeweitet und zu einem strikten Kontrollsystem ausgebaut

---

558 Art. 1 der Vorläufigen Maßnahmen für die Übertragung und Fortführung der Grundrentenversicherungsbeziehungen der Beschäftigten vom 28.12.2009 (Nr. 66).

559 *Queisser/Reilly/Hu*, EPS 4 (2016), 345 (351).

560 *Hartmann*, Politik in China, S. 137 f.; *Drouin/Thompson*, Perspectives on the social security system of China, S. 5.

561 *Chan/Zhang*, The China Quarterly 160 (1999), 818 (821); *Liu*, Reformen des Sozialleistungsrechts in der Volksrepublik China, S. 33; siehe hierzu ausführlich auch *Zuo*, Ein Rechtsvergleich der agrarsozialen Sicherung zwischen der VR China und Deutschland, S. 49 ff.

562 *Zuo*, Ein Rechtsvergleich der agrarsozialen Sicherung zwischen der VR China und Deutschland, S. 59.

wurde.[563] Durch dieses System wurde jedem Bürger ein Wohnsitz zugeteilt, welcher sich nach dem Wohnort der Mutter bei Geburt des Kindes richtete und der entweder zur Stadt (Stadt-*Hukou*) oder zum Land (Land-*Hukou*) gehörte.[564] Mit dieser Zweiteilung des Landes wurde die Einwohnerzahl der Städte zunächst kontrolliert und im Laufe zunehmender Abwanderung vom Land immer strikter reguliert.[565] Bürger mit Land-*Hukou* durften sich schließlich nicht mehr in Städten niederlassen[566] und ländliche Arbeitskräfte nur im Ausnahmefall – wenn nicht in ausreichender Zahl städtische Arbeiter verfügbar waren – temporär in der Stadt beschäftigt werden.[567] Eine Verlagerung der *Hukou*-Registrierung des Einzelnen, vor allem vom Land in die Stadt, war in der Regel nicht möglich.[568]

Zum einen hatte die Haushaltsregistrierung also die Funktion eines Melde- und Kontrollsystems inne, zum anderen bildete sie aber auch die Grundlage für die Zuteilung von Ressourcen und Subventionen, was die Bürger indirekt zwang, sich an das System zu halten, weshalb es sich in Zeiten der Planwirtschaft als äußerst wirkungsvoll erwies.[569] Ein städtisches *Hukou* war mit Vorteilen und Privilegien verbunden wie dem Zugang zu Arbeit, Bildung, preiswerten Lebensmitteln und letztlich auch zu den sich entwickelnden Systemen sozialer Absicherung.[570] Ohne Stadt-*Hukou* war das Leben in der Stadt nicht nur illegal, sondern auch äußerst schwierig und leidlich.

Im Zuge der Liberalisierung des Arbeitsmarktes in der 1978 eingeleiteten Ära der „Reform und Öffnung" gab der Staat seine alleinige Arbeitskräftezuteilung mehr und mehr auf und die Einstellung sowie Entlassung von Arbeitskräften wurde zur Angelegenheit der Betriebe.[571] Zudem wuchs mit zunehmender Industrialisierung der Bedarf an Arbeitskräften.[572] Um die Industrialisierung voranzutreiben, wurde der Zugang zu den Städten für neue Arbeitskräfte gelockert; das *Hukou*-System wurde nach und nach

---

563 Ebenda; *Chan/Zhang*, The China Quarterly 160 (1999), 818 (819).
564 *Hartmann*, Politk in China, S. 138.
565 Ebenda, S. 34.
566 *Gransow*, Focus Migration, S. 5.
567 *Zuo*, Ein Rechtsvergleich der agrarsozialen Sicherung zwischen der VR China und Deutschland, S. 65.
568 *Hebel/Schucher*, in: Fischer/Lackner, Länderbericht China, S. 284 (286).
569 Vgl. *Gransow*, Focus Migration, S. 2.
570 *Heilmann*, Das politische System der Volksrepublik China, S. 196; *Hartmann*, Politik in China, S. 138.
571 *Hebel/Schucher*, in: Fischer/Lackner, Länderbericht China, S. 284 (284, 286).
572 *Heilmann*, Das politische System der Volksrepublik China, S. 196.

durchlässiger. Dies bedeutete aber nur, dass der Aufenthalt in den Städten für Bürger mit Land-*Hukou* genehmigt oder jedenfalls toleriert wurde, nicht aber, dass eine Umwandlung von einem Land- zu einem Stadt-*Hukou* möglich wurde. Eine erzwungene Rücksiedlung durch die lokalen Behörden war jederzeit möglich.[573] Auch wurde die unterschiedliche Behandlung im Hinblick auf Bildung, Beschäftigung und soziale Sicherung in der Regel zunächst beibehalten.[574] Die Städte wollten zwar billige ländliche Arbeitskräfte, sie wollten aber nicht für die Kosten, die indirekt durch gleiche städtische Rechte angefallen wären, aufkommen.[575] Diese Entwicklung führte zur Herausbildung der insofern stark benachteiligten Bevölkerungsgruppe der sogenannten Wanderarbeiter, die in der Regel nur für einen bestimmten Zeitraum zum Arbeiten in die Stadt kamen, ohne ein dortiges *Hukou* zu erhalten.

Die dualistische Struktur des Landes wurde weiter dadurch verstärkt, dass im Zuge der Wirtschaftsliberalisierung das Wohlstandsgefälle zwischen Stadt und Land immer größer wurde. Der chinesische Gini-Koeffizient stieg seitdem signifikant an: von etwa drei in den frühen 1980er Jahren erhöhte er sich bis 2008 auf einen Höchststand von 49.[576] 2016 lag er bei 38,5, womit China immer noch tendenziell zu den ungleichsten Staaten der Welt gehört.[577] Die Ungleichverteilung stellt ein Risiko für die Stabilität des Landes dar und provoziert soziale Unruhen. Seit Beginn des 21. Jahrhunderts versucht die Staatsspitze gegenzusteuern; 2008 beschloss sie, „die wirtschaftliche und gesellschaftliche Integration von Städten und Land zu fördern, damit die dualistische Struktur der Gesellschaft beseitigt wird".[578] Um die Situation für die Wanderarbeiter zu verbessern und das wirtschaftliche Wachstum voranzutreiben, wurde zudem eine *Hukou*-Reform in Gang gesetzt. Auf lokaler Ebene, vor allem in großen Städten, war schon seit längerem mit *Hukou*-Reformen experimentiert worden.[579] Einem im Juli 2014 veröffentlichten Rundschreiben des Staatsrates zufolge sollen in China bis zum Jahr 2020 100 Millionen Bürger mit Land-*Hukou* zu Stadtbürgern

---

573 *Alpermann*, in: Kupfer, Sozialer Sprengstoff in China?, S. 7 (14).
574 *Liu*, Reformen des Sozialleistungsrechts in der Volksrepublik China, S. 35.
575 Vgl. *Gransow*, Focus Migration, S. 5.
576 *Sicular*, The Challenge of High Inequality in China, S. 1.
577 *The World Bank*, Data: GINI index (World Bank estimate).
578 *Liu*, Reformen des Sozialleistungsrechts in der Volksrepublik China, S. 35.
579 *Goodburn*, China Policy Institute Policy Paper 2 (2014), S. 6 f.; *Burkhoff*, Fordham International Law Journal 38 (2014), 1473 (1484 f., 1488).

mit Stadt-*Hukou* werden.[580] Dafür ist vorgesehen, den Zugang zu kleineren Städten ohne Regulierung freizugeben.[581] Mittlere und große Städte mit etwa einer Million bis fünf Millionen Einwohnern sollen – je nach Kapazitäten – den Zugang lockern, aber in vernünftigem Umfang beschränken und Zugangskriterien festlegen können.[582] Für Chinas Megastädte ab fünf Millionen Einwohnern bleibt der Zugang streng reguliert; hier sollen Punktesysteme eingeführt werden beziehungsweise sind bereits eingeführt worden, die individuelle Faktoren wie Bildung, berufliche Kompetenzen, Wohnsituation und die Entrichtung von Sozialversicherungsbeiträgen berücksichtigen.[583] Die Verlagerung des *Hukou* in die Stadt soll auch den vollberechtigten Zugang zu Leistungen garantieren. Im Ergebnis ist eine kontrollierte Verstädterung des Landes beabsichtigt – festgehalten auch in den Fünfjahresplänen – in der Hoffnung, dass ein erhöhter Konsum die Wirtschaft ankurbelt und so das Wohlstandsgefälle innerhalb des Staates verringert wird.[584] Die großen Städte wie Shanghai und Beijing sollen dabei aber offenbar keinen Risiken ausgesetzt werden; hier bleibt der Zugang streng reguliert. Nach dem Stand von Ende 2019 leben 60,6% der Chinesen in der Stadt und 39,4% auf dem Land.[585] Damit wurde das Ziel des im März 2016 verabschiedeten 13. Fünfjahresplanes, dass bis 2020 60% der Chinesen in Städten wohnen,[586] offenbar erreicht.

Insgesamt hat das *Hukou*-System also zu einer verstärkten Zweiteilung des Staates geführt, die nur schwierig rückgängig zu machen ist und die zudem eine weltweit einzigartige Bevölkerungsgruppe von Wanderarbeitern hervorgerufen hat. Eine vollständige Abschaffung des *Hukou*-Systems ist in nächster Zeit wohl nicht zu erwarten, denn dies würde dem chinesischen

---

580 *Burkhoff*, Fordham International Law Journal 38 (2014), 1473 (1488); *Yanfei*, in: China Daily vom 18.4.2016.

581 *Goodburn*, China Policy Institute Policy Paper 2 (2014), S. 4; *Burkhoff*, Fordham International Law Journal 38 (2014), 1473 (1488).

582 *Wang*, in: Beijing Rundschau vom 18.8.2014; *Goodburn*, China Policy Institute Policy Paper 2 (2014), S. 4.

583 *Wang*, in: Beijing Rundschau vom 18.8.2014; für das Punktesystem in Beijing vgl. auch *Wei et al.*, in: China Daily vom 11.12.2015.

584 Vgl. *Branigan*, in: The Guardian vom 31.7.2014.

585 *National Bureau of Statistics*, Statistical Communiqué 2019, Gliederungspunkt I.

586 Kapitel 3, Tabelle 2 des 13. Fünfjahresplanes für wirtschaftliche und soziale Entwicklung der VR China, in Englisch: https://en.ndrc.gov.cn/newsrelease_8232/201612/P020191101481868235378.pdf (Stand: 8.8.2020); vgl. auch *OSTA*, Wissenschaft und Technologie in China 2016, S. 56.

Staat ein wichtiges Kontrollmittel nehmen – wenn auch eine Verstädterung gewünscht ist, so aber doch nur eine staatlich gelenkte.

3. Die Absicherung der ländlichen Bevölkerung

Die Entwicklung der Alterssicherung für die ländliche Bevölkerung unterscheidet sich deutlich von der für die städtischen Beschäftigten und weist bis heute in separater Regelung ihre ganz eigenen Charakteristika auf. Die soziale Sicherung auf dem Land war in der traditionellen chinesischen Kleinbauernwirtschaft an Grund und Boden sowie die Familie geknüpft und sollte es auch nach Gründung der Volksrepublik im Jahre 1949 grundsätzlich bleiben. Die wirtschaftlichen Entwicklungspläne machten aber auf Dauer Änderungen erforderlich.

Das Wirtschaftswachstum der Volksrepublik beabsichtigte man vor allem mit Hilfe des Landes – oder präziser: unter Ausbeutung und Vernachlässigung der ländlichen Bevölkerung – voranzutreiben.[587] Die Produktivität der Landwirtschaft wollte man steigern, gleichzeitig sollte aber eine unterschiedliche Preisentwicklung zwischen Stadt und Land zugunsten der Städte das industrielle Wachstum fördern.[588] Um dies zu realisieren, wurde zunächst eine landesweite Agrarreform mit dem Ziel der Kollektivierung der Landwirtschaft durchgeführt.[589] Grund und Boden wurden verstaatlicht, dann gleichmäßig neu zugeteilt – wobei das Land im Eigentum des Staates verblieb – und es wurden landwirtschaftliche Volkskommunen errichtet.[590] Zur Absicherung der ländlichen Bevölkerung durch Boden beziehungsweise Bodennutzung und Familie kam nun eine kollektive Absicherung hinzu, welche durch Verteilung kollektiver Erträge eine Mindestabsicherung in Notzeiten gewährleisten sollte – mehr aber auch nicht.[591] Es galt in erster Linie das Prinzip von „Selbsthilfe und gegenseitiger Hilfe".[592] Das 1956 auf dem Land eingerichtete kollektive Fünf-Garantien-System, eine Art

---

587 Siehe hierzu *Liu*, Reformen des Sozialleistungsrechts in der Volksrepublik China, S. 33 f.; *Chan/Zhang*, The China Quarterly 160 (1999), 818 (821).

588 *Liu*, Reformen des Sozialleistungsrechts in der Volksrepublik China, S. 33 f.; *Taube*, in: Fischer/Müller-Hofstede, Länderbericht China, S. 645 (649 f.).

589 Siehe hierzu ausführlich *Zuo*, Ein Rechtsvergleich der agrarsozialen Sicherung zwischen der VR China und Deutschland, S. 99 ff.

590 Vgl. ebenda, S. 100.

591 *Zhao/Wen*, in: Yin/Lin/Gates, Social security reform: Options for China, S. 278 (280); *Liu*, Reformen des Sozialleistungsrechts in der Volksrepublik China, S. 106.

592 *Dohmen*, Soziale Sicherheit in China, S. 61.

Sozialhilfe, die Essen, Kleidung, Wohnung, medizinische Versorgung und Bestattung garantierte, gewährte eine Absicherung für alte Menschen nur in dem Fall, in dem unterhaltspflichtige Angehörige nicht vorhanden waren.[593] Für die Versorgung der Alten waren also nach wie vor hauptsächlich die Familien und insbesondere die Kinder zuständig.

Mit der ab 1978 stattfindenden Agrarreform änderte sich die wirtschaftliche Situation der Landbewohner erneut. Die nicht von Erfolg gekrönte Kollektivierung der Landwirtschaft wurde wieder rückgängig gemacht und im Zuge dessen das sogenannte Haushaltsverantwortungssystem, auch Vertragssystem genannt, eingeführt.[594] Nach diesem seit 1982 in Art. 8 der chinesischen Verfassung[595] festgehalten System hatte jede Familie mit ländlichem *Hukou* Anspruch darauf, ein Stück Land vom Staat zu pachten. Im Gegenzug verpflichteten sie sich in einem mit den lokalen Behörden geschlossenen Vertrag, eine bestimmte Menge eines bestimmten von ihnen produzierten Produktes zu einem festgelegten Preis abzugeben.[596] Die darüber hinaus erwirtschafteten Erträge standen in vollem Umfang den Bewirtschaftern selbst zu.[597] Das Land sollte nach wie vor zusammen mit der Familie die soziale Absicherung der Familie gewährleisten. Die Alten auf dem Lande waren in der Regel darauf angewiesen, bis ins hohe Alter zu arbeiten – ihre Leistungsfähigkeit und ihr Einkommen sanken aber mit dem Alter.[598] Mit der Lockerung des *Hukou*-Systems und einem wachsenden Arbeitskräftebedarf in den Städten nahm die Abwanderung vom Land in die Stadt zu und Familien wurden kleiner, verstärkt durch die seit Beginn der 1980er Jahre verfolgte Ein-Kind-Politik und das dadurch hervorgerufene Absinken der Geburtenrate; die sozusagen informelle familiäre Absicherung wurde nach und nach noch schwieriger zu bewerkstelligen, als sie es ohnehin bereits war.[599] Auch wenn Wanderarbeiter-Kinder Geld mit nach Hause brachten, mussten die ländlichen Alten sich nun nicht selten alleine um das Land kümmern und hatten möglicherweise auch noch für Enkelkinder zu sorgen, die von ihren Eltern zurück gelassen worden

---

593 *Liu*, Reformen des Sozialleistungsrechts in der Volksrepublik China, S. 106 f.
594 *Drouin/Thompson*, Perspectives on the social security system of China, S. 4.
595 Gemeint ist die bis heute geltende Verfassung von 1982, siehe Fn. 183.
596 Ebenda.
597 Vgl. *Hartmann*, Politik in China, S. 54.
598 *Cai et al.*, The Elderly and Old Age Support in Rural China, S. 4.
599 *The World Bank*, Old Age Security, S. 19; *Laudage/Zimmermann-Lössel/Schröder*, in: Hofmeister/Thesing, Soziale Sicherheit in Asien, S. 101 (143); *Liu*, ZIAS 2000, 61 (62).

waren.[600] Eine Verbesserung der Lage der ländlichen Alten in China, denen nicht nur die meiste Arbeit abverlangt wurde, sondern die auch am stärksten von Armut bedroht waren,[601] war ohne staatliche Hilfe nicht in Sicht.

Ab 1986/87 ist innerhalb von Pilotprojekten mit freiwilligen Altersvorsorgesystemen auf dem Land experimentiert worden.[602] Am 3. Januar 1992 wurde aufgrund der gewonnenen Erfahrungen mit dem Pilotprojekt „Basisplan für die ländliche Alterssicherung auf Kreisebene"[603] ein Rahmen vorgegeben, nach dem die ländlichen Systeme ausgestaltet werden sollten.[604] Es war vorgesehen, dass – wie im städtischen System, aber auf freiwilliger Basis – Beiträge auf ein individuelles Konto gezahlt werden. Ein allgemeiner Rentenfonds war daneben jedoch nicht geplant. Stattdessen sollte das individuelle Konto durch kollektive Zuschüsse und staatliche Steuerbegünstigungen aufgebessert werden.[605] Eine Rente konnte ab einem Alter von 60 Jahren bezogen werden, die Leistung hing von Dauer und Höhe der Einzahlung ab.[606]

Ein neuer Pilotplan wurde 2009 vom Staatsrat mit den „Leitlinien für die Durchführung der neuen ländlichen Alterssicherung in der Pilotphase"[607] auf den Weg gebracht.[608] Um die Systeme von Stadt und Land anzugleichen, sollte die Altersvorsorge nun wie im System für die städtischen Beschäftigten nicht nur durch ein individuelles Konto, sondern auch mit Hilfe eines Solidarfonds finanziert werden, als dessen Quelle allerdings allein staatliche Steuergelder vorgesehen waren.[609] Die Alterssicherung blieb freiwillig – nach wie vor war das Einkommen der ländlichem Bevölkerung in einigen Regionen zu niedrig, als dass die erforderlichen finanziellen Mittel

---

600 *Cai et al.*, The Elderly and Old Age Support in Rural China, S. xii.
601 Ebenda, S. 3.
602 Vlg. *Liu*, Reformen des Sozialleistungsrechts in der Volksrepublik China, S. 150; *Darimont*, Sozialversicherungsrecht der V. R. China, S. 158.
603 县级农村社会养老保险基本方案(试行) vom 3.1.1992 (Nr. 2).
604 Vlg. *Liu*, Reformen des Sozialleistungsrechts in der Volksrepublik China, S. 150; *Darimont*, Sozialversicherungsrecht der V. R. China, S. 158.
605 *Liu*, Reformen des Sozialleistungsrechts in der Volksrepublik China, S. 150.
606 Ebenda, S. 151.
607 国务院关于开展新型农村社会养老保险的指导意见 vom 1.9.2009 (Nr. 32).
608 Siehe hierzu *Zou*, Ein Rechtsvergleich der agrarsozialen Sicherung zwischen der VR China und Deutschland, S. 344; *Lu/Stepan*, Journal of Current Chinese Affairs 45 (2/2016), 113 (131 ff.); *Jin*, Entwicklung des gesetzlichen sozialen Grundaltersversicherungssystems in der Volksrepublik China, S. 150 ff.
609 Punkt 4 und 5 des Leitlinien; vgl. auch *Liu*, Reformen des Sozialleistungsrechts in der Volksrepublik China, S. 151; *Lu/Stepan*, Journal of Current Chinese Affairs 45 (2/2016), 113 (132).

hätten aufgebracht werden können, so dass sich eine Versicherungspflicht für sie verbat.

Seit 2011 ist das System für die ländliche Bevölkerung – wenn auch nur denkbar grob – gesetzlich im Sozialversicherungsgesetz verankert, §§ 20, 21 SVG. Hier wird im Grunde lediglich die Existenz des Systems festgehalten.

4. Die Wanderarbeiter

Mit der zunehmenden Abwanderung vom Land in die Stadt war aber nicht nur die Alterssicherung für die auf dem Land gebliebenen Menschen zu einem immer größeren Problem geworden, sondern auch für diejenigen, die das Land verließen, um in der Stadt zu arbeiten; die sogenannten Wanderarbeiter. Darunter versteht man Personen mit vorwiegend ländlichem *Hukou*, die – zum Teil saisonabhängig – Arbeit außerhalb ihres *Hukou* und meist in der Stadt suchen und von denen viele den Arbeitsplatz häufig wechseln.[610] Diese Gruppe ist inzwischen zu einer bedeutenden Größe herangewachsen: In China gab es 2019 etwa 290,77 Millionen Wanderarbeiter und die Tendenz verläuft steigend; im Vergleich zum Vorjahr hat sich ihre Zahl um 0,8% erhöht.[611]

Diejenigen, die in die Stadt abwanderten, hatten in der Regel trotz ihrer Arbeit dort keinen Anspruch auf eine städtische Sozialversicherung. Da ihnen immer noch ein ländliches *Hukou* zugewiesen war und sie demnach über einen Anspruch auf ein Stück Land nach dem dargestellten Haushaltsverantwortungssystem verfügten, was als Grundlebenssicherung dienen sollte, sah man sie als abgesichert an. Dass das Arbeitsgesetz von 1994, welches den Arbeitenden in Kapitel 9 das Recht auf Sozialversicherung zusichert, keinerlei Unterteilung der Arbeitnehmer in solche mit ländlichem und solche mit städtischem *Hukou* vornimmt und damit für alle Arbeitenden theoretisch gleichermaßen zu gelten hatte, wurde außer Acht gelassen.[612] Dabei sagt § 3 des Arbeitsgesetzes sogar explizit allen Arbeitenden das gleichberechtigte Recht auf Sozialversicherung zu. Auch das jüngere

---

610 Vgl. *Zuo*, Ein Rechtsvergleich der agrarsozialen Sicherung zwischen der VR China und Deutschland, S. 143.

611 *National Bureau of Statistics of China*, Statistical Communiqué 2019, Gliederungspunkt I.

612 Vgl. auch *Zou*, Ein Rechtsvergleich der agrarsozialen Sicherung zwischen der VR China und Deutschland, S. 353 f.

Arbeitsvertragsgesetz von 2007[613] erlegt dem Arbeitgeber die Pflicht auf, seine Arbeitnehmer zu versichern, und knüpft diese Pflicht in keiner Weise an die *Hukou*-Registrierung, §§ 10, 17. Diese Regelungen wurden offenbar erfolgreich weitgehend ignoriert.

Zu Ende der 1990er Jahre begannen immerhin einige Lokalregierungen, die Wanderarbeiter in Pilotprojekten entweder mehr oder weniger in das städtische System für die Beschäftigten einzubeziehen (*Shenzhen-Modell*), wie es ja eigentlich auch dem Arbeitsgesetz entsprach, oder eigene Sicherungssysteme für sie zu entwickeln (*Shanghai-Modell*).[614] Da die lokalen Systeme aber untereinander nicht verknüpft waren und ein Versicherungsverhältnis oder Leistungsanspruch somit nicht übertragen werden konnte, wenn Wanderarbeiter den Arbeitsort wechselten – was sie naturgemäß taten –, nützten ihnen die Versicherungen nicht viel. In der Regel waren die Wanderarbeiter bei weitem nicht so lange an einem Ort beschäftigt, als dass sie auch nur annähernd die Mindestversicherungszeit für den Rentenbezug – 15 Jahre – hätten erfüllen können.[615] Daher trat die große Mehrheit regelmäßig mit Beendigung ihrer Tätigkeit aus dem System aus – was bis 2010 möglich war – und ließ sich die entrichteten Beiträge erstatten.[616] Rückforderbar waren allerdings nur die auf das individuelle Konto eingezahlten Beträge. Der Beitragsanteil, der in den Solidarfonds eingezahlt worden war, war damit für die Wanderarbeiter verloren, für die Städte hingegen gewonnen. Im Ergebnis war den Wanderarbeitern wenig geholfen.

Schließlich wurde aber auch die Zentralregierung tätig, denn Migration wurde und wird von ihr als durchaus positiv für die Wirtschaft und die Verringerung der Einkommenskluft zwischen Stadt und Land beurteilt und die weiterhin wachsende Gruppe der Wanderarbeiter leistete und leistet einen signifikanten Beitrag zur chinesischen Wirtschaft: Etwa zwei Drittel der Industriearbeiter und 50% der in der städtischen Dienstleistungsbranche Beschäftigten sind ländliche Wanderarbeiter.[617] Außerdem hofft man, die vor allem durch das *Hukou*-System verursachte duale Stadt-Land-Struktur durch Migration verringern zu können.

---

613 中华人民共和国劳动合同法 vom 29.6.2007, deutsche Übersetzung: *Münzel*, Chinas Recht, 29.6.2007/1.

614 Siehe hierzu ausführlich *Liu*, Reformen des Sozialleistungsrechts in der Volksrepublik China, S. 222 ff.

615 Vgl. *Stepan/Lu*, Free movement of labor, free movement with social entitlements?, S. 28.

616 *Liu*, Reformen des Sozialleistungsrechte in der Volksrepublik China, S. 227.

617 *Qing*, in: HSS, Wirtschaft und Gesellschaft im Zeichen der Krise, S. 55 (57).

Nach den „Vorläufigen Maßnahmen für die Übertragung und Fortführung der Grundrentenversicherungsbeziehungen der Beschäftigten",[618] die am 1. Januar 2010 in Kraft traten, sollte eine Übertragung der Rentenversicherungsbeziehungen zwischen den Systemen von nun an möglich sein. Mit diesen Regelungen wurde auch die vorzeitige Beendigung der Versicherungsbeziehung und eine Auszahlung der entrichteten Beiträge verboten.[619] Indem die Maßnahmen in Art. 2 den Anwendungsbereich auf alle von der Grundrentenversicherung erfassten Personen einschließlich der Wanderarbeiter erstrecken, ordnen sie vernünftigerweise an, dass Wanderarbeiter in die Grundrentenversicherung für die Beschäftigten mit einzubeziehen sind. Dies wollte der Gesetzgeber wohl auch mit § 95 des 2011 in Kraft getretenen Sozialversicherungsgesetzes noch einmal verdeutlichen, welcher lautet: „Dörfliche Wohnbevölkerung, die zur Arbeit in die Stadt kommt, wird nach den Vorschriften dieses Gesetzes sozialversichert".[620] Seit dieser Klarstellung gibt es theoretisch keine Ausrede mehr dafür, Wanderarbeiter nicht mit in das Grundrentenversicherungssystem für die Beschäftigten einzubeziehen.

5. Die Absicherung der städtischen Bevölkerung, die nicht in die Grundrentenversicherung für die Beschäftigten einbezogen ist

Um das viel proklamierte Ziel zu erreichen, die ganze Bevölkerung abzusichern, galt es, sich neben den von der städtischen Grundrentenversicherung erfassten Personen und der ländlichen Bevölkerung noch einer weiteren Gruppe zuzuwenden: Personen mit städtischem *Hukou*, die nicht in die Grundrentenversicherung für die Beschäftigten einbezogen waren.

Ihnen wurde im Wesentlichen erst mit dem Sozialversicherungsgesetz Beachtung geschenkt, welches in § 22 die Einführung einer (eigenen) Rentenversicherung für die städtischen Bewohner vorsieht. Zuvor hatte es nur Regelungen gegeben, die ihnen die Absicherung eines Existenzminimums zusagten, und auch diese waren erst 1997 beschlossen worden.[621] Der An-

---

618 Siehe Fn. 557.
619 Art. 3 S. 3 der Vorläufigen Maßnahmen für die Übertragung und Fortführung der Grundrentenversicherungsbeziehungen der Beschäftigten vom 28.12.2009 (Nr. 66).
620 Deutsche Übersetzung: *Münzel*, Chinas Recht, 28.10.10/1, hier insbesondere auch Anmerkung Nr. 25.
621 Siehe hierzu *Liu*, Reformen des Sozialleistungsrechts in der Volksrepublik China, S. 215 f.

ordnung des Sozialversicherungsgesetzes sollte mit den vom Staatsrat erlassenen „Leitansichten des Staatsrates über die Errichtung des Pilotprojekts der sozialen Rentenversicherung für Bürger in Städten und Gemeinden" vom 7. Juni 2011[622] nachgekommen werden. Das geschaffene Rentenversicherungssystem wies eine ähnliche Struktur auf wie das für die ländliche Bevölkerung. Der Beitritt war freiwillig und ein individuelles Konto, auf das der Versicherte seinen Beitrag einzahlte, wurde kombiniert mit einem vom Staat finanzierten Solidarfonds. Die spätere Rente wurde aus beiden Töpfen gespeist. Das System fungierte als eine Art Auffangsystem in den Städten.[623] Inzwischen ist es mit dem ländlichen System zusammengeschlossen worden.

III. Deutschland

Der Anfang der deutschen Rentenversicherung wird in dem 1889 vom Reichstag angenommenen und am 1. Januar 1891 in Kraft getretenen „Gesetz betreffend die Invaliditäts- und Altersversicherung"[624] gesehen. Es war das dritte Gesetz und Schlusspunkt der von Reichskanzler Otto von Bismarck initiierten Sozialgesetzgebung, mit der die Grundstruktur für das deutsche Sozialversicherungsrecht geschaffen wurde. Das Gesetz führte erstmals für Lohnempfänger eine Beitragspflicht ein, für die sie im Gegenzug eine gewisse Absicherung für den Fall der Invalidität und / oder des Alters erhielten (hierzu unter 1.). Eingeführt wurde es in einer Zeit, in der eine Verbesserung der sozialen Lage der arbeitenden Bevölkerung dringend erforderlich war (2.). Geschaffen wurde das Gesetz aber nicht völlig aus dem Nichts; es hatte auch zuvor bereits gewisse Absicherungen für Alter und Invalidität in unterschiedlicher Form und Ausprägung gegeben (3.). Das System wurde stetig und umfassend verändert, reformiert und angepasst (4.; 5.) – in seinen Grundfesten ist es aber bis heute bestehen geblieben.

---

622 国务院关于开展城镇居民社会养老保险试点的指导意见 (Nr. 18), siehe hierzu *Darimont*, ZChinR 18 (2011), 266 (271).
623 *Darimont*, ZChinR 18 (2011), 266 (271).
624 RGBl. 1889, S. 97.

I. Die Anfänge der gesetzlichen Rentenversicherung – Das „Gesetz
   betreffend die Invaliditäts- und Altersversicherung"

Das Gesetz betreffend die Invaliditäts- und Altersversicherung (IAVG) begründete für Lohnempfänger die Pflicht, Beiträge zu entrichten (§ 1 IAVG),
und sagte ihnen im Gegenzug einen Anspruch auf Gewährung einer In-
validen- oder Altersrente zu (§ 9 IAVG). Erfasst waren nicht nur alle Arbeiter – einschließlich der landwirtschaftlichen Lohnarbeiter –, sondern
auch Angestellte, sofern ihr Jahresverdienst nicht mehr als 2.000 Mark be-
trugt (§ 1 Nr. 2 IAGV).[625] Die Beiträge berechneten sich nach Lohnklassen
(§ 22 IAVG) und waren von Versicherten und Arbeitgebern zu gleichen An-
teilen zu tragen (§§ 19, 116 IAVG). Finanziert wurde das System außerdem
mittels eines für alle gleich hohen Reichszuschusses von je 50 Mark jährlich
(§§ 19, 26 S. 6 IAVG). Es bediente sich des Kapitaldeckungsverfahrens, welches damals insbesondere als seriöser und transparenter angesehen wurde
als das heute verwendete Umlageverfahren.[626] Versicherte Risiken waren
Invalidität und Alter, der Fokus aber lag auf der Invaliditätsabsicherung.
Der Bezug einer Invalidenrente setzte eine ärztlich nachgewiesene dauern-
de Erwerbsunfähigkeit voraus, welche dann anzunehmen war, „wenn der
Versicherte in Folge seines körperlichen oder geistigen Zustandes nicht
mehr im Stande ist, durch eine seinen Kräften und Fähigkeiten entsprechende Lohnarbeit mindestens einen Betrag zu verdienen", der einem Drittel seines bisherigen Lohnes entsprach, so § 9 III IAVG.[627] Dies wurde
später dahingehend angepasst, dass ein Drittel des Lohnes eines gesunden
Arbeiters des gleichen Berufsfeldes verdient werden durfte (§ 5 IV IAVG).
Zudem musste eine Wartezeit von fünf Beitragsjahren erfüllt worden sein
(§§ 9 S. 2, 16 Nr. 1 IAVG).

Eine Altersrente erhielt, wer das siebzigste Lebensjahr vollendet hatte
und dies, ohne dass es eines Nachweises der Erwerbsunfähigkeit bedurfte
(§ 9 IAVG), vorausgesetzt, es war eine Wartezeit von dreißig Beitragsjahren
erfüllt worden (§ 16 Nr. 1 IAVG). Das Alter wurde demnach als spezielle
Form der Invalidität angesehen[628] – ab einem Alter von siebzig Jahren

---

625 *Hänlein*, in: Ruland/Becker/Axer, SRH, § 2 Rn. 9; *Fuchs/Preis*, Sozialversicherungs-
     recht, S. 19.
626 *Manow*, in: Fisch/Haerendel, Geschichte und Gegenwart der gesetzlichen Renten-
     versicherung, S. 145 (147 f.).
627 *Köhler*, in: Ruland, HDR, Bd. 1, Rn. 10; *Fuchs/Preis*, Sozialversicherungsrecht, S. 19.
628 Vgl. *Köhler*, in: Ruland, HDR, Bd. 1, Rn. 13.

wurde die Invalidität sozusagen gesetzlich fingiert.[629] Tatsächlich war damit die Altersrente als Ruhegeld, wie sie es heute ist, noch nicht Gegenstand des damaligen Gesetzes, denn nur ein winziger Personenkreis erreichte überhaupt ein Alter von siebzig Jahren. Die Lebenserwartung betrug 1895 etwa 42,4 Jahre.[630] Der Schwerpunkt lag auf der Invaliditätsabsicherung. Beide Rentenarten konnten und sollten nicht den Erhalt des Lebensstandards gewährleisten, sondern waren vielmehr als eine Art Zuschuss zum „notdürftigsten Lebensunterhalt am billigen Orte"[631] gedacht – und mehr gewährte die Versicherung letztendlich auch nicht.[632] Dieser Zuschuss trug aber zumindest zu einer Minderung des Armutsrisikos bei und führte dazu, dass die Betroffenen von ihren Familien – sofern vorhanden – weniger als Belastung wahrgenommen und weiterhin versorgt wurden.[633]

Verwaltet wurde die Invaliditäts- und Altersversicherung von Beginn an im Wege der Selbstverwaltung – ein bis heute charakteristisches Merkmal der deutschen Sozialversicherung. Unter der Zuständigkeit der jeweiligen Bundesstaaten wurden für die Durchführung 1890 einunddreißig Versicherungsanstalten als Versicherungsträger errichtet, die in Form von Körperschaften des öffentlichen Rechts agierten.[634] Die paritätische Zusammensetzung der Organe der Versicherungsanstalten bestehend aus Versicherten- und Arbeitgebervertretern verlieh ihnen ein demokratisches Fundament.[635] Als oberste Aufsichtsbehörde fungierte das bereits 1884 zusammen mit der Unfallversicherung ins Leben gerufene Reichsversicherungsamt, das neben der Aufsicht damals auch für die Rechtsprechung zuständig war.[636]

---

629 *Fuchs/Preis*, Sozialversicherungsrecht, S. 19.
630 *Roser*, Life Expectancy, Differences in life expectancy across the world.
631 Zitiert nach *Ritter*, in: FS Zacher, S. 789 (815).
632 *Hänlein*, in: Ruland/Becker/Axer, SRH, § 2 Rn. 9; *Fuchs/Preis*, Sozialversicherungsrecht, S. 20; *Rolfs*, Das Versicherungsprinzip im Sozialversicherungsrecht, S. 27.
633 *Ritter*, FS Zacher, S. 789 (815 f.); *Hänlein*, in: Ruland/Becker/Axer, SRH, § 2 Rn. 9.
634 *Deutsche Rentenversicherung Bund*, 125 Jahre gesetzliche Rentenversicherung, S. 9; *Fuchs/Preis*, Sozialversicherungsrecht, S. 20.
635 Siehe hierzu *Deutsche Rentenversicherung Bund*, 125 Jahre gesetzliche Rentenversicherung, S. 9 f.
636 *Hänlein*, in: Ruland/Becker/Axer, SRH, § 2 Rn. 8.

2. Ausgangssituation und Beweggründe für die Einführung der Rentenversicherung

Die hinter der Bismarck'schen Sozialgesetzgebung stehenden Motive mögen vielfältig und im Einzelnen umstritten gewesen sein, zwei Hauptkräfte dürften Bismarck aber sicherlich angetrieben haben: die sozialpolitische Notwendigkeit für eine Verbesserung der sozialen Lage vieler Bürger und der Kampf um den Machterhalt. Es ist offensichtlich, dass Bismarck mit seiner staatlichen Sozialversicherungspolitik der damals bestehenden sozialen Notlage und Armut der Arbeiterschaft begegnete.[637] Er erkannte an, dass gerade Risiken wie Krankheit, Erwerbsunfähigkeit, Alter und Unfall Umstände sind, die zur Verelendung führen können.[638] Die gegen derartige Risiken Schutz bietende Sozialversicherung sollte – jedenfalls unter anderem – Teil der dringend benötigten Antwort auf die „soziale Frage" sein.

Die zunehmende Industrialisierung hatte gesellschaftliche, soziale und wirtschaftliche Veränderungen mit sich gebracht und ging Hand in Hand mit einer durch die Bauernbefreiung geförderten massenhaften Abwanderung vom Land in die Städte, wo große Betriebe für neue Arbeitsplätze sorgten.[639] Gleichzeitig löste sich in den Städten das Zunft- und Gildewesen[640] und die Säkularisierung verringerte die öffentlichen Fürsorgeleistungen der Kirche.[641] All dies bedeutete auch den Verlust von Solidarverbänden und damit verbundenem Schutz.[642] Familiäre Bindungen lockerten sich ebenfalls und die Großfamilie, die bisher gleichzeitig Lebens- und Produktionsgemeinschaft gewesen war, gewährleistete nicht mehr in dem Maße wie zuvor eine Schutz- und Fürsorgefunktion für Alte und Invalide.[643] Die sich neu herausgebildete große Bevölkerungsgruppe der Industriearbeiter war ohne Grundbesitz und sonstiges Vermögen und mithin vollständig abhängig von ihrer Arbeitsfähigkeit. War es zuvor üblich gewe-

---

637 Vgl. *Ritter*, in: FS Zacher, S. 789 (791); *Schmähl*, in: ders., Versicherungsprinzip und soziale Sicherung, S. 204 (206).
638 *Eichenhofer*, Geschichte des Sozialstaats in Europa, S. 53.
639 *Eichenhofer*, Sozialrecht, Rn. 26; *Muckel/Ogorek/Rixen*, Sozialrecht, § 1 Rn. 4; *Waltermann*, Sozialrecht, Rn. 55; *Haerendel*, Die Anfänge der gesetzlichen Rentenversicherung in Deutschland, S. 9.
640 *Eichenhofer*, Sozialrecht, Rn. 25; *Waltermann*, Sozialrecht, Rn. 55.
641 *Thamm*, Probleme der verfassungsrechtlichen Positivierung sozialer Grundrechte, S. 81.
642 *Eichenhofer*, Sozialrecht, Rn. 28.
643 *Bäcker/Kistler*, Dossier Rentenpolitik, Traditionen der Alterssicherung/Vorläufer; *Rolfs*, Das Versicherungsprinzip im Sozialversicherungsrecht, S. 5.

sen, lebenslang zu arbeiten, kamen für alte und invalide Arbeiter in der Industrie viele Tätigkeiten nicht mehr in Frage, zumal es ohnehin ein Überangebot an Arbeitskräften gab. Gleichzeitig stieg die durchschnittliche Lebenserwartung. Die Alten und Invaliden waren auf ihre Familien oder die Armenfürsorge angewiesen, derer sich die Kirche und nach und nach auch der Staat beziehungsweise die Staaten zumindest grob verpflichtet hatten.[644] Beides war verbunden mit einem Leben am Existenzminimum; mehr als das Nötigste konnte und durfte die Armenfürsorge nicht gewähren[645], und die Familie war in der Regel auch nicht dazu in der Lage. Viele Parameter, auch Missernten,[646] trugen dazu bei, dass Armut zu einem Massenphänomen wurde.

Da die Existenzrisiken der bisher nicht dagewesenen Industriearbeiter, deren Bedürfnisse von neuer Qualität und Quantität waren, nicht mehr durch Familien, Zünfte oder die kirchliche und kommunale Fürsorge aufgefangen werden konnten, sollte nach Auffassung Bismarcks der Staat an die Stelle der Helfenden treten.[647] In der berühmten sogenannten Kaiserlichen Botschaft vom 17. November 1881, die von Bismarck selbst redigiert worden war und das Gesetz bereits ankündigte, wurde die staatliche Versicherung gegen Betriebsunfälle, Krankheit, Alter oder Invalidität als „eine der höchsten Aufgaben jedes Gemeinwesens"[648] bezeichnet. „Der Staat muß die Sache in die Hand nehmen. Nicht als Almosen, sondern als Recht auf staatliche Unterstützung, wo der gute Wille nicht mehr kann", so Bismarck.[649]

Der Gedanke, dass der Staat einspringt im Falle der Not des Einzelnen, war nicht neu und bereits im Allgemeinen Landrecht für die preußischen Staaten von 1794 normiert.[650] Neu war aber die Begründung subjektiver

---

644 Zum Beispiel § 1 II 19 des Allgemeinen Landrechts für die Preußischen Staaten; siehe *Schnapp*, NZS 2010, 136 (137); *Rolfs*, Das Versicherungsprinzip im Sozialversicherungsrecht, S. 6.

645 Vgl. *Schnapp*, NZS 2010, 136 (137 f.).

646 *Thamm*, Probleme der verfassungsrechtlichen Positivierung sozialer Grundrechte, S. 81.

647 *Haerendel*, Die Anfänge der gesetzlichen Rentenversicherung in Deutschland, S. 19; siehe ausführlich zur Entscheidung Bismarcks gegen eine private Versicherung und zugunsten einer staatlichen *Rolfs*, Das Versicherungsprinzip im Sozialversicherungsrecht, S. 20 ff.

648 *Bismarck*, ZSR 27 (1981), 730 (733).

649 *Rothfels*, Bismarck und der Staat, S. 359.

650 Zweiter Teil, 19. Titel, § 1: „Dem Staate kommt es zu, für die Ernährung und Verpflegung derjenigen Bürger zu sorgen, die sich ihren Unterhalt nicht selbst verschaffen

Rechte durch die Beitragszahlung des Einzelnen, was auch der Abgrenzung von bloßen Almosen, wie sie für die Armen bestimmt waren, dienen sollte.[651] Durch die Beitragsleistung und die Begründung von Rechten gegenüber dem Staat wurden die Versicherten den Armen gegenüber besser positioniert und genossen ein höheres Ansehen.[652]

Bismarck agierte damit aber keineswegs nur dem Wohl der Arbeiter zuliebe. Er wollte die „Staatsrentner" an den Staat binden,[653] um diesen zu stärken und gegen Gegenbewegungen wie die sozialistische Arbeiterbewegung, die sich als Reaktion auf die Verelendung gebildet hatte, und auch die „Schwarze Internationale", die katholische Kirche, zu verteidigen, da diese die bestehende Ordnung zu schwächen drohten.[654] Bismarcks Sozialgesetzgebung war somit nicht nur zeitlich, sondern auch sachlich mit einem Verbot von Gewerkschaften und Sozialdemokratie – bekannt als Sozialistengesetz – verbunden. Bismarck selbst formulierte diesen Zusammenhang folgendermaßen: „Bei Einbringung des Sozialistengesetzes hat die Regierung [...] Versprechungen gegeben dahin, daß als Korollär dieses Sozialistengesetzes die ernsthafte Bemühung für eine Besserung des Schicksals der Arbeiter Hand in Hand mit demselben gehen sollte. Das ist meines Erachtens das Komplement für das Sozialistengesetz."[655] Die Sozialgesetzgebung wird daher von vielen auch als das Zuckerbrot zur Peitsche der Sozialistengesetzgebung bezeichnet. Gleichwohl dürfte Bismarck aber auch im Interesse der Großindustrie gehandelt haben.[656] Letztlich sollte der politischen Instabilität des Reiches begegnet werden.[657]

3. Alterssicherung vor Einführung der Invaliditäts- und Altersversicherung

Das Ziel, Arbeiter vor den Risiken Invalidität und Alter zu schützen, und zwar jenseits der reinen Armenfürsorge, war auch schon vor der Bismarck'schen Gesetzgebung verfolgt worden. Als sogenannte Vorläufer der

---

und denselben auch von anderen Privatpersonen, welche nach besonderen Gesetzen dazu verpflichtet sind, nicht erhalten können".

651 *Rückert*, in: Ruland, FS gesetzliche Rentenversicherung, S. 1 (13); *Geppert*, Otto Fürst von Bismarck, S. 143.
652 Vgl. *Ritter*, in: FS Zacher, S. 789 (816).
653 *Haerendel*, Die Anfänge der gesetzlichen Rentenversicherung in Deutschland, S. 30.
654 Siehe hierzu *Ritter*, in: FS Zacher, S. 789 (816).
655 Zitiert nach *Althammer/Lampert*, Lehrbuch der Sozialpolitik, S. 72.
656 Vgl. *Butterwegge*, Krise und Zukunft des Sozialstaates, S. 42.
657 *Eichenhofer*, Sozialrecht, Rn. 36.

Rentenversicherung werden regelmäßig die Knappschaftskassen angeführt, in denen Bergleute zwangsversichert und im Wege gemeinsamer Beitragstragung gegen die Risiken Alter und Invalidität abgesichert waren.[658] Zu diesen ist anzumerken, dass sie von der Bismarck'schen Sozialgesetzgebung unberührt und weiterhin unabhängig blieben.[659] Des Weiteren werden als Vorläufer die betrieblich organisierten Eisenbahnerpensionen genannt[660], die Zunft- und Gesellenkassen[661] sowie die Betriebs- oder Fabrikkassen in aufblühenden Industrieunternehmen wie denen der Stahl- und Eisenerzeugung, deren Ziel es war, ihre Arbeiter vor der Verarmung zu schützen.[662] Sie alle hatten gemeinsam, dass sie stets nur einen kleinen Personenkreis erfassten und aufgrund ihrer geringen Größe kaum geeignet waren, schwer kalkulierbare Risiken von größerem Ausmaß abzufangen.[663] Außerdem verfügten sie nicht über die Flexibilität, derer es für eine immer mobiler werdende Bevölkerung bedurfte.

Eine Vorbildfunktion bei der Entwicklung der Rentenversicherung dürfte für Bismarck aber insbesondere die bereits existierende Absicherung der Staatsbediensteten gespielt haben,[664] wie folgende von ihm überlieferte Frage nahelegt: „Wozu soll nur der, welcher im Kriege erwerbsunfähig geworden ist oder als Beamter durch Alter Pension haben und nicht auch der Soldat der Arbeit?".[665] Derjenige, der vom Staat eine Pension oder Rente erwarte, wolle dem Staat keinen Schaden zufügen, so die Theorie.[666] Und

---

658 Siehe hierzu *Rückert*, in: Ruland, FS gesetzliche Rentenversicherung, S. 1 (38); *Ponfick*, Geschichte der Sozialversicherung im Zeitalter der Aufklärung, S. 18 ff.; *Tennstedt*, in: Fisch/Haerendel, Geschichte und Gegenwart der Rentenversicherung in Deutschland, S. 31 (35); *Rolfs*, Versicherungsprinzip im Sozialversicherungsrecht, S. 7 ff.

659 Siehe hierzu *Hänlein*, in: Ruland/Becker/Axer, SRH, § 2 Rn. 10.

660 *Rückert*, in: Ruland, FS gesetzliche Rentenversicherung, S. 1 (37); *Tennstedt*, in: Fisch/Haerendel, Geschichte und Gegenwart der Rentenversicherung in Deutschland, S. 31 (35).

661 *Ponfick*, Geschichte der Sozialversicherung im Zeitalter der Aufklärung, S. 31 ff.; *Rolfs*, Das Versicherungsprinzip im Sozialversicherungsrecht, S. 9.

662 *Eichenhofer*, Geschichte des Sozialstaats in Europa, S. 50; *Rolfs*, Das Versicherungsprinzip im Sozialversicherungsrecht, S. 8 f.

663 *Tennstedt*, in: Fisch/Haerendel, Geschichte und Gegenwart der Rentenversicherung in Deutschland, S. 31 f.

664 So beispielsweise *Rückert*, in: Ruland, FS gesetzliche Rentenversicherung, S. 1 (39 f.); *Haerendel*, Die Anfänge der gesetzlichen Rentenversicherung in Deutschland, S. 42.

665 Zitiert nach *Geppert*, Otto Fürst von Bismarck, S. 143.

666 Siehe hierzu *Haerendel*, Die Anfänge der gesetzlichen Rentenversicherung in Deutschland, S. 42.

diese Theorie war nicht neu, sondern wurde bereits von vielen Regierenden zuvor beherzigt. In der Literatur wird in diesem Zusammenhang angeführt, dass bereits Karl der Große dafür gesorgt hatte, dass seine Soldaten und Bediensteten im Falle des Ausscheidens aus dem Dienst wegen Invalidität oder Alter abgesichert waren.[667] Gewissermaßen amüsant und nicht inaktuell mutet der von Friedrich dem Großen überlieferte Ausspruch von 1773 an: „Der Pensions sind so viel, daß ich nicht weiß, wo dergleichen hernehmen soll."[668] Eine normative Grundlage aber hatten die damaligen Pensionen freilich nicht, sondern sie beruhten in der Regel auf der Gnade des Fürsten[669] oder allenfalls auf Gesinderecht.[670] Erst im Rahmen innerer Reformen im Mitteleuropa des späten 18. und frühen 19. Jahrhunderts, mit denen Staat und Wirtschaft gestärkt werden sollten, wurden Staatsapparate ausgebaut und das Berufsbeamtentum überhaupt geschaffen;[671] der Beamte wurde vom „Fürstendiener" zum „Staatsdiener".[672] Einhergehend mit der nunmehr geltenden Unkündbarkeit des Beamten erhielt das Recht auf lebenslange Versorgung und damit auch das Recht auf Pension Einzug in normative Werke der deutschen Staaten oder wenigstens, wie im Fall von Preußen, in eine verwaltungsinterne Verordnung.[673] Mit der Absicherung der Beamten vor materieller Not wollte man diese insbesondere zu unbegrenzter Leistung motivieren.[674] Bezugsvoraussetzung für eine Pension war

---

667 *Eichenhofer*, Geschichte des Sozialstaats in Europa, S. 24.
668 *Posner et al.*, Acta Borussica, S. 56.
669 *Merten*, NVwZ 1999, 809; *Großkord*, Beamtenversorgung und gesetzliche Rentenversicherung, S. 6.
670 *Till*, Die Entwicklung des Alimentationsprinzips, S. 150 f.; *Wunder*, Geschichte der Bürokratie in Deutschland, S. 33.
671 *Wunder*, Geschichte der Bürokratie in Deutschland, S. 18, 22 ff.
672 *Sachverständigenkommission Alterssicherungssysteme*, Möglichkeiten und Grenzen einer Annäherung der Beamtenversorgung an die gesetzliche Rentenversicherung, S. 75 Rn. 156.
673 *Wunder*, Geschichte der Bürokratie in Deutschland, S. 30 ff., 33 f.; *Sachverständigenkommission Alterssicherungssysteme*, Möglichkeiten und Grenzen einer Annäherung der Beamtenversorgung an die gesetzliche Rentenversicherung, S. 74 Rn. 156 ff.; *Till*, Die Entwicklung des Alimentationsprinzips, S. 205.
674 *Wunder*, Geschichte der Bürokratie in Deutschland, S. 28.

Dienstunfähigkeit,[675] zum Teil alternativ auch das Erreichen einer Altersgrenze, in Sachsen beispielsweise von 70 Jahren.[676]

Interessant erscheint bei einem Rückblick auf die Entwicklung der Invaliditäts- und Alterssicherung der Beamten, dass diese keineswegs immer nur staatlich finanziert war. In Preußen etwa waren Pensionsanstalten gegründet worden, die durch Beiträge der Beamten in Höhe von einem bis fünf Prozent ihres Einkommens, gestaffelt nach dessen Höhe,[677] sowie Zuschüsse der Dienstherren finanziert wurden, um die Staatskasse zu schonen.[678] Die Alterssicherung im Bereich des öffentlichen Dienstes beziehungsweise der Staatsdienerschaft wird aus diesem Grund mitunter auch als „Pionier der Altersabsicherung" bezeichnet.[679]

Seit Ende des 19. Jahrhunderts sind Beitragspflichten aber nicht mehr existent;[680] zuletzt wurde das Pensionskassenwesen 1872 in Preußen aufgegeben.[681] Die Beitragsfreiheit beziehungsweise der Versorgungscharakter wurde nun auch im Reichsbeamtengesetz[682] festgehalten, das nach der Reichsgründung 1873 erlassen wurde und für die Reichsbeamten galt; die Regelung des Landesbeamtenrechts blieb Ländersache. Es bedarf keiner Erläuterung, dass das Beamtenrecht bis heute vielfach reformiert wurde – die Beitragsfreiheit und die Untergliederung in Landes- und Bundesbeamte sind aber Markenzeichen der Beamtenversorgung geworden und geblieben.

Für die Sozialgesetzgebung Bismarcks konnte eine solche, auch von Bismarck ursprünglich angestrebte „Staatsrentnerschaft" einschließlich Beitragsfreiheit schon aufgrund fehlender finanzieller Mittel nicht durchgesetzt werden. Als „Übrigbleibsel" des Bismarck'schen Vorhabens wird der

---

675 Vgl. § 1 des preußischen Pensions-Reglement für Civilstaatsdiener vom 30.3.1825, abgedruckt in: *Bechstein* (Hrsg.), Das Königlich Preußische Civil-Pensions-Reglement vom 30. April 1823.

676 § 18 Gesetz die Verhältnisse der Civilstaatsdiener betreffend, von Sachsen vom 7.3.1835 (SächsGVBl. 1835, S. 169).

677 § 21 des preußischen Pensions-Reglement für Civilstaatsdiener vom 30.4.1825.

678 Siehe hierzu *Küble*, Besoldung und Lebenshaltung der unmittelbaren preußischen Staatsbeamten im 19. Jahrhundert, S. 75 ff; *Merten*, NVwZ 1999, 809.

679 So *Tennstedt*, in: Fisch/Haerendel, Geschichte und Gegenwart der Rentenversicherung in Deutschland, S. 31 (34).

680 *Merten*, NVwZ 1999, 809; *Sachverständigenkommission Alterssicherungssysteme*, Möglichkeiten und Grenzen einer Annäherung der Beamtenversorgung an die gesetzliche Rentenversicherung, S. 158 Rn. 359.

681 *Ruland*, NVwZ 1995, 417 (423).

682 Gesetz vom 31.3.1873, RGBl 1873, S. 61.

in der Rentenversicherung gewährte Reichszuschuss angesehen.[683] Fehlende finanzielle Mittel dürften auch der Grund dafür gewesen sein, dass die gesetzliche Alters- und Invalidenversicherung keine Absicherung des Lebensstandards gewähren konnte. Die Beamtenversorgung hingegen sollte schon damals, dem Grundsatz der lebenslangen Versorgung entsprechend, den Lebensstandard erhalten.

4. Grundzüge der weiteren Entwicklung – Kaiserreich, Weimarer Republik, Deutsches Reich

Noch während des Kaiserreichs wurde die normative Verankerung der Sozialversicherung vorangetrieben und 1911 die Reichsversicherungsordnung verabschiedet, ein Gesetz mit sechs Büchern, in dem die Kranken-, Unfall- und Invalidenversicherung – wie die heutige Rentenversicherung ab 1900 bezeichnet wurde – zusammengefügt wurden.[684] Und die Versicherung wurde weiter ausgebaut. Früh erkannte man, dass es auch Selbständige gab, die des Schutzes bedurften, und so wurden nach und nach diejenigen einbezogen, deren Schutzbedürftigkeit denen der Arbeiter am ehesten gleichstand.[685] Erfasst wurden die „kleinen", die arbeitnehmerähnlichen Selbständigen, die in der Regel ausschließlich auf ihre Arbeitskraft angewiesen waren und keine Aussicht auf Erwirtschaftung eines hohen Einkommens hatten wie beispielsweise Hausgewerbetreibende, Lehrer, Erzieher, Küstenschiffer und Hebammen.[686]

Die Angestellten konnten 1911 durchsetzen, dass für sie ein eigener, neben dem der Arbeiter stehender Versicherungszweig der Invalidenversicherung geschaffen wurde, kodifiziert im Versicherungsgesetz für Angestellte vom 20. Dezember 1911.[687] Dieser Zweig konnte dank einflussreicher Interessenvertretung zum Teil mit besseren Konditionen aufwarten als die Invalidenversicherung für Arbeiter, zum Beispiel mit einer Altersgrenze von

---

683 *Döring*, in: Fisch/Haerendel, Geschichte und Gegenwart der gesetzlichen Rentenversicherung, S. 169 (170).

684 *Hänlein*, in: Ruland/Becker/Axer, SRH, § 2 Rn. 11; *Bley/Kreikebohm/Marschner*, Sozialrecht, Rn. 301.

685 *Steinmeyer*, in: Boecken et al., Öffentliche und private Sicherung gegen soziale Risiken, S. 29 (35).

686 Siehe hierzu *Kretschmer*, ZRS 1994, 462 (472 f.).

687 RGBl. 1911, S. 989; siehe hierzu *Döring*, in: Fisch/Haerendel, Geschichte und Gegenwart der gesetzlichen Rentenversicherung, S. 169 (172 ff.).

65 statt 70 Jahren und einer Wartezeit von nur 10 statt 30 Jahren.[688] Einen Reichszuschuss gab es hier aber nicht, denn die Angestellten wurden als Mittelständler angesehen, die sich durch ihr Einkommen selbst absichern können.[689]

Der erste Weltkrieg brachte für die Sozialversicherung Schwierigkeiten mit sich; insbesondere wurden Beitragseinnahmen unregelmäßig und die Ausgaben stiegen.[690] Gleichzeitig erfuhr die Sozialversicherung eine Art Aufwertung. Denn um den für die Kriegsführung notwendigen „Burgfrieden" zwischen allen deutschen Kräften herzustellen, kam man den Sozialdemokraten und Gewerkschaftern entgegen und baute die Sozialleistungen aus.[691] Die Sozialversicherung wurde letztlich nicht mehr nur als obrigkeitliche Fürsorge angesehen, sondern verwandelte sich in einen elementaren Bestandteil eines demokratischen Sozialstaates, zu dem man das Nachkriegsdeutschland machen wollte.[692] Die Sozialversicherung sollte als Konstante in unruhigen Zeiten und als „Quelle der Legitimität"[693] für den Staat in der neu ausgerufenen Weimarer Republik fortgeführt werden. In die neue Verfassung von 1919, die sogenannte Weimarer Reichsverfassung, wurden erstmalig (und aus heutiger Sicht für das gesamte Bundesgebiet auch letztmalig) soziale Grundrechte integriert.[694]

Die sozialen Versprechungen vermochten in der Folgezeit aber eher schlecht als recht erfüllt zu werden – die erforderlichen ökonomischen Ressourcen fehlten, und die ab 1922/1923 einsetzende Hyperinflation vernichtete die Finanzen der Rentenversicherung nahezu vollständig.[695] Das Kapitaldeckungsverfahren wurde, der Not gehorchend, in ein Umlageverfahren umgewandelt;[696] der Staat konnte und wollte den Geldwert nicht ga-

---

688 *Richter*, Sozialversicherungsrecht, S. 15.

689 *Döring*, in: Fisch/Haerendel, Geschichte und Gegenwart der gesetzlichen Rentenversicherung, S. 169 (174).

690 Ebenda, S. 169 (177).

691 Siehe hierzu *Butterwegge*, Krise und Zukunft des Sozialstaates, S. 46 ff.

692 Vgl. *Metz*, Geschichte der sozialen Sicherheit, S. 131.

693 *Metz*, Geschichte der sozialen Sicherheit, S. 129.

694 Siehe hierzu *Metz*, Geschichte der sozialen Sicherheit, S. 128; *Butterwegge*, Krise und Zukunft des Sozialstaates, S. 48.

695 *Döring*, in: Fisch/Haerendel, Geschichte und Gegenwart der gesetzlichen Rentenversicherung, S. 169 (177).

696 *Manow*, in: Fisch/Haerendel, Geschichte und Gegenwart der gesetzlichen Rentenversicherung, S. 145 (151 f.); *Hänlein*, in: Ruland/Becker/Axer, SRH, § 2 Rn. 23, 28.

rantieren.[697] Die Weltwirtschaftskrise ab Ende der 1920er Jahre und die mit ihr einhergehende Massenarbeitslosigkeit verschärften die Turbulenzen,[698] mittels Notverordnungen wurden Renten gekürzt.[699]

Erst ab 1933, nach der Machtergreifung durch die Nationalsozialisten, ließ sich in Folge von Beschäftigungsprogrammen, zunehmender Vollbeschäftigung und Aufrüstung Besserung verzeichnen. Finanzierungstechnisch kehrte man zum Kapitaldeckungsverfahren zurück,[700] was sich die Regierung zum Teil aber für ganz andere Zwecke zu Nutze machte: Das Kapital der Rentenversicherung wurde für die Finanzierung von Rüstung und Krieg eingesetzt,[701] nachdem die Rentenversicherung dem Führerprinzip unterworfen und gleichgeschaltet sowie die Selbstverwaltung abgeschafft worden war.[702] Gewissermaßen im Gegenzug sollte allen „Schaffenden" nach einem von Robert Ley, einem nationalsozialistischen Politiker, entworfenen Plan durch ein „Altersversorgungswerk des Deutschen Volkes" eine komfortable steuerfinanzierte Rente nach dem Modell einer Staatsbürgerversorgung gewährt werden.[703] Realisiert wurde dieses Vorhaben jedoch nie.[704]

5. Entwicklung der Rentenversicherung seit Gründung der Bundesrepublik Deutschland

Nach dem zweiten Weltkrieg war die finanzielle Lage der Rentenversicherung – unschwer vorstellbar – katastrophal. Sofern überhaupt noch Vermögen vorhanden war, vernichtete dieses die Geldentwertung. Die Einnahmen waren gering und die Zahl der Rentner hoch, insbesondere wegen

---

697 *Manow*, in: Fisch/Haerendel, Geschichte und Gegenwart der gesetzlichen Rentenversicherung, S. 145 (152).

698 *Döring*, in: Fisch/Haerendel, Geschichte und Gegenwart der gesetzlichen Rentenversicherung, S. 169 (177).

699 *Hänlein*, in: Ruland/Becker/Axer, SRH, § 2 Rn. 28.

700 Ebenda, Rn. 41.

701 *Döring*, in: Fisch/Haerendel, Geschichte und Gegenwart der gesetzlichen Rentenversicherung, S. 169 (177).

702 *Deutsche Rentenversicherung Bund*, 125 Jahre gesetzliche Rentenversicherung, S. 26 f.; siehe auch *Butterwegge*, Krise und Zukunft des Sozialstaates, S. 60.

703 *Deutsche Rentenversicherung Bund*, 125 Jahre gesetzliche Rentenversicherung, S. 29; *Döring*, in: Fisch/Haerendel, Geschichte und Gegenwart der gesetzlichen Rentenversicherung, S. 169 (177); *Steinmeyer*, in: Fisch/Haerendel, Geschichte und Gegenwart der Rentenversicherung in Deutschland, S. 209 (216).

704 *Butterwegge*, Krise und Zukunft des Sozialstaates, S. 60.

der vielen Invaliden. Versicherungsträger wurden aufgegeben, Unterlagen waren verloren.[705] Dennoch ordneten die Alliierten nach ihrer Regierungsübernahme an, die Versicherungsanstalten (möglichst) weiterzuführen;[706] man erachtete die Sozialversicherung als gut und bewährt und setzte auf Kontinuität.[707] Zwar lag der Fokus während der Nachkriegszeit darauf, die Wirtschaft wieder in Gang zu bringen, die Sozialpolitik sollte hierbei aber unterstützend wirken.[708] Die nach Kriegsende aufgelösten Institutionen für die Sozialversicherung wurden nach und nach neu geschaffen. Zu nennen sind hier insbesondere das Bundessozialgericht und das Bundesversicherungsamt. Die Fortführung der Sozialversicherung setzte sich durch, auch wenn es in der Politik immer wieder Stimmen gab, die ein steuerfinanziertes System à la Beveridge einzuführen suchten.[709]

Die gesamte deutsche Entwicklung verlief in den Folgejahren bekanntlich zweigeteilt – die Entwicklung in Ostdeutschland, der sowjetischen Besatzungszone, ging ihren eigenen Weg. Die Darstellung in dieser Arbeit konzentriert sich auf die Bundesrepublik Deutschland. Hier wurde mit dem 1949 in Kraft getretenen Grundgesetz die Sozialstaatlichkeit zu einem der Staatsziele erkoren, und das starke Wirtschaftswachstum ab den 1950er Jahren ermöglichte es, die Erreichung dieses Staatsziels verschärft in Angriff zu nehmen. Der allgemeine Aufschwung löste eine Debatte über eine bessere soziale Absicherung der Bevölkerung aus, insbesondere durch die Rentenversicherung. Denn obwohl die Einnahmen der Rentenversicherung stiegen, blieb das Rentenniveau niedrig und hinter der Lohn- und Preisentwicklung zurück – Rentnerhaushalte waren am stärksten von Armut bedroht und die Unzufriedenheit stieg.[710]

1956/57 fand die wohl größte Rentenreform seit Gründung der Rentenversicherung statt, im Zuge derer Rentner schließlich Teil der neuen sogenannten Wohlstandsgesellschaft werden sollten. Die Renten wurden dynamisch mit bruttolohngebundener Anpassung ausgestaltet und das Rentenniveau deutlich angehoben; die Rentenversicherung zielte nun explizit auf eine Absicherung des Lebensstandards beziehungsweise eine Vollsicherung ab, jedenfalls für den vollzeitig und lebenslang berufstätigen

---

705 *Hänlein*, in: Ruland/Becker/Axer, SRH, § 2 Rn. 65.
706 *Döring*, in: Fisch/Haerendel, Geschichte und Gegenwart der gesetzlichen Rentenversicherung, S. 169 (180).
707 Vgl. *Butterwegge*, Krise und Zukunft des Sozialstaates, S. 63.
708 *Metz*, Geschichte der sozialen Sicherheit, S. 135.
709 Ebenda, S. 140.
710 Vgl. ebenda; *Brumm/Langelüddeke/Zanker*, DRV 2018, 209 (214).

Arbeitnehmer.[711] Die neue Rentenformel führte außerdem zu einer größeren Äquivalenz zwischen Beitrag und Rente – die Höhe der Rente wurde fast ausschließlich durch Dauer und Höhe der Beitragszahlung bestimmt, womit allerdings Frauen in der Regel deutlich schlechter dastanden als Männer.[712]

Als Finanzierungssystem wurde, ausgehend von der These Gerhard Mackenroths, dass – aus volkswirtschaftlich Sicht – aller Sozialaufwand immer nur aus dem Sozialprodukt der laufenden Periode gedeckt werden könne („Mackenroth-These"), das ohnehin de facto längst praktizierte Umlageverfahren festgeschrieben, sozialpolitisch auch bezeichnet als Generationenvertrag.[713] Krieg und Krise hatten die Vorzüge des Umlageverfahrens offenbart und seine Akzeptanz gefördert.[714]

Die Rente wurde zu einer „Lebensarbeitsleistungsrente" und rückte damit in weite Ferne zu der Fürsorgeleistung, als welche sie ins Leben gerufen worden war – eine Beitragssatzsteigerung (von 11% auf 14%) wurde angesichts der neuen Lebensperspektive akzeptiert.[715] Die Altersgrenze für den Erhalt einer Altersrente lag für Männer bei 65, für Frauen bei 60 Jahren. Die zu erfüllende Wartezeit betrug 15 Jahre.

Organisatorisch blieben die drei Zweige der Arbeiter-, Angestellten- und Knappschaftsrentenversicherung bestehen.[716] Hinzu kam 1957 mit dem „Gesetz über eine Altershilfe für Landwirte"[717] eine eigenständige Absicherung für Landwirte. Dieses Sondersystem gewährte eine Art Rentengeld, welches dem älteren Bauern in erster Linie eine frühere Abgabe des landwirtschaftlichen Hofes ermöglichen sollte.[718] Der Rentenbezug war nach Vollendung des 65. Lebensjahres und Erfüllung von 15 Jahren Beitragszeit möglich und setzte die Übertragung des landwirtschaftlichen Unternehmens an einen Nachfolger beziehungsweise seine Veräußerung voraus (§ 2 Abs. 1 Gesetz über eine Altershilfe für Landwirte).

---

711 Vgl. *Hänlein*, in: Ruland/Becker/Axer, SRH, § 2 Rn. 52; *v. Maydell*, in: Köhler/Zacher, Beiträge zu Geschichte und aktueller Situation der Sozialversicherung, S. 369 (383); *Berner*, DRV 2007, 562 (563).

712 Vgl. *Butterwegge*, Krise und Zukunft des Sozialstaates, S. 68.

713 *Hänlein*, in: Ruland/Becker/Axer, SRH, § 2 Rn. 66; *Kaltenstein*, NZS 2017, 1 (3); *Kreikebohm*, in: ders., SGB VI, Einleitung Rn. 6 f.

714 *Manow*, in: Fisch/Haerendel, Geschichte und Gegenwart der gesetzlichen Rentenversicherung, S. 145 (146 f.).

715 *Kaltenstein*, NZS 2017, 1 (1 f.).

716 *Hänlein*, in: Ruland/Becker/Axer, SRH, § 2 Rn. 66.

717 Gesetz vom 27.7.1957, BGBl. 1957 I, S. 1063.

718 *Hänlein*, in: Ruland/Becker/Axer, SRH, § 2 Rn. 67.

Eingreifende Neuerungen brachte die Rentenreform von 1972 mit sich. Sie führte – vor allem arbeitsmarktpolitisch bedingt – eine flexible Altersgrenze für langjährig Versicherte ein, nach der Männer mit 63 und Frauen bereits mit 60 Jahren in Rente gehen konnten, was einen lange andauernden Trend der Frühverrentung auslöste.[719] Außerdem weitete sie den erfassten Personenkreis aus, indem die Rentenversicherung nicht nur für Hausfrauen, sondern auch für Selbständige geöffnet wurde: Sämtliche Selbständige hatten von nun an die Möglichkeit der freiwilligen Versicherung und der Pflichtversicherung auf Antrag.[720] Manche sprechen davon, dass die Rentenversicherung zu einer „Volksversicherung" wurde.[721] Aber nicht alle bisher unerfassten Selbständigen hatten so lange auf eine Versicherungsmöglichkeit warten müssen: Für Angehörige bestimmter freier Berufe – einschließlich der dazugehörigen Selbständigen – waren bereits im Wesentlichen in der Nachkriegszeit die für sie bis heute maßgeblichen berufsständischen Versorgungswerke geschaffen worden.[722]

Die Jahrzehnte nach Ende des zweiten Weltkrieges waren insgesamt gekennzeichnet von der Rekonstruktion und dem Ausbau der Sozialversicherung[723] sowie einem Werben um Wählerstimmen mit sozialen Versprechungen. Die Zeit wird auch als das „goldene Zeitalter" des Wohlfahrtsstaates bezeichnet.[724] Gleichzeitig wurden nun aber auch private Eigenvorsorge und Betriebsrenten auf- und ausgebaut.[725]

Wenn auch nicht der Wohlfahrtsstaat an sich, so aber doch seine Hochzeit nahm mit der Weltwirtschaftskrise (Mitte) der 1970er Jahre ein Ende. Die Rentenreform von 1972 wird rückblickend als Höhepunkt des Rentenversicherungsausbaus bezeichnet – danach machte die finanzielle Überforderung des Systems eine weitgehende Kehrtwende erforderlich.[726] Verstärkt wurde dieses Erfordernis durch die erstmals spürbar werdende

---

719 Siehe hierzu ebenda, § 2 Rn. 70.
720 Siehe hierzu etwa *Kretschmer*, ZSR 1994, 462 (473); zur (heutigen) Ausgestaltung der freiwilligen Versicherung und der Versicherungspflicht auf Antrag unten unter D.III.1.b.dd. und ee.
721 *Fuchs/Preis*, Sozialversicherungsrecht, S. 28; *Igl/Welti*, Sozialrecht, § 30 Rn. 1.
722 Siehe hierzu *Kretschmer*, ZSR 1994, 462 (475).
723 Vgl. *Butterwegge*, Krise und Zukunft des Sozialstaats, S. 37.
724 Vgl. *Siegel*, in: Schmidt et al., Der Wohlfahrtsstaat, S. 221; *Turowski*, Sozialdemokratische Reformdiskurse, S. 117.
725 *Hänlein*, in: Ruland/Becker/Axer, SRH, § 2 Rn. 69.
726 Siehe hierzu *Hänlein*, in: Ruland/Becker/Axer, SRH, § 2 Rn. 69.

demographische Entwicklung.[727] Der Sozialstaat, so heißt es mitunter, befinde sich seitdem in einer ununterbrochenen Dauerkrise,[728] das Modell des Wohlfahrtstaates geriet in die Kritik.[729]

Rentenerhöhungen wurden ausgesetzt, die Rentenerhöhungsformel angepasst, die Zugangsvoraussetzungen verschärft, der Beitragssatz erhöht.[730] Mit der Rentenreform von 1989, in Kraft getreten 1992,[731] sollten die Kosten weiter verringert werden. Beispielsweise wurde die bruttolohnbezogene in eine nettolohnorientierte Dynamisierung der Rente umgewandelt, die Altersgrenzen schrittweise auf 65 Jahre angehoben und Abschläge bei vorzeitigem Renteneintritt eingeführt, um der Frühverrentung entgegen zu wirken.[732] Neue Herausforderungen waren zudem seit 1989 durch die deutsche Wiedervereinigung hinzugekommen.[733] So trat gleichzeitig mit der Rentenreform auch das Renten-Überleitungsgesetz[734] vom 25. Juli 1991 als Übergangsrecht für die ostdeutschen Beitrittsgebiete in Kraft. Gestärkt ging aus dieser Zeit das Umlageverfahren hervor: Es habe sich profiliert, indem es sich als besonders anpassungsfähig erwiesen habe.[735]

Die Sparmaßnahmen dauerten an. Mit dem Rentenreformgesetz von 1999[736] wurde ein schrittweises Absinken des Rentenniveaus beschlossen, was durch die Aufnahme des sogenannten demographischen Faktors in die Rentenanpassungsformel realisiert werden sollte.[737] Auf diese Weise wollte man ein Steigen des Beitragssatzes verhindern. Der heftig umstrittene Faktor kam zwar nie zur Anwendung – seine Anwendung wurde nach dem Regierungswechsel von 1999 ausgesetzt und schließlich abgeschafft[738] –, eine

---

727 Siehe hierzu *Deutsche Rentenversicherung Bund*, 125 Jahre gesetzliche Rentenversicherung, S. 60 f.
728 *Butterwegge*, Krise und Zukunft des Sozialstaates, S. 37.
729 *v. Maydell*, in: Blanpain, Law in Motion, S. 1029 (1035).
730 Siehe *Deutsche Rentenversicherung Bund*, 125 Jahre gesetzliche Rentenversicherung, S. 59.
731 Rentenreformgesetz 1992, BGBl. 1992 I, S. 1484.
732 Siehe hierzu etwa *Schludi*, The reform of the Bismarckian pension systems, S. 131 ff.
733 Siehe hierzu *Deutsche Rentenversicherung Bund*, 125 Jahre gesetzliche Rentenversicherung, S. 66 ff.
734 BGBl. 1991 I, S. 1606.
735 *Butterwegge*, Krise und Zukunft des Sozialstaates, S. 123.
736 BGBl. 1997 I, S. 2998.
737 *Ruland*, NZS 2001, 393 (394).
738 *Deutsche Rentenversicherung Bund*, 125 Jahre gesetzliche Rentenversicherung, S. 71 f.

Absenkung des Rentenniveaus wurde mit der Rentenreform von 2001[739] mittels Anpassung der Rentenformel aber dennoch durchgesetzt.[740]

Die Funktion der Rentenversicherung als Lebensstandardsicherung wurde aufgrund demographischen Drucks mit der Reform von 2001 aufgegeben; eine solche sollte von nun an nur noch mit zusätzlicher Altersvorsorge in den anderen beiden Säulen gewährleistet werden, also mit zusätzlicher privater und betrieblicher Rente, die weiter ausgebaut werden sollten – man spricht von einem Paradigmenwechsel, der durch folgende Reformen noch verstärkt wurde.[741]

Damit einhergehend wurde im Zuge der Reform von 2001 auch die Förderung der privaten Rente durch den Staat für die in der gesetzlichen Rentenversicherung Versicherungspflichtigen und diesen gleichgestellten Personen beschlossen, um Anreize für eine eigenständige Ergänzung der gesetzlichen Rente durch den Einzelnen zu schaffen; die kapitalgedeckte sogenannte Riester-Rente wurde ins Leben gerufen.[742] Außerdem wurde Arbeitnehmern ein individueller Anspruch auf betriebliche Altersversorgung durch Entgeltumwandlung gewährt.[743] Beides war und ist jedoch lediglich freiwilliger Natur. Eine ergänzende betriebliche Altersvorsorge bezieht längst nicht jeden ein, und eine private Vorsorge können sich Niedrigverdiener trotz der staatlichen Förderung oft nicht leisten.[744] Die freiwillige private und betriebliche Altersvorsorge können also wohl nicht ohne Weiteres eine Absicherung für die breite Masse gewährleisten.

---

739 Gesetz zur Reform der gesetzlichen Rentenversicherung und zur Förderung eines kapitalgedeckten Altersvorsorgevermögens (Altersvermögensgesetz, AVmG) vom 26.6.2001, BGBl. 2001 I, S. 1310; Gesetz zur Ergänzung des Gesetzes zur Reform der gesetzlichen Rentenversicherung und zur Förderung eines kapitalgedeckten Altersvorsorgevermögens (Altersvermögensergänzungsgesetz, AVmEG) vom 21.3.2001, BGBl. 2001 I, S. 403.

740 *Deutsche Rentenversicherung Bund*, 125 Jahre gesetzliche Rentenversicherung, S. 72; *Ruland*, NZS 2001, 393 (394).

741 *Deutsche Rentenversicherung Bund*, 125 Jahre gesetzliche Rentenversicherung, S. 72 f.; *Kaltenstein*, NZS 2007, 1 (6); *Ruland*, NZS 2002, 505 (506); *Brosius-Gersdorf*, DRV 2020, S. 45 (51).

742 Siehe hierzu z.B. *Blomeyer*, NZA 2001, 913 ff.; *Kaltenstein*, NZS 2017, 1 (6); *Ruland*, NZS 2001, 393 ff.; *Ruland*, NZS 2002, 505 ff.

743 Zu den Änderungen im Betriebsrentenrecht *Höfer*, DB 2001, 1145 ff.; siehe auch *Blomeyer*, NZA 2001, 913 ff.; *Kaltenstein*, NZS 2017, 1 (6).

744 *Ruland*, NZS 2001, 393 (396).

Mit dem Rentenversicherungs-Nachhaltigkeitsgesetz vom 21. Juli 2004[745] wurde der sogenannte Nachhaltigkeitsfaktor eingeführt, mit dem von nun an das Verhältnis von Rentnern zu Beitragszahlern bei der jährlichen Rentenanpassung Berücksichtigung finden sollte. Zudem wurde eine Obergrenze für den Beitragssatz sowie eine sogenannte Niveausicherungsklausel normiert, die ein Absinken des Rentenniveaus unter eine Grenze verhindern sollte.

Mit dem Alterseinkünftegesetz vom 5. Juli 2004[746] wurde die Möglichkeit der staatlichen Förderung einer privaten, kapitalgedeckten Altersvorsorge mit der sogenannten Basis- beziehungsweise Rürup-Rente allen Personengruppen eröffnet, also auch denjenigen, die nicht in der gesetzlichen Rentenversicherung versicherungspflichtig oder diesen gleichgestellt sind.[747]

Ebenfalls 2004 wurde die Organisationsstruktur reformiert[748] mit der Folge, dass die Trennung zwischen Angestellten und Arbeitern aufgegeben wurde; von nun an wurden alle in der gesetzlichen Rentenversicherung zusammengefasst. Als Dachverband für die ab nun sogenannten Regionalträger wurde die Deutsche Rentenversicherung Bund ins Leben gerufen, zuständig sowohl für die Steuerung als auch die Koordinierung der gesetzlichen Rentenversicherung.

Mit dem Rentenversicherungs-Altersgrenzenanpassungsgesetz[749] von 2007 wurde erneut eine Anhebung der Altersgrenzen beschlossen, nun schrittweise auf 67 Jahre. Die vergangenen Jahre bis Jahrzehnte lassen sich wohl unter der Überschrift der finanziellen Stabilisierung der Rentenversicherung zusammenfassen. Im Fokus stand zunehmend die „Beitragssatzstabilität" verbunden mit der Orientierung der Ausgaben an den Einnahmen, weniger die Stabilisierung eines lohnorientierten Rentenniveaus.[750]

---

745 Gesetz zur Sicherung der nachhaltigen Finanzierungsgrundlagen der gesetzlichen Rentenversicherung, BGBl. 2004 I, S. 1791.

746 Gesetz zur Neuordnung der einkommensteuerrechtlichen Behandlung von Altersvorsorgeaufwendungen und Altersbezügen (Alterseinkünftegesetz, AltEinkG) vom 5.7.2004, BGBl. 2004 I, S. 1427.

747 *Schneider*, in: Prölss/Martin, Versicherungsvertragsgesetz, Vorbemerkung zu §§ 150–171, Rn. 46, 50; *Heiss/Mönnich*, in: Langheid/Wandt, Münchener Kommentar zum VVG, Vorbemerkung zu §§ 150 bis 171, Rn. 113 ff.

748 Gesetz zur Organisationsreform in der gesetzlichen Rentenversicherung vom 9.12.2004, BGBl. 2004 I, S. 3242.

749 Gesetz zur Anpassung der Regelaltersgrenze an die demografische Entwicklung und zur Stärkung der Finanzierungsgrundlagen der gesetzlichen Rentenversicherung (RV-Altersgrenzenanpassungsgesetz) vom 20.4.2007, BGBl. 2007 I, S. 554.

750 Vgl. *Kaltenstein*, NZS 2017, 1 (6).

Einige jüngere Änderungen in der gesetzlichen Rentenversicherung fallen vor dem Hintergrund des verfolgten „Sparprinzips" aus dem Rahmen. So wurden mit dem Gesetz über Leistungsverbesserungen in der gesetzlichen Rentenversicherung vom 23. Juni 2014[751] insbesondere durch die sogenannte Mütterrente[752] und der Leistungssteigerung beziehungsweise Reduzierung des Renteneintrittsalters für besonders langjährig Versicherte signifikante Mehrkosten verursacht – Maßnahmen, die (nur) bestimmte Personenkreise begünstigen, die viele nicht nachvollziehen konnten[753] und die im Hinblick auf das Versicherungsprinzip nicht unproblematisch sind.[754]

Aller Sparmaßnahmen zum Trotz konnte der erfasste Personenkreis insgesamt ausgeweitet werden. 1983 ist die Künstlersozialversicherung ins Leben gerufen worden,[755] die für Künstler und Publizisten eine allgemeine Sozialversicherungspflicht begründete und sie auch in die gesetzliche Rentenversicherung integrierte. Während der Agrarsozialreform von 1995 wurde das Gesetz über eine Altershilfe für Landwirte durch das Gesetz über die Alterssicherung der Landwirte (ALG)[756] abgelöst, welches auch die Ehefrauen der Landwirte in den erfassten Personenkreis aufnahm. 1999 wurden geringfügig Beschäftigte in die gesetzliche Rentenversicherung einbezogen.[757] Mit Ausnahme der „kleinen" arbeitnehmerähnlichen Selbständigen wurden Selbständige jedoch nicht in die Rentenversicherung einbezogen, auch wenn dies diskutiert wurde und wird.[758]

---

751 BGBl. 2014 I, S. 787.
752 Die „Mütterrente" bringt eine höhere Anerkennung von Erziehungszeiten für Kinder, die vor 1992 geboren wurden, mit sich. Für sie wird seit dem 1.7.2014 ein zusätzliches Jahr Kindererziehungszeit angerechnet. Siehe hierzu etwa (unter Einordnung in den verfassungsrechtlichen Kontext) *Koop*, NZS 2015, 650.
753 *Ruland*, NZS 2016, 721 (727) m.w.N.
754 Hierzu näher unten unter D.III.1.e.cc.
755 Gesetz über die Sozialversicherung der selbständigen Künstler und Publizisten (Künstlersozialversicherungsgesetz – KSVG) vom 27.7.1981, BGBl. 1981 I, S. 705, in Kraft getreten am 1.1.1983.
756 BGBl. 1994 I, S. 1891.
757 Gesetz zur Neuregelung der geringfügigen Beschäftigungsverhältnisse vom 24.3.1999, BGBl. 1999 I, S. 388.
758 Siehe hierzu unter D.III.1.b.bb und D.III.4.c.

IV. Vergleichende Analyse

1. Die Anfänge

Ursprünglich gab es keine sozialen Verpflichtungen der Staaten; ein staatliches Kümmern in sozialen Angelegenheiten wurde als Wohltätigkeit betrachtet und nicht, wie heute, als Pflicht. Die Lösung sozialer Probleme oblag lange den Betroffenen selbst, teilweise gab es nichtstaatliche Unterstützung für die „Armen". Es war nicht üblich, zu arbeiten, bis man „alt" war, sondern bis man nicht mehr arbeiten konnte. Die Lebenserwartung war niedrig und nicht mehr arbeiten zu können bedeutete häufig, tot zu sein oder bald zu sterben. Als traditionelles Sicherungssystem fungierte in der Regel die Familie, und eine besonders tragende Rolle dürfte ihr in China zugekommen sein beziehungsweise noch immer zukommen, wird hier doch der kindlichen Pietät – der Liebe der Kinder zu ihren Eltern – als Teil der konfuzianistischen Tradition eine große, im Westen kaum gekannte Bedeutung zugemessen, die, so sagt man, tief im Selbstverständnis der Menschen verwurzelt ist.[759]

Den hier betrachteten Ländern ist gemein, dass sie sich im Laufe der Zeit mit Bedingungen konfrontiert sahen, die Änderungen in Form von staatlichem Tätigwerden erforderlich machten, und zwar über die sich teilweise bereits gebildeten Formen der Armenfürsorge und ersten Vorläufer der Rentenversicherung hinaus. Die sich überall rasch entwickelnde Industrialisierung war gewünscht und sogar forciert, sie brachte aber neben wirtschaftlichem Wachstum auch tiefgreifende gesellschaftliche und strukturelle Veränderungen mit sich, insbesondere entstand die neue Gruppe der Industriearbeiter. Urbanisierung, Landflucht, Lockerung bis hin zum Zerfall traditioneller Sicherheitsnetze, schlechte Arbeitsbedingungen, völlige Abhängigkeit von der eigenen Arbeitskraft, prekäre Lebensverhältnisse – dies sind nur einige Aspekte, die in den hier untersuchten Ländern eine Rolle spielten, wenn auch zeitlich versetzt und in unterschiedlicher Intensität. Dass die Lage damit auch immer konfliktträchtiger und von Unruhen geprägt wurde, verwundert nicht.

Die soziale Absicherung, auch im Alter, entwickelte sich zu einem allgemeinen Bedürfnis und einer Notwendigkeit für die Bürger – aber auch für den Bestand des Staates und dies dürfte letztlich ausschlaggebend gewesen

---

759 Vgl. *Chen*, in: Harper/Hamblin, International handbook on ageing and public policy, S. 306 (318).

sein, erfolgt staatliches Handeln doch selten zum Selbstzweck. Der eigene Machterhalt spielte für die Staatsobrigen, die Macher der Sozialversicherungssysteme, in allen hier untersuchten Ländern eine zentrale Rolle – soziale Sicherheit wurde benutzt als Machtmittel. Vor allem in Deutschland und Brasilien emanzipierten sich lohnabhängige Schichten und verstanden es, Druck auf die Regierungen auszuüben mit dem Ziel, eine Verbesserung ihrer Lebensverhältnisse zu erreichen. Ohne Lösung der „sozialen Frage" schien die bestehende Ordnung keine Zukunft zu haben. Aber auch in der damals frisch gegründeten Volksrepublik China sah man sich einem nicht geringen Erwartungs- und Legitimationsdruck ausgesetzt; die neue Regierung war an der Macht, damit sie die Lebensverhältnisse verbesserte.

Ferner waren stabile Verhältnisse, wie sie soziale Sicherheit zu gewähren versprach, essenziell für wirtschaftliches Wachstum. In der zentralistischen Volksrepublik China sorgte die sozialistische Ideologie dafür, dass diese Erkenntnis oder These bereits von vorne herein mit im Fokus staatlicher Politik stand. Soziale Sicherheit galt, ohne dass dies groß diskutiert werden musste, als Mittel zum Zweck. Darauf dürfte mitunter zurückzuführen sein, dass die Rentenversicherung bereits in einem vergleichsweise frühen Entwicklungsstadium des Landes geschaffen wurde, wenn auch zunächst nur mit geringer Reichweite. Die relativ gesehen frühe Einführung kann aber auch damit erklärt werden, dass die chinesische Herangehensweise aufgrund der Planwirtschaft ohnehin eine ganz andere war: Die Industrialisierung entwickelte sich in China nicht (nur) von selbst, sondern sie wurde dezidiert geplant und soziale Absicherung war Teil der Planung.

Und ein gewisser Planungscharakter lässt sich auch in einer weiteren chinesischen Besonderheit erkennen: China ist das einzige Land, das mittels Pilotprojekten zunächst im Kleinen testete, wie ein Rentenversicherungssystem im Großen idealerweise aussehen könnte, bevor das vermeintlich „ideale" System dann auf ganz China ausgeweitet und ausgebaut werden sollte. Und da man sich offenbar bei der langersehnten Verabschiedung des Sozialversicherungsgesetzes noch immer nicht sicher war, was nun „ideal" war, ließ man Spielräume für unterschiedliche Entwicklungen bestehen. Trotz zentralistischen Einheitsstaates ist das Rentensystem in China dasjenige, das die größte Vielfalt zwischen den einzelnen Regionen aufweist.

Wenn man so möchte, kann man alle Versicherungssysteme, auch diejenigen in Deutschland und Brasilien, im Anfangsstadium als Pilotprojekt bezeichnen, denn auch dort wurde klein angefangen und ausprobiert – aber nur in China wurden Pilotprojekte gezielt geplant oder zugelassen und regional unterschiedlich eingesetzt. Auf diese Weise sollten auch Risiken minimiert werden, die aus der Größe des Landes und entsprechend des Systems resultieren – ein Vorgehen, das in Bezug auf China nachvollziehbar ist, in einem kleinen Land wie der Bundesrepublik jedoch zu mehr Schwierigkeiten als Nutzen geführt hätte. Ausschließlich Vorteile ergeben sich aus diesem Vorgehen für China aber, wie bereits angeklungen, auch nicht – nur dort musste und muss man nun viel Energie aufbringen, um die verschiedenen Systeme letztlich zu vereinen beziehungsweise das als ideal befundene Projekt auszuweiten und auszubauen.

Der Gedanke der Ausweitung und des Ausbaus ist einer, der für alle Länder seit jeher eine Rolle spielt. Dies mag auch auf das gewählte System der Sozialversicherung zurückzuführen sein. Einem Sozialversicherungssystem ist immanent, dass es (zunächst einmal nur) einen Teil der Bürger erfasst, und zwar (nur) den, der es sich leisten kann.[760] Das Ziel, insgesamt stabile Verhältnisse zu schaffen, kann aber im Grunde nur erreicht werden, wenn dieser „Teil" ein möglichst großer ist beziehungsweise wird.

Die Grundsteinlegung der staatlichen Rentenversicherungen ist gewissermaßen in allen Ländern geglückt, wurden doch auf ihr aufbauend die Systeme stets weiterentwickelt, wenn auch mit deutlichen Zäsuren wie etwa in China durch die Kulturrevolution und in Deutschland durch Kriege. Zeitlich gesehen war die Entwicklung in Deutschland derjenigen der anderen Staaten deutlich vorgelagert. Eine Art Kopie hat in China und Brasilien aber, obwohl auch diese den Sozialversicherungsgedanken bemühten, keinesfalls stattgefunden; vielmehr sind beide eigenen Herangehensweisen gefolgt und haben ihre ganz prägnanten Eigenarten entwickelt. Wenn auch zum Teil vergleichbare Herausforderungen vorgelegen haben dürften, so sind die Lösungen doch unterschiedlich angegangen worden. Ob dabei von vorne herein Gesetze zur Hilfe genommen wurden – wie entsprechend der Rechtstradition in Deutschland und Brasilien – oder andere staatliche Regelungen – wie in der Volksrepublik China –, ist für das Ergebnis eher von nachrangiger Bedeutung. Ebenso, ob das System von Beginn an rein staatlich verwaltet wurde wie in China, von vorneherein der Selbstverwaltung unterlag wie in Deutschland, oder zunächst nur staatlich gelenkt aber privat durchgeführt wurde wie in Brasilien. Die folgende Darstellung will die Entwicklung anhand einzelner Aspekte vergleichen.

---

760 *Isensee*, NZS 2004, 393 (396); *Rolfs*, Das Versicherungsprinzip im Sozialversicherungsrecht, S. 105 ff.

2. Analyse der Entwicklung anhand von Einzelaspekten

a. Der erfasste Personenkreis

Es entspricht der Konzeption der Sozial*versicherung*, dass sie auf einen Ausschnitt der Bevölkerung begrenzt und damit – in der Regel oder jedenfalls zunächst – keine „Volksversicherung" ist.[761] Der Blick auf die Entstehung der Rentenversicherung in den drei zu vergleichenden Ländern hat gezeigt, dass bei der Auswahl der zu versichernden Personenkreise vornehmlich drei Aspekte eine Rolle gespielt haben dürften: die Schutzbedürftigkeit der Menschen, der Machterhalt der Staatsobrigen und die finanzielle Leistungsfähigkeit der einbezogenen Versicherten.

Zunächst einmal sollten soziale Sicherungssysteme regelmäßig vor allem die Personen erfassen, die als schutzbedürftig gelten.[762] Die Industrialisierung und der gesellschaftliche Wandel führten dazu, dass die „besitzlosen" Arbeiter, die allein auf ihre Arbeitskraft angewiesen waren und familiäre Sicherungsnetze möglicherweise verlassen mussten, als besonders schutzbedürftig angesehen wurden. So haben alle hier untersuchten Staaten gemeinsam, dass sie sich von der Grundkonzeption her sozialpolitisch dafür entschieden, eine Versicherung zu schaffen, die an ein abhängiges Beschäftigungsverhältnis anknüpft. Mit dem Anknüpfen an ein Beschäftigungsverhältnis stellte man zugleich sicher, dass der Einzelne über finanzielle Mittel verfügt, um die Versicherungsbeiträge zu entrichten. Mit der Versicherungspflicht wollte man insbesondere ihre tatsächliche Einbeziehung gewährleisten.

Da aber nicht nur die abhängig Beschäftigten schutzbedürftig waren, konnte die Erfassung nicht auf sie beschränkt bleiben. So haben die Staaten weiterhin gemeinsam, dass sie den Deckungsgrad der Rentenversicherung stetig ausweiteten, letztlich mit dem Ziel, eine möglichst flächendeckende Erfassung zu gewährleisten – auch wenn dafür zum Teil Sonderregelungen und -systeme geschaffen werden mussten.

Dem Gedanken der Schutzbedürftigkeit folgend, wurde die Ausweitung des Personenkreises in Deutschland in der Regel mit einer Schutzbedürftig-

---

761 *Rolfs*, Das Versicherungsprinzip im Sozialversicherungsrecht, S. 105.
762 *Steinmeyer*, in: Fisch/Haerendel, Geschichte und Gegenwart der Rentenversicherung in Deutschland, S. 209; *Fuchs/Preis*, Sozialversicherungsrecht, S. 27; *Rolfs*, Das Versicherungsprinzip im Sozialversicherungsrecht, S. 106.

keit begründet, welche derjenigen der bereits erfassten Personen ähnelte.[763] Dies musste dazu führen, dass neben Arbeitern und Angestellten bald auch die arbeitnehmerähnlichen Selbständigen in die Rentenversicherung mit einbezogen wurden; sofern für erforderlich gehalten, wurden Sonderbedingungen normiert. Allein für die Landwirte wurde ein ganz eigenes System geschaffen. Die Gruppe der Versicherten wurde mit der Erweiterung auch zunehmend weniger über „Gemeinsamkeiten des gesellschaftlichen Lebens" – wie die Erwerbstätigkeit in regelmäßig abhängiger Beschäftigung, ein gleichartiges soziales Schutzbedürfnis, ein zur Beitragsentrichtung befähigendes Erwerbseinkommen – definiert.[764] Es wurde vielmehr eine heterogene Versichertengemeinschaft in Kauf genommen, die aber unter anderem den Vorteil einer großen Risikostreuung mit sich brachte. Die dafür erforderlichen Sonderregelungen wie etwa Beitragserleichterungen oder eine Einbeziehung nur auf freiwilliger Basis führten dazu, dass mit der Erweiterung der „Versicherten"gemeinschaft – ob man sich dies bewusst machte oder nicht – auch eine Beschneidung des Versicherungsprinzips einherging.

All dies verlief in Brasilien und China zumindest vom Ansatz her ähnlich. Einzig in Deutschland wurden die Bürger aber auch selbst tätig: Die eigenständigen berufsständischen Versorgungswerke für bestimmte freie Berufe wurden nicht vom Staat, sondern von den Betroffenen selbst geschaffen; diese Berufsgruppen verlangten nach Absicherung, als der Staat sie noch nicht als schutzbedürftig erachtete. Derartige Entwicklungen sucht man in China und Brasilien vergebens, auch wenn dort Menschen in freien Berufen – nicht selten Selbständige – nicht weniger schutzbedürftig waren oder sind. In Brasilien und China sah man wohl den Staat als denjenigen an, der sich zu kümmern hatte.

Es wurde aber bereits erläutert, dass neben der Schutzbedürftigkeit auch andere Aspekte die staatliche Sozialpolitik und -gesetzgebung mitbestimmten wie beispielsweise Bestrebungen des staatlichen Machterhalts. Die Bismarck'sche Sozialpolitik sei sogar „wesentlich von politischen Integrations- und Manipulationsinteressen getragen" gewesen,[765] so mitunter die Beurteilung. Die Sozialpolitik reagiert häufig erst auf diejenigen Gruppen mit der lautesten Stimme; bei ihnen verortet man das größte Potential für Wider-

---

763 *Kretschmer*, ZSR 1994, 462 (475); *Fuchs/Preis*, Sozialversicherungsrecht, S. 27 f.; siehe auch *Isensee*, NZS 2004, 393 (396).

764 *Isensee*, NZS 2004, 393 (396).

765 *Rieger/Leibfried*, in: Schmidt/Trinczek, Globalisierung, S. 413 (419).

stand und Unruhen,[766] bei ihnen erscheint die Dringlichkeit zu handeln am größten. Dies lässt sich besonders am Beispiel Brasiliens veranschaulichen, wo die schrittweise Erfassung der einzelnen Berufsgruppen von Arbeitern „a kind of power map"[767] zeichnete. Diejenigen Berufsgruppen von Arbeitern, die als erste erfasst wurden, waren die, vor denen man meinte, sich am ehesten in Acht nehmen zu müssen; im Ergebnis diejenigen, die gut organisiert waren, Einfluss besaßen, eine strategisch nicht unwichtige Position innehatten und Forderungen lautstark sowie wirkungsvoll geltend machen konnten.

Letzten Endes hatte man aber auch in Brasilien sämtliche Berufsgruppen von Arbeitern erfasst und führte sie in einem System zusammen, das man in der Folgezeit nahezu universell ausweitete, insbesondere auch auf sämtliche Selbständige. Einem eigenen Versicherungszweig zugeordnet wurden in Brasilien lediglich die auf dem Lande Tätigen. Im Unterschied zu Deutschland war dieser eigene Zweig nicht nur auf Landwirte (und ihre Ehepartner) beschränkt, sondern erfasste sämtliche ländliche Arbeit Verrichtende wie auch einfache Feldarbeiter oder Erntehelfer. Ebenfalls im Unterschied zu Deutschland wurde dieser Zweig schließlich mit dem der Beschäftigten zu einer einheitlichen Versicherung zusammengeführt, wenn auch – aufgrund der schlechten finanziellen Situation dieser Gruppe – zwangsweise verbunden mit Sonderregelungen.

In Deutschland und China wurde, anders als zu Beginn noch in Brasilien, zwischen den einzelnen Berufsgruppen von Arbeitern nicht differenziert. Bismarck betrachtete das Thema aus einem generelleren Blickwinkel: „Wer eine Pension hat für sein Alter, der ist viel zufriedener und leichter zu behandeln als wer keine Aussicht darauf hat".[768] Warum also groß differenzieren?

Und im Ergebnis waren es ja auch alle Arbeiter, die für das von allen Staaten angestrebte Wirtschaftswachstum benötigt wurden. Jedenfalls alle Industriearbeiter. Und an dieser Stelle bot sich doch wieder ein Grund für Differenzierungen an: Industrie gab es in der Regel in der Stadt, nicht auf dem Land. Und so beschränkte sich die Volksrepublik China darauf, nur für die städtischen Arbeiter eine Rentenversicherung zu schaffen. Von dieser waren nicht nur wie in Brasilien diejenigen Arbeiter ausgeschlossen,

---

766 Ebenda, (421).
767 *Malloy*, Politics, fiscal crisis and social security reform in Brazil, S. 14.
768 So Bismarck gegenüber dem Schriftsteller Dr. Moritz Busch am 21. Januar 1888, *Ritter*, Sozialversicherung in Deutschland und England, S. 28.

die ländliche Arbeit verrichteten, sondern gleich alle, die ihren Wohnsitz auf dem Land hatten. Die Abgrenzung war – pragmatisch – geographischer Art und ihre Einhaltung kontrollierte man mittels eingeführten *Hukou*-Systems, das als weltweit einzigartig bezeichnet werden kann. Mehr als in Deutschland und Brasilien lag somit in China der Fokus zunächst auf der Absicherung der städtischen Arbeiter. Es entwickelte sich ein Stadt-Land-Dualismus, der bis heute anhält. Zwar eröffnete man schließlich auch allen übrigen Bürgern einschließlich ländlicher Bewohner die Möglichkeit der staatlichen Altersvorsorge, ihre Absicherung wurde und wird aber bis heute separat in einem eigenen System gewährleistet. Dies hängt nicht zuletzt mit dem großen wirtschaftlichen und finanziellen Gefälle zwischen Stadt und Land zusammen, das sich insbesondere durch Ausbeutung und Vernachlässigung der ländlichen Bevölkerung zwecks wirtschaftlichen Wachstums gebildet hatte. Die ländlichen Bürger hätten sich die städtische Rentenversicherung finanziell schlicht nicht leisten können. Das ursprüngliche Rentenversicherungssystem für die Beschäftigten in städtischen Unternehmen ist auch heute noch auf städtisches Gebiet beschränkt.[769] Dass man eine Rentenversicherung für die ländlichen Bürger in China erst spät einführte, im Grunde erst 2011 mit dem Sozialversicherungsgesetz, hängt im Übrigen auch damit zusammen, dass man eine staatlich organisierte Alterssicherung für sie aufgrund der als vorhanden geglaubten Absicherung durch Familie und Boden für weniger erforderlich hielt; man sah diese Gruppe als weniger schutzbedürftig an.

Der Vergleich zeigt letztlich, wenn auch in gröbsten Linien, dass es bei allen unterschiedlichen Details und Ausprägungen doch Aspekte gibt, die in allen drei untersuchten Ländern bei der Erfassung und Ausweitung des Personenkreises eine Rolle gespielt haben: die Schutzbedürftigkeit der jeweiligen Personengruppen, der ihnen zugeschriebene Machteinfluss und in gewissem Maße auch ihre Leistungsfähigkeit.

Gemeinsam ist den Ländern dabei auch, dass sie alle ihren Staatsbediensteten von Beginn an eine Sonderstellung haben zukommen lassen, indem sie diese eigenständig nach dem Versorgungsprinzip absicherten, zum Teil verbunden mit besseren Bedingungen und Leistungen. In Brasilien hat sich dies inzwischen insofern geändert, als für Beamte ebenfalls ein

---

769 Ein städtisches *Hukou* ist für Beschäftigte jedoch keine Versicherungsvoraussetzung mehr, weil die für die Wirtschaft wichtigen Wanderarbeiter ansonsten nicht ausreichend geschützt wären; dazu noch später.

Versicherungssystem eingeführt wurde.[770] Auch China hat nunmehr, wie noch näher erläutert werden wird, einen ähnlichen Weg beschritten.[771] In Deutschland hingegen scheint eine solche Änderung bislang nicht ernsthaft in Sicht zu sein.[772]

Mittlerweile streben alle hier betrachteten Staaten eine mehr oder weniger universelle Erfassung an – eine solche zu gewährleisten ist für ein Versicherungssystem nicht einfach, denn es ist darauf im Grunde genommen nicht angelegt. Eine umfassende Erfassung gestaltet sich umso schwieriger, wenn sich der Arbeitsmarkt weiterentwickelt und neue, atypische Formen von Beschäftigung entstehen – und erst recht dann, wenn versucht wird, Versicherungspflichten, wie so häufig, etwa durch Scheinselbständigkeit oder informelle Arbeit zu umgehen. Die Systeme müssen nicht nur rechtlich gewährleisten, dass keine „blinden Flecken" im Sinne von unbeabsichtigten Sicherungslücken entstehen, sie müssen auch mit ausreichenden Anreizen und Durchsetzungsmechanismen ausgestattet sein.

b. Die Finanzierung

aa. Beiträge und staatliche Zuschüsse

Ein Wesensmerkmal des Versicherungsprinzips ist die Finanzierung durch Beiträge. Während Deutschland und Brasilien dieses Kriterium von Beginn an erfüllten, gilt dies für China nur eingeschränkt.[773] Mit der Zeit wurden in allen drei Ländern im Wesentlichen drei Finanzierungsquellen für die Rentenversicherungssysteme gebildet: die Beiträge der Versicherten, die Beiträge der Arbeitgeber und staatliche Zuschüsse diverser Art.

In Deutschland und Brasilien hatten von Beginn an sowohl die Versicherten als auch die Arbeitgeber Beiträge zu zahlen und der Staat einen Zuschuss zu gewähren. Durch die Beitragszahlung erwirtschafteten sich die Versicherten ein subjektives Recht auf Leistung. Dahinter dürfte mitunter der Gedanke gestanden haben, dass solche Abgaben, die in Relation mit einer Gegenleistung stehen, vermeintlich auf geringere Widerstände stoßen als allgemeine Abgaben ohne konkrete Zweckbindung, insbesondere dann,

---

770 Siehe hierzu unter D.I.2.
771 Siehe hierzu unter D.II.5.
772 Hierzu unter D.III.3.
773 Dazu noch näher sogleich.

wenn der Abgabenzweck als positiv eingeschätzt wird.[774] Dieser Gedanke hat bereits für Bismarck eine Rolle gespielt und ist einer, der ganz allgemein für die Einführung eines Versicherungssystems im Gegensatz zu einem Versorgungssystem spricht.

Die Beitragssatzhöhe war in Deutschland für alle Arbeiter gleich, in Brasilien hing sie zunächst noch von der Berufsgruppe ab, wurde aber mit Zusammenlegung der einzelnen Systeme vereinheitlicht. Erst als im Laufe der Zeit auch weniger leistungsstarke Gruppen oder solche, bei denen es keinen Arbeitgeber gab, in die Rentenversicherung mit aufgenommen wurden, wurden Sonderregelungen normiert, zum Teil verbunden mit niedrigeren Beitragssätzen. Eine Abweichung von der im Grundsatz dreigliedrigen Finanzierung durch Beschäftigte, Arbeitgeber und Staat hat in Deutschland und Brasilien zu keinem Zeitpunkt stattgefunden. Die Höhe der Beitragssätze stieg allerdings im Laufe der Zeit an.

Das chinesische Alterssicherungssystem hingegen startete mit einer allein unternehmensseitigen Finanzierung, wobei zu berücksichtigen ist, dass es sich bei der Mehrheit der Unternehmen um solche des Staates handelte, der Staat also gewissermaßen hinter der Finanzierung stand. Das Recht des Arbeiters auf soziale Sicherheit wurde im Sozialismus, wie erläutert, als ein Gegenpart zu seiner Arbeit gesehen. Da die Absicherung der Höhe nach seiner Arbeitsleistung entsprechen und als Anreiz beziehungsweise Disziplinierungsmittel dienen sollte, galt sie als eine Art Arbeits-Honorierung des Staates, für die es keiner Beiträge bedurfte, für die es aber auch kein Einforderungsrecht gab. Eine Beitragzahlung, durch die man sich soziale Sicherheit gewissermaßen „erkauft" hätte, war dem Kapitalismus zuzuordnen, den man verabscheute. Davon abgesehen ging der Gedanke, subjektive Rechte zu gewähren, wie sie dem westlichen Verständnis nach durch Beitragzahlung entstanden, weder konform mit der sozialistischen Ideologie noch mit der chinesischen Kultur und Tradition. Ein fordernder Bürger dürfte schließlich das Letzte gewesen sein, das man sich in der Volksrepublik gewünscht oder akzeptiert hätte. In Brasilien und Deutschland fürchtete man diesen Gedanken weniger, er gehörte mehr oder weniger zur Rechtskultur.

In China wurde das System der allein unternehmensseitigen Beitragsfinanzierung erst in der Ära der „Reform und Öffnung" aufgegeben. Dies hing zum einen mit dem generellen Wandel weg von einem kommunis-

---

774 *Schmähl*, in: ders., Versicherungsprinzip und soziale Sicherung, S. 1 (6); *Rolfs*, Das Versicherungsprinzip im Sozialversicherungsrecht, S. 2.

tisch, sozialistisch geprägten hin zu einem wettbewerbsgelenkten, kapitalistisch orientierten Wirtschaftssystem zusammen, zum anderen aber auch mit der schlicht unmöglich gewordenen Finanzierbarkeit des Systems. Von nun an hatten in China, wie in Brasilien und Deutschland auch, neben den Unternehmen beziehungsweise den Arbeitgebern auch die Versicherten Beiträge zu entrichten, und der Staat gab finanzielle Zuschüsse. Einher mit Vorschriften, die dem Versicherten auch ein subjektives Gegenrecht auf Leistung zusprachen, ging dies jedoch keinesfalls.

In allen drei Ländern hatten Selbständige ihre Beiträge im Regelfall alleine zu tragen. Landwirte beziehungsweise in der Landwirtschaft oder auf dem Land Tätige erfuhren von Beginn an und erfahren bis heute überall eine Spezialbehandlung, die ihrer teilweise geringeren Leistungsfähigkeit oder besonderen Situation Rechnung tragen will und mit einer vergleichsweise starken staatlichen Unterstützung einhergeht. Gerade in Ländern wie China und Brasilien, die eine hohe Ungleichverteilung aufweisen, wie die Gini-Koeffizienten von 53,9 in Brasilien (2018) und 38,5 in China (2016) offenbaren,[775] und die diesbezüglich ein starkes Stadt-Land-Gefälle aufweisen, dürfte die staatliche Unterstützung besonders wichtig sein.

Die Beiträge und auch die staatlichen Zuschüsse sind in allen drei Staaten insgesamt mit dem Ausbau der Systeme erhöht worden. Vor allem in Deutschland war es aber immer weniger möglich, das Leistungsniveau zu halten, insbesondere bedingt durch die demographische Entwicklung. Inwiefern auch die anderen beiden Länder mit einer solchen Entwicklung zu kämpfen haben und wie darauf reagiert werden kann, ist noch zu erarbeiten.

bb. Finanzierungsverfahren

Hinsichtlich der Finanzierungsmethode haben alle untersuchten Länder gemeinsam, dass sie sich im Laufe der Zeit sowohl des Umlage- als auch des Kapitaldeckungsverfahrens bedienten und das Umlageverfahren jedenfalls faktisch stets dann zum Zuge kam, wenn das Kapitaldeckungsverfahren aufgrund von Finanzierungsschwierigkeiten gleich welcher Art nicht mehr durchführbar war.

---

775 *The World Bank*, Data: GINI index (World Bank estimate); siehe zum Begriff des Gini-Koeffizienten Fn. 95.

In Deutschland waren dafür in erster Linie Katastrophen verantwortlich: Sowohl der erste als auch der zweite Weltkrieg zerstörten die Finanzen der Rentenversicherung, führten mitunter zu einer Zweckentfremdung von Geldern und waren jeweils gefolgt von einer Konsolidierungen unmöglich machenden Inflation. Hatte man nach dem ersten Weltkrieg noch versucht, das System wieder in ein Kapitaldeckungsverfahren umzuwandeln, obsiegte nach dem zweiten Weltkrieg das Umlageverfahren. Die für ein Kapitaldeckungsverfahren erforderlichen Finanzen waren schlicht nicht aufbringbar. Hätte man sich dennoch erneut an das Kapitaldeckungsverfahren gewagt, hätte spätestens die deutsche Wiedervereinigung die Gefahr eines neuen Kollapses hervorgerufen. Sie hätte einer im Kapitaldeckungsverfahren finanzierten Rentenversicherung wohl deutlich mehr zu schaffen gemacht als der im Umlageverfahren finanzierten, und die Finanzierungsmethode hätte möglicherweise wiederholt in Frage gestellt werden müssen.[776] In Deutschland, so kann man sagen, hat sich das Umlageverfahren als risikoresistenter erwiesen.

In Brasilien waren es die Wirtschaftskrisen, gravierende Zweckentfremdungen der Gelder – insbesondere durch ihre Verwendung für den Bau der neuen Hauptstadt Brasília –, Ämterpatronage und zu großzügige Änderungen in der Leistungsberechnung, die dazu führten, dass das ursprüngliche Kapitaldeckungsverfahren nicht mehr durchführbar wurde. Seit den 1960er Jahren ist offiziell das Umlageverfahren festgeschrieben und auch beibehalten worden. Mag das Kapitaldeckungsverfahren in Deutschland und Brasilien zunächst favorisiert und als seriöser sowie gerechter angesehen worden sein und wird auch das Umlageverfahren heute von einigen Stimmen bekanntlich als demographisch nicht haltbar kritisiert, so hat sich das Umlageverfahren doch schließlich und bisher durchgesetzt. Man kann möglicherweise sogar von einer gestärkten Akzeptanz des Umlageverfahrens sprechen, da es sich im Zuge der Krisen als stabiler erwiesen hat.

China wählte von Beginn an eine Mischung aus Umlage- und Kapitaldeckungsverfahren, wobei der größere Finanzanteil stets in das Umlageverfahren floss. De facto wurde die Rentenversicherung aber lange Zeit allein im Umlageverfahren finanziert, da aufgrund massiver Zweckentfremdung der Gelder schlicht kein Kapital angespart wurde. Bereits während der Kulturrevolution, nur etwa zwanzig Jahre nach Einführung der Rentenversicherung, waren die Finanzen missbraucht und die Strukturen des Systems

---

776 Vgl. *Ruland*, NZS 2017, 721 (723 f.).

zerstört worden, so dass – wenn überhaupt – lediglich Betriebsrentensysteme übriggeblieben waren. In den Reformen nach 1978 versuchte man sich zunächst wieder des Kapitaldeckungsverfahrens zu bedienen, führte schließlich aber erneut das Teilkapitaldeckungsverfahren ein. Das reine Kapitaldeckungsverfahren war zu kostspielig geworden, da der Staat eine zu hohe Anzahl an Renten finanzieren musste, für die gar kein Kapital angesammelt worden war. Dies zeigt auch, wie schwierig die Einführung eines Kapitaldeckungsverfahren sein kann, ist eine Umstellung doch stets mit hohem Finanzaufwand verbunden. Das neue Teilkapitaldeckungsverfahren war allerdings auch nur den Vorschriften nach teilkapitalfinanziert; erneut machten Zweckentfremdungen der Gelder das System in der Praxis zu einem dem Umlageverfahren unterliegenden. Da die Mittel für die vollständige Auffüllung der neu eingerichteten und in der Theorie kapitalgedeckten individuellen Konten fehlten, dürften diese wohl vielerorts bis heute nicht kapitalgedeckt sein – und dies, obwohl der Anteil der individuellen Konten heute in vielen Regionen „nur" etwa 33% der Rente ausmacht beziehungsweise bis vor kurzem noch nur knapp 29%[777] ausmachte.[778]

Die Entwicklungsverläufe und vor allem auch die letzten Reformen zeigen, dass die Finanzierbarkeit der Systeme in allen drei Ländern immer wieder in Frage gestellt wurde, werden musste und wohl auch weiterhin in Frage gestellt werden muss. Eine Veränderung der Finanzierungsmethode ist aber, wie die Untersuchung gezeigt hat, nicht immer eine sinnvolle Lösung und in der Regel verbunden mit Unsicherheiten und Übergangsproblemen. Das Umlageverfahren hat sich bis heute in allen drei Ländern gewissermaßen gegenüber dem Kapitaldeckungsverfahren durchgesetzt, wenn auch in unterschiedlichem Umfang.

c. Leistungsvoraussetzung: Erreichen der Rentenaltersgrenze

Die Leistungsvoraussetzungen waren zu Beginn der Rentenversicherungen in allen drei Staaten hoch. Das vorgesehene Renteneintrittsalter lag überall deutlich über der durchschnittlichen Lebenserwartung, so dass ein Erreichen der jeweiligen Altersgrenzen keineswegs selbstverständlich war. Kam man doch in den Genuss eines Rentenbezuges, so dauerte er in der Regel

---

777 Hierzu unter D.II.3.b. und D.II.3.c.
778 Siehe zur „Aufteilung" zwischen umlagefinanzierter und kapitalgedeckter Finanzierung unter D.II.3.b. und D.II.3.c.

nicht lange an. Am größten war die Differenz zwischen Altersgrenze und Lebenserwartung mit 28 Jahren (Altersgrenze 70 Jahre und Lebenserwartung etwa 42) in Deutschland, was aber auch darauf zurückzuführen war, dass die Versicherung zunächst in erster Linie das Risiko Invalidität absichern wollte und sich noch nicht als wirkliche Altersrentenversicherung verstand; insofern „hinkt" der Vergleich an dieser Stelle. Mit Veränderung der Schutzrichtung wurde in Deutschland auch die Regelaltersgrenze gesenkt. In China und Brasilien sollte die Rentenversicherung von Beginn an eine Altersrente gewähren. Aber auch in diesen beiden Staaten gab es einen signifikanten Unterschied zwischen Lebenserwartung und Rentenaltersgrenze, da letztere deutlich höher lag. In Brasilien mussten Bürger in den Anfängen der Rentenversicherung 16 Jahre älter werden als der Durchschnitt, um in den Genuss einer Rente zu kommen (Altersgrenze 50 Jahre und Lebenserwartung 34), in China waren es 18 Jahre für Männer (Altersgrenze 60 Jahre und Lebenserwartung 43) und immerhin nur vier für Frauen (Altersgrenze 50 Jahre und Lebenserwartung 46). Es liegt nahe, dass viele ihre Rente gar nicht erlebten und genügend finanzielle Mittel übrig blieben, um die Rentenleistungen für „den Rest" ohne große Schwierigkeiten aufzubringen. Das Verhältnis von Lebenserwartung zu Rentenaltersgrenze hat sich in allen drei Staaten mit der Zeit verändert und letztlich umgedreht: Die Lebenserwartung ist durchweg über die Rentenaltersgrenze hinausgeklettert, und eine Änderung dieser Entwicklung ist nicht in Sicht.[779]

Aber – oder gerade deshalb – war und ist auch die Veränderung der Altersgrenzen in allen Ländern ein Thema. Am häufigsten veränderte sie sich in Deutschland, wo sie in den 1970er Jahren mit 63 Jahren für männliche und 60 Jahren für weibliche langjährig Versicherte ihren Tiefpunkt erreichte, womit sie aber im Vergleich zu Brasilien und China immer noch hoch war. Dies löste in Deutschland einen kostspieligen Trend der Frühverrentung aus, dem man in der Folgezeit entgegen zu wirken versuchte. Auch Brasilien kennt den Kampf gegen Frühverrentung gut. Hier spielte eine bedeutende Rolle, dass der Bezug einer Altersrente nicht zwingend das Erreichen der Rentenaltersgrenze voraussetzte, sondern sie von Beginn an auch nach einer bestimmten Arbeits- oder Beitragszeit unabhängig vom Alter und ohne Erreichen eines Mindestalters bezogen werden konnte, wovon die Bürger in weitem Umfang Gebrauch machten. In beiden Ländern musste also dem Trend der Frühverrentung aus finanziellen Gründen

---

779 Siehe zum Stand heute unten unter D.IV.4.a.aa.

gegengesteuert werden, wie vergangene Reformen offenbaren. Und diese Gegensteuerung ist, wie noch zu zeigen sein wird, bis heute nicht abgeschlossen.

In China hat sich die Altersgrenze erstaunlicherweise nicht verändert, obwohl sie von Anfang an mit 50 Jahren für Frauen und 60 Jahren für Männer vergleichsweise niedrig war. Inzwischen ist – endlich – eine Änderung geplant.[780] Eine Erhöhung war und ist wie wohl in allen Ländern nicht nur unbeliebt, sondern ein früher Renteneintritt wurde in China auch stets als arbeitsmarktpolitisches Mittel zur Reduzierung von Arbeitslosigkeit gesehen, obwohl Nachweise dafür, dass eine höhere Rentenaltersgrenze sich negativ auf den Arbeitsmarkt auswirkt, fehlen. Es soll bereits an dieser Stelle darauf hingewiesen werden, dass dem Thema Rentenaltersgrenze – als eine der Stellschrauben in Bezug auf die demographische Entwicklung – in allen drei Ländern (weiterhin) große Beachtung geschenkt werden muss.

d. Die Rente

Die Rentenleistungen waren – wie für ein Sozialversicherungssystem typisch – von Beginn an gekoppelt an Beitragshöhe und Beitragsdauer und damit mehr oder weniger stark als Lohnersatzleistungen ausgestaltet, wenngleich sie kein Äquivalent darstellten. Die Verbindung zwischen Beitrag und Leistung hat man in vergangenen Reformen überall mehr oder weniger zu stärken versucht, um eine größere Beitragsgerechtigkeit und bessere Finanzplanung zu erreichen.

Mit zunehmendem Wirtschaftswachstum wurden alle Systeme nicht nur leistungsstärker, sondern auch großzügiger. Da sich aber vor allem in Deutschland der Anstieg der Lebenserwartung sowie auch die Reduzierung der Geburtenrate bemerkbar machten und das Wachstum der Wirtschaft überall (naturgemäß) nicht konstant verlief, stellten sich über kurz oder lang Finanzierungsprobleme ein. In Deutschland und Brasilien hingen diese finanziellen Schwierigkeiten auch mit der den Umständen nach zu großzügig gewordenen Leistungsausgestaltung zusammen. Vor allem in Brasilien, wo man die Ausweitung des Personenkreises derart in den Fokus gestellt hatte, dass die dafür erforderliche finanzielle Grundlage zunehmend außer Acht gelassen worden war, musste durch Leistungskürzungen entgegengewirkt werden. In China waren viele teils theoretisch kapitalgedeckte

---

780 Siehe hierzu unter D.II.3.d.aa.

Renten zu finanzieren, für die keinerlei Leistungen erbracht worden waren, weil es lange keine Beitragspflicht für die Versicherten gegeben hatte. Hier waren die Schwierigkeiten also vor allem auf die vielen Umstellungen des Finanzierungsverfahrens, aber auch die Zweckentfremdung von Geldern zurückzuführen.

Deutschland reagierte insbesondere, indem es mit Einführung des sogenannten Nachhaltigkeitsfaktors unter anderem die demographische Entwicklung bei der Rentenberechnung berücksichtigte und sich zudem ausdrücklich zur Absenkung des Beitragsniveaus in der gesetzlichen Rentenversicherung, der „ersten Säule", entschloss, was durch Altersrenten der anderen Säulen aufgefangen werden sollte und soll.

Damit verabschiedete sich das deutsche System von dem Grundsatz, dass die gesetzliche Rentenversicherung den Lebensstandard sichern will. In China war die Lebensstandardsicherung weniger ein Thema; in sozialistischen Staaten sind Systeme sozialer Sicherung generell stärker auf die Verwirklichung wirtschaftlicher und politischer Ziele ausgerichtet als auf eine Einkommenssicherung für den Bürger.[781] In Brasilien stand und steht vor allem die Armutsreduzierung im Fokus – tendenziell soll zwar ein angemessener Lebensunterhalt gewährleistet, nicht aber zwingend die vorherige Kaufkraft beibehalten werden.[782] Dennoch lassen auch in diesen Ländern die bisherigen Entwicklungen vermuten, dass sie um Änderungen bei der Leistungsberechnung nicht umher kommen werden. Wie die Rentenberechnung sich an aktuelle Entwicklungen anpasst oder anpassen soll, vor allem im Hinblick auf die demographische Entwicklung, bleibt zu erörtern.

3. Resümee

Die Begründung staatlicher Systeme sozialer Sicherheit wie der Rentenversicherung wird als Meilenstein in der Entwicklung der menschlichen Gemeinschaft bezeichnet.[783] In allen drei Ländern hat sich die Rentenversicherung als wohl nicht mehr weg zu denkender Bestandteil der staatlichen Ordnung, des Rechtssystems und, nicht zu vergessen, des Lebens vieler Bürger etabliert. Dies dürfte mitunter darauf zurückzuführen sein, dass ihr

---

781 *Chow*, Socialist Welfare with Chinese Characteristics, S. 16.
782 *Ibrahim*, Curso de Direito Previdenciário, S. 28.
783 *ILO*, Social security for social justice and a fair globalization, S. 7.

nicht allein eine individualschützende Funktion zukommt, sondern sie zugleich dem Allgemeininteresse dient.[784] Gerade diese Erkenntnis dürfte es auch sein, die ihre Erweiterung vorangetrieben hat. Die Gemeinschaft als Ganze kann nur teilhaben, wenn die ursprüngliche Arbeiterversicherung hin zu einer „Volksversicherung" ausgebaut wird und dieses Ziel scheinen die Staaten tendenziell tatsächlich vor Augen zu haben.

Dabei wird zum Teil vergessen oder zumindest unberücksichtigt gelassen, dass das System der Sozialversicherung, das im Gegensatz zu anderen Typen sozialer Sicherheit eine gewisse Leistungsfähigkeit des Einzelnen voraussetzt und dessen Einbeziehungskriterium konzeptionell die Schutzbedürftigkeit ist, auf eine universelle Abdeckung im Grunde genommen nicht angelegt ist.[785] Die angestrebte Ausweitung geht also mit dem Risiko einher, sich jedenfalls teilweise vom Versicherungsprinzip entfernen zu müssen, insbesondere durch Lockerungen im Hinblick auf die Beitragspflicht. Inwiefern nun die heutigen Systeme ihrer Grundkonzeption als Sozial*versicherung* treu sind, wird noch zu erörtern sein.

Das deutsche Sozialversicherungssystem einschließlich der Rentenversicherung ist für seine breite Abdeckung bekannt und wird daher teilweise auch als „Volksversicherung" bezeichnet[786] – eine lückenlose Erfassung erreicht die Rentenversicherung aber schon aufgrund des Ausschlusses vieler Selbständiger nicht. Brasilien und China jedenfalls haben es sich im Laufe der Zeit zum Ziel gemacht, die Bevölkerung lückenlos abzusichern. Ob sich die Staaten schon auf der Zielgeraden befinden, soll noch analysiert werden. Wie in Deutschland auch, baute man in Brasilien und China die zunächst „kleinen" Rentenversicherungssysteme immer weiter aus. Die Systeme wurden komplexer, der Kapitalaufwand größer, die Organisationsstruktur detaillierter, die Regelungen umfassender – die Herausforderungen aber nicht unbedingt geringer. Denn mit den Systemen veränderten sich auch die äußeren Umstände, die Wirtschaft und die Gesellschaft. Rentenversicherungssysteme bedurften und bedürfen daher immer wieder auch der Anpassung.

Die größten Anpassungen oder sogar Umstellungen hat wohl die Rentenversicherung in China durchlaufen. Die Volksrepublik sah sich aufgrund

---

784 Vgl. *Rolfs*, Das Versicherungsprinzip im Sozialversicherungsrecht, S. 110.
785 Siehe zu den Prinzipien der Sozialversicherung oben unter A.I.
786 *Igl/Welti*, Sozialrecht, § 30 Rn. 1; vgl. auch *Axer*, in: Ruland/Becker/Axer, SRH, § 14 Rn. 41, der die Sozialversicherung „zumindest als auf dem Weg zur Volksversicherung" befindlich ansieht.

ihrer Umorientierung weg von einem sozialistischen hin zu einem wettbewerbsgelenkten, kapitalistisch geprägten Wirtschaftssystem ab Ende der 1970er Jahre veranlasst, auch ihre sozialen Sicherungssysteme zu verändern. Das rein durch die (staatlichen) Betriebe finanzierte System wurde zu einem auch durch die Beiträge der Versicherten finanzierten System mit staatlichen Zuschüssen. Der Versicherungsgedanke – der zu der in China verankerten marxistischen Ideologie, in der die Güter unabhängig von der Leistung des Einzelnen verteilt werden, im Grunde nicht passte –[787] wurde gestärkt. Diese Änderung hat das System denjenigen Brasiliens und Deutschlands deutlich nähergebracht.

Es lässt sich beobachten, dass die jüngeren Anpassungen in allen drei Ländern innerhalb des jeweiligen Rentenversicherungssystems stattfanden. Reformen struktureller Art, bei denen nicht nur die Parameter – wie etwa der Beitragssatz, die Rentenaltersgrenze, die Trägerschaft und die Art der Leistungsberechnung –, sondern grundlegende Änderungen hin zu einem andern Systemtyp getroffen werden – etwa weg vom Bismarck- hin zum Beveridge-System –, versuchte man zu vermeiden. Im Regelfall werden soziale Sicherungssysteme auch nur dann völlig umgewälzt, wenn sie vollständig versagt haben.[788] Als prominentes Beispiel wird regelmäßig Chile herangezogen, das seine Rentenversicherung nach einem Kollaps vollständig privatisierte.[789]

In der Vergangenheit fanden strukturelle Änderungen in allen hier untersuchten Systemen in erster Linie im Hinblick auf das Finanzierungsverfahren statt. Man stellte auf das Umlageverfahren um, als das Kapitaldeckungsverfahren nicht mehr durchführbar war, es versagt hatte – oder vielmehr man selbst in seiner Durchführung versagt hatte. Heute aber meidet man derartige Umstellungen möglichst. So versucht man etwa in China, das 1995 eingeführte Teilkapitaldeckungsverfahren beizubehalten, obwohl dies große Mühen und einen hohen Finanzierungsaufwand erfordert.[790] Es scheint insgesamt Wert auf eine gewisse Konstanz und Kontinuität gelegt zu werden. Die staatlichen Systeme sollen in ihrer Grundform beibehalten werden, wenn auch mitunter gerne ergänzt durch zusätzliche Sicherungssysteme wie eine betriebliche oder private Rentenversicherung.

---

787 Hierzu *Meinhold*, in: Schmähl, Versicherungsprinzip und soziale Sicherung, S. 13 (21).
788 *Steinmeyer*, NZS 2012, 721 (722).
789 Siehe Fn. 78.
790 Dazu später, D.II.3.c.

Dass für eine gewisse Konstanz nicht zuletzt die jeweiligen Verfassungswerke mit verantwortlich gewesen sein dürften, wurde bereits erörtert. Dass Demokratie und Rechtsstaatlichkeit im westlichen Sinne hilfreich, aber offenbar keine zwingende Voraussetzung sind, zeigt indes das Beispiel China. Gerade auch Diktaturen und autokratische Regimes sind einem hohen Integrations- und Legitimationsdruck ausgesetzt, dem sie häufig mit Sozialpolitik und Wohlfahrtsstaatlichkeit begegnen, vor allem dann, wenn sie ihre Alleinherrschaft ohne anderweitige politische Partizipation bewahren wollen.[791] Auch in Brasilien während der Militärdiktatur und in Deutschland während der Zeit des Nationalsozialismus erfuhr die Rentenversicherung keine vollständige Umwälzung, sondern zum Teil sogar einen Ausbau.[792] Dass aber Vertrauen, Sicherheit und Verlässlichkeit, wie sie ein Rechtsstaat garantieren kann, durch nichts zu ersetzen sind, vor allem wenn es um das für jeden langfristig zu planende, Einsatz fordernde und mitunter sogar lebensentscheidende Thema Altersvorsorge geht, dürfte außer Frage stehen.

Unabhängig von Staatsform und Rechtssystem nutzte man soziale Sicherheit durchweg auch zum Zwecke des Machterhalts, als Mittel zur Beruhigung der Menschen; es wurde gezeigt, dass der Staat sich kümmert. Dies hat aber natürlich auch eine gewisse Erwartungshaltung geschaffen, und die Erwartungen der Bürger sind mit der Zeit gestiegen. Gerade auch weil die Menschen die Systeme sozialer Sicherung in ihre Lebensplanung integrieren, kann es sich der Staat kaum leisten, allzu gravierende Änderungen vorzunehmen. Konstanz wird insofern indirekt auch von den Bürgern eingefordert. Schon Anpassungen sind unbeliebt, wenn sie negativ für den Einzelnen ausfallen – und heutige Anpassungen werden häufig als negativ wahrgenommen. Gerade in Brasilien und Deutschland, aber zum Teil auch in China mussten die Systeme in den vergangenen Jahren gestrafft werden, da sie nicht mehr zu finanzieren gewesen wären – vor allem in Deutschland auch aufgrund der demographischen Entwicklung.

Finanzielle Gründe sind es aber wiederum auch, die Änderungen faktische Grenzen setzten. Staaten, die für die Finanzierung der Rentenversicherung das Umlageverfahren gewählt haben, können das System nicht etwa kurz- oder mittelfristig auf ein Kapitaldeckungsverfahren umstellen, wie es angesichts der demographischen Entwicklung vielerorts diskutiert wird.

---

791 *Rieger/Leibfried*, in: Schmidt/Trinczek, Globalisierung, S. 413 (421).
792 Siehe betreffend Deutschland auch *Aly*, Hitlers Volksstaat, S. 71 f.

Denn wie sollte Bestandsrentnern die Rente finanziert werden, wenn die Beiträge der arbeitenden Generation für den Aufbau ihres Kapitalstocks genutzt werden müssen und wenn die erwerbstätige Generation gleichzeitig dafür entschädigt werden müsste, dass ihre bisherigen Beiträge nicht in ihren Kapitalstock geflossen sind? Die Kosten wären immens.[793]

Die Anpassung an aktuelle Bedingungen innerhalb des jeweiligen Systems jedoch wird auch weiterhin eine große Rolle spielen. Die Systeme wurden in Zeiten der Industrialisierung geschaffen, einer Zeit, die wirtschaftliches Wachstum mit sich brachte, in der die Lebenserwartung zunächst noch niedrig war und die Bevölkerung wenig mobil. Alle Staaten gingen sicherlich anfänglich von weiterer wirtschaftlicher Prosperität und einem angemessenen Verhältnis von Rentnern zu Erwerbstätigen aus und erweiterten ihre Systeme auch dementsprechend. Mit einer Veränderung der äußeren Umstände müssen sich aber auch die Systeme verändern. Sie haben sich der demographischen Entwicklung anzupassen, die Industrialisierung und wirtschaftliche Entwicklung gewissermaßen mit sich gebracht haben. Sie aber macht die Absicherung teurer, gleichzeitig wächst die Wirtschaft deutlich langsamer, und die Staaten müssen mehr denn je wettbewerbsfähig bleiben, da die Industrialisierung eine zunehmende Vernetzung – die Globalisierung – mit sich gebracht hat.

In Deutschland verliefen all diese Entwicklungen noch deutlich langsamer als (später) in Brasilien und China. Mitunter darauf mag auch zurückzuführen sein, dass das Stadium des Wohlfahrtsstaates, wie es für Deutschland beschrieben wurde, sich für Brasilien und China so deutlich nicht erblicken lässt und man in Bezug auf diese Länder sagt, sie würden alt, bevor sie reich geworden sind. All dies erleichtert die Lage für China und Brasilien natürlich nicht, macht soziale Sicherheit aber womöglich umso wichtiger.

War es in den Anfängen die Industrialisierung, die die Herausforderungen der Zeit dominierte, aber auch Möglichkeiten eröffnete, so dürften dies heute die Auswirkungen der Globalisierung und die demographische Entwicklung sein. Die Industrialisierung forderte soziale Sicherheit – in welchem Maße dies auf die Globalisierung zutrifft, da ist man sich nicht so einig. Die These, dass soziale Sicherheit und damit auch die Rentenversicherung wirtschaftlichen Fortschritt fördert, ist wohl präsenter und

---

793 Hierzu noch später, D.IV.3.a.

diskutierter denn je. Bisher haben sich China, Brasilien und Deutschland im Wesentlichen für ihre Systeme sozialer Sicherheit entschieden.

D. Die Rentenversicherungssysteme und ihre Grundcharakteristika

Wie die historische Entwicklung bereits vermuten lässt, sind die Rentenversicherungssysteme – trotz Heranziehung des Versicherungsgedankens und gewisser Entwicklungsparallelen – in ihrer Ausgestaltung doch höchst unterschiedlich. Bevor die jeweiligen Strukturen und angewendeten Mechanismen verglichen und die Gemeinsamkeiten und Unterschiede analysiert werden können (IV.), sind zunächst die Grundcharakteristika der Systeme in ihrer aktuellen Erscheinungsform darzustellen (I.–III.).

I. Brasilien

Die Rentenversicherung in Brasilien ist eingebettet in ein komplexes System sozialer Sicherheit. Die rechtlichen Regelungen für die Rentenversicherung finden sich nicht in einem „eigenen" Gesetz – so wie etwa das deutsche Rentenversicherungsrecht im eigens die Rentenversicherung betreffenden Sozialgesetzbuch Sechstes Buch geregelt ist –, sondern die einschlägigen Gesetze gelten stets für die gesamte Sozialversicherung oder sogar das gesamte staatliche System sozialer Sicherheit.[794] Die soziale Sicherheit – *seguridade social* – setzt sich in Brasilien aus drei Zweigen zusammen: der steuerfinanzierten Gesundheitsversorgung, der (ebenfalls steuerfinanzierten) Sozialhilfe und der Sozialversicherung.[795]

Leistungen im Alter gewähren sowohl die Sozialhilfe als auch die Sozialversicherung. Die Sozialhilfe für ältere und behinderte Menschen – genannt *benefício de prestação continuada* und geregelt im Sozialhilfegesetz (*Lei Orgânica da Assistência Social* – LOAS) –[796] gewährt bedürftigen

---

794 In der Praxis der brasilianischen Sprache wird auch kein Begriff verwendet, der exakt dem der deutschen Rentenversicherung entspricht, sondern es ist vielmehr stets die Rede von *Previdência Social*, was hier mit Sozialversicherung übersetzt wird. Die im Rahmen der *Previdência Social* geleistete Absicherung des Risikos Alter, die Regelaltersrente, wird als *aposentadoria de idade* bezeichnet.

795 Vgl. Art. 194 S. 1 der Verfassung.

796 Gesetz Nr. 8.742 vom 7.12.1993, veröffentlicht im *Diário Oficial da União* vom 8.12.1993, Teil 1, S. 18769.

über 65-Jährigen ein Alterseinkommen in Höhe eines Mindestlohnes. Bei der Bedürftigkeitsprüfung wird das Einkommen der Familie in den Blick genommen; Sozialhilfe wird nur gewährt, wenn nach dem Familieneinkommen dem einzelnen Familienmitglied nicht mehr als ein Viertel eines Mindestlohnes zukommt (Art. 20 LOAS). Da die Mindestrente der Rentenversicherung in Brasilien in der Regel bei einem Mindestlohn liegt,[797] schließen sich die beiden Leistungen gegenseitig aus.

Die Sozialversicherung sieht neben den Rentenversicherungsleistungen im Alter auch Leistungen beim Eintritt diverser anderer Risiken vor wie zum Beispiel im Falle von Invalidität, Mutterschaft, Arbeitsunfällen, Arbeitslosigkeit oder Leistungen im Todesfall eines Versicherten für Hinterbliebene.[798] Bei der in dieser Arbeit ausschließlich behandelten Absicherung des Risikos Alter existieren in Brasilien (bisher noch) zwei verschiedene Leistungsarten: die (reguläre) Altersrente (*aposentadoria por idade*) und die Rente nach Beitragszeit (*aposentadoria por tempo de contribuição*).[799]

Die brasilianische Sozialversicherung einschließlich der Rentenversicherung ist, wie bereits gezeigt, gekennzeichnet durch eine Zweiteilung in das sich in mehrere Untersysteme aufspaltende eigene Sozialversicherungssystem für Beamte (*Regimes Próprios de Previdência Social*, RPPS) und das sogenannte allgemeine Sozialversicherungsregime, das die im privaten Sektor Tätigen und damit den größten Teil der brasilianischen Bevölkerung erfasst (*Regime Geral de Previdência Social*, RGPS). Im RGPS wiederum muss gewissermaßen differenziert werden zwischen einem städtischen und einem ländlichen System (*Previdência Social Urbana / Previdência Social Rural*), ohne dass es sich aber organisatorisch tatsächlich um eigene Versicherungszeige handelt. Vielmehr gelten für Personen und Unternehmen, die in der Landwirtschaft tätig sind, diverse Sonderregelungen. Insbesondere setzt der Leistungsbezug hier nicht in jedem Fall eine Beitragsentrichtung voraus; es wird insofern vom Versicherungsprinzip abgewichen, worauf noch einzugehen sein wird.

Ergänzend zum staatlichen Pflichtversicherungssystem ist – für Beamte in Art. 40 § 14 der brasilianischen Verfassung verankert – für alle eine

---

797 Siehe hierzu unten, D.I.1.g.
798 Siehe für das allgemeine Sozialversicherungssystem RGPS Art. 18, 42–87 Gesetz Nr. 8.213/91 und für das System für Beamte auf Bundesebene Art. 186 ff. Gesetz Nr. 8.112/90.
799 Die beiden Rentenarten sind bereits in der brasilianischen Verfassung niedergelegt, Art. 201 Abs. 5 § 7.

zusätzliche Rentenversicherung vorgesehen, die auf freiwilliger Basis funktioniert. Bei dieser wird ebenfalls differenziert zwischen öffentlichem und privatem Sektor. Während die ergänzende Rentenversicherung im privaten Sektor privatrechtlich organisiert ist, ist die des öffentlichen Sektors öffentlich-rechtlich organisiert.[800] Beamte sind jedoch nicht daran gehindert, sich anstelle der öffentlich-rechtlichen für die privatrechtliche Zusatzversicherung zu entscheiden. Die zusätzliche Rentenversicherung ist insofern erwähnenswert, als sie für Beamte Auswirkungen auf die Leistungshöhe im staatlichen Grundrentensystem haben kann.[801]

Im Fokus steht in dieser Arbeit das Funktionieren der obligatorischen staatlichen Rentenversicherungssysteme – des RGPS für die im privaten Sektor Beschäftigten (1.) und des RPPS für die Beamten (2.) –, deren Ausgestaltung im Folgenden näher erläutert wird.

1. Die Rentenversicherung im Allgemeinen Sozialversicherungsregime – *Regime Geral de Previdência Social* (RGPS)

a. Normative Grundlagen

Den verfassungsrechtlichen Rahmen für die Ausgestaltung der Sozialversicherung des privaten Sektors einschließlich der Rentenversicherung bildet Art. 201 der brasilianischen Verfassung von 1988. Dieser sechzehn Paragraphen umfassende und ausführliche Regelungen treffende Artikel, der in seinem Satz 1 Absatz I die Gewährung von Altersrentenleistungen zusichert, bestimmt, dass die Versicherung im „Allgemeinen Sozialversicherungsregime" (*Regime Geral de Previdência Social*, RGPS) organisiert ist.

Die nähere einfachgesetzliche Ausgestaltung dieses Rentenversicherungsregimes obliegt vornehmlich den Gesetzen Nr. 8.212[802] und Nr. 8.213,[803] beide vom 24. Juli 1991. Das Gesetz Nr. 8.212/91 gilt für das gesamte Recht der sozialen Sicherheit, wie auch seine Bezeichnung, *Lei Orgânica da Seguridade Social*, sinngemäß „Grundlegendes Gesetz für die soziale Sicherheit", bereits vermuten lässt; es erfasst damit neben der Sozialversicherung auch die Gesundheitsversorgung und die Sozialhilfe. Inhaltlich widmet es sich der Organisation und Finanzierung des staatlichen Systems sozialer Sicher-

---

800 Vgl. Art. 40 § 14 der Verfassung; *Ibrahim*, Curso de Direito Previdenciário, S. 28.
801 Hierzu unter D.I.2.f.
802 Veröffentlicht im *Diário Oficial da União* vom 25.7.1991, Teil 1, S. 14801 ff.
803 Veröffentlicht ebenda, S. 14809 ff.

heit. Das Gesetz Nr. 8.213/91, *Planos de Benefícios da Previdência Social*, gilt ausdrücklich nur für die Sozialversicherung und regelt vornehmlich die Leistungserbringung.

Ergänzt und konkretisiert werden diese gesetzlichen Regelungen durch die von der Bundesexekutive erlassene Rechtsverordnung (*decreto*) Nr. 3.048 vom 6. Mai 1999[804], dem *Regulamento da Previdência Social* (RPS).

Im Konfliktfall gilt in der Sozialversicherung neben dem allgemeinen, auch aus dem deutschen Recht bekannten Vorrang der spezielleren und / oder neueren Norm der Grundsatz *in dubio pro misero*: Im Zweifelsfall wird die für den Versicherten günstigste Entscheidung getroffen.[805]

b. Grundprinzipien der Rentenversicherung

In der Niederlegung diverser sogenannter Grundprinzipien für die Sozialversicherung, von denen hier nur einige aufgeführt werden sollen, offenbart die brasilianische Verfassung ihre Ausführlichkeit.

Allen voran gehört zu diesen Prinzipien der in Art. 3 der Verfassung verankerte Grundsatz der Solidarität. Gerade dieser Grundsatz erlaubt es, die ärmeren Bevölkerungsgruppen unter Sonderbedingungen in die Versicherung miteinzubeziehen.[806] Das Prinzip der Solidarität wird in Brasilien als Grundlage der Sozialversicherung betrachtet; es fordere sogar die Systemorganisation als Pflichtversicherung, denn mit einer rein individuellen kapitalisierten Vorsorge könne ein solidarischer Ausgleich nicht erzielt werden.[807]

Zu erwähnen ist auch das in Art. 194 I der brasilianischen Verfassung normierte Ziel der umfassenden Absicherung der gesamten Bevölkerung, das insbesondere als Basis für die nahezu unbegrenzte Möglichkeit der freiwilligen Teilnahme an der Versicherung dient; gleichzeitig ist man sich allerdings bewusst, dass eine umfassende Absicherung durch die Sozialversicherung kaum möglich sein dürfte.[808] Darüber hinaus fordert die Verfas-

---

804 Veröffentlicht im *Diário Oficial da União* vom 7.5.1999, Teil 1, S. 50.
805 Siehe *Ibrahim*, Curso de Direito Previdenciário, S. 152.
806 Vgl. ebenda, S. 65.
807 So *Amado*, Direito Previdenciario Sistematizado, S. 26 f.; *Ibrahim*, Curso de Direito Previdenciário, S. 65.
808 Siehe hierzu etwa *Amado*, Direito Previdenciario Sistematizado, S. 22 f.; *Balera*, Previdência Social Comentada, S. 32 f.

sung in Art. 194 II die Gewährleistung von Einheitlichkeit und Gleichwertigkeit der Leistungen für die ländliche und die städtische Bevölkerung; hierauf basiert etwa der für jeden Bürger gleiche Mindestrentensatz in Höhe eines Mindestlohnes.

Das in Art. 194 IV der Verfassung enthaltene Verbot der Leistungskürzung ist abstrakt zu verstehen und will die Korrelation zwischen Beitrag und Leistung gewährleisten.[809] Des Weiteren nennt Art. 194 die Prinzipien der gerechten Finanzierungsbeteiligung, der Diversität der Finanzierungsgrundlagen und der demokratischen sowie dezentralisierten Verwaltung unter Beteiligung der Gemeinschaft, besonders der Arbeitnehmer, Unternehmer und Rentner.

Genannt werden soll schließlich noch Art. 1 III der brasilianischen Verfassung, der die Absicherung des Existenzminimums für den Einzelnen gewährleisten soll.[810] Umgesetzt wird dies im Wege der Sozialhilfe, die jedem Bedürftigen den Bezug eines Mindestlohnes zugesteht. Die Mindestlohnhöhe wird auch als Höhe für die Mindestrente herangezogen; die Rentenversicherung erfüllt – wie die Sozialhilfe – jedenfalls auch die Funktion der Absicherung des Existenzminimums.

c. Grundzüge der Verwaltung

Zuständig für die gesamte Sozialversicherungspolitik ist das brasilianische Wirtschaftsministerium (*Ministério da Economia*). Umgesetzt wird die Politik für den privaten Sektor vom Nationalen Institut für Sozialversicherung (*Instituto Nacional do Seguro Social*, INSS), einer selbständigen Bundesbehörde, die der indirekten Staatsverwaltung unterliegt.[811]

Die Sozialversicherung (des privaten, nicht des öffentlichen Sektors) wird vom INSS zentral verwaltet; das INSS ist zuständig für sämtliche die Sozialversicherung betreffende Vorgänge von der Beitragseintreibung bis hin zur Rentenzahlung. Die dafür erforderlichen Daten werden vom Unternehmen für Technologie und Information der Sozialversicherung

---

809 Vgl. *Ibrahim*, Curso de Direito Previdenciário, S. 69.
810 Siehe Fn. 118.
811 Ihre Struktur wird geregelt im *Anexo I* des *Decreto* Nr. 9.746 vom 8.4.2019, veröffentlicht im *Diário Oficial da União* vom 9.4.2019, S. 61 ff.

(*Empresa de Tecnologia e Informações da Previdência Social* – Dataprev),[812] einer staatlichen Institution, die ebenfalls dem Wirtschaftsministerium untersteht, erhoben und verwaltet.

Jede Person ist mit Aufnahme einer versicherungspflichtigen Beschäftigung ipso facto Mitglied der Rentenversicherung (Art. 5, 9 § 12 RPS[813]), es bedarf aber auch einer Registrierung, welche im Regelfall durch den Arbeitgeber vorgenommen wird (§ 18 RPS). Jeder Beschäftigte in Brasilien erhält eine (elektronische) Sozialversicherungskarte, welche Voraussetzung für die Aufnahme einer Beschäftigung ist und die für die Sozialversicherung relevanten Daten – insbesondere die Beschäftigungshistorie – festhalten soll, § 13 des brasilianischen Arbeitsgesetzbuches (CLT).[814]

d. Erfasster Personenkreis

Der vom allgemeinen Rentenversicherungssystem für den privaten Sektor erfasste Personenkreis ist ein denkbar weiter, da von den brasilianischen Berufstätigen im Grunde lediglich Beamte von ihm ausgenommen sind. Differenziert wird zwischen obligatorischer und freiwilliger Versicherung, wobei sich freiwillig ab einem Alter von vierzehn Jahren jeder versichern kann, der nicht bereits von der Versicherungspflicht erfasst ist, Art. 13 Gesetz Nr. 8.213/91. Die Möglichkeit der freiwilligen Versicherung fungiert dabei als eine Art Auffangtatbestand; im Grunde soll so gut wie jeder – einschließlich der Selbständigen – bereits obligatorisch versichert sein.

Dennoch begnügt man sich nicht damit, die Versicherungspflicht schlicht für alle, die in irgendeiner Weise berufstätig sind, pauschal festzulegen, sondern es wird zwischen den einzelnen Personengruppen geradezu minutiös differenziert, um sie dann verschiedenen Kategorien von Versicherten zuzuordnen. Eine so weit gefasste Versicherungspflicht wie die brasilianische geht mit einer Heterogenität der Versichertengemeinschaft einher, die Differenzierungen erfordert, nicht zuletzt bei der Bestimmung der Beitragspflichten. Diese können je nach Personengruppe sehr unterschiedlich ausfallen; es soll Rücksicht auf die jeweilige finanzielle Leistungsfähigkeit und auch die Arbeitsumstände genommen werden.

---

812 Gegründet durch das Gesetz Nr. 6.125 vom 4.11.1974, veröffentlicht im *Diário Oficial da União* vom 5.11.1974, Teil 1, S. 12565.
813 *Regulamento da Previdência Social*, siehe oben unter D.I.1.a. und Fn. 804.
814 *Consolidação das Leis do Trabalho*, siehe Fn. 444.

Zu den Versicherungspflichtigen (*segurados obrigatórios*) gehören die im Folgenden näher erläuterten Kategorien der Beschäftigten (aa.), der Hausangestellten (bb.), der Sonderversicherten (cc.), der Selbständigen im weiten Sinne (dd.) und der „losen" Arbeiter (ee.). Zu einem großen Teil sind die Einordnungen und Differenzierungen, die zwischen den Personengruppen getroffen werden, außerhalb des brasilianischen Rechtssystems nicht existent und daher auf den ersten Blick schwierig nachvollziehbar – sie spiegeln Besonderheiten des brasilianischen Arbeitsmarktes wieder, der eine außerordentliche Vielfalt aufweist. Die sich über mehrere Seiten des Gesetzbuches erstreckenden Auflistungen der versicherten Personengruppen in dieser Arbeit detailgetreu wiederzugeben, würde ausufern und wäre wenig zielführend, so dass hier einer zusammenfassenden Darstellung der Vorzug gegeben wird.

Der obligatorisch erfasste Personenkreis ist tätigkeitsbezogen und normativ verankert in den identischen Art. 12 des Gesetzes Nr. 8.212/91 und Art. 11 des Gesetzes Nr. 8.213/91.[815] Konkretisierungen lassen sich Art. 9 RPS entnehmen.

Dass Beamte von der Versicherung im allgemeinen Sozialversicherungsregime RGPS ausgeschlossen sind, soweit für sie von ihrem Dienstherrn ein eigenes System eingerichtet wurde – sie also im jeweiligen RPPS versichert sind –, hält Art. 12 des Gesetzes Nr. 8.213/91 ausdrücklich fest. Wenn aber ein im RPPS versicherter Beamter zusätzlich zu seiner Beamtentätigkeit eine vom RGPS erfasste Tätigkeit ausübt, ist er hinsichtlich dieser auch im RGPS versicherungspflichtig, Art. 12 § 1 Gesetz Nr. 8.213/91.

In Gesetz und Literatur wird immer wieder differenziert zwischen Stadt und Land. Dies ist in Brasilien nicht in Bezug auf die geographische Lage zu verstehen, sondern in Relation zu der verrichteten Tätigkeit und wird darüber hinaus nicht weiter als erläuterungsbedürftig angesehen. Man geht davon aus, dass sich die jeweilige Zuordnung von selbst erklärt beziehungsweise ergibt.

---

815 Der Einfachheit und Übersichtlichkeit halber wird im Folgenden dann, wenn identische Regelungen im Gesetz Nr. 8.213/91 und 8.212/91 bestehen, stets nur Bezug auf das Gesetz Nr. 8.213/91 genommen.

aa. Beschäftigte (*empregados*)

Versicherungspflichtig als Beschäftigte[816] sind nach der in Art. 11 I a) Gesetz Nr. 8.213/91 enthaltenen Definition zunächst alle Personen, die in einem Unterordnungsverhältnis stehend Dienste urbaner oder ländlicher Natur gegen Entgelt persönlich und nicht nur vorübergehend erbringen, einschließlich angestellter Geschäftsleiter.

Diese Definition ist mit derjenigen des Arbeitnehmers im brasilianischen Arbeitsgesetzbuch (Art. 3 CLT[817]) nahezu identisch. Als Arbeitnehmer gilt danach jede natürliche Person, die für einen Arbeitgeber nicht nur vorübergehend Dienste nach dessen Weisung gegen Entgelt leistet. Im Unterschied zum Arbeitsgesetzbuch werden in den Sozialgesetzen ländliche und städtische Beschäftigte ausdrücklich gleichermaßen erfasst – das hängt nicht nur damit zusammen, dass dies im Sozialversicherungsrecht vor der Verfassung von 1988 noch nicht der Fall war und diese Änderung dementsprechend hervorgehoben werden soll,[818] sondern auch damit, dass im Arbeitsrecht für ländliche Arbeit vollständig eigene Regelungen gelten.[819] Die Sozialversicherung unterscheidet zwar ländliche und städtische Beschäftigte mittels der Art der von ihnen verrichteten Arbeit – die ländliche, für den ländlichen Arbeitgeber (*empregador rural*) zu verrichtende Arbeit muss agroökonomischer Natur sein, egal wo sie verrichtet wird –,[820] diese Unterscheidung hat aber nur Auswirkungen auf der Beitragsseite.[821]

Der Regelfall des sozialversicherungsrechtlich Beschäftigten ist damit der Arbeitnehmer und die entscheidenden Kriterien für die Bejahung der Versicherungspflicht sind mithin Unterordnung, Dauerhaftigkeit, Entgeltlichkeit und persönliche Leistungserbringung. Wenn diese Kriterien erfüllt sind, entsteht nach brasilianischem Recht eine sogenannte Arbeits- oder Beschäftigungsbeziehung (*vínculo empregatícimo*), die dann auch automatisch die Sozialversicherungspflicht auslöst. Die Arbeitsbeziehung kann allein durch

---

816 Der Begriff *empregado* kann auch als Arbeitnehmer übersetzt werden; da der in den Sozialgesetzbüchern verwendete Begriff inhaltlich aber nicht mit dem arbeitsrechtlichen Arbeitnehmerbegriff übereinstimmt, sondern Arbeitnehmer vielmehr nur eine Gruppe der Beschäftigten darstellen, wird, wie auch entsprechend für Deutschland und China in dieser Arbeit, der Begriff Beschäftigter verwendet.

817 *Consolidação das Leis do Trabalho*, siehe Fn. 444.

818 Vgl. *Ibrahim*, Curso de Direito Previdenciário, S. 180.

819 Die ländliche Arbeit (*trabalho rural*) regelt das Gesetz Nr. 5.889 von 1973; vgl. auch *Correia/Correia*, Curso de Direito da Seguridade Social, S. 148.

820 *Martins*, Comentários à Lei No. 8.212/91, S. 28.

821 Siehe unten unter D.I.1.e.bb.(3) und (4).

faktisches Handeln begründet werden, das Arbeitsrecht schreibt nicht den Abschluss eines schriftlichen Vertrages vor (Art. 442 ff. CLT, insbesondere Art. 443).

Das in den Sozialgesetzen geforderte Unterordnungsverhältnis ist dann zu bejahen, wenn der Beschäftigte den Anweisungen des Arbeitgebers zu folgen hat; es entspricht dem Begriff der Weisungsgebundenheit des Arbeitsgesetzbuches und ist Abgrenzungsmerkmal zur Selbständigkeit.[822] Das Merkmal der Dauerhaftigkeit ist stets in Bezug auf die Natur der Arbeit zu bewerten; es schadet daher nicht, wenn die Arbeit nicht durchgängig im Sinne von täglich verrichtet wird, solange sich eine bestimmte Kontinuität und nicht nur ein gelegentliches Arbeiten verzeichnen lässt.[823]

Art. 11 I b) bis j) Gesetz Nr. 8.213/91 erweitern den Versichertenkreis der Beschäftigten ähnlich wie in Deutschland aus sozialen Erwägungen auf verschiedene weitere Personengruppen, wie zum Beispiel Leiharbeiter (*trabalhadores temporários*), welche aufgrund dessen, dass sie das Merkmal der dauerhaften Tätigkeit nicht erfüllen, nicht unter die erstgenannte Gruppe fallen und nicht als Arbeitnehmer angesehen werden.[824]

bb. Hausangestellte (*empregados domésticos*)

Eine weitere Kategorie der Versicherungspflichtigen bilden die Hausangestellten, Art. 11 II Gesetz Nr. 8.213/91. Streng genommen sind Hausangestellte bereits Beschäftigte, die Einstufung als Hausangestellte wirkt sich aber auf die Beitragshöhe aus, wie im Folgenden[825] gezeigt werden wird. Das Gesetz definiert Hausangestellte als Personen, die in privaten Haushalten beschäftigt sind und dort nicht gewinnbringende Tätigkeiten verrichten. Zu diesen Personen zählen etwa Köche, Kindermädchen, Haushälterinnen,

---

822 Vgl. *Almeida*, CLT comentada, S. 68.

823 *Almeida*, CLT comentada, S. 68.

824 Zeitarbeit ist geregelt im Gesetz Nr. 6.019 vom 3.1.1974 (veröffentlicht im *Diário Oficial da União* vom 4.1.1974, Teil 1, S. 73) und darf hiernach nur in zwei Konstellationen verwendet werden: wenn eine Person beschäftigt wird, um übergangsweise reguläres und dauerhaft angestelltes Personal zu ersetzen oder wenn kurzfristig und außerordentlich mehr Arbeit anfällt als üblich und deshalb ein höherer Personalbedarf besteht (Art. 2). Diese Art der Beschäftigung darf nicht für länger als drei Monate pro Zeitarbeiter vereinbart werden (Art. 10). Vermittelt werden die Zeitarbeiter von Zeitarbeitsunternehmen (Art. 3).

825 D.I.1.d.bb.(2).

Gärtner oder Chauffeure.[826] Wird das häuslich-familiäre Umfeld verlassen oder die angestellte Person zu Erwerbszwecken eingesetzt – beispielsweise die Köchin auch mit der Herstellung von Lebensmitteln beauftragt, die dem Verkauf dienen –, ist die Person nicht mehr dem Status des Hausangestellten zuzuordnen, sondern als regulär beschäftigt zu qualifizieren.[827]

Zum Personenkreis der Hausangestellten ist anzumerken, dass es laut ILO in Brasilien in absoluten Zahlen gerechnet die höchste Anzahl an Hausangestellten weltweit gibt und Brasilien damit auch in Prozentzahlen im globalen Vergleich im oberen Bereich liegt.[828] Um die häufig schwierige Lage und regelmäßig schwache rechtliche Position dieser großen Gruppe zu verbessern, wurde mit der Verfassungsänderung Nr. 72 vom 2. April 2013 der *parágrafo único* in Art. 7 der Verfassung hinzugefügt. Diese im Grundrechtsteil der Verfassung eingegliederte Norm weitet die Rechte von Hausangestellten insgesamt aus, spricht ihnen unter anderem ein Einkommen in Höhe eines Mindestlohnes zu und garantiert vor allem (nochmals) die Eingliederung in die Sozialversicherung. In den Medien wurde die Verfassungsänderung auch als „zweites Ende der Sklaverei" betitelt.[829]

cc. Sonderversicherte (*segurados especiais*)

Mit den Sonderversicherten werden die regelmäßig einkommensschwächsten Personengruppen mit in die Rentenversicherung einbezogen. Für sie gelten in Bezug auf Beitrag und Leistung Sonderregelungen, um sie überhaupt in die Versicherung integrieren zu können. Stark zusammengefasst sind die Sonderversicherten die „kleinen" Landwirte und Fischer.[830] Das Adjektiv „klein" bezieht sich dabei zum einen auf die zu bewirtschaftende Fläche (bei Landwirten) und zum anderen auf die Art und Weise der Arbeitsverrichtung. Der Status als Sonderversicherter wird nur denjenigen Landwirten gewährt, die maximal über eine Bewirtschaftungsfläche von vier „fiskalischen Modulen" (*modulos fiscais*) verfügen. Bei diesen fiskalischen Modulen handelt es sich um landwirtschaftliche Flächenein-

---

826 *Correia/Correia*, Curso de Direito da Seguridade Social, S. 157; *Amado*, Direito Previdênciario Sistematizado, S. 111.

827 Vgl. *Ibrahim*, Curso de Direito Previdenciário, S. 191.

828 *ILO*, Domestic workers across the world, S. 26, 124, wonach es in Brasilien 2009 über 7 Millionen Hausangestellte gab, was etwa 7,8% der Beschäftigten ausmachte.

829 So *Brühwiller*, in: Neue Zürcher Zeitung vom 29.3.2013.

830 Vgl. *Ibrahim*, Curso de Direito Previdenciario, S. 193.

heiten, deren Größe je nach Region und den dortigen Gegebenheiten unterschiedlich beurteilt und von den jeweiligen Munizipien festgelegt wird, Art. 50 §§ 2, 3 Gesetz Nr. 6.746 vom 10. Dezember 1979[831]. Zudem werden nur diejenigen als Sonderversicherte erfasst, die als Einzelperson oder maximal als Familienbetrieb tätig sind, die also ohne feste (externe) Angestellte arbeiten. Das Gesetz erlaubt den Sonderversicherten nur die temporäre Anstellung einer begrenzten Zahl von Hilfspersonen, etwa für die Ernte, ohne dass sie ihren Status als Sonderversicherte verlieren: Zulässig sind 120 Personen oder Tage pro Jahr – es kann eine Person für 120 Tage pro Jahr angestellt werden oder 120 Personen für je einen Tag oder alles dazwischen wie etwa zwei Personen für jeweils sechzig Tage, Art. 11 VII § 7 Gesetz Nr. 8.213/91. Die angestellte Person gilt dabei rentenversicherungstechnisch als Selbständiger im weiten Sinne (*contribuinte individual*)[832] und nicht als Beschäftigter, weshalb der „kleine" Landwirt keine Sozialversicherungsbeiträge für die jeweilige von ihm angestellte Person zu entrichten hat.[833]

Überschreitet der Sonderversicherte eines der genannten Kriterien (Fläche/Arbeitsverrichtung), verliert er seinen Status als Sonderversicherter. Er gilt dann als Selbständiger im weiten Sinne, als „großer" Landwirt, was sich auf seine Beitragszahlung auswirkt und eine Beitragszahlungspflicht für von ihm beschäftigte Personen auslöst.[834]

dd. Individuell Versicherte (*contribuintes individuais*) – Selbständige im weiten Sinne

Art. 11 V Gesetz Nr. 8.213/91 und der identische Art. 12 V Gesetz Nr. 8.212/91 wurden 1999 neu gefasst;[835] bis dahin wurden an dieser Stelle die *contribuintes autónomos*, die Selbständigen, in die Rentenversicherung mit einbezogen. Der heute hier verwendete Begriff *contribuintes individuais* – wörtlich übersetzt einzelne oder individuelle Beitragszahler – ist eine Art Auffangtatbestand, der unterschiedliche Gruppen einschließlich der Selbständigen erfasst.[836] Der neue Begriff sollte drei existierende Kategorien

---

831 Veröffentlicht im *Diário Oficial da União* vom 11.12.1979, Teil 1, S. 18673.
832 Siehe hierzu nächster Punkt.
833 Vgl. unten, D.I.1.e.aa.(2).
834 Siehe hierzu unten, D.I.1.e.bb.(3).
835 Durch das Gesetz Nr. 9.876 vom 26.11.1999, veröffentlicht im *Diário Oficial da União* vom 29.11.1999, Teil 1, Edição Extra, S. 1.
836 Vgl. *Ibrahim*, Curso de Direito Previdenciário, S. 199.

vereinen, nämlich die Selbständigen, die diesen ähnelnden Personen sowie Unternehmer.[837] In der brasilianischen Literatur wird der mit den *contribuintes individuais* einbezogene Personenkreis auch negativ definiert als alle Personen erfassend, die einer Erwerbstätigkeit nachgehen, aber nicht schon an anderer Stelle genannt worden sind, also nicht bereits anderweitig als Versicherungspflichtige in die Rentenversicherung einbezogen sind.[838]

Die Norm listet verschiedene Personengruppen auf, beispielsweise den „größeren" Landwirt beziehungsweise landwirtschaftlichen Produzenten (*produtor rural*), der die Kriterien des Sonderversicherten nicht erfüllt, etwa weil er eine zu große Fläche bewirtschaftet oder mehr als 120 Personen beziehungsweise eine Person mehr als 120 Tage lang beschäftigt.[839] Auch der Gold- beziehungsweise Edelsteinsucher[840] – ein Beruf, für den es in Brasilien einer Lizenz bedarf –[841] gilt als *contribuinte individual*.[842] Des Weiteren nennt die Norm Geistliche, städtische oder ländliche Firmeninhaber, nicht angestellte Geschäftsführer oder Gesellschafter. Mit Art. 11 V h) Gesetz 8.213/91 werden die klassischen Selbständigen einbezogen. Diese Norm wird auch im Arbeitsrecht als gesetzliche Definition der selbständig tätigen Personen herangezogen.[843] Selbständig ist danach, wer eine Tätigkeit urbaner Art weisungsfrei und auf eigene Rechnung mit oder ohne Gewinnabsicht ausübt.

Auch Gelegenheitsarbeiter (*trabalhadores eventuales*) werden hier erfasst, Art. 11 V g) Gesetz 8.213/91.[844] Als Gelegenheitsarbeiter wird derjenige bezeichnet, dem es an einem Merkmal für die Eigenschaft als Beschäftigter fehlt, beispielsweise weil er, obwohl er das Erfordernis der persönlichen Leistungserbringung und der Abhängigkeit erfüllt, nicht dauerhaft für jemanden – den jeweiligen Arbeitgeber – tätig ist (es fehlt das Merkmal der *habitualidade*).

Die Zusammenfassung dieser Personengruppen in einer Norm hat insbesondere einen funktionalen Beweggrund: Sie sind – anders als alle ande-

---

837 *Balera*, Previdência Social Comentada, S. 82; *Ibrahim*, Curso de Direito Previdenciário, S. 200.

838 *Balera*, Previdência Social Comentada, S. 82.

839 Siehe hierzu oben, D.I.1.d.cc.

840 Die rechtlichen Rahmenbedingungen dieses Berufs sind eigens normativ geregelt in Gesetz Nr. 11.685 vom 2.6.2008.

841 Art. 3 Gesetz Nr. 11.685 vom 2.6.2008.

842 Vgl. *Ibrahim*, Curso de Direito Previdenciário, S. 201.

843 *Cairo Júnior*, Curso de Direito do Trabalho, S. 152; *Balera*, Previdência Social Comentada, S. 84.

844 Siehe hierzu ausführlich *Balera*, Previdência Social Comentada, S. 83.

ren – allein zuständig für die Beitragsentrichtung, denn all diese Personen haben gemeinsam, dass sie keinen (festen) Arbeitgeber haben, der dies übernimmt. Sie sind allesamt nicht in einem abhängigen Beschäftigungsverhältnis tätig; es fehlt an der erforderlichen arbeitsrechtlichen Bindung (*vínculo empregatícimo*). Sie werden in dieser Arbeit daher – vereinfacht – als Selbständige im weiten Sinne bezeichnet.

ee. „Lose" Arbeiter (*trabalhadores avulsos*)

Als *trabalhador avulso* – wörtlich übersetzt: loser / einzelner Arbeiter – wird nach Art. 11 VI Gesetz Nr. 8.212/91 derjenige erfasst, der für verschiedene Unternehmen tätig ist, ohne von diesen angestellt zu sein; es fehlt für die Arbeitnehmer- und Beschäftigteneigenschaft am Merkmal der Dauerhaftigkeit der Beschäftigung für ein Unternehmen. Dennoch ist er weder selbständig noch ein „normaler" Gelegenheitsarbeiter.[845] Der entscheidende Unterschied besteht darin, dass für *trabalhadores avulsos* gesetzlich vorgeschrieben ist, dass sie durch ein jeweils für sie zuständiges Verwaltungsorgan (*Órgão Gestor de Mão de Obra,* wörtlich übersetzt etwa managendes Organ der Arbeitskräfte) beziehungsweise unter Umständen auch durch die zuständigen Gewerkschaften (*sindicatos*) an Dritte vermittelt werden; es besteht eine Dreieckssituation.[846]

Tatsächlich handelt es sich damit hier weniger um eine abstrakt beschreibbare Gruppe von Personen, wie man vielleicht vermuten könnte, sondern vielmehr um konkrete einzelne Personengruppen, für die ebendiese Vermittlung vorgeschrieben ist. Dies wird auch bei Heranziehung von Art. 9 VI RPS und Art. 9 § 7 RPS deutlich, die den Tatbestand präzisieren beziehungsweise die erfassten Personen dezidiert auflisten. Hiernach fallen unter den Tatbestand insbesondere Hafenarbeiter, was unter anderem zurückzuführen ist auf die von Brasilien ratifizierten internationalen Arbeitsrichtlinien der ILO für Hafenarbeiter.[847]

Hafenarbeiter werden durch das für sie zuständige – sie sozusagen managende – Verwaltungsorgan *Órgão Gestor de Mão de Obra* vermittelt. Eine solche Körperschaft ist für jeden brasilianischen Hafen gesetzlich

---

845 Zum Gelegenheitsarbeiter siehe vorheriger Punkt, D.I.1.d.dd.
846 *Cairo Júnior,* Curso de Direito do Trabalho, S. 155.
847 ILO Dock Workers Convention (Übereinkommen Nr. 137) von 1973, in Kraft getreten am 24.7.1975.

vorgeschrieben, Art. 32 Gesetz Nr. 12.815 vom 5. Juni 2013[848]. Sie ist gemein-nützig organisiert (Art. 39 Gesetz Nr. 12.815/13) und regelt die Arbeitsan-gelegenheiten der Hafenarbeiter, einschließlich Lohneinziehung und Sozi-alversicherung, sowie ihre Vermittlung. Diese Vorgehensweise soll nicht nur die Effektivität der Hafenarbeit steigern, sondern auch dem Schutz der Hafenarbeiter dienen.[849] Benötigt ein Schiffsunternehmen im Hafen Arbeitskräfte, so wendet es sich an das zuständige Verwaltungsorgan und schließt mit ihm die entsprechenden Verträge ab.[850]

Andere „lose" Arbeiter, die ebenfalls durch für sie zuständige Verwal-tungsorgane oder Gewerkschaften vermittelt werden müssen, sind bei-spielsweise in der Kaffee-, Kakao- und Salzindustrie beziehungsweise -ge-winnung sowie im Warenverkehr tätige Personen.[851]

Im Ergebnis werden die „losen" Arbeiter über die folgenden Eigenschaf-ten charakterisiert: Sie werden vermittelt durch ein für sie zuständiges Verwaltungsorgan, verrichten stets temporäre Arbeit für verschiedenste Un-ternehmen, an die sie vermittelt werden, und sind in einer der genannten Branchen tätig. Dass die „losen" Arbeiter auch im Verhältnis zu dem sie vermittelnden Verwaltungsorgan nicht in einem Arbeitsverhältnis stehen, stellt Art. 34 Gesetz Nr. 12.815/13 klar. Gleichzeitig wird aber durch die Ver-mittlung verhindert, dass sie als selbständig gelten, wie es bei dem Entwurf der Sozialgesetze zunächst angedacht war,[852] und es wird sichergestellt, dass sie einem gewissen Schutz unterliegen, wie ihn auch etwa die genannten ILO-Arbeitsrichtlinien vorsehen.

Für die „losen" Arbeiter gelten in Bezug auf Beiträge und Renten die gleichen Voraussetzungen wie für (andere) Beschäftigte auch, insbesondere ist die Beitragshöhe identisch. Der Hauptunterschied liegt darin, dass die vermittelnden Verwaltungsorgane anstelle des beschäftigenden Unterneh-mens die Sozialversicherungsbeiträge entrichten.

---

848 Veröffentlicht im *Diário Oficial da União* vom 5.6.2013, Teil 1, Edição Extra, S. 1, im Folgenden Gesetz Nr. 12.815/13.
849 Vgl. *Rocha/Baltazar Junior*, Comentários a Lei de Benefícios da Previdência Social, S. 67.
850 Ebenda.
851 Für Letztere etwa regelt das Gesetz Nr. 12.023 vom 27.8.2009 die Vermittlungs-pflicht, Art. 1.
852 *Rocha/Baltazar Junior*, Comentários a Lei de Benefícios da Previdência Social, S. 66 f.

e. Beiträge und Finanzierung

Die Finanzierung der Sozialversicherung in Brasilien ist dreigliedrig gestaltet: Sie speist sich aus Beiträgen der Versicherten, der Arbeitgeber und verschiedenen finanziellen Zuweisungen von staatlicher Seite, Art. 195 der Verfassung i.V.m. Art. 16 ff. Gesetz Nr. 8.212/91. Die Sozialversicherung bedient sich des Umlageverfahrens, und verwaltet wird der Finanzierungsprozess vom INSS. Die verschiedenen Beiträge und Finanzierungsquellen sind äußerst detailliert und umfangreich geregelt. Hier sollen die Grundzüge veranschaulicht werden.

aa. Die Beiträge der Versicherten

Die Höhe der Beitragssätze der Versicherten variiert nach der Art ihrer Tätigkeit beziehungsweise ihres Arbeitsverhältnisses und ist zudem abhängig von der Höhe ihres Einkommens. Für alle Versicherten gibt es sowohl eine obere als auch eine untere Beitragsbemessungsgrenze, wenngleich die Rentenreform von 2019 hinsichtlich der unteren Beitragsbemessungsgrenze Änderungen bis hin zu ihrer Abschaffung vorsieht.[853] Die untere Bemessungsgrenze liegt entweder bei der Lohnuntergrenze der entsprechenden Berufsgruppe, oder, wenn eine solche nicht normativ festgelegt ist, gemäß Art. 28 § 3 Gesetz Nr. 8.212/91 bei einem Mindestlohn (*salário mínimo*) und damit 2020 (ab Februar) bei 1.045,00 Reais.[854] Die obere Bemessungsgrenze liegt gemäß Art. 28 § 5 Gesetz Nr. 8.212/91 nach regelmäßiger Erhöhung 2020 bei 6.101,06 Reais[855] und damit bei knapp dem Sechsfachen eines Mindestlohnes.

(1) Beschäftigte, Hausangestellte und *trabalhadores avulsos*

Beschäftigte, „lose" Arbeiter sowie Hausangestellte zahlen nach Art. 20 Gesetz Nr. 8.212/91 einen progressiv gestaffelten Beitragssatz von 8, 9 oder 11%

---

853 Siehe unten unter D.I.1.i.

854 Art. 2 Gesetz Nr. 14.013 vom 10.6.2020, veröffentlicht im *Diário Oficial da União* vom 12.6.2020, Teil 1, S. 5 (zuvor Art. 1 *Medida Provisória* Nr. 919 vom 30.1.2020, veröffentlicht im *Diário Oficial da União* vom 31.1.2020, Teil 1, S. 1).

855 Art. 20 Gesetz Nr. 8.212/91, Werte aktualisiert durch Art. 6 Portaria Nr. 3.659 vom 10.2.2020 (veröffentlicht im *Diário Oficial da União* vom 11.2.2020, Teil 1, S. 20).

des zu berücksichtigenden monatlichen Einkommens (*salario de contri-buição*), abhängig von dessen Höhe. Bei einem monatlichen Einkommen von bis zu 1.830,29 Reais sind 8% monatlich zu entrichten, bei bis zu 3.050,52 Reais 9% und darüber bis zur Beitragsbemessungsgrenze von 6.101,06 Reais 11%.[856] Dies galt so aber nur bis März 2020. Denn mit der Rentenreform von 2019 wurden die Beitragssätze verändert – insbesondere für Besserverdiener erhöht – und auch innerhalb der einzelnen Stufen progressiv ausgestaltet.[857] Die Reform ist diesbezüglich bis zum Abschluss dieser Arbeit noch nicht einfachgesetzlich umgesetzt, es gelten vielmehr noch Übergangsregelungen. Diese sehen seit März 2020 bei einem monatlichen Einkommen von bis zu 1.045,00 Reais einen Beitragssatz von 7,5% vor, bei bis zu 2.089,60 Reais einen Beitragssatz von 9%, bei bis zu 3.134,40 Reais einen Beitragssatz von 12% und darüber bis zur Beitragsbemessungsgrenze von 6.101,06 Reais einen Beitragssatz von 14%.[858]

Zu zahlen ist der Beitrag vom Arbeitgeber beziehungsweise im Fall der „losen" Arbeiter jeweils von dem für sie zuständigen Verwaltungsorgan. Letzteres zieht schließlich auch die Löhne von denjenigen ein, für die der „lose" Arbeiter tätig geworden ist.

Die dargestellten Grundsätze gelten grundsätzlich auch für Beschäftigte, die landwirtschaftliche Arbeit verrichten. Aufgrund einer bis 2020 geltenden Übergangsregelung war das vollständige Entrichten der Beiträge bisher aber (noch) nicht Voraussetzung für den Rentenbezug, sondern eine Rente konnte auch bezogen werden, wenn neben jedenfalls teilweisen Beitragsentrichtungen der Nachweis 15-jähriger landwirtschaftlicher Arbeit erbracht wurde[859] – de facto waren in der Landwirtschaft tätige Beschäftigte damit bis 2020 zu einem Teil noch von der Beitragspflicht befreit.

(2) Individuell und freiwillig Versicherte

Für die individuell Versicherten – die Selbständigen im weiten Sinne – und die freiwillig Versicherten legt das Gesetz einen Beitragssatz von 20% ihres Einkommens fest, Art. 21 Gesetz Nr. 8.212/91. Es sind aber verschiedene Abweichungsmöglichkeiten zu beachten.

---

856 Art. 20 Gesetz Nr. 8.212/91, Werte aktualisiert durch Annexo II Portaria Nr. 3.659 vom 10.2.2020.
857 Siehe zur Rentenreform ausführlich unten, D.I.1.i.
858 Annexo III Portaria Nr. 3.659 vom 10.2.2020.
859 Dazu unten, D.I.1.f.aa.

So hat ein Unternehmen, das einen Selbständigen für sich tätig werden lässt, für diesen Beiträge zu entrichten und[860] die Selbständigen können ihren Beitragssatz zur Rentenversicherung auf 11% reduzieren, wenn sie nachweisen, dass das Unternehmen, für das sie gearbeitet haben, Sozialversicherungsbeiträge für sie abgeführt hat, Art. 30 § 4 Gesetz Nr. 8.212/91 (wozu das Unternehmen, wie gesagt, auch verpflichtet ist).[861] Mit dieser Vorgehensweise sollen Benachteiligungen von Selbständigen im weiten Sinne gegenüber den regulär Beschäftigten, die geringere Beiträge zu zahlen haben, verhindert werden. Dies gilt aber nur, sofern auf Arbeitgeberseite ein Unternehmen steht und nicht, wenn Tätigkeiten für einzelne natürliche Personen vorgenommen werden.

Nicht nur Selbständige im weiten Sinne, sondern auch freiwillig Versicherte können ihren Beitragssatz außerdem dadurch reduzieren, dass sie auf ihr Recht auf Rente nach Beitragszeit (*aposentadoria por tempo de contribuição*) verzichten, also nur bei Erreichen der Regelaltersgrenze (und der Erfüllung der weiteren Voraussetzungen) in den Ruhestand eintreten dürfen (Regelaltersrente).[862] Im Falle dieses Verzichts sinkt der Beitragssatz auf 11% eines Mindestlohnes – diese Beitragshöhe gilt dann unabhängig vom tatsächlichen Einkommen, Art. 21 § 2 I Gesetz Nr. 8.212/91.

Handelt es sich bei dem Selbständigen im weiten Sinne um einen sogenannten selbständigen Kleinstunternehmer (*microempreendedor*) und damit um einen Selbständigen, welcher in Industrie, Handel oder im Dienstleistungsgewerbe, nicht aber wissenschaftlich, literarisch oder künstlerisch tätig ist und die jährliche Verdienstgrenze von 81.000,00 Reais jährlich nicht überschreitet,[863] sinkt der Beitragssatz nochmals, nun auf 5% eines Mindestlohnes, Art. 21 § 2 II Gesetz Nr. 8.212/91. Dasselbe gilt, wenn ein freiwillig Versicherter über keinerlei eigenes Einkommen verfügt, er nur im eigenen Haushalt tätig ist sowie eine einkommensschwache Familie hat.[864]

---

860 Siehe hierzu unten, D.I.1.e.bb.(1).

861 Siehe hierzu ausführlich *Ibrahim*, Curso de Direito Previdenciário, S. 226 ff.

862 Siehe zu den verschiedenen Rentenarten unten unter D.I.1.g.aa. und bb.

863 Art. 18-A § 1 des *Lei Complementar* Nr. 123 vom 14.12.2006 (veröffentlicht im *Diário Oficial da União* vom 15.12.2006, Teil 1, S. 1) in Verbindung mit Art. 966 *Código Civil*, Gesetz Nr. 10.406 vom 10.1.2002.

864 Eine Familie gilt dabei als einkommensschwach, wenn sie in das einheitliche Register der Bundesregierung für soziale Programme (*Cadastro Único para Programas Sociais do Governo Federal*) eingetragen ist, geregelt in der Rechtsverordnung Nr. 6.135 vom 26.6.2007, und ein Einkommen von maximal zwei Mindestlöhnen vorzuweisen hat, Art. 21 § 4 Gesetz Nr. 8.212/91.

Selbständige Kleinstunternehmer haben zudem die Möglichkeit, am *SIMPLES Nacional* teilzunehmen,[865] einem vereinfachten Steuerverfahren, über das Steuern und Sozialversicherungsbeiträge zusammengefasst in einer monatlichen Zahlung abgeführt werden; die Höhe orientiert sich am Jahresumsatz des Vorjahres. Die Beitragszahlung soll ihnen so erleichtert werden.

(3) Sonderversicherte

Sonderversicherte haben keinen einkommensbezogenen Beitrag im engeren Sinne zu leisten, sondern entrichten 1,2% des durch den Verkauf ihrer Produkte erzielten Bruttoeinkommens, Art. 25 I Gesetz Nr. 8.212/91. Zu diesen Produkten gehören nicht nur Naturalien, sondern auch die durch den Versicherten erst nach Bearbeitung verkauften Produkte einschließlich solcher kunsthandwerklicher Natur, Art. 25 §§ 3, 10. Darüber hinaus fällt der Beitrag ebenfalls an bei Einnahmen aus Dienstleistungen, die im Zusammenhang mit dem ländlichen Besitz stehen, beispielsweise solche touristischer Art. In der Regel ist der Beitrag von demjenigen zu entrichten, der die Produkte erwirbt; nur wenn die Produkte an natürliche Personen oder ins Ausland verkauft werden, ist der Versicherte selbst für die Beitragszahlung verantwortlich.[866] Natürliche Konsequenz dieser Art des Beitrages ist, dass er nicht regelmäßig geleistet wird, sondern – wenn überhaupt – nur dann, wenn Einnahmen vorhanden sind, zum Beispiel in der Erntezeit.

Interessanterweise wird dem Sonderversicherten darüber hinaus die Möglichkeit gegeben, sich zusätzlich freiwillig in der Rentenversicherung zu versichern (Art. 25 § 1 Gesetz Nr. 8.212/91), was sich natürlich auf die Höhe späterer Rentenleistungen auswirken kann. Die Beitragssätze richten sich nach den Regeln für individuell Versicherte, der Status des Sonderversicherten wird jedoch beibehalten.[867]

bb. Die Beiträge auf Arbeitgeberseite

Auf Arbeitgeberseite werden als beitragspflichtig von der Verfassung neben den Arbeitgebern (*empregadores*) auch Unternehmen (*empresas*) und die-

---

865 Geregelt im *Lei Complementar* Nr. 123 vom 14.12.2006.
866 *Amado*, Direito Previdênciario Sistematizado, S. 146; *Ibrahim*, Curso de Direito Previdenciário, S. 237.
867 Vgl. hierzu ausführlich *Ibrahim*, Curso de Direito Previdenciário, S. 235 f.

sen gleichgesetzte Einheiten aufgezählt, Art. 195. Sie alle haben sich an der Finanzierung der Rentenversicherung zu beteiligen, indem sie Abgaben leisten auf die von ihnen gezahlten Lohnsummen, auf ihre Einnahmen (*receitas*), ihren Umsatz (*faturamento*) sowie ihren Gewinn (*lucro*), Art. 195 I der brasilianischen Verfassung.

Das Gesetz zur sozialen Sicherheit führt auf Arbeitgeberseite (nur) die Unternehmen auf, aber nicht wie die Verfassung auch den Arbeitgeber als einzelne beziehungsweise natürliche Person. Der Unternehmensbegriff ist hier jedoch weit zu verstehen und erfasst alle, auch einzelne Arbeitgeber. Nach der im Gesetz zur sozialen Sicherheit genannte Definition des Unternehmens kann dieses auch ein Einzelbetrieb (*firma individual*) und damit im Ergebnis eine einzelne Person sein, Art. 15 I Gesetz Nr. 8.212/91.

Daneben werden auf Arbeitgeberseite der Landwirt als natürliche Person (*produtor rural pessoa física*), das landwirtschaftliche Unternehmen als juristische Person (*produtor rural pessoa jurídica*) sowie derjenige genannt, der einen oder mehrere Hausangestellte beschäftigt (*empregador doméstico*).

(1) Unternehmen

Unternehmen – auch Einzelunternehmer – haben für ihre Beschäftigten und „losen" Arbeiter, die ihnen über das jeweilige Verwaltungsorgan vermittelt worden sind, monatlich einen Beitrag von 20% des an diese gezahlten, geschuldeten oder gutgeschriebenen Entgelts zu entrichten, Art. 22 I Gesetz Nr. 8.212/91. Eine Obergrenze ist hierbei – anders als auf Versichertenseite – nicht vorgesehen.[868] Dadurch, dass nicht allein das ausgezahlte Entgelt für die Beitragsentrichtung entscheidend ist, will man dem Risiko vorbeugen, dass Sozialversicherungsbeiträge allzu einfach unterschlagen werden können, etwa mit der Behauptung, es würden keine oder niedrigere Löhne gezahlt.[869]

Auch für beschäftigte individuell Versicherte – Selbständige im weiten Sinne – hat das Unternehmen Beiträge zu entrichten, da es sich nicht durch eine entsprechende Beschäftigungspolitik der Zahlung von Sozialversicherungsbeiträgen entziehen können soll. Hier sind (ebenfalls) 20% des im Laufe des Monats gezahlten oder gutgeschriebenen Entgelts zu entrichten, Art. 22 III Gesetz Nr. 8.212/91.

---

868 Siehe hierzu ebenda, S. 241 f.
869 *Ibrahim*, Curso de Direito Previdenciário, S. 241.

Besonderheiten gelten für Mikro- und Kleinunternehmer (juristische Personen). Sie können an dem bereits genannten *SIMPLES Nacional* teilnehmen, dem vereinfachten Steuerverfahren, über das Steuern und Sozialversicherungsbeiträge zusammengefasst in einer monatlichen Zahlung abgeführt werden, deren Höhe sich am Jahresumsatz des Vorjahres orientiert. Verfassungsrechtlicher Ausgangspunkt ist Art. 179, der es erlaubt, Mikro- und Kleinunternehmern eine gesetzliche Spezialbehandlung zukommen zu lassen, um ihnen die Erfüllung der ihnen vom Staat auferlegten finanziellen Verpflichtungen zu erleichtern. Teilnahmeberechtigte Mikrounternehmen sind solche, deren Umsatz jährlich bis zu 360.000 Reais beträgt, Kleinunternehmen im Sinne des Gesetzes sind solche, deren Umsatz über 360.000 bis zu 4,8 Millionen Reais jährlich beträgt.[870]

Unternehmen haben zusätzlich einen „Beitrag zur Finanzierung der sozialen Sicherheit" (*Contribuição para o Financiamento da Seguridade Social*, COFINS) in Höhe von 2% ihres Bruttoumsatzes sowie den „Sozialbeitrag über den Nettogewinn" (*Contribuição Social sobre o Lucro Líquido*, CSLL) in Höhe von 10% zu zahlen.[871] Bei dem COFINS handelt es sich de facto um eine Umsatzsteuer und bei dem CSLL um einen Zuschlag auf die Einkommensteuer der Unternehmen.[872] Beide Abgaben sind dem Versicherungsgedanken prinzipiell fremd; sie dienen zum einen schlicht der Beschaffung weiterer Finanzierungsquellen für die Rentenversicherung und sind zum anderen als Ausdruck des Strebens nach einer gerechteren Verteilung finanzieller Mittel im Allgemeinen zu bewerten.

Banken, Kreditanstalten, im Börsen- und Wertpapiergeschäft tätige Unternehmen, private Versicherungsunternehmen und verschiedene ähnliche Unternehmen haben auf den Beitrag von 20% einen Aufschlag von 2,5% zu leisten,[873] was damit begründet wird, dass sie als höchst computerisiert arbeitend eingestuft werden und damit als Unternehmen mit niedrigen Lohnkosten, die im Vergleich zu anderen Unternehmen ansonsten einen zu geringen Anteil an der Finanzierung der Sozialversicherung tragen würden.[874]

Professionelle Fußballvereine als Arbeitgeber sind im Sozialversicherungsrecht der Fußballnation Brasilien Gegenstand einer Sonderregelung:

---

870 Art. 3 I, II *Lei Complementar* Nr. 123 vom 14.12.2006.
871 Art. 23 Gesetz Nr. 8.212/91.
872 *Schwarzer*, Sozialstaatliche Rentenreformen in Lateinamerika?, S. 93; *Balera*, Previdência Social Comentada, S. 65 f.
873 Art. 22 § 1 Gesetz Nr. 8.212/91.
874 *Ibrahim*, Curso de Direito Previdenciário, S. 247.

Sie müssen 5% ihrer Bruttoeinnahmen als Sozialversicherungsbeitrag entrichten, Art. 22 § 6 Gesetz Nr. 8.212/91.

(2) Arbeitgeber von Hausangestellten (*empregador doméstico*)

Personen, die Hausangestellte beschäftigen, haben einen Beitrag von 12% des an diese zu zahlenden Entgelts zu entrichten, Art. 24 S. 1 Gesetz Nr. 8.212/91.

(3) Landwirte (*empregador rural*)

Während die „kleinen" Landwirte als Sonderversicherte lediglich für sich selbst Abgaben zur Sozialversicherung entrichten und nicht für die von ihnen im erlaubten Rahmen kurzfristig beschäftigten Personen, sind die „größeren" Landwirte, sofern sie Beschäftigte haben, auch verpflichtet, für diese Sozialversicherungsbeiträge zu leisten. Der Beitragssatz beträgt pauschal 1,2% des bei der Erstkommerzialisierung ihrer Produkte erzielten Bruttoerlöses, Art. 25 I Gesetz Nr. 8.212/91, unabhängig von der Anzahl der Beschäftigten. Der Landwirt als Arbeitgeber wird damit gegenüber anderen Arbeitgebern, die für jeden Beschäftigten einzeln Beiträge entrichten müssen, bevorteilt.

Der Beitrag entspricht hinsichtlich seiner Berechnung dem, den der Sonderversicherte, der „kleine" Landwirt, für sich selbst zu entrichten hat[875] – der entscheidende Unterschied ist, dass der Beitrag hier einer auf Arbeitgeberseite ist, der für die vom „großen" Landwirt angestellten Personen entrichtet wird. Der Landwirt selbst ist darüber hinaus als Individualversicherter – als Selbständiger im weiten Sinne – versicherungspflichtig.[876] Abzugrenzen ist der hier beschriebene landwirtschaftliche Arbeitgeber als natürliche Person von dem im folgenden Punkt näher betrachteten landwirtschaftlichen Unternehmen als Arbeitgeber.

---

875 Siehe oben, D.I.1.e.aa.(3).
876 Siehe oben, D.I.1.d.dd.

(4) Landwirtschaftliche Unternehmen (juristische Personen)

Landwirtschaftliche Unternehmen mit Rechtspersönlichkeit haben 1,7% des bei der Erstkommerzialisierung ihrer Produkte erzielten Bruttoerlöses zu entrichten, Art. 25 I Gesetz Nr. 8.870/94[877]. Die hinter der juristischen Person stehenden natürlichen Personen selbst sind als Individualversicherte versicherungspflichtig.[878]

cc. Staatliche Zuschüsse

Art. 195 der Verfassung und Art. 16 ff. Gesetz Nr. 8.212/91 sehen staatliche Zuschüsse zur Finanzierung der Sozialversicherung vor. Vor allem ist der Staat nach Art. 16 § 1 Gesetz Nr. 8.212/91 dafür verantwortlich, etwaige finanzielle Defizite der Sozialversicherung zu decken. Art. 26, 27 Gesetz Nr. 8.212/91 ordnen darüber hinaus die Verwendung verschiedener zweckgebundener staatlicher Einnahmen für die Finanzierung der Sozialversicherung an. Dazu gehören beispielsweise Einnahmen aus Lotterien und Wettspielen, Bußgeldzahlungen, Pacht- und Mieteinnahmen oder Einnahmen aus Auktionen von Gütern, die von den Finanzämtern konfisziert wurden.[879]

f. Leistungsvoraussetzungen

Bei den Leistungsvoraussetzungen ist zwischen den beiden Arten der Rentenleistungen im Alter zu differenzieren: der Regelaltersrente (aa.) und der Rente nach Beitragszeit (bb.).

---

877 Gesetz vom 15.4.1994, veröffentlicht im *Diário Oficial da União* vom 16.4.1994, Teil 1, S. 5597.
878 Siehe oben, D.I.1.d.dd.
879 Siehe hierzu ausführlich *Gerstenberger*, Alterssicherung in Brasilien, S. 172 f.

aa. Die Regelaltersrente

(1) Die Grundregeln – *Previdência Urbana*

Für den Bezug der regulären Altersrente muss zum einen die Regelalters-grenze[880] erreicht und zum anderen die Karenzzeit (*período de carência*), eine Mindestbeitragszeit, erfüllt worden sein.

Die Regelaltersgrenze beträgt für Männer 65 und für Frauen 60 Jahre, Art. 48 Gesetz Nr. 8.213/91. Nach der Reform von 2019 werden es für Frauen 62 Jahre sein.[881]

Die Karenzzeit – der Zeitraum, für den monatliche Beitragszahlungen getätigt worden sein müssen – beträgt für beide Geschlechter 180 Monate (15 Jahre), Art. 48, 24, 25 II Gesetz Nr. 8.213/91. Die Reform von 2019 bringt für Männer eine Erhöhung auf 20 Jahre mit sich.[882] Grundsätzlich steht es den Beschäftigten frei, sich trotz Erreichens der Leistungsvoraussetzungen für einen späteren Renteneintritt zu entscheiden. Ab einem Alter von 70 Jahren bei Männern und 65 Jahren bei Frauen können sie aber von ihrem Arbeitgeber zwangsweise in den Ruhestand versetzt werden, es sei denn, sie haben die Karenzzeit noch nicht erfüllt, Art. 51 Gesetz Nr. 8.213/91.

Erleichterte Leistungsvoraussetzungen und diverse Sonderregelungen gibt es für Beschäftigte, die für längere Zeit unter gefährlichen, ge-sundheitsbeeinträchtigenden Bedingungen tätig waren, Art. 57 ff. Gesetz Nr. 8.213/91 (*aposentadoria especial*). Sonderregelungen bestehen auch für Beschäftigte mit Behinderungen, geregelt durch das ergänzende Gesetz Nr. 142/2013[883].

(2) Die Sonderregelungen der sogenannten *Previdência Social Rural*

Für sämtliche landwirtschaftlich tätige Personen reduziert sich die Regalal-tersgrenze jeweils um 5 Jahre und liegt somit für Männer bei 60 und für Frauen bei 55 Jahren, Art. 48 § 1 Gesetz Nr. 8.213/91. Die Reform von 2019

---

880 Der Terminus Regelaltersgrenze ist streng genommen dem deutschen Recht ent-nommen (§ 35 S. 1 Nr. 1 SGB VI) und setzt dort die Altersgrenze für den Bezug der Regelaltersrente fest. Er soll – da dies inhaltlich passend erscheint – aber genauso für das brasilianische Recht verwendet werden.

881 So der durch Verfassungsänderung Nr. 103 vom 12.11.2019 geänderte Art. 201 § 7 I der Verfassung. Siehe zur Reform ausführlich unten unter D.I.1.i.

882 Siehe zur Reform unten unter D.I.1.i.

883 Veröffentlicht im *Diário Oficial da União* vom 9.5.2013, Teil 1, S. 1.

hat hieran nichts geändert. Um in den Genuss dieses Privilegs zu gelangen, muss der Nachweis insgesamt 15 Jahre dauernder landwirtschaftlicher Tätigkeit erbracht werden, Art. 48 § 2 Gesetz Nr. 8.213/91.

Die Karenzzeit beträgt auch hier 180 Monate. Die Tatsache, dass Sonderversicherte, die „kleinen" Bauern und Fischer, keine Beiträge im eigentlichen Sinne zu entrichten haben, sondern lediglich 1,2% ihrer Einnahmen abzuführen sind und dies denklogisch auch nur dann, wenn Einnahmen existieren, erfordert in puncto Karenzzeit Besonderheiten. An Stelle der 15-jährigen Beitragszahlung tritt der (auch für die Reduzierung der Regelaltersgrenze erforderliche) Nachweis 15-jähriger landwirtschaftlicher Tätigkeit, Art. 26 § 1 RPS. Dass Sonderversicherte keine Beitragszahlungen nachweisen müssen, bedeutet gleichzeitig, dass auch die Verpflichtung zur Zahlung von 1,2% ihrer Einnahmen insofern hinfällig ist, da sie für den Rentenbezug im Zweifelsfall wohl nicht überprüft wird.

Für eine Übergangzeit gilt die geschilderte Privilegierung gemäß Art. 143 Gesetz Nr. 8.213/91 i.V.m. Art. 3 Gesetz Nr. 11.718/08[884] nicht nur für die Sonderversicherten, sondern auch für sämtliche anderen landwirtschaftlich Beschäftigten. Obwohl agroökonomisch Beschäftigte und Selbständige eigentlich – anders als die kleinen Bauern – verpflichtet sind, regulär Beiträge zu entrichten, können sie demnach die Karenzzeit während der Übergangzeit jedenfalls zu einem Teil dadurch erfüllen, dass sie lediglich ihre Tätigkeit, nicht aber ihre Beitragszahlung nachweisen. Die Zeiten, für die sie Beitragszahlungen nachweisen müssen, steigen Jahr für Jahr bis die Beitragspflicht am Ende voll besteht. Hintergrund der Regelung ist, dass landwirtschaftliche Arbeiter vor Inkrafttreten der Gesetze Nr. 8.212/91 und Nr. 8.213/91 – als sie noch im damals eigenständigen FUN-RURAL versichert waren[885] – nicht verpflichtet gewesen waren, Beiträge zu zahlen; sie waren nicht mit städtischen Arbeitskräften gleichgestellt gewesen. Die landwirtschaftlichen Arbeiter und Arbeitgeber sollten mit dieser Übergangsregelung an die neue Verpflichtung der Beitragszahlung herangeführt werden.[886] Auch war die Karenzzeit nicht von Beginn an auf 180 Monate festgelegt worden, sondern erhöhte sich ab Inkrafttreten der Gesetze Nr. 8.212/91 und 8.213/91 kontinuierlich (das galt allerdings

---

884 Gesetz vom 20.6.2008, veröffentlicht im *Diário Oficial da União* vom 23.6.2008, Teil I, S. 2.
885 Siehe oben, C.I.4.
886 *Ibrahim*, Curso de Direito Previdenciário, S. 605.

für sämtliche Beschäftigte).[887] Andauern sollte die Übergangszeit fünfzehn Jahre ab Inkrafttreten des Gesetzes im Jahr 1991, wie die Norm festhält. Die Realität auf dem Lande ging mit den Vorschriften des Gesetzes nach Wegfall der Übergangsregelungen 2006 aber wenig konform, insbesondere fehlte es meist weiterhin an der vorgeschriebenen Beitragsentrichtung. Die Übergangsperiode wurde daher nicht nur verlängert, sondern es kamen zusätzliche Übergangsregelungen hinzu: Die Beitragszahlung war ab 2011 zunächst nur für vier Monate pro Jahr nachzuweisen, ab 2016 für sechs Monate pro Jahr und erst ab 2021 haben ländliche Beschäftigte und Selbständige – wie ihre städtischen Kollegen – alle monatlichen Beiträge für die Erfüllung der Karenzzeit nachzuweisen, Art. 3 Gesetz Nr. 11.718/08.

Einzig für die Sonderversicherten bleibt es dabei, dass sie allein mit Nachweis der 15-jährigen landwirtschaftlichen Tätigkeit die Rentenbezugsvoraussetzungen erfüllen. Für sie ändert sich demnach – soweit ersichtlich – an der „Quasi-Beitragsfreiheit" auch in naher Zukunft nichts.

Für das Erbringen des Nachweises der landwirtschaftlichen Tätigkeit listet Art. 106 Gesetz Nr. 11.718/08 verschiedene Möglichkeiten auf. Er kann zum Beispiel durch Vorlegen eines Arbeitsvertrages, der Sozialversicherungskarte bei individuell Versicherten oder einschlägiger Notizen bei landwirtschaftlichen Produzenten erbracht werden, es kann nachgewiesen werden, dass die bei der Erstkommerzialisierung der Produkte anfallenden Abgaben getätigt wurden, und es können Steuerunterlagen oder Kopien von Miet- oder Pachtverträgen et cetera vorgelegt werden. Die Nachweismöglichkeiten sind nicht begrenzt, und in der Praxis werden die Anforderungen – zumindest von den Gerichten, bei denen derartige Fälle nicht allzu selten landen – nicht besonders hoch angesetzt; zum Teil wird hier schon das Betrachten der Hände der Menschen als ausreichend aufschlussreich erachtet.[888]

Mit den dargestellten Regelungen weicht das Rentenversicherungsregime im Fall der Sonderversicherten und für die Übergangszeit auch im Fall aller in der Landwirtschaft tätigen Personen vom Versicherungsprinzip ab, da im Ergebnis Zeiten auf die Rente angerechnet werden,[889] in denen – trotz Berufstätigkeit und vorhandenen Einkommens – keine Beiträge entrichtet wurden. Die *Previdência Social Rural* ist (jedenfalls für die Sonderversi-

---

887 Siehe hierzu die Auflistung in Art. 142 Gesetz Nr. 8.213/91.
888 So die Auskunft des von der Verfasserin befragten Richters Prof. Marcus Orione Gonçalves Correia.
889 Zur Rente siehe nächster Punkt, D.I.1.g.

cherten) nicht mehr im klassischen Sinne als Versicherung zu qualifizieren, jedoch genau so wenig als Sozialhilfe, da Leistungen bedarfsunabhängig gewährt werden.[890] Sie dürfte wohl als Solidarrente oder „soziale Rente", als beitragsfreie, regelmäßige Transferleistung für ältere Menschen einzuordnen sein[891]– eine solche kann sowohl bedarfsabhängig als auch bedarfsunabhängig gewährt werden,[892] setzt in diesem Fall aber landwirtschaftliche Arbeit voraus. Es zeigt sich an dieser Stelle, dass man die Verringerung von Armut, eines der Hauptziele sozialrechtlicher Regelungen in Brasilien, auch mit der brasilianischen Rentenversicherung zu erreichen versucht – zu Lasten des Versicherungsprinzips (und des Budgets der Rentenversicherung).

bb. Die Rente nach Beitragszeit

Voraussetzung für den Bezug einer Rente nach Beitragszeit ist – wie der Name schon sagt – zunächst das Erfüllen einer bestimmten Beitragszeit. Diese beträgt für Männer 35 Jahre und für Frauen 30, Art. 201 § 7 I der Verfassung[893]. Fünf Jahre früher können Lehrer in Rente gehen, und zwar abschlagsfrei, wenn sie sich für die Dauer der Beitragszeit beruflich ihrer Lehrtätigkeit gewidmet haben.

Bis zur Rentenreform von 1998 war für alle Versicherten ein fünf Jahre früherer Renteneintritt möglich gewesen, jedoch verbunden mit Abschlägen bei der Rentenhöhe (*aposentadoria proporcional*). Dies ist inzwischen nicht mehr möglich,[894] übrig geblieben sind lediglich Übergangsregelungen.

Außerdem muss auch für die Rente nach Beitragszeit eine Karenzzeit von 180 Monaten (15 Jahren) erfüllt worden sein. Auch wenn diese in der

---

890 Auch in Brasilien setzt die Sozialhilfe nach dem LOAS Bedürftigkeit voraus.

891 So die Definition von HelpAge International, einem entwicklungspolitischen und humanitären Hilfs-Netzwerk, das mit finanziellen Mitteln des deutschen Bundesministeriums für wirtschaftliche Zusammenarbeit und Entwicklung die Datenbank Pension Watch zum Thema soziale Renten unterhält, *HelpAge International*, Why social pensions are needed now, S. 2.

892 Die Datenbank PensionWatch von HelpAge International zu sozialen Renten enthält sowohl solche, die bedarfsorientiert sind als auch solche, die bedarfsunabhängig gewährt werden.

893 In der Fassung ab dem 15.12.1998 bis zur Verfassungsänderung Nr. 103 vom 12.11.2019, mit der die Rente nach Beitragszeit abgeschafft wurde bzw. wird, siehe hierzu sogleich und unten unter D.I.1.i.

894 Siehe hierzu *Wagner/Mussi*, Direito Previdenciário, S. 212 ff.

Regel mit der Beitragszeit zusammenfällt, ist sie nicht mit ihr identisch; Beiträge können auch im Nachhinein entrichtet werden, durch die Nachentrichtung wird aber nicht die Karenzzeit erfüllt, denn letztere zählt die Monate der Beitragszahlung und diese können nicht nachgeholt werden.[895] Dementsprechend könnte man auch sagen, es muss eine Beitragshöhe entsprechend der oben genannten Zeit geleistet plus die Karenzzeit erfüllt worden sein. Die Rentenleistung kann nicht (etwa mit Einmalzahlung) „erkauft" werden.

Das Erreichen eines Mindestalters ist für die Rente nach Beitragszeit erstaunlicherweise nicht erforderlich mit der Folge, dass eine vergleichsweise frühe Verrentung möglich ist. 2015 lag das durchschnittliche Renteneintrittsalter bei der Rente nach Beitragszeit bei nur 54,7 Jahren.[896] Ein früher Renteneintritt hat natürlich (negative) Auswirkungen auf die Rentenhöhe. Es besteht aber die Möglichkeit, trotz Verrentung weiter zu arbeiten; der kumulierte Renten- und Lohnbezug ist gesetzlich zu keinem Zeitpunkt ausgeschlossen oder beschränkt. Aufgrund des meist jungen Alters bei Erreichen der Leistungsvoraussetzungen für die Rente nach Beitragszeit entspricht es durchaus der Regel, neben dem Rentenbezug den Arbeitsmarkt nicht zu verlassen, sondern sogar häufig auf dem gleichen Arbeitsplatz zu bleiben. Je nach Höhe der Rente und persönlicher Sichtweise dient die Rentenleistung als willkommene Einkommensaufstockung oder das Weiterarbeiten als Notwendigkeit, weil die Rente allein zum Leben nicht ausreichen würde. Die Folge, dass der frühe Renteneintritt zu einer geringeren Rente führt, von der man, wenn eine Einkommensaufstockung durch Weiterarbeit nicht mehr möglich ist, allein leben muss, machen sich die Menschen häufig nicht bewusst.

Um die Einführung eines Mindestalters bei der Rente nach Beitragszeit wurde und wird – mitunter deshalb – immer wieder gerungen. Ursprünglich war das Erreichen eines Mindestalters erforderlich gewesen, in den 1960er-Jahren aber wurde diese Voraussetzung abgeschafft – finanziell nicht zuträglich für die Rentenversicherung. Unter der Regierung Cardoso wurde im Zuge der Rentenreform von 1998 nach einigem Hin und Her wieder ein Mindestalter eingeführt, welches für Männer bei 53 und für Frauen bei 48 Jahren lag. Diese Regelung währte aber nur bis zur nächsten Rentenreform 2003, im Rahmen derer das Erfordernis eines Mindestalters

---

895 Vgl. *Ibrahim*, Curso de Direito Previdenciário, S. 611.
896 Ziffer 16 der Anmerkung zur *Proposta de Emenda à Constituição* 287/2016 vom 5.12.2016.

von der Regierung Lula mit dem Dekret Nr. 4.729 vom 9. Juni 2003[897] wieder abgeschafft wurde. Übrig geblieben sind davon heute allein noch einige Übergangsregelungen.[898] Zu kompensieren versucht man das fehlende Mindestalter zurzeit durch Anwendung von zusätzlichen Faktoren bei der Rentenberechnung, die unter anderem das Renteneintrittsalter – rentenmindernd – mitberücksichtigen.[899] Die Reform von 2019 schafft die Rente nach Beitragszeit nun ab,[900] verbleiben werden Übergangsregelungen.

Schließlich gilt es noch zu beachten, dass die Rente nach Beitragszeit Sonderversicherten nicht zusteht, was insofern konsequent ist, als diese auch keine Beiträge zahlen. Nur sofern sich Sonderversicherte freiwillig zusätzlich versichern und sämtliche Rentenzugangsvoraussetzungen erfüllen – insbesondere die Karenzzeit, wofür in diesem Fall nicht allein der Nachweis ländlicher Tätigkeit ausreicht, sondern die Beitragszahlung nachgewiesen werden muss –, können sie als individuell Versicherte eine Rente nach Beitragszeit beziehen. Letztlich steht individuell Versicherten diese Rentenart aber auch nur dann zu, wenn sie nicht zugunsten niedrigerer Beitragssätze auf diese verzichtet haben.[901]

g. Die Rente

Für beide Rentenarten gibt es eine Mindestrente, deren Wert bei einem Mindestlohn liegt,[902] und eine Höchstrente in Höhe der Beitragsbemessungsgrenze, also maximal 100% der Grundlage der Beitragsberechnung (Art. 33 Gesetz Nr. 8.213/91), was, wie dargestellt, im Jahr 2020 6.101,06 Reais[903] sind (ca. 1.300 Euro mit Umrechnungskurs vom Beginn des Jahres). Die Rentenleistung wird als Einkommensersatzrate ausgedrückt und anhand eines Referenzeinkommens berechnet. Die Rentenformeln sind je nach Rentenart unterschiedlich.

---

897 Veröffentlicht im *Diário Oficial da União* vom 10.6.2003, Teil 1, S. 26.
898 Vgl. hierzu *Ibrahim*, Curso de Direito Previdenciário, S. 610.
899 Siehe unten, D.I.1.g.bb.
900 Dazu sogleich unter D.I.1.i.
901 Siehe hierzu oben, D.I.1.e.aa.(2).
902 Dies ist bereits in der Verfassung verankert, Art. 201 § 2.
903 Art. 6 Portaria Nr. 3.659 vom 10.2.2020 (veröffentlicht im *Diário Oficial da União* vom 11.2.2020, Teil 1, S. 20).

aa. Die Regelaltersrente

Das Referenzeinkommen (*salario de beneficio*), welches als Berechnungsgrundlage herangezogen wird, ergibt sich aus dem arithmetischen Mittel von 80% der höchsten für die Beitragsentrichtung herangezogenen Monatseinkommen (*salário de contribuição*) der gesamten Beitragszeit, Art. 29 I Gesetz Nr. 8.213/91. Optional ist gemäß Art. 7 Gesetz Nr. 9.876/99[904] die Multiplikation des ermittelten Referenzeinkommens mit dem sogenannten Rentenfaktor (*fator previdenciário*),[905] der sich zusammensetzt aus Alter, Restlebenserwartung und Beitragszeit (der Rentenfaktor wird im folgenden Punkt näher erläutert). Da seine Anwendung aber in der Regel zu Kürzungen führt beziehungsweise sich nur dann vorteilhaft auswirkt, wenn Beitragszeit und Renteneintrittsalter hoch sind, wird diese Option selten gewählt.[906]

Die Rentenhöhe beträgt 70% des ermittelten Referenzeinkommens plus 1% für jedes weitere Jahr, für das über die Karenzzeit (15 Jahre) hinaus eingezahlt wurde, Art. 50 Gesetz Nr. 8.213/91. So kann nach 30 Jahren monatlicher Beitragsentrichtung eine Rente von 100% des Referenzeinkommens erreicht werden. Die Rente in Höhe von 100% des Referenzeinkommens wird als integrale Rente bezeichnet (*aposentadoria integral*), darunter wird die Rente als proportionale Rente bezeichnet (*aposentadoria proporcional*).

Die für die Berechnung des Referenzeinkommens herangezogen Monatslöhne oder -gehälter werden, damit ihr realer Wert erhalten bleibt, bis zum Renteneintritt monatlich inflationsbereinigt. Verwendet wird hierfür der vom Brasilianischen Institut für Geografie und Statistik (*Instituto Brasileiro de Geografia e Estatística* – IBGE) ermittelte Verbraucherpreisindex, Art. 29-B Gesetz Nr. 8.213/91. Aber nicht nur zu Ruhestandsbeginn, sondern auch danach werden die Renten gleichermaßen an die Inflation angepasst, nun aber jährlich und zeitlich zusammen mit der Anpassung des Mindestlohnes, Art. 41-A Gesetz Nr. 8.213/91. Dass – aber nicht wie – eine Anpassung vorzunehmen ist, sieht auch bereits die brasilianische Verfassung in Art. 7 IV und Art. 201 § 4 vor.

---

904 Gesetz vom 26.11.1999, veröffentlicht im *Diário Oficial da União* vom 29.11.1999, Teil 1, Edição Extra, S. 1.

905 Siehe hierzu etwa *Amado*, Curso de Direito e Processo Previdenciário, S. 713.

906 Beispielberechnungen finden sich auf der Internetseite des INSS, https://www.inss.g ov.br/beneficios/aposentadoria-por-tempo-de-contribuicao/valor-das-aposentadorias/ (Stand: 8.8.2020).

Zusätzlich zur regulären Rente erhalten Rentner ein Weihnachts-geld in Höhe einer Monatsrente, also eine dreizehnte Monatsrente, Art. 201 § 6 der Verfassung, Art. 28 § 7 Gesetz Nr. 8.212/91. Hier findet sich eine Parallele zum Arbeitsleben, denn Arbeitnehmern steht seit 1962 und damit gewissermaßen traditionell verankert ebenfalls ein gesetzlicher An-spruch auf Weihnachtsgeld zu, Art. 1 Gesetz 4.090/62[907]. Das Weihnachts-geld kann als Ausdruck der Lohnersatzfunktion der Rente gesehen werden.

Sonderversicherten, deren Rente mangels tatsächlicher Beitragszahlung nicht mittels der dargestellten Grundsätze berechnet werden kann, wird eine monatliche Rente in Höhe eines Mindestlohnes garantiert, Art. 39 Ge-setz Nr. 8.213/91. Vom Versicherungsprinzip wird damit in Bezug auf die Sonderversicherten nicht nur bei der Beitragsentrichtung, sondern zwangs-läufig auch bei der Rentenberechnung abgewichen.

Mit der Rentenreform von 2019 wird die Rentenberechnung verändert und insgesamt strenger ausgestaltet. Insbesondere soll von nun an das gesamte beitragsrelevante Einkommen und nicht nur die höchsten 80% als Referenzeinkommen herangezogen werden.[908]

bb. Rente nach Beitragszeit

Auch bei der Rente nach Beitragszeit ist für das Referenzeinkommen in einem ersten Schritt das arithmetische Mittel der 80% höchsten für die Bei-tragsentrichtung herangezogenen Einkommen zu ermitteln, Art. 29 I Ge-setz Nr. 8.213/91.

Es kommt aber ein weiterer Schritt hinzu, in dem der ermittelte Be-trag mit dem sogenannten Rentenfaktor (*fator previdenciário*) multipliziert wird.[909] Der Rentenfaktor fließt seit der Rentenreform von 1998 in die Berechnung mit ein und setzt sich zusammen aus dem Alter und der Restlebenserwartung bei Renteneintritt und der jeweils bisher erreichten Beitragszeit, Art. 29 § 7, 29-B Gesetz Nr. 8.213/91. Die Restlebenserwartung wird jährlich vom Brasilianischen Institut für Geographie und Statistik festgelegt, Art. 29 § 8 Gesetz Nr. 8.213/91, allerdings ohne dass dabei für die Rentenberechnung geographische oder geschlechtsspezifische Unterschie-

---

907 Gesetz vom 13.6.1962, veröffentlicht im *Diário Oficial da União* vom 26.7.1962, Teil 1, S. 7919.
908 Siehe hierzu ausführlich unten unter D.I.1.i.
909 Siehe hierzu etwa *Lima*, Juris Plenum Previdenciária 3 (11/2015), 137 ff.

de gemacht werden.[910] Frauen erhalten bei der Berechnung ihrer Beitragszeit einen Bonus von fünf Jahren, Art. 29 § 9 I Gesetz Nr. 8.213/91, um strukturelle Nachteile im Erwerbsleben auszugleichen. Auch Lehrern wird dieser Bonus gewährt; Lehrerinnen erhalten den Bonus demnach doppelt, also rechnerisch eine zehnjährige Verlängerung der tatsächlich geleisteten Beitragszeit, Art. 29 § 9 II, III Gesetz Nr. 8.213/91.

Durch den Rentenfaktor soll der demographischen Entwicklung beziehungsweise der steigenden Lebenserwartung Rechnung getragen werden. Zudem soll ein früher Renteneintritt unattraktiv gemacht werden, um der allgemeinen Tendenz der Frühverrentung entgegen zu wirken.[911] Denn im Regelfall führt die Anwendung des Rentenfaktors zu einer deutlichen Kürzung der Rente, indem er das herangezogene Referenzeinkommen verringert. Der Gesetzgeber versucht so zu kompensieren, dass es für die Rente nach Beitragszeit kein Mindestalter gibt.[912]

Nicht nur in der Bevölkerung stößt der Rentenfaktor auf Ablehnung, sondern auch in der Literatur wird er als unfair kritisiert und die mit ihm verbundenen Kürzungen als gefährlich eingestuft.[913] In der Tat machen die in der Rechenformel enthaltenen Variablen die Rentenhöhe schwierig kalkulierbar und damit wenig transparent. Die vielfach diskutierte Abschaffung des Rentenfaktors fand dennoch nicht statt.[914]

Stattdessen haben Versicherte seit 2015 die Möglichkeit, die Anwendung des Rentenfaktors auszutauschen gegen die Anwendung der neuen sogenannten Formel 85/95 (*fórmula 85/95*), vorläufig eingeführt am 17. Juli 2015 durch die einstweilige Anordnung Nr. 676 der damaligen Präsidentin Rousseff und am 4. November 2015 – in etwas weniger strenger Fassung – in Gesetzesrecht transformiert.[915] Diese Formel ermöglicht den Bezug einer „vollen" Rente – das heißt in Höhe von 100% des Referenzeinkommens –, wenn die Summe von Alter und Beitragszeit bei Frauen mindestens 85 und bei Männern mindestens 95 beträgt. Dabei müssen Männer aber mindes-

---

910 Die aktuelle Tabelle ist veröffentlicht im *Diário Oficial da União* Nr. 229 vom 1.12.2015.

911 *Ibrahim*, Curso de Direito Previdenciário, S. 565.

912 Vgl. *Oliveira/Dantas/Toledo*, Revista Síntese Direito Previdenciário 14 (67/2015), 29 (52).

913 Siehe etwa *Appy*, Revista síntese consulex 423 (2014), 40 (41); *Oliveira/Dantas/Toledo*, Revista Síntese Direito Previdenciário 14 (67/2015), 29 (52).

914 Siehe hierzu *Oliveira/Dantas/Toledo*, Revista Síntese Direito Previdenciário 14 (67/2015), 29 (46 ff.); *Zambitte*, Curso de Direito Previdenciário, S. 620 ff.

915 Eingeführt durch *Medida Provisória* 676/2015.

tens eine Beitragszeit von 35 Jahren und Frauen von mindestens 30 Jahren vorweisen. Eine Frau, die 30 Jahre Beiträge entrichtet hat, dürfte demnach im Alter von 55 Jahren in Rente gehen und könnte dann, wie bei der Regelaltersrente, eine Rente in voller Höhe des Durchschnitts von 80% ihrer höchsten Einkommen beziehen. Für einen Mann würde das Gleiche gelten, wenn er bei 35 Beitragsjahren 60 Jahre alt wäre. Die Formel ist progressiv gestaffelt und erhöht sich kontinuierlich; ab 2018 lautet die Formel 86/96 und danach findet alle zwei Jahre bis 2026 jeweils eine Erhöhung um einen Punkt statt, Art. 29-C Gesetz Nr. 8.213/91. 2026 ist die Rente demnach mit der Formel 100/90 zu berechnen.[916] Die erforderliche Beitragszeit bleibt gleich, das Renteneintrittsalter verschiebt sich also nach hinten. Die Formel 85/95 verfolgt die gleichen Ziele wie der Rentenfaktor: ein Entgegenwirken gegen die demographische Entwicklung durch eine faktische Erhöhung des Renteneintrittsalters.[917]

Für Lehrer existieren auch hier wieder günstigere Sonderbedingungen. Da für sie eine um fünf Jahre verringerte Mindestbeitragszeit gilt, wird auch die zu erreichende Summe um fünf Punkte verringert, Art. 29-C § 3 Gesetz Nr. 8.213/91.

Die Rente nach Beitragszeit ermöglicht einen flexiblen Renteneintritt, sie birgt aber auch Risiken für die Rentner. In Brasilien hat es sich, wie bereits erörtert, eingebürgert, neben dem Bezug dieser Rente weiter zu arbeiten und die Rente – jedenfalls im ersten Moment – als willkommene Einkommenserhöhung anzusehen. Außer Acht gelassen wird dabei aber häufig, dass die Rente umso niedriger ausfällt, je früher sie bezogen wird und dass sie auf lange Sicht – nämlich dann, wenn das zusätzliche Arbeitseinkommen wegfällt und die Rente als einzige Quelle zur Lebensfinanzierung dient – nicht ausreicht. Die Versicherten fordern daher, dass sich das Weiterarbeiten neben dem Rentenbezug finanziell positiv auswirken soll auf die Rentenhöhe, die sie nach dem tatsächlichen Ausscheiden aus dem Arbeitslegeben beziehen (dazu im folgenden Punkt).

Stattdessen aber wird die Rente nach Beitragszeit – jedenfalls für die Zukunft –, wie bereits erwähnt, mit der Reform von 2019 abgeschafft.[918] Zu verbleiben haben aber Übergangsregelungen.

---

916 Die einstweilige Anordnung der Präsidentin hatte eine noch schnellere Erhöhung vorgesehen; jedes Jahr bis 2020 sollte eine Erhöhung der für den Rentenbezug vorausgesetzten Summe um einen Punkt stattfinden.
917 Siehe hierzu *Lima*, Juris Plenum Previdenciária 3 (11/2015), 137 (141 ff.).
918 Siehe hierzu unten unter D.I.1.i.

cc. *Desaposentação*

Viele Brasilianer arbeiten also – wie soeben erläutert – weiter, auch wenn sie die Voraussetzungen für den Renteneintritt bereits erreicht haben und eine Rente beziehen. Dies bedeutet, dass sie auch weiterhin in die Rentenversicherung einzahlen. Hiervon wollen die Versicherten finanziell profitieren, und zwar durch Erhöhung der Rente bei dem erneuten oder sozusagen „richtigen" Eintritt in den Ruhestand. Die Rente soll, anders gesagt, mit profitablerem Ergebnis neu berechnet werden. Das Weiterarbeiten trotz theoretischen Eintretens in den Ruhestand mit dem Ziel, die Rente bei späterem nochmaligem Renteneintritt zu verbessern, wird als *desaposentação* bezeichnet, sozusagen eine Rück-Verrentung oder Rentenveränderung.[919]

Eine gesetzliche Grundlage gibt es hierfür nicht, weshalb sich die Rentenversicherung einer Gewährung beziehungsweise Neuberechnung verwehrt.[920] Stimmen in der Literatur hingegen bejahen einen Anspruch auf Neuberechnung.[921] Es wurden diverse Gerichtsverfahren angestrengt und der Oberste Gerichtshof, das *Superior Tribunal de Justiça*, hatte sich zunächst für die Möglichkeit der *desaposentação* ausgesprochen.[922] Die später getroffene höchstrichterliche Entscheidung des Bundesverfassungsgerichts, des *Supremo Tribunal Federal*, erteilte der Rentenneuberechnung jedoch eine Absage.[923] Das Gericht sah hierfür keine rechtliche Grundlage, auch nicht in der Verfassung, und die geltenden Gesetze seien verfassungskonform. Für eine Rentenneuberechnung müsste mithin erst eine gesetzliche Grundlage geschaffen werden. Die Kosten einer solchen Rentenneuberechnung werden laut brasilianischen Medien auf 7,7 Milliarden Reais jährlich geschätzt[924] – eine Zahl, die angesichts der angespannten finanziellen Lage der Rentenversicherung nicht dafür spricht, dass eine entsprechende Regelung in naher Zukunft erlassen werden wird, zumal

---

919 Siehe hierzu etwa *Wagner/Mussi*, Direito Previdenciário, S. 264 ff.; *Ibrahim*, Curso de Direito Previdenciário, S. 724 ff.; *Kravchynchyn*, Revista de Previdência Social 394 (2013), 776 (779 f.).

920 Zum Vergleich: In Deutschland bestimmt § 76d SGB VI die Ermittlung von Zuschlägen an Entgeltpunkten aus Beiträgen nach Beginn einer Rente wegen Alters.

921 *Kravchynchyn*, Revista de Previdência Social 394 (2013), 776; *Correia/Correia*, Curso de Direito da Seguridade Social, S. 321 ff.

922 STJ, 2.10.2008, Agravo Regimental no Recurso Especial Nº 328.101 – SC (2001/0069856-0).

923 Entscheidung vom 26.10.2016, Recurso Extraordinário (RE) 381367, RE 827833 und RE 661256.

924 *Mascarenhas*, in: Folha de São Paulo vom 26.10.2016.

die Rente nach Beitragzeit mit der Reform von 2019 ja auch abgeschafft wird. Die Entscheidung des Bundesverfassungsgerichts ist bindend für die anhängigen Gerichtsverfahren,[925] deren Anzahl in den Medien damals mit 182.000 beziffert wurde.[926] Allerdings hat das *Supremo Tribunal Federal* in einer Entscheidung vom 6. Februar 2020 – in der es seine Rechtsauffassung, dass eine Neuberechnung aufgrund fehlender gesetzlicher Grundlage nicht zu gewähren ist, nochmals bestätigt hat – festgelegt, dass diejenigen Rentner des Allgemeinen Sozialversicherungssystems, denen das Recht auf Neuberechnung bereits durch eine endgültige Gerichtsentscheidung zugesprochen worden ist, dieses Recht nicht verlieren und auch weiterhin Leistungen in der neu berechneten Höhe beziehen.[927] In Bezug auf die Personen, denen die Neuberechnung durch noch nicht rechtskräftige Entscheidung zugesprochen worden ist, hat das Gericht in seiner Entscheidung festgehalten, dass die gegebenenfalls erhaltenen Beträge nach Treu und Glauben nicht an das INSS zurückerstattet werden müssen, die Leistungen jedoch auf die Werte vor der Neuberechnung zurückgesetzt werden.

h. Zusammenfassende Betrachtung

Die Rentenversicherung des Allgemeinen Sozialversicherungsregimes RGPS trifft insgesamt ausdifferenzierte Regelungen, unter denen besonders die vielen Sonderregelungen und Gestaltungsmöglichkeiten für Geringverdiener und landwirtschaftlich arbeitende Versicherte hervorstechen. Dies kommt nicht von ungefähr; die Sozialpolitik hat es sich zum Ziel gesetzt, alle erwerbstätigen Bürger – einschließlich Selbständiger – obligatorisch in die Rentenversicherung mit einzubeziehen und so auch Altersarmut zu verringern beziehungsweise zu verhindern.[928] Die Rentenversicherung will damit – jedenfalls auch – eine gesamtgesellschaftliche Aufgabe erfüllen, und vor diesem Hintergrund ist es nur konsequent, möglichst die gesamte

---

925 Art. 28 *Parágrafo único* Gesetz Nr. 9.868 vom 10.11.1999, veröffentlicht im *Diário Oficial da União* vom 11.11.1999, Teil 1, S. 1.

926 *Mascarenhas*, in: Folha de São Paulo vom 26.10.2016.

927 Entscheidung vom 6.2.2020, RE 381367 ED/RS, rel. orig. Min. Dias Toffoli, red. p/ o ac. Min. Alexandre de Moraes und RE 827833 ED/SC, rel. orig. Min. Dias Toffoli, red. p/ o ac. Min. Alexandre de Moraes; siehe auch Notícias STF vom 6.2.2020, http://www.stf.jus.br/portal/cms/verNoticiaDetalhe.asp?idConteudo=436392&caix aBusca=N (Stand: 8.8.2020).

928 Siehe etwa *Ministério da Previdência Social*, Informe de Previdência Social 04/2015, S. 7.

Gesellschaft einzubeziehen. Dies ist für das System Versicherung, das seiner Konzeption nach gerade nicht pauschal die ganze (erwerbstätige) Bevölkerung erfasst, sondern ein Minimum an Leistungsfähigkeit voraussetzt, nicht nur schwierig, sondern auch außerordentlich teuer und funktioniert nur zulasten des Versicherungsprinzips beziehungsweise unter besonderer Beanspruchung des solidaren Ausgleichs.

So werden in Brasilien Personengruppen in die Versicherung mit einbezogen, die – so die Prämisse – gar nicht wirklich in der Lage sind, Beiträge zu entrichten und denen eine solche Verpflichtung de facto auch gar nicht erst auferlegt wird. Zu nennen sind hier die Sonderversicherten, die „kleinen" Bauern und Fischer. Zwar sollen sie 1,2% des bei der Erstkommerzialisierung ihrer Produkte erwirtschafteten Bruttoeinkommens als Beitrag abführen, Voraussetzung für den Rentenbezug ist aber allein der Nachweis 15-jähriger landwirtschaftlicher Tätigkeit und nicht die Beitragsentrichtung, die damit praktisch hinfällig ist.

Ein Leistungsbezug ohne Gegenleistung ist dem Versicherungsprinzip fremd;[929] werden Leistungen an Personen aus Beitragsmitteln gewährt, ohne dass für sie Beiträge erbracht worden sind, verstößt dies gegen das sozialversicherungsrechtliche Äquivalenzprinzip.[930] Da die Rente in Höhe eines Mindestlohnes und damit ohne Bezug zum erwirtschafteten Einkommen gewährt wird, fehlt es zudem am Charakteristikum der Rente als Lohnersatzleistung.[931] Das Versicherungsprinzip wird an dieser Stelle wohl nicht mehr nur zugunsten des Solidarausgleichs modifiziert, sondern geradezu verdrängt. Systematisch kann in Bezug auf die Sonderversicherten nicht mehr von Sozialversicherung gesprochen werden. Die Sonderversicherten beziehen vielmehr eine nicht bedarfsorientierte und allein an den Status als Sonderversicherter anknüpfende Versorgung.

Der Anteil der Sonderversicherten an der Versichertengemeinschaft im RGPS betrug 2017 knapp 5%[932] und erscheint damit nicht allzu hoch. Die Zahl der in der Landwirtschaft tätigen Personen sinkt seit einiger Zeit; während im Jahr 2000 noch etwa 20,01% der Bevölkerung in der Landwirt-

---

929 *Rolfs*, Das Versicherungsprinzip im Sozialversicherungsrecht, S. 545 f.; siehe hierzu ausführlich oben, A.I.

930 *Rolfs*, Das Versicherungsprinzip im Sozialversicherungsrecht, S. 545.

931 Siehe zum Charakteristikum der Rente als Lohnersatzleistung z.B. *Kolb*, in: Schmähl, Versicherungsprinzip und soziale Sicherung, S. 120 (126).

932 Von insgesamt 50,7 Millionen Versicherten im RGPS waren 2,5 Millionen Sonderversicherte, *Secretaria de Previdência*, Cobertura da Previdência Social no Brasil – 2017, Gliederungspunkt 1.1.

schaft tätig waren, lag der Prozentsatz 2019 nur noch bei 9,28%,[933] und es dürfte auch eine abnehmende, zumindest aber keine steigende Tendenz zu erwarten ein. Angesichts dessen erscheint der Bruch mit sozialversicherungsrechtlichen Grundprinzipien sich zumindest theoretisch zunehmend weniger auszuwirken. Praktisch setzt dies jedoch voraus, dass der recht einfache Zugang zu einer Rente für Sonderversicherte – Gerichte setzen an den allein erforderlichen Nachweis 15-jähriger landwirtschaftlicher Tätigkeit häufig keine allzu hohen Voraussetzungen –[934] nicht missbraucht wird.

Aber auch für andere Gruppen bestehen Beitragserleichterungen, die in besonderer Weise den Solidarausgleich fordern, wenngleich sie das Versicherungsprinzip nicht völlig verdrängen. So gibt es für andere landwirtschaftlich tätige Personen bereits seit einiger Zeit Übergangsregelungen, um sie an die früher auch für sie noch nicht geltende Beitragspflicht heranzuführen. Man hatte die Erfahrung gemacht, dass die breite Rentengewährung ohne korrespondierende Beitragserhebung in einem im Grunde als Versicherung konzipierten System finanziell mindestens zu Schwierigkeiten führt und keinesfalls die Akzeptanz des Systems stärkt. Man kann die Bürger insbesondere wegen des Vertrauensgrundsatzes aber nur langsam an die neue Beitragspflicht heranführen.

Für die freiwillig Versicherten und die Selbständigen im weiten Sinne, also all diejenigen, die ihre Beiträge im Grundsatz alleine tragen, besteht die Möglichkeit, den Beitragssatz zu reduzieren. Dies ermöglicht ihnen der Verzicht auf die Rente nach Beitragszeit. Ein „Weniger" an Leistung, das mit einem „Weniger" an Gegenleistung einhergeht, entspricht dem Versicherungsprinzip, wenn die Relation zwischen Leistung und Gegenleistung erhalten bleibt.[935] Hier aber ist doch fraglich, ob mit dem „Weniger" an Leistung auch tatsächlich ein – auch nur halbwegs äquivalentes beziehungsweise mathematisches – „Weniger" an Gegenleistung einhergeht, denn im Grunde genommen wird bei Wahrnehmung dieser Möglichkeit allein darauf verzichtet, bereits nach Erreichen einer bestimmten Beitragszeit und vor Erreichen der Regelaltersgrenze in Rente zu gehen. Die Gegenleistung an sich bleibt dieselbe; die Rentenberechnung verändert sich nicht, die Rente wird anhand des tatsächlich erwirtschafteten Einkommens

---

933 *The World Bank*, Data: Employment in agriculture (% of total employment) (modelled ILO estimate) – Brazil.
934 Hierzu oben, D.I.f.1.aa.(2).
935 Vgl. *Rolfs*, Das Versicherungsprinzip im Sozialversicherungsrecht, S. 547.

berechnet, nur möglicherweise für einen etwas kürzeren Zeitraum bezogen. Insofern ist auch diese Regelung in gewisser Weise der solidarischen Komponente der Rentenversicherung zuzuordnen.

Dass der soziale Ausgleich und damit das Solidaritätsprinzip in Brasilien in besonderer Weise im Fokus steht, offenbart auch die progressive Gestaltung der Beitragssätze auf Versichertenseite (unterschiedlicher Prozentsatz je nach Einkommensstufe), durch die eine Quersubventionierung der Besserverdiener an die Geringverdiener erreicht wird.[936] Die geringeren Beitragssätze gehen nämlich insbesondere nicht mit einer entsprechend verringerten Rente einher. Die Regelung ist als Bruch mit dem Äquivalenzprinzip zu bewerten, vor dem Ziel der Armutsbekämpfung in gewisser Weise aber auch konsequent. Wenn die entsprechenden Kosten nicht durch – wie Steuern – progressiv (oder proportional) ausgestaltete Beiträge finanziert würden, käme es zu einer Umverteilung von „unten nach oben"[937] und die will man in Brasilien gerade vermeiden. Zwar fließen in die brasilianische Rentenversicherung auf verschiedene Weise auch Steuermittel zur Finanzierung ein, eine gezielte beziehungsweise rechengenaue Zuordnung dieser Mittel zur Verwendung für „versicherungsfremde Leistungen" der Armutsbekämpfung – wie auch immer diese konkret zu definieren wären – gibt es für sie aber nicht. Gleichwohl gilt es auch zu bedenken, dass die Beiträge – anders als etwa die Einkommensteuer – stets nur das Arbeitsentgelt belasten, nicht hingegen das gesamte Einkommen.

Dass insgesamt die (vermeintlich) Leistungsfähigeren stärker gefordert werden sollen, zeigt auch die für die Beitragsentrichtung der Unternehmen fehlende Obergrenze; ihr Arbeitgeberbeitrag ist nicht ab einer bestimmten Einkommenshöhe gedeckt. Die höheren Beiträge spiegeln sich aber nicht in der Rente des jeweiligen Beschäftigten wider, sondern kommen dem System insgesamt zugute und sind damit dem Solidargedanken zuzuordnen.

Hinzu kommen für Unternehmen die von ihnen zusätzlich zu entrichtenden Abgaben COFINS und CSLL,[938] die nicht an den gezahlten Lohn, sondern die Wertschöpfung des Unternehmens anknüpfen. Sie verändern nicht die Einkommensbezogenheit der Renten, da sie nur zusätzlich zum regulären Arbeitgeberbeitrag erhoben werden und für die Rentenberechnung keine Rolle spielen, sie verändern aber die Rentenversicherung

---

936 Vgl. *Schwarzer*, Sozialstaatliche Rentenreformen in Lateinamerika?, S. 156.
937 *Ruland*, NZS 2010, 121 (125).
938 Hierzu oben, D.I.1.e.bb.(1).

in Richtung Steuertransfersystem.[939] Dem Versicherungsprinzip ist eine Finanzierung mit Arbeitgebergeldern, die nicht an die Lohnzahlungen, sondern allein an die unternehmerische Wertschöpfung anknüpfen, dennoch der Allgemeinheit der Versicherten zugutekommen und damit eher als Steuer einzuordnen sein dürften, fremd. Die Ursache für die Einführung dieser systemfremden Komponente liegt vornehmlich in finanziellen Schwierigkeiten des Systems und der dadurch bedingten Suche nach zusätzlichen finanziellen Mitteln. Gleichzeitig soll so eine größere Umverteilung ermöglicht werden.

Unproblematisch konform mit dem Versicherungsprinzip geht hingegen die Beitragspflicht von Unternehmen für von ihnen beschäftigte Selbständige, die für die betroffenen Selbständigen zur Folge hat, dass sie ihren Beitragssatz reduzieren können. Dies kann als kreative, wenngleich womöglich bürokratische Möglichkeit dafür gewertet werden, wie Selbständigen die – bei alleiniger Beitragstragung häufig mit Schwierigkeiten verbundene – Teilnahme an der Rentenversicherung erleichtert werden kann.

Derartige Anreize sollen dafür sorgen, dass sich die Menschen der Rentenversicherungspflicht nicht entziehen, denn das Ziel der Vermeidung von Altersarmut mittels Rentenversicherung kann nur erreicht werden, wenn auch möglichst alle Bürger in das System einbezogen sind, die weitgehend geltende Versicherungspflicht in Brasilien also auch umgesetzt wird. Nur dann kann auch die Mindestrente als weiterer Ausdruck des Solidarprinzips eine Wirkung in Richtung Armutsvermeidung entfalten. Konsequenterweise ist der Bezug einer Mindestrente in Brasilien auch an keine weiteren Voraussetzungen geknüpft als das Erfüllen der Leistungsvoraussetzungen für den Rentenbezug; es werden also nicht etwa bestimmte Gruppen von Versicherten aus der Anwendung dieser Regelung ausgenommen. Zwar ist die Mindestversicherungszeit in Brasilien mit derzeit 15 Jahren nicht gering, aufgrund der umfassenden Versicherungspflicht erscheint ein Erreichen dieser Mindestversicherungszeit – besondere Umstände wie Erwerbsunfähigkeit einmal außen vor gelassen – aber nicht allzu schwierig. Durchaus schwierig erscheint hingegen der fehlende finanzielle Abstand zur Sozialhilfe, die ebenfalls die Höhe eines Mindestlohnes hat. Eine etwas darüber liegende Mindestrente könnte die Motivation, Beiträge zu entrichten, erhöhen und der Verpflichtung des Einzelnen zur Beitragsentrichtung eine größere Rechtfertigung verleihen.

---

939 Hierzu *Schmähl*, in: ders., Versicherungsprinzip und soziale Sicherung, S. 204 (223).

Vor allem angesichts des vorrangigen Ziels der Vermeidung von Altersarmut ist für einige großzügige Ausgestaltungen – wie die geringeren Rentenbezugsvoraussetzungen für Lehrer – eine Rechtfertigung aber nicht unmittelbar ersichtlich und angesichts der finanziell angespannten Lage auch wenig nachvollziehbar.

Insgesamt lässt sich erkennen, dass eine identische Gegenleistung in Form der Rente in Brasilien nicht immer eine identische Leistung voraussetzt, das Äquivalenzprinzip mithin keinesfalls immer eingehalten wird, ohne dass der Solidargedanke dies wohl in jedem Fall rechtfertigt. Als fair oder gerecht angesehen wird die mangelnde Äquivalenz zwischen Leistung und Gegenleistung häufig nicht; nicht wenige Brasilianer haben das Gefühl, mit ihren Beiträgen mehr die Renten der anderen zu finanzieren als die eigenen und sind damit höchst unzufrieden.[940]

Dabei hat das System Sozialversicherung gerade das Potential, Abgaben eine besondere Akzeptanz zu verleihen, und zwar indem die Abgabe als „echter" Beitrag ausgestaltet wird. Je enger die Verbindung zwischen Leistung und Gegenleistung und je größer damit die Legitimation für die Abgabenanordnung, desto geringer ist regelmäßig der Widerstand des Einzelnen, die Abgaben – selbst wenn sie steigen – zu leisten, desto geringer ist auch der Anlass zu ausweichenden Maßnahmen und desto stärker letztlich das Gefühl subjektiver Sicherheit.[941] Die Unzufriedenheit mit dem System der Rentenversicherung hat damit juristisch fassbare Gründe.[942] Während man mit den vielen Sonderregelungen also Anreize für die Teilnahme an der Rentenversicherung schaffen will, läuft man gleichzeitig die Gefahr eines Akzeptanzverlustes.

Zudem verursacht eine besondere Betonung des Solidargedankens unweigerlich Kosten, und die brasilianische Rentenversicherung steckt bekanntlich bereits oder auch deshalb in argen finanziellen Schwierigkeiten. Diese Finanzierungsprobleme werden im RGPS vor allem aber auch durch das hohe Rentenniveau, das erreicht werden kann (100% des Referenzeinkommens), und durch die starke Tendenz zur Frühverrentung hervorgerufen, die insbesondere dadurch ermöglicht wird, dass der Bezug der Rente nach Beitragszeit kein Mindestalter erfordert. Die Bemühungen der Regie-

---

940 So die Einschätzung der Professoren Marcus Orione Gonçalves Correia und Flávio Roberto Batista von der Universidade de São Paulo, mit denen die Verfasserin sich mehrfach austauschen durfte.

941 Hierzu ausführlich *Schmähl*, in: ders., Versicherungsprinzip und soziale Sicherung, S. 204 (210 f.).

942 Vgl. *Rolfs*, Das Versicherungsprinzip im Sozialversicherungsrecht, S. 550.

rung, hier sogar mit einstweiligen Anordnungen Faktoren in die Rentenformel zu integrieren, die einen frühen Rentenbezug unattraktiv machen
sollen, zeigen die Wichtigkeit dieses Themas. Bei den Bürgern trifft die
Regierung dabei auf Unverständnis. Die vielen einzelnen Streitigkeiten, die
Komplexität des Themas, die schwierige Lage der brasilianischen Rentenversicherung, ihre dezidierte Verankerung in der Verfassung verbunden mit
zerstrittenen und aus vielen Koalitionen bestehenden Regierungen führten
dazu, dass dringend benötigte Reformen lange auf sich haben warten lassen.

i. Rentenreform

Zufrieden ist man mit dem dargestellten Rentensystem beziehungsweise
konkret den Leistungsvoraussetzungen, der Finanzierung und der Rentenberechnung in Brasilien nicht; es erscheint schlicht viel zu teuer[943] und damit insbesondere wegen der nochmals kostensteigernden demographischen
Entwicklung zu wenig zukunftsfähig. Vielfach waren bereits Änderungen
geplant worden, die die hohen Ausgaben der Rentenversicherung verringern sollten, so etwa mit dem Verfassungsreformentwurf vom 5. Dezember
2016[944] (*Proposta de Emenda à Constituição* 287/2016, im Folgenden: PEC
287/2016) der damaligen Regierung unter Präsident Temer. Die Versuche
blieben jedoch lange erfolglos.

Erst der Verfassungsreformentwurf der Regierung Bolsonaro vom 20. Februar 2019[945] (*Proposta de Emenda à Constituição* 6/2019, im Folgenden:
PEC 6/2019) vermochte sich schließlich – wenngleich in abgeschwächter
Version – durchzusetzen. Mit der Verfassungsänderung (*Emenda Constitucional*) Nr. 103 vom 12. November 2019[946] (im Folgenden EC Nr. 103/2019)
wurden weitreichende Änderungen verabschiedet. Während die darin vorgenommenen verfassungsrechtlichen Änderungen weitgehend mit Veröf-

---

943 Hierzu auch später, D.IV.3.b.
944 *Proposta de Emenda à Constituição* 287/2016 vom 5.12.2016, https://www.camara.leg
.br/proposicoesWeb/prop_mostrarintegra?codteor=1514975&filename=PEC+287/2
016 (Stand: 8.8.2020).
945 *Proposta de Emenda à Constituição* 6/2019 vom 20.2.2019, http://media.folha.uol.co
m.br/mercado/2019/02/20/pec-6-2019.pdf (Stand: 8.8.2020).
946 Veröffentlicht im *Diário Oficial da União* vom 13.11.2019, http://pesquisa.in.gov.br
/imprensa/jsp/visualiza/index.jsp?jornal=515&pagina=1&data=13/11/2019 (Stand:
8.8.2020).

fentlichung am 13. November 2019 in Kraft getreten sind,[947] stehen Umsetzungen im einfachen Recht – etwa betreffend die Änderungen der Beitragssätze – nach derzeitigem Stand noch aus, weshalb das Verfassungsänderungsgesetz diesbezüglich einige Übergangsregelungen vorsieht.

Eine wesentliche Neuerung ist die Einführung eines verbindlichen Mindestalters für den Renteneintritt und damit gleichzeitig die Abschaffung der (kostspieligen) Rente nach Beitragszeit. Art. 201 § 7 I n. F.[948] der brasilianischen Verfassung bestimmt, dass Männer ab einem Alter von 65 Jahren und Frauen von 62 Jahren in Rente gehen dürfen. Für Lehrer verringert sich dieses Alter (auch weiterhin) um fünf Jahre (Art. 201 § 8 n. F.). Für Menschen, die ländliche Arbeit verrichten oder im familiären Betrieb tätig sind, gilt (weiterhin) für Männer ein Mindestalter von 60 Jahren und für Frauen von 55 Jahren (Art. 201 § 7 II n. F. der Verfassung). Es bleibt dabei, dass eine Mindestbeitragszeit zu erfüllen ist, die nach den mit der Reform festgelegten Übergangsregelungen bis zur diesbezüglichen einfachgesetzlichen Normierung für Frauen weiterhin bei 15 Jahren liegt und für Männer nunmehr auf 20 Jahre (fünf Jahre mehr als zuvor) angehoben wird (Art. 19 S. 1 EC 103/2019). Im Hinblick auf den Grundsatz des Vertrauensschutzes hält das Reformgesetz diverse Übergangsregelungen bereit.

Der ursprüngliche Verfassungsreformentwurf vom 20. Februar 2019 hatte noch vorgesehen, die Regelaltersgrenzen einfach-gesetzlich statt verfassungsrechtlich zu normieren, was eine Anpassung in der Zukunft einfacher gemacht hätte.[949] Auch sollte sich das Mindestalter für den Rentenbezug abhängig von der Entwicklung der Lebenserwartung automatisch erhöhen.[950] Beides vermochte sich jedoch nicht durchzusetzen. Auch eine einheitliche Altersgrenze von 65 Jahren für beide Geschlechter, wie sie der Verfassungsreformentwurf von 2016 vorsah,[951] konnte zu keinem Zeitpunkt eine ausreichende Zahl an Fürsprechern gewinnen.

Eine weitere Veränderung bringt die Reform in Bezug auf die Beitragssätze zur Rentenversicherung mit sich. Nach den mit der Verfassungsänderung verabschiedeten Übergangsregelungen, die am ersten Tag des vierten Monats nach Veröffentlichung der Verfassungsänderung – also am 1. März

---

947 Art. 36 EC Nr. 103/2019.
948 Gemeint ist – auch im Folgenden – die Fassung ab dem 12.11.2019.
949 Kapitel VI, Art. 24 PEC 6/2019 vom 20.2.2019.
950 Ebenda.
951 So der in PEC 287/2016 vom 5.12.2016 geplante Art. 201 § 7 der Verfassung .

2020 – in Kraft getreten sind,[952] gilt bis zu einer Änderung des die Beitragssätze regelnden Gesetzes Nr. 8.212/91 eine neue Beitragssatzstaffelung: Bei einem Einkommen bis zur Höhe eines Mindestlohnes sollen 7,5% an Beiträgen zu entrichten sein, bei einem Einkommen, das zwischen einem Mindestlohn und 2.000,00 Reais monatlich liegt, soll der Beitragssatz 9% betragen, bei einem Einkommen von 2.000,01 bis zu 3.000,00 Reais ist ein Beitragssatz von 12% vorgesehen und bei einem darüberliegenden Einkommen bis zur Beitragsbemessungsgrenze ein Beitragssatz von 14%, Art. 28 Satz 1 EC 103/2019. Die Beitragssätze sollen – auch innerhalb der einzelnen Stufen – progressiv ausgestaltet sein, Art. 28 § 1 EC 103/2019. Mit der in dieser Übergangsregelung vorgesehenen neuen Staffelung wird vor allem der Beitragssatz für Besserverdiener erhöht. Der neue Art. 201 § 12 der Verfassung sieht die gesetzliche Einführung eines besonderen Systems der sozialen Eingliederung vor, das einhergehen soll mit nochmals geringeren Beitragssätzen für einkommensschwache Arbeitnehmer einschließlich solcher, die informell tätig sind, für Personen ohne eigenes Einkommen, die sich ausschließlich der Hausarbeit an ihrem Wohnsitz widmen, sowie für Angehörige einkommensschwacher Familien. Auf diese Weise soll einem jedem – auch demjenigen mit einem Einkommen unterhalb eines Mindestlohnes – die Möglichkeit sozialer Absicherung durch die Rentenversicherung gegeben werden. Die genaue Ausgestaltung bleibt abzuwarten. Beibehalten werden die geltenden Sonderregelungen für Sonderversicherte, welche weiterhin nur Abgaben bei der Erstkommerzialisierung von Produkten zu entrichten haben. Insgesamt soll die oben beschriebene Quersubventionierung der Besserverdiener an die Geringverdiener als Form des sozialen Ausgleichs ausgeweitet werden.

Verändert wird mit der Reform die Rentenberechnung. Das Referenzeinkommen wird nunmehr auf Grundlage des gesamten beitragsrelevanten Einkommens beziehungsweise der gesamten entrichteten Beiträge berechnet und nicht mehr – wie bisher – nur aufgrund des arithmetischen Mittels der 80% höchsten für die Beitragsentrichtung herangezogenen Einkommen.[953] Beiträge, die zur Verringerung des Leistungsbetrages führen würden, dürfen aber bei der Berechnung des Referenzeinkommens außen vor gelassen werden, sofern die Mindestbeitragszeit eingehalten wird und die entsprechende Beitragszeit vollständig unberücksichtigt bleibt (Art. 26

---

952 Art. 36 I EC 103/19.

953 Dies sieht so jedenfalls die Übergangsregelung in Art. 26 S. 1 EC 103/19 vor, bis die Rentenberechnung einfach-gesetzlich neu geregelt ist.

§ 6 EC 103/2019). Bei Erreichen des Mindestalters sowie dem Erfüllen einer (nunmehr) 20-jährigen Beitragszeit für Männer beziehungsweise einer 15-jährigen Beitragszeit für Frauen beträgt die Regelaltersrente 60% des ermittelten Referenzeinkommens und erhöht sich für jedes weitere Jahr der Beitragsentrichtung um zwei Prozentpunkte.[954] Eine sogenannte integrale Rente in Höhe von 100% des Referenzeinkommens kann damit für Frauen ab einer Beitragszeit von 35 Jahren und für Männer ab einer Beitragszeit von 40 Jahren erreicht werden. Beibehalten wird das Prinzip der Mindestrente in Höhe eines Mindestlohnes (Art. 201 § 2 der Verfassung). Insgesamt wird die Rente damit lohnbezogener ausgestaltet, das Äquivalenzprinzip gestärkt. Gleichzeitig wird es für die zukünftigen Rentner schwieriger werden, das gleiche Rentenniveau wie das der derzeitigen Rentner zu erreichen.

Der striktere Reformentwurf von 2016 hatte noch vorgesehen, den Versicherten nach 25 Jahren (neuer) Mindestbeitragszeit (für beide Geschlechter) eine Rente von 51% des Referenzeinkommens zuzugestehen, die sich pro Beitragsjahr um einen Prozentpunkt erhöhen sollte.[955] Eine Rente von 100% des Referenzeinkommens wäre dann wohl nur noch im Ausnahmefall erreicht worden.

Wenngleich die jetzige Reform im Vergleich zu vorangegangenen Vorschlägen gemäßigter ausfällt, wird das System Rentenversicherung dennoch insgesamt vor allem strenger. Gleichzeitig bleibt die Reform aber eine parametrische, die insbesondere den Versicherungscharakter in wesentlichen Punkten bewahrt oder sogar verstärkt, wenngleich teilweise auch Elemente des sozialen Ausgleichs ausgebaut werden. Der Einführung eines kapitalgedeckten Systems, wie es der Verfassungsreformentwurf der Regierung Bolsonaro ursprünglich vorsah,[956] wurde sowohl durch den Senat als auch das Abgeordnetenhaus eine Abfuhr erteilt. In der Bevölkerung ist die Reform verhasst, wie in vielen Demonstrationen bereits lautstark kundgetan wurde.

2. Die Rentenversicherungen für die Beamten – *Regimes Próprios de Previdência Social* (RPPS)

Die Rentenversicherung für die brasilianischen Beamten ist in den vergangenen Jahrzehnten umfassend reformiert worden, wofür auch verschiedene

---

954   So die Übergangsregelung in Art. 26 § 2, § 5 EC 103/2019.
955   So der in PEC 287/2016 vom 5.12.2016 geplante Art. 201 § 7-B der Verfassung.
956   Art.1 PEC 9/2019 sah dies in einem neuen Art. 201-A der Verfassung vor.

Verfassungsänderungen notwendig waren. Die wohl wichtigste Änderung kann in der Einführung der Beitragszahlungspflicht und damit dem Abrücken vom Versorgungsprinzip ausgemacht werden, realisiert durch die Verfassungsänderung Nr. 3 vom 17. Mai 1993. Im Zuge der Rentenreform von 2003 wurde der Versicherungs- und Beitragscharakter mit der Verfassungsänderung Nr. 41 vom 19. Dezember 2003 noch intensiviert, um eine stärkere Anpassung an das allgemeine Rentenversicherungsregime zu erreichen und das System finanziell zu stabilisieren.[957] Die Verfassung spricht seither von einem solidarischen und beitragsfinanzierten System und hebt neben der Beitragszahlungspflicht der aktiven Beamten explizit auch die Beitragszahlungspflicht des Staates sowie der Rentner und Pensionäre[958] hervor.

Aufgrund der sich aus Art. 24 XII der Verfassung ergebenden konkurrierenden Gesetzgebungskompetenz kann der Bund bezüglich des RPPS nur Rahmenbedingungen für die Länder verbindlich festlegen; die konkrete Ausgestaltung kann von den jeweiligen Gebietskörperschaften – den Bundesstaaten und Gemeinden – selbst vorgenommen werden. Diese bestimmen auch jeweils, ob sie ein eigenes Rentenversicherungssystem etablieren wollen oder aber, falls nicht, ihre Beamten im allgemeinen Rentenversicherungsregime RGPS, also dem System des privaten Sektors versichern. Die subsidiäre Anwendbarkeit des Rechts des RGPS ordnet Art. 40 § 12 der Verfassung an.[959] Pro Gebietskörperschaft darf es gemäß Art. 40 § 20 stets nur ein System geben. Dies bedeutet auch, dass – anders als zum Teil vor Einführung dieser Norm im Jahre 2003 geschehen – exekutive, judikative und legislative Beamte gleich behandelt werden müssen. Eine Institution, welche die Altersversorgung der Beamten überwacht oder zentral steuert und verwaltet, wie im RGPS das INSS, ist nicht vorgesehen; die Gebietskörperschaften verwalten ihre Systeme selbständig.[960]

Bei Beamten wird in Brasilien differenziert zwischen zivilen und militärischen Beamten. Auch wenn in Bezug auf die Rentenversicherung für beide von der gleichen verfassungsrechtlichen Grundlage ausgegangen wird, gibt es doch eine separate gesetzliche Ausgestaltung. Aufgrund dessen wird

---

957 Siehe hierzu ausführlich *Gerstenberger*, Alterssicherung in Brasilien, S. 353 ff.
958 Diejenigen Beamten, die bereits seit vor der Einführung der Beitragspflicht in den Ruhestand versetzt worden sind, werden Pensionäre (*pensionistas*) genannt.
959 Siehe hierzu *Campos*, Regime Próprio de Previdência Social dos Servidores Públicos, S. 363.
960 Vgl. *Schwarzer*, Sozialstaatliche Rentenreformen in Lateinamerika?, S. 161; *Bickel*, Rentenreform in Brasilien, S. 11.

die brasilianische Rentenversicherung häufig auch nicht als zweigeteilt zwischen Beamten und allen übrigen Beschäftigten charakterisiert, sondern sogar als dreigeteilt zwischen den genannten Gruppen. Die Gruppe der militärischen Beamten ist allerdings im Gesamtvergleich nur eine kleine; während sich für das Jahr 2013 die Zahl der zivilen Beamten auf 6.386.969 belief, zählten die militärischen nur 343.813.[961] Die hier vorgenommene Darstellung beschränkt sich auf die für alle Systeme geltenden Grundprinzipien sowie die konkrete Ausgestaltung der Rentenversicherung der zivilen Beamten auf Bundesebene. Eine weitergehende Einzeldarstellung wäre wenig zielführend und würde den Rahmen dieser Arbeit überschreiten; das RPPS auf Bundesebene ist das erste nach Einführung der Verfassung von 1988 etablierte System und fungiert für die anderen Systeme regelmäßig als Orientierung.[962] Mit der Darstellung dieses Systems ist also zumindest auch die Leitlinie für alle anderen Rentenversicherungssysteme für Beamte dargelegt.

a. Normative Grundlagen

Ausgangspunkt für die Rentenversicherung der Beamten bildet Art. 40 der Verfassung, welcher ihre Rahmenbedingungen festlegt. Gesetzliche Ausgestaltung erhält das RPPS zunächst durch das Gesetz Nr. 8.112/90, das bereits erwähnte *Regime Jurídico Único* (RJU), mit welchem der Bund der in der Verfassung geforderten Etablierung eines einheitlichen Systems für Beamte nachkam.[963] Es regelt ihren Status und sämtliche sie betreffende Angelegenheiten, einschließlich einiger (bundesweit anwendbarer) Vorschriften zur Altersvorsorge. Darüber hinaus ist das Gesetz 9.717/98,[964] das allgemeine Gesetz des RPPS (*Lei Geral dos Regimes Proprios de Previdência Social*), zu beachten.

---

961 *Ministério da Previdência Social*, Informe de Previdência Social 04/2015, S. 6.
962 Vgl. *Gerstenberger*, Alterssicherung in Brasilien, S. 177.
963 Siehe hierzu schon oben, C.I.4.
964 Gesetz vom 27.11.1998, veröffentlicht im *Diário Oficial da União* vom 28.11.1998, Teil 1, S. 1.

b. Erfasster Personenkreis

Beamte sind nach Art. 2 des RJU alle mit einem öffentlichen Amt (*cargo público*) bekleideten Personen. Sie werden wie in Deutschland förmlich ernannt. Von Behörden nur kurzfristig und daher nicht über das Beamtenstatut, sondern über das CLT privatrechtlich angestellte Personen – die *celetistas* – sind nicht im RPPS, sondern im RGPS versichert. Die Möglichkeit einer freiwilligen Versicherung im RPPS besteht nicht.

c. Beiträge und Finanzierung

Finanziert wird das RPPS im Umlageverfahren durch Beiträge der jeweiligen staatlichen Ebene, der aktiven Beamten und zu einem gewissen Teil auch der verrenteten Beamten. Aktive Beamte haben einen Beitrag von einheitlich 11% ihres Einkommens zu entrichten, Art. 4 S. 1 Gesetz Nr. 10.887/04. Die Regierungsebenen unterhalb der Bundesebene dürfen keinen niedrigeren Beitragssatz ansetzen als für Bundesbeamte festgeschrieben, Art. 149 § 1 der brasilianischen Verfassung.

Auch Rentner und Pensionäre haben Beiträge zu entrichten, Art. 5 Gesetz Nr. 10.887/04. Diese Regelung ist mit der Rentenreform und Verfassungsänderung von 2003 eingeführt worden und war heftig umstritten.[965] Sie sollte zur Bekämpfung der enormen Finanzierungsschwierigkeiten beitragen und wurde rechtlich damit gerechtfertigt, dass die Rente laut Art. 40 § 2 der Verfassung nicht höher als das während des Arbeitslebens erzielte Einkommen sein darf; diese Regelung wäre verletzt, bezögen Rentner eine Rente in Höhe des Einkommens und müssten aber nicht wie zuvor davon noch Beiträge entrichten. Berechnungsgrundlage für ihre Beitragszahlung ist aber nur der Betrag, den die jeweils gezahlte Rente die Höchstrente des RGPS übersteigt, Art. 40 § 18 der brasilianischen Verfassung.

Die Beiträge der das jeweilige RPPS unterhaltenden Ebene müssen mindestens die gleiche Höhe wie die Beiträge ihrer Beamten haben und dürfen höchstens doppelt so hoch sein, Art. 2 Gesetz Nr. 9.717/98. Für die Bundesebene ist festgelegt, dass der Dienstherr – der Bund, die Selbstverwaltungsbehörden und Stiftungen – das Doppelte der Versichertenbeiträge entrichtet, Art. 8 Gesetz Nr. 10.887/04. Zu beachten ist auch Art. 8 § 1 des

---

965 *Bianco*, Previdência dos servidores públicos, S. 34.

Gesetzes, welcher festlegt, dass der Bund eventuelle finanzielle Fehlbeträge auszugleichen hat.

Die Ausweisung von Beiträgen des Dienstherrn auf Bundesebene einerseits und weiterer Bundeszuschüsse andererseits erscheint auf den ersten Blick nicht sonderlich logisch, werden die Renten doch – abgesehen vom Beitragsteil der Beamten – ökonomisch aus demselben Haushalt finanziert. Durch diese Vorgehensweise lässt sich aber rechnerisch eine bessere Vergleichbarkeit gegenüber dem RGPS herstellen und das ausgewiesene „Defizit" zwischen den Beiträgen der Beamten und der zu zahlenden Renten sinkt natürlich signifikant.[966] Das RPPS sollte nicht zuletzt als tatsächliche Sozialversicherung anerkannt werden und etwas von seinem Image als unfair privilegierend verlieren.[967] Die Nichtentrichtung oder nicht rechtzeitige Entrichtung der Beiträge durch den Dienstherrn wird mit Sanktionen belegt, Art. 8-A Gesetz 10.887/04.

d. Leistungsvoraussetzungen

Bei der Rente für Beamte wird differenziert zwischen der Altersrente und der Rente nach Beitragszeit verbunden mit einem Mindestalter; die reine Rente nach Beitragszeit ohne Mindestalter, wie sie aus dem RGPS bekannt ist,[968] gibt es hier nicht. Daneben besteht gemäß Art. 40 § 1 II der Verfassung die Möglichkeit einer Zwangsverrentung mit 70 oder 75 Jahren für beide Geschlechter – nähere Bestimmungen sollen durch ergänzende Gesetze getroffen werden.[969] Für die Zwangsverrentung kommt es ausschließlich auf das Alter an; Karenz- oder Beitragszeiten spielen keine Rolle.

Für den Bezug einer (regulären) Altersrente müssen Männer die Regelaltersgrenze von 65 Jahren und Frauen von 60 Jahren erreicht haben. Zudem müssen sie die Karenzzeit erfüllen und dafür mindestens zehn Jahre lang ein öffentliches Amt innegehabt haben, also verbeamtet gewesen sein, und

---

966 So schon *Gerstenberger*, Alterssicherung in Brasilien, S. 193.
967 Vgl. *Castro/Lazzari/Duarte*, RDP 4 (2011), 55 (60).
968 Siehe oben, D.I.1.f.bb.
969 Diese Regelung ist durch die Verfassungsänderung Nr. 88 vom 7.5.2015 eingebracht worden, zuvor war die Zwangsverrentung für sämtliche Beamte einheitlich mit 70 Jahren vorgesehen. Bis zum Erlass der angekündigten ergänzenden Gesetze ist für Richter des Obersten Gerichtshofs, der weiteren obersten Gerichte sowie des Bundesrechnungshofes bereits in der Verfassungsänderung selbst festgelegt, dass sie (erst) mit 75 Jahren gezwungen sind, in Rente zu gehen, Art. 2 der 88. Verfassungsänderung.

fünf Jahre in ihrem aktuellen Amt, in dem die Verrentung beantragt wird, gearbeitet haben, Art. 40 § 1 III b) der Verfassung.

Ein Recht auf Rente nach Beitragszeit haben Männer, wenn sie mindestens 35 Jahre Beiträge geleistet haben und 60 Jahre alt sind, und Frauen, wenn sie mindestens 30 Jahre lang Beiträge geleistet haben und 55 Jahre alt sind, Art. 40 § 1 III a) der Verfassung. Zudem muss wie bei der regulären Altersrente die Karenzzeit erfüllt worden sein. Einen früheren Renteneintritt mit proportionalen Leistungsabzügen, wie er früher erlaubt war, gestattet das Gesetz nicht mehr.[970]

Für Lehrer verringert sich das Renteneintrittsalter um fünf Jahre, wenn sie die Beitragszeit vollständig ihrer Lehrtätigkeit gewidmet haben, Art. 40 § 5 der Verfassung. Auch für diejenigen Beamten, die Behinderungen haben oder unter gefährlichen oder gesundheitsgefährdenden Bedingungen tätig waren, können die Leistungsvoraussetzungen für den Erhalt der Rente gelockert werden, Art. 40 § 4 Verfassung.

Da die Rente nach Beitragszeit einen sehr frühen Renteneintritt ermöglicht, wurden Anreize geschaffen, um Beamte länger auf dem Arbeitsmarkt zu halten. Art. 40 § 19 der Verfassung sagt denjenigen, die trotz Erreichens der Voraussetzungen für den Rentenbezug nach Beitragszeit ihre Tätigkeit fortführen, einen finanziellen Bonus zu. Dieser Bonus hat die gleiche Höhe wie der Rentenversicherungsbeitrag, der auch bei Rentenbezug weiterhin zu entrichten ist; de facto bewirkt der Bonus also eine Beitragsbefreiung. Er fließt dabei nicht in die Rentenberechnung mit ein, er erhöht nicht das für die Berechnung der Rente relevante Einkommen, Art. 4 § 1 IX Gesetz Nr. 10.887/04. Gewährt werden kann der Bonus bis zum Erreichen des Alters für die Zwangsverrentung.

e. Die Rente

Die Rentenleistung wird im RPPS wie auch im RGPS als Einkommensersatzrate ausgedrückt und anhand eines Referenzeinkommens berechnet. Das Referenzeinkommen, welches als Berechnungsgrundlage herangezogen wird, ergibt sich aus dem arithmetischen Mittel der 80% höchsten für die Beitragsentrichtung herangezogenen Einkommen der Beitragszeit, Art. 1 Gesetz Nr. 10.887/04. Berücksichtigt wird aber, so die Norm, erst die

---

970 Siehe *Ibrahim*, Curso de Direito Previdenciário, S. 759 ff.

Zeit ab 1994 – in dem Jahr war der *Real* als Währung eingeführt worden, womit sich die zuvor teilweise hohen Inflationsraten normalisierten und was die Berechnung erleichterte.[971] Die dargestellte Art und Weise der Berechnung der Rentenhöhe gilt erst seit Einführung des Gesetzes Nr. 10.887 am 18. Juni 2004; zuvor war den Beamten eine Rente in Höhe des zuletzt bezogenen Monatseinkommens zugebilligt worden.[972] Die alte Regelung war nicht nur als gegenüber den RGPS sehr unfair empfunden worden, sondern auch äußerst kostspielig, insbesondere weil sie dazu verleitet hatte, auf unterschiedlichstem (nicht immer legalem) Wege auf eine Einkommenserhöhung zum Ende des Arbeitslebens hinzuwirken. Allerdings gilt die neue Regelung nur für Beamte, die erst nach dem 31. Dezember 2003 in den öffentlichen Dienst eingetreten sind. Für diejenigen, die bereits zuvor dort tätig waren, bestehen Übergangsregelungen. Außerdem blieben Rentner und Pensionäre im Hinblick auf ihre erworbenen Rechte (*direitos adquiridos*) verschont.[973]

Die Einkommensersatzrate richtet sich nach der Zahl der Beitragsjahre. Sie erreicht 100% (und wird dann als integrale Rente bezeichnet) bei Männern, wenn sie 35 Jahre lang in das System eingezahlt haben, und bei Frauen, wenn sie 30 Jahre lang Beiträge entrichtet haben. Auch bei der Zwangspensionierung findet eine proportionale Berechnung statt. Hat ein männlicher Beamter beispielsweise im Zeitpunkt seiner Zwangspensionierung im Alter von 70 Jahren 20 Jahre lang Beiträge entrichtet, erhält er eine Rente in Höhe von 20/35 der Berechnungsgrundlage.[974] Da bei der Rente nach Beitragszeit ein Renteneintritt vor Erfüllung der Beitragszeit von 35 Jahren bei Männern und 30 bei Frauen nicht mehr erlaubt ist, gibt es hier keine proportionale Rentenberechnung.

Mindestens hat die Rente wie auch im RPPS den Wert eines Mindestlohnes, Art. 1 § 4 I Gesetz Nr. 10.887/04. Das Einkommen, aufgrund dessen sie berechnet wird, darf sie nicht übersteigen, Art. 40 § 2 der Verfassung. Gekoppelt wird sie an die Inflationsentwicklung, so dass der Realwert der Rente stets erhalten bleibt, Art. 40 § 8 der Verfassung. Die in der Regel großzügigere Koppelung an die Lohnentwicklung der aktiven Beamten, wie sie zuvor vorgenommen worden war, wurde mit der Verfassungsänderung Nr. 41 vom 19. Dezember 2003 aufgegeben. Bereits im Ruhestand befindli-

---

971 Vgl. *Gerstenberger*, Alterssicherung in Brasilien, S. 304.
972 Siehe hierzu *Gerstenberger*, Alterssicherung in Brasilien, S. 360; Verfassungsänderung Nr. 41, Art. 1, Änderung betreffend Art. 40 § 3 der Verfassung.
973 Siehe hierzu *Gerstenberger*, Alterssicherung in Brasilien, S. 361.
974 Vgl. hierzu *Ibrahim*, Curso de Direito Previdenciário, S. 759.

che Beamte blieben von der Änderung jedoch aufgrund des verfassungsrechtlichen Schutzes ihrer erworbenen Rechte unberührt.

Die Statistiken zeigen, dass die integrale Rente (Rente beträgt 100%
der Berechnungsgrundlage) die am häufigsten bezogene ist[975] – also eine
Rente, die ausgezahlt wird, wenn die Regelaltersgrenze erreicht worden ist
und 30 beziehungsweise 35 Jahre lang Beiträge entrichtet worden sind. Im
Jahr 2016 ließen sich 90,8% der Beamte auf Bundesebene mit integraler
Rente pensionieren, mit proportionaler Rente (weniger als 100% der Berechnungsgrundlage) hingegen nur 1,1%. 2,6% wurden zwangspensioniert
und 4,1% erhielten eine Invalidenrente.[976]

f. Die Zusatzversicherung

Mit der Verfassungsänderung Nr. 20 von 1998 wurde die Möglichkeit eingeführt, wie im RGPS eine Beitragsbemessungs- und Rentenhöchstgrenze
festzulegen, Art. 40 § 14 der Verfassung. Voraussetzung dafür ist, dass die
jeweilige Gebietskörperschaft ein Zusatzrentenversicherungssystem schafft,
das den betroffenen Beamten die Möglichkeit gibt, durch entsprechende
zusätzliche Beitragsentrichtung dennoch in den Genuss einer höheren Rente zu gelangen. Gemäß dem 2003 eingeführten Art. 40 § 15 der Verfassung
hat eine solche Zusatzversicherung als geschlossener Rentenfonds[977] öffentlich-rechtlich organisiert zu sein und nach beitragsorientiertem System[978]
zu funktionieren. Diejenigen, die zu einem Zeitpunkt verbeamtet werden,
zu dem die Gebietskörperschaft, für die sie tätig sind, bereits einen Zu-
satzrentenfonds geschaffen hat, sind verpflichtet, diesem beizutreten, und
diejenigen, die bereits verbeamtet sind, haben ein Wahlrecht zwischen Versicherung ohne Beitrags- und Rentenobergrenze im RPPS oder begrenzter

---

975 *Ministério de Planejamento*, Boletim Estatístico de Pessoal e Informações Organizacionais 1/2017, S. 185, Tabelle 7.1.
976 Ebenda.
977 Geschlossene Rentenfonds sind nur für einen bestimmten Personenkreis zugänglich
– hier für die jeweiligen Beamten – im Gegensatz zu offenen Rentenfonds, die der
Allgemeinheit zugänglich sind.
978 In einem „defined contribution" beziehungsweise beitragsorientierten System ist
der zu entrichtende Beitrag und die Berechnungsformel festgelegt beziehungsweise
definiert und die zu erwartende Rente anhand des Beitrages zu bestimmen. Im um-
gekehrten „defined benefit" beziehungsweise leistungsorientierten System wird die
Rente vorbestimmt und der Beitrag anhand einer Formel entsprechend ermittelt.

Versicherung im RPPS kombiniert mit einer Zusatzversicherung.[979] Die Beitragshöhe ist frei wählbar. Richtet die Gebietskörperschaft keinen solchen zusätzlichen Rentenfonds ein, bestehen die genannten Grenzen nicht und die Rente wird anhand der vollen geleisteten Beiträge berechnet.

g. Zusammenfassende Betrachtung und Rentenreform

Von der allzu großzügigen Ausgestaltung der Rentenversicherung für die Beamten ist in den letzten Jahren durch verschiedene Reformen langsam abgerückt worden; es gibt deutliche Bemühungen, das RPPS dem RGPS anzupassen und damit auch als Versicherungssystem auszugestalten. Verschiedene für die finanzielle Krise ausgemachte Ursachen wurden angegangen. So wurde die Bemessungsgrundlage für die Renten verändert und statt des zuletzt erzielten Einkommens wird wie im RGPS auf das durchschnittliche Einkommen Bezug genommen. Die Renten werden nicht mehr an die Einkommensentwicklung im öffentlichen Dienst, sondern an die Inflation angepasst. Und es wurde zumindest die Möglichkeit der Festlegung einer Höchstrente eröffnet. Außerdem wurden die Altersgrenzen angehoben und mit einem Bonussystem Anreize für einen noch späteren Renteneintritt geschaffen.

Allerding bleiben nicht wenige Beamte von den hier dargestellten, noch vergleichsweise jungen Parametern weitgehend verschont, da aus Vertrauensschutzgründen vielfältige Übergangslösungen gefunden werden mussten. Dies gilt insbesondere für diejenigen, die bei Erlass der jeweiligen Regelungen bereits verrentet beziehungsweise pensioniert waren, denn Art. 5 XXXVI der Verfassung schützt ihre erworbenen Rechte. Der hier verankerte Grundsatz begründet inhaltlich nicht nur den Schutz des Anspruchs auf den Bezug einer Rente, sondern er besagt auch, dass diese so zu gewähren ist, wie es dem Einzelnen beim Eintritt in den Ruhestand gesetzlich zustand; der rechtliche Status quo wird sozusagen konserviert.[980] Die großzügige vorherige Ausgestaltung der Altersversorgung für die Beamten wirkt noch nach. Und auch jetzt noch bleibt das System generös, ermöglicht es doch ein hohes Rentenniveau, einen für Frauen immer noch besonders frühen Renteneintritt und einige großzügige Sonderregelungen, etwa für Lehrer.

---

979   Art. 40 § 16 der Verfassung; *Moraes*, Direito Constitucional, S. 405.
980   Vgl. *Moraes*, Direito Constitucional, S. 409.

In Brasilien sorgt die unterschiedliche Ausgestaltung der Systeme nach wie vor für Unmut und es gibt Stimmen, die sich dafür aussprechen, die Systeme zu vereinen. Die Verfassung stellt hierfür ein Hindernis dar, manifestiert doch auch sie eine unterschiedliche Behandlung von Beamten und anderen Beschäftigten, was von einigen stark kritisiert wird.[981]

Die aktuelle Rentenreform, mit der die Verfassung jüngst geändert wurde,[982] sieht zwar nach wie vor keine Zusammenlegung, aber doch eine weitere Angleichung der Systeme vor. So heißt es in dem neuen Art. 40 § 12 der Verfassung, dass neben den Sonderregelungen des Art. 40 die Regelungen der allgemeinen Rentenversicherung auch für Beamte gelten, was insbesondere die Rentenberechnung betrifft. Auch für Beamte wird die Regelaltersgrenze für Frauen von 60 auf nunmehr 62 Jahre angehoben (Art. 40 § 1 III n. F. der Verfassung; für Männer verbleibt es bei der Regelaltersgrenze von 65 Jahren) und die Karenzzeit sogar auf 25 Jahre für beide Geschlechter erhöht, wobei die jeweilige Person mindestens zehn Jahre lang ein öffentliches Amt innegehabt haben, also verbeamtet gewesen sein muss, und fünf Jahre in ihrem aktuellen Amt, in dem die Verrentung beantragt wird, gearbeitet haben muss (Art. 10 § 1 I EC 103/2019). Die Rente nach Beitragszeit wird abgeschafft, womit auch der Verfestigung ungleicher Einkommensverhältnisse entgegengewirkt werden soll, denn diese Rentenart beziehen in der Regel nur Besserverdiener.[983] Gleichzeitig werden Übergangsregelungen geschaffen (Art. 4 EC 103/2019). Anders als bisher beträgt der Beitragssatz für Beamte nicht mehr einheitlich 11%, sondern es wird ein Staffelsystem eingeführt. Der Beitragssatz soll nach den Übergangsregelungen (Art. 11 EC 103/2019) bis zu einer Änderung des die Beitragssätze regelnden Gesetzes Nr. 10.887/04 regulär bei 14% liegen und sich je nach Einkommen innerhalb einer Spanne von 7,5% (für Einkommen bis zur Höhe eines Mindestlohnes) bis zu 22% (für diejenigen, deren Einkommen mehr als 39.000,00 Reais beträgt) erniedrigen oder erhöhen. Auch hier sollen nun Personen einbezogen werden, deren Einkommen unter dem Mindestlohn liegt.

---

981 Siehe *Ibrahim*, A Previdência Social no Estado Contemporâneo, S. 200, der die unterschiedliche Behandlung in Bezug auf die soziale Absicherung als gegen die Menschenwürde verstoßend ansieht.

982 Verfassungsänderung Nr. 103/2019 (EC 103/2019), verabschiedet am 12.11.2019, siehe oben unter D.I.1.i. und Fn. 946.

983 Siehe hierzu *Gerstenberger*, Orientierungen zur Wirtschafts- und Gesellschaftspolitik 114, 35 (38).

Die Vorzeichen werden also auch im RPPS insgesamt strenger, das System soll finanzierbar bleiben (oder werden).[984]

II. China

Die Rentenversicherung in China ist Teil eines Systems sozialer Sicherheit, das neben Kranken-, Arbeitsunfall-, Arbeitslosen- sowie Mutterschaftsversicherung auch ein staatlich finanziertes Sozialhilfesystem zur Sicherung des Existenzminimums[985] umfasst. All diesen „Zweigen" ist gemein, dass sie jeweils stark zersplittert sind in viele verschiedene (Unter-)Systeme. In der Rentenversicherung will man dem entgegenwirken, da die Zersplitterung zu gravierenden Problemen und Absicherungslücken führt.

Die Rentenversicherung ist Gegenstand aktiver Reformierung und hat seit Inkrafttreten des Sozialversicherungsgesetzes im Jahre 2011 – obwohl das Gesetz selbst seither nicht verändert worden ist – verschiedenste Neuerungen erfahren. Die staatliche Altersabsicherung war bisher – wie es das Sozialversicherungsgesetz auch festhält und eingangs bereits dargestellt wurde – durch eine Unterteilung in vier nach Bevölkerungsgruppen differenzierende Systeme gekennzeichnet: Neben der Grundrentenversicherung für die Beschäftigten standen die Beamtenversorgung, die ländliche Rentenversicherung und die Rentenversicherung für die städtischen Bewohner. 2014 beschloss der Staatsrat, die ländliche Rentenversicherung und die Rentenversicherung für die städtischen Bewohner zusammenzulegen zur neuen Grundrentenversicherung für die städtischen und ländlichen

---

984 Zahlen insbesondere zu den Finanzen werden in der unten folgenden vergleichenden Analyse untersucht, D.IV.

985 Die Sozialhilfe ist bedarfsorientiert, herangezogen wird das Familieneinkommen. In der Stadt wird sie geregelt in den Regeln des Staatsrates zur Sicherung des Mindestlebensunterhalts der städtischen Wohnbevölkerung vom 29.9.1999 (Nr. 271), deutsche Übersetzung in: *Münzel*, Chinas Recht, 29.9.1999/1. Auf dem Land sichern das „Fünf-Garantien-System" für Arbeitsunfähige ohne Unterhaltsverpflichtete und die ländliche Mindestsicherung das Existenzminimum ab. Das „Fünf-Garantien-System" ist geregelt in den Regeln des Staatsrates über die Arbeit der Versorgung mit den Fünf-Garantien auf dem Land vom 1.3.2006 (Nr. 456) und die ländliche Mindestsicherung in der Mitteilung des Staatsrates über die Errichtung des Sicherungssystems des Existenzminimums für die ländliche Bevölkerung vom 11.7.2007. Siehe hierzu ausführlich *Liu*, Reformen des Sozialleistungsrechts in der Volksrepublik China, S. 154 ff.; *Darimont/Liu*, ZChinR 17 (2010), 338 ff.

Bewohner.[986] Dieser Akt ist als wichtiger Schritt in Richtung Vereinheitlichung der Sozialversicherungssysteme und Erfassung aller Bürger anzusehen. Auch ein Wechsel von der Grundrentenversicherung für die städtischen und ländlichen Bewohner in die Grundrentenversicherung für Beschäftigte und umgekehrt soll durch den Beschluss erleichtert werden. Man
will nicht nur die Lebensqualität der Bürger durch eine verlässlichere Absicherung und eine Erleichterung der Mobilität verbessern, sondern auch
das wirtschaftliche Wachstum der Volksrepublik vorantreiben.[987] Zudem
vereinfacht das Vorgehen den von der Regierung forcierten Verstädterungs-
prozess und die mit ihm einhergehende Veränderung des ländlichen zum
städtischen *Hukou* der betroffenen Personen. Die Zusammenlegung ist zudem ein kleiner, aber wichtiger Schritt für die Angleichung städtischer und
ländlicher Lebensbedingungen und soll dem Wohlstandsgefälle innerhalb
des Staates entgegen wirken. Die Umsetzung der Systemzusammenlegung
war bis zum Ende des 12. Fünfjahresplans in 2015 vorgesehen.[988]

Es gibt nun also nur noch drei verschiedene Systemarten und auch dasjenige für die Beamten hat sich inzwischen verändert. Denn der Staatsrat hat
im Januar 2015 die Reform des Beamtenversorgungssystems beschlossen[989]
und sieht nun mit dem sogenannten Gleichstellungsplan vor, dass die
bisher staatlich finanzierte Altersversorgung in ein Rentenversicherungssystem transformiert wird – Beamte sollen so wie Beschäftigte behandelt
werden und Beiträge entrichten.[990] Aufgrund des hohen Pensionsniveaus
für Beamte hatte die von vielen als unfair empfundene Differenzierung seit
langem für Unruhen gesorgt.

In der hier vorgenommenen Darstellung der (aktuellen) chinesischen
Rentenversicherung werden zunächst die zugrundeliegenden Normen (1.)

---

986 Ansichten des Staatsrates zur Errichtung eines einheitlichen Basis-Rentenversicherungssystems für die städtischen und ländlichen Bewohner (国务院关于建立统一
的城乡居民基本养老保险制度的意见) vom 21.2.2014 (Nr. 8); *Ministry of Human
Resources and Social Security of the People's Republic of China,* Decision of 26
February 2014, Material for the press conference.

987 Ministry of Human Resources and Social Security of the People's Republic of
China, Decision of 26 February 2014, Material for the press conference.

988 Ministry of Human Resources and Social Security of the People's Republic of
China, Decision of 26 February 2014, Material for the press conference.

989 机关事业单位工作人员养老保险制度改革的决定, „Beschluss des Staatsrates zur
Reform des Rentenversicherungssystems für Mitarbeiter von Regierung und öffentlichen Institutionen" vom 14.1.2015 (Nr. 2).

990 Siehe hierzu *Mercator Institute for China Studies,* China Update Nr. 2/2016, S. 3;
Liu/Sun, Journal of Aging and Social Policy 28 (2016), 15 (16 ff.).

sowie die Grundzüge der Verwaltung erläutert (2.). Sodann wird differenziert zwischen der Grundrentenversicherung für die Beschäftigten (3.) und der Grundrentenversicherung für die städtischen und ländlichen Bewohner (4.). Bereits vorab ist darauf hinzuweisen, dass diese beiden Systeme in einem Alternativverhältnis zueinander stehen; der kumulative Bezug einer Rente aus beiden Systemen ist nicht möglich. Wurde in beide eingezahlt, so ist anhand von Konkurrenzregeln, die an gegebener Stelle ebenfalls erläutert werden, zu bestimmen, aus welchem System eine Rente gewährt wird. Schließlich wird auch ein Überblick über die Alterssicherung der Beamten gegeben (5.).

1. Normative Grundlagen und Grundsätze der Rentenversicherung

Die gesetzlichen Grundlagen der Rentenversicherungssysteme bilden die Verfassung und das Sozialversicherungsgesetz. Für die Grundrentenversicherung für die Beschäftigten spielen zudem die Arbeitsgesetze[991] eine Rolle; das Sozialversicherungsrecht wird nach chinesischer Rechtssystematik auch als Teil des Arbeitsrechts angesehen[992] und im Arbeitsgesetz[993] war die Grundrentenversicherung 1994 erstmals gesetzlich verankert worden. Auch im neueren Arbeitsvertragsgesetz vom 29. Juni 2007[994] wird die Sozialversicherungspflicht an verschiedenen Stellen thematisiert, nähere Ausgestaltungsregelungen lassen sich hier aber nicht finden. Darüber hinaus gelten für beide Rentenversicherungssysteme verschiedene nichtgesetzliche Regelungen, zum überwiegenden Teil Beschlüsse des Staatsrates.

a. Die Verfassung

Zu den bereits zuvor dargestellten verfassungsrechtlichen Regelungen hinsichtlich der Sozialversicherung[995] ist an dieser Stelle hinzuzufügen, dass

---

991 Das chinesische Arbeitsrecht ist im Arbeitsgesetz vom 5.7.1994 (中华人民共和国劳动法) und dem Arbeitsvertragsgesetz vom 29.6.2007 (中华人民共和国劳动合同法) gesetzlich normiert. Die Gesetze stehen in einem Konkurrenzverhältnis zueinander, im Kollisionsfall geht das neuere Gesetz vor. Siehe hierzu *Seibert*, Die Begründung und Beendigung von Arbeitsverhältnissen und Arbeitsverträgen, S. 61 ff.
992 *Liu*, Reformen des Sozialleistungsrechts in der Volksrepublik China, S. 138.
993 Deutsche Übersetzung: *Münzel*, Chinas Recht, 5.7.94/2.
994 Deutsche Übersetzung: *Münzel*, Chinas Recht, 29.6.2007/1.
995 Siehe oben, 0.

die Verfassung nicht zwischen Stadt- und Landbevölkerung unterscheidet; das Recht auf soziale Absicherung (Art. 45 S. 1 der Verfassung) hat demnach für alle gleichermaßen zu gelten. Der historisch von Beginn an ungleich betriebene Auf- und Ausbau der einzelnen Systeme sowie das regionale Gefälle von Wohlstand und wirtschaftlicher Entwicklung führen aber dazu, dass es faktisch – jedenfalls noch – nicht möglich ist, die gleichen Sozialversicherungsstandards auf alle anzuwenden.[996]

Man mag aus westlicher Sicht den – bereits dargestellten – programmatischen Charakter der Verfassung, welcher der chinesischen Herangehensweise an das Recht als Hilfsmittel für die Entwicklung des Staates entspricht, kritisch betrachten. Wie in westlichen Verfassungswerken aber auch, findet sich hier die oder jedenfalls eine Grundlage des Sozialversicherungs- einschließlich des Rentenversicherungssystems.

b. Das Sozialversicherungsgesetz

Mit dem Sozialversicherungsgesetz will man dem in Art. 45 S. 2 der Verfassung verankerten Auftrag zum Ausbau der Sozialversicherung nachkommen. Es soll zudem eine gemeinsame Basis für die verschiedenen regionalen Systeme geschaffen werden,[997] um diese letztlich vereinheitlichen zu können.[998] Die Gesetzesebene soll im Vergleich zu den vorher geltenden, lediglich untergesetzlichen Regelungen für eine höhere Verbindlichkeit sorgen.

Das am 1. Juli 2011 in Kraft getretene Gesetz ist dennoch nur als eine Art Rahmengesetz zu verstehen: Es trifft lediglich grobe Regelungen, die der weiteren Konkretisierung bedürfen. Und zu diversen Punkten schweigt das Sozialversicherungsgesetz; beispielsweise finden sich dort nicht einmal die Regelaltersgrenzen oder die Höhe der Beitragssätze normiert. An einigen Stellen helfen die – ebenfalls am 1. Juli 2011 in Kraft getretenen – Aus-

---

996 Vgl. *Shi*, in: Becker/Zheng/Darimont, Grundfragen und Organisation der Sozialversicherung in China und Deutschland, S. 57 (71).

997 Und zwar sowohl für die Rentenversicherungssysteme als auch für die Systeme anderer Versicherungszweige, bei denen sich eine ähnliche systematische und regionale Zersplitterung vorfinden lässt.

998 Vgl. auch *Zuo*, Das neue Sozialversicherungsgesetz der VR China, ZIAS 2010/2011, 322 (328 f.).

führungsbestimmungen zum Sozialversicherungsgesetz[999] (im Folgenden: Ausführungsbestimmungen) weiter. Daneben aber muss für die Konkretisierung in vielen Fällen noch auf die bereits angesprochenen, zuvor erlassenen nichtgesetzlichen Regelungen zurückgegriffen werden, denn (geplante) neue Normierungen sind häufig noch nicht vorhanden.[1000] Dies hängt wohl auch damit zusammen, dass die Materie zum einen recht umstritten ist und sich zum anderen – insbesondere aufgrund der starken, insbesondere regionalen Systemzersplitterung – sehr kompliziert und komplex gestaltet.[1001] Die Ausführung bleibt insoweit zwangsweise den lokalen Regierungen oder Verwaltungen überlassen. Zudem enthält das Sozialversicherungsgesetz diverse Ermächtigungen zum Erlass konkretisierender Regelungen durch die Exekutive, was eine Gefahr für die langfristig erwünschte Vereinheitlichung darstellt und daher in der Literatur als Anlass für Kritik genommen wird.[1002]

§ 3 des Sozialversicherungsgesetzes (SVG) bestimmt die Grundsätze, nach denen die Sozialversicherung aufgebaut sein soll. Ein wichtiges, hier formuliertes Ziel ist die Erreichung einer weiten Abdeckung der Sozialversicherungssysteme; möglichst alle Einwohner Chinas sollen in ihren Schutz einbezogen werden. Des Weiteren soll die Sozialversicherung dem Einzelnen eine Lebensgrundlage sichern, nicht aber unbedingt seinen vorherigen Lebensstandard,[1003] was der (sinngemäß übersetzte) Ausdruck *Grund*rentenversicherung auch widerspiegelt. Ferner soll die Versicherung in mehreren Ebenen organisiert und nachhaltig gestaltet sein. Schließlich wird in etwa wiederholt, was bereits in der Verfassung niedergeschrieben ist: dass die Sozialversicherung stets dem Niveau der wirtschaftlichen, aber auch der sozialen Entwicklung zu entsprechen hat – theoretisch ein Einfallstor für Kürzungen.

Die Rentenversicherung ist in Kapitel 2 des Sozialversicherungsgesetzes geregelt. §§ 10 bis 19 SVG betreffen die Grundrentenversicherung für Beschäftigte, §§ 20, 21 SVG die ländliche Rentenversicherung und § 22 SVG widmet sich der Rentenversicherung für die städtischen Bewohner. In § 22 S. 2 SVG wird den Lokalregierungen die Möglichkeit eröffnet, die

---

999   实施〈中华人民共和国社会保险法〉若干规定, Anordnung des Ministeriums für Humanressourcen und soziale Sicherheit vom 29.6.2011 (Nr. 13).

1000 Zum Beispiel zu § 19 Sozialversicherungsgesetz; hierzu unten.

1001 Siehe hierzu ausführlicher *Zuo*, ZIAS 2010/2011, 322 (323).

1002 Siehe *Darimont*, ZChinR 18 (2011), 266 (267 f. m.w.N.).

1003 Vgl. *Hambüchen/Schlegel*, VSSR 2009, 259 (270).

ländliche Rentenversicherung mit derjenigen für die städtischen Bewohner zusammen zu legen, was inzwischen geschehen ist.

2. Grundzüge der Verwaltung der Rentenversicherungssysteme

Die Verwaltung der Rentenversicherung ist in China zentralistisch ausgestaltet, also hierarchisch organisiert.[1004] Auf zentraler Ebene obliegt sie dem Ministerium für Humanressourcen und soziale Sicherheit,[1005] eine Ausnahme besteht jedoch für die Finanzkontrolle und Aufsicht der Sozialversicherungsfonds, die das Finanzministerium übernimmt.[1006]

Die für die Durchführung der Rentenversicherung auf lokaler Ebene zuständigen Träger – die „Sozialversicherungsorgane", wie sie in der deutschen Übersetzung von Münzel[1007] genannt werden – sind öffentlich organisierte Institutionen mit eigener Rechtspersönlichkeit[1008] und dem Ministerium für Humanressourcen und soziale Sicherheit unmittelbar untergeordnet.[1009] Sie sind auf den verschiedenen Regierungsebenen angesiedelt und werden je nach Region unterschiedlich bezeichnet.[1010] Das Sozialversicherungsgesetz zählt insbesondere die Registrierung und Aufzeichnung über den Versicherungsverlauf sowie die Rentenauszahlung zu ihren Aufgaben, § 8 SVG.

Die Verwaltung des Solidarfonds obliegt jeweils dem Träger auf Provinzebene, der damit auch einheitliche Beitragssätze für die jeweilige Provinz festlegen kann. So zumindest ist es in Punkt 8 des Beschlusses des Staatsrates über die Vervollkommnung des Grundrentenversicherungssystems für

---

1004 *Zuo*, Ein Rechtsvergleich der agrarsozialen Sicherung zwischen der VR China und Deutschland, S. 438; *Münzel*, Chinas Recht, 28.10.10/1, Anmerkung Nr. 23.

1005 Das Ministerium ist im Rahmen der Institutionsreform von 2018 bestehen geblieben, siehe Fn. 196.

1006 *Liu*, Reformen des Sozialleistungsrechts in der Volksrepublik China, S. 134.

1007 *Münzel*, Chinas Recht, 28.10.10/1, 9. Kapitel.

1008 Art. 1, 2 der Vorläufigen Regeln über die Registrierung und Verwaltung der öffentlichen Institutionen vom 25.10.1998, revidiert am 27.6.2004.

1009 Siehe hierzu ausführlich *Liu*, Reformen des Sozialleistungsrechts in der Volksrepublik China, S. 135 f.

1010 Vgl. *Zuo*, Ein Rechtsvergleich der agrarsozialen Sicherung zwischen der VR China und Deutschland, S. 439; *Liu*, Reformen des Sozialleistungsrechts in der Volksrepublik China, S. 135.

Beschäftigte in Unternehmen vom 3. Dezember 2005[1011] vorgesehen.[1012] Die Regelung soll die nationale Vereinheitlichung der Systeme vorantreiben; zuvor waren die Fonds auf den niedrigeren Stadt- und Kreisebenen angesiedelt gewesen.[1013] § 64 S. 4 SVG geht einen Schritt weiter und legt die bereits seit langem diskutierte und empfohlene[1014] Verlagerung auf die nationale Ebene fest; demnach würde es nur noch einen Solidarfonds geben, der national verwaltet wird. Dies soll aber, so das Gesetz, erst „allmählich" durchgeführt werden, denn wirtschaftliche Disparitäten gibt es nach wie vor. Außerdem macht sich ein gewisser lokaler Herrschaftswille bemerkbar, dem der Verlust von Geldern und Kontrolle missfällt.[1015] Schätzungen gehen davon aus, dass die Mehrheit der Rentenversicherungsfonds nach wie vor auf lokaler Ebene angesiedelt ist.[1016] Übergangsweise sollen nach einer Mitteilung des Staatsrates vom 31. April 2017 mit überschüssigen Fondseinnahmen einiger Provinzen die defizitären Fonds anderer Provinzen aufgefüllt und die Systeme so angeglichen werden.[1017]

Zuständig für die Einziehung der Sozialversicherungsbeiträge sind beziehungsweise waren bisher die von der jeweiligen Lokalregierung dafür bestimmten Institutionen – wahlweise entweder die Steuerbehörden oder die Sozialversicherungsträger.[1018] Ausweislich des am 21. März 2018 veröffentlichten „Plans zur Vertiefung der Reform der Partei- und Staatsinstitutio-

---

1011 Siehe Fn. 547.

1012 Siehe auch *Zuo*, Ein Rechtsvergleich der agrarsozialen Sicherung zwischen der VR China und Deutschland, S. 136.

1013 Zum Problem der verschiedenen Verwaltungsebenen der Rentenversicherungsfonds siehe z.B. *Jin*, Entwicklung des gesetzlichen sozialen Grundaltersversicherungssystems in der Volksrepublik China, S. 174 ff.

1014 Siehe hierzu *Liu*, Reformen des Sozialleistungsrechts in der Volksrepublik China, S. 181.

1015 Vgl. *Liu*, Reformen des Sozialleistungsrechts in der Volksrepublik China, S. 182.

1016 *Jin*, Entwicklung des gesetzlichen sozialen Grundaltersversicherungssystems in der Volksrepublik China, S. 149; *OECD*, Economic Surveys: China 2019, S. 98 ff. Schätzungen über die bestehende Anzahl der Fonds variieren: nach *Stepan/Lu*, Free movement of labor, free movement with social entitlements?, S. 28, soll es in 2012 noch mehr als 300 Fonds gegeben haben und nach *Zheng*, in: Holzmann/Palmer/Robalino, Nonfinancial defined contribution pension schemes in a changing pension world, S. 189 (192), sollen in 2012 sogar noch mehr als 2000 Fonds in China existiert haben – und dies bei nur 22 Provinzen (ohne Taiwan).

1017 Siehe hierzu *Jin*, Entwicklung des gesetzlichen sozialen Grundaltersversicherungssystems in der Volksrepublik China, S. 207.

1018 Art. 4 der Vorläufigen Maßnahmen des Staatsrates zur Beitreibung und Zahlung der Sozialversicherungsbeiträge (社会保险费征缴暂行条例) vom 22.1.1999, aktualisiert am 23.4.2019, dort Art. 6.

nen"[1019] und dem am 20. Juli 2018 verabschiedeten „Reformplan betreffend die staatliche und kommunale Steuerverwaltung"[1020] übernehmen dies ab dem 1. Januar 2019 überall einheitlich die Steuerbehörden.[1021] Da Letztere bereits über detaillierte Unternehmensinformationen verfügen, dürfte dies nicht nur zu einer Verringerung bürokratischer Hürden, sondern auch – so die Hoffnung – einer Stärkung der Durchsetzung führen.[1022] Die Umsetzung stand Ende 2019 vielerorts noch aus.[1023] Die Anmeldung zur Sozialversicherung obliegt jeweils dem Arbeitgeber.[1024]

3. Die Grundrentenversicherung für die Beschäftigten

a. Der erfasste Personenkreis

§ 10 S. 1 SVG legt den von der Grundrentenversicherung für die Beschäftigten obligatorisch erfassten Personenkreis fest. Dieser ist tätigkeitsbezogen und wird sowohl mit „Arbeitnehmer" als auch mit „Beschäftigte" und im Englischen mit „workers" oder „employees" übersetzt. Im Chinesischen gibt es verschiedene Begriffe für – sinngemäß – arbeitende Personen, die aber allesamt keiner strengen Dogmatik folgen, sondern vornehmlich geschichtlich und / oder ideologisch geprägt sind und nicht einheitlich verwendet werden. Dies mag im Sozialrecht mitunter damit zusammenhängen, dass dem erfassten Personenkreis beziehungsweise seinen Grenzen kaum separate Beachtung geschenkt wird. Wichtig ist nur das Ziel, insgesamt einen möglichst großen Teil der Bevölkerung in irgendeiner Form zu erfassen, wenn auch bei der Zuordnung zu einem der Systeme natürlich irgendwie differenziert werden muss. Der Fokus liegt in China weniger auf einem präzise und detailliert definierten „Wer?", sondern vielmehr auf dem komplizierter erscheinenden „Wie?". Die im deutschen – und auch im brasilia-

---

1019   Art. 46 des Plans zur Vertiefung der Reform der Partei- und Staatsinstitutionen des Zentralkomitees der Kommunistischen Partei Chinas (深化党和国家机构改革方案) vom 21.3.2018 .

1020   国税地税征管体制改革方案, verabschiedet durch das Generalbüro des Zentralkomitees der Kommunistischen Partei Chinas und dem Generalbüro des Staatsrates der VR China.

1021   Siehe hierzu *Yu*, EuroBiz 10.12.2019.

1022   Vgl. ebenda.

1023   Ebenda.

1024   Art. 4 der Bestimmungen des Ministeriums für Humanressourcen und soziale Sicherheit zur Verwaltung der Anmeldung und Zahlung von Sozialversicherungsbeiträgen (社会保险费申报缴纳管理规) vom 26.9.2013 (Nr. 20).

nischen – Recht verwendete Vorgehensweise, dass zunächst der erfasste Personenkreis genau beschrieben wird, ist in China unüblich. Konkrete Definitionen findet man nicht allzu häufig.

Dennoch soll in dieser Arbeit auch in Bezug auf China zunächst so konkret wie unter diesen Umständen möglich der erfasste Personenkreis beleuchtet werden. Nur so kann in einem ersten Schritt eine Abgrenzung zwischen den sozialen Alterssicherungssystemen innerhalb der Volksrepublik vorgenommen und in einem weiteren Schritt ein Vergleich mit den anderen hier untersuchten Staaten ermöglicht werden.

Für den in § 10 S. 1 SVG genannten Personenkreis wird in dieser Arbeit der Begriff „Beschäftigte" verwendet. Während Beschäftigte versicherungspflichtig sind (dazu im Unterpunkt aa.), eröffnet § 10 S. 2 SVG die Möglichkeit des freiwilligen Beitritts für Selbständige, Teilzeitbeschäftigte, die bei ihren Arbeitgebern noch nicht in der Grundrentenversicherung versichert sind, und für andere sogenannte flexibel tätige Personen (bb).

aa. Versicherungspflichtige: Beschäftigte

Eine spezifische Definition des Beschäftigtenbegriffs gibt es im chinesischen Sozialrecht nicht, ebenso wenig eine einheitliche Definition des Arbeitnehmerbegriffs im chinesischen Arbeitsrecht.[1025] Der Gesetzgeber hat es bei Erlass des Arbeitsvertragsgesetzes leider versäumt, das Arbeitsverhältnis klar von anderen Rechtsverhältnissen abzugrenzen,[1026] was auch für die Sozialversicherungspflicht in Grenzfällen zu Schwierigkeiten führen kann. Im Laufe der Zeit hat sich im Arbeitsrecht zumindest eine Umschreibung des Arbeitnehmerbegriffs entwickelt, die auch für das Verständnis im Sozialrecht herangezogen werden kann.

Die in § 10 SVG verwendete, den versicherten Personenkreis festlegende chinesische Bezeichnung ist weder begrifflich noch inhaltlich identisch mit den in den Arbeitsgesetzen verwendeten Begriffen für Arbeitnehmer und soll hier mit Beschäftigte (im sozialrechtlichen Sinne) übersetzt werden.[1027]

1025 Vgl. *Seibert*, Die Begründung und Beendigung von Arbeitsverhältnissen und Arbeitsverträgen, S. 69.

1026 So *Seibert*, Die Begründung und Beendigung von Arbeitsverhältnissen und Arbeitsverträgen, S. 123.

1027 So auch die deutsche Übersetzung von *Münzel*, Chinas Recht, 28.10.10/1; die Verwendung des Begriffs Beschäftigte soll zudem eine bessere Vergleichbarkeit mit den anderen untersuchten Rechtssystemen herstellen. Es wird darauf hingewiesen,

Das Sozialrecht orientiert sich aber weitgehend am Arbeitsrecht und wird als Teil des Arbeitsrechts betrachtet; die Sozialversicherung fand schließlich auch ihre erstmalige gesetzliche Niederschrift im Arbeitsgesetzbuch von 1994. Um den versicherungspflichtigen Personenkreis zu ermitteln (2), muss also zunächst ein Blick in das chinesische Arbeitsrecht geworfen werden (1).

(1) Das arbeitsrechtliche Verständnis

Der Arbeitnehmerbegriff, darüber ist man sich einig, ist aus chinesischer Perspektive weit auszulegen[1028] und erfasst „alle Beschäftigten eines Arbeitgebers, vom gesetzlichen Vertreter über den leitenden Angestellten bis zum einfachen Arbeiter oder Angestellten".[1029] Ausgeschlossen sind aber Personen unter sechzehn Jahren, da man nach chinesischem Arbeitsrecht erst ab diesem Alter rechts- und handlungsfähig ist,[1030] Studenten, die in ihrer Freizeit für die Finanzierung ihres Studiums arbeiten,[1031] sowie in der Landwirtschaft angestellte Personen.[1032] Ebenfalls unerfasst bleiben die als „atypisch" angesehen Arbeitsverhältnisse von Hausangestellten und Nebenbeschäftigten sowie sämtliche illegale Arbeitsverhältnisse.[1033]

Für die Anwendbarkeit der Arbeitnehmern Schutz zusprechenden Arbeitsgesetze lässt das chinesische Arbeitsrecht die Qualifikation als Arbeitnehmer aber noch nicht ausreichen. Vielmehr muss – bekannt unter dem Stichwort *„Dual Qualification"* – auch der Arbeitgeber bestimmte Voraussetzungen erfüllen, um überhaupt ein Arbeitsverhältnis begründen zu können,[1034] was sich auch auf die Sozialversicherungspflicht auswirkt.

---

dass der Begriff des chinesischen Beschäftigungsverhältnisses in der deutschen Literatur zum chinesischen Recht auch für die Beschreibung anderer – deutlich weiter gefasster – Rechtsverhältnisse als das hier gemeinte sozialrechtliche Verhältnis verwendet wird, siehe *Seibert*, Die Begründung und Beendigung von Arbeitsverhältnissen und Arbeitsverträgen, S. 124.

1028 *Baohua/Runqing*, Case Analysis on latest PRC Labor Contract Law, S. 297.

1029 *Seibert*, Die Begründung und Beendigung von Arbeitsverhältnissen und Arbeitsverträgen, S. 69 f.

1030 Siehe hierzu *Seibert*, Die Begründung und Beendigung von Arbeitsverhältnissen und Arbeitsverträgen, S. 71.

1031 Ebenda, S. 76.

1032 Ebenda, S. 79.

1033 *Münzel*, Chinas Recht, 29.6.2007/1, Anmerkungen Nr. 1 und 2.

1034 *Seibert*, Die Begründung und Beendigung von Arbeitsverhältnissen und Arbeitsverträgen, S. 64.

Der Arbeitgeber muss zum einen zu den in § 2 S. 1 Arbeitsvertragsgesetz genannten Subjekten gehören (a) und zum anderen diverse Formalitäten erfüllen (b).

(a) Der Arbeitgeber

Arbeitgeber sind gemäß § 2 S. 1 Arbeitsvertragsgesetz Unternehmen, wirtschaftliche Organisationen Einzelner, private Nichtunternehmenseinheiten und andere Organisationen.[1035]

Im Einzelnen: Unternehmen sind Betriebe mit über sieben Beschäftigten.[1036] Mit wirtschaftlichen Organisationen Einzelner sind Einzelgewerbetreibende mit regelmäßig nicht mehr als sieben Arbeitnehmern gemeint, im Ergebnis also Kleingewerbetreibende.[1037] Als private Nichtunternehmenseinheiten werden zum Beispiel Schulen, Forschungsinstitute und Krankenhäuser bezeichnet.[1038] Andere Organisationen werden als „rechtmäßig errichtete Organisationen, die bestimmte Organe und Vermögen haben, aber keine Rechtspersönlichkeit besitzen" definiert.[1039] Hierunter fallen beispielsweise Anwalts- und Buchführungsbüros.[1040]

Es scheiden damit vor allem Privatpersonen, die nicht gewerblich tätig sind, – mithin natürliche Personen – als Arbeitgeber aus.[1041] Insbesondere die Arbeitsbeziehung zwischen Einzelpersonen, etwa zwischen „Hausherr" und privater Haushaltshilfe, ist also kein Arbeitsverhältnis im Sinne des Arbeitsgesetzes.[1042]

1035 *Münzel*, Chinas Recht, 29.6.2007/1.
1036 *Münzel*, Chinas Recht, 29.6.2007/1, Anmerkung Nr. 2.
1037 *Seibert*, Die Begründung und Beendigung von Arbeitsverhältnissen und Arbeitsverträgen, S. 67.
1038 *Münzel*, Chinas Recht, 29.6.2007/1, Anmerkung Nr. 2.
1039 *Seibert*, die Begründung und Beendigung von Arbeitsverhältnissen und Arbeitsverträgen, S. 68.
1040 *Münzel*, Chinas Recht, 29.6.2007/1, Anmerkung Nr. 2.
1041 Siehe hierzu auch *Jin*, Entwicklung des gesetzlichen sozialen Grundaltersversicherungssystems in der Volksrepublik China, S. 163 f.
1042 Ebenda.

(b) Zu erfüllende Formalitäten

Für die Qualifikation als Arbeitgeber bedarf es darüber hinaus der Erfüllung sämtlicher diesem obliegenden Melde- und Registrierungspflichten.[1043] Den Arbeitgeber trifft die Pflicht, einen Gewerbeschein einzuholen einschließlich einer offiziellen Erlaubnis zur Beschäftigung von Arbeitnehmern.[1044] Werden diese Pflichten nicht erfüllt, wird der Arbeitgeber als illegal operierend eingestuft, was zur Folge hat, dass die den Arbeitnehmer schützenden Arbeitsgesetze nur teilweise anwendbar sind, § 93 Arbeitsvertragsgesetz. Der Arbeitnehmer hat dann zumindest einen Anspruch auf Arbeitsentgelt, wirtschaftlichen Ausgleich und Entschädigung nach den Vorschriften der Arbeitsgesetze und gegebenenfalls auch auf Schadensersatz, so die Norm. Einen Anspruch auf die auch in den Arbeitsgesetzen zugesicherte Sozialversicherung (§ 3 Arbeitsgesetz) spricht die Vorschrift aber gerade nicht zu.

Das Gleiche gilt, wenn zwar Arbeitnehmer- und Arbeitgebereigenschaft vorliegen, aber kein Arbeitsvertrag geschlossen wurde. Ein solcher ist nach chinesischem Recht zwingend zu vereinbaren, und zwar schriftlich, wenn der Schutzbereich der Arbeitsgesetze voll eröffnet sein soll.[1045] Zwar kann auch ohne Arbeitsvertrag ein (faktisches) Arbeitsverhältnis entstehen – Arbeitsvertrag und Arbeitsverhältnis stehen im chinesischen Recht in einem Abstraktionsverhältnis[1046] – jedoch genießt der Arbeitnehmer nur mit Arbeitsvertrag den vollständigen Schutz der Arbeitsgesetze. Das faktische Arbeitsverhältnis ohne Arbeitsvertrag gewährt dem Arbeitnehmer wieder nur einen Mindestschutz durch die Arbeitsgesetze, § 93 Arbeitsvertragsgesetz. Zwar ist der Arbeitgeber bei Verstoß gegen die Pflicht zum Abschluss eines schriftlichen Arbeitsvertrages verpflichtet, dem Arbeitnehmer den doppel-

---

1043 *Seibert*, Die Begründung und Beendigung von Arbeitsverhältnissen und Arbeitsverträgen, S. 65.

1044 Siehe hierzu mit Nennung von die Registrierung anordnenden Vorschriften *Seibert*, Die Begründung und Beendigung von Arbeitsverhältnissen und Arbeitsverträgen, S. 65 f.; *Münzel*, Chinas Recht, 29.6.2007/1, Anmerkung Nr. 36 zu § 93 Arbeitsvertragsgesetz.

1045 § 10 Arbeitsvertragsgesetz, § 19 S. 1 Arbeitsgesetz; *Seibert*, Die Begründung und Beendigung von Arbeitsverhältnissen und Arbeitsverträgen, S. 95.

1046 *Seibert*, Die Begründung und Beendigung von Arbeitsverhältnissen und Arbeitsverträgen, S. 115.

ten Lohn zu zahlen (§ 82 Arbeitsvertragsgesetz), Sozialversicherungsleistungen umfasst der Mindestschutz durch die Arbeitsgesetze aber nicht.[1047]

Der Anwendungsbereich der Arbeitsgesetze wird mit diesen Regelungen stark eingeschränkt.

(2) Anwendbarkeit im Sozialrecht

Es ist davon auszugehen, dass diese Einschränkung auch für die Sozialversicherung gilt.[1048] Für den Schutz beziehungsweise die Anwendbarkeit des Sozialversicherungsgesetzes reicht es also nicht aus, ausschließlich auf die Eigenschaft als Arbeitnehmer beziehungsweise Beschäftigter abzustellen.[1049] Dies ergibt sich aus folgenden Gründen auch bereits faktisch.

Um den Schutz der Sozialversicherung de facto zu erlangen, muss der Arbeitgeber seine Arbeitnehmer bei der Sozialversicherung anmelden.[1050] Das Sozialversicherungsgesetz legt zwar erstmals Bußgelder für den Fall des Unterlassens fest, § 84 SVG, die Anmeldung wird der Arbeitgeber aber nur vornehmen, wenn er zum einen alle an seine Person gestellten Anforderungen erfüllt, also vor allem die erforderlichen Registrierungen vorgenommen hat, und wenn er zum anderen auch einen schriftlichen Arbeitsvertrag mit dem Arbeitnehmer geschlossen hat. Denn für die Anmeldung ist ein schriftlicher Arbeitsvertrag als Nachweis der Beschäftigung vorzulegen.[1051] Kann er einen solchen nicht vorlegen, würde sein Pflichtenverstoß – Beschäftigung ohne schriftlichen Arbeitsvertrag – bei den Behörden offenbar. Meldet der Arbeitgeber seinen Arbeitnehmer aber nicht an, genießt dieser keinen Sozialversicherungsschutz.

Der schriftliche Arbeitsvertrag ist zwar, wie gezeigt, keine Voraussetzung für die Entstehung eines Arbeitsverhältnisses, er ist aber Voraussetzung für die vollumfängliche Anwendbarkeit des Arbeitsschutzes einschließlich Sozialversicherung.

1047 Vgl. auch *Zheng*, in: FS Heinelt, S. 549 (553).
1048 So die Ergebnisse des „China-Projekts", vgl. auch *Jin*, Entwicklung des gesetzlichen sozialen Grundaltersversicherungssystems in der Volksrepublik China, S. 163 f.
1049 Vgl. auch *Zheng*, in: FS Heinelt, S. 549 (553).
1050 Art. 4 der Bestimmungen des Ministeriums für Humanressourcen und soziale Sicherheit zur Verwaltung der Anmeldung und Zahlung von Sozialversicherungsbeiträgen vom 26.9.2013; *Seibert*, Die Begründung und Beendigung von Arbeitsverhältnissen und Arbeitsverträgen, S. 123.
1051 *Seibert*, Die Begründung und Beendigung von Arbeitsverhältnissen und Arbeitsverträgen, S. 123; vgl. auch *Zheng*, in: FS Heinelt, S. 549 (553).

Wenn man nun annähme, dass nach dem Sozialversicherungsgesetz allein das Bestehen eines wirksamen Arbeitsverhältnisses für die Begründung der Sozialversicherungspflicht ausreichen muss und die Sozialversicherungspflicht nicht durch Nichtabschluss eines schriftlichen Arbeitsvertrages umgangen werden kann, stünde der Arbeitnehmer dennoch vor einem Problem, denn in der Praxis wird er das Bestehen eines Arbeitsverhältnisses ohne Vertrag kaum nachweisen können; der Nachweis wird in der Regel erst als durch den Arbeitsvertrag erbracht angesehen. Dies liegt vor allem daran, dass bis zum Inkrafttreten des Arbeitsvertragsgesetzes im Jahre 2007 der schriftliche Arbeitsvertrag als das Arbeitsverhältnis begründend angesehen wurde[1052] und Schriftstücken in China ein besonders hoher Beweiswert zukommt.[1053] Zurückzuführen sein dürfte dies auch auf die Tatsache, dass es in China an einem funktionierenden Kontrollsystem – wie etwa in Deutschland die Kontrolle durch den Zoll – fehlt. Gibt es keine verlässliche Kontrolle der tatsächlichen Gegebenheiten, ist man auf Beweismittel wie einen schriftlichen Arbeitsvertrag angewiesen.

Im Ergebnis gilt die Versicherungspflicht also nur für Arbeitnehmer mit schriftlichem Arbeitsvertrag und mit Arbeitsverhältnis (wofür der Arbeitgeber ein qualifiziertes Subjekt und registriert sein muss).

Dass Wanderarbeiter nicht aufgrund ihres *Hukou* von der Versicherungspflicht ausgeschlossen sind, sondern für sie die gleichen Kriterien gelten wie für andere Beschäftigte, müsste eigentlich klar sein, wird doch das *Hukou* in den Gesetzen an keiner Stelle als Kriterium angeführt. Aufgrund der häufigen Missachtung dieser Rechtslage in der Vergangenheit – und zum Teil auch heute noch – wird dies für die Sozialversicherung in § 95 SVG und speziell für die Rentenversicherung in § 2 der „Vorläufigen Maßnahmen für die Übertragung und Fortführung der Grundrentenversicherung"[1054] noch einmal bekräftigt; § 95 SVG lautet: „Dörfliche Wohnbe-

---

1052 § 16 I Arbeitsgesetz, deutsche Übersetzung: *Münzel*, Chinas Recht, 5.7.94/2; siehe hierzu ausführlich *Seibert*, Die Begründung und Beendigung von Arbeitsverhältnissen und Arbeitsverträgen, S. 115 f.

1053 *Seibert*, Die Begründung und Beendigung von Arbeitsverhältnissen und Arbeitsverträgen, S. 119 mit weiteren Nachweisen.

1054 国务院办公厅关于转发人力资源社会保障部、财政部城镇企业职工基本养老保险关系转移 接续暂行办法的通知, Bekanntmachung des Zentralbüros des Staatsrates vom 28.12.2009 (Nr. 66) über die Weiterleitung der „Vorläufigen Maßnahmen für die Übertragung und Fortführung der Grundrentenversicherungsbeziehungen der Beschäftigten" des Ministeriums für Humanressourcen und Soziale Sicherheit und des Finanzministeriums.

völkerung, die zur Arbeit in die Stadt kommt, wird nach den Vorschriften dieses Gesetzes sozialversichert."[1055]

Zu beachten ist wohlgemerkt, dass dies offenbar nur für die Wanderung vom Land in die Stadt gelten soll, nicht umgekehrt. In der Praxis dürfte eine anders herum gerichtete Wanderung in China allerdings auch kaum existieren und es gibt Definitionen für Wanderarbeiter, die diese ausschließlich als in eine Richtung mobil definieren, nämlich als diejenigen, die zum Arbeiten in die Stadt ziehen, aber kein städtisches *Hukou* besitzen.[1056]

Die Norm zeigt aber auch, dass die Grundrentenversicherung für die Beschäftigten nach wie vor als ein städtisches System verstanden wird. Häufig wird gesagt, die *städtischen* Beschäftigten haben an der Grundrentenversicherung für die Beschäftigten teilzunehmen[1057] oder es handele sich um die *städtische* Rentenversicherung für Beschäftigte,[1058] auch wenn die Vorschriften selbst an keiner Stelle eine ausdrückliche Beschränkung auf Beschäftigte im städtischen Gebiet vorsehen. Die geschichtliche Entwicklung, der vergleichsweise enge Arbeitnehmerbegriff, welcher in der Landwirtschaft beschäftigte Personen ausschließt, der noch engere sozialrechtliche Beschäftigtenbegriff, der flexibel tätige Personen und damit vor allem auch Saisonarbeiter der Versicherungspflicht entzieht, und die duale Struktur des Landes führen im Ergebnis dazu, dass die Grundrentenversicherung für die Beschäftigten tatsächlich ein eher städtisches System ist.

Festzuhalten bleibt, dass die enge Verknüpfung mit dem strengen und nicht vollumfänglich Schutz bietenden Arbeitsrecht und die enge Auslegung des sozialrechtlichen Beschäftigtenbegriffs eine hohe Hürde für die Realisierung der rentenversicherungsrechtlichen Absicherung begründen kann.

1055 Deutsche Übersetzung: *Münzel*, Chinas Recht, 28.10.10/1.
1056 So *Darimont*, ZChinR 18 (2011), 266 (268).
1057 Z.B. *Zuo*, ZIAS 2010/2011, 322 (330).
1058 Z.B. *Chen/Turner*, ISSR 67 (2014), 49 (56); *Zheng*, in: Holzmann/Palmer/Robalino, Nonfinancial defined contribution pension schemes in a changing pension world, S. 189; *Darimont*, ZChinR 18 (2011), 266 (271).

bb. Freiwillig Versicherte: Selbständige, Teilzeitbeschäftigte und andere flexibel tätige Personen

Freiwillig versichern können sich nach § 10 S. 2 SVG Einzelgewerbetreibende ohne Beschäftigte, Teilzeitbeschäftigte, welche bei ihren Arbeitgebern noch nicht in der Grundrentenversicherung versichert sind sowie andere flexibel tätige Personen.

Mit den „Einzelgewerbetreibenden ohne Beschäftigte"[1059] sind Selbständige gemeint, die über eine Geschäftslizenz sowie einen festen Geschäftsraum verfügen.[1060] Sofern sie keine Arbeiter beschäftigen, sondern alleine oder mit Hilfe von Familienmitgliedern tätig sind, können sie sich freiwillig in der Grundrentenversicherung versichern.[1061]

Teilzeitarbeit gilt als eine besondere Form der flexiblen Arbeit, bei der die Vergütung hauptsächlich stündlich berechnet wird und bei der in der Regel die durchschnittliche Arbeitszeit des Arbeitenden bei dem gleichen Arbeitgeber täglich vier Stunden und wöchentlich insgesamt vierundzwanzig Stunden nicht überschreitet, § 68 Arbeitsvertragsgesetz.[1062] Sie kann gemäß § 69 S. 1 Arbeitsvertragsgesetz vereinbart werden, ohne dass ein schriftlicher Arbeitsvertrag geschlossen werden muss; hier wird also eine Ausnahme vom oben angeführten Schriftformerfordernis im Arbeitsrecht gemacht.[1063] Dass dadurch ein Arbeitsverhältnis nur schwerlich nachgewiesen werden kann, dürfte hier keine allzu große Rolle spielen, da freiwillig Versicherte ihre Sozialversicherungsbeiträge vollständig selbst zahlen müssen. Gleichzeitig erscheint dies widersprüchlich, da Teilzeitbeschäftigte im Grunde bereits der Versicherungspflicht unterliegen würden, da sie arbeitsrechtlich vollumfänglich geschützt werden und sozialversicherungsrechtlich an keiner Stelle ausgenommen werden. Dies erklärt vielleicht, warum von Teilzeitbeschäftigten, „welche bei [ihren] Arbeitgebern noch nicht in der Grund-Altersrentenversicherung versichert sind",[1064] die Rede ist – die freiwillige Versicherungsmöglichkeit bestünde, um eine Lücke zu schließen, weil sich das Arbeitsverhältnis mangels schriftlichen Arbeitsvertrages nur

---

1059 Übersetzung von *Münzel*, Chinas Recht, 28.10.10/1.
1060 *Jin*, Entwicklung des gesetzlichen sozialen Grundaltersversicherungssystems in der Volksrepublik China, S. 141.
1061 Ebenda.
1062 Siehe zur Übersetzung *Münzel*, Chinas Recht, 29.6.2007/1.
1063 *Seibert*, Die Begründung und Beendigung von Arbeitsverhältnissen und Arbeitsverträgen, S. 195.
1064 Übersetzung von *Münzel*, Chinas Recht, 28.10.10/1.

schwierig nachweisen ließe. Oder man versteht § 10 S. 2 SVG so, dass für Teilzeitbeschäftigte trotz vollumfänglich gewollten Arbeitsschutzes doch keine Versicherungspflicht besteht. Jedenfalls wird Teilzeitarbeitenden mit Inkrafttreten des Sozialversicherungsgesetzes erstmals[1065] die Möglichkeit der Teilnahme an der Rentenversicherung gegeben.

Freiwillig versichern können sich schließlich alle sonstig flexibel tätigen Personen, was sie gleichzeitig von der Versicherungspflicht befreit – sie werden, mit anderen Worten, nicht als Beschäftigte angesehen, die der Versicherungspflicht unterliegen. Es handelt es sich hierbei um einen Auffangtatbestand; es soll so ein möglichst weiter persönlicher Anwendungsbereich für die freiwillige Versicherung erreicht werden. Eine Definition existiert auch hier nicht. Fragt man nach, bekommt man in China gerne Auflistungen; zum Beispiel werden Saisonarbeiter, Aushilfen, Gelegenheitsarbeiter, Freiberufler und Personen, die Haushaltstätigkeiten übernehmen, genannt.[1066]

Seit Jahren wird diskutiert, Hausangestellte – die also als flexibel tätig angesehen werden – besser zu schützen, sie sogar in den Arbeitsgesetzen als Arbeitnehmer zu erfassen. Dann wären sie, die ein geringes Einkommen haben und Schutz dringend benötigen, auch von der Sozialversicherung erfasst. Aber gerade das geringe Einkommen scheint einer der Gründe zu sein, warum man bisher keine derartigen Maßnahmen getroffen hat: die Finanzierung erscheint zu schwierig, die Kosten für die Sozialversicherung werden gescheut.[1067]

Ein Erschwernis für die freiwillige Versicherung kann sich in der Praxis daraus ergeben, dass nur solchen flexibel tätigen Personen der Beitritt gewährt wird, die ein städtisches *Hukou* haben; so zumindest wird es in Shanghai gehandhabt.[1068] Eine solche Differenzierung ist, wie bereits erläutert, dem Sozialversicherungsgesetz nicht zu entnehmen, sondern wird in § 95 SVG ausdrücklich untersagt. Solche Vorgehensweisen offenbaren den großen Ausgestaltungsspielraum, den sich die einzelnen Regionen herausnehmen.

1065 *Darimont*, ZChinR 18 (2011), 266 (270).
1066 Vgl. *Münzel*, Chinas Recht, 28.10.10/1, Anmerkung Nr. 10; *Jin*, Entwicklung des gesetzlichen sozialen Grundaltersversicherungssystems in der Volksrepublik China, S. 142.
1067 *Münzel*, Chinas Recht, 29.6.2007/1, Anmerkung Nr. 1.
1068 So die Ergebnisse des „China-Projekts".

b. Beiträge

Finanziert wird die Rentenversicherung durch Beiträge der Versicherten und im Fall der obligatorischen Versicherung ihrer Arbeitgeber, die Regierung gibt Zuschüsse, § 11 S. 2 SVG.

aa. Die Beiträge im Falle der Versicherungspflicht

(1) Die Beiträge der Beschäftigten

Der Beitragssatz der Beschäftigten liegt bei monatlich 8% ihres Einkommens.[1069] Die untere Beitragsbemessungsgrenze ist in der Regel bei 60% des regionalen monatlichen Durchschnittlohnes des Vorjahres festgesetzt, die obere Beitragsbemessungsgrenze bei dem Dreifachen des regionalen Durchschnittlohnes.[1070] Die untere Beitragsbemessungsgrenze korrespondiert in gewisser Weise mit dem in China ebenfalls regional festgelegten Mindestlohn, der nach nationaler Vorgabe etwa 40–60% des Durchschnittslohnes betragen soll.[1071] Verdient ein Arbeitnehmer weniger als 60% des regionalen Durchschnittlohns, sind diese 60% die Bemessungsgrundlage für seinen Rentenversicherungsbeitrag.[1072]

(2) Die Beiträge der Arbeitgeber

Arbeitgeber hatten bisher in der Regel maximal 20% der Lohnsumme aller ihrer Beschäftigten zu entrichten,[1073] seit Mai 2019 sind es nur noch

---

1069 § 12 S. 1, 2 SVG i.V.m. Nr. 3 des Beschlusses des Staatsrates über die Errichtung eines einheitlichen Grundrentenversicherungssystems für Beschäftigte in Unternehmen vom 16.7.1997 (siehe zu Letzterem Fn. 542).

1070 Punkt 7 Satz 3 der Vorläufigen Maßnahmen über die Verwaltung der individuellen Rentenkonten der Arbeitnehmer vom 22.12.1997, Nr. 116 (职工基本养老保险个人账户管理暂行办法).

1071 So die Anlage der am 30.12.2003 verabschiedeten und am 1.3.2004 in Kraft getretenen Mindestlohnbestimmungen (《最低工资规定》), einer Verordnung des Ministeriums für Arbeit und soziale Sicherheit (Nr. 21).

1072 Punkt 7 Satz 3 der Vorläufigen Maßnahmen über die Verwaltung der individuellen Rentenkonten der Arbeitnehmer vom 22.12.1997 (Nr. 116).

1073 § 12 S. 1, 2 SVG i.V.m. Nr. 3 des Beschlusses des Staatsrates über die Errichtung eines einheitlichen Grundrentenversicherungssystems für Beschäftigte in Unternehmen vom 16.7.1997.

maximal 16%.[1074] Der konkrete Beitragssatz für sie wird auf lokaler Ebene festgelegt[1075] und kann damit der jeweiligen wirtschaftlichen Situation und vor allem der Altersstruktur vor Ort angepasst werden. Aus diesem Grund kommt es vor, dass die Beitragssätze in Städten wie Beijing und Shanghai, die mit einem großen Anteil älterer Bevölkerung und Rentnern konfrontiert sind, höher sind als zum Beispiel in Regionen mit vielen jungen Wanderarbeitern wie Guangzhou.[1076] Während der Beitragssatz in Guangzhou im Februar 2016 mit nur 12% bereits weit unter dem nunmehrigen Höchstsatz lag, lag er in Shanghai bei 21% und damit sogar über den zu dem Zeitpunkt eigentlich als Grenze vorgesehenen 20%.[1077]

Den vergleichsweise hohen Beitragssätzen versucht man bereits seit einiger Zeit entgegen zu wirken. Im Rahmen der Durchsetzung des 13. Fünfjahresplans, der vorsieht, die Beitragssätze für die Sozialversicherung angemessen zu senken,[1078] machten das Ministerium für Humanressourcen und soziale Sicherheit sowie das Finanzministerium am 14. April 2016 eine entsprechende Reduzierung bekannt.[1079] In Provinzen, in denen der Beitragssatz bei über 20% lag, sollte er hiernach ab dem 1. Mai 2016 auf 20% gesenkt werden. In Provinzen, in denen er bei 20% lag, sollte er auf 19% gesenkt werden können, vorausgesetzt der jeweilige Rentenfonds ist finanziell so gut aufgestellt, dass er Rentenzahlungen für mehr als neun Monate gewährleisten kann. Bei der nunmehrigen Reduzierung auf maximal 16%, die an keine weiteren Voraussetzungen mehr geknüpft ist, dürfte es vorerst bleiben. Die Reduzierung der Beitragssätze soll dazu dienen, die

---

1074 Ankündigung des amtierenden Ministerpräsidenten Li Keqiang in seinem Bericht über die Arbeit der Regierung vom 5.3.2019, S. 17, in Englisch: https://www.wsj. com/public/resources/documents/2019NPCWorkReportEN.pdf?mod=article _inline (Stand: 8.8.2020); Bekanntmachung des Generalbüros des Staatsrates zu einem umfassenden Plan zur Reduzierung von Sozialversicherungsbeiträgen (国务院办公厅关于印发降低社会保险费率综合方案的通知) vom 1.4.2019 (Nr. 13); *The State Council*, Social security contributions to be cut.

1075 § 12 S. 1, 2 SVG i.V.m. Nr. 3 des Beschlusses des Staatsrates über die Errichtung eines einheitlichen Grundrentenversicherungssystems für Beschäftigte in Unternehmen vom 16.7.1997.

1076 Vgl. *Chen/Turner*, Journal of Aging and Social Policy 27 (2015), 107 (110).

1077 Ebenda.

1078 *China Internet Information Center*, Kurzer Überblick über den 13. Fünf-Jahres-Plan, Nr. 24.

1079 人力资源社会保障部 财政部关于阶段性降低社会保险费率的通知, Bekanntmachung des Ministeriums für Humanressourcen und soziale Sicherheit und des Finanzministeriums über die regelmäßige Senkung der Sozialversicherungsbeiträge vom 14.4.2016 (Nr. 36).

Lohnkosten zu verringern und das schwächelnde wirtschaftliche Wachstum wieder anzukurbeln.[1080]

Die Arbeitgeber werden gesetzlich angehalten, ihre Beiträge fristgemäß zu entrichten. „Wenn der Arbeitgeber Sozialversicherungsbeiträge nicht fristgemäß in vollem Umfang zahlt, wird er vom Organ, welches die Sozialversicherungsbeiträge einzieht, angewiesen, innerhalb einer bestimmten Frist sie zu bezahlen beziehungsweise den Fehlbetrag nachzuzahlen",[1081] so steht es in § 86 SVG. Zudem erlegt die Norm dem Arbeitgeber auf, für jeden Tag der Nichtentrichtung Verzugsgeld zu zahlen. Kommt er einer Zahlungsaufforderung nicht nach, sollen ihm Geldbußen in Höhe des Ein- bis Dreifachen der geschuldeten Summe auferlegt werden.

bb. Die Beiträge der freiwillig Versicherten

Die freiwillig Versicherten – insbesondere Selbständige – hatten bisher 20% der durchschnittlichen Lohnsumme aller lokalen Arbeitnehmer gemessen am Vorjahr einzuzahlen,[1082] was bedeutete, dass sich der Beitrag nicht an ihrem tatsächlichen Einkommen orientierte. Abgesehen davon, dass der Beitragssatz von 20%, die der Einzelne allein aufbringen musste, bereits eine hohe Hürde für die Teilnahme darstellte, machte diese Regelung die Teilnahme für diejenigen, deren Einkünfte unterhalb des lokalen Durchschnittslohns lagen, nahezu unmöglich. In einigen Provinzen wie beispielsweise Hebei wird Selbständigen sowie flexibel beziehungsweise atypisch Beschäftigten daher bereits seit einiger Zeit eine gewisser finanzieller Spielraum zugestanden, indem sie die Berechnungsgrundlage für ihre Beiträge in einem Rahmen von 40–300% des Durchschnittlohns (gemessen am Vorjahr) wählen können.[1083] Zusätzlich dürfen sie festlegen, ob sie ihre Beiträge monatlich, vierteljährlich oder halbjährlich zahlen.[1084] Eine flexiblere Handhabung hat man sich nun auch auf Bundesebene zum Vorbild genommen und festgelegt, dass Selbständige ab Mai 2019 die Lohngrundlage für

---

1080 Vgl. *The State Council*, China to lower costs for real economy enterprises.
1081 Deutsche Übersetzung von *Münzel*, Chinas Recht, 2011.4, 28.10.10/1.
1082 Nr. 3 des Beschlusses des Staatsrates über die Vervollkommnung des Grundrentenversicherungssystems für Beschäftigte in Unternehmen vom 3.12.2005 (Nr. 38).
1083 *ISSA*, Social security coverage extension in the BRICS, S. 112.
1084 Ebenda.

die Berechnung der Beiträge wählen können, und zwar in einem Bereich von 60% bis 300% des örtlichen Durchschnittslohnes.[1085]

c. Finanzierung

Die Grundrentenversicherung bedient sich der Finanzierungsmethode des Teilkapitaldeckungsverfahrens, einer Mischung aus Umlage- und Kapitaldeckungsverfahren. Die Beiträge der Beschäftigten in Höhe von 8% ihres Entgelts fließen gemäß § 12 S. 2 SVG auf ein individuelles Konto, das dem Kapitaldeckungsverfahren unterliegt (hierzu unter aa.). Der Beitrag wird mit einem Mindestzinssatz angelegt (§ 14 SVG), welcher seit 2017 vereinheitlicht vom Staat vorgegeben wird.[1086] Die Arbeitgeberbeiträge fließen gemäß § 12 S. 1 SVG in den Solidarfonds, der dem Umlageverfahren unterliegt (hierzu unter bb.). Bei den freiwillig Versicherten fließen 40% ihrer Beiträge auf ein individuelles Konto, den restlichen Teil zahlen sie in den Solidarfonds ein.[1087]

aa. Der kapitalgedeckte Teil

Das kapitalgedeckte und verzinste individuelle Konto ergänzt die umlagefinanzierte Rente. Lebt der Versicherte länger, als Geld auf dem individuellen Konto für die Rentenzahlung vorhanden ist, soll die sogenannte Individualrente dennoch weiter gewährt und mit Geldern aus dem Sozialversicherungsfonds finanziert werden.[1088] Das bedeutet natürlich, dass es sich de facto doch nicht um ein (reines) Kapitaldeckungsverfahren handelt. Der wie in einem Versicherungssystem weitergeführten Zahlung fehlt dann

---

1085 Nr. 3 der Bekanntmachung des Generalbüros des Staatsrates zu einem umfassenden Plan zur Reduzierung von Sozialversicherungsbeiträgen vom 1.4.2019 (Nr. 13); *The State Council*, Social security contributions to be cut; *SSA*, International Update July 2019.

1086 Bekanntmachung des Ministeriums für Humanressourcen und soziale Sicherheit sowie des Finanzministeriums über die Verabschiedung von Maßnahmen zur Vereinheitlichung und Standardisierung der Buchhaltungszinssätze für die persönlichen Rentenversicherungskonten der Beschäftigten (统一和规范职工养老保险个人账户记账利率办法) vom 13.4.2017 (Nr. 31).

1087 Nr. 3 des Beschlusses des Staatsrates über die Vervollkommnung des Grundrentenversicherungssystems für Beschäftigte in Unternehmen vom 3.12.2005 (Nr. 38).

1088 So die Ergebnisse des „China-Projekts".

aber die mathematische Grundlage, finanzielle Schwierigkeiten sind vorprogrammiert. Dies gilt umso mehr, als die individuellen Konten interessanterweise gemäß § 13 S. 2 SVG vererblich sind, jedenfalls dann, wenn der Versicherte bereits vor Aufbrauchen des sich auf dem Konto befindlichen Geldes stirbt. Das individuelle Konto wird als eine Art staatlich organisiertes Sparbuch behandelt[1089] und legal erworbene Ersparnisse sind sowohl verfassungsrechtlich (Art. 13 der Verfassung) als auch sachenrechtlich als Eigentum geschützt (§ 65 S. 1 des chinesischen Sachenrechtsgesetzes[1090]). Die Normen statuieren gleichzeitig auch den staatlichen Schutz des Erbrechts. Während das individuelle Konto also schon rechtlich als vererbbares Eigentum betrachten werden kann, wollte man die Bürger zudem auch beruhigen und motivieren; sie sollten nicht das Gefühl haben, dass ihnen das eingezahlte Geld wieder genommen werden kann, sondern die Einzahlung vielmehr im Zweifelsfall als Investition für die Familie betrachten.

Dem Versicherungsprinzip allerdings ist die Möglichkeit der Vererbbarkeit fremd, sie verträgt sich nicht mit versicherungstechnischen Risikoberechnungen. Die Norm muss aus diesem Blickwinkel als Systemfehler beurteilt werden. Das individuelle Konto wird im Ergebnis zwar als eine Art Sparkonto betrachtet, aber – vor allem wenn Renten trotz aufgebrauchter Gelder weitergezahlt werden – nicht konsequent als solches behandelt. Gleichzeitig wird nicht nur das Versicherungsprinzip, sondern auch das Langlebigkeitsrisiko völlig außer Acht gelassen. Auf diese Weise kann das System finanziell nicht funktionieren, es wird ein stetig wachsendes Defizit produziert.[1091] Das Konzept des individuellen Kontos ist aus diesen Gründen auch in der Kritik, zumindest seine konzeptionelle Änderung wird diskutiert.[1092]

Noch ein weiterer Aspekt sorgt in Bezug auf die individuellen Konten für (Finanzierungs-)Probleme: De facto sind die Konten häufig leer. Da die

---

1089 Vgl. hierzu *Jin*, Entwicklung des gesetzlichen sozialen Grundaltersversicherungssystems in der Volksrepublik China, S. 173.

1090 中华人民共和国物权法, verabschiedet auf der 5. Sitzung des 10. Nationalen Volkskongresses am 16.3.2007, in Kraft seit dem 1.10.2007, deutsche Übersetzung bei *Münzel*, Chinas Recht, 16.3.07/1.

1091 Vgl. *Jin*, Entwicklung des gesetzlichen sozialen Grundaltersversicherungssystems in der Volksrepublik China, S. 174.

1092 Diskutiert wird beispielsweise die Umwandlung in nominale Individualkonten, siehe hierzu *Jin*, Entwicklung des gesetzlichen sozialen Grundaltersversicherungssystems in der Volksrepublik China, S. 224 f.; auf der anderen Seite wird allerdings auch die vollständige Umstellung auf das Kapitaldeckungsverfahren diskutiert, so die Ergebnisse des „China-Projekts".

Gelder der individuellen Konten, wie oben bereits erläutert, häufig für die Zahlung der aktuellen Renten verwendet wurden (oder auch werden) oder anderweitig zweckentfremdet wurden (oder immer noch werden), bestehen nach wie vor Defizite, die wiederum zu Finanzierungsengpässen bei den Rentenzahlungen führen. Wenn auch die Konten in einigen Regionen in Pilotprojekten vom Staat aufgefüllt worden sind, fehlen für die landesweite Auffüllung die finanziellen Mittel.[1093] Zwar verbietet § 64 S. 3 SVG die Zweckentfremdung der Gelder der Sozialversicherungsfonds, in der Praxis ist aber davon auszugehen, dass in verschiedenen Regionen Chinas aufgrund finanzieller Schwierigkeiten anstelle des Teilkapitaldeckungsverfahrens de facto ein Umlageverfahren praktiziert wird. Die OECD spricht davon, dass in den nordöstlichen Provinzen Liaoning, Jilin und Heilongjiang sowie acht weiteren Provinzen das Kapitaldeckungsverfahren durchgeführt wird, in den restlichen Provinzen seien die individuellen Konten nomineller Natur.[1094]

Mitverantwortlich dafür, dass Gelder der individuellen Konten häufig zur Finanzierung der aktuellen Renten verwendet werden, ist der Umstand, dass die Renten der ehemaligen Beschäftigten der Staatsunternehmen, die aufgrund der für sie früher nicht bestehenden Beitragspflicht nie in die Rentenversicherung eingezahlt haben, ebenfalls finanziert werden müssen. Diese ehemaligen Beschäftigten beziehen gleichermaßen eine Rente wie alle anderen Versicherten, haben aber nie einen Kapitalstock für den Individualkontenrentenanteil aufgebaut. § 13 S. 1 SVG ordnet (nun) an, dass die Finanzierung dieses Teils von der Zentralregierung übernommen wird. Die Grundrentenversicherung soll hierdurch also nicht mehr belastet werden.

bb. Der umlagefinanzierte Teil

Die Arbeitgeberbeiträge in Höhe von regelmäßig 20% beziehungsweise nunmehr 16% des Entgelts dienen dem umlagefinanzierten Teil der Rentenversicherung; mit ihnen sollen die gegenwärtigen Renten finanziert werden, § 12 S. 2 SGV.

Laut Sozialversicherungsgesetz haben die Volksregierungen von der Kreisebene aufwärts Zuschüsse zu gewähren, wenn die Mittel der Sozialversicherungsfonds nicht zur Finanzierung der Rentenleistungen ausreichen,

---

1093 *Liu*, Reformen des Sozialleistungsrechts in der Volksrepublik China, S. 175.
1094 *OECD*, Pensions at a Glance 2015, S. 233.

§§ 13 S. 2, 65 S. 2 SVG. Dies ist nicht allzu selten der Fall; seit vielen Jahren bereits bezuschusst die Regierung selektiv diejenigen Rentenfonds, die rote Zahlen schreiben.[1095]

Im Jahre 2000 wurde in der Volksrepublik ein nationaler Fonds für soziale Sicherheit als „strategischer Reservefonds" eingerichtet (nunmehr normiert in § 71 SVG), mit dem man zukünftigen Finanzierungslücken, die etwa aufgrund der demographischen Entwicklung entstehen, begegnen will.[1096] Um Fehlbeträge zu decken, wurden 2017 zudem ausweislich der „Bekanntmachung des Staatsrates über die Verabschiedung des Umsetzungsplanes zur Übertragung eines Teils des staatlichen Kapitals zur Stärkung der Sozialversicherungsfonds"[1097] Aktien von bestimmten mittelgroßen und großen staatlichen Unternehmen sowie Finanzinstituten auf die Fonds übertragen.[1098]

Langfristig dürfte diese Art der Finanzierungsunterstützung jedoch schwierig werden beziehungsweise nicht ausreichen, wenn das System selbst nicht auch der demographischen Entwicklung angepasst wird. Diesbezüglich ist nicht nur das beschriebene Konzept der vererbbaren individuellen Konten als problematisch zu bewerten, welches das Langlebigkeitsrisiko und die demographische Entwicklung außer Acht lässt, sondern auch die niedrige Altersgrenze, auf die im folgenden Punkt näher eingegangen werden wird.

Bei der Finanzierung der Rentenversicherung kommt der Versicherungssystemen immanente Gedanke der Solidarität nur begrenzt zum Ausdruck, da nach wie vor viele regionale Systeme unabhängig nebeneinander arbeiten und die Rentenversicherungsfonds auch nur regional verwaltet werden.[1099] Ein Risikoausgleich findet immer nur bezogen auf das jeweilige Gebiet statt.

1095   So die Ergebnisse des „China-Projekts" und *Stepan*, China Monitor 6/2014, S. 6.
1096   Vgl. *Liu*, Reformen des Sozialleistungsrechts in der Volksrepublik China, S. 136; *Jin*, Entwicklung des gesetzlichen sozialen Grundaltersversicherungssystems in der Volksrepublik China, S. 149 f.
1097   国务院关于印发划转部分国有资本充实社保基金实施方案的通知 vom 9.11.2017 (Nr. 49).
1098   Siehe hierzu auch *Jin*, Entwicklung des gesetzlichen sozialen Grundaltersversicherungssystems in der Volksrepublik China, S. 200.
1099   Siehe oben unter D.II.2.

d. Leistungsvoraussetzungen

Leistungsvoraussetzung für den Rentenbezug ist das Erreichen der Regelaltersgrenze (aa.) sowie einer Mindesteinzahlungsdauer (bb.).

aa. Das Erreichen der Regelaltersgrenze

Die Regelaltersgrenze[1100] liegt für Männer bei 60 und für Frauen bei 50 Jahren. Erstaunlicherweise muss hierfür immer noch auf Bestimmungen von 1978 zurückgegriffen werden, nämlich auf die „Vorläufigen Maßnahmen des Staatsrates zur Pensionierung und zum Ausscheiden von Arbeitern" vom 24. Mai 1978.[1101] Das hohe Alter der Regelungen erklärt das niedrige Alter des festgeschriebenen Renteneintritts, rechtfertigt es aber nicht. Die niedrigen Altersgrenzen wiegen umso schwerer vor dem Hintergrund, dass § 21 der Ausführungsbestimmungen zum Arbeitsvertragsgesetz von 2008[1102] die Beendigung des Arbeitsvertrages mit Erreichen des Rentenalters bestimmt, was wiederum auch zu einem Gleichbehandlungsproblem zwischen Männern und Frauen führt.[1103]

Dass eine Regelaltersgrenze von 60 beziehungsweise 50 Jahren mit der demographischen Entwicklung in China nicht konform geht, lässt sich unschwer erahnen und soll später noch näher erläutert werden.

Dies wohl wissend hat man sich dennoch lange Zeit erfolgreich geweigert, die Regelaltersgrenze heraufzusetzen; zu groß war insbesondere die Angst vor der Reaktion der Bevölkerung und der befürchteten Arbeitsplatzknappheit. Nachdem 2013 in dem „Beschluss des Zentralkomitees der KP Chinas über mehrere wichtige Fragen bezüglich einer umfassenden Ver-

---

1100 Der Terminus Regelaltersgrenze ist streng genommen dem deutschen Recht entnommen (§ 35 S. 1 Nr. 1 SGB VI) und setzt dort die Altersgrenze für den Bezug der Regelaltersrente fest. Er soll – da dies inhaltlich passend erscheint – aber genauso für das chinesische Recht verwendet werden. Auch für das brasilianische Recht ist dieser Terminus bereits verwendet worden (Fn. 880) und erleichtert so den Rechtsvergleich.

1101 Siehe Fn. 519. Siehe hierzu auch *Darimont*, ZIAS 21 (2007), 119 (122); *Jin*, Entwicklung des gesetzlichen sozialen Grundaltersversicherungssystems in der Volksrepublik China, S. 179.

1102 Verordnung Nr. 535 des Staatsrates vom 18.9.2008, deutsche Übersetzung in *Münzel*, Chinas Recht, 18.9.08/1.

1103 Siehe hierzu *Jin*, Entwicklung des gesetzlichen sozialen Grundaltersversicherungssystems in der Volksrepublik China, S. 180.

tiefung der Reformen"[1104] die Ausarbeitung eines Plans zur progressiven Erhöhung der Altersgrenzen verkündet worden war,[1105] wurde die Regelaltersgrenze 2015 zumindest für weibliche Kader und weibliche Fachkräfte in staatlichen Institutionen auf 60 Jahre angehoben, für einige hochrangige Experten auf 70 beziehungsweise 75 Jahre.[1106] Der 2015 verabschiedete 13. Fünfjahresplan Chinas[1107] sieht erneut die (flächendeckende) Anhebung des Rentenalters vor,[1108] die Umsetzung steht dennoch nach wie vor aus.[1109] In der Überlegung ist eine Anhebung auf wohl 65 Jahre,[1110] die genaue Vorgehensweise scheint jedoch noch unklar zu sein; in der Diskussion steht etwa die Anhebung der Regelaltersgrenze für Frauen um ein Jahr alle drei Jahre und für Männer um ein Jahr alle sechs Jahre, so dass im Jahr 2045 die gleiche Altersgrenze von 65 Jahren für alle erreicht würde.[1111]

Menschen, die unter extremen und gefährlichen Bedingungen arbeiten mussten, dürfen jeweils fünf Jahre früher in den Ruhestand gehen.

bb. Das Erreichen einer Mindesteinzahlungsdauer

Des Weiteren muss eine Mindesteinzahlungsdauer von 15 Jahren erreicht worden sein, § 16 S. 1 SVG. Findet innerhalb dieser Zeit ein Arbeitsort- und damit lokaler Systemwechsel statt, werden die einzelnen Beitragsjahre kumuliert, § 19 S. 1 SVG. Angerechnet werden aber nur Zeiten, in denen

---

1104 中共中央关于全面深化改革若干重大问题的决定, verabschiedet am 12.11.2013 in der dritten Plenarsitzung des 18. Zentralkomitees der KP China.

1105 Titel XII, Ziff. 45 des Beschlusses des Zentralkomitees der KP China über mehrere wichtige Fragen bezüglich einer umfassenden Vertiefung der Reformen; hierzu umfassend *Jin*, Entwicklung des gesetzlichen sozialen Grundaltersversicherungssystems in der Volksrepublik China, S. 190 f.

1106 Siehe hierzu ausführlich *Jin*, Entwicklung des gesetzlichen sozialen Grundaltersversicherungssystems in der Volksrepublik China, S. 207 f.

1107 第十三個五年計劃 (2016–2020).

1108 Kapitel 65, Teil 1 des 13. Fünfjahresplanes für wirtschaftliche und soziale Entwicklung der VR China, in Englisch: https://en.ndrc.gov.cn/newsrelease_8232/201612/P020191101481868235378.pdf (Stand: 8.8.2020).

1109 So der Stand bei Abschluss der Arbeit; siehe auch *Jin*, Entwicklung des gesetzlichen sozialen Grundaltersversicherungssystems in der Volksrepublik China, S. 208 ff.

1110 *China Internet Information Center*, Kurzer Überblick über den 13. Fünf-Jahres-Plan, Nr. 26.

1111 So die Äußerung des Vizeministers des Ministeriums für Humanressourcen und soziale Sicherheit im März 2018, *Hong'e*, China News Service vom 13.3.2018; *Stauvermann/Hu*, Annals of Economics and Finance 2018, 229 (230 f.).

in das Grundrentenversicherungssystem für Beschäftigte eingezahlt wurde. Eine Versicherung in der Grundrentenversicherung für die städtischen und ländlichen Bewohner zählt somit nicht.

Ist mit dem Erreichen der Regelaltersgrenze die Mindestbeitragszeit noch nicht erfüllt und führt der Beschäftigte seine Tätigkeit nicht fort, bietet das Gesetz drei verschiedene, im Folgenden dargestellte Handhabungsmöglichkeiten.

Variante 1:
Möchte der Versicherte noch in den Genuss einer Rente kommen, kann er seine Beiträge gemäß § 16 S. 2 SVG weiter- beziehungsweise nachzahlen. Art. 2 der Ausführungsbestimmungen konkretisiert dies dahingehend, dass der Versicherte entweder so lange weiter Beiträge zahlen kann, bis die 15 Jahre Beitragszahlung erreicht worden sind (S. 1), oder dass er, wenn er bereits vor Inkrafttreten des Sozialversicherungsgesetzes versichert war und nach Erreichen der Regelaltersgrenze weitere fünf Jahre Beiträge gezahlt hat, die noch fehlenden Beträge in eins nachzahlen darf (S. 2).

Variante 2:
Möchte der Versicherte keine weiteren Beiträge entrichten, erlauben ihm § 16 S. 1, 2. HS SVG und Art. 3 S. 1 der Ausführungsbestimmungen, die Versicherungsbeziehung aus dem Grundrentenversicherungssystem für Beschäftigte in die Grundrentenversicherung für die städtischen und ländlichen Bewohner übertragen zu lassen. Um eine Rente in diesem System zu beziehen, muss der Versicherte ebenfalls 15 Jahre lang eingezahlt haben, wobei aber nun die Jahre, in denen er in die Grundrentenversicherung für Beschäftigte eingezahlt hat, seit Geltung der „Vorläufigen Maßnahmen für die Verknüpfung der städtischen und ländlichen Rentenversicherungssysteme" vom 24. Februar 2014[1112] angerechnet werden.[1113] Diese Möglichkeit hilft dem Versicherten also vor allem dann, wenn er bereits vormals in die Grundrentenversicherung für die städtischen und ländlichen Bewohner eingezahlt hat. Entscheidet er sich für diese Konstellation, wird das Geld des Individualkontos in das neue System übertragen, nicht aber das entsprechende Geld aus dem Solidar-

---

1112 城乡养老保险制度衔接暂行办法, erlassen vom Ministerium für Humanressourcen und soziale Sicherheit und dem Finanzministerium am 24.2.2014 (Nr. 17).

1113 Art. 3, 6 der vorläufigen Maßnahmen für die Verknüpfung der städtischen und ländlichen Rentenversicherungssysteme vom 24.2.2014 (Nr. 17).

fonds;[1114] für den Solidarfonds gibt es in der Grundrentenversicherung für die städtischen und ländlichen Bewohner kein gleichwertiges Pendent, da der Basisrententeil hier allein aus staatlichen Subventionen und kommunalen Zuschüssen besteht. Dieser Basisrententeil kommt dem Wechsler dann stattdessen zugute. Berechnet wird die Rente nach den für die Rentenversicherung für die städtischen und ländlichen Bewohner geltenden Regelungen.[1115]

Variante 3:

Zuletzt besteht für den Versicherten, falls er die 15-jährige Mindestbeitragszeit nicht erfüllt, noch die Möglichkeit, seine Versicherungsbeziehung zu beenden und sich das Geld seines Individualkontos in einer Einmalzahlung auszahlen zu lassen, Art. 3 S. 2 und 3 der Ausführungsbestimmungen. Auch bei dieser Variante ist das Geld, das der Arbeitgeber für ihn in den Solidarfonds eingezahlt hat, verloren.

Die Mindestbeitragszeit von 15 Jahren ist vergleichsweise lang wenn man bedenkt, dass Einzahlungen in das System für die städtischen und ländlichen Bewohner nicht angerechnet werden. Für jemanden, der immer als Arbeitnehmer in der Stadt tätig ist – im Idealfall auch noch ein städtisches *Hukou* hat –, mag die Erfüllung dieser Voraussetzung nicht allzu schwierig sein, aber für Wanderarbeiter ist die Hürde hoch. Gerade für sie soll mit den oben dargestellten Möglichkeiten, die es vor Einführung des Sozialversicherungsgesetzes noch nicht gab, Abhilfe geschaffen werden.

Viele sehen in der 15-jährigen Beitragszeit als Leistungsvoraussetzung aber immer noch ein „Alles-oder-nichts-Prinzip". Diejenigen, die von dem Problem betroffen sind, stehen in der Regel finanziell nicht gut dar. Die Nachzahlung ist dementsprechend schwierig zu bewältigen. Eine Rente aus der Grundrentenversicherung für die städtischen und ländlichen Bewohner hat im Regelfall ein deutlich niedrigeres Niveau und auch bei der Einmalauszahlung des individuellen Kontos entsteht für den Versicherten eine Verlustsituation.

Die Hauptursache dafür, dass man die Mindestbeitragszeit nicht senkt, dürfte darin liegen, dass die Angst vor Manipulationen zu groß ist. Wegen unzureichender Kontrollmechanismen und diverser Umgehungsmöglichkeiten will man die Voraussetzungen für einen Rentenbezug möglichst hoch setzen, denn der Einzelne soll nicht ohne Weiteres von dem Solidarsystem und staatlichen Mitteln profitieren können.

1114 Ebenda.
1115 Ebenda, Art. 3.

e. Die Ermittlung des für die Rentenauszahlung zuständigen regionalen Systems

Da nach wie vor verschiedene regionale Systeme existieren und ein Bürger während seines Erwerbslebens nicht selten auch in verschiedene Systeme einzahlt, muss festgelegt werden, welches letztendlich für die Verwaltung der Versicherungsbeziehung und die Rentenauszahlung zuständig ist, denn dies ist immer nur ein System allein.[1116]

Die Übertragbarkeit der Versicherungsbeziehung von einem Grundrentenversicherungssystem in ein anderes sollen die bereits erwähnten „Vorläufigen Maßnahmen zur Übertragung und Fortsetzung der Rentenversicherungsbeziehungen" vom 28. Dezember 2009[1117] ermöglichen. Für die Bestimmung des letztlich zuständigen Systems ist zum einen das *Hukou* des Versicherten entscheidend und zum anderen, wo der Versicherte während seines Erwerbslebens überall versichert war.

Die Ermittlung des zuständigen regionalen Rentensystems gestaltet sich einfach, wenn mindestens 15 Jahre lang immer nur in ein und dasselbe regionale System eingezahlt wurde; dieses System bleibt dann auch zuständig, egal welches *Hukou* der Einzelne hat.[1118]

Ein System wird – unabhängig vom *Hukou* – immer dann zuständig für die Auszahlung, sobald für eine Dauer von mindestens zehn Jahren in dieses eingezahlt wurde.[1119]

Beispiel: Wenn ein Arbeitnehmer mit ländlichem oder städtischem Hebei-*Hukou* zwei Jahre in Hebei eingezahlt hat, anschließend elf Jahre in Shandong und vier Jahre in Beijing, dann wird seine Rentenversicherungsbeziehung am Ende in Shandong verwaltet und er bekommt eine Rente aus dem Shandong-System ausgezahlt.

Etwas anderes gilt nur dann, wenn der Versicherte zwar für zehn Jahre in einem *Hukou*-fremden System versichert war, aber zum Zeitpunkt des Renteneintritts in dem System versichert ist, das zu seinem *Hukou* gehört.

1116 Art. 8 S. 1 der Vorläufigen Maßnahmen für die Verknüpfung der städtischen und ländlichen Rentenversicherungssysteme vom 24.2.2014 (Nr. 17).

1117 Siehe Fn. 557.

1118 Art. 6 Nr. 1 der Vorläufigen Maßnahmen für die Übertragung und Fortführung der Grundrentenversicherungsbeziehungen der Beschäftigten vom 28.12.2009.

1119 Art. 6 Nr. 2 der Vorläufigen Maßnahmen für die Übertragung und Fortführung der Grundrentenversicherungsbeziehungen der Beschäftigten vom 28.12.2009.

Dann ist das *Hukou*-System für die Verwaltung und Auszahlung zuständig.[1120]

> Beispiel: Wenn ein Arbeitnehmer mit Jiangsi-*Hukou* zwölf Jahre in Hunan gearbeitet hat, anschließend acht Jahre in Anhui und am Ende zwei Jahre in Jiangsi, dann wird seine Rentenversicherungsbeziehung in Jiangsi verwaltet und er bekommt eine Rente aus diesem System ausgezahlt.

Wurde in kein System für die Dauer von mindestens zehn Jahren eingezahlt, sondern in verschiedene Systeme für jeweils kürzere Zeiträume, dann richtet sich die Zuständigkeit ausschließlich nach dem *Hukou*.[1121]

> Beispiel: Wenn ein Arbeitnehmer mit Hunan-*Hukou* fünf Jahre in Guangdong eingezahlt hat, anschließend vier Jahre in Guangxi, neun Jahre in Hainan und zwei Jahre in Shanghai, dann wird seine Rentenversicherungsbeziehung am Ende in Hunan verwaltet und ausgezahlt, auch wenn er dort nie versichert war.

Diese Regelungen spielen längst nicht nur formal eine Rolle, sondern können sich entscheidend auf die Höhe der Rente auswirken, denn diese ist an den lokalen Durchschnittslohn angepasst, wie im Folgenden näher erläutert wird.

f. Die Rente

aa. Grundsätze der Rentenberechnung

Gemäß § 15 S. 1 SVG setzt sich die monatliche Rente aus einer Zahlung aus dem Solidarfonds und dem Individualkonto zusammen. Satz 2 der Norm bestimmt die Determinanten für die Berechnung: die Summe der Beitragsjahre, die Höhe des der Beitragsentrichtung zugrundeliegenden Arbeitsentgelts, der Durchschnittslohn aller Beschäftigten in der betreffenden Region, die Geldsumme auf dem Individualkonto und die durchschnittliche Lebenserwartung der städtischen Bevölkerung.

Die Methode der Rentenberechnung ist festgehalten in Punkt 6 des „Beschlusses des Staatsrates über die Vervollkommnung des Grundrenten-

---

1120 Ebenda, Art. 6 Nr. 1.
1121 Ebenda, Art. 6 Nr. 4.

versicherungssystems für Beschäftigte in Unternehmen" vom 3. Dezember 2005.[1122] Danach wird der Grundrentenanteil aus dem Solidarfonds mittels Multiplikation von zwei im Einzelfall zu bestimmenden Werten berechnet.[1123] Der erste Wert entspricht der Anzahl der Beitragsjahre in Prozent. Der zweite Wert wird errechnet, indem der lokale Durchschnittslohn des vergangenen Jahres der Region, in der die Rente beantragt wird, mit dem monatlichen Durchschnittslohn des Versicherten addiert und dann durch zwei geteilt wird. Dabei wird der monatliche Durchschnittslohn des Versicherten für jedes Arbeitsjahr entsprechend dem jeweiligen Lohnniveau indexiert. Die Rente wird, so sieht es § 18 SGV vor, regelmäßig an die regionale Lohn- und Preisentwicklung angepasst. Der Staatsrat gibt jährlich einen (Richt-)Wert für die Anpassung vor; inwiefern die einzelnen Regionen dem folgen, hängt insbesondere von der Entwicklung vor Ort ab.[1124] Dabei ist zu kritisieren, dass die insofern wenig präzise Anpassungsformel nicht nur das ohnehin schon schwierig kalkulierbare Ergebnis noch weniger vorhersehbar macht, sondern auch die Leistungsstabilität des Systems beeinträchtigt.[1125]

Der Individualkonten-Rententeil wird errechnet, indem das auf dem Konto befindliche Guthaben – dessen Höhe immer auch durch die Zinsrendite beeinflusst wird, wobei die Buchhaltungszinssätze seit 2017 zumindest vereinheitlicht sind –[1126] durch einen von der Zentralregierung bestimmten Rentenfaktor dividiert wird, welcher vom Renteneintrittsalter abhängt und die durchschnittliche Restlebenserwartung mit einbeziehen soll. Bei einem Renteneintritt mit 60 Jahren beträgt die Rente monatlich ein Hundertneununddreißigstel (1/139) des sich auf dem Konto befinden-

1122 Siehe Fn. 547.

1123 Siehe zur im Folgenden dargestellten Rentenberechnung auch *OECD*, Pensions at a Glance 2015, S. 233; *Queisser/Reilly/Hu*, EPS 4 (2016), 345 (352); *Li*, The basic old-age insurance of China, S. 5).

1124 Punkt 7 des Beschlusses des Staatsrates über die Vervollkommnung des Grundrentenversicherungssystems für Beschäftigte in Unternehmen vom 3.12.2005 (Nr. 38).

1125 *Jin*, Entwicklung des gesetzlichen sozialen Grundaltersversicherungssystems in der Volksrepublik China, S. 158.

1126 Bekanntmachung des Ministeriums für Humanressourcen und soziale Sicherheit sowie des Finanzministeriums über die Verabschiedung von Maßnahmen zur Vereinheitlichung und Standardisierung der Buchhaltungszinssätze für die persönlichen Rentenversicherungskonten der Beschäftigten vom 13.4.2017 (Nr. 31), in Englisch: http://en.pkulaw.cn/display.aspx?cgid=33d39127c1ab4b15bdfb&lib =law (Stand: 8.8.2020); siehe hierzu *Jin*, Entwicklung des gesetzlichen sozialen Grundaltersversicherungssystems in der Volksrepublik China, S. 197.

den Betrages, bei einem Renteneintritt mit 55 Jahren monatlich ein Hundertsiebzigstel (1/170), und mit 50 Jahren ein Hundertfünfundneunzigstel (1/195).[1127] Umgerechnet bedeutet dies für einen Renteneintritt mit 60 Jahren, dass für elf Jahre und etwa sechs Monate eine Rente aus dem individuellen Konto gezahlt werden kann, bevor das sich auf diesem befindliche Geld erschöpft ist. Die Rente soll tatsächlich aber lebenslang gewährt werden; lebt der Versicherte länger als das auf dem Individualkonto befindliche Geld ausreicht, sollen die Renten aus dem Sozialversicherungsfonds gezahlt werden.[1128] Dem Versicherungsprinzip ist eine solche Regelung, wie bereits beschrieben, fremd.[1129]

Hat der Versicherte zusätzlich in die Grundrentenversicherung für die städtischen und ländlichen Bewohner[1130] eingezahlt, kann er, da ein paralleler Bezug zweier Renten nicht möglich ist, die Gelder seines dortigen Individualkontos auf sein Individualkonto in der Grundrentenversicherung für die Beschäftigten überweisen lassen.[1131] Die Berechnungsmethode bleibt gleich, die monatliche Individualkontenrente fällt entsprechend höher aus.

Hat der Versicherte innerhalb desselben Jahres sowohl in die Grundrentenversicherung für die Beschäftigten als auch in die Grundrentenversicherung für die städtischen und ländlichen Bewohner eingezahlt, werden die in das letztere System eingezahlten Gelder zurückerstattet, es entsteht nur ein Rentenanspruch in der Grundrentenversicherung für die Beschäftigten.[1132]

1127 Vgl. OECD, Pensions at a Glance 2015, S. 233; *Chen/Turner*, Journal of Aging and Social Policy 27 (2015), 107 (110).

1128 So die Ergebnisse des „China-Projekts", vgl. *Jin*, Entwicklung des gesetzlichen sozialen Grundaltersversicherungssystems in der Volksrepublik China, S. 173 f.

1129 Siehe hierzu bereits oben unter D.II.3.c.aa.

1130 Dazu ausführlich sogleich unter D.II.4.

1131 §§ 3, 5 der Vorläufigen Maßnahmen für die Verknüpfung der städtischen und ländlichen Rentenversicherungssysteme des Ministeriums für Humanressourcen und soziale Sicherheit vom 24.2.2014 (Nr. 17); siehe auch *Jin*, Entwicklung des gesetzlichen sozialen Grundaltersversicherungssystems in der Volksrepublik China, S. 196.

1132 § 6 der Vorläufigen Maßnahmen für die Verknüpfung der städtischen und ländlichen Rentenversicherungssysteme des Ministeriums für Humanressourcen und soziale Sicherheit vom 24.2.2014 (Nr. 17); siehe auch *Jin*, Entwicklung des gesetzlichen sozialen Grundaltersversicherungssystems in der Volksrepublik China, S. 196.

bb. Die Rentenberechnung beim Wechsel zwischen den verschiedenen lokalen Rentenversicherungssystemen für die Beschäftigten

(1) Die Gesetzeslage

§ 19 S. 2 SVG legt im Fall der Einzahlung in verschiedene regionale Systeme der Grundrentenversicherung für die Beschäftigten eine kumulative Berechnungsmethode fest. Die Rente soll für jeden Einzahlungsabschnitt – also pro rata temporis – einzeln berechnet, aber zusammengefasst ausgezahlt werden. Die konkrete Methode wird der genannten Norm zufolge vom Staatsrat bestimmt; bisher ist sie jedoch (soweit ersichtlich) noch nicht vorhanden.[1133]

(2) Probleme der Umsetzung und tatsächliche Handhabung

De facto findet – mitunter wegen der fehlenden Berechnungsmethode – keine kumulierte Rentenberechnung statt, sondern ausschließlich eine Berechnung nach den Determinanten des zuletzt zuständigen Systems. Das bedeutet vor allem, dass der Rentenberechnung allein der Durchschnittslohn einer Region zugrunde gelegt wird und die Lohnniveaus der anderen Regionen, in denen ebenfalls eingezahlt wurde, außer Acht gelassen werden. Da die Durchschnittslöhne zwischen den Regionen mitunter stark variieren – zum Teil ergibt sich eine Differenz von 100% –,[1134] können auch die Rentenhöhen höchst unterschiedlich ausfallen. Dass sich daraus eine unfaire Behandlung für den Rentner ergeben kann, versteht sich von selbst. Besonders hart kann es denjenigen treffen, der in verschiedene, zu wohlhabenden Regionen gehörende Systeme eingezahlt hat – also vermutlich auch vergleichsweise gut verdient und entsprechend hohe Beiträge geleistet hat –, aber am Ende eine Rente aus seiner armen *Hukou*-Region erhält, weil er in keines der Systeme für die erforderliche Dauer von wenigstens zehn Jahren eingezahlt hat.

Die Anordnung der Pro-rata-temporis-Berechnung in § 19 S. 2 SVG zeigt, dass man sich des Problems bewusst ist; wie man die Vorschrift aber in der Praxis umsetzt, ist unklar und viel diskutiert.[1135]

1133 So die Ergebnisse des „China-Projekts".
1134 Siehe hierzu *Gruat*, Some striking features of the Chinese pension system, S. 11.
1135 So die Erkenntnisse des „China-Projekts".

Schwierigkeiten bereitet auch der in China praktizierte Transfer von Geldern zwischen den Systemen im Falle eines Systemwechsels. Wie bereits verdeutlicht, wird die Rente immer nur von einem System ausgezahlt und die Koordinierung durch die „Vorläufigen Maßnahmen zur Übertragung und Fortsetzung der Rentenversicherungsbeziehungen" vom 28. Dezember 2009 geregelt. Das für die Rentenauszahlung zuständige System erhält Gelder aus den Systemen, in die der Versicherte während seines Arbeitslebens ebenfalls eingezahlt hat. Im Falle des Arbeitsplatz- und damit auch Systemwechsels wird die Versicherungsbeziehung direkt übertragen, Gelder werden aber erst am Ende des Arbeitslebens zu dem für die Rentenauszahlung zuständigen System transferiert.[1136] Die jeweilige Leistung an das zuständige System setzt sich aus dem vollständigen Betrag des Individualkontos inklusive Zinsen sowie 12% des der Beitragsberechnung zugrundeliegenden Arbeitseinkommens, das dem jeweiligen Solidarfonds entnommen wird, zusammen.[1137] Da aber in der Regel 20% des der Beitragsberechnung zugrundeliegenden Gehalts in den Solidarfonds eingezahlt werden (so jedenfalls im Falle des bisher meist geltenden Arbeitgeberbeitragssatzes von 20%)[1138] und nicht nur 12%, werden umgerechnet nur 60% der eingezahlten Beiträge übertragen. Die übrigen 40% verbleiben im Fonds des „verlassenen" Systems.

Vor Inkrafttreten der die Koordinierung regelnden Vorläufigen Maßnahmen wurden allein die Individualkontengelder transferiert, nicht jedoch Gelder aus den Solidarfonds. Das für die Rentenversicherung letztlich zuständige System verweigerte dann häufig die Zahlung einer der kompletten Beitragszeit entsprechenden Rente aus seinem Solidarfonds – weder unverständlich noch systemwidrig angesichts dessen, dass der Versicherte nicht in dem Maße der Risikogemeinschaft angehört hatte, wie für den (vollen) Rentenbezug vorgesehen. Der Versicherte verlor damit durch seine Mobilität jedoch einen großen Teil seines Rentenanspruchs. Die in den Vorläufigen Maßnahmen vom 28. Dezember 2009 festgelegten 12%, die zu transferieren sind, stellen einen Kompromiss dar. Im Gegenzug dafür, dass das letztendlich zuständige System eine Rente aus seinem Solidarfonds

---

1136 So die Ergebnisse des „China-Projekts".
1137 Art. 4 der Vorläufigen Maßnahmen für die Übertragung und Fortführung der Grundrentenversicherungsbeziehungen der Beschäftigten vom 28.12.2009; siehe hierzu auch *Jin*, Entwicklung des gesetzlichen sozialen Grundaltersversicherungssystems in der Volksrepublik China, S. 183.
1138 Siehe hierzu oben, D.II.3.b.

zahlt, soll es Gelder der anderen Systeme erhalten – eine versicherungsmathematische Berechnung lässt diese Regelung jedoch völlig vermissen.[1139]

Die Tatsache, dass ein derartiger einmaliger Transfer eigentlich nicht
zum Umlageverfahren passt, macht die Berechnung des zu transferierenden
Betrages schwierig. Ein jedes regionales System hat Angst davor, zu viele
Gelder zu verlieren und zu wenig zu bekommen. Andererseits will man
aber von einem Transfersystem auch nicht abrücken, denn im Hinblick auf
das Ziel, ein einheitliches Rentenversicherungssystem für ganz China zu
schaffen, soll immer nur ein System für die Verwaltung und Auszahlung
der Rente zuständig sein. Erschwert wird das Ganze auch dadurch, dass
sich ein nationales Erfassungssystem von Beitragzahlungen und Leistungsansprüchen immer noch erst im Aufbau befindet.[1140]

In der dargestellten Handhabung liegt ein schwerwiegendes Problem der
chinesischen Rentenversicherung, für das dringend eine Lösung gefunden
werden muss. Solange es keine befriedigende Vorgehensweise gibt, werden
Wanderarbeiter versuchen, die Versicherungspflicht zu umgehen. Und Arbeitgeber sind ihnen dabei behilflich: Nicht selten kommt es vor, dass beide
miteinander vereinbaren, dass der Arbeitgeber, anstatt den Wanderarbeiter
bei der Sozialversicherung anzumelden und Beiträge für ihn abzuführen,
einen etwas geringeren Betrag auf ein Sparkonto einzahlt. Für den Arbeitgeber hat das den Vorteil, dass er die hohen Versicherungsbeiträge nicht
entrichten muss, und für den Wanderarbeiter, dass das für ihn abgeführte
Geld „sicher" ist.

(3) Ein möglicher Lösungsansatz

Bei der Suche nach Lösungsansätzen wird wiederholt auf die Europäische
Union (EU) geschaut und ein Vergleich mit der innereuropäischen Mig-
ration gezogen. Unionsbürger, die außerhalb ihres Nationalstaates, aber
innerhalb der EU als Arbeitnehmer tätig sind, ohne entsendet zu sein, wer-
den mit den chinesischen Arbeitnehmern verglichen, die außerhalb ihres
Hukou tätig sind. Bei einer Diskussion um die in § 19 SVG festgeschriebene
Pro-rata-temporis-Berechnung drängt sich ein Vergleich mit europäischem
Recht geradezu auf.

1139 Siehe hierzu ausführlich auch *Jin*, Entwicklung des gesetzlichen sozialen Grundal-
       tersversicherungssystems in der Volksrepublik China, S. 184 f.
1140 *Braun*, Das Ende der billigen Arbeit in China, S. 101; so auch die Ergebnisse des
       „China-Projekts".

Chinesisches und europäisches Recht entsprechen sich an dieser Stelle in der Theorie zu einem gewissen Teil – dass man eine Freizügigkeitsgarantie im chinesischen Recht, auch in der Verfassung, vergebens sucht, sei einmal außer Betracht gelassen. So wie der Unionsbürger den Rentenversicherungsbestimmungen des Staates unterliegt, in dem er tätig ist (sofern er nicht entsendet wurde), unterliegt auch in China der Versicherte stets den Rentenversicherungsbestimmungen der Provinz (oder kleineren Administrationseinheit), in der er erwerbstätig ist, und Versicherungszeiten werden addiert (in China zumindest die Versicherungszeiten in der Grundrentenversicherung für die Beschäftigten). Auch soll die Rente für jeden Versicherungsabschnitt separat berechnet werden. Während das chinesische Recht über das weitere Vorgehen schweigt, konkretisiert das europäische Recht das bisher Gesagte durch Art. 52 Abs. 1, 3 der Verordnung (EG) Nr. 883/2004[1141]. Ausgezahlt wird jeder Rententeil von dem jeweils zuständigen Rentenversicherungsträger der Mitgliedsstaaten, und zwar unabhängig davon, wo der Versicherte seinen Wohnsitz hat.

Die europäischen Regelungen sind auf eine Koordinierung der Systeme gerichtet. Erklärtes Ziel in China ist aber nicht eine Koordinierung, sondern eine Harmonisierung, an deren Ende ein einheitliches System stehen soll. Wird dies an den entscheidenden Stellen berücksichtigt, spricht grundsätzlich und theoretisch nichts gegen eine Handhabung ähnlich der europäischen Vorgehensweise in China. Anstatt auszurechnen, welcher Betrag 60% der in den Solidarfonds eingezahlten Beiträge entspricht und diesen zu transferieren, würde jedes System, in das eingezahlt wurde, pro-rata-temporis ausrechnen, welche Rente dem Versicherten aus der Provinz monatlich zu gewähren ist und diese übertragen. Die Übertragung müsste sich im Gegensatz zu dem aktuell nur einmalig angeordneten Transfer regelmäßig monatlich wiederholen. Dass die Rente nur von einem regional zuständigen System ausgezahlt wird und die nicht für die Auszahlung zuständigen Provinzen die Rente also nicht dem Bürger auf direktem Wege zukommen lassen, kann und muss im Hinblick auf das Ziel eines einheitlichen Systems beibehalten werden.

Es ist zuzugestehen, dass das vorgeschlagene Vorgehen insgesamt ein aufwendiges wäre und deshalb wohl auch nicht praktiziert wird. Aktuell ist aber eine gerechte Behandlung der Bürger – und die annähernde Wah-

---

1141 Verordnung des Europäischen Parlaments und des Rates vom 29.4.2004 zur Koordinierung der Systeme der sozialen Sicherheit.

rung des versicherungsrechtlichen Äquivalenzprinzips – nur so möglich, jedenfalls so lange die Fonds noch nicht national verwaltet und die Beitragssätze noch nicht landesweit einheitlich festgelegt werden. Und nur so wäre die Handhabung auch gesetzeskonform in Bezug auf § 19 SVG. Ob dieser höherrangig ist im Vergleich zu den „Vorläufigen Maßnahmen zur Übertragung und Fortsetzung der Grundrentenversicherungsbeziehungen" vom 28. Dezember 2009, die den Transfer von 60% der in den Solidarfonds eingezahlten Beträge anordnen, dürfte angesichts des ungeklärten Verhältnisses von staatlichen Politnormen zum Gesetzesrecht streitig sein.[1142] Zieht man § 6 der Allgemeinen Grundsätze des Zivilrechts der VR China[1143] als allgemeine Regel heran, dürfte dem Gesetzesrecht der Vorrang zu gewähren sein. Sinnvoller und gerechter ist das Sozialversicherungsgesetz hier allemal. Dass der die Zusammenrechnung der jeweils regional erzielten Rentenzeiten anordnende § 19 SVG mit der Vereinheitlichung der Systeme ohnehin überflüssig würde, ebenso wie die „Vorläufigen Maßnahmen zur Übertragung und Fortsetzung der Grundrentenversicherungsbeziehungen", liegt auf der Hand.

Die beschriebene Zehn-Jahres-Regel, die bestimmt, welches System zuständig ist, würde bei dem vorgeschlagenen Vorgehen nur noch über die Zuständigkeit entscheiden und nicht mehr über das gesamte Rentenniveau; sie wäre damit als unproblematisch zu bewerten. Und die zum Teil sehr ungerechten Auswirkungen des *Hukou*-Systems würden deutlich entschärft.

4. Die Grundrentenversicherung für die städtischen und ländlichen Bewohner

Als Voraussetzung für die Entstehung von Sozialversicherungen wird allgemein angeführt, dass das jeweilige Land und ebenso der einzelne Versicherte sich diese „leisten können"[1144] muss, wozu jedenfalls ein gewisses konstantes Lohnniveau erreicht werden muss.[1145] Hierin liegt wohl eines

---

1142 Vgl. oben, B.II.5.b.bb.

1143 中华人民共和国民法通则, verabschiedet auf der 4. Sitzung des 6. Nationalen Volkskongresses am 12.4.1986, deutsche Übersetzung von *Münzel*, Chinas Recht, 12.4.86/1: „§ 6 Zivilgeschäfte haben sich an das Gesetz zu halten; soweit das Gesetz keine Bestimmungen trifft, müssen sie sich an die staatlichen Richtlinien halten".

1144 *Fischer*, in: Külp/Hasse, Soziale Probleme der modernen Industriegesellschaft, S. 35 (51).

1145 *Köhler*, in: Zacher, Bedingungen für die Entstehung und Entwicklung von Sozialversicherung, S. 19 (37).

der Hauptprobleme der Grundrentenversicherung für die städtischen und ländlichen Bewohner sowie der Grund dafür, dass es sich bei diesem System – entgegen seinem Namen – nicht um ein „echtes" Versicherungssystem handelt. Zwar zahlt der Versicherte grundsätzlich Beiträge, diese werden aber in nicht geringem Umfang subventioniert und zum Teil ist ein Rentenbezug sogar ohne vorangegangene Beitragszahlung möglich. Eine Zwangsmitgliedschaft besteht nicht. In international vergleichender Literatur wird das System mitunter auch gar nicht als Versicherungssystem dargestellt. In der Pension Watch „social pensions database" von HelpAge International beispielsweise wird es als soziales Rentensystem geführt – also als beitragsfreies, steuerfinanziertes Rentensystem –[1146], wobei auch diese Beschreibung, wie zu zeigen sein wird, nicht ganz zutrifft.

Das Sozialversicherungsgesetz erwähnt die ländliche Rentenversicherung lediglich in den §§ 20, 21 und die Rentenversicherung für die städtischen Bewohner in § 22. Von Regelungen lässt sich hierbei kaum sprechen; es wird nur die Anweisung gegeben, ein System für diese Bevölkerungsgruppen zu schaffen. Eine genauere Normierung dürfte aber auch schwerlich möglich gewesen sein, da die Systeme bei Erlass des Sozialversicherungsgesetzes noch in den Anfängen steckten und Details auf lokaler Ebene noch in unterschiedlichen Stadien erprobt wurden – und zum Teil wohl auch heute noch erprobt werden. Die Grundlagen für das System ergeben sich aus den „Ansichten des Staatsrates zur Errichtung eines einheitlichen Basis-Rentenversicherungssystems für die städtischen und ländlichen Bewohner" vom 21. Februar 2014 (Nr. 8),[1147] den „Vorläufigen Maßnahmen für die Verknüpfung der städtischen und ländlichen Rentenversicherungssysteme" des Ministeriums für Humanressourcen und soziale Sicherheit vom 24. Februar 2014[1148] und (zum Teil noch) den am 1. September 2009 vom

---

1146 HelpAge International ist ein entwicklungspolitisches und humanitäres Hilfs-Netzwerk, das soziale, wirtschaftliche und kulturelle Rechte alter Menschen einfordert, http://www.helpage.org (Stand: 8.8.2020). Die Seite www.pension-watch.net einschließlich der genannten Datenbank ist von HelpAge International mit finanziellen Mitteln des deutschen Bundesministeriums für wirtschaftliche Zusammenarbeit und Entwicklung geschaffen worden, http://www.pension-watch.net (Stand: 8.8.2020). Für Deutschland wird als „social pension" in dieser Datenbank die Grundsicherung im Alter geführt.

1147 Siehe Fn. 986.

1148 Siehe Fn. 1112.

Staatsrat erlassenen „Leitlinien für die Durchführung der neuen ländlichen Alterssicherung in der Pilotphase" (Nr. 32).[1149]

a. Der erfasste Personenkreis

Das System will Personen mit ländlichem und städtischem *Hukou* erfassen, die weder in der Grundrentenversicherung für die Beschäftigten versichert noch als Beamte abgesichert sind.[1150] Diese Gruppe ist folglich vielfältig zusammengesetzt: In ihr finden sich nicht nur in der Landwirtschaft Tätige und Personen, die gar nicht erwerbstätig sind, sondern auch solche, die zwar arbeiten, aber dennoch nicht der Rentenversicherungspflicht unterliegen und genauso wenig freiwillig in der Grundrentenversicherung für die Beschäftigten versichert sind. Ausgeschlossen sind lediglich Personen unter 16 Jahren und Schüler.[1151]

Die Teilnahme ist freiwillig. Insbesondere auf dem Land ist längst nicht jeder in der Lage, Versicherungsbeiträge zu leisten. Eine dennoch möglichst hohe Beteiligungsrate versucht man durch finanzielle Anreize wie Subventionen zu schaffen (dazu sogleich). Aber auch auf kreativere Weise wird versucht, die Bevölkerung für die Versicherung zu gewinnen. So gibt es beispielsweise ein Modell, bei dem für Eltern im Rentenalter vom Staat eine Rente gezahlt wird, wenn ihr Kind der Rentenversicherung beitritt, und das, obwohl die Eltern selbst nie Beiträge entrichtet haben.[1152] Mit dem Versicherungsprinzip hat dies nichts mehr zu tun.

b. Beiträge und Finanzierung

Finanziert wird die Grundrentenversicherung für die städtischen und ländlichen Bewohner grundsätzlich aus den Beiträgen der Versicherten, kol-

---

1149 Siehe Fn. 607.
1150 Art. 3 der Ansichten des Staatsrates zur Errichtung eines einheitlichen Basis-Rentenversicherungssystems für die städtischen und ländlichen Bewohner vom 21.2.2014 (Nr. 8).
1151 Ebenda.
1152 So die Ergebnisse des „China-Projekts"; *Calvo/Fang/Williamson*, Rural pension reform: The case of China, S. 2; *Bonnet*, in: World of Work Report 5/2015, S. 73 (98); *Chen/Turner*, ISSR 67 (2014), S. 49 (50).

lektiven Zuschüssen und Regierungssubventionen.[1153] Das auch zuvor bei der Rentenversicherung für die städtischen Bewohner und der ländlichen Rentenversicherung verwendete Versicherungsmodell einer Solidar- oder Basisrente in Kombination mit einem individuellen Konto wurde beibehalten.[1154] Die Beiträge der Versicherten, die Zuschüsse des Kollektivs sowie eventuelle weitere Zuschüsse werden auf das Individualkonto eingezahlt und sind zu verzinsen.[1155] Der „Versicherungsteil" dieses Systems bedient sich folglich des Kapitaldeckungsverfahrens. Die Basisrente besteht aus Staatssubventionen[1156] und ist mithin im Ergebnis rein steuerfinanziert.

Der Versicherte kann bezüglich der Beitragshöhe wählen zwischen zwölf verschiedenen Beitragsstufen von 100 bis 2000 Yuan jährlich.[1157] Die Lokalregierungen dürfen von den Beitragsstufen abweichen, der höchste Beitragssatz soll aber nicht den höchsten Beitragssatz eines flexibel tätigen Arbeiters, der freiwillig im lokalen Grundrentenversicherungssystem für Beschäftigte versichert ist, übersteigen.[1158]

Die Bestimmung der zu gewährenden kollektiven Zuschüsse wird weitgehend den Kommunen überlassen; sie sollen lediglich nicht über dem höchstmöglichen Beitragssatz liegen.[1159] Bezüglich der staatlichen Subventionen ist vorgesehen, dass diese im Westen und in der Mitte des Landes voll zu zahlen sind, im Osten jedoch nur zu 50%, ohne dass konkrete Summen genannt werden.[1160] Die ärmeren Regionen will man also stärker staatlich unterstützen als die wohlhabenderen im Osten Chinas. Die Lokalregierungen sollen hinsichtlich der von ihnen zu zahlenden Zuschüsse Standards und Vorgehensweisen festlegen; die Höhe der Zuschüsse soll bei mindestens 30 Yuan bei Entrichtung des Mindestbeitrages und bei

---

1153 § 20 S. 2 SVG, Art. 4 S. 1 der Ansichten des Staatsrates zur Errichtung eines einheitlichen Basis-Rentenversicherungssystems für die städtischen und ländlichen Bewohner vom 21.2.2014 (Nr. 8).

1154 § 21 S. 1 SVG, Art. 6 der Ansichten des Staatsrates zur Errichtung eines einheitlichen Basis-Rentenversicherungssystems für die städtischen und ländlichen Bewohner vom 21.2.2014 (Nr. 8).

1155 Art. 5 der Ansichten des Staatsrates zur Errichtung eines einheitlichen Basis-Rentenversicherungssystems für die städtischen und ländlichen Bewohner vom 21.2.2014 (Nr. 8).

1156 Ebenda, Art. 4 Nr. 3.

1157 Ebenda, Art. 4 Nr. 1 S. 2.

1158 Ebenda, Art. 4 Nr. 1.

1159 Ebenda, Art. 4 Nr. 2.

1160 Ebenda, Art. 4 Nr. 3.

mindestens 60 Yuan bei einem Beitrag ab 500 Yuan jährlich liegen.[1161] Für Personen, die besondere Probleme mit der Aufbringung des Versicherungsbeitrages haben wie etwa Schwerbehinderte, soll der Mindestversicherungsbeitrag vollständig von der Lokalregierung geleistet werden.[1162] Spätestens hier muss dogmatisch eigentlich von Sozialhilfe und nicht von Sozialversicherung gesprochen werden – allerdings mit dem Unterschied, dass keine Bedürftigkeitsprüfung vorgenommen wird.

Ein weiteres versicherungsfremdes Element, das auch schon bei der Grundrentenversicherung für die Beschäftigten aufgefallen ist, ist die Vererblichkeit des individuellen Kontos im Falle des Ablebens des Versicherten, sofern die sich darauf befindlichen Gelder noch nicht aufgebraucht sind.[1163]

c. Leistungsvoraussetzungen

Die Regelaltersgrenze für die Grundrentenversicherung der städtischen und ländlichen Bewohner beträgt einheitlich 60 Jahre.[1164] Die Mindesteinzahlungszeit beträgt 15 Jahre,[1165] wobei Zeiten, in denen in die Grundrentenversicherung für Beschäftigte eingezahlt wurde, mitgerechnet werden.[1166] Eine Rente aus dem Rentenversicherungssystem für die städtischen und ländlichen Bewohner wird nur gewährt, wenn der Versicherte keine Rente aus der Grundrentenversicherung für Beschäftigte erhält.

d. Die Ermittlung des für die Rentenauszahlung zuständigen regionalen
   Systems

Art. 8 der „Vorläufigen Maßnahmen für die Verknüpfung der städtischen und ländlichen Rentenversicherungssysteme" vom 24. Februar 2014 macht

---

1161 Ebenda.

1162 Ebenda.

1163 Ebenda, Art. 5 S. 2.

1164 Nr. 3 der Leitlinien für die Durchführung der neuen ländlichen Alterssicherung in der Pilotphase vom 1.9.2009.

1165 Art. 7 der Ansichten des Staatsrates zur Errichtung eines einheitlichen Basis-Rentenversicherungssystems für die städtischen und ländlichen Bewohner vom 21.2.2014 (Nr. 8).

1166 § 6 der Vorläufigen Maßnahmen für die Verknüpfung der städtischen und ländlichen Rentenversicherungssysteme des Ministeriums für Humanressourcen und soziale Sicherheit vom 24.2.2014 (Nr. 17).

noch einmal deutlich, dass, auch wenn in mehrere Systeme eingezahlt wurde, nicht gleichzeitig Renten aus unterschiedlichen Systemen bezogen werden dürfen.

Für die Auszahlung der Rente aus der Grundrentenversicherung für die städtischen und ländlichen Bewohner ist regional das System zuständig, in dem der Versicherte sein *Hukou* hat. Verlegt er sein *Hukou* während er noch in die Versicherung einzahlt, kann die Versicherung auf seinen Antrag hin an den neuen Ort übertragen werden.[1167] Gegenstand der Übertragung sind das individuelle Konto und die Einzahlungszeiten.[1168] Verlegt der Versicherte sein *Hukou* während er bereits eine Rente bezieht, kann die Zuständigkeit des Systems nicht mehr geändert werden.[1169]

e. Die Rente

Die Rente besteht aus zwei Teilen: der Rentenzahlung aus dem Individualkonto und der sogenannten Basisrente.[1170] Der monatliche Individualkontenrentenbetrag beträgt ein Hundertneunundreißigstel (1/139) des sich auf dem Konto befindenden Betrages.[1171] Umgerechnet bedeutet dies, dass für etwa elf Jahre und sechs Monate eine Rente aus dem individuellen Konto gezahlt werden kann, bevor das sich auf diesem befindliche Geld erschöpft ist. Nichtsdestotrotz ist die Rente – so ist es normiert – jeweils bis zum Lebensende zu zahlen.[1172] Die Rentenzahlung ist also – wie in der Grundrentenversicherung für die Beschäftigten – auch nach Ablauf der elf Jahre und sechs Monate bis zum Tode des Berechtigten fortzusetzen.[1173] Auch da die sich auf dem individuellen Kontos befindlichen, noch nicht

---

1167 Art. 8 S. 1 Hs. 1 der Ansichten des Staatsrates zur Errichtung eines einheitlichen Basis-Rentenversicherungssystems für die städtischen und ländlichen Bewohner vom 21.2.2014 (Nr. 8).

1168 Ebenda.

1169 Ebenda, Art. 8 S. 1 Hs. 2; Materialien für die Pressekonferenz des Informationsbüros des Staatsrates/Mitteilung des Ministeriums für Humanressourcen und soziale Sicherheit vom 26.2.2014.

1170 Art. 6 S. 1 der Ansichten des Staatsrates zur Errichtung eines einheitlichen Basis-Rentenversicherungssystems für die städtischen und ländlichen Bewohner vom 21.2.2014 (Nr. 8).

1171 Ebenda, Art. 6 Nr. 2 S. 1.

1172 Ebenda, Art. 6 S. 1.

1173 Vgl. *Zuo*, Ein Rechtsvergleich der agrarsozialen Sicherung zwischen der VR China und Deutschland, S. 213.

aufgebrauchten Gelder im Falle des Ablebens des Versicherten vererblich sind, entsteht, wie auch bei der Grundrentenversicherung für die Beschäftigten, ein ständig wachsendes Defizit.[1174] Sofern bei dem Individualkonto überhaupt von Versicherung gesprochen werden konnte, ist der Begriff spätestens ab diesem Moment nicht mehr zutreffend.[1175]

Für die Basisrente will die Zentralregierung einen Mindeststandard – eine Mindestbasisrente – sowie einen Anpassungsmechanismus festlegen.[1176] Die lokalen Regierungen können die Basisrente durch Zuschüsse erhöhen.[1177] Nach den „Leitlinien für die Durchführung der neuen ländlichen Alterssicherung in der Pilotphase"[1178] von 2009 betrug der Mindeststandard 55 Yuan monatlich.[1179] Anfang 2015 wurde er angehoben auf 70 Yuan monatlich,[1180] 2017 lag er bei 105 Yuan.[1181] De facto existierte landesweit eine große Spannbreite. Während insbesondere in den ärmeren östlichen Regionen das Niveau der Basisrente in der Regel nicht über den Mindeststandard hinausgeht, liegt es in den reicheren westlichen Regionen häufig deutlich darüber. Beispielsweise wurden in Shanghai 2017 zwischen 750 und 850 Yuan ausgezahlt, so viel wie nirgendwo sonst in China.[1182] Der Durchschnitt lag 2016 etwa bei 117 Yuan.[1183]

5. Die Alterssicherung der Beamten

Die Beamtenversorgung funktionierte bis vor kurzem eigenständig, wie es § 10 SGV auch vorsieht, und war in der Regel vollständig staatlich finan-

---

1174 Siehe hierzu oben unter D.II.3.c.aa.

1175 Vgl. auch *Jin*, Entwicklung des gesetzlichen sozialen Grundaltersversicherungssystems in der Volksrepublik China, S. 174.

1176 Art. 6 Nr. 1 S. 1 der Ansichten des Staatsrates zur Errichtung eines einheitlichen Basis-Rentenversicherungssystems für die städtischen und ländlichen Bewohner vom 21.2.2014 (Nr. 8).

1177 Ebenda, Art. 6 Nr. 1 S. 2.

1178 Leitansichten des Staatsrates über das Pilotprojekt der neuen ländlichen Altersversicherung vom 1.9.2009 (Nr. 32).

1179 Punkt 6 der Leitansichten des Staatsrates über das Pilotprojekt der neuen ländlichen Altersversicherung vom 1.9.2009 (Nr. 32).

1180 *Ministerium für Humanressourcen und soziale Sicherheit/Ministerium für Finanzen*, Mitteilung zur landesweiten Anhebung des Mindeststandards der Basisrente in der Grundrentenversicherung für die städtischen und ländlichen Bewohner vom 1.7.2014.

1181 *Gruat*, Some striking features of the Chinese pension system, S. 13.

1182 *Mercator Institute for China Studies*, China Update Nr. 19/2017, S. 3.

1183 *Gruat*, Some striking features of the Chinese pension system, S. 13.

ziert. In den Anfangsjahren der chinesischen Rentenversicherung war auch die Rentenversicherung der Beschäftigten noch staatlich finanziert gewesen, die Beiträge hatten allein die (allesamt) staatlichen Unternehmen entrichtet. Allzu offensichtliche Unterschiede zwischen Arbeiterversicherung und Beamtenversorgung hatte es insofern damals nicht gegeben. Mit Einführung der beitragspflichtigen Rentenversicherung für die Beschäftigten entwickelten sich die Systeme jedoch langsam, aber sicher immer weiter auseinander. Während gerade in den vergangenen Jahren das Rentenniveau in der Grundrentenversicherung für die Beschäftigten tendenziell immer weiter reduziert wurde, fielen die Beamtenpensionen zunehmend großzügiger aus – zuletzt waren die Pensionen etwa viermal so hoch wie die Renten.[1184] Dies fiel ganz besonders dort auf, wo in staatlichen Institutionen Beamte und andere öffentlich Bedienstete auf den gleichen Positionen arbeiteten, was mangels verbindlicher Regelungen hinsichtlich der Verbeamtung keine Seltenheit war.[1185] Die Beamtenversorgung stand – zum einen wegen ihres unverhältnismäßig hohen Niveaus und zum anderen wegen ihrer Beitragsfreiheit – bei der Bevölkerung seit langem in der Kritik.[1186] Die Regierung gab dem Druck schließlich nach und will nun Beamte und Beschäftigte wieder – wie früher – mehr oder weniger gleichbehandeln. Ausweislich des „Beschlusses des Staatsrates über die Reform der Altersversorgung von Staatsbediensteten" vom 3. Januar 2015 (Nr. 2)[1187] ist vorgesehen, dass Beamte – wie Beschäftigte, aber in eigenem System – 8% ihres Einkommens auf ein individuelles Rentenversicherungskonto einzahlen und der Staat in der Regel 20% (beziehungsweise nun 16%) des zu zahlenden Einkommens für die Basisrente entrichtet. Auch sonst sollen für sie die gleichen Regelungen gelten (sog. Gleichstellungsplan).[1188] Im Januar 2016 hatten bereits mehr als die Hälfte der Provinzen die Reform umgesetzt.[1189] Man scheint es mit dem Ende der Privilegierung ernst zu meinen, und zwar nicht nur bei der Altersvorsorge – viele Beamte mussten im Rahmen

---

1184 *Mercator Institute for China Studies*, China Update Nr. 2/2016, S. 3.
1185 Siehe auch *Jin*, Entwicklung des gesetzlichen sozialen Grundaltersversicherungssystems in der Volksrepublik China, S. 167.
1186 Siehe auch *Darimont*, ZChinR 18 (2011), 266 (269).
1187 国务院关于机关事业单位工作人员养老保险制度改革的决定.
1188 Siehe hierzu auch *Mercator Institute for China Studies*, China Update Nr. 2/2016, S. 3; *Liu/Sun*, Journal of Aging and Social Policy 28 (2016), 15 (23); *Jin*, Entwicklung des gesetzlichen sozialen Grundaltersversicherungssystems in der Volksrepublik China, S. 191 f.
1189 *Mercator Institute for China Studies*, China Update Nr. 2/2016, S. 3.

der Antikorruptionskampagne der Regierung unter Xi Jinping bereits auf bevorzugte Behandlungen verzichten und auch Strafen verbüßen.[1190]

6. Zusammenfassende Betrachtung

Bei der Untersuchung der Verfassung und der chinesischen Rechtsquellen wurde wiederholt ihre Programmatik kritisiert. Die vielen jüngeren Änderungen im chinesischen Altersvorsorgesystem – beispielsweise die Umsetzung der in § 20 SVG erwogenen Zusammenlegung der Rentenversicherung für die städtischen Bewohner und der ländlichen Bevölkerung – sprechen aber für eine gewisse Bereitschaft, den Worten auch Taten folgen zu lassen.

Die chinesischen Rentenversicherungssysteme sind in Bezug auf die von ihnen erfassten Menschen die größten weltweit und in den vergangenen Jahren kontinuierlich und in breitem Umfang reformiert worden. Die Um- und Aufbauprozesse kosteten und kosten ungeheure Anstrengungen sowie viel Geld und Zeit.

Der Einsatz ist dringend erforderlich, denn in China besteht schon allein aufgrund der Vielzahl unterschiedlicher Systeme Reformbedarf. Eine Untergliederung von Rentenversicherungssystemen in verschiedene Untersysteme, die etwa bei der Einbeziehung nach der Beschäftigungsart differenzieren, ist zwar weltweit durchaus üblich. Bei der einzigartigen regionalen Vielfalt auch innerhalb eines Systems in China kann aber ohne Übertreibung von einer Systemzersplitterung gesprochen werden. Dies überrascht angesichts der Tatsache, dass China doch ein zentralistisch ausgerichteter Staat ist, der in vielen Bereichen großen Wert auf eine hierarchisch zentrale Führung legt.

Zu einem gewissen Grad mag man in der Systemzersplitterung erkennen können, dass soziale Sicherheit lange Zeit nicht im Fokus der nationalen Politik gestanden hat.[1191] Obwohl man inzwischen zielstrebig versucht, gegenzusteuern, Fonds auf höhere Verwaltungsebenen transferiert, Systeme auch bereits zusammengelegt und Transferregelungen geschaffen hat, besteht die Zersplitterung zwischen den Regionen noch fort; ihre Wirkung wird verstärkt durch die *hukou*bedingte duale Struktur des Landes und wirtschaftliche Dysbalancen. Auch das Sozialversicherungsgesetz schafft

---

1190 Spiegel Online vom 10.1.2017; *Mercator Institute for China Studies*, China Update Nr. 2/2016, S. 3.
1191 *Marjan*, EU-China Cooperation, S. 68.

wenig Abhilfe. Es gibt einen Rahmen vor, der jedoch zu grob ausfällt und viel Spielraum für weiterhin regional unterschiedliche Ausgestaltungen und etwaige Pilotprojekte gewährt. Die Zersplitterung führt noch immer zu Problemen und Nachteilen für den mobilen Teil der Bevölkerung, der stetig wächst.

Man versucht, dem mit rechtlichen Koordinierungsregelungen entgegen zu wirken, nur werden die Regelungen, wie etwa die Pro-rata-temporis-Berechnung der Rente, bisher nicht (voll) realisiert. An dieser Stelle kann man wohl zu Recht sagen, dass es in China zwar ein Rechtssystem gibt, das Recht aber in der Praxis nicht umgesetzt wird.[1192] Berücksichtigen muss man aber auch, dass es angesichts der vergleichsweise kurzen Geltungsdauer des Sozialversicherungsgesetzes bisher noch an einer ausreichenden Anwendungspraxis fehlt und deren Entwicklung noch einige Zeit in Anspruch nehmen wird. Auch das starke Wohlstandsgefälle innerhalb des Landes verhindert bislang noch die Umsetzung einiger Ziele.

Den unter anderem deshalb landesweit überall und immer wieder aufkeimenden Unruhen[1193] versucht man immerhin mit besserer sozialer Absicherung zu begegnen. Denn es ist der Regierung wichtig, die Bevölkerung zu beruhigen indem gezeigt wird, dass der Staat sich um sie kümmert.[1194] Der rasante Ausbau der Alterssicherungssysteme in den vergangenen Jahren, vor allem auf dem Land, kann als Zeichen dafür gedeutet werden, dass man sich in China auch tatsächlich kümmern will. Erklärtes und wichtiges Ziel ist, alle Bürger im Alter staatlich abzusichern. Dabei wird aber bisher noch zu wenig Augenmerk auf das „Wie genau?" gelegt.

Systematische Grundstrukturen werden jedenfalls nur bedingt beachtet. Die beiden grundlegenden Alterssicherungssysteme finden ihre rechtliche Grundlage im Social*versicherungs*gesetz und werden beide einheitlich als Renten*versicherung* bezeichnet – so regelmäßig auch die deutsche Übersetzung und begriffliche Verwendung in der deutschen Literatur zur chinesischen Alterssicherung.[1195] Dennoch enthalten beide Systeme diverse Systembrüche; das für die städtischen und ländlichen Bewohner hat strukturell sogar so wenig mit dem System und den Grundprinzipien der Sozialversicherung gemein, dass es die Bezeichnung dogmatisch gesehen nicht tragen dürfte.

1192 Vgl. *Ahl*, in: Fischer/Müller-Hofstede, Länderbericht China, S. 289 (292).
1193 *Marjan*, EU-China Cooperation, S. 62.
1194 *Yan*, VW 2011, 945.
1195 Insbesondere *Münzel*, Chinas Recht, 28.10.10/01.

So herrscht in der so bezeichneten Grundrentenversicherung für die städtischen und ländlichen Bewohner keine Versicherungspflicht, sondern das System ist – wie eine Privatversicherung – allein freiwillig ausgestaltet. Damit aber läuft der Staat unter anderem Gefahr, dass Sicherungslücken entstehen, und zwar gerade da, wo Absicherung besonders benötigt wird. Als Korrelat des Versicherungsprinzips[1196] wird der Versicherungszwang hier allerdings nicht zwingend benötigt, denn umlagefinanziert ist das System nicht. Streng genommen fehlt es sogar an einer Gefahrengemeinschaft, die die Kosten und Risiken gemeinsam trägt: Die von den „Versicherten" gezahlten Beiträge fließen allein auf individuelle Konten, die – widersprüchlicherweise – vererblich sind, und das Risiko, dass das individuelle Konto des Einzelnen irgendwann leer ist, die Rente aber weiter gezahlt werden muss, trägt allein der Staat, der auch den Basisrententeil finanziert. Der Fall, dass mit den Beiträgen eines „Versicherten" das eingetretene Risiko eines anderen „Versicherten" finanziert wird, existiert nicht. Ferner ist die staatliche/kommunale finanzielle Unterstützung in der Regel deutlich höher als der Versicherungsbeitrag. Zudem ist die Höhe der Beiträge frei wählbar, die Rente damit auch nicht als Lohnersatzleistung ausgestaltet. Eine gewisse Äquivalenz zwischen Leistung und Gegenleistung ist jedoch insofern gewahrt, als die Rentenhöhe sich durchaus anhand der Höhe der Einzahlungen bemisst. Als Sozialhilfe sind die Leistungen des Systems nicht zu bezeichnen, setzen sie doch grundsätzlich eine Leistungserbringung und keine Bedürftigkeit voraus – die Bezeichnung Versicherung trägt das System jedoch zu Unrecht. Sprechen kann man fast von einer Art sozialen Rente[1197] oder – eher – von einer freiwilligen, bedarfsunabhängigen und staatlich geförderten Basissicherung im Alter. Langfristig wirft das Vorgehen Fragen hinsichtlich der Finanzierbarkeit auf, denn ein solches System ist teuer, und dies ohne dass es (wenigstens) einen jeden erfasst.

Die Grundrentenversicherung für die Beschäftigten ist dagegen zwar – wie für ein Sozialversicherungssystem üblich – obligatorisch ausgestaltet. Problematisch ist hier aber, dass der Kreis der Versicherungspflichtigen durch die strenge Eingrenzung auf „normal" Beschäftigte und die Nicht-

---

1196 Vgl. *Rolfs*, Das Versicherungsprinzip im Sozialversicherungsrecht, S. 251.
1197 Die Social Pensions Database von HelpAge International fasst das Rentensystem für die städtischen und ländlichen Bewohner als soziale Rente auf, die es als eine beitragsfreie, regelmäßige Transferleistung für ältere Menschen definiert (siehe Fn. 891), *HelpAge International*, Social Pensions Database. Bei der Grundrentenversicherung für die städtischen und ländlichen Bewohner ist allerdings, wie gezeigt, eine geringe Beitragszahlung in der Regel erforderlich.

anerkennung von natürlichen Personen als Arbeitgeber zu sehr beschnitten wird. Eine klare und weite Definition des Beschäftigtenbegriffs wäre angebracht, da derzeit zahlreiche abhängig gegen Entgelt tätige Personen trotz Schutzbedürftigkeit unerfasst bleiben. Hinzu kommen Sicherungslücken, die durch Umgehungsmöglichkeiten wie das Nichtabschließen eines schriftlichen Arbeitsvertrages entstehen. Dieses Erfordernis dient dazu, gegenüber den Behörden das Bestehen eines Beschäftigungsverhältnisses nachzuweisen. Bessere Kontrollmechanismen, mittels derer (beispielsweise) ein Beschäftigungsverhältnis auch ohne Vorliegen eines schriftlichen Arbeitsvertrages als solches erkannt würde, könnten hier Abhilfe schaffen. Gut möglich erscheint, dass die 2018 beschlossene flächendeckende Übertragung der Beitragseinziehung auf die Steuerbehörden, welche bereits über diverse erforderliche Informationen verfügen sollten, eine zumindest etwas bessere Durchsetzung mit sich bringt.

Dass die Grundrentenversicherung für die Beschäftigten die Möglichkeit der freiwilligen Mitgliedschaft eröffnet, ist zu begrüßen, und die hohen Hürden für die freiwillige Teilnahme sind zuletzt durch die Einführung verschiedener Beitragskategorien zumindest reduziert worden. Der allein von dem Versicherten zu tragende Beitragssatz ist zumindest in Grenzen, die sich am örtlichen Durchschnittseinkommen orientieren, frei wählbar. Die Mindesteinzahlungszeit ist jedoch lang, das System insgesamt eher auf Festangestellte zugeschnitten und die Anreize für eine freiwillige Teilnahme im Zweifelsfall wohl nicht ausreichend.

Motivieren für das Entrichten von Rentenversicherungsbeiträgen will man die Bürger insgesamt zum Beispiel damit, dass die individuellen Konten als vererbbar ausgestaltet wurden – dies geht aber nicht nur zu Lasten des Versicherungsprinzips, sondern vermag auch nicht durch das Solidarprinzip gerechtfertigt zu werden. Denn mit ihrer Vererbbarkeit werden die individuellen Konten weitgehend aus der Gefahrengemeinschaft, die die finanziellen Lasten und das versicherte Risiko in der Sozialversicherung gemeinsam tragen soll, herausgenommen. Dennoch greift dann, wenn die Konten noch vor dem Tod des Versicherten leer sind, die Solidargemeinschaft ein, indem sie die Rente weiterzahlt – dies nun aber ohne finanzielle beziehungsweise versicherungsmathematische Grundlage, was zweifellos ein Hindernis für eine nachhaltige Finanzierung der Rentenversicherung darstellt. Die Rechtsnatur des individuellen Kontos, das derzeit wie eine Art

Lebensversicherung funktioniert, ist höchst widersprüchlich[1198] und bedarf der konzeptionellen Änderung.

Finanzielle Schwierigkeiten bereiten, was noch näher erläutert werden wird, auch die niedrigen Regelaltersgrenzen in China. Sie basieren auf einer Regelung von 1978 – die heutige Demographie des Landes ist mit der von 1978 aber nicht mehr zu vergleichen.

Ein besonders großes Manko der Grundrentenversicherung für die Beschäftigten dürfte, wie bereits angeklungen, wohl auch in der Behandlung des mobilen Teils der Bevölkerung zu erblicken sein – konkret: in der Berechnung ihrer Renten. Indem hierbei allein der Durchschnittslohn der Region herangezogen wird, die für die Verwaltung bei Renteneintritt zuständig ist,[1199] werden die Durchschnittslöhne der anderen Regionen, in denen der Einzelne ebenfalls eingezahlt hat, außer Betracht gelassen. Dadurch büßt die gezahlte Rente einen Großteil ihres Charakters als Lohnersatzleistung ein, und zwar ganz unabhängig davon, ob das Ergebnis für den Einzelnen nun positiv oder negativ ausfällt. Dies geht weder mit dem Versicherungsprinzip konform, noch hat dies etwas mit sozialem Ausgleich zu tun. Geschuldet ist das Vorgehen allerdings weniger den bestehenden Regelungen, sondern vielmehr der fehlenden Anwendung der – tatsächlich festgeschriebenen – Pro-rata-temporis-Berechnung. Zwar wird sich dieses Problem mit der geplanten – und hoffentlich in naher Zukunft auch umgesetzten – Verlegung der Planung und Verwaltung der Versicherungsfonds auf nationale Ebene lösen lassen, bis dahin ist es jedoch nicht erstaunlich, dass viele Wanderarbeiter versuchen, die Rentenversicherungspflicht zu umgehen.

Vertrauen schafft der Staat so nicht, dabei ist mangelndes Vertrauen in das System gerade eines der Probleme, mit denen China zu kämpfen hat. Dass es an diesem fehlt, dürfte wohl auch auf eine geringe Transparenz und Vorhersehbarkeit der Versicherungsverläufe und der zu erwartenden Renten zurückzuführen sein – bedingt nicht nur durch den unklaren Anpassungsmechanismus, die wenig vorhersehbare Zins- und Investitionsentwicklung, sondern auch durch das Fehlen eines transparenten Rentenberichtswesens.[1200] Nicht zu vergessen ist in diesem Zusammenhang ferner

---

1198 *Jin*, Entwicklung des gesetzlichen sozialen Grundaltersversicherungssystems in der Volksrepublik China, S. 172 f.

1199 Hierzu oben, D.II.3.e.

1200 *Jin*, Entwicklung des gesetzlichen sozialen Grundaltersversicherungssystems in der Volksrepublik China, S. 214.

die in der Vergangenheit stattgefundene Zweckentfremdung von Geldern. Zudem mag die schwache Position subjektiver Rechte eine Rolle spielen. China erlebt seit der Phase der Reform und Öffnung eine starke wirtschaftliche, gesellschaftliche und soziale Umwälzung. Viele (erwerbstätige) Bürger mussten erfahren, dass der „allumsorgende" Staat verschwand; sie müssen sich nun selbst um ihre Altersvorsorge kümmern und hierfür Beiträge entrichten – Marktmechanismen und Selbstverantwortung rückten in den Vordergrund.[1201] Wie soll man nun vertrauen, dass der Staat seine Versprechungen zur sozialen Absicherung hält – ein Staat, der kein Rechtsstaat ist, und der die Bürger seine Willkür nicht selten spüren lässt? Er wird auch in Zukunft beweisen müssen, dass er sich kümmert. Die Volksrepublik China steht weiterhin vor großen Herausforderungen.

III. Deutschland

Über die deutsche gesetzliche Rentenversicherung soll insgesamt nur ein Überblick gegeben werden (1.). Da für China und Brasilien ein besonderes Augenmerk auf die Einbeziehung der ländlichen Bevölkerung gelegt wurde, soll auch für Deutschland die agrarsoziale Sicherung erläutert werden (2.). Der Vollständigkeit und besseren Vergleichbarkeit halber folgt ein kurzer Abriss über die Beamtenversorgung (3.). Sodann soll auf aktuelle Reformbewegungen eingegangen werden (4.).

1. Die gesetzliche Rentenversicherung

Die gesetzliche Rentenversicherung kennt gemäß § 33 SGB VI Renten wegen Alters, Renten wegen verminderter Erwerbsfähigkeit sowie Renten wegen Todes. Diese drei Kategorien werden nochmals in verschiedene Unterkategorien untergliedert. Wie auch in Bezug auf China und Brasilien soll hier nur die Altersrente in Augenschein genommen werden. Dabei wiederum soll der Fokus zur besseren Vergleichbarkeit auf der Regelaltersrente (und den Besonderheiten der Rente für – besonders – langjährig Versicherte) liegen. Da hinsichtlich Brasilien und China erwähnt wurde, dass es günstigere Rentenbedingungen für Menschen mit Behinderungen und solche gibt, die etwa unter gefährlichen Arbeitsbedingungen tätig waren, soll an dieser Stelle auf die gewissermaßen deutschen Pendants der Rente für

---

1201 Vgl. *Pieters/Schoukens*, Social Security in the BRIC Countries, S. 17.

schwerbehinderte Menschen, der Rente wegen Erwerbsminderung und der Rente für langjährig unter Tage beschäftigte Bergleute hingewiesen werden (§§ 37, 236a, §§ 43, 240 f. und §§ 40, 238 SGB VI). Näher untersucht werden sollen sie hier aber – ebenso wie die deutsche Besonderheit der Altersrente wegen Arbeitslosigkeit oder nach Altersteilzeitarbeit (§ 237 SGB VI) – nicht.

Die gesetzliche Rentenversicherung bildet in Deutschland die „Regelsicherung" im Alter.[1202] Um den Lebensstandard im Alter angemessen zu sichern, ist aber üblicherweise ergänzend privat und/oder betrieblich vorzusorgen.[1203]

a. Grundzüge der Verwaltung

Bei der gesetzlichen Rentenversicherung handelt es sich – wie im Grunde bei der gesamten deutschen Sozialversicherung – um einen Bereich der mittelbaren Staatsverwaltung.[1204] Die Sozialversicherungsträger, gemäß § 29 Abs. 1 SGB IV rechtsfähige Körperschaften des öffentlichen Rechts, werden als organisatorisch verselbständigte Teile der Staatsgewalt angesehen.[1205] Ihnen steht das Recht zur Selbstverwaltung zu, ausgeübt durch Arbeitgeber und Versicherte, §§ 29 Abs. 1 und 2, 44 SGB IV. Das Handeln der Sozialversicherungsträger unterliegt der staatlichen Aufsicht in Form der Rechtsaufsicht, § 87 Abs. 1 SGB IV.

Träger der gesetzlichen Rentenversicherung sind auf Bundesebene gemäß § 125 Abs. 2 SGB VI die Deutsche Rentenversicherung Bund sowie die Deutsche Rentenversicherung Knappschaft-Bahn-See und auf regionaler Ebene die vierzehn Regionalversicherungsträger, genannt „Deutsche Rentenversicherung" mit einem anschließenden Zusatz für die jeweilige regionale Zuständigkeit, § 125 Abs. 1 SGB VI (z.B. Deutsche Rentenversicherung Westfalen). Sie sind gemäß § 126 SGB VI für die Erfüllung der Aufgaben der Rentenversicherung zuständig.

Gemäß § 28a SGB IV hat der Arbeitgeber der für die Sozialversicherungsbeiträge jeweils zuständigen Einzugsstelle (dies sind nach § 28h SGB IV die Krankenkassen) für jeden kraft Gesetzes Versicherten eine

1202 *Zacher/Mager*, in: Zacher, Alterssicherung im Rechtsvergleich, S. 151 (161).
1203 Siehe etwa *Ruland*, in: Ruland/Becker/Axer, SRH, § 17 Rn. 13 und oben unter C.III.5.
1204 BVerfG, Beschluss vom 30.9.1987, 2 BvR 933/82, BVerfGE 76, 256 (308).
1205 BVerfG, Beschluss vom 9.4.1975, 2 BvR 879/73, BVerfGE 39, 302 (313 f.).

Meldung zu erstatten, insbesondere bei Beginn und Ende der versicherungspflichtigen Beschäftigung. Jeder Versicherte erhält gemäß § 18h Abs. 1 SGB IV einen Sozialversicherungsausweis, der ihm eine Versicherungsnummer zuweist und seiner Identifikation dient; missbräuchliche Inanspruchnahme und Schwarzarbeit sollen so effektiver bekämpft werden.[1206]

b. Erfasster Personenkreis

Die deutsche gesetzliche Rentenversicherung ist geprägt vom Grundsatz der Versicherungspflicht und der Tätigkeitsbezogenheit; die in §§ 1–3 SGB VI genannten Personen – Beschäftigte, verschiedene Gruppen Selbständiger und sonstige Versicherte – sind mit Aufnahme einer versicherungspflichtigen Tätigkeit ipso jure auch versicherungspflichtig. Daneben besteht die Möglichkeit der Versicherung auf Antrag (§ 4), der freiwilligen Versicherung (§ 7) und der Versicherung kraft Versorgungsausgleichs (§ 8). §§ 5, 6 SGB VI enthalten Regelungen zur Versicherungsfreiheit.

aa. Beschäftigte

Versicherungspflichtig sind gemäß § 1 S. 1 Nr. 1 SGB VI die gegen Arbeitsentgelt oder zu ihrer Berufsausbildung Beschäftigten. Beschäftigte sind entsprechend der Legaldefinition in § 7 Abs. 1 S. 1 SGB IV diejenigen, die einer nichtselbständigen Arbeit insbesondere in einem Arbeitsverhältnis nachgehen, was gemäß Satz 2 regelmäßig bei einer weisungsgebundenen Tätigkeit gegen Entgelt und Eingliederung in die Arbeitsorganisation des Weisungsgebers bejaht wird. Das Arbeitsverhältnis ist damit der Regelfall des Beschäftigungsverhältnisses, nicht aber immer deckungsgleich mit ihm.[1207] Die Höhe des Einkommens spielt für die Qualifikation als Beschäftigter keine Rolle. Geringfügig Beschäftigte – Personen, die bis zu 450,00 Euro pro Monat verdienen, § 8 Abs. 1 SGB IV – sind aber entweder versicherungsfrei oder können sich von der Versicherungspflicht befreien lassen.[1208]

1206 Vgl. *Koch,* in: ders., Arbeitsrecht von A–Z, Sozialversicherungsausweis.
1207 Siehe etwa *Rolfs,* in: Erfurter Kommentar zum Arbeitsrecht, § 7 SGB IV Rn. 2 f.; *Ruland,* in: Ruland/Becker/Axer, SRH, § 17 Rn. 21.
1208 Hierzu sogleich, D.III.b.ff.

§ 1 S. 1 Nr. 1 SGB VI bildet den Grundtatbestand für die Einbeziehung in die gesetzliche Rentenversicherung, Nr. 2–4 erweitern den erfassten Personenkreis aus sozialen Erwägungen um verschiedene weitere Personengruppen, die als Beschäftigte im Sinne des Rechts der Rentenversicherung gelten.[1209] Hierzu gehören behinderte Menschen (Nr. 2), Personen, die in Einrichtungen der Jugendhilfe oder in Berufsbildungswerken oder ähnlichen Einrichtungen für behinderte Menschen für eine Erwerbstätigkeit befähigt werden sollen (Nr. 3) sowie Mitglieder geistlicher Genossenschaften (Nr. 4).

bb. Selbständige

§ 2 SGB VI bezieht nicht Selbständige im Allgemeinen, sondern die in der Norm genannten Berufsgruppen von selbständig Erwerbstätigen in die Rentenversicherung mit ein. Sie sind von der Versicherungspflicht erfasst, da sie vom Gesetzgeber als sozial besonders schutzbedürftig angesehen werden.[1210] § 2 SGB VI ist abschließend; hier nicht aufgeführte Selbständige haben gemäß § 4 Abs. 2 SGB VI die Möglichkeit der Antragspflichtversicherung oder gemäß § 7 SGB VI der freiwilligen Versicherung.[1211]

Der Begriff der Selbständigkeit ist gesetzlich nicht definiert; wer selbständig ist, wird im Wege einer Abgrenzung zum Begriff der abhängigen Beschäftigung bestimmt.[1212] Laut Bundessozialgericht sind selbständig tätig alle Personen, die mit Gewinnerzielungsabsicht eine Tätigkeit in der Land- und Forstwirtschaft oder in einem Gewerbebetrieb oder die eine sonstige, insbesondere freiberufliche Arbeit in persönlicher Unabhängigkeit und auf eigene Rechnung und Gefahr ausüben.[1213]

Zu den in § 2 SGB VI genannten Berufsgruppen gehören insbesondere (in der Norm näher beschriebene) Lehrer und Erzieher, Pflegepersonen, Hebammen und Entbindungspfleger, Seelotsen, Künstler, Publizisten, Hausgewerbetreibende, Küstenschiffer, Küstenfischer und auch in die Handwerksrolle eingetragene Gewerbetreibende. Gemäß § 2 S. 1 Nr. 9 SGB VI sind zudem die – ehemals sogenannten – arbeitnehmerähnlichen

---

1209 Vgl. *Muckel/Ogorek/Rixen*, Sozialrecht, § 11 Rn. 15.
1210 *Guttenberger*, in: Kasseler Kommentar, § 2 SGB VI Rn. 2.
1211 Vgl. *von Koch*, in: BeckOK Sozialrecht, § 2 SGB VI Rn. 2.
1212 Vgl. *Guttenberger*, in: Kasseler Kommentar, § 2 SGB VI Rn. 4.
1213 BSG, Urteil vom 25.2.1997, 12 RK 33/96, SozR 3-2200 § 1227 Nr. 8.

Selbständigen versicherungspflichtig. Diese werden nicht durch ihre Zugehörigkeit zu einer bestimmten Berufsgruppe bestimmt, sondern durch die in der Norm genannten Tatbestandsmerkmale, welche sie der Gruppe der Arbeitnehmer nahe bringen und damit auch soziale Schutzbedürftigkeit indizieren.[1214] Sie dürfen im Zusammenhang mit ihrer selbständigen Tätigkeit keine versicherungspflichtigen Arbeitnehmer beschäftigen und im Wesentlichen nur für einen Auftraggeber tätig sein. Erfasst werden aber nur tatsächlich Selbständige; sogenannte Scheinselbständige bleiben außen vor.[1215] Im Übrigen sind Selbständige für ihre Altersabsicherung selbst verantwortlich.

Immer wieder diskutiert und auch im Koalitionsvertrag zwischen CDU, CSU und SPD vom 12. März 2018[1216] angedacht ist die Begründung einer – flächendeckenden – Versicherungs- oder jedenfalls Altersvorsorgepflicht für Selbständige. Eine Erstreckung der Versicherungspflicht auf alle Selbständigen wäre in Deutschland, wie auch bereits die Einbeziehung eines Teils der Selbständigen, verfassungsrechtlich zulässig,[1217] wie die folgenden Erwägungen zeigen.

Mit einer Verpflichtung zur Versicherung greift der Gesetzgeber in die nach Art. 2 Abs. 1 GG geschützte allgemeine Handlungsfreiheit ein,[1218] was der Rechtfertigung bedarf. Die allgemeine Handlungsfreiheit wird insbesondere durch die verfassungsmäßige Ordnung beschränkt, worunter alle Rechtsnormen zu verstehen sind, die sich formell und materiell mit dem Grundgesetz im Einklang befinden und insbesondere dem Grundsatz der Verhältnismäßigkeit entsprechen.[1219] Dem Gesetzgeber steht mithin ein weiter Gestaltungsspielraum zu. Formell stünde der Rechtmäßigkeit insbesondere keine fehlende Gesetzgebungskompetenz entgegen; die Kompetenz des Bundes für die Sozialversicherung (Art. 74 Abs. 1 Nr. 12 GG) als weitgefasstem „verfassungsrechtlichem Gattungsbegriff" ist keinesfalls auf Arbeitnehmer beschränkt, denn die „Beschränkung auf Arbeitnehmer und auf eine Notlage gehört nicht zum Wesen der Sozialversicherung", so

---

1214 *Guttenberger*, in: Kasseler Kommentar, § 2 SGB VI Rn. 35; *Ruland*, in: Ruland/Becker/Axer, SRH, § 17 Rn. 22.
1215 *Guttenberger*, in: Kasseler Kommentar, § 2 SGB VI Rn. 35.
1216 Koalitionsvertrag zwischen CDU, CSU und SPD vom 12.3.2018, S. 93.
1217 Siehe hierzu *Schulte*, in: Friedrich-Ebert-Stiftung, Erwerbstätigenversicherung, S. 16 (17 ff.); *Ruland*, ZRP 2009, 165 (167 ff.); siehe auch *Steinmeyer*, Gutachten 73. DJT, S. B 56 ff.
1218 Vgl. BVerfG, Urteil vom 3.4.2001, 1 BvR 2014/95, NJW 2001, 1709.
1219 Ebenda.

das Bundesverfassungsgericht.[1220] Im Hinblick auf die materielle Rechtmäßigkeit würde der Eingriff insbesondere einen legitimen Zweck verfolgen, da er eine Absicherung für Schutzbedürftige schaffen will, wobei die Bereitschaft und Fähigkeit zur freiwilligen Selbstvorsorge im Einzelfall außer Betracht bleiben darf.[1221] Die Rentenversicherungspflicht wäre geeignet, diesen Zweck jedenfalls zu fördern,[1222] und sie wäre auch erforderlich, da eine bloße Vorsorgepflicht, an die alternativ zu denken wäre, zu einer für die Rentenversicherung nachteiligen Risikoselektion führen würde.[1223] Darüber hinaus kann die Rentenversicherung flexibler auf Phasen von Arbeitslosigkeit reagieren, als es private Versicherungen zu tun vermögen.[1224] Bei der im Rahmen der Verhältnismäßigkeit vorzunehmenden Abwägung wäre schließlich zu berücksichtigen, dass die Versicherungspflicht die Handlungsfreiheit nicht entscheidend berührt, da sie den Einzelnen „lediglich zu einer an sich selbstverständlichen Vorsorge für das Alter" zwingt.[1225] Außerdem wird der Eingriff durch die Beitragsbemessungsgrenze gemindert und bringt für den Betroffenen Vorteile mit, welche die Nachteile zumindest teilweise kompensieren.[1226] Nach alldem wäre es rechtlich grundsätzlich möglich, Selbständige als Versicherungspflichtige in die deutsche gesetzliche Rentenversicherung mit einzubeziehen. Die Frage der Umsetzung ist naturgemäß eine andere und derzeit (noch) unbeantwortet.[1227]

cc. Sonstige Versicherte

§ 3 SGB VI erweitert den Versichertenkreis um Personengruppen, deren Versicherungspflicht nicht unmittelbar an die Ausübung einer Beschäfti-

---

1220 BVerfG, Urteil vom 28.5.1993, 2 BvF 2/90, 2 BvF 4/92, 2 BvF 5/92, NJW 1993, 1751 (1768); hierzu auch *Ruland*, ZPR 2009, 165 (167 f.).

1221 So das Bundesverfassungsgericht bei der Einbeziehung besserverdienender Angestellter, BVerfG, Beschluss vom 14.10.1970, 1 BvR 307/68, NJW 1971, 365 (366).

1222 Das Fördern des Zwecks wird als ausreichend erachtet, BVerfG, Beschluss vom 26.2.2008, 2 BvR 392/07, NJW 2008, 1137 (1140); BVerfG, Beschluss vom 9.3.1994, 2 BvL 43/92 u. a., NJW 1994, 1577 (1581).

1223 BVerfG, Beschluss vom 11.10.1962, 1 BvL 22/57, NJW 1963, 29 (30 f.); BVerfG, Beschluss vom 14.10.1970, 1 BvR 753/68, 695, 696/70, NJW 1971, 369 (370); BVerfG, Beschluss vom 17.10.1973, 1 BvR 46/71, NJW 1974, 310 f.

1224 *Ruland*, ZPR 2009, 165 (168).

1225 BVerfG, Beschluss vom 26.6.2007, 1 BvR 2204/00, NZS 2008, 142 (143).

1226 BVerfG, Beschluss vom 14.10.1970, 1 BvR 307/68, NJW 1971, 365 (366).

1227 Dazu noch näher unten, D.III.4.c.

gung oder selbständigen Tätigkeit anknüpft; die hier genannten Personengruppen werden vielmehr aufgrund bestimmter, zeitlich begrenzter Umstände von der Versicherungspflicht erfasst, um Lücken in der Versicherungsbiographie zu schließen.[1228] Zu diesen Umständen gehören Kindererziehungszeiten, die Betreuung von Pflegebedürftigen, das Ableisten von Wehrdienst und Zivildienst sowie das Beziehen von Entgeltersatzleistungen.

dd. Auf Antrag Versicherungspflichtige

Die in § 4 SGB VI genannten Personengruppen haben, sofern sie nicht bereits kraft Gesetzes versicherungspflichtig sind, die Möglichkeit, ihre Versicherungspflicht durch Antragstellung zu begründen. Sie werden dann genauso wie alle sonstigen Versicherungspflichtigen behandelt, insbesondere auch im Hinblick auf ihre Beitragspflichten. Zu diesen Personengruppen gehören beispielsweise Entwicklungshelfer und unter besonderen Voraussetzungen im Ausland tätige Deutsche (Abs. 1), nicht nur vorübergehend selbständig Tätige, wenn sie die Versicherungspflicht innerhalb von fünf Jahren nach der Aufnahme der selbständigen Tätigkeit oder dem Ende einer Versicherungspflicht aufgrund dieser Tätigkeit beantragen (Abs. 2), und bestimmte Personen, die eine Entgeltersatzleistung beziehen (Abs. 3).

ee. Freiwillig Versicherte

§ 7 SGB VI eröffnet Personen, die nicht versicherungspflichtig sind und ihren Wohnsitz oder gewöhnlichen Aufenthalt im Inland haben, ab der Vollendung des 16. Lebensjahres die Möglichkeit, sich freiwillig in der gesetzlichen Rentenversicherung zu versichern. Der freiwillige Beitritt kann insbesondere dazu genutzt werden, Sicherungslücken zu schließen oder auch Versicherungsbiografien zu vervollständigen.[1229]

1228 *Segebrecht*, in: Kreikebohm SGB VI, § 3 Rn. 2.
1229 Vgl. *von Koch*, in: BeckOK Sozialrecht, § 7 SGB VI, Rn. 2.

ff. Versicherungsfreiheit

§§ 5–6 SGB VI regeln als Ausnahme zu §§ 1–4 SGB VI die Versicherungsfreiheit beziehungsweise die Möglichkeit der Befreiung für bestimmte, ansonsten von der Versicherungspflicht erfasste Personen und gehen in ihrer Grundkonzeption davon aus, dass diejenigen Personen frei sind oder sich befreien lassen dürfen, die bereits anderweitig abgesichert und somit nicht weiter schutzbedürftig sind.

Zu den nach § 5 SGB VI kraft Gesetzes versicherungsfreien Personen gehören vor allem Beamte, wobei sich die Versicherungsfreiheit grundsätzlich nicht auf Beschäftigungsverhältnisse erstreckt, die Beamte neben ihrem Dienstverhältnis unterhalten.[1230] Auch geringfügig Beschäftigte in der Variante der Zeitgeringfügigkeit (§ 8 Abs. 1 Nr. 2 SGB IV, auch i.V.m. § 8a SGB IV) sind von der Versicherungspflicht frei, § 5 Abs. 2 Nr. 1 SGB VI. Nicht frei sind hingegen seit dem am 1. Januar 2013 in Kraft getretenen Gesetz zu Änderungen im Bereich der geringfügigen Beschäftigung[1231] geringfügig Beschäftigte in der Variante der Entgeltgeringfügigkeit (§ 8 Abs. 1 Nr. 1 SGB IV). Um die soziale Absicherung geringfügig Beschäftigter zu erhöhen, will man die Versicherungspflicht in der gesetzlichen Rentenversicherung zum Regelfall machen.[1232]

§ 6 SGB VI ermöglicht es aber bestimmten Versicherten, sich auf Antrag von der Versicherungspflicht befreien zu lassen und hierzu gehören nach § 6 Abs. 1b SGB VI auch die geringfügig Beschäftigten in der Variante der Entgeltgeringfügigkeit. Für den Arbeitgeber spielt es keine Rolle, ob von ihm geringfügig Beschäftigte (außerhalb von Haushalten) versicherungsfrei sind oder nicht, denn er hat in jedem Fall einen pauschalen Rentenversicherungsbeitrag zu entrichten, §§ 168 Abs. 1 Nr. 1b, 172 Abs. 3 SGB VI, woraus dem geringfügig Beschäftigten nach Maßgabe von § 76b SGB VI Rentenanwartschaften erwachsen. Der geringfügig Beschäftigte hat aber mit der neuen Regelung die Möglichkeit, durch Verzicht auf die Befreiung von der Versicherungspflicht seine Rente zu erhöhen.

Von der Versicherungspflicht befreien lassen können sich außerdem insbesondere Personengruppen, die aufgrund gesetzlicher Regelung Pflichtmitglied einer berufsständischen Versorgungseinrichtung sowie (gleichzei-

---

1230 *von Koch*, in: BeckOK Sozialrecht, § 5 SGB VI, Rn. 10.
1231 BGBl. 2012 I, S. 2474.
1232 BT-Drucks. 17/10773, S. 1.

tig) einer berufsständischen Kammer sind (§ 6 Abs. 1 Nr. 1 SGB VI) wie etwa Rechtsanwälte oder Ärzte.

c. Finanzierung

Die Rentenversicherung wird gemäß § 153 Abs. 1 SGB VI im Umlageverfahren finanziert und speist sich im Wesentlichen aus Beiträgen sowie den Bundeszuschüssen, § 153 Abs. 2 SGB VI. Mit dem Bundeszuschuss nach § 213 SGB VI garantiert der Bund zum einen die Handlungs- und Funktionsfähigkeit der gesetzlichen Rentenversicherung, zum anderen kommt ihm eine Entlastungs- und Ausgleichsfunktion zu, insbesondere weil er Leistungsbereiche abdecken soll, die nicht beitragsfinanziert beziehungsweise versicherungsfremd sind.[1233] Die Höhe des Bundeszuschusses wird für jedes Kalenderjahr neu festgesetzt und orientiert sich an der Lohnentwicklung sowie der Entwicklung des Beitragssatzes, § 213 Abs. 2 SGB VI.

Neben dem allgemeinen, nicht zweckgebundenen Bundeszuschuss wird seit dem 1. April 1998 ein zusätzlicher pauschaler Bundeszuschuss für nicht beitragsgedeckte Leistungen wie etwa Anrechnungszeiten gezahlt, § 213 Abs. 3 SGB VI. Er soll den Beitragssatz zur Rentenversicherung senken.[1234] Der 2019 neu eingeführte § 287 Abs. 2 SGB VI regelt die Anpassung dieses Bundeszuschusses. Drohen die Ausgaben der allgemeinen Rentenversicherung bei einem Beitragssatz von 20% – dem bis 2025 geltenden Höchstbeitragssatz –[1235] die Nachhaltigkeitsrücklage zu unterschreiten, so ist der zusätzliche Bundeszuschuss nach § 213 Abs. 3 S. 1 SGB VI für das betreffende Jahr so zu erhöhen, dass die Mittel der Nachhaltigkeitsrücklage den Wert der Mindestrücklage voraussichtlich erreichen. Gemäß § 287 Abs. 2 S. 2 SGB VI ist der zusätzliche Bundeszuschuss abzüglich des Erhöhungsbetrages nach S. 1 der Ausgangsbetrag für die Festsetzung des zusätzlichen Bundeszuschusses im folgenden Kalenderjahr.

Zudem sind die Rentenversicherungsträger gemäß § 216 Abs. 1 SGB VI verpflichtet, eine gemeinsame Nachhaltigkeitsrücklage zu halten, welcher die Überschüsse der Einnahmen über die Ausgaben zugeführt werden und aus der Defizite zu decken sind – Schwankungen der Einnahmen und Ausgaben können so aufgefangen werden, §§ 153 Abs. 1, 158 SGB VI.

1233 Vgl. *Kater*, in: Kasseler Kommentar, § 213 SGB VI Rn. 3 ff.
1234 *Kater*, in: Kasseler Kommentar, § 213 SGB VI Rn. 10.
1235 Siehe hierzu im folgenden Gliederungspunkt D.III.1.d.

Reicht auch diese nicht aus, um Defizite zu überbrücken, gewährt der Bund gemäß § 214 Abs. 1 SGB VI zinslose Darlehen (Bundesgarantie).[1236]

Unter den Trägern der gesetzlichen Rentenversicherung besteht gemäß § 219 SGB VI ein interner Finanzverbund, der dazu führt, dass die wichtigsten Leistungen von allen Trägern nach dem Verhältnis ihrer Beitragseinnahmen gemeinsam getragen werden.

d. Beiträge

Für die Beiträge gilt der Grundsatz, dass diese je zur Hälfte von Versichertem und Arbeitgeber getragen werden, § 168 Abs. 1 Nr. 1 SGB VI. Die Beiträge werden gemäß § 157 SGB VI nach einem Vomhundertsatz (Beitragssatz) von der Beitragsbemessungsgrundlage erhoben. Beitragsbemessungsgrundlage sind für Versicherungspflichtige die beitragspflichtigen Einnahmen, § 161 Abs. 1 SGB VI. Der Beitragssatz wird von der Bundesregierung mit Zustimmung des Bundesrates durch Rechtsverordnung festgelegt, § 160 Nr. 1 SGB VI. Maßgeblich für die Höhe des Beitragssatzes sind die voraussichtliche Höhe der Nachhaltigkeitsrücklage am Ende des folgenden Kalenderjahres und die voraussichtlichen durchschnittlichen Ausgaben bei Beibehaltung des bisherigen Beitragssatzes, § 158 Abs. 1 SGB VI. Der Beitragssatz wird dann verändert, wenn entweder die in Abs. 1 S. 1 Nr. 1 genannte Mindestnachhaltigkeitsrücklage voraussichtlich unterschritten oder die in Abs. 1 S. 1 Nr. 2 genannte Höchstnachhaltigkeitsrücklage voraussichtlich überschritten wird.[1237] 2020 beträgt der Beitragssatz in der allgemeinen Rentenversicherung wie auch schon in 2019 18,6%.[1238]

Gemäß § 154 Abs. 3 S. 1 SGB VI darf der Beitragssatz bis zum Jahre 2025 20% nicht überschreiten. Da dies möglicherweise nicht mit der

---

1236 Für die knappschaftliche Rentenversicherung gilt ein anderes Finanzierungsverfahren; hier muss der Bund den Differenzbetrag zwischen Einnahmen und Ausgaben eines Kalenderjahrs tragen, also das Defizit decken § 215 SGB VI. Erforderlich ist dies aufgrund des Strukturwandels im Bergbau; der immer stärker abnehmenden Zahl knappschaftlicher Beschäftigter stehen viele knappschaftliche Rentner gegenüber.

1237 *Wehrhahn*, in: Kasseler Kommentar, § 158 SGB VI Rn. 5.

1238 Bekanntmachung der Beitragssätze in der allgemeinen Rentenversicherung und der knappschaftlichen Rentenversicherung für das Jahr 2020, BGBl. 2020 I, S. 1999; in der knappschaftlichen Rentenversicherung fällt mit 24,7% ein höherer Beitrag an; der Mehrbetrag ist jedoch allein vom Arbeitgeber zu tragen, § 168 Abs. 3 SGB VI.

Beitragssatzberechnung gemäß § 158 SGB VI übereinstimmt, wurde mit § 287 SGB VI eine zeitlich befristete Sonderregelung zu § 158 SGB VI eingeführt, die in ihrem Absatz 1 Satz 1 bestimmt, dass der Beitragssatz in der allgemeinen Rentenversicherung bis zum Jahr 2025 auch abweichend von § 158 SGB VI höchstens bei 20% liegen darf. Gleichzeitig hat der Beitragssatz gemäß § 287 Abs. 1 S. 2 SGB VI abweichend von § 158 SGB VI aber auch mindestens 18,6% zu betragen, um die Rücklagen der gesetzlichen Rentenversicherung zu abzusichern.[1239] § 154 Abs. 3 S. 2 Nr. 1 SGB VI bestimmt zudem, dass der Beitragssatz bis 2030 22% nicht überschreiten soll und § 154 Abs. 3 S. 3 SGB VI fordert anderenfalls, dass die Bundesregierung den gesetzgebenden Körperschaften geeignete Maßnahmen vorschlägt.

Von der Grundkonzeption der hälftigen Beitragstragung von Versicherten und Arbeitgebern gelten, wie bereits die Lektüre von § 168 und § 170 SGB VI zeigt, diverse Ausnahmen, mit denen insbesondere auf spezielle Umstände Rücksicht genommen werden soll, wie sie etwa bei behinderten Menschen, Auszubildenden, ehrenamtlich Tätigen oder Arbeitsunfähigen vorzufinden sind.[1240]

Erwähnenswert ist hier etwa, dass der Arbeitgeber für geringfügig Beschäftigte pauschal 15% des Arbeitsentgelts, das beitragspflichtig wäre, zu entrichten hat, § 168 Abs. 1 Nr. 1b SGB VI, unabhängig davon, ob sich der geringfügig Beschäftigte von der Versicherungspflicht hat befreien lassen oder nicht. Begehrt der geringfügig Beschäftigte keine Befreiung nach § 6 Abs. 1b SGB VI, hat er selbst die Differenz zum Regelbeitragssatz zu entrichten, mithin aktuell 3,6%. Zu beachten ist, dass Beiträge mindestens aus einer Bemessungsgrundlage von 175,00 Euro zu zahlen sind, auch wenn das tatsächliche Arbeitsentgelt geringer ist als dieser Betrag, § 163 Abs. 8 SGB VI.

Für Personen, die gegen Arbeitsentgelt geringfügig versicherungspflichtig in Privathaushalten tätig sind, hat der Arbeitgeber lediglich einen pauschalen Beitragssatz von 5% des Arbeitsentgelts zu entrichten, § 168 Abs. 1 Nr. 1c SGB VI. Der Aufstockungsanteil, den der Versicherte zu tragen hat, beläuft sich damit aktuell auf 13,6%, wobei auch hier wieder mindestens ein Betrag von 175,00 Euro als beitragspflichtige Einnahme herangezogen wird, § 163 Abs. 8 SGB VI.

1239 von Koch, in: BeckOK Sozialrecht, § 287 SGB VI Rn. 2.
1240 Ausgenommen vom Grundsatz der Beitragsparität ist auch die Knappschaftliche Rentenversicherung, bei der der Mehrbetrag, der im Vergleich zur allgemeinen Rentenversicherung zu entrichten ist (vgl. Fn. 1238) vom Arbeitgeber getragen wird, § 168 Abs. 3 SGB VI.

Bei Arbeitnehmern, deren monatliches Arbeitsentgelt innerhalb des sogenannten Übergangsbereichs liegt – dieser umfasst gemäß § 20 Abs. 2 SGB IV Arbeitsentgelte von 450,01 Euro (§ 8 Abs. 1 Nr. 1 SGB IV) bis zu regelmäßig nicht mehr als 1.300,00 Euro monatlich –, wird ein geringeres fiktives Einkommen als Grundlage für die Beitragserhebung ermittelt, § 163 Abs. 10 SGB VI.[1241] Die Arbeitgeberbeiträge verändern sich nicht. Mit dieser Regelung will man verhindern, dass das nur marginale Überschreiten der Geringfügigkeitsgrenze von 450,00 Euro abrupt zu einem so viel niedrigeren Nettoeinkommen führen kann, dass die finanzielle Motivation für die Aufnahme einer solchen Beschäftigung verloren geht.[1242] Bis einschließlich Juni 2019 galt diese Sonderregelung nur für Personen mit einem Arbeitseinkommen im Bereich der sogenannten Gleitzone von 450,01 Euro bis 850,00 Euro monatlich. Mit dem am 28. November 2018 verabschiedeten RV-Leistungsverbesserungs- und -Stabilisierungsgesetz[1243] wurde die obere Grenze angehoben. Nach der früheren Regelung konnte der Betroffene, da für die Berechnung der die Rentenhöhe bestimmenden Entgeltpunkte[1244] nicht das tatsächliche Arbeitsentgelt, sondern die verminderten beitragspflichtigen Einnahmen zugrunde gelegt wurden, gegenüber seinem Arbeitgeber auf die Anwendung dieser Sonderregelungen verzichten, § 163 Abs. 10 S. 6, 7 SGB VI a. F.[1245] Entgegen dieser bisherigen Regelung ist seit dem 1. Juli 2019 gemäß § 70 Abs. 1a SGB VI bei der Rentenberechnung das tatsächliche Arbeitsentgelt zu berücksichtigen, auch wenn dieses nicht in vollem Umfang durch Beiträge abgedeckt ist. Damit führen die reduzierten Rentenversicherungsbeiträge nicht mehr zu geringeren Rentenleistungen – verlassen wird dabei allerdings in gewissem Rahmen der Grundsatz der Beitragsäquivalenz.

Versicherungspflichtige Selbständige tragen ihre Beitragslast selbst, § 169 Nr. 1 SGB VI. Eine Ausnahme besteht für Künstler und Publizisten,[1246] deren Beiträge von der Künstlersozialkasse getragen werden,

---

1241 Siehe hierzu z.B. *von Koch*, in: BeckOK Sozialrecht, § 163 SGB VI Rn. 31; *Wehrhahn*, in: Kasseler Kommentar, § 163 SGB VI Rn. 30 ff.

1242 *von Koch*, in: BeckOK Sozialrecht, § 163 SGB VI Rn. 30.

1243 Gesetz über Leistungsverbesserungen und Stabilisierung in der gesetzlichen Rentenversicherung, BGBl. 2018 I, S. 2016.

1244 Dazu sogleich unter D.III.1.f.

1245 *von Koch*, in: BeckOK Sozialrecht, § 163 SGB VI Rn. 33.

1246 Zur Definition siehe § 2 Künstlersozialversicherungsgesetz vom 27.7.1981 (BGBl. 1981 I, S. 705), zuletzt geändert durch Artikel 57 Absatz 10 des Gesetzes vom 12.12.2019 (BGBl. 2019 I, S. 2652).

§ 169 Nr. 2 SGB VI.[1247] Zuvor haben sie allerdings einen hälftigen Beitragsanteil an die Künstlersozialkasse abzuführen, § 15 Künstlersozialversicherungsgesetz (KSVG), die andere Hälfte wird durch die Verleger und Vermarkter (sog. Künstlersozialabgabe, §§ 23 ff. KSVG) sowie einen Bundeszuschuss aufgebracht (§ 34 KSVG). Eine weitere Ausnahme besteht für Hausgewerbetreibende,[1248] die sich die Beitragstragung mit ihrem jeweiligen „Arbeitgeber" (demjenigen, der die Arbeit unmittelbar an sie vergibt, § 12 Abs. 3 SGB IV) teilen, § 169 Nr. 3 SGB VI.

Freiwillig Versicherte tragen ihre Beitragslast ausnahmslos selbst, § 171 SGB VI.

Für die Berechnung der Beiträge von versicherungspflichtigen Selbständigen gelten zahlreiche Besonderheiten, festgelegt in § 165 SGB VI. Diese Norm soll im Grundsatz eine weitgehend einheitliche Beitragsbemessung für Selbständige ermöglichen, weshalb standardisierte Beitragsbemessungsgrundlagen basierend auf den Bezugsgrößen (§ 18 SGB IV) und ein daraus abgeleiteter Regelbeitrag festgeschrieben wurden.[1249] Dieser Regelbeitrag entspricht in etwa dem Beitrag eines Durchschnittseinkommens und generiert so Rentenanwartschaften in Höhe etwa eines Entgeltpunktes, wenn er für ein ganzes Jahr entrichtet wird; einen Einkommensnachweis muss der Selbständige nicht erbringen.[1250] Da eine solche einheitliche Regelung aber bei einer derart heterogenen Gruppe weder den verschiedenen Einkommenssituationen noch den unterschiedlichen Schutzbedürfnissen gerecht würde, hat man darüber hinaus auch die Veranlagung nach dem tatsächlichen Einkommen ermöglicht, sofern der Versicherte ein abweichendes niedrigeres oder höheres Arbeitseinkommen nachweist (§ 165 Abs. 1 S. 1 Nr. 1, S. 3–10 SGB VI). Außerdem hat man für einzelne Gruppen Selbständiger besondere Regelungen geschaffen (§ 165 Abs. 1 S. 1 Nr. 2–5 SGB VI).[1251]

Freiwillig Versicherte, auch freiwillig versicherte Selbständige, sind nicht beitragspflichtig; sie können – in den Grenzen der §§ 161 Abs. 2, 167, 197 Abs. 2 SGB VI – ihre Beitragshöhe selbst wählen. Beitragsbemessungs-

---

1247 Zuvor allerdings haben sie einen hälftigen Beitragsanteil an die Künstlersozialkasse abzuführen, sie sind also nur zur Hälfte von der Beitragsentrichtung befreit.

1248 Hausgewerbetreibende sind gemäß § 12 Abs. 1 SGB IV selbständig Tätige, die in eigener Arbeitsstätte im Auftrag und für Rechnung von Gewerbetreibenden, gemeinnützigen Unternehmen oder öffentlich-rechtlichen Körperschaften gewerblich arbeiten, auch wenn sie Roh- oder Hilfsstoffe selbst beschaffen oder vorübergehend für eigene Rechnung tätig sind.

1249 *von Koch*, in: BeckOK Sozialrecht, § 165 SGB VI Rn. 2.

1250 Vgl. ebenda, Rn. 5.

1251 Vgl. ebenda.

grundlage ist für sie jeder Betrag zwischen der Mindestbeitragsbemessungsgrundlage von 450 Euro (§ 167 SGB VI) und der Beitragsbemessungsgrenze, § 161 Abs. 2 SGB VI. Rentenleistungen können aber natürlich nur in dem Maße bezogen werden, in dem Beiträge entrichtet wurden.

Beitragsbemessungsgrundlage sind für Versicherungspflichtige die beitragspflichtigen Einnahmen, § 161 Abs. 1 SGB VI, zu denen bei Beschäftigten insbesondere das Arbeitsentgelt zählt. Berücksichtigt wird die Beitragsbemessungsgrundlage bis zur jeweiligen Beitragsbemessungsgrenze, §§ 157, 159 SGB VI, welche ebenfalls durch Rechtsverordnung jährlich festgelegt wird. Sie liegt 2020 gemäß § 3 Abs. 1 S. 1 Nr. 1 Sozialversicherungs-Rechengrößenverordnung 2020[1252] (SV-ReGrV 2020) in der allgemeinen Rentenversicherung in den alten Bundesländern bei jährlich 82.800 Euro und monatlich 6.900 Euro und gemäß § 3 Abs. 2 Nr. 1 SV-ReGrV 2020 in den neuen Bundesländern bei jährlich 77.400 Euro und monatlich 6.450 Euro.[1253]

e. Leistungsvoraussetzungen

Leistungsvoraussetzung für den Bezug einer Altersrente ist grundsätzlich das Erfüllen der Wartezeit und das Erreichen der Regelaltersgrenze. Welche Zeiten als Wartezeit angerechnet werden können (rentenrechtliche Zeiten), legen §§ 54–61 SGB VI fest.[1254]

1252 Verordnung über maßgebende Rechengrößen der Sozialversicherung für 2020 vom 17.12.2019, BGBl. 2019 I, S. 2848.

1253 In der knappschaftlichen Rentenversicherung liegt sie in den alten Bundesländern bei jährlich 101.400 Euro und monatlich 8.450 Euro (§ 3 Abs. 1 Nr. 2 SV-ReGrV 2020) und in den neuen Bundesländern bei jährlich 94.800 Euro und monatlich 7.900 Euro (§ 3 Abs. 2 Nr. 2 SV-ReGrV 2020).

1254 Differenziert wird dabei zwischen Beitragszeiten, beitragsfreien Zeiten und Berücksichtigungszeiten. Beitragszeiten sind dabei solche Zeiten, für die Pflichtbeiträge oder freiwillige Beiträge gezahlt worden sind. Beitragsfreie Zeiten sind Kalendermonate, die mit Anrechnungszeiten, einer Zurechnungszeit oder mit Ersatzzeiten belegt sind. Berücksichtigungszeiten sind bestimmte Zeiten, in denen ein Kind erzogen wurde.

aa. Regelaltersrente

Eine Regelaltersrente kann gemäß § 35 S. 1 SGB VI beziehen, wer die allgemeine Wartezeit von fünf Jahren gemäß § 50 Abs. 1 Nr. 1 SGB VI erfüllt – worauf gemäß § 51 Abs. 1 SGB VI Kalendermonate mit Beitragszeiten angerechnet werden – und die Regelaltersgrenze erreicht hat, die gemäß § 35 S. 2 SGB VI bei 67 Jahren liegt. Letzteres gilt so aber nur für diejenigen, die nach dem 1. Januar 1964 geboren wurden; für alle Versicherten, die ab dem 1. Januar 1947 und vor dem 1. Januar 1964 geboren wurden, wird die Regelaltersgrenze seit 2012 stufenweise von 65 auf 67 Jahre heraufgesetzt, § 235 Abs. 2 SGB VI. Während die Regelaltersgrenze für alle zwischen 1947 und 1958 Geborenen jeweils einen Monat später als für den vorherigen Jahrgang erreicht wird, steigt sie für die Jahrgänge von 1959 bis 1964 jeweils um zwei Monate im Vergleich zu dem vorhergehenden Jahrgang. So erreichen 1963 Geborene die Regelaltersgrenze mit 66 Jahren und 10 Monaten und für die ab 1964 Geborenen gilt die neue reguläre Regelaltersgrenze von 67 Jahren, welche 1964 Geborene im Laufe des Jahres 2031 erreichen. Mit der durch das Rentenversicherungs-Altersgrenzenanpassungsgesetz vom 20. April 2007[1255] eingeführten Anhebung der Regelaltersgrenze verfolgt der Gesetzgeber sein bereits im Rentenreformgesetz von 1992[1256] angelegtes Ziel, durch Verlängerung der Lebensarbeitszeit das zahlenmäßige Verhältnis zwischen Beitragszahlern und Rentnern zu verbessern, weiter. Die Rentenbezugsdauer hatte sich im Zeitraum 1967 bis 2007 von durchschnittlich sieben auf rund 17 Jahre verlängert.[1257]

Da bei der Betrachtung der chinesischen und brasilianischen Rentenversicherungssysteme aufgefallen ist, dass die Regelaltersgrenze für Frauen in den meisten Fällen niedriger ist als für Männer, soll an dieser Stelle darauf hingewiesen werden, dass es auch in der deutschen Rentenversicherung Regelungen für Frauen gibt, nach denen diese bereits früher in Rente gehen können: § 237a SGB VI sieht diverse diesbezügliche Sonderregelungen vor, allerdings hauptsächlich für Frauen, die bereits vor Ende des zweiten Weltkrieges geboren wurden, spätestens jedoch vor dem 1. Januar 1952.

Relevanter als diese Regelungen sind in Deutschland Fragen der Anrechnung von Mutterschutz- und Kindererziehungszeiten. Dies stellt jedoch

---

1255 Gesetz zur Anpassung der Regelaltersgrenze an die demografische Entwicklung und zur Stärkung der Finanzierungsgrundlagen der gesetzlichen Rentenversicherung, BGBl. 2007 I, S. 554.
1256 BT-Drucks. 11/4124, S. 1 ff.
1257 *Gürtner*, in: Kasseler Kommentar, § 35 SGB VI Rn. 2.

ein eigenes Thema dar, welches zu vergleichen den Rahmen dieser Arbeit sprengen würde.

bb. Altersrente für langjährig Versicherte

Die Besonderheit der Altersrente für langjährig Versicherte gemäß § 36 SGB VI liegt darin, dass sie bereits vorzeitig vor Vollendung des 67. Lebensjahres, nämlich ab Vollendung des 63. Lebensjahres in Anspruch genommen werden kann, was bei der Regelaltersrente nicht der Fall ist. Erforderlich ist, wie die Bezeichnung bereits vermuten lässt, die Erfüllung einer langen Versicherungsdauer, konkret von 35 Jahren. Angerechnet werden dabei rentenrechtliche Zeiten (§ 51 Abs. 3 SGB VI); dies sind gemäß § 54 SGB VI Beitragszeiten, beitragsfreie Zeiten sowie Berücksichtigungszeiten. Die vorzeitige Inanspruchnahme ist aber an eine Hinzuverdienstgrenze geknüpft, die nicht überschritten werden darf (§ 34 Abs. 2 S. 1 SGB VI) und führt zudem zu Abschlägen in Höhe von 0,3% pro Monat des vorgezogenen Beginns, § 77 Abs. 2 S. 1 Nr. 2 a SGB VI. Es kann sich somit bei der möglichen Inanspruchnahme nach Vollendung des 63. Lebensjahres ein Abschlag von bis zu 14,4% ergeben. Die Abschläge können allerdings gemäß § 187a SGB VI durch Beitragszahlungen ausgeglichen werden.

Diejenigen, die vor dem 1. Januar 1964 geboren wurden, können abschlagsfrei bereits mit Vollendung des 65. Lebensjahres in Rente gehen, wenn sie die Wartezeit von 35 Jahren erreicht haben, §§ 36, 236 SGB VI. Auch für sie ist die – nicht abschlagsfreie – vorzeitige Inanspruchnahme nach Vollendung des 63. Lebensjahres möglich.

cc. Altersrente für besonders langjährig Versicherte

Besonders langjährig Versicherte können mit Vollendung des 65. Lebensjahres abschlagsfrei in Rente gehen, wenn sie eine Wartezeit von 45 Jahren erfüllt haben, §§ 38, 51 Abs. 3a SGB VI. Diese Altersrente kann nicht vorzeitig in Anspruch genommen werden. Schon als die Regelung 2012 eingeführt wurde, gab es heftige Kritik, die bis heute anhält.[1258] Die Rege-

---

1258 Siehe hierzu *Ruland*, in: Ruland/Becker/Axer, SRH, § 17 Rn. 65.

lung durchbreche das Äquivalenzprinzip und mache den durch Anhebung der Regelaltersgrenze möglichen Einspareffekt zum Teil wieder zunichte.[1259] Tatsächlich widerspricht es dem rentenversicherungsrechtlichen Äquivalenzprinzip, nach dem gleiche Beiträge zu gleicher Zeit zu gleich hohen Renten führen, wenn Versicherte, die 45 Jahre lang Rentenversicherungsbeiträge entrichtet haben, nicht nur eine Rente in entsprechender Höhe hierfür beziehen, sondern sich die Rentenbezugsdauer auch noch um bis zu zwei Jahre verlängert, denn dies erhöht den Realwert ihrer Leistungen.[1260] Die Regelung privilegiert besonders langjährig Versicherte, und dies ohne Rücksicht auf ihre Tätigkeit; Angehörige belastender Berufe, die etwa wegen Erwerbsminderung 45 Versicherungsjahre nicht erreichen, müssen hingegen Abschläge bei einem früheren Rentenbezug hinnehmen.[1261] Als nachvollziehbarer Kritikpunkt wird schließlich auch angeführt, dass die Regelung Männer begünstigt, weil Frauen 45 Pflichtbeitragsjahre auch unter Mitrechnung von Berücksichtigungszeiten viel seltener erreichen.[1262]

Dennoch wurde mit Wirkung zum 1. Juli 2014 durch das RV-Leistungsverbesserungsgesetz[1263] eine noch großzügigere Sonderregelung zu § 38 SGB VI eingeführt für diejenigen, die vor dem 1. Januar 1964 geboren wurden. Sie können, wenn sie die Wartezeit von 45 Jahren erfüllt haben, stufenweise bereits vor Vollendung des 65. Lebensjahres abschlagsfrei in Rente gehen, frühestens jedoch mit Vollendung des 63. Lebensjahres, § 236b SGB VI. Einen Anspruch auf eine abschlagsfreie Rente mit 63 Jahren haben ausschließlich Versicherte, die vor dem 1. Januar 1953 geboren wurden.

Vor dem Hintergrund der oben dargestellten Kritikpunkte – vor allem der Verletzung des Äquivalenzprinzips – sowie der ansonsten vorherrschenden sinnvollen Tendenzen und Bestrebungen, die Altersgrenzen anzuheben und die Rentenversicherung finanziell zu stabilisieren, kann man diesen Schritt wohl als inkonsequent und nicht systemkonform bezeichnen. Die Regelung gibt das falsche Signal, zumal die Diskussion der Anhebung der Altersgrenzen – wie den Medien regelmäßig zu entnehmen ist – weiter-

---

1259 So der Sozialbeirat, BT-Drucks. 16/906, S. 337 f.
1260 Siehe hierzu ausführlich *Ruland*, NJW 2012, 492 (496).
1261 Ebenda.
1262 Ebenda.
1263 Gesetz über Leistungsverbesserungen in der gesetzlichen Rentenversicherung vom 23.6.2014, BGBl. 2014 I, Nr. 27, S. 787.

geführt wird und die OECD Deutschland empfiehlt, die Regelaltersgrenze anzuheben und sie der Lebenserwartung anzupassen.[1264]

dd. Tendenzen hin zu einer Flexibilisierung

Das Thema Erhöhung der Regelaltersgrenze ist naturgemäß ein höchst unbeliebtes. Da sich Wahlen damit nicht gewinnen lassen, bleibt es von Befürwortern der Erhöhung jedenfalls in Vorwahlzeiträumen möglichst unangetastet, auch in Deutschland.[1265] Die Gegenposition – keine Erhöhung der Regelaltersgrenzen – eignet sich im Gegenzug natürlich hervorragend für den Wahlkampf. Aller schwierigen Voraussetzungen zum Trotz lassen die geführten Debatten und Entwicklungen insgesamt aber erwarten, dass eine (weitere) Anhebung der Regelaltersgrenze früher oder später bevorsteht.

Zu beobachten ist daneben aber – wie bereits angeklungen – auch ein Trend hin zu einer Flexibilisierung des Renteneintritts. So können beispielsweise Versicherte gemäß § 42 SGB VI die Altersrente nicht nur als Voll-, sondern auch als Teilrente in Anspruch nehmen, was ihnen einen gleitenden Übergang vom Erwerbsleben in den Ruhestand ermöglichen soll.[1266] Dies wurde und wird gleichzeitig als möglicher Schlüssel zu einer längeren Lebensarbeitszeit betrachtet[1267] und kann insbesondere für diejenigen attraktiv sein, denen ihre Berufe besondere körperliche oder psychische Belastungen abverlangen.

Ob der Versicherte neben dem Rentenbezug eine Beschäftigung ausübt, ist grundsätzlich unbeachtlich. Zu berücksichtigen sind aber Hinzuverdienstgrenzen, die nicht überschritten werden dürfen, wenn die Rente vor Erreichen der Regelaltersgrenze in Anspruch genommen wird; § 34 Abs. 2 bis 3g SGB VI regeln die Verdienstgrenzen und das Berücksichtigungsverfahren. Mit dem 2017 in Kraft getretenen sogenannten Flexi-

---

1264 *OECD*, OECD-Wirtschaftsberichte: Deutschland 2016, S. 108 f.; *OECD*, OECD-Wirtschaftsberichte: Deutschland 2018, S. 39.

1265 Siehe als Beispiel aus der Vorzeit der letzten Bundestagswahl: *Abdi-Herrle*, in: Zeit Online vom 18.4.2016.

1266 Entwurf der Fraktion CDU/CSU, SPD und FDP zum Rentenreformgesetz 1992, BT-Drucks. 11/4124, S. 163 zu § 42.

1267 BT-Drucks. 18/9787, S. 22.

rentengesetz[1268] wurde der Hinzuverdienst bei den Renten neu geregelt. Durften bisher bei Bezug einer vorzeitigen Vollrente monatlich 450,00 Euro zuzüglich zweimaliger Überschreitung um das Doppelte pro Kalenderjahr hinzuverdient werden, ohne dass der Rentenanspruch entfiel, so gilt nun eine kalenderjährliche Hinzuverdienstgrenze von 6.300,00 Euro, § 34 Abs. 2 SGB VI. Bei der Teilrente besteht nun eine stufenlose Anrechnung des Hinzuverdienstes.[1269] Teilrente und Hinzuverdienst können individuell und flexibel miteinander kombiniert werden.[1270] Zu beachten ist, dass Bezieher einer Teilrente nicht versicherungsfrei sind; versicherungsfrei sind gemäß § 5 Abs. 4 Nr. 1 SGB VI nur Personen, die eine Vollrente wegen Alters beziehen. Es ist also möglich, durch Zahlung weiterer Versicherungsbeiträge eine spätere Rentensteigerung zu erreichen.

Ob die Flexirente bisher tatsächlich dazu beiträgt, dass ältere Erwerbstätige dem Arbeitsmarkt länger erhalten bleiben, ist fraglich. So macht sich offenbar die Tendenz bemerkbar, dass sie dazu genutzt wird, früher in den Ruhestand zu gehen;[1271] dies ist möglich, wenn – wie vom Gesetzgeber wohl eher nicht intendiert, aber häufig geschehen – Arbeitnehmer in der ersten Hälfte der Altersteilzeit weiterhin voll arbeiten und dafür in der zweiten Hälfte vollständig freigestellt werden.[1272] Kritisiert wird an der Teilrentenregelung – die durchaus Potential verspräche – zudem, dass sie arbeitsrechtlich nicht flankiert ist und kein Pendent in der betrieblichen Altersversorgung hat,[1273] was beides naturgemäß zu Schwierigkeiten bei ihrer Inanspruchnahme führen kann. Auch die Hinzuverdienstgrenzen können den Einzelnen von der Inanspruchnahme der Teilrente abhalten, denn im Falle einer Überschreitung können sie den Teil-Rentenanspruch reduzieren oder sogar zunichtemachen, sie gehen mit dem Risiko einer Rückzahlungsforderung einher und erfordern in jedem Fall eine Prognose.[1274] Die Hinzuverdienstgrenze sorgt dafür, dass mit Teilrente plus Hinzuverdienst kein höheres als das bisherige Erwerbseinkommen erzielt wird. Das Versicherungsprinzip allerdings fordert eine Hinzuverdienstgrenze nicht, denn der

---

1268 Gesetz zur Flexibilisierung des Übergangs vom Erwerbsleben in den Ruhestand und zur Stärkung von Prävention und Rehabilitation im Erwerbsleben vom 8.12.2016, BGBl. 2016 I, S. 2838, in Kraft seit dem 1.7.2017.
1269 Zuvor musste zwischen drei Stufen gewählt werden, § 42 Abs. 2 SGB VI a. F.
1270 *Kreikebohm/Jassat*, in: BeckOK Sozialrecht, § 42 SGB VI Rn. 3.
1271 *OECD*, Pensions at a Glance 2017 – How does Germany compare?, Key findings.
1272 Vgl. *Steinmeyer*, Gutachten 73. DJT, S. B 80.
1273 So ebenda, S. B 80 f.
1274 Hierzu ebenda, S. B 81 f.

Zugangsfaktor in der Rentenformel sorgt dafür, dass die längere Rentenbezugszeit versicherungsmathematisch exakt berücksichtigt wird, so dass keine zusätzlichen Kosten für die Rentenversicherung entstehen.[1275]

f. Die Rente

Die Höhe einer Rente richtet sich gemäß § 63 Abs. 1 SGB VI vor allem nach der Höhe des während des Versicherungslebens durch Beiträge versicherten Arbeitseinkommens; die Rente ist damit im Grundsatz beitrags- und einkommensbezogen, sie folgt dem sogenannten Lebenseinkommensprinzip. Für die Berechnung der Rente werden insgesamt vier Faktoren zugrunde gelegt: die Höhe der Beiträge, das tatsächliche Alter, ab dem die Rente beantragt wird, die Art der Rente und der aktuelle Rentenwert, § 64 SGB VI. Das durch Beiträge versicherte Arbeitseinkommen wird gemäß §§ 63 Abs. 2, 70 SGB VI zunächst in Entgeltpunkte umgerechnet, indem die Beitragsbemessungsgrundlage durch das Durchschnittsentgelt für dasselbe Kalenderjahr geteilt wird.[1276] Die Versicherung eines Arbeitseinkommens in Höhe eines Durchschnittsentgelts eines Kalenderjahres (Anlage 1 zum SGB VI) ergibt einen Entgeltpunkt (1,0).

Dieser Berechnung liegt der das Versicherungsprinzip kennzeichnende Grundsatz der Äquivalenz von Beitrag und Leistung zugrunde.[1277] Die gesetzliche Rentenversicherung verfolgt dieses Prinzip in der Ausprägung der „Teilhabeäquivalenz"; sie bringt die eigene Beitragsleistung eines Versicherten in Korrespondenz mit dem jeweiligen gesamten Beitragsaufkommen aller Versicherten.[1278]

Das Renteneintrittsalter wird durch den Zugangsfaktor ausgedrückt, durch den Vor- und Nachteile einer unterschiedlichen Rentenbezugsdauer vermieden werden sollen, §§ 63 Abs. 5, 77 SGB VI. Er beträgt 1,0, wenn die Regelaltersrente mit dem Erreichen der Regelaltersgrenze bezogen wird, § 77 Abs. 2 Nr. 1 SGB VI.

1275 Siehe hierzu ausführlich ebenda, S. B 82 f.
1276 In die Berechnung der Entgeltpunkte können auch Zeiten einfließen, in denen der Versicherte kein Einkommen bezogen hat, etwa beitragsfreie Kindererziehungszeiten. Ein – sicherlich interessanter – Vergleich aller Zeiten, die in den einzelnen Ländern für die Renten angerechnet werden oder nicht, würde den Rahmen dieser Arbeit jedoch sprengen.
1277 BVerfG, Beschluss vom 11.11.2008, 1 BvL 3/05, Rn. 77, juris m.w.N.
1278 Ebenda.

Durch den Rentenartfaktor wird das Sicherungsziel der jeweiligen Rentenart im Verhältnis zur Rente wegen Alters bestimmt, bei welcher der Rentenartfaktor 1,0 beträgt, §§ 63 Abs. 4, 67 Nr. 1 SGB VI.

Der aktuelle Rentenwert soll dafür sorgen, dass sich die jeweilige Lohn- und Gehaltsentwicklung und damit die Entwicklung der Wirtschaft auch in der Rente widerspiegelt; die Rente wird dynamisiert.[1279] Der Wert wird gemäß §§ 63 Abs. 7, 68, 69 Abs. 1 SGB VI jährlich durch Rechtsverordnung bestimmt und orientiert sich an der Entwicklung des durch das statistische Bundesamt festgestellten Brutto-Durchschnittsentgelts unter Berücksichtigung der Veränderung des Beitragssatzes zur allgemeinen Rentenversicherung, des Altersvorsorgeanteils und des Nachhaltigkeitsfaktors (vgl. § 68 Abs. 5 SGB VI).[1280] Der mit dem Rentenversicherungs-Nachhaltigkeitsgesetz[1281] 2004 eingeführte und mit 25% gewichtete Nachhaltigkeitsfaktor (§ 68 Abs. 4 SGB VI) bewirkt, dass die Rentenanpassung geringer ausfällt, wenn sich das Verhältnis von Beitragszahlern zu Rentnern zu Lasten der Beitragszahler verändert. Gleichzeitig kann sie aber angehoben werden, wenn sich das Verhältnis zu Gunsten der Beitragszahler verändert. Auf diese Weise wird nicht nur die Altersstruktur und damit die demographische Entwicklung in der Rentenanpassung berücksichtigt, sondern auch die Entwicklung der Arbeitsmarktsituation und das Rentenzugangsverhalten.[1282] Der Nachhaltigkeitsfaktor soll anpassungsdämpfend wirken, kann aber natürlich auch zu einer Erhöhung führen, wie sich – entgegen den Erwartungen des Gesetzgebers – in den letzten Jahren zumindest geringfügig gezeigt hat.[1283] Der Altersvorsorgeanteil, besser bekannt als Riester-Faktor, wurde 2001 mit dem Altersvermögensergänzungsgesetz[1284] eingeführt. Mit ihm werden private Beiträge zur staatlich geförderten zusätzlichen Altersvorsorge (Riester-Rente) anpassungsdämpfend berücksichtigt und dies unabhängig davon, ob der Einzelne privat vorsorgt oder nicht.[1285]

Der durch das RV-Leistungsverbesserungs- und -Stabilisierungsgesetz vom 28. November 2018 neu gefasste § 154 Abs. 3 S. 1 SGB VI bestimmt,

---

1279 *Kuszynski*, in: BeckOK Sozialrecht, § 63 SGB VI Rn. 15.
1280 Siehe hierzu etwa *Muckel/Ogorek/Rixen*, Sozialrecht, § 11 Rn. 132.
1281 Siehe Fn. 745.
1282 *Körner*, in: Kasseler Kommentar, § 68 SGB VI Rn. 17; *Ruland*, NZS 2017, 721 (726).
1283 Siehe *Ruland*, NZS 2017, 721 (726).
1284 Gesetz zur Ergänzung des Gesetzes zur Reform der gesetzlichen Rentenversicherung und zur Förderung eines kapitalgedeckten Altersvorsorgevermögens vom 21.3.2001, BGBl. 2001 I, S. 403.
1285 *Mrozynski*, SGB I, § 23 Rn. 30.

dass das Sicherungsniveau vor Steuern nach Absatz 3a – der Verhältniswert aus der verfügbaren Standardrente und dem verfügbaren Durchschnittsentgelt des jeweils betreffenden Kalenderjahres – bis zum Jahre 2025 48% nicht unterschreiten darf. Daher sieht der ebenfalls neu eingeführte § 255e SGB VI mit der hierin enthaltenen Niveauschutzklausel im Falle des Unterschreitens eine Korrektur vor. Der aktuelle Rentenwert ist dann so anzuheben, dass das Sicherungsniveau vor Steuern mindestens 48% beträgt. Die Vorschrift ist Teil der mit dem Leistungsverbesserungs- und -Stabilisierungsgesetz eingeführten „doppelten Haltelinie", nach der zugleich – wie bereits beschrieben – die Beitragssätze bis 2025 20% nicht überschreiten dürften.[1286]

Der Monatsbetrag der Rente ergibt sich, wenn die unter Berücksichtigung des Zugangsfaktors ermittelten persönlichen Entgeltpunkte, der Rentenartfaktor und der aktuelle Rentenwert mit ihrem Wert bei Rentenbeginn miteinander vervielfältigt werden, § 64 SGB VI.

Der ebenfalls mit dem RV-Leistungsverbesserungs- und -Stabilisierungsgesetz eingeführte § 154 Abs. 3 S. 2 Nr. 2 SGB VI soll verhindern, dass das Rentenniveau (vor Steuern), dessen Absinken im Rahmen der Rentenreform von 2001 beschlossen worden war, bis zum Jahre 2030 43% unterschreitet. Droht eine Unterschreitung dieser Werte, ist die jeweilige Regierung verpflichtet, den gesetzgebenden Körperschaften geeignete Maßnahmen vorzuschlagen. Es ist aber bereits jetzt abzusehen, dass das Niveau nach 2030 weiter sinken wird, wenn keine Änderungen getroffen werden; Modellrechnungen des Bundesministeriums für Arbeit und Soziales sehen das Netto-Rentenniveau 2045 im Falle einer gleichbleibenden Gesetzeslage bei 41,7% bei gleichzeitigem Anstieg des Beitragssatzes auf 23,6%.[1287]

Die Vorschrift des § 154 SGB VI verpflichtet die Bundesregierung in Absatz 1 darüber hinaus, den gesetzgebenden Körperschaften jährlich einen Rentenversicherungsbericht zuzuleiten, der – zusammengefasst – die Entwicklung der gesetzlichen Rentenversicherung in Vergangenheit, Gegenwart und Zukunft darstellt. Er soll dazu beitragen, eine nachhaltige Entwicklung zu gewährleisten.

1286 Hierzu auch noch sogleich unter D.III.4.a.
1287 *BMAS*, Gesamtkonzept zur Alterssicherung, S. 26, 45.

2. Die Alterssicherung der Landwirte

Da bei der Betrachtung der brasilianischen und chinesischen Alterssicherung ein besonderes Augenmerk auf die Absicherung der ländlichen beziehungsweise in der Landwirtschaft tätigen Bevölkerung gelegt wurde, soll auch für Deutschland die agrarsoziale Sicherung erläutert werden, die durch die landwirtschaftliche Alterskasse bewerkstelligt wird.

Die 1957 mit dem Gesetz über eine Altershilfe für Landwirte[1288] eingeführte und 1995 durch das Agrarsozialreformgesetz[1289] sowie 2013 durch das Gesetz zur Neuordnung der Organisation der landwirtschaftlichen Sozialversicherung (LSV-NOG)[1290] umfassend reformierte Alterssicherung der Landwirte ist ein eigenständiger Zweig der Sozialversicherung. Geregelt ist sie heute im Gesetz über die Alterssicherung der Landwirte[1291] (ALG) und gewährt Leistungen, die denen der gesetzlichen Rentenversicherung ähneln.

Träger ist seit 2013 die Sozialversicherung für Landwirtschaft, Forsten und Gartenbau (§ 49 S. 1 ALG), eine bundesunmittelbare Körperschaft des öffentlichen Rechts mit Selbstverwaltung, § 1 LSVG[1292]. Für den Zweig der Alterssicherung trägt sie die Bezeichnung „landwirtschaftliche Alterskasse".[1293] Durch die Zusammenlegung der zuvor regionalen landwirtschaftlichen Alterskassen erhofft sich der Bund insbesondere Einsparungen bei den Verwaltungskosten und eine gerechtere Beitragslastenverteilung.[1294]

Versicherungspflichtig sind all diejenigen landwirtschaftlichen Unternehmer, für die ihre selbständige landwirtschaftliche Tätigkeit eine ausreichende Existenzgrundlage bildet. Voraussetzung für das Einsetzen der Versicherungspflicht ist, dass das landwirtschaftliche Unternehmen eine gewisse Mindestgröße erreicht, welche wegen der unterschiedlichen Bodenertrags-

---

1288 Gesetz vom 27.7.1957, BGBl. 1957 I, S. 1063.
1289 Gesetz vom 29.7.1994, BGBl. 1995 I, S. 1890.
1290 Gesetz vom 12.4.2012, BGBl. 2012 I, S. 579.
1291 Gesetz vom 29.7.1994, BGBl. 1994 I, S. 1890, zuletzt geändert durch Art. 13 Siebtes Gesetz zur Änderung des Vierten Buches SGB und anderer Gesetze vom 12.6.2020 (BGBl. 2020 I, S. 1248).
1292 Gesetz zur Errichtung der Sozialversicherung für Landwirtschaft, Forsten und Gartenbau vom 12.4.2012, BGBl. 2012 I, S. 579, zuletzt geändert durch Art. 15 Siebtes Gesetz zur Änderung des SGB IV und anderer Gesetze vom 12.6.2020 (BGBl. 2020 I, S. 1248).
1293 § 2 Abs. 1 S. 2 der Satzung der Sozialversicherung für Landwirtschaft, Forsten und Gartenbau vom 9.11.2013 in der Fassung des 27. Nachtrages vom 15.11.2019.
1294 BT-Drucks. 698/11, S. 1, 47.

werte regional unterschiedlich und nicht bundeseinheitlich festgelegt wird, § 1 Abs. 2, 5 ALG.[1295] Die Mindestgröße kann als Pendent zur Geringfügigkeitsgrenze in der übrigen Rentenversicherung angesehen werden.[1296] Seit 1995 sind ebenfalls mitarbeitende Familienangehörige des Unternehmers sowie Ehegatten versicherungspflichtig, § 1 Abs. 1 Nr. 2, 3 ALG.

Finanziert wird die Alterssicherung der Landwirte im Umlageverfahren (§ 66 Abs. 1 ALG) durch Beiträge der Versicherten (§§ 60 Abs. 2 1. Hs., 68 ALG); der Bund ist finanziell mit einer Defizitdeckung beteiligt (§§ 60 Abs. 2 2. Hs., 78 ALG), durch welche die langfristige Leistungsfähigkeit des Systems gewährleistet werden soll.[1297] Wie nötig diese Finanzierung durch den Bund ist, offenbaren Zahlen: Rund 80% des Haushalts 2018 bestand aus Bundesmitteln,[1298] was bei einem Verhältnis von 188.694 Versicherten zu 578.699 Rentenempfängern nicht überraschend ist.[1299] Die Zahlen spiegeln den stattfindenden oder vielmehr bereits stattgefundenen Strukturwandel in Deutschland wider.

Die Höhe des Beitrages ist einkommensunabhängig und berechnet sich nach § 68 ALG; er wird jährlich durch Rechtsverordnung festgesetzt. Für 2020 beträgt der monatliche Beitrag 261,00 Euro (neue Bundesländer: 244,00 Euro).[1300] Liegt das jährliche Einkommen des landwirtschaftlichen Unternehmens unter 15.500,01 Euro, werden staatliche Zuschüsse gewährt, gestaffelt nach wirtschaftlicher Situation.[1301]

Voraussetzung für den Bezug der Regelaltersrente war neben dem Erreichen des Renteneintrittsalters von 67 Jahren und dem Erfüllen der Wartezeit von 15 Jahren bisher auch die Abgabe des landwirtschaftlichen Unternehmens als Spezifikum der landwirtschaftlichen Alterssicherung.[1302] Die Gründe dafür waren agrarpolitischer und agrarstruktureller Natur;[1303] es sollte eine Überalterung und gleichzeitig eine Zersplitterung der Betrie-

---

1295 Vgl. *Sehnert*, in: Ruland/Becker/Axer, SRH, § 19 Rn. 50 f.

1296 Ebenda, § 19 Rn. 50.

1297 Ebenda, § 19 Rn. 81.

1298 Von den Gesamteinnahmen in Höhe 2.815,80 stammten 2.260,44 aus Bundesmitteln, *Sozialversicherung für Landwirtschaft, Forsten und Gartenbau, Auf einen Blick*, S. 14.

1299 Ebenda, S. 12 f.

1300 Bekanntmachung der Beiträge und der Beitragszuschüsse in der Alterssicherung der Landwirte für das Jahr 2020 vom 17.12.2019 (BGBl. 2019 I, S. 2869).

1301 Siehe hierfür ebenda.

1302 § 11 Abs. 1 Nr. 3 ALG in der Fassung mit Wirkung vom 1.1.2008 (BGBl. 2008 I, S. 554).

1303 *Sehnert*, in: Ruland/Becker/Axer, SRH, § 19 Rn. 69.

be verhindert werden. Das Bundesverfassungsgericht hat die sogenannte Hofabgabeklausel des ehemaligen § 11 Abs. 1 Nr. 3 ALG jedoch insbesondere wegen Verstoßes gegen die Eigentumsgarantie (Art. 14 GG) 2018 für verfassungswidrig erklärt.[1304]

Das Rentenniveau liegt unter dem der gesetzlichen Rentenversicherung; die gesetzliche Alterssicherung war von Anfang an nur als Teilsicherung gedacht, weil Landwirte zu einem gewissen Grad bereits als durch ihre Vermögenssubstanz abgesichert angesehen werden.[1305] Die Ergänzung, derer es für die Lebensunterhaltungssicherung bedarf, verortet man bei Landwirten in der Regel in Altenteilleistungen, Pachteinnahmen oder Veräußerungserlösen, welche sich bei Aufgabe des Unternehmens ergeben.

Als individueller Rentenberechnungsfaktor fließt die Beitragsdauer mit ein; die Beitragshöhe spielt aufgrund des Einheitsbeitrages keine maßgebliche Rolle. Neben der Beitragsdauer, die sich in der sogenannten Steigerungszahl ausdrückt, sind für die Berechnung der monatlichen Rente der Rentenartfaktor und der allgemeine Rentenwert maßgeblich, § 23 ALG.

3. Die Beamtenversorgung

Der Vollständigkeit halber soll auch für Deutschland ein Blick auf die Altersabsicherung der Beamten geworfen werden. Die deutsche Beamtenversorgung, welche auch die Versorgung im Alter umfasst, ist Teil des Beamtenrechts und ein von der gesetzlichen Rentenversicherung unabhängiges Sondersystem sozialer Sicherheit.[1306] Beamte sind in der gesetzlichen Rentenversicherung, wie bereits gezeigt, gemäß § 5 Abs. 1 S. 1 Nr. 1 SGB VI versicherungsfrei. Entscheidender struktureller Unterschied der Beamtenversorgung zur gesetzlichen Rentenversicherung ist die Beitragsfreiheit beziehungsweise das geltende Versorgungsprinzip; die Beamtenversorgung ist gerade nicht – wie in Brasilien und inzwischen auch in China – als Versicherung ausgestaltet.

Die Ursache für die eigenständigen Regelungen liegt in dem in Art. 33 Abs. 5 GG verankerten Alimentationsprinzip als hergebrachtem Grundsatz des Berufsbeamtentums begründet.[1307] Das Alimentationsprinzip – in Ver-

---

1304 BVerfG, Beschluss vom 23.5.2018, 1 BvR 97/14.
1305 Vgl. *Sehnert*, in: Ruland/Becker/Axer, SRH § 19, § 46.
1306 *Ruland*, in: ders./Rürup, Alterssicherung und Besteuerung, S. 89 (Rn. 1, 2).
1307 Siehe hierzu oben unter 0.

bindung mit dem Prinzip der Einstellung auf Lebenszeit –[1308] verpflichtet den Dienstherrn, den Beamten mitsamt seiner Familie als Gegenleistung für die volle Hingabe für sein Amt lebenslang angemessen zu alimentieren.[1309] Aufgrund der engen personalen Beziehung zwischen Beamtem und Dienstherrn muss der Dienstherr den Beamten unmittelbar selbst versorgen.[1310] Finanziell wird die Versorgung aus dem Haushalt des Dienstherrn und damit aus den Staatseinnahmen erbracht.

Die Höhe des Ruhegehalts beträgt mindestens 35% der ruhegehaltsfähigen Dienstbezüge.[1311] Diese Mindestversorgung – die in der gesetzlichen Rentenversicherung so nicht vorhanden ist – wird mit der Pflicht des Dienstherrn zur lebenslangen Alimentation begründet.[1312]

Tendenziell wird – auch unter dem Aspekt der Systemgerechtigkeit im Verhältnis zur gesetzlichen Rentenversicherung – versucht, die Beamtenversorgung den entsprechenden Entwicklungen der gesetzlichen Rentenversicherung anzupassen. So wurde etwa auch hier die Anhebung des Pensionsalters auf 67 Jahre festgelegt[1313] und eine Absenkung des Leistungsniveaus beschlossen mit gleichzeitiger Einbeziehung der Beamten in die staatlich geförderte private kapitalgedeckte Altersvorsorge.[1314]

Eine Abschaffung der verfassungsrechtlich geschützten Beamtenversorgung und die Integration der Beamten in die gesetzliche Rentenversicherung wird zwar in regelmäßigen Abständen diskutiert und gefordert, je-

---

1308 Auch diese ist ein hergebrachter Grundsatz, vgl. BVerfG, Beschluss vom 28.5.2008, 2 BvL 11/07, BVerfGE 121, 205 (220).

1309 BVerfG, Beschluss vom 12.2.2003, 2 BvL 3/00, NVwZ 2003, 1364 (1365); BVerfG, Urteil vom 27.9.2005, 2 BvR 1387/02, NVwZ 2005, 1294 (1298); siehe hierzu ausführlich *Körtek*, in: Becker et al., Die Alterssicherung von Beamten und ihre Reformen im Rechtsvergleich, S. 47 (53 ff).

1310 Vgl. BVerfG, Beschluss vom 30.9.1987, 2 BvR 933/82, NVwZ 1988, 329 (335); *Merten*, NVwZ 1999, 809 (814).

1311 Für Bundesbeamte geregelt in § 14 Abs. 4 S. 1 des Gesetzes über die Versorgung der Beamten und Richter des Bundes in der Fassung der Bekanntmachung vom 24.2.2010 (BGBl. 2010 I, S. 150), zuletzt geändert durch Art. 3, 4 Zweites Gesetz zur Änderung des Bundespersonalvertretungsgesetzes und weiterer dienstrechtlicher Vorschriften aus Anlass der COVID-19-Pandemie vom 25.5.2020 (BGBl. 2020 I, S. 1063).

1312 *Körtek*, in: Becker et al., Die Alterssicherung von Beamten und ihre Reformen im Rechtsvergleich, S. 47 (65).

1313 Für Bundesbeamte geregelt in § 51 Bundesbeamtengesetz vom 5.2.2009 (BGBl. 2009 I, S. 160), zuletzt geändert durch Art. 11 Zweites Datenschutz-Anpassungs- und Umsetzungsgesetz EU vom 20.11.2019 (BGBl. 2019 I, S. 1626).

1314 *Rolfs*, Das Versicherungsprinzip im Sozialversicherungsrecht, S. 3 mit weiteren Beispielen in der dortigen Fn. 13; *Färber/Funke/Walther*, DÖV 2009, 133 (137).

doch bislang nicht ernsthaft politisch verfolgt. Dies ist insbesondere auf die grundgesetzliche „institutionelle Garantie" des Berufsbeamtentums in Art. 33 Abs. 5 GG zurückzuführen: So wird die Frage, ob eine Einführung der Beitragspflicht für Beamte überhaupt verfassungsrechtlich zulässig wäre, nach überwiegender Ansicht verneint mit der Begründung, dass die Beitragsfreiheit als hergebrachter Grundsatz des Berufsbeamtentums anzusehen und damit verfassungsrechtlich geschützt ist.[1315] Aber auch diejenigen, die die Einführung einer Beitragspflicht als verfassungsrechtlich möglich erachten, sehen in dem Fall als zwingende Voraussetzung an, dass die Bezüge entsprechend erhöht würden, denn ansonsten entbehrte die Besoldung der vom Grundgesetz geforderten Angemessenheit.[1316] Dabei ist auch zu beachten, dass die Beamtenversorgung einer Kombination aus zweiter und dritter Säule gleichkommt.[1317] Für die Rentenversicherung wären die Mehreinnahmen durch mehr Versicherte mit Mehrausgaben für bereits pensionierte Beamte verbunden, sofern diese auch übernommen würden, womit zu rechnen wäre.[1318] Finanziell würde demnach kaum jemand profitieren. Hinzu kommt, dass Beamte aufgrund ihrer durchschnittlich höheren Lebenserwartung[1319] „rententechnisch teure Risiken"[1320] wären. Eine Grundgesetzänderung ist derzeit nicht in Sicht[1321] und wird auch von der Kommission „Verlässlicher Generationenvertrag", die für die Entwicklung von Vorschlägen für die langfristige Sicherung und Fortentwicklung der gesetzlichen Rentenversicherung eingesetzt worden ist,[1322] derzeit nicht empfohlen.[1323]

1315 *Merten*, NVwZ 1999, 809 (814); *Körtek*, in: Becker et al., Die Alterssicherung von Beamten und ihre Reformen im Rechtsvergleich, S. 47 (55); BVerwG, Urteil vom 13.7.1977, VI C 96.75, BVerwGE 54, 177 (181 f.); *Meier*, NVwZ 1998, 1246 (1249).

1316 So *Sachverständigenkommission Alterssicherungssysteme*, Möglichkeiten und Grenzen einer Annäherung der Beamtenversorgung an die gesetzliche Rentenversicherung, S. 160 f.; *Battis/Kersten*, NVwZ 2000, 1337 (1339); *Ruland*, NVwZ 1995, 417 (423); tatsächlich könne man aufgrund der niedrig gehaltenen Bezüge von einer „verdeckten" Beitragserhebung sprechen – mit Erhöhung der Bezüge sei eine „offene" Beitragserhebung möglich.

1317 Vgl. *Steinmeyer*, Gutachten 73. DJT, S. B 70.

1318 *Ruland*, NZS 2016, 721 (724).

1319 BT-Drucks. 17/13590, S. 56.

1320 *Ruland*, DRV 2018, 1 (9).

1321 So auch *Ruland*, DRV 2018, 1 (9).

1322 Vgl. BT-Drucks. 19/4668, S. 2; Koalitionsvertrag zwischen CDU, CSU und SPD vom 12.3.2018, S. 92.

1323 *Kommission Verlässlicher Generationenvertrag*, Bericht der Kommission, Bd. I, S. 103 f.

4. Reform der gesetzlichen Rentenversicherung

Dass die deutsche Rentenversicherung vor allem angesichts des demographischen Drucks vor wachsenden Schwierigkeiten steht,[1324] ist zunehmend in das öffentliche Bewusstsein gerückt und Gegenstand öffentlicher Diskussionen geworden. Auch der Gesetzgeber ist bereits aktiv geworden; nicht nur mit der Reform von 2018 (a.), sondern auch mit der jüngst beschlossenen Einführung einer „Grundrente" (b.). Geplant, aber nach wie vor nicht umgesetzt ist die umfassende obligatorische Einbeziehung Selbständiger (c.).

a. Reform von 2018

Am 28. November 2018 hat der Deutsche Bundestag das Gesetz über Leistungsverbesserungen und Stabilisierung in der gesetzlichen Rentenversicherung[1325] beschlossen, welches zu einem Großteil 2019 in Kraft getreten[1326] und insoweit auch bereits in der obigen Darstellung berücksichtigt worden ist.

Ausgangspunkt der Rentenreform waren die im Koalitionsvertrag von CDU, CSU und SPD vom 12. März 2018 formulierten rentenpolitischen Ziele. Hier heißt es insbesondere: „Wir sorgen für Stabilität bei der Rente: Absicherung der gesetzlichen Rente auf heutigem Niveau von 48 Prozent bis zum Jahr 2025. Haltelinie beim Beitragssatz von 20 Prozent. Einsetzung einer Rentenkommission zur langfristigen Stabilisierung von Beiträgen und Niveau der Rente für die Zeit nach 2025".[1327] Kernstück des Gesetzes ist die Einführung der bereits dargestellten „doppelten Haltelinie" für den Beitragssatz und das Rentenniveau der gesetzlichen Rentenversicherung. Bis zum Jahre 2025 soll gewährleistet werden, dass mindestens ein Rentenniveau von 48% (statt bisher 46%) erreicht und der Beitragssatz von 20% nicht überschritten wird (§ 154 Abs. 3 S. 1 SGB VI n. F.). Für die Sicherung des Beitragsniveaus wurde eine Niveauschutzklausel in die Rentenformel eingefügt, die die Renten entsprechend anpassen soll (§ 255e SGB VI n. F.).

1324 Zum Thema demographische Entwicklung auch noch ausführlich unten unter D.IV.1.
1325 RV-Leistungsverbesserungs- und -Stabilisierungsgesetz, BGBl. 2018 I, S. 2016.
1326 Zum Inkrafttreten siehe Art. 7 des Gesetzes über Leistungsverbesserungen und Stabilisierung in der gesetzlichen Rentenversicherung.
1327 Koalitionsvertrag zwischen CDU, CSU und SPD vom 12.3.2018, S. 14 f.

Die Einhaltung der Beitragssatzobergrenze soll durch eine neu eingeführte Beitragssatzgarantie abgesichert werden (§ 287 SGB VI n. F.); bei Bedarf sollen (weitere) Bundesmittel für die Rentenversicherung bereitgestellt werden. Zusätzlich will der Bund in den Jahren 2022 bis 2025 als Finanzierungssockel Sonderzahlungen in Höhe von zunächst 500 Millionen Euro pro Jahr an die Rentenversicherung leisten (§ 287a SGB VI n. F.). § 154 Abs. 3 S. 2 SGB VI n. F. ordnet zudem an, dass die Bundesregierung den gesetzgebenden Körperschaften geeignete Maßnahmen vorzuschlagen hat, wenn in der mittleren Variante der 15-jährigen Vorausberechnungen des Rentenversicherungsberichts der Beitragssatz bis zum Jahre 2030 22% überschreitet oder das Sicherungsniveau vor Steuern nach Absatz 3a der Norm bis zum Jahr 2030 43% unterschreitet. Die Regelungen zielen darauf ab, die Verlässlichkeit und Stabilität der allgemeinen Rentenversicherung zu stärken.[1328] Denn die aktuelle Bevölkerungsdynamik, aufgrund derer sich der Anteil der den Beitragszahlern gegenüberstehenden Leistungsempfänger kontinuierlich erhöht, droht einen immer stärkeren finanziellen Druck auf die Rentenversicherung auszuüben.

Auch für die Zeit nach 2025/2030 empfiehlt die Kommission Verlässlicher Generationenvertrag „Haltelinien für die Verlässlichkeit der Rente".[1329] Die Kommission wurde – wie im Koalitionsvertrag vorgesehen – eingesetzt, um Vorschläge für die langfristige Sicherung und Fortentwicklung der gesetzlichen Rentenversicherung zu entwickeln[1330] und hat am 20. März 2020 ihren diesbezüglichen Bericht[1331] vorgelegt.[1332] Um das Vertrauen der Bürger, durch den Staat vor finanzieller Überforderung geschützt zu werden, auch in Zukunft zu bewahren, rät sie zu einem „neuen Dreiklang beim Sicherungsversprechen der Rente und der Höhe der Beiträge".[1333] Als erster Teil dieses Dreiklangs sollen auch weiterhin – über 2025 hinaus – gesetzlich verbindliche Haltelinien für das Sicherungsniveau vor Steuern und den Beitragssatz für einen Zeitraum von jeweils sieben Jahren normiert werden. Dabei soll sich das Sicherungsniveau vor Steuern (als untere Haltelinie) in einem Korridor zwischen 44% und 49% (bezogen auf einen „Standardrent-

---

1328 BT-Drucks. 19/5586, S. 3.
1329 Dies ablehnend *Börsch-Supan*, DRV 2020, 77 (80 ff.).
1330 Vgl. BT-Drucks. 19/4668, S. 2; Koalitionsvertrag zwischen CDU, CSU und SPD vom 12.3.2018, S. 92.
1331 *Kommission Verlässlicher Generationenvertrag*, Bericht der Kommission, Bd. I.
1332 Kritisch hierzu z.B. *Kreikebohm*, NZS 2020, 401 ff.
1333 Siehe hierzu und den folgenden Ausführungen *Kommission Verlässlicher Generationenvertrag*, Bericht der Kommission, Bd. I, S. 64 ff.

ner" mit 45 Entgeltpunkten) und die Haltelinie für den Beitragssatz (als obere Haltelinie) in einem Korridor zwischen 20% und 24% bewegen. Teil zwei des empfohlenen Dreiklangs sieht vor, dass über die verbindlichen Haltelinien hinaus gesetzlich „perspektivische Haltelinien" für einen Zeitraum von jeweils 15 Jahren geschaffen werden, um so das Bedürfnis einer verlässlichen Rentenpolitik nach „langfristige[r] Orientierung und Sicherheitsversprechen" zu bedienen. Die perspektivischen Haltelinien sollen sich in den gleichen Korridoren bewegen wie die verbindlichen Haltelinien. Mit Teil drei des Dreiklangs empfiehlt die Kommission die Schaffung zweier neuer sozialstaatlicher Bezugsgrößen im Rentenversicherungsbericht: Zum einen soll die Gesamthöhe der Sozialversicherungsbeiträge in den Blick genommen werden, um beurteilen zu können, ob den Beitragszahlerinnen und Beitragszahlern (tatsächlich) eine Überforderung droht, und zum anderen soll als Bezugsgröße der Abstand der verfügbaren Standardrente zum durchschnittlichen Bedarf der Grundsicherung im Alter herangezogen werden.

Die beschlossenen Neuerungen der „doppelten Haltelinie" bedeuten dogmatisch betrachtet, dass die finanziellen Auswirkungen der demographischen Entwicklung auf die Rentenversicherung mit Bundesfinanzmitteln und nicht durch die Versichertengemeinschaft selbst ausgeglichen werden sollen. Es werden zunehmend Steuermittel auf die gesetzliche Rentenversicherung verwendet werden, womit der Charakter des Systems als Versicherung, in der die Risiken durch die Gemeinschaft der Versicherten getragen werden, aufgeweicht wird und was zudem denjenigen gegenüber gerechtfertigt werden muss, die nicht rentenversichert sind, aber zur Finanzierung herangezogen werden.[1334] Berechnungen zufolge würden die aufzuwendenden Steuermittel, behielte man die doppelte Haltelinie auch über 2025 hinaus bei, im Jahr 2030 45 Milliarden Euro betragen und bis zum Jahr 2035 auf mehr als 80 Milliarden Euro jährlich anwachsen – mehr als das Doppelte der aktuellen Nachhaltigkeitsrücklage.[1335] Im Hinterkopf bewahrt werden sollte dabei, dass das Bundesverfassungsgericht in einer Entscheidung von 2004 angedeutet hat, dass die Zuordnung eines sozialen Sicherungssystems zum Recht der Sozialversicherung im Sinne des Art. 74 Abs. 1 Nr. 12 GG in Frage gestellt werden kann, wenn ein gewisser Grad

---

1334 Vgl. *Ruland*, NZS 2018, 793 (803).
1335 *Börsch-Supan*, DRV 2020, 77 (82).

der staatlichen Finanzierung erreicht ist.[1336] Praktisch dürfte es sich zudem tendenziell um eine Maßnahme auf Kosten der erwerbstätigen Generation und zukünftiger Generationen handeln.

Mit dem am 28. November 2018 beschlossenen Gesetz wurde ferner, wie bereits geschildert,[1337] die Obergrenze der sogenannten Gleitzone, die nun als Übergangsbereich bezeichnet wird, von 850,00 Euro auf 1.300,00 Euro angehoben (§ 163 Abs. 10 SGB VI n. F.). Gleichzeitig wurde sichergestellt, dass die reduzierten Rentenversicherungsbeiträge nicht mehr zu geringeren Rentenleistungen führen, indem die Entgeltpunkte aufgrund des tatsächlichen und nicht des fiktiven Einkommens berechnet werden (§ 70 Abs. 1a SGB VI n. F.). Der dem Versicherungsprinzip immanente Grundsatz der Beitragsäquivalenz wurde hier ein Stück weit durch das Solidarprinzip verdrängt bzw. modifiziert, um einen Ausgleich zugunsten all derjenigen mit nur geringem (rentenversicherungsrechtlich zu berücksichtigendem) Einkommen zu schaffen.

Überdies wurde in Ergänzung zur 2014 ins Leben gerufenen Mütterrente die sogenannte Mütterrente II beschlossen, mit der eine nochmals verbesserte Anerkennung von Kindererziehungszeiten einhergeht (§§ 249, 295, 295a, 307d SGB VI). Das Äquivalenzprinzip wird hier verlassen; es handelt sich um eine versicherungsfremde Leistung, die grundsätzlich durch den Bundeszuschuss nach § 213 Abs. 3 SGB VI zu finanzieren wäre, was praktisch voraussetzt, dass dieser ausreichend hoch ist – angesichts seiner nur pauschalen Berechnung keine Selbstverständlichkeit.

b. Die „Grundrente"

Erst jüngst und nach langen Verhandlungen beschlossen wurde die bereits im Koalitionsvertrag unter der Überschrift „Wir honorieren Lebensleistung und bekämpfen Altersarmut"[1338] angekündigte Einführung einer „Grundrente". Menschen, die 35 Jahre an Beitragszeiten oder Zeiten der Kindererziehung beziehungsweise Pflegeleistung erbracht haben, soll, sofern sie ihre Bedürftigkeit nachweisen können, ein regelmäßiges Alterseinkommen von zehn Prozent oberhalb des Grundsicherungsbedarfs zugesichert werden, so

---

1336 BVerfG, Beschluss vom 9.12.2003, 1 BvR 558/99, NZS 2004, 258 (259); *Papier*, DRV 2019, 1 (3 f.); siehe hierzu auch *Steinmeyer*, Gutachten 73. DJT, S. B 52 f.
1337 Siehe hierzu oben, D.III.1.d.
1338 Koalitionsvertrag zwischen CDU, CSU und SPD vom 12.3.2018, S. 14.

(noch) der Koalitionsvertrag.[1339] Ein von der Bundesregierung beschlossener Gesetzesentwurf[1340] wurde am 2. Juli 2020 durch den Bundestag weitgehend unverändert verabschiedet;[1341] der Bundesrat stimmte nur einen Tag später, am 3. Juli 2020, zu.[1342] Das neue „Gesetz zur Einführung der Grundrente für langjährige Versicherung in der gesetzlichen Rentenversicherung mit unterdurchschnittlichem Einkommen und für weitere Maßnahmen zur Erhöhung der Alterseinkommen", kurz Grundrentengesetz,[1343] will eine Rente schaffen, „die die erbrachte Lebensleistung respektiert und anerkennt"[1344] und tritt (weitgehend) am 1. Januar 2021 in Kraft (Art. 8 Abs. 1 Grundrentengesetz).

Wesentlicher Inhalt des neuen Gesetzes ist,[1345] dass Bestands- und Neurentner, die mindestens 33 Jahre Grundrentenzeiten vorweisen können, zukünftig einen Zuschlag auf ihre Rentenansprüche erhalten, wenn ihre durchschnittliche Beitragsleistung zwischen 30% und 80% des Durchschnittseinkommens (entsprechend zwischen 0,3 und 0,8 Entgeltpunkten) liegt (§ 76g Abs. 1, 4 SGB VI neu). In voller Höhe wird der Zuschlag erst ab 35 Jahren Grundrentenzeiten gewährt (§ 76g Abs. 4 S. 4, 5 SGB VI neu). Bei der Berechnung der Grundrentenzeiten werden insbesondere Kalendermonate mit Pflichtbeitragszeiten für eine versicherte Beschäftigung oder Tätigkeit, Zeiten der Kindererziehung und Pflege sowie Zeiten, in denen während Krankheit oder Rehabilitation Leistungen bezogen wurden, angerechnet (siehe zur genauen Auflistung von Grundrentenzeiten § 76g Abs. 2 SGB VI neu i.V.m. § 51 Abs. 3a S. 1 Nr. 1–3 SGB VI). Voraussetzung ist jedoch, dass in dem jeweiligen Monat mindestens 0,025 Entgeltpunkte (kalenderjährlich betrachtet 0,3 Entgeltpunkte) erwirtschaftet worden sind (§ 76g Abs. 3 SGB VI neu). Mit dieser Untergrenze soll verhindert werden, dass auch Zeiten mit lediglich sehr niedriger Beitragszahlung – etwa bei

---

1339 Ebenda, S. 93.
1340 Entwurf eines Gesetzes zur Einführung der Grundrente für langjährige Versicherung in der gesetzlichen Rentenversicherung mit unterdurchschnittlichem Einkommen und für weitere Maßnahmen zur Erhöhung der Alterseinkommen vom 8.4.2020, BT-Drucks. 19/18473.
1341 BR-Drucks. 387/20 (Beschluss).
1342 BR-Drucks. 387/20 (Beschluss).
1343 Gesetz vom 12.8.2020, BGBl. 2020 I, S. 1879 ff.
1344 BT-Drucks. 19/18473, S. 2.
1345 Zusammenfassend auch *Brosius-Gersdorf*, DRV 2020, 45 (55 f.).

Ausübung einer geringfügigen Beschäftigung – in die Durchschnittsermittlung einfließen.[1346]

Der Rentenanspruch wird verdoppelt, darf aber (bei 35 Jahren Grundrentenzeiten) höchstens 80% der Rente, die ein Durchschnittsverdiener in diesen Jahren erwirbt, betragen (§ 76g Abs. 4 SGB VI neu). Sofern die durchschnittlichen Entgeltpunkte also über 0,4 aber unter 0,8 liegen, reduziert sich der Zuschlag um die Differenz zwischen Höchstwert und Durchschnittswert, da die Grundrente als Summe aus erwirtschafteter Rente und Zuschlag bei 0,8 Entgeltpunkten jährlich gedeckelt wird. Der Rentenzuschlag wird anschließend zunächst um 12,5% reduziert „zur Stärkung des Äquivalenzprinzips",[1347] nach welchem die Rente eigentlich von der Höhe der Beiträge abhängt, und sodann mit der Anzahl der Kalendermonate mit Grundrentenbewertungszeiten, höchstens jedoch mit 420 Kalendermonaten (35 Jahren), vervielfältigt (§ 76g Abs. 4 S. 6 SGB VI neu).

Um zu vermeiden, dass auch solche Menschen die Grundrente beziehen, die bereits über ein ausreichendes Einkommen aus anderen Quellen verfügen, wird die Grundrente ungekürzt nur bis zu einem monatlichen Einkommen von derzeit rund 1.250 Euro für Alleinstehende und 1.950 Euro für Ehepaare gezahlt (§ 97a Abs. 4 SGB VI neu spricht als Grenze von dem 36,56fachen beziehungsweise 57,03fachen des aktuellen Rentenwertes, welcher ab dem 1. Juli 2020 34,19 Euro im Westen beträgt[1348]). Einkommen oberhalb dieser Grenzen werden zu 60% auf die Grundrente angerechnet. Bei einem Alleinstehenden mit einem Einkommen von 1.350 Euro würden also 100 Euro zu 60% angerechnet und die Grundrente fiele um 60 Euro niedriger aus. Liegt das Einkommen oberhalb von 1.600 Euro beziehungsweise 2.300 Euro, wird es zu vollen 100% auf den Grundrentenzuschlag angerechnet (§ 97a Abs. 4 S. 3, 4 SGB VI neu). Verfügt ein Ehepaar also beispielsweise über 2.400 Euro Einkommen, reduziert sich die Grundrente um 100 Euro. Insgesamt findet eine Art Bedarfsprüfung statt, jedoch keine Bedürftigkeitsprüfung, wie sie noch der Koalitionsvertrag vorsah.

Der Bezug der Grundrente soll keine Antragstellung voraussetzen, sondern der erforderliche Einkommensabgleich automatisiert mittels elektronischen Datenaustausches zwischen den Rentenversicherungsträ-

---

1346   BT-Drucks. 19/18473, S. 24.
1347   BT-Drucks. 19/18473, S. 23.
1348   § 69 Abs. 1 SGB VI i.V.m. § 1 Abs. 1 der Verordnung zur Bestimmung der Rentenwerte in der gesetzlichen Rentenversicherung und in der Alterssicherung der Landwirte und zur Bestimmung weiterer Werte zum 1. Juli 2020, BGBl. 2020 I, S. 1220.

gern und den Finanzbehörden durchgeführt werden (§§ 97a Abs. 2 S. 2, 151b SGB VI neu).

Eingeführt werden auch einige flankierende Freibetragsregelungen, die dafür sorgen sollen, dass die finanzielle Besserstellung durch die Grundrente nicht durch eine Kürzung an anderer Stelle aufgehoben wird.[1349] So wird ein Freibetrag bei der Hilfe zum Lebensunterhalt, der Grundsicherung im Alter und bei Erwerbsminderung normiert, der bei 100 Euro monatlich zuzüglich 30% der darüber hinausgehenden Rentenzahlungen liegt, höchstens aber bei der Hälfte des Grundsicherungs-Regelsatzes (§ 82a Abs. 1 SGB XII neu), 2020 also (hypothetisch) bei höchstens 216 Euro.[1350] Daneben regelt das Gesetz Freibeträge im Wohngeld (§ 17a Wohngeldgesetz neu), in der Grundsicherung für Arbeitsuchende des SGB II (§ 11b Abs. 2a SGB II neu) und in den fürsorgerischen Leistungen der Sozialen Entschädigung (§ 25d Abs. 3c Bundesversorgungsgesetz neu).

Finanziert werden soll die Grundrente durch eine Erhöhung des Bundeszuschusses in der allgemeinen Rentenversicherung (§ 213 Abs. 2 S. 4 SGB VI neu). Für die Refinanzierung hatte der Koalitionsbeschluss vom 10. November 2020 die Einführung einer noch zu beschließenden Finanztransaktionsteuer vorgesehen;[1351] hiervon ist in den nun gefassten Beschlüssen keine Rede.

Gewisse Mindestsicherungselemente in der Rentenversicherung sind grundsätzlich verfassungsrechtlich nicht zu beanstanden;[1352] nicht nur aus dem Verbot der Unverhältnismäßigkeit von Beitrag und Leistung,[1353] sondern auch aus Art. 3 Abs. 1 GG sowie dem die allgemeine Handlungsfreiheit (Art. 2 Abs. 1 GG) beschneidenden und daher zu rechtfertigenden Zwangscharakter der Versicherung folgt, dass die Rente in der Regel einen gewissen Abstand zur Sozialhilfe zu halten hat.[1354] Auch das Bundessozialgericht

---

1349 Vgl. BT-Drucks. 19/18473, S. 27, 51.

1350 Der Regelbedarf in der Grundsicherung liegt 2020 gemäß § 2 der Regelbedarfsstufen-Fortschreibungsverordnung 2020, BGBl. 2019 I, S. 1452, bei 432 Euro.

1351 Koalitionsbeschluss zur Grundrente vom 10.11.2019, https://www.deutsche-rentenversicherung.de/SharedDocs/Downloads/DE/Presse/191110_koalitionsbeschluss_grundrente.pdf?__blob=publicationFile&v=1 (Stand: 8.8.2020).

1352 *Papier*, DRV 2019, 1 (5).

1353 Vgl. *Papier/Shirvani*, in: Ruland/Becker/Axer, SRH, § 3 Rn. 58.

1354 Hierzu ausführlich *Brosius-Gersdorf*, DRV 2020, 45 (70 f.); *Rolfs*, Das Versicherungsprinzip im Sozialversicherungsrecht, S. 550 f.; *Sodan*, NZS 2005, 561 (564); das Bundesverfassungsgericht hat zumindest festgestellt, dass „aus dem in der gesetzlichen Rentenversicherung grundsätzlich angeordneten Versicherungszwang mit einem erheblichen Beitragssatzniveau die Pflicht des Gesetzgebers [folgt], für

hat bei Gelegenheit darauf hingewiesen, dass schon nach der Gesetzesbe-gründung von 1956[1355] – und im Grunde galt noch nie etwas anderes –[1356] Rentner „aus der Nähe des Fürsorgeempfängers in die Nachbarschaft des Lohnempfängers" gerückt werden sollen.[1357]

Die hier beschlossene Grundrenten-Regelung verletzt aber nicht nur offensichtlich das Versicherungsprinzip, sie schafft auch – mit Systemver-stößen regelmäßig einhergehende, hier aber besonders –[1358] erhebliche grundrechtliche Konflikte und steht daher massiv in der Kritik.[1359] Im Kern findet ein empfindlicher Bruch mit dem Äquivalenzprinzip statt, wel-cher wohl nicht durch den beschriebenen 12,5%-Abschlag behoben werden kann, wie es die Gesetzesbegründung zu suggerieren versucht – zumal der Abschlag eher willkürlich erscheint –,[1360] und welcher wohl auch nicht mehr als schlichte Modifizierung des Versicherungsprinzips zugunsten des Solidarprinzips gerechtfertigt[1361] werden kann. „Eine strikte Orientierung der Grundrentenberechnung am Äquivalenzprinzip erscheint vor [dem] Hintergrund des postindustriellen Arbeitsmarkts nicht angezeigt", heißt es schlicht im Referentenentwurf.[1362] Dabei wird insbesondere verkannt, dass es nicht zuletzt die Eigentumsgarantie aus Art. 14 GG ist, die entsprechend dem Versicherungsprinzip die Äquivalenz zwischen Beitrag und Versiche-rungsleistung sowohl schützt als auch fordert,[1363] und dass Brüche mit dem Äquivalenzprinzip zudem in aller Regel zu rechtfertigende Ungleich-behandlungen im Sinne des Art. 3 Abs. 1 GG begründen. Der zitierte Satz

---

die erbrachten Beitragsleistungen im Versicherungsfall adäquate Versicherungsleis-tungen zu erbringen", BVerfG, Beschluss vom 3.6.2014, 1 BvR 79/09 u. a., NJW 2014, 3634 (3637); vgl. auch *Kreikebohm*, NZS 2020, 401 (403, 408).

1355 BT-Drucks 2437 vom 5.6.1956, S 57.

1356 Auch Bismarck bezweckte mit der Rente eine Besserstellung der Empfänger gegen-über den „Armen", welchen bloße „Almosen" zukamen, hierzu oben unter C.III.2.

1357 BSG, Urteil vom 31.7.2002, B 4 RA 120/00 R, NZS 2003, 598 (601).

1358 Vgl. *Ruland*, DRV 2020, 20.

1359 So etwa *Ruland*, NZS 2019, 881 ff.; *Papier*, DRV 2019, 1 ff.; *Steinmeyer*, Gutachten 73. DJT, S. 50, 74 ff.; *Brosius-Gersdorf*, DRV 2020, 45 (74 ff.); vgl. auch *Sozialbeirat*, Gutachten zum Rentenversicherungsbericht 2019, Rn. 25 mit Verweis auf *Sozialbei-rat*, Gutachten zum Rentenversicherungsbericht 2015, Rn. 50 ff.

1360 So auch *Ruland*, NZS 2019, 881 (885 f.).

1361 Siehe zum Erfordernis der Rechtfertigung von Einschränkungen des Äquivalenz-prinzips durch das Solidarprinzip *Steinmeyer*, Gutachten 73. DJT, S. B 48 ff.

1362 Referentenentwurf der Bundesregierung vom 16.1.2020, S. 2, https://www.bmas.de /SharedDocs/Downloads/DE/PDF-Gesetze/Referentenentwuerfe/ref-gesetz-zur-e infuehrung-der-grundrente.pdf?__blob=publicationFile&v=7 (Stand: 8.8.2020).

1363 *Papier*, DRV 2019, 1 (2); *Brosius-Gersdorf*, DRV 2020, 45 (57).

wird – wie die folgenden Ausführungen noch näher erläutern sollen – den mit den neuen Regelungen einhergehenden grundrechtlichen Schwierigkeiten insgesamt wohl nicht gerecht.

Ganz abgesehen davon, dass es sich bei der „Lebensleistung" und dem „Respekt" davor nicht um rechtlich verwertbare Anknüpfungspunkte im Rahmen der gesetzlichen Rentenversicherung handeln kann,[1364] findet eine „Anerkennung" dieser sogenannten Lebensleistung nur in Grenzen statt, die kaum nachvollziehbar begründet werden können und damit willkürlich erscheinen.[1365] So führt die – wohl unvermeidbare – Voraussetzung einer Mindestversicherungszeit dazu, dass diejenigen, die weniger als 33 Jahre versicherungspflichtig beschäftigt waren, keine „Anerkennung" erhalten, obwohl sie möglicherweise durchaus über diese Zeit hinaus substantiell berufstätig waren, aber zum Beispiel aufgrund selbständiger Tätigkeit keine Rentenanwartschaften aufbauen konnten oder aufgebaut haben.[1366] Ihre Lebensleistung ist offenbar weniger wert – vor allem angesichts der nach wie vor nicht umfassend geltenden Versicherungspflicht ein Problem. Zudem erhalten Versicherte mit weniger als 33 Jahren an Beitragszeiten auch dann keinen Rentenzuschlag, wenn sie in der Summe höhere Beiträge entrichtet haben als Versicherte mit 33 oder mehr Jahren.[1367] Und wer zwar 33 Beitragsjahre vorweisen kann, mit seinen Beiträgen aber eine Rente knapp oberhalb der Grenzen für den Grundrentenzuschlag (Gleitzone eingerechnet) erworben hat, erhält möglicherweise kaum mehr als jemand, dessen Vorsorge nur zu einer sehr viel geringeren Rente gereicht hat, der aber ergänzend ohne entsprechende Vorleistung den Grundrentenzuschlag bezieht. War die Lebensleistung also wirtschaftlich einträglich, wird sie nicht honoriert[1368] – auch die Motivation, legale Arbeit zu verrichten, kann so untergraben werden.[1369] Ferner wird nicht differenziert zwischen Teilzeit- und Vollzeitbeschäftigung; jemand, der 33 Jahre lang in Teilzeit tätig war und (daher) unter 80% des Durchschnittseinkommens erwirtschaftet hat, wird aufgrund des ihm gezahlten Zuschlages also möglicherweise finanziell nahezu gleich mit jemandem gestellt, der 33 Jahre lang in Vollzeit tätig war und knapp über 80% des Durchschnittsverdienstes erwirtschaftet hat.

1364 *Steinmeyer*, Gutachten 73. DJT, S. B 74.
1365 Vgl. ebenda; *Cremer*, DRV 2020, 127 (135); *Ruland*, NZS 2019, 881 (883).
1366 *Cremer*, DRV 2020, 127 (140).
1367 Vgl. *Brosius-Gersdorf*, DRV 2020, 45 (75).
1368 *Ruland*, NZS 2018, 881 (883).
1369 Vgl. *Ruland*, NZS 2016, 721 (726); *Papier*, DRV 2019, 1 (6 f.); *Ruland*, NZS 2019, 881 (885).

Indem die Regelung also Rentner mit weniger als 33 Beitragsjahren gegenüber solchen mit mehr als 33 Beitragsjahren benachteiligt, kommt es zu Gleichheitsproblemen – auch eine „kurze, wirksame Gleitzone"[1370] von nun 33 bis 35 Beitragsjahren erfordert schließlich irgendwo eine Grenzsetzung.[1371] Die „Lebensleistung" wird nur bei Versicherten mit geringem Einkommen – unter Anrechnung nicht rentenversicherungsrechtlichen Einkommens – anerkannt und damit die gleiche Lebensleistung höchst unterschiedlich[1372] oder unterschiedliche Lebensleistungen gleich bewertet.

Gleichzeitig wird das Ziel, (durch Aufstockung) eine Rente oberhalb der Grundsicherung zu generieren, nur innerhalb eines sehr eng begrenzten Personenkreises gewährleistet. Innerhalb dieses Personenkreises wiederum fällt der Zuschlag auf die Rente umso höher aus, desto geringer die erwirtschafteten Rentenleistungen sind,[1373] und auch dies erneut – wohl kaum gerechterweise – unabhängig davon, ob dem eine Vollzeit- oder nur eine Teilzeitbeschäftigung zugrunde liegt.

Problematisch ist zudem, dass die Rentenansprüche und -anwartschaften umso mehr an Eigentumsqualität und damit verfassungsrechtlichem Schutz (Art. 14 GG) verlieren, je weniger sie durch Beiträge erwirtschaftet worden sind.[1374] Da die rechtliche Qualität der Leistung geschmälert wird, verliert die Beitragsverpflichtung zunehmend ihre Rechtfertigung.[1375] Überdies weisen Kritiker hinsichtlich der Heranziehung des Steuerzahlers als Finanzierer nachvollziehbarerweise darauf hin, dass Bundeszuschüsse „weder dem Grunde noch der Höhe nach verfassungsrechtlich abgesichert und damit der Disposition der Politik überlassen sind"[1376] und die zugesagten Steuerzuschüsse genauso wenig sicher sind wie ihre zweckgebundene Verwendung.[1377] Ein Kritikpunkt, der vor allem in Zeiten wirtschaftlicher Schwierigkeiten – wie etwa aktuell verursacht durch eine Pandemie – zum Tragen kommen könnte.

1370 BT-Drucks. 19/18473, S. 57.
1371 *Ruland*, NZS 2019, 881 (883).
1372 *Sozialbeirat*, Gutachten zum Rentenversicherungsbericht 2019, Rn. 41.
1373 Würden über 35 Jahre 0,3 Entgeltpunkte erreicht, betrüge der Grundrentenzuschlag bei dem aktuellen Rentenwert von 34,19 (West) 314,12 € (35 Jahre x 0,3 EP x 34,19 € x 0,875), würden über 35 Jahre 0,7 Entgeltpunkte erreicht, betrüge der Grunrentenzuschlag aktuell 104,71 € (35 Jahre x (0,8 – 0,7) x 34,19 € x 0,875).
1374 *Papier*, DRV 2019, 1 (7); vgl. auch oben unter B.III.1.
1375 *Ruland*, NZS, 881 (885).
1376 *Papier*, DRV 2019, 1 (6).
1377 Ebenda; *Ruland*, NZS 2016, 721 (726); *Sozialbeirat*, Gutachten zum Rentenversicherungsbericht 2019, Rn. 48.

Nach dem Koalitionsvertrag stand hinter der Grundrentenregelung noch das Ziel der Verhinderung von Armut im Alter.[1378] Wohl weil dieses Ziel angesichts der gewählten Zielgruppe langjähriger Beitragszahler, denen ein unterdurchschnittliches Altersarmutsrisiko zugeschrieben wird, kaum erreicht werden kann,[1379] ist hiervon in dem Gesetzesentwurf keine Rede mehr.[1380] Vielmehr wird nun bezweckt, das „Vertrauen in das Grundversprechen des Sozialstaats und die Leistungsfähigkeit der gesetzlichen Rentenversicherung zu stärken".[1381] Dabei ist es paradoxerweise aber gerade der mit der neuen Regelung verletzte Grundsatz der Beitragsbezogenheit der Rente, der bisher zum allgemeinen Grundvertrauen in die gesetzliche Rentenversicherung beigetragen hat.[1382]

Die geplante Grundrente bringt insgesamt viele Schwierigkeiten mit sich, auf die im Rahmen der vergleichenden Analyse an geeigneter Stelle noch zurückgekommen werden soll.[1383]

Angesichts der insofern fraglichen Konzeption wird alternativ beispielsweise vorgeschlagen, sozialhilferechtliche Freibeträge für gesetzliche Renten einzuführen mit der Folge, dass die jeweilige gesetzliche Rente – wie etwa auch eine betriebliche oder private Rente (§ 82 Abs. 4, 5 SGB XII) – in Höhe des Freibetrages nicht auf die Sozialhilfe angerechnet würde.[1384] Als Vorteil wird angeführt, dass eine solche Freibetragsregelung gerechter wäre und weniger grundrechtliches Konfliktpotential mit sich brächte, eine deutlich höhere Anzahl von Personen profitieren würde und Armut so effizienter bekämpft werden könnte.[1385] Auch wird vorgeschlagen, stattdessen eine gewichtete Rentenformel einzuführen, die niedriges Einkommen rentenrechtlich generell aufwertet und damit eine Beitragsbezogenheit grundsätzliche beibehält, gleichzeitig aber zielgerichtet diejenigen träfe, deren niedriges Einkommen zu einer unzureichenden Vorsorge führt.[1386]

1378 Koalitionsvertrag zwischen CDU, CSU und SPD vom 12.3.2018, S. 14, 92 f.
1379 *Sozialbeirat*, Gutachten zum Rentenversicherungsbericht, Rn. 41; hierzu ausführlich auch *Papier*, DRV 2019, 1 ff. und *Ruland*, NZS 2019, 881 (884).
1380 Vgl. BT-Drucks. 19/18473, S. 56 Fn. 1.
1381 Ebenda, S. 1.
1382 *Steinmmeyer*, Gutachten 73. DJT, S. B 74.
1383 Siehe unten unter D.IV.5.a.cc.
1384 *Ruland*, DRV 2018, 1 (19 f.); *Brosius-Gersdorf*, DRV, 45 (76); vgl. auch *Sozialbeirat*, Gutachten zum Rentenversicherungsbericht 2015, S. 31 ff.
1385 *Ruland*, DRV 2018, 1 (19 f.).
1386 *Steinmeyer*, Gutachten 73. DJT, S. B 76 f.; siehe auch *Papier*, DRV 2019, 1 (5).

Es lässt sich festhalten, dass die Grundrente, aber auch alle zuvor dargestellten Änderungen und Vorhaben – technisch betrachtet – nur auf Kosten
der Prinzipien[1387] der Rentenversicherung zu haben sind. Die Wechselbe-
züglichkeit zwischen Leistung und Gegenleistung nimmt ab, und die Neuerungen machen eine stärkere Finanzierung der Rentenversicherung mittels
staatlicher Gelder erforderlich – es wird letztlich die Solidarität aller Bürger
und nicht nur der Versicherten gefordert. Die Grenzen zwischen Versicherung und steuerfinanziertem System werden zunehmend aufgeweicht, die
Legitimation der Sonderbelastung Versicherter mit Rentenversicherungsbeiträgen zunehmend in Frage gestellt und die Eigentumsqualität der
Rentenansprüche zunehmend verringert – Entwicklungen, die als höchst
kritisch angesehen werden können.

c. Reformpläne zur Einbeziehung Selbständiger

Bislang nicht umgesetzt wurde das im Koalitionsvertrag festgeschriebene – und nun auch von der Kommission Verlässlicher Generationenvertrag empfohlene –[1388] Ziel der Einführung einer Altersvorsorgepflicht für
alle Selbständigen, die nicht bereits anderweitig obligatorisch abgesichert
sind.[1389] Ein Vorhaben, das – wie gezeigt – mit dem Versicherungsprinzip
grundsätzlich ohne Weiteres vereinbar ist. Die Einbeziehung aller Selbständigen könnte als Schritt in Richtung „Erwerbstätigenversicherung" gesehen
werden und wäre nicht zuletzt deswegen sinnvoll, weil die Grenzen zwischen Selbständigkeit und Arbeitnehmereigenschaft – vor allem aufgrund
der Digitalisierung – immer mehr verschwimmen.[1390] Auch sind Selbständige im Alter überproportional bedürftig[1391] und ihre unzureichende Absicherung belastet letztlich die staatlichen Sozialhilfesysteme und damit den

---

1387 Hierzu oben unter A.I.; *Rolfs*, Das Versicherungsprinzip im Sozialversicherungs-
     recht, S. 541.
1388 *Kommission Verlässlicher Generationenvertrag*, Bericht der Kommission, Bd. I,
     S. 101 ff.
1389 Koalitionsvertrag zwischen CDU, CSU und SPD vom 12.3.2018, S. 93.
1390 Hierzu *Steinmeyer*, Gutachten 73. DJT, S. B 56, B 64; *Kreikebohm*, NZS 2020, 401
     (404).
1391 Die Grundsicherungsquote ist bei ehemaligen Selbständigen mit knapp 3,7 Pro-
     zent im Jahr 2015 deutlich höher als bei ehemals abhängig Beschäftigten, deren
     Quote bei 2,1 Prozent liegt, siehe hierzu *BMAS*, Alterssicherungsbericht 2016,
     S. 128.

Steuerzahler.[1392] Vorgesehen ist im Koalitionsvertrag, dass Selbständige zwischen der gesetzlichen Rentenversicherung und – als Opt-Out-Lösung – anderen geeigneten insolvenzsicheren Vorsorgearten wählen können sollen. Eine solche Wahlmöglichkeit allerdings würde nicht nur den neu hinzukommenden Personenkreis gegenüber dem bereits erfassten privilegieren, sondern birgt auch die Gefahr, dass in der gesetzlichen Rentenversicherung nur die „schlechten Risiken" verbleiben, die „guten" hingegen eine andere Vorsorgeform wählen, was dem Solidarprinzip widerspräche.[1393] Eine Befreiungsmöglichkeit sollte es daher allenfalls für Übergangsfälle geben.[1394]

5. Zusammenfassende Betrachtung

Die staatliche Alterssicherung in Deutschland ist – stärker als in China und Brasilien – auf verschiedene Systeme verteilt, die dem Grunde nach allesamt verpflichtend ausgestaltet sind. Entscheidungskriterium für die Zuordnung des Einzelnen zu einem System ist seine berufliche Tätigkeit – von ihr hängt ab, ob und wie er im Hinblick auf das Risiko Alter obligatorisch abgesichert ist. Nur in der Bundesrepublik gibt es für Landwirte ein ganz eigenes System, nur hier existieren berufsständische Versorgungswerke sowie eine Künstlersozialkasse und nur hier unterliegen Beamte einem eigenen Versorgungs-, nicht Versicherungssystem. All dies ist sicher mit auf die lang zurückreichende und tief verankerte Tradition dieser Systeme zurückzuführen. Zusammenlegungen wie etwa in China erscheinen wenig realitätsnah, auch wenn sie gelegentlich diskutiert werden.

Die die „Regelsicherung" im Alter bildende gesetzliche Rentenversicherung[1395] ist komplex gestaltet und trifft differenzierte Regelungen, die den Versicherungscharakter des Systems insgesamt deutlich zum Ausdruck bringen. Jedenfalls im Grundsatz erfüllt sie derzeit – nach wie vor – die verschiedenen Kriterien des Sozialversicherungsprinzips, zu denen der Versicherungszwang, die Finanzierung durch Beiträge, die Einkommensbezogenheit der Leistungen und auch die Äquivalenz von Leistung und Gegenleistung (hier in Form der Teilhabeäquivalenz) zu zählen sind, wenngleich die beiden letzteren Punkte vor allem mit den aktuellen Plänen zur Grundrente, wie erläutert, deutlich angegriffen werden.

1392 Vgl. *Steinmeyer*, Gutachten 73. DJT, S. B 57, der auch auf den häufig begrenzten Kenntnisstand vieler Selbständiger über ihre Altersvorsorge hinweist.
1393 *Steinmeyer*, Gutachten 73. DJT, S. B 57 f.
1394 Ebenda, S. B 58.
1395 *Zacher/Mager*, in: Zacher, Alterssicherung im Rechtsvergleich, S. 151 (161).

Wie üblich für ein Versicherungssystem, das der Konzeption nach nur Personengruppen erfasst, die bestimmte Kriterien erfüllen, birgt die Rentenversicherung die Gefahr von Sicherungslücken. So verbleiben in der Bundesrepublik Bürger, die von keinem der genannten (obligatorischen) Alterssicherungssysteme erfasst werden, auch nicht der gesetzlichen Rentenversicherung. Insbesondere Selbständige sind zu einem bedeutenden Teil nicht versicherungspflichtig. Dabei ist man tendenziell durchaus bestrebt, möglichst viele Bürger obligatorisch mit einzubeziehen – dies zeigt etwa die Erfassung der Künstler und Publizisten sowie die in jüngerer Zeit vorgenommene Ausweitung der Versicherungspflicht auf geringfügig Beschäftigte in der Variante der Entgeltgeringfügigkeit. Zwar ist auch die Einbeziehung der Selbständigen im Koalitionsvertrag zwischen CDU, CSU und SPD vom 12. März 2018 angedacht,[1396] sie scheitert bisher aber noch an der Frage der Umsetzung, insbesondere der Finanzierung.

Bestrebt, möglichst viele Bürger einzubeziehen, ist man unter anderem deshalb, weil man mit einer größeren Versichertengemeinschaft auch der demographischen Entwicklung besser begegnen zu können glaubt. Diese hat in Deutschland dazu geführt, dass – anders als bisher in den anderen Ländern – bereits zahlreiche Anpassungen innerhalb der Rentenversicherung vorgenommen wurden, die sich etwa in der Rentenberechnung oder der Erhöhung der Regelaltersgrenze widerspiegeln – Anpassungen, die vor allem der Stabilisierung der Ausgaben dienen sollten, die sich in der Regel aber nicht positiv auf die Qualität der Absicherung ausgewirkt haben und auch nicht auswirken konnten.

Als Reaktion auf das infolgedessen immer weiter gesunkene Rentenniveau hat es sich die Rentenreform von 2018 zum Ziel gesetzt, das Sicherungsniveau zu stabilisieren.[1397] Dieser Schritt wird insbesondere zur Stärkung der Akzeptanz der gesetzlichen Rentenversicherung als erforderlich erachtet.[1398] Da die Sicherung des Rentenniveaus angesichts der demographischen Entwicklung unweigerlich mit höheren Ausgaben einhergeht ohne dass dem zwangsläufig höhere Einnahmen gegenüberstehen, jedoch gleichzeitig eine – insofern kontraproduktive – Beitragserhöhung vermieden werden sollte, hat man sich zur Heranziehung weiterer Bundeszuschüsse und damit letztlich weiterer Steuermittel für die Finanzierung entschieden. Die Reform geht damit zu Lasten des Versicherungsprinzips.

1396 Koalitionsvertrag zwischen CDU, CSU und SPD vom 12.3.2018, S. 93.
1397 BT-Drucks. 19/4668, S. 1.
1398 Ebenda.

Und obwohl man sich bewusst ist, dass die Finanzierung der Rentenversicherung zunehmend kostspieliger werden wird, sind zusätzlich wiederholt Verteuerungen des Systems beschlossen worden, die zudem versicherungsfremd sind – allen voran die Mütterrente, mit der man unter anderem Altersarmut bekämpfen möchte.[1399] Auch die neu eingeführte und kostspielige Grundrente steht im Zusammenhang mit dem Ziel der Armutsvermeidung – auch wenn diese Zielsetzung nicht mehr ausdrücklich benannt wird –, denn die Grundrentenbezieher sollen eine Leistung oberhalb von Fürsorgeleistungen erhalten, womit sich die Grundrente als „von der Intention getragen [erweist], eine Sozialhilfeleistung zu vermeiden".[1400] Mit dem wiederholt zum Ausdruck kommenden Wunsch, Altersarmut zu bekämpfen, nimmt man sich jedoch einer Zielsetzung an, die in Deutschland dogmatisch der Sozialhilfe beziehungsweise der Grundsicherung im Alter zuzuordnen ist. In der gesetzlichen Rentenversicherung bedeutet diese Zielsetzung eine Aufweichung des Äquivalenzprinzips. Dies ist bis zu einem gewissen Punkt systemimmanent und Ausdruck des Solidargedankens, geht darüber hinaus aber – neben rechtlichen Schwierigkeiten im Hinblick auf den Gleichheitsgrundsatz und einem zunehmenden Eigentumsqualitätsverlust der Rentenansprüche – praktisch mit der Gefahr einher, die Akzeptanz der Rentenversicherung zu schmälern.[1401] Denn das Prinzip, dass höhere Leistungen mit höheren Gegenleistungen einhergehen, entspricht grundsätzlich einem natürlichen Gerechtigkeitsempfinden.[1402]

Eine Akzeptanzstärkung will man aber wiederum gerade durch Methoden wie der Beitragssatzstabilisierung und der Grundrente – Methoden, die nicht dem Versicherungsprinzip entsprechen – erreichen. Der deutsche Gesetzgeber bewegt sich insofern auf einem schmalen Grat zwischen Akzeptanzstärkung und Akzeptanzverlust. Es stellt sich die Frage, ob die zunehmende Aufweichung des Versicherungsprinzips angesichts der aktuellen Herausforderungen und Probleme erforderlich oder aber vielmehr langfristig ein wenig sinnvoller Weg für die Zukunftsfähigkeit des Systems ist.

1399 Zum Ziel der Bekämpfung von Altersarmut mit der Mütterrente siehe Koalitionsvertrag zwischen CDU, CSU und SPD vom 12.3.2018, S. 93.

1400 *Steinmeyer*, Gutachten 73. DJT, S. B 76.

1401 Zur These, dass die Wahrung des Äquivalenzprinzips die Akzeptanz des Systems fördert beispielsweise *Sozialbeirat*, Gutachten zum Rentenversicherungsbericht 2015, Rn. 53; *Schmähl*, in: ders., Versicherungsprinzip und soziale Sicherung, S. 204 (210 f.); vgl. auch *Thiede*, NZS 2013, 601 (602).

1402 *Sozialbeirat*, Gutachten zum Rentenversicherungsbericht 2015, Rn. 56 f.

IV. Vergleichende Analyse vor dem Hintergrund aktueller Herausforderungen

Sozialer Sicherheit im Allgemeinen, aber auch der Absicherung im Alter wird, wie eingangs dargestellt, ein großes Potential zugesprochen: Sie wird als signifikanter Faktor für die Verminderung von Ungleichheit und Armut, als Antrieb für wirtschaftliches Wachstum, als wichtiges Element für die Gewährleistung von Frieden, gesellschaftlicher Stabilität sowie sozialem Zusammenhalt durch soziale Gerechtigkeit gesehen.

Je nach sozialpolitischer Strömung setzt man Systeme sozialer Sicherheit mehr oder weniger stark zur Erreichung solcher Ziele ein.[1403] Aus den unterschiedlichsten Beweggründen und in unterschiedlichsten Realitäten, nicht nur, aber stets auch mit diesem Potential vor Augen, haben sich alle drei der hier betrachteten Länder dafür entschieden, staatliche Alterssicherungssysteme zu etablieren und diese – zumindest teilweise – als Rentenversicherungssysteme auszugestalten. Bei allen Verschiedenheiten im Detail folgen sie gemeinsamen Grundstrukturen. Sowohl Deutschland als auch Brasilien und China haben sich – jedenfalls auch – für staatliche Systeme mit Zwangscharakter entschieden, die möglichst vielen ihrer Bürger eine lebenslange Rente gewährleisten sollen, deren Höhe sich im Grundsatz an den Leistungen während des Erwerbslebens orientiert und finanziert wird durch einkommensorientierte Beiträge sowie staatliche Mittel (auch) im Wege des Umlageverfahrens. Gleichzeitig sollen die Systeme eine gewisse Form sozialen Ausgleichs gewährleisten.

Mindestens so groß wie die Anpreisungen sind dabei die sich stellenden Herausforderungen. Es genügt nicht, ein Rentenversicherungssystem rechtlich zu verankern, es muss auch funktionieren und dies effektiv. Eine essenzielle Voraussetzung hierfür ist, dass rechtlich wie tatsächlich möglichst viele Bürger erfasst werden. Denn dort, wo der Einzelne nicht versorgt ist, wird nicht nur das Ziel der Absicherung verfehlt, sondern es besteht zudem die Gefahr, dass – bei allen hier betrachteten Akteuren – in der Not der Staat als (finanzieller) Helfer einspringen muss. Schon deshalb sollten die Staaten naturgemäß ein Interesse daran haben, ihre Systeme möglichst umfassend auszugestalten und durchzusetzen. Keines der hier untersuchten Länder hat aber den – wohl einfacheren, da schlicht durch Steuern finanzierten, jedermann einbeziehenden und Pauschalleistungen

---

1403 Vgl. *Eichenhofer*, NZS 2007, 57 (59).

erbringenden – Weg der Staatsbürgerversorgung[1404] gewählt. Das Erreichen einer weiten Abdeckung durch ein Versicherungssystem erfordert ungeheure Anstrengungen in jeder Hinsicht. Und die Erfassung kann nicht um jeden Preis erfolgen, denn das hätte unerwünschte Auswirkungen. Die Systeme müssen finanzierbar und der Verwaltungsaufwand überschaubar bleiben. Gleichzeitig müssen sie eine Absicherung bieten, die es wert ist, als solche bezeichnet zu werden, und das auch in Zeiten, in denen die demographische Entwicklung Schwierigkeiten bereitet – die Renten müssen nicht nur ein adäquates Niveau erreichen, sondern auch sicher geleistet werden können.[1405]

Wie sich Brasilien, China und Deutschland dem umfang- und facettenreichen Thema Rentenversicherung mit all seinen Herausforderungen stellen und inwiefern sie dabei Systemprinzipien treu bleiben, kann nur anhand wesentlicher Aspekte verglichen werden. Etwaige Konvergenzen, Kongruenzen und Differenzen sollen möglichst zusammenfassend und der Übersichtlichkeit halber in jeweils vergleichendem Zusammenhang dargestellt werden. Als Vergleichsaspekte dienen hier die Systemstrukturen, innerhalb derer die von der Versicherung erfassten Personenkreise, ihre Versicherungspflicht und die Beitragstragung verglichen werden sollen (2.), die Finanzierung (3.), die Leistungsvoraussetzungen (4.) und die Rente an sich einschließlich etwaiger Anpassungsmechanismen (5.). Zu Beginn soll zunächst die demographische Entwicklung als aktuell größte Herausforderung für alle hier verglichenen Staaten einschließlich etwaiger Handlungsmöglichkeiten beleuchtet werden (1.). Am Ende folgt eine Schlussbetrachtung (6.).

Vorab ist darauf hinzuweisen, dass volkswirtschaftliche Aspekte in dieser im Grundsatz juristischen Arbeit nur angerissen werden können und sich bei dem Vergleich im Hinblick auf finanzielle Aspekte der Rentenversicherungssysteme zudem besondere Schwierigkeiten ergeben. Üblicherweise

---

1404 Vgl. zum Begriff der Staatsbürgerversorgung etwa *Adam*, Bausteine der Politik, S. 232.

1405 Ob ein Rentensystem gut konzipiert ist will die Weltbank (*Whitehouse*, Pension indicators, S. 6) anhand von sechs verschiedenen Faktoren messen: Die Rentenabdeckung, die Angemessenheit der Renten, die Finanzierbarkeit beziehungsweise finanzielle Nachhaltigkeit des Systems, die Wirtschaftlichkeit unter Berücksichtigung des wirtschaftlichen Verhaltens des Einzelnen, die administrative Effizienz sowie die Sicherheit der Rentenleistungen. Auf die verschiedenen Faktoren soll innerhalb dieser Untersuchung, soweit möglich, eingegangen werden; wirtschaftswissenschaftliche Aspekte können hier jedoch nicht im Detail untersucht werden.

wird – auch auf internationaler Ebene – bei dem Begriff Rente regelmäßig differenziert zwischen Renten wegen Alters, Renten wegen verminderter Erwerbsfähigkeit sowie Renten wegen Todes,[1406] was aber natürlich nicht heißt, dass ein nationales Rentensystem auch alle drei Rentenarten oder nur diese kennt und bedient. Und falls doch, ist damit noch nichts über den Umfang der jeweiligen Absicherung gesagt. Bei den hier betrachteten Staaten sind diesbezüglich große Unterschiede zu verzeichnen. Während die deutsche Rentenversicherung Altersrenten, Renten wegen verminderter Erwerbsfähigkeit sowie Renten von Todes wegen kennt, ist das brasilianische Rentenversicherungsregime nicht nur für diese Rentenarten zuständig, sondern darüber hinaus für die Gewährung von Mutterschutz- und bestimmten anderen Familienleistungen.[1407] Die chinesische Rentenversicherung hingegen kennt nur sehr eingeschränkt Renten von Todes wegen sowie wegen verminderter Erwerbsfähigkeit und sichert auch keine darüberhinausgehenden Risiken ab. Die zur Verfügung stehenden finanziellen Mittel, insbesondere die Beiträge der Versicherten, werden mithin teilweise unterschiedlich verwendet. Betrachtet wird in dieser Untersuchung aber allein die Absicherung des Risikos Alter durch die jeweiligen Rentenversicherungssysteme, also die Altersrente. Insofern kann keine konkrete Aussage darüber getroffen werden, welchen finanziellen Umfang andere Leistungen neben denen der Altersrenten einnehmen. Ein Vergleich auf finanzieller Ebene würde eine besondere Differenzierung und vor allem auch volkswirtschaftliche Erläuterungen voraussetzen. Das kann und soll an dieser Stelle nicht geleistet werden; der Vergleich muss daher auf die Darstellung der groben Strukturen beschränkt werden und bleibt in diesem – obgleich wichtigen – Thema ungenau.

1. Herausforderung demographische Entwicklung

Die weltweiten Herausforderungen – Veränderungen gesellschaftlicher, wirtschaftlicher, politischer, technologischer und sozialer Art – setzen die Rentenversicherungssysteme unter erheblichen Anpassungs- und Konsolidierungsdruck. Ganz besonders haben sie mit der demographischen Entwicklung zu kämpfen. Die Lebenserwartung der Menschen steigt, die Geburtenrate sinkt jedoch – die Gesellschaft verkleinert sich tendenziell, der

---

1406 Z.B. *van Ginneken*, Extending social security, S. 34.
1407 Art. 18 Gesetz Nr. 8.213/91.

Anteil der älteren Menschen nimmt jedoch zu. Für die hier untersuchten umlagefinanzierten Rentenversicherungssysteme, in denen die Erwerbstätigen die Renten finanzieren, ist es naturgemäß problematisch, wenn der Anteil der zu versorgenden Rentner stetig steigt und der der Erwerbstätigen sinkt.[1408]

Der Trend der Bevölkerungsabnahme ist für Industrie- bzw. Post-Industrieländer durchaus typisch, Deutschland ist als einer der Spitzenreiter dieser Entwicklung bekannt. Für Entwicklungsländer hingegen gilt das Gegenteil: sie weisen häufig hohe Wachstumsraten auf.[1409] Die hier betrachteten Schwellenländer China und Brasilien sind auf diesem Gebiet längst keine Entwicklungsländer mehr: sie altern. China hat mit einem „Tsunami" einer alternden Bevölkerung zu kämpfen, so heißt es;[1410] die Bevölkerung sei die am schnellsten alternde weltweit.[1411] Dies ist nicht zuletzt mit auf die chinesische Ein-Kind-Politik zurück zu führen, die erst 2015 abgeschafft beziehungsweise in eine Zwei-Kinder-Politik umgeändert wurde.[1412] Als Ursache wird aber auch schlicht die sozio-ökonomische Entwicklung gesehen.[1413] Und auch Brasilien hat 1980 hat die sogenannte demographische Dividende erreicht; die Zahl der Personen im Rentenalter nimmt immer stärker zu und die der jüngeren Menschen ab.[1414] Das belegen die nachfolgenden Zahlen (a.), nach deren Darstellung abstrakt Reaktionsmöglichkeiten der Rentenversicherung auf die demographische Entwicklung dargestellt werden sollen (b.).

a. Die demographische Entwicklung in Zahlen

Veranschaulicht wird das Altern der Bevölkerung beziehungsweise seine Auswirkung auf die Gesellschaft häufig anhand des sogenannten Alters-

---

1408 Und ohne dass entsprechend höhere Einkommen der Erwerbstätigen das entstehende Defizit ausgleichen können.

1409 *Altmann*, Volkswirtschaftslehre, S. 50.

1410 *Cai/Cheng*, Pension Reform in China: Challenges and Opportunities, Journal of economic surveys 28 (2014), 636 (637).

1411 *Turner/Xu/Boado-Penas*, A Financial Assessment of the Chinese Pay-As-You-Go Pension System, S. 2.

1412 Hierzu etwa *Stürzenhofecker*, in: Zeit Online vom 29.10.2015.

1413 Ebenda.

1414 *ISSA*, Social security coverage extension in the BRICS, S. 18.

oder Abhängigenquotienten.[1415] Er stellt das zahlenmäßige Verhältnis von älteren Personen, die im Allgemeinen nicht mehr erwerbstätig sind (hier wird von einem Alter von 65 Jahren und älter ausgegangen), und Personen im erwerbsfähigen Alter (hier wird von einem Alter von 20 bis 64 Jahren ausgegangen) mathematisch dar.[1416]

Für Brasilien betrug der Abhängigenquotient 2019 14,9,[1417] was bedeutet, dass 100 Menschen im Alter von 20–64 Jahren rechnerisch 14,9 Menschen im Alter von über 65 Jahren unterstützen mussten. Für 2030 wird mit einem Anstieg des Quotienten auf 22,0, für 2050 auf 39,5 und für 2075 auf 61,4 gerechnet.[1418]

China wies 2019 einen Quotienten von 17,7[1419] auf, für 2030 wird ein Wert von 27,4, für 2050 von 47,5 und für 2075 von 58,8 prognostiziert.[1420] China hat diesen Zahlen zufolge früher mit der demographischen Entwicklung zu kämpfen als Brasilien.

Deutschland verzeichnet den höchsten Quotienten der hier verglichenen Länder, der Anstieg verläuft (dementsprechend) nicht ganz so rasant wie in den anderen Ländern: 2019 hatten 100 jüngere bereits etwa 36,1[1421] alte Menschen zu unterstützen, bis 2030 werden es voraussichtlich 47,7, bis 2050 58,1 und bis 2075 60,0 sein.[1422]

Die Entwicklung lässt sich auch gut mit einem Blick auf Geburtenrate und Lebenserwartung veranschaulichen: Die Geburtenrate, die bei etwa 2,1 liegen müsste, um die Bevölkerungszahl konstant zu halten,[1423] liegt im Zeitraum 2015–2020 in Brasilien bei 1,74, in China bei 1,69 und in Deutschland bei nur 1,59.[1424] Die Lebenserwartung aber steigt: Während sie in Brasilien im Zeitraum 1990–1995 noch bei etwa 67,34 Jahren (zum Zeitpunkt der Geburt) lag, beträgt sie im Zeitraum 2015–2020 bereits 75,56

1415 *He/Goodkind/Kowal*, An Aging World: 2015, S. 15.
1416 Ebenda, S. 15, 23.
1417 *United Nations*, World Population Ageing 2019, S. 36.
1418 *United Nations*, World Population Prospects 2019, Data Query, Old-age dependency ratio (ratio of population aged 65+ per 100 population 20-64).
1419 *United Nations*, World Population Ageing 2019, S. 33.
1420 *United Nations*, World Population Prospects 2019, Data Query, Old-age dependency ratio (ratio of population aged 65+ per 100 population 20-64).
1421 *United Nations*, World Population Ageing 2019, S. 35.
1422 *United Nations*, World Population Prospects 2019, Data Query, Old-age dependency ratio (ratio of population aged 65+ per 100 population 20-64).
1423 *He/Goodkind/Kowal*, An Aging World: 2015, S. 15.
1424 *United Nations*, World Population Prospects 2019, Data Query, Total fertility (children per woman).

Jahre.[1425] In China ist sie im gleichen Zeitraum von 69,37 auf 76,62 gestiegen und in Deutschland von 75,99 auf 81,11.[1426] Für alle drei Länder wird ein weiterer Anstieg vorhergesagt.[1427]

Dementsprechend wächst der Anteil der alten Menschen in der Bevölkerung. In Brasilien lag der Anteil der über 65-Jährigen 1980 noch bei 3,8%, stieg bis 2015 auf 8,0% und für 2050 wird mit einem Anteil von 22,7% gerechnet.[1428] In China stieg er von 4,7% im Jahre 1980 auf 9,3% im Jahre 2015 und soll 2050 Prognosen zufolge bei 26,1% liegen.[1429] In Deutschland ist der Bevölkerungsanteil der über 65-Jährigen von bereits 15,7% im Jahre 1980 auf 21,2% im Jahre 2015 angewachsen und für 2050 wird ein Anteil von 30,0% prognostiziert.[1430]

b. Reaktionsmöglichkeiten der Rentenversicherung

Um finanziell leistungsfähig zu bleiben, müssen die Rentenversicherungssysteme gegensteuern. Dafür lassen sich innerhalb des jeweiligen Systems im Grundsatz (nur) drei verschiedene Stellschrauben bedienen, wobei das Drehen an der einen unbeliebter ist als das an der anderen: Der Beitragssatz kann angehoben, das Rentenniveau abgesenkt und/oder die Regelaltersgrenze erhöht werden. Als vierte Möglichkeit wird von einigen angeführt, Reservefonds zu unterhalten, um sich so finanziell gegen in der Zukunft steigende Ausgaben zu wappnen.[1431]

Die demographischen Veränderungen haben viele Länder weltweit dazu bewogen, für ihre Rentenversicherungssysteme Anpassungsmechanismen, die diese Stellschrauben automatisch bedienen, zu schaffen und rechtlich zu verankern. Dies erscheint aus wirtschaftlicher wie politischer Sicht attraktiv. Die automatischen Mechanismen sollen die Ausgaben der Rentenversicherungssysteme ohne Rechenfehler und politische Unwägbarkeiten stabilisieren, um die Finanzierung auch in demographisch schwierigen Zei-

---

1425 *United Nations*, World Population Prospects 2019, Data Query, Life expectancy, e(x), at exact age x (years).
1426 Ebenda.
1427 Ebenda.
1428 *United Nations*, World Population Prospects 2019, Data Query, Percentage of total population by broad age group, both sexes (per 100 total population).
1429 Ebenda.
1430 Ebenda.
1431 *D'Addio/Whitehouse*, Towards Financial Sustainability of Pension Systems, S. 23.

ten oder wirtschaftlichen Krisen zu gewährleisten; sie sollen die Rentenversicherungen sozusagen gegen derartige Risiken immunisieren.[1432] Eine automatische Anpassung ist transparent, in gewissem Rahmen vorhersehbar und unpopuläre sowie politisch schwierig durchsetzbare Entscheidungen wie Leistungskürzungen können auf diese Weise ohne sich ständig wiederholende Diskussionen realisiert werden.[1433]

Bei dem Bewegen dieser „Stellschrauben" ist – ob automatisch oder anderweitig – stets mit Maß vorzugehen. So ist das Anheben der Beitragssätze vor allem dann problematisch, wenn diese bereits hoch sind. Denn die Beitragszahlung muss – auch im Verhältnis zu den gesamten Sozialversicherungsabgaben – für den Einzelnen möglich bleiben und zu hohe Beiträge steigern Umgehungsrisiken. Ferner läuft man Gefahr, dass Beitrag und spätere Leistung nicht mehr in einem adäquaten Verhältnis zueinander stehen. Überdies muss die wirtschaftliche Konkurrenzfähigkeit erhalten bleiben, gerade in Zeiten der Globalisierung. Ein Absenken des Rentenniveaus ist ebenfalls mit Risiken verbunden: Wenn eine Absicherung im Alter tatsächlich gewährleistet, die Belastung des Einzelnen mit Beiträgen (verfassungsrechtlich) gerechtfertigt und die Rentenversicherung attraktiv werden/bleiben soll, dann muss die Rente ein gewisses Niveau halten. Überdies steht einer zu starken Absenkung in Deutschland die grundrechtliche Eigentumsgarantie entgegen, in Brasilien der Vertrauensgrundsatz sowie der Schutz erworbener Rechte und in China drohte zumindest ein gravierender Vertrauensverlust in der Bevölkerung. Bei der Erhöhung der Regelaltersgrenzen schließlich dürfte das größte Problem politischer Natur sein: Wahlen ließen sich in Deutschland und Brasilien mit dieser Forderung wohl nicht gewinnen und in China dürfte jedenfalls die Stimmung in der Bevölkerung so nicht zu heben sein. Davon abgesehen muss ab einem bestimmten Punkt Rücksicht auf die Lebens- und Arbeitsumstände in einem Land genommen werden; ein längeres Arbeiten muss praktisch auch möglich sein, um es rechtlich sinnvoll anordnen zu können.

Letztlich erscheint es bei den vorzunehmenden rechtlichen Anpassungen wichtig, dass sich die Länder nicht nur darauf konzentrieren, finanzielle Nachhaltigkeit zu gewährleisten, sondern auch die soziale Nachhaltigkeit im Blick zu behalten.[1434] Anpassungen dürfen nicht grenzenlos vorgenom-

---

1432 Siehe hierzu *D'Addio/Whitehouse*, Towards Financial Sustainability of Pension Systems, S. 7.
1433 Ebenda.
1434 *D'Addio/Whitehouse*, Towards Financial Sustainability of Pension Systems, S. III.

men werden. Dies gilt nicht zuletzt auch deshalb, weil die aufgezeigten Veränderungen neben ihrer Unbeliebtheit gemeinsam haben, dass sie die Bürger in ihrem Rechtskreis und in ihrem Vertrauen berühren.

Die Systeme müssen es schaffen, ein Gleichgewicht zwischen nachhaltiger Finanzierung und angemessenen Renten zu gewährleisten; die Prinzipien der „Leistungsgerechtigkeit" und „Besitzstandsgerechtigkeit"[1435] müssen in einem ausgewogenen Verhältnis zueinanderstehen und gleichzeitig zu größtmöglicher Entfaltung gelangen. Das bedeutet letztlich auch, einen vernünftigen (Risiko-)Ausgleich zwischen den Generationen zu finden. Das mit der Bevölkerungsalterung einhergehende, zunehmend auch politische Gewicht der Älteren darf nicht dazu führen, dass jüngere Generationen überlastet werden. Bei allen Lösungen spielen ferner nicht nur politischer Wille, sondern auch die ökonomischen Möglichkeiten eine Rolle. Schließlich dürfte es helfen, sich bei allen geplanten Maßnahmen stets die Konzeption des Systems, in das man eingreift, in das Bewusstsein zu rufen, verspricht dies doch zu verhindern, konzeptlos zu agieren.[1436]

Welcher Anpassungsmechanismen sich die hier betrachteten Staaten innerhalb welcher Grenzen bedienen oder bedienen könnten, soll in den folgenden Unterabschnitten an geeigneter Stelle näher beleuchtet werden.

2. Die Systemstrukturen: Versicherter Personenkreis, Versicherungspflicht und Beitragstragung

Alle drei Staaten sind bestrebt, möglichst viele Bürger von der Rentenversicherung zu erfassen, was für ein Versicherungssystem, das von seiner Konzeption her – wie bereits erwähnt – gerade nicht pauschal die ganze Bevölkerung erfasst, ein ambitioniertes Vorhaben ist und mit dem Versicherungsgedanken nicht immer konform geht. Um ein solches Ziel (dennoch) annähernd zu realisieren, müssen die Systeme zum einen möglichst umfassend ausgestaltet sein und zum anderen auch umgesetzt werden. Zur Ausgestaltung wiederum gehört nicht nur, dass der Einzelne erfasst wird, sondern auch, dass er seinen Beitragspflichten nachkommen kann. Denn die Leistbarkeit der Beiträge ist in einem Versicherungssystem Grundvoraussetzung dafür, dass der Einzelne einbezogen werden kann und sich der Versicherung auch nicht entzieht, Regelungen also umgesetzt werden. Aus diesem Grund soll in diesem Unterpunkt zu den Systemstrukturen

---

1435 *Schulte*, in: EISS Yearbook 1987, S. 175 (181).
1436 Vgl. *Schmähl*, in: ders., Versicherungsprinzip und soziale Sicherung, S. 1 f.

nicht nur die Erfassung der Bürger an sich vergleichend untersucht werden, sondern auch ein Blick auf die dafür geltenden Bedingungen geworfen werden.

Die Anknüpfung der Rentenversicherungssysteme erfolgt seit jeher tätigkeitsbezogen. Ausgangspunkt bildet ein die Versicherungspflicht auslösendes Beschäftigungsverhältnis, denn nur da, wo Einkommen vorhanden ist, kann auch die Beitragspflicht erfüllt werden. Nach diesem simpel anmutenden Grundsatz wird es aber komplizierter. Denn wer zum Kreis dieser Beschäftigten gezählt wird, wie man diesen Kreis versorgt und wie und wo man die übrigen Bürger einschließlich der Selbständigen, Landwirte, Beamten und der nicht berufstätigen Bevölkerung „unterbringt", ist, wie gezeigt, höchst unterschiedlich. Und der Versicherungsgedanke spielt dabei nicht immer eine Rolle.

Strukturell ergibt sich folgender grober Überblick:[1437]

Brasilien:

Beamte	Beschäftigte, Selbständige, Landwirte, Sonstige	
RPPS Beamtenversicherung	RGPS – Allgemeines Rentenversicherungsregime	
	Previdência Urbana städtische Rentenversicherung	*Previdência Rural* ländliche Rentenversicherung

China:

Beamte	Beschäftigte, Selbständige	Landwirte, Selbständige, Sonstige
Beamtenversorgung bzw. nun -versicherung	Grundrentenversicherung für die Beschäftigten	Grundrentenversicherung für die städtischen und ländlichen Bewohner

Deutschland:

Beamte	Beschäftigte, Selbständige, Sonstige	Landwirte	Angehörige bestimmter Berufsgruppen
Beamtenversorgung	Gesetzliche Rentenversicherung	Alterssicherung der Landwirte	Berufsständische Versorgungswerke

---

1437 Die Schattierungen dienen der Unterscheidung der Systeme, die Größe der Kästchen entspricht nicht der proportionalen Verteilung in der Realität. Die Darstellung enthält keine Aussage darüber, ob die jeweilige Teilnahme freiwillig oder obligatorisch ausgestaltet ist.

Für die vergleichende Analyse hinsichtlich der Systemstrukturen wird zwischen Beschäftigten (a.), Selbständigen (b.), freiwillig Versicherten (c.), informell Beschäftigten (d.) sowie in der Landwirtschaft Tätigen (e.) differenziert, daneben wird ein kurzer Blick auf die Absicherung der Beamten geworfen (f.). Im Anschluss wird darauf eingegangen, wie sich die Erfassung in Zahlen ausdrückt (g.).

a. Beschäftigte

aa. Beschäftigtenbegriff und Versicherungspflicht

Ein Prinzip, dem alle hier betrachteten Staaten folgen, ist das der Versicherungspflicht. Für staatliche Sozialversicherungssysteme ist gemeinhin anerkannt, dass sie im Grundsatz als Zwangsversicherung auszugestalten sind. Gerechtfertigt wird dies insbesondere mit der These, dass viele Menschen aufgrund ihres „Kurzfristigkeitsdenkens" eine Versicherung von selbst nicht abschließen oder sich vielleicht auch darauf verlassen würden, im Zweifelsfall in ein Grundsicherungsnetz zu fallen, auch *„moral hazard"* (moralisches Risiko) genannt.[1438] Nur die Versicherungspflicht bewahrt die Allgemeinheit vor der unterlassenen Risikovorsorge des Einzelnen.[1439] Denn in allen drei Staaten ist es letztlich die Allgemeinheit, die es in Form von Steuerabgaben ermöglicht, denjenigen, die trotz Schutzbedürftigkeit nicht abgesichert sind, eine Mindestversorgung in Form der Sozialhilfe zu gewähren. Und nur die mittels Versicherungspflicht erreichte hohe Abdeckungsrate kann auch die gewünschte Breite der Risikogemeinschaft generieren, die zugleich in gewissem Rahmen sozialen Ausgleich und soziale Umverteilung ermöglicht.[1440] Sie ist zudem Voraussetzung für das langfristige Funktionieren des Umlageverfahrens.[1441]

Auch wenn die Qualifikation als Versicherungspflichtiger immer auch an eine Tätigkeit anknüpft, ist sie nicht in jedem Fall gleichzusetzen mit der jeweiligen arbeitsrechtlichen Qualifikation als Arbeitnehmer. Daher wird in dieser Arbeit – wie im deutschen Recht – für alle Staaten als Anknüp-

---

1438 *Bofinger*, Grundzüge der Volkswirtschaftslehre, 11.3., 13.3.1.
1439 *Waltermann*, Sozialrecht, Rn. 109; vgl. für Deutschland BVerfG, Beschluss vom 22.6.1977, 1 BvL 2/74, NJW 1978, 207 (208).
1440 *Waltermann*, Sozialrecht, Rn. 109; *Rolfs*, Das Versicherungsprinzip im Sozialversicherungsrecht, S. 111.
1441 Hierzu *Rolfs*, Das Versicherungsprinzip im Sozialversicherungsrecht, S. 251.

fungspunkt für die gesetzliche Versicherungspflicht einheitlich der Begriff des Beschäftigten (im sozialrechtlichen Sinne) verwendet. Je weiter der Beschäftigtenbegriff und damit der Grundkreis der Versicherungspflichtigen, desto einfacher die Erfassung und größer die Chance für eine umfassende Abdeckung.

Der Begriff des Beschäftigten orientiert sich – auch wenn er mit dem des Arbeitnehmers nicht zwangsläufig deckungsgleich ist – stets am nationalen Arbeitsrecht. Der typische Versicherungspflichtige ist in allen drei Staaten der Arbeitnehmer im arbeitsrechtlichen Sinne. Die Qualifikation als Arbeitnehmer wiederum ist überall insbesondere an das Merkmal der abhängigen Tätigkeit geknüpft. Selbständige sind vom Arbeitnehmer- und Beschäftigtenbegriff ausgenommen und abzugrenzen.

Am umfassendsten ist der Arbeitnehmerbegriff – und auch der darauf aufbauende Beschäftigtenbegriff – in Deutschland ausgestaltet. Im Grunde ist jede Form abhängiger entgeltlicher Tätigkeit nach Weisung und unter Eingliederung in die Arbeitsorganisation des Weisungsgebers vom Arbeitnehmerbegriff erfasst einschließlich faktischer, geringfügiger und nicht dauerhafter Arbeitsverhältnisse. Der sozialrechtliche Beschäftigtenbegriff erweitert diesen Kreis auf verschiedene weitere schutzbedürftige Gruppen wie beispielsweise arbeitnehmerähnliche Selbständige, behinderte Menschen in geschützten Einrichtungen, Künstler und Publizisten sowie bestimmte, sich in der Berufsausbildung befindliche Personen. Der Beschäftigtenbegriff ist weit gefasst.

Das brasilianische Sozialrecht kennt und definiert, wie oben gezeigt, einige Arten abhängiger entgeltlicher Arbeit, ohne sie dem Arbeitnehmerbegriff und damit der Grundform des Beschäftigten im sozialrechtlichen Sinne zuzuordnen. Der Kreis der Arbeitnehmer ist enger. Zwar ist auch das faktische Arbeitsverhältnis erfasst, Voraussetzung ist aber beispielsweise immer eine gewisse Dauerhaftigkeit der Beschäftigung – nur kurzfristig eingesetzte Arbeiter und Gelegenheitsarbeiter einschließlich der über ihre Verwaltungsorgane vermittelten „losen" Arbeiter (häufig Hafenarbeiter) werden außen vor gelassen. Die brasilianischen Sozialversicherungsgesetze greifen diverse dieser „atypischen" Beschäftigungsformen auf, kategorisieren sie und warten in diesem Zusammenhang mit einer Vielzahl von spezifischen sozialrechtlichen Regelungen auf. Sinn und Zweck ist aber nicht, Personengruppen der Sozialversicherung(spflicht) zu entziehen, sondern – im Gegenteil – ihnen die Sozialversicherung zu ermöglichen. Denn auch sie gelten – wenn auch nicht als Arbeitnehmer – im Ergebnis doch als Beschäftigte im Sinne des Sozialrechts: Sämtliche Erwerbstätige, deren

Einnahmen die Höhe eines Mindestlohnes übersteigen, sind versicherungspflichtig. Indem man sie aber bestimmten eigenen Kategorien zuordnet, versucht man – in der Regel durch Beitragserleichterungen – auf ihre finanzielle Leistungsfähigkeit Rücksicht zu nehmen und sicherzustellen, dass sie der Versicherungspflicht auch nachkommen und ihre Beiträge zahlen können. Die Einordnung in eine bestimmte Kategorie außerhalb der Arbeitnehmer beziehungsweise der regulär Beschäftigten entscheidet in Brasilien im Ergebnis also nur über die Modalitäten der Versicherung, nicht über die Versicherungspflicht an sich. Derartige Modalitäten kennt auch das deutsche Recht. Die getroffenen Differenzierungen führen sozialrechtlich also hauptsächlich zu Unterschieden dogmatischer Art.

Anders in China, wo tatsächlich ausschließlich die „regulär" Beschäftigten, die Arbeitnehmer versicherungspflichtig sind. Und dieser Kreis ist ein stark beschränkter. Nicht nur nimmt man sämtliche Arten flexibler und atypischer Arbeit wie landwirtschaftliche Tätigkeiten, Saisonarbeit, Gelegenheitsarbeit sowie die Arbeit von Haushaltsangestellten heraus, sondern stellt zusätzlich noch Anforderungen an den Arbeitgeber. Dieser muss nicht nur seine Registrierungspflichten erfüllt haben, er muss auch ein qualifiziertes „Arbeitgebersubjekt" sein, womit nach chinesischem Verständnis insbesondere eine Privatperson als Arbeitgeber ausscheidet.[1442] Hinzu kommt ein weiteres Hindernis: Vorausgesetzt wird im Regelfall ein schriftlicher Arbeitsvertrag. Auch wenn das chinesische Arbeitsrecht das faktische Arbeitsverhältnis kennt, gewährt es dem nur faktischen Arbeitnehmer keinen umfassenden Schutz; nach den Arbeitsgesetzen besteht für faktische Arbeit keine Sozialversicherungspflicht.[1443] Das Sozialversicherungsgesetz und die zugehörigen Regelungen nehmen zwar keine solche Differenzierung vor, in der Praxis ist aber davon auszugehen, dass der fehlende schriftliche Arbeitsvertrag ein Hindernis für die Anmeldung zur Sozialversicherung darstellt, denn ohne ihn wird der Arbeitgeber seinen Arbeitnehmer wegen ihm drohender Sanktionen nicht anmelden und der Arbeitnehmer kann sein Arbeitsverhältnis nicht nachweisen. Denjenigen Erwerbstätigen, die in China nicht dem Kreis der Beschäftigten unterfallen – den Definitionen zufolge mithin deutlich mehr Personen als in Deutschland und Brasilien –, bleibt nur die Möglichkeit der freiwilligen Versicherung: in der Stadt in der Grundrentenversicherung für die Beschäftigten, auf dem Land in der Grundrentenversicherung für die städtischen und ländlichen

---

1442 Hierzu oben, D.II.3.a.aa.(1)(a).
1443 Hierzu oben, D.II.3.a.aa.(1)(b).

Bewohner. Sonderbedingungen gibt es für sie nicht. Dies gilt auch für die in China spezielle Gruppe der Wanderarbeiter; gehören sie zum Kreis der Beschäftigten, weil sie die Bedingungen erfüllen, sind sie versicherungspflichtig, ansonsten bleibt ihnen nur übrig, sich freiwillig zu versichern.

Ein enger Beschäftigtenkreis wie in China birgt Absicherungsrisiken, vor allem dann, wenn er die Grenze zwischen obligatorischer und freiwilliger Versicherung zieht. In China ist es zudem einfach, durch entsprechende Gestaltung die Versicherungspflicht zu umgehen. Ausreichend ist es bereits, formellen Verpflichtungen wie zum Beispiel der Registrierung oder dem Abschluss eines schriftlichen Arbeitsvertrages nicht nachzukommen, auch wenn man sich dadurch der Gefahr einer möglichen Sanktionierung aussetzt – einer Gefahr, die aufgrund der in diesem Bereich häufig schwachen Rechtsdurchsetzung in China wohl nicht allzu sehr gefürchtet wird. Durch diese rein formelle Anknüpfung wird die Schutzwirkung, welche die Versicherung entfalten soll, stark reduziert, und dies im Hinblick auf Personengruppen, die des Schutzes sicherlich bedürften. Es wäre ratsam, dem entgegen zu wirken; der Beschäftigtenbegriff und damit der Kreis der Versicherungspflichtigen ist in China viel zu eng gezogen. Die zahlreichen Formalitäten, die Voraussetzung für die Begründung eines Versicherungsverhältnisses sind, müssen reduziert werden. Eine wesentliche Voraussetzung hierfür dürfte die Einführung und Durchsetzung besserer Kontrollmechanismen sein. Denn der schriftliche Arbeitsvertrag ersetzt derzeit die fehlende Möglichkeit, durch anderweitige Kontrolle das Bestehen eines Arbeitsverhältnisses zu verifizieren. Formalitäten sollen Manipulationen Grenzen setzen – dabei produzieren sie nur weitere Manipulationsmöglichkeiten. Ein funktionierendes Kontrollsystem ist unerlässlich und würde in China nicht nur der Erweiterung des versicherten Personenkreises, sondern auch der anderweitigen Durchsetzung der Rentenversicherung dienen. Es bleibt abzuwarten, ob die jüngst beschlossene flächendeckende Übertragung der Beitragserhebung auf die Steuerbehörden hier etwas Besserung verschafft.

Die brasilianischen Regelungen versuchen mittels komplexer Gestaltung möglichst viele Personengruppen als Beschäftigte einzubeziehen. Die formellen Anforderungen sind im Vergleich geringer und erfordern insbesondere nicht den Abschluss eines schriftlichen Arbeitsvertrages. Es erscheint den Staatsobrigen am wichtigsten, die Bürger überhaupt zu erreichen, gerade auch angesichts des in Brasilien mit der Rentenversicherung verfolgten Ziels der Armutsreduzierung – allzu bürokratische Hürden will man nicht aufbauen. Hier kann es aber zu Abgrenzungsproblemen kommen, denn die Vorgehensweise führt mitunter zu recht komplizierten und komplexen

Regelungen, von denen zudem fraglich ist, ob sie in der Praxis stets so eingehalten werden (können). Jedenfalls aber schafft es Brasilien mit seinen umfassenden Regelungen, den Kreis der versicherungspflichtigen Beschäftigten, anders als China und ähnlich wie Deutschland, weit zu ziehen.

bb. Versicherungsbeiträge

Das Entrichten von Versicherungsbeiträgen ist im Regelfall Grundvoraussetzung für den Versicherungsschutz in einem Versicherungssystem. In welcher Höhe Versicherungsbeiträge zu erbringen sind, kann Auswirkungen auf die Abdeckungsquote der Rentenversicherungen haben. Kann der Einzelne die Beiträge nicht entrichten, wird er versuchen, sich der Versicherungspflicht zu entziehen. Daher soll das Thema Versicherungsbeiträge bereits an dieser Stelle und nicht erst oder nur bei dem späteren Punkt der Finanzierung angesprochen werden.

Wie für ein Sozialversicherungssystem charakteristisch, sind die Versicherungsbeiträge der Beschäftigten in allen drei Staaten grundsätzlich der Höhe nach am Arbeitseinkommen orientiert und nicht an dem versicherten Risiko. Nicht zwingend für ein Sozialversicherungssystem, aber doch üblich, werden in allen drei Staaten die Beiträge für die Absicherung der Beschäftigten von diesen selbst und den Arbeitgebern gemeinsam getragen.

Die Anteile der Versicherten sind – Sonderregelungen außer Betracht gelassen – überall ähnlich hoch: in Deutschland beträgt ihr Beitragssatz 2020 9,3%, in China 8% und – allein – Brasilien hat sich für eine progressive Beitragsgestaltung von je nach Einkommenshöhe 8–11% beziehungsweise 7,5–14% nach Umsetzung der Reform von 2019 entschieden. Auch an dieser Stelle zeigt Brasilien, wie bestrebt es ist, mit einer ausdifferenzierten Gestaltung die Versicherungsteilnahme für alle zu ermöglichen. Gleichzeitig offenbart sich in der stärkeren Inanspruchnahme der leistungsstärkeren Personengruppen die besondere Betonung der sozialen Ausgleichsfunktion der brasilianischen Rentenversicherung. Denn die Höhe des Beitragssatzes hat keine Auswirkung auf die Rentenberechnung an sich, was dem Versicherungsgedanken fremd ist; ein höheres Einkommen führt nach dem Versicherungsprinzip in der Regel nicht nur zu höheren Beitragsentrichtungen, sondern auch zu einer entsprechend höheren Rente, der höhere Beitragssatz aber macht sich in Brasilien in der Höhe der Rente nicht (zusätzlich) bemerkbar. Es findet eine offensichtliche Umverteilung als Ausdruck des Solidarprinzips (und Bruch mit dem Versicherungsprinzip) statt, die in den anderen beiden Ländern auf Versichertenseite in diesem Ausmaß nicht existiert. Zwar können gewisse Beitragserleichterungen – da, wo sie notwendig sind – Anreize schaffen und möglicherweise sogar Armut vermindern, ob der in Brasilien hier zum Ausdruck kommende besonders starke Bruch mit dem Versicherungsprinzip die Akzeptanz des Systems zu fördern vermag, ist jedoch zumindest fraglich.

Was alle drei Länder wiederum gemeinsam haben, ist das Existieren einer gewissen unteren und oberen Beitragsbemessungsgrenze (jedenfalls in Deutschland ist die Teilnahme an der Rentenversicherung für sogenannte Mini-Jobber nicht verpflichtend)[1444]. Zwingend ist eine untere Grenze systematisch keinesfalls,[1445] sie soll aber sicherstellen, dass der Einzelne sich die Entrichtung des Versicherungsbeitrages auch tatsächlich leisten kann beziehungsweise ihm von seinem geringen Einkommen noch etwas übrig bleibt. Die obere Beitragsbemessungsgrenze wird in Deutschland als Ausdruck der Verhältnismäßigkeit gewertet[1446] und erfüllt sinngemäß auch in den anderen beiden Ländern diese Funktion.

Unterschiede treten bei der Höhe der Arbeitgeberbeiträge hervor. Ausschließlich in der Bundesrepublik findet der Grundsatz der hälftigen Beitragstragung (Parität) Anwendung mit der Folge, dass der Beitragssatz auch auf Arbeitgeberseite (2020) 9,3% beträgt. China legt einen Maximalsatz für Arbeitgeber fest: höchstens 16% soll er seit dem 1. Mai 2019 betragen, abhängig von der jeweiligen Region. Zuvor galt ein Maximalsatz von 20% und in Shanghai lag der Beitragssatz 2016 aufgrund des schlechten demographischen Verhältnisses sogar bei 22%.[1447] Auch wenn der Arbeitgeberbeitragssatz in einigen Regionen unterhalb der Höchstmarke liegt, ist er in der Regel deutlich höher als in Deutschland; in Guangzhou, der Region mit einem der niedrigsten Beitragssätze, lag er (2016) immer noch bei 12%.[1448] Deutlich höher als in Deutschland ist der Arbeitgeberbeitragssatz mit regulär 20% auch in Brasilien und hinzu kommt hier, dass die auf Versichertenseite geltende obere Beitragsbemessungsgrenze nicht gilt, der Beitrag vielmehr ungedeckelt zu entrichten ist, ohne dass sich dies in der

---

1444 Siehe hierzu oben, D.III.1.b.ff.
1445 *Rolfs*, Das Versicherungsprinzip im Sozialversicherungsrecht, S. 547.
1446 *Segebrecht*, in: Kreikebohm, SGB VI, § 159 Rn. 4; BVerfG, Beschluss vom 14.10.1970 – 1 BvR 307/68, NJW 1971, 365, 368; siehe auch *Axer*, in: Ruland/Becker/Axer, SRH, § 14 Rn. 55.
1447 *Turner/Xu/Boado-Penas*, A Financial Assessment of the Chinese Pay-As-You-Go Pension System, S. 6.
1448 Ebenda.

Rente des Einzelnen widerspiegelt. Nicht nur auf Versicherten-, sondern auch auf Arbeitgeberseite weicht Brasilien außerdem vom Versicherungsprinzip ab: Für Unternehmen kommen zum regulären Beitragssatz noch eine an die Rentenversicherung zu entrichtende Umsatzsteuer sowie ein Zuschlag auf die Einkommensteuer hinzu – Abgaben, die nicht lohn-, sondern wertschöpfungsbezogen sind und die sich zudem auf die Rentenhöhe der betroffenen Beschäftigten nicht auswirken. Ferner ist der Beitragssatz für besonders computerisiert arbeitende Unternehmen, wie etwa Banken, höher angesetzt und liegt bei 22,5% statt 20%. Der höhere Beitragssatz ist zwar an die gezahlten Gehälter gekoppelt, also lohnbezogen, auf die Rentenhöhe des jeweiligen Beschäftigten wirkt er sich aber nicht aus. Damit sind sowohl die an die Rentenversicherung abzuführenden Steuern als auch die höheren Beitragssätze als Ausdruck des sozialen Ausgleichs zu werten und nicht dem Versicherungsprinzip zuzuordnen; im Falle der Steuern wird das Versicherungsprinzip vielmehr vollständig verdrängt. Insgesamt werden Arbeitgeber in China und vor allem in Brasilien für die Finanzierung der Rentenversicherung spürbar stärker zur Verantwortung gezogen und belastet als in Deutschland, und in Brasilien wird der höheren Belastung in besonderem Maße die Funktion sozialen Ausgleichs zugeordnet; die Finanzstärkeren sollen hier die Finanzschwächeren mitfinanzieren.

Vor allem in Brasilien sind die Beitragssätze mit insgesamt 28–33,5% beziehungsweise 27,5–36,5% nach vollständiger Reformumsetzung hoch – das gilt sowohl im weltweiten Vergleich als auch im Vergleich mit dem in Deutschland (2020) insgesamt bei 18,6% liegenden Beitragssatz. Hohe Beitragssätze bergen, wie eingangs dargestellt, Risiken. Insbesondere in Schwellenländern sind hohe Beitragssätze häufig ausschlaggebend für eine Umgehung der Sozialversicherungspflicht durch informelle Beschäftigung oder anderweitige Gestaltung.[1449] Dass die Beitragssätze der (besser verdienenden) Versicherten mit der jüngsten Reform angehoben wurden, ohne dass sich der höhere Beitragssatz in der Höhe der Rente widerspiegelt, darf vor diesem Hintergrund als gewagt betrachtet werden. Und angesichts der Globalisierung, die Länder wirtschaftlich immer stärker miteinander konkurrieren lässt, erstaunen auch solch hohe Beitragssätze auf Arbeitgeberseite, da man eigentlich darauf bedacht ist, die Lohnkosten möglichst gering zu halten. Gerade um Umgehungsrisiken zu begegnen und gleichzeitig wirtschaftliches Wachstum anzukurbeln, hat man in China die Beitragssätze auf Arbeitgeberseite jüngst gekürzt (ohne dass dies Auswirkungen auf

---

1449 *Giles/Wang/Park*, Expanding Social Insurance Coverage in Urban China, S. 11.

die Rentenberechnung und -höhe haben soll). Zu beachten ist allerdings, dass Sozialabgaben stets nur einen Teil der von Arbeitgebern zu tragenden Kosten ausmachen und eine differenzierte Aussage nur bei Inaugenscheinnahme der Gesamtsituation getroffen werden kann. Insgesamt dürften Bestrebungen, die Beitragsrate in Brasilien zumindest nicht noch weiter zu erhöhen, ratsam sein, sofern ein solches Ziel (langfristig) auch durch eine effizientere und fairere Gestaltung der Systeme an sich und nicht nur schlicht durch eine Absenkung des Leistungsniveaus erreicht werden kann.

cc. Ein Beispiel für (mögliche) Sonderregelungen: Beschäftigte im Haushalt

Hervorgehoben werden können an dieser Stelle die Hausangestellten, denen nicht nur Deutschland und Brasilien besondere Aufmerksamkeit schenken, sondern auch die internationale Gemeinschaft. Sie werden nicht nur als vulnerabel und demnach schutzbedürftig erachtet, gerade unter ihnen ist auch der Anteil der informell Beschäftigten und damit nicht Versicherten besonders hoch.[1450] Dem sollte und kann durch eine speziell angepasste Sozialpolitik und -gesetzgebung entgegengewirkt werden.

Art. 14 der ILO Domestic Workers Convention[1451] von 2011 sieht unter anderem vor, dass Hausangestellte unter den gleichen oder jedenfalls nicht schlechteren Bedingungen sozial abzusichern sind wie alle anderen Beschäftigten auch. Ratifiziert haben diese Konvention von den hier untersuchten Staaten seit 2013 Deutschland und seit 2018 Brasilien.[1452] Beide Länder halten Sonderregelungen für Hausangestellte bereit.

Für Beschäftigte in Privathaushalten müssen Arbeitgeber in Deutschland (sofern es sich um geringfügig Beschäftigte handelt, was regelmäßig der Fall ist) und in Brasilien einen geringeren als den Regelbeitragssatz entrichten; in Deutschland sind es 5%, in Brasilien 12%. Während der Beitragsanteil der Hausangestellten selbst in Brasilien in regulärer Höhe (8–11% beziehungsweise nach der Reform 7,5–14%) zu zahlen ist, liegt er in Deutschland bei der Differenz zwischen dem 15%igen Arbeitgeberanteil und dem vollen Beitrag von (2020) 18,6%; er ist also höher als der reguläre Arbeitneh-

---

1450 *Carls*, Decent work for domestic workers, S. 3 ff.
1451 ILO convention concerning decent work for domestic workers, Übereinkommen Nr. 189 vom 16.6.2011.
1452 Status der Ratifizierung http://www.ilo.org/dyn/normlex/en/f?p=1000:11300:0::NO:11300:P11300_INSTRUMENT_ID:2551460 (Stand: 8.8.2020); derzeit haben 30 Staaten die Konvention ratifiziert.

meranteil. Es besteht in Deutschland für den Arbeitnehmer jedoch die Möglichkeit, sich von der Versicherungspflicht befreien zu lassen, was zur Folge hat, dass nur noch der Arbeitgeber seinen Beitragsanteil zahlt. Daran, dass in Brasilien trotz der in der Summe geringeren Beitragssätze Rentenansprüche in voller Höhe erwachsen, lässt sich erkennen, dass hier eine gewisse Umverteilung stattfindet. Hausangestellte werden gewissermaßen subventioniert. In Deutschland ist für den vollen Rentenanspruch auch die Entrichtung der vollen Beitragssatzsumme erforderlich, es hat sich das versicherungsrechtliche Äquivalenzprinzip durchgesetzt.

Ein Motiv für die sogenannte Privilegierung von geringfügigen Beschäftigungsverhältnissen in Privathaushalten ist in Deutschland, die in diesem Bereich verbreitete illegale Beschäftigung zu legalisieren und zu reduzieren[1453] – inwiefern man damit tatsächlich zum Schutz der Betroffenen beiträgt, sei hier dahingestellt. Auch in Brasilien ist aus diesem Grunde zumindest der Beitrag der Arbeitgeber – wenn auch nicht der der Hausangestellten selbst – niedriger. Durch Verringerung der finanziellen Bürde will man zu legaler, sozialversicherungspflichtiger Beschäftigung motivieren. Die Förderung formeller Arbeit führt auch die ILO in ihrer Konvention als eines der Ziele an, das durch die Einbeziehung von Hausangestellten in soziale Sicherungssysteme erreicht werden soll. Brasilien und Deutschland werden von der ILO für ihre Maßnahmen gelobt.[1454]

China liegt so gesehen zurück. Hausangestellte werden in der Regel nicht von „Arbeitgebersubjekten" beschäftigt, gelten zudem als irregulär beschäftigt und sind daher nicht in die Grundrentenversicherung für die Beschäftigten mit einbezogen. Sie können zwar auf freiwilliger Basis teilnehmen, dies ist aber, wenn sich ihr Arbeitgeber nicht dazu bereit erklärt, ebenfalls freiwillig einen „Arbeitgeberanteil" zu zahlen, schnell mit einem hohen finanziellen Aufwand verbunden, da in dem Fall der Beitrag vollständig von ihnen allein getragen werden muss. Hinzu kommt, dass die Grundrentenversicherung für die Beschäftigten den Hausangestellten auch nur dann offensteht, wenn diese in städtischem Gebiet arbeiten; häufig auch nur dann, wenn sie zusätzlich ein städtisches *Hukou* besitzen.[1455]

Das Beispiel der Hausangestellten ist nur eines von mehreren; auch in anderen Bereichen sind die brasilianischen und vor allem die deutschen

---

1453 BT-Drucks. 15/26, S. 23 f.

1454 *ILO*, Social security for social justice and a fair globalization, S. 91.

1455 Dies verstößt zwar gegen § 95 SVG, wird aber wohl in einigen Regionen noch so gehandhabt; so war es der Fall in Shanghai während des „China-Projekts".

Regelungen weit differenzierter als die chinesischen. Da deren Kreis der Versicherungspflichtigen größer und vielseitiger ist, mag man aber auch von einem entsprechend größeren Bedürfnis für differenzierte Regelungen sprechen als in China, was aber natürlich insgesamt nicht zu einer positiveren Beurteilung zu führen vermag. Eine der Ursachen für die geringe Differenzierung in der Volksrepublik dürften die für die Umsetzung einer solchen Differenzierung erforderlichen, aber bisher fehlenden ausreichend funktionierenden Kontrollmechanismen sein.

Grosso modo lässt sich nach wie vor festhalten, dass in China die Chance, als Arbeitnehmer oder Beschäftigter im Rentenversicherungssystem versicherungspflichtig zu sein, deutlich geringer ist als in Deutschland und Brasilien, wo versucht wird, Personen mit abhängigem Beschäftigungsverhältnis möglichst weitgehend obligatorisch einzubeziehen.

b. Selbständige

Will man das Ziel einer möglichst weiten Absicherung erreichen, sind grundsätzlich auch Selbständige in die Rentenversicherung zu integrieren. Dies ist in einem Versicherungssystem naturgemäß nicht ganz einfach und scheitert nicht selten an der Frage der Finanzierung. Hierauf dürfte mitunter auch zurückzuführen sein, dass Selbständige in Deutschland, obwohl im Koalitionsvertrag von CDU, CSU und SPD vom 12. März 2018 vorgesehen, noch nicht (gegebenenfalls mit Opt-Out-Möglichkeit) vollumfänglich in die gesetzliche Rentenversicherung mit einbezogen worden sind.

Zunächst einmal existiert keine (international) einheitliche Definition von Selbständigkeit, gemeinsames kennzeichnendes Merkmal ist aber in allen hier betrachteten Staaten das Fehlen eines abhängigen Beschäftigungsverhältnisses. Da Rentenversicherungssysteme in ihren Anfängen klassischerweise zunächst an das abhängige Beschäftigungsverhältnis anknüpften, dauerte es in der Regel, bis das Augenmerk auch auf die Selbständigen fiel. Ihre Erfassung ist zudem nicht einfach, da sie häufig nur unregelmäßig über Einkommen verfügen, was die Beitragserhebung und -entrichtung erschwert, sie ihre Arbeit nicht selten informell verrichten und ihre Bedürfnisse sich von denen der abhängig Beschäftigten unterscheiden. Demzufolge ist es nicht erstaunlich, dass die Altersabsicherungsquote bei

Selbständigen weltweit deutlich geringer ausfällt als bei Beschäftigten[1456] – nicht nur tatsächlich, sondern auch rechtlich werden sie seltener erfasst,[1457] auch wenn ihre Einbeziehung in Rentenversicherungssysteme (möglichst unter den gleichen Bedingungen wie für Beschäftigte) schon seit langem international empfohlen wird.[1458]

Seit den 1990er Jahren lässt sich aber weltweit ein Anstieg der Absicherung Selbständiger beobachten.[1459] Dies mag darauf zurückzuführen sein, dass man zunehmend erkannt hat, dass sich in der höchst heterogenen Gruppe der Selbständigen gerade auch zahlreiche besonders vulnerable Personen befinden, die sozialen Schutzes bedürfen, und dass man deren Schutz als sinnvoll erachtet. Mindestens also sollte der Staat Selbständigen die Möglichkeit der freiwilligen Versicherung gewähren. Deutschland und Brasilien haben sich in unterschiedlicher Weise und Ausprägung für mehr entschieden, in China hingegen verbleibt es (bisher) dabei.

In Brasilien sind Selbständige umfassend versicherungspflichtig im allgemeinen Rentenversicherungsregime. Dies dürfte auch auf die brasilianische Verfassung zurückzuführen sein, die für die Sozialversicherung das Grundprinzip der Solidarität vorschreibt; aus diesem schlussfolgert man die Versicherungspflicht für möglichst alle, da ein solidarisches System nur dann effektiv funktionieren könne.[1460] Aufgrund der pauschalen Erfassung bedarf es in Brasilien keiner großen Abgrenzungen zwischen einzelnen Berufsgruppen selbständiger (oder auch freier) Berufe wie in Deutschland. Dennoch sind de facto nicht alle Selbständigen von der Rentenversicherung erfasst, angeblich waren 2015 nur 28,5% der Selbständigen tatsächlich rentenversichert.[1461] Diese Zahl scheint die These zu bestätigen, dass gerade im Bereich der Selbständigkeit der Anteil informeller Arbeit hoch ist.[1462] Wahrscheinlich ist, dass noch deutlich weniger Personen erfasst wären, wenn das System sie nicht obligatorisch einbeziehen würde. Während bei verpflichtenden Systemen für Selbständige generell davon ausgegangen

---

1456 *Bonnet*, in: World of Work Report 2/2015, S. 73 (90).
1457 *ILO*, World employment and social outlook, S. 90.
1458 Nr. 21 der ILO Income Security Recommendation (Empfehlung Nr. 67) vom 12.5.1944.
1459 *Bonnet*, in: World of Work Report 2/2015, S. 73 (78).
1460 Siehe hierzu oben, D.I.1.b.
1461 *Bonnet*, in: World of Work Report 2/2015, S. 73 (86).
1462 Vgl. *ILO*, World employment and social outlook, S. 90.

wird, dass etwa 20–30% der Zielgruppe auch tatsächlich erfasst werden, geht man bei freiwilligen Systemen von weniger als 5% aus.[1463]

In Deutschland ist nur ein Teil der Selbständigen entweder in der gesetzlichen Rentenversicherung oder in den berufsständischen Versorgungswerken versicherungspflichtig. 2017 beispielsweise waren in Deutschland etwa 4,095 Millionen Menschen selbständig.[1464] Aktiv versicherungspflichtig in der gesetzlichen Rentenversicherung (also noch ohne Rentenbezug) waren Ende 2017 aber nur 305.695 Selbständige.[1465] Der Anteil der in der gesetzlichen Rentenversicherung versicherungspflichtigen Selbständigen betrug damit 2017 umgerechnet nur rund 7,5% aller Selbständigen. Die berufsständischen Versorgungswerke zählten 2017 knapp eine Million Mitglieder,[1466] wobei aber unklar ist, wie viele von ihnen selbständig tätig waren – die Versicherung in den Versorgungswerken ist nicht an Selbständigkeit geknüpft. Schätzungen zufolge sind insgesamt etwa 70–80% der Selbständigen nicht obligatorisch abgesichert.[1467]

Für sie besteht, wie aufgezeigt, die Möglichkeit der freiwilligen Versicherung beziehungsweise der Versicherungspflicht auf Antrag in der gesetzlichen Rentenversicherung. Allerdings macht Schätzungen zufolge weniger als die Hälfte von ihnen davon Gebrauch.[1468] Nimmt man die geschätzten Prozentwerte ernst, dürfte dies bedeuten, dass immer noch ein hoher Anteil der Selbständigen, mindestens etwa 35–40%, nicht durch die gesetzliche Rentenversicherung gegen das Risiko Alter abgesichert ist – was aber natürlich nicht heißt, dass sie sich nicht etwa privat oder über Versorgungswerke abgesichert haben. Zahlen zur Höhe des Anteils der nicht gesetzlich versicherungspflichtigen Selbständigen, die freiwillig über Versorgungswerke oder private Altersvorsorgepläne abgesichert sind, sind nach Angabe der Deutschen Rentenversicherung Bund nicht bekannt.[1469] Dass es längst nicht alle sind, liegt auf der Hand. Es lässt sich festhalten, dass die weitge-

---

1463 Vgl. *Mesa-Lago*, Social insurance (pensions and health), labour markets and coverage in Latin America, S. 4, der die Zahlen am Beispiel südamerikanischer Länder belegt; *Bonnet*, in: World of Work Report 2/2015, S. 73 (86).

1464 *Statistisches Bundesamt*, Statistisches Jahrbuch 2019, S. 365.

1465 *Deutsche Rentenversicherung Bund*, Rentenversicherung in Zahlen 2019, S. 28.

1466 *Arbeitsgemeinschaft berufsständischer Versorgungseinrichtungen e.V.*, Daten und Fakten, Die Mitgliederstruktur.

1467 So Dr. Reinhold Thiede, Leiter des Geschäftsbereichs „Forschung und Entwicklung" der DRV Bund in seinem Vortrag „Soziale Absicherung von Selbständigen" beim Auftaktforum Equal Pay Day 2016 am 3.12.2015 in Berlin.

1468 *Davies*, Self-employment and social security, S. 2.

1469 *Deutsche Rentenversicherung Bund*, Versichertenbericht 2017, S. 53.

hend auf Freiwilligkeit basierende Ausgestaltung der Rentenversicherung für Selbständige Absicherungsrisiken birgt. Die Mehrzahl der Selbständigen ist auf den Einsatz ihrer Arbeitskraft angewiesen, und viele von ihnen verdienen nicht so viel, dass sie großzügig von privaten Vorsorgemöglichkeiten Gebrauch machen würden oder könnten; nicht selten sind sie im Alter auf die Grundsicherung angewiesen.[1470]

Eine Erstreckung der Versicherungspflicht auf alle Selbständigen wäre in Deutschland verfassungsrechtlich zulässig.[1471] Der aktuelle, in diesem Punkt jedoch noch nicht umgesetzte Koalitionsvertrag zwischen CDU, CSU und SPD vom 12. März 2018 sieht, wie bereits erläutert, die Einführung einer Altersvorsorgepflicht für alle Selbständigen vor, die bisher noch nicht obligatorisch abgesichert sind, wobei sie sich zwischen der gesetzlichen Rentenversicherung und – als Opt-Out-Möglichkeit – anderen geeigneten insolvenzsicheren Vorsorgearten entscheiden können sollen.[1472] Eine Erstreckung der Versicherungspflicht auf sie wird, auch vor dem Hintergrund des Verschwimmens der Grenzen zwischen Selbständigkeit und Arbeitnehmereigenschaft – vor allem im Zusammenhang mit der Digitalisierung –, als sinnvoll erachtet.[1473] Jedoch erscheint es angesichts des Risikos, dass anderenfalls nur die „schlechten Risiken" in der Rentenversicherung verblieben, was dem Solidaritätsprinzip zuwiderliefe, sinnvoll, entgegen dem Koalitionsvertrag gerade keine „Opt-Out-Möglichkeit" zu gewähren, sondern – wie in Brasilien – sämtliche Selbständige obligatorisch in die gesetzliche Rentenversicherung einzubeziehen.[1474]

Auch in China steht einer Ausweitung der Versicherungspflicht rechtlich nichts entgegen. Eine allgemeine Handlungsfreiheit etwa, an der man eine Versicherungspflicht messen könnte, sucht man in der chinesischen Verfassung vergebens. Bisher besteht für Selbständige jedoch einzig die Möglichkeit der freiwilligen Versicherung, entweder in der Grundrentenversicherung für die Beschäftigten oder, sozusagen hilfsweise, in der Grundrentenversicherung für die städtischen und ländlichen Bewohner. Entscheiden sie sich für eine freiwillige Versicherung, haben sie ihre Beiträge vollständig selbst zu tragen. Chinesischen Statistiken zufolge gab es in China 2018

1470 Vgl. *BMAS*, Alterssicherungsbericht 2016, S. 128; *Ruland*, ZRP 2009, 165 (166); *Ruland*, DRV 2018, 1 (10).

1471 Siehe hierzu ausführlich oben, D.III.1.b.bb.

1472 Koalitionsvertrag zwischen CDU, CSU und SPD vom 12.3.2018, S. 93; hierzu auch oben, D.III.4.c.

1473 Hierzu *Steinmeyer*, Gutachten 73. DJT, S. B 56 ff.

1474 Ebenda, S. B 57 f.

etwa 160.037.000 Selbständige, Tendenz steigend.[1475] Wie viele von ihnen versichert waren oder sind, ist nicht bekannt, die offizielle chinesische Statistik schweigt diesbezüglich.[1476] Es dürften jedoch nicht annähernd alle sein, denn, wie bereits erwähnt, geht man bei freiwilligen Systemen im Allgemeinen von einer Erfassung von weniger als 5% aus.[1477]

Es lässt sich festhalten, dass in allen drei Ländern – auch in Brasilien – die Teilnahmezahlen Selbständiger an der Rentenversicherung Entwicklungspotential nach oben haben. Als Gründe für die häufig unzureichende Teilnahme Selbständiger – trotz bestehender Teilnahmemöglichkeit oder gar -pflicht – werden im Allgemeinen fehlende finanzielle Möglichkeiten, unangemessene oder als unangemessen empfundene Renten, mangelndes Vertrauen in die staatlichen Institutionen, administrative Hürden und schließlich fehlendes Bewusstsein für eigene Rechte genannt.[1478] Abgesehen davon, dass die Systeme für eine breite Erfassung möglichst verpflichtend ausgestaltet werden sollten, werden vor diesem Hintergrund für die Rentenversicherung insbesondere differenzierte Beitragskategorien, zwischen denen gewählt werden kann, vereinfachte Verfahren und die Subventionierung von Beiträgen empfohlen.[1479] Die hier betrachteten Staaten kommen diesen Empfehlungen nur eingeschränkt nach.

Das Kriterium der differenzierten Beitragskategorien bedienen die Staaten zumindest annähernd. So besteht in Deutschland in der gesetzlichen Rentenversicherung für Selbständige eine Wahlmöglichkeit zwischen pauschaler Beitragsberechnung nach dem für die Rentenberechnung herangezogenen Durchschnittslohn und der Berechnung nach dem tatsächlichen Einkommen. Im Falle der freiwilligen Versicherung kommt (nicht nur für Selbständige, sondern für alle freiwillig Versicherten) die freie Wahl der Beitragshöhe (im Rahmen der Bemessungsgrenzen) hinzu.

In Brasilien besteht (bisher) die Möglichkeit, den Beitragssatz durch Verzicht auf die Rente nach Beitragszeit zu reduzieren. Zwar kann bei Wahrnehmung dieser Möglichkeit nur die Regelaltersrente und nicht die Rente nach Beitragszeit bezogen werden, dies ist aber aufgrund der zunehmend strengeren Regelungen für die Gewährung einer Rente nach Beitragszeit

---

1475 *National Bureau of Statistics of China*, China Statistical Yearbook 2019, Punkt 4-1.
1476 *National Bureau of Statistics of China*, China Statistical Yearbook 2019.
1477 *Mesa-Lago*, Social insurance (pensions and health), labour markets and coverage in Latin America, S. 4, der die Zahlen am Beispiel südamerikanischer Länder belegt; *Bonnet*, in: World of Work Report 2/2015, S. 73 (86).
1478 *Bonnet*, in: World of Work Report 2/2015, S. 73 (90).
1479 Ebenda.

(bis hin zu ihrer Abschaffung) nicht als allzu gravierender Verlust anzusehen. Selbständige Kleinstunternehmer (Unternehmer mit einem als gering eingestuften jährlichen Einkommen von bis zu 81.000 Reais) müssen in Brasilien nur einen Beitrag in Höhe von 5% eines Mindestlohnes als Versicherungsbeitrag zahlen. Hinzu kommt die Pflicht der teilweisen Beitragslasttragung durch den Auftraggeber des Selbständigen, mit der man den Selbständigen entlasten, seine Behandlung derjenigen von Arbeitnehmern angleichen und unternehmerische Umgehungsgestaltungen unattraktiv machen will. Da der Selbständige für seine entsprechende Beitragsreduzierung Nachweise erbringen muss, ist diese Option mit einigem Aufwand verbunden.

Auch China bedient das Kriterium der differenzierten Beitragskategorien inzwischen in gewissem Rahmen, wobei die Regelungen nicht spezifisch auf Selbständige zugeschnitten sind, sondern für alle freiwillig Versicherten gelten: Selbständige, die (freiwillig) in der Grundrentenversicherung für die Beschäftigten versichert sind, können seit kurzem ihre Beitragshöhe durch Wahl der zugrunde zu legenden Einkommensbasis innerhalb bestimmter Grenzen (60%–300% des lokalen Durchschnittslohnes) frei wählen. Zuvor wurde ihr Beitrag – einige Regionen ausgenommen – fix am regionalen Durchschnittseinkommen bemessen. Die nun freiere Wahl stellt für sie natürlich eine Erleichterung – wenngleich auch ein Risiko – dar.

Als vereinfachtes Verfahren kann man in Deutschland die bereits erwähnte Regelung zur Entrichtung des Regelbeitragssatzes ansehen (§ 165 SGB VI). Durch diese Pauschalierung wird es Selbständigen erlassen, Nachweise über ihr tatsächliches Einkommen zu erbringen und sie zahlen unabhängig von ihrem Einkommen monatlich einen konstant gleichbleibenden Beitrag. Auch in China besteht kein Erfordernis eines Einkommensnachweises. In Brasilien hat man das *SIMPLES Nacional* – das vereinfachte Steuerverfahren, über das Steuern und Sozialversicherungsbeiträge zusammengefasst in einer monatlichen Zahlung abgeführt werden, deren Höhe sich am Jahresumsatz des Vorjahres orientiert – zum Zwecke der Verfahrensvereinfachung und Entbürokratisierung eingeführt. Auch hier ist also eine pauschalierte Abgabe möglich, allerdings nicht ganz ohne Nachweise.

Dem Vorschlag der Beitragssubventionierung durch den Staat kommt man in Deutschland und Brasilien kaum nach, in China schon eher. In der Volksrepublik kann von Subventionierung gesprochen werden, wenn sich Selbständige in der Rentenversicherung für die städtischen und ländlichen Bewohner versichern, da hier hohe staatliche Zuschüsse fließen. Es handelt sich dabei aber (erneut) keinesfalls um eine gezielte Subventionierung von Selbständigen, sondern vielmehr um eine staatliche Hilfe für finanzschwächere Bürger. Die Grundrentenversicherung für die Beschäftigten wiederum lässt eine staatliche Subventionierung vollständig vermissen. In Brasilien haben zwar Unternehmen, die Selbständige beschäftigen, für diese Sozialversicherungsbeiträge abzuführen und weisen die betroffenen Selbständigen diese Beitragszahlung nach, können sie ihre Beiträge entsprechend reduzieren. Als staatliche Subventionierung ist dies aber nicht einzuordnen, die Finanzierungsquelle ist das Unternehmen. Dies gilt ebenso für Hausgewerbetreibende in Deutschland, deren Beitrag zur Hälfte ihr Arbeitgeber trägt. In der Regel haben Selbständige in Deutschland ihren Beitrag selbst beziehungsweise allein zu tragen – eine staatliche Subventionierung sucht man hier vergebens. Eine Ausnahme gilt für Künstler und Publizisten, deren Beiträge zur Hälfte nicht nur mittels Künstlersozialabgabe, sondern auch mittels besonderer staatlicher Zuschüsse finanziert werden. Staatliche Subventionierungen verortet man in Deutschland klassischerweise eher bei der ergänzenden Altersvorsorge.

Zu bedenken ist aber auch, dass der Vorschlag der staatlichen Beitragssubventionierung mit dem Versicherungsgedanken – konkret dem Äquivalenzprinzip – nicht ohne Weiteres in Einklang zu bringen ist und finanzielle Unterstützung durch Steuermittel in der Regel eine gesamtstaatliche Aufgabe erfordert. Ob man eine solche hier erblicken kann, ist zumindest fraglich.

Legt man die oben genannten internationalen Empfehlungen zugrunde, besteht in allen betrachteten Ländern Ausbaupotential. Finanzielle Anreize, die die Rentenversicherung für Selbständige attraktiv machen – abgesehen von einer finanziellen Absicherung im Alter als solche –, sind in allen Staaten nicht besonders hoch. Vor allem dürfte es aber von Bedeutung sein, das Vertrauen in das staatliche System zu stärken, die Arbeitsmarktlage zu verbessern und Aufklärung zu betreiben. Ist ein ausreichendes Einkommen vorhanden, könnte die Bereitschaft in die Rentenversicherung einzuzahlen jedenfalls dann steigen, wenn die Bürger dem Staat und dem System in gewisser Weise vertrauen (können) und über den Nutzen und die Bedeutung der Versicherung für ihre Zukunft und ihre mit einer Versicherung verbundenen Rechte aufgeklärt sind.

Als Gemeinsamkeit lässt sich schließlich festhalten, dass alle Staaten Selbständige – jedenfalls auch – im gleichen System wie die Beschäftigten unterbringen, was aufgrund der auch hier vorzunehmenden Anknüpfung an eine Erwerbstätigkeit nur konsequent ist. Einzig in Deutschland existieren mit den berufsständischen Versorgungswerken – historisch bedingt – verpflichtende Sondersysteme für bestimmte Berufsgruppen einschließlich diesen Gruppen angehörige Selbständige. Diese Sondersysteme wurden nicht staatlich geplant, sondern sind von den Berufsgruppen in Eigenregie gegründet und – wohl auch da sie funktionierten – nicht wieder abgeschafft worden.

Formal gesehen ist Brasilien in puncto Absicherung von Selbständigen Deutschland und China voraus. Durch die umfassende Versicherungspflicht erreicht das Land de jure eine universelle Abdeckung. In Deutschland besteht so gesehen Nachbesserungsbedarf. China hat in jüngerer Zeit durch Beitragsvereinfachungen ein wenig aufgeholt, muss aber an dieser Stelle als Schlusslicht bezeichnet werden – das Land, in dem es vor noch gar nicht allzu langer Zeit hauptsächlich nur Staatsbeschäftigte gab, sollte seinen Selbständigen größere Aufmerksamkeit und mehr Schutz zukommen lassen.

c. Freiwillig Versicherte

Alle hier betrachteten Staaten ermöglichen unter gewissen Voraussetzungen die freiwillige Mitgliedschaft in der Rentenversicherung. Gemeinsames Merkmal der freiwilligen Versicherung ist überall, dass ihr jedenfalls auch eine Auffangfunktion zukommt. Nicht-Versicherungspflichtigen soll die Möglichkeit gegeben werden, sich abzusichern, und sei es nur, um Versicherungslücken zu schließen.

In Brasilien dürfte der Möglichkeit der freiwilligen Versicherung die geringste Bedeutung zukommen. Mit Ausnahme von Personen mit einem Einkommen unterhalb der unteren Beitragsbemessungsgrenze werden von der Konzeption her alle erwerbstätigen Bürger bereits obligatorisch in die Versicherung einbezogen. In Deutschland spielt sie insbesondere eine Rolle bei der Schließung von Versicherungslücken, der Vervollständigung von Versicherungsbiographien und für Selbständige, die nicht versicherungspflichtig sind. Für letztere allerdings besteht in Deutschland auch die Möglichkeit der Pflichtversicherung auf Antrag – ein Modell, das die anderen beiden Staaten nicht kennen und das jedenfalls in Brasilien auch überflüssig wäre. In China ist die Bedeutung der freiwilligen Versicherung mit Abstand am größten, ist doch hier der Kreis der Versicherungspflichtigen der lückenhafteste. Dennoch sind gerade in der Volksrepublik die Möglichkeiten der freiwilligen Versicherung in gewisser Weise beschränkt, jedenfalls in der Grundrentenversicherung für die Beschäftigten. Denn während sich in Deutschland und Brasilien sämtliche Personen, die nicht bereits versicherungspflichtig sind, unabhängig von einer Erwerbstätigkeit in der gesetzlichen Rentenversicherung beziehungsweise dem allgemeinen Rentenversicherungsregime – also dem System, das auch die Beschäftigten erfasst – freiwillig versichern können, ist dies in China nicht der Fall. Die Möglichkeit der freiwilligen Versicherung in der Grundrentenversicherung für die Beschäftigten ist allein erwerbstätigen Personen vorbehalten.

Die Volksrepublik ist gleichzeitig das einzige der hier zu vergleichenden Länder, das ein riesiges, ausschließlich freiwillig ausgestaltetes Altersvorsorgesystem unterhält. In der Grundrentenversicherung für die städtischen und ländlichen Bewohner ist die freiwillige Versicherung Grund- und nicht nur Auffangtatbestand. Nicht (städtisch) erwerbstätige Bürger können in China nur diesem Versicherungssystem beitreten. Das hat für sie den Nachteil, dass das Leistungsniveau deutlich unter dem der Grundrentenversicherung für die Beschäftigten liegt. Es gibt aber auch für einige einen entscheidenden und innovativen Vorteil: Mit einem Beitritt geht automatisch einher, dass über 60-jährige Eltern des Versicherten, sofern diese ein ländliches *Hukou* haben, ab sofort eine Rente beziehen können, auch wenn sie selbst niemals Beiträge entrichtet haben. Mit dieser Regelung, die mit dem Versicherungsprinzip nichts zu tun hat und insofern als systemfremd zu bezeichnen ist, wurde eine einmalige Anreizstruktur geschaffen, deren deckungssteigernde Wirkung zumindest solange anhalten dürfte, wie alte Menschen auf dem Land noch nicht über eine auf anderem Wege generierte Rente verfügen. Dass die Anreizstruktur offenbar funktioniert, belegen Zahlen. Die Grundrentenversicherung für die städtischen und ländlichen Bewohner hat seit ihrer Einführung 2009 innerhalb kürzester Zeit eine beeindruckend hohe Abdeckungsrate erreichen können: Ende 2019 waren 532.660.000 Menschen erfasst.[1480] In absoluten Zahlen gesehen dürfte die Grundrentenversicherung für die städtischen und ländlichen Bewohner inzwischen wohl eines der weltweit größten Altersvorsorgesysteme sein. Die Beitragshöhe ist für Freiwillige inzwischen (in beiden chinesischen Rentensystemen) frei wählbar, was die Teilnahme auf der einen Seite erleichtert. Auf der anderen Seite birgt die Möglichkeit der freien Wahl des Versicherungsbeitrages aber auch eine Gefahr: Die Versicherten tendieren nicht selten dazu, sich für niedrige Beitragssätze zu entscheiden, insbesondere

---

[1480] *National Bureau of Statistics of China*, Statistical Communiqué 2019, Gliederungspunkt IX.

dann, wenn Haupt-Anreiz für die Versicherung die aktuelle Rentenleistung für die Eltern ist – dies wirkt sich naturgemäß negativ auf die spätere Rentenhöhe aus. Ob die Grundrentenversicherung für die städtischen und ländlichen Bewohner insgesamt langfristig nachhaltig funktionieren kann, dürfte zumindest fraglich sein.

Auch in Deutschland steht es freiwillig Versicherten frei, ihre Beitragshöhe zu wählen; hier gibt es nur eine obere und untere Beitragsgrenze ohne Beitragsstufen – die Regelungen sind also besonders flexibel. Aber auch hier besteht folglich die Gefahr, dass ein (zu) niedriger Beitragssatz gewählt wird und die spätere Rente entsprechend gering ausfällt. Der Anteil der freiwillig Versicherten in Deutschland ist relativ gesehen alles andere als hoch. Ende 2017 waren 305.695 der insgesamt 38.173.354 aktiv Versicherten freiwillig versichert,[1481] ihr Anteil betrug damit nur etwa 0,8%. Die Mehrheit von ihnen ist höheren Alters, so dass davon auszugehen ist, dass sie einzahlen, um die Anspruchsvoraussetzungen für den Bezug einer Altersrente zu erfüllen oder im Falle von Erwerbsminderung geschützt zu sein.[1482]

In Brasilien liegt die Beitragssatzhöhe grundsätzlich bei 20% des Einkommens, es besteht aber – wie bei den Selbständigen – die Möglichkeit der Beitragsreduzierung bei Verzicht auf die Rente nach Beitragszeit. Für Nichtverdiener – wie sie unter den freiwillig Versicherten mitunter auch zu finden sind – gibt es ebenfalls gewisse Reduktionsmöglichkeiten. Wie zu vermuten, ist der Anteil der freiwillig Versicherten klein, ist das System doch überwiegend obligatorisch ausgestaltet. 2017 lag ihr Anteil bei rund 2%[1483] und damit aber immerhin noch höher als in Deutschland.

Das Beibehalten der Möglichkeit der freiwilligen Versicherung mit Auffangfunktion ist zweifellos sinnvoll. Ein vollständiges Basieren auf Freiwilligkeit – wie in der Grundrentenversicherung für die städtischen und ländlichen Bewohner in China – entspricht hingegen, wie bereits erläutert, nicht dem Wesen einer Sozialversicherung. Nicht nur gefährdet die freiwillige Ausgestaltung die langfristige Finanzierbarkeit der Rentenversicherung, nur die Pflichtversicherung gewährleistet auch eine möglichst breite Risikostreuung, ermöglicht Umverteilung und sozialen Ausgleich und verhindert, dass Menschen aus Achtlosigkeit, wegen ihres Kurzfristigkeitsdenkens, des

---

1481 *Deutsche Rentenversicherung Bund*, Rentenversicherung in Zahlen 2019, S. 29.
1482 *Deutsche Rentenversicherung Bund*, Versichertenbericht 2018, S. 62.
1483 *Secretaria de Previdência*, Boletim Estatístico da Previdência Social 11/2019, Gliederungspunkt 01.

Verlassens auf staatliche Sicherungsnetze oder aus sonstigen Gründen nicht vorsorgen und später der Allgemeinheit zur Last fallen. Nicht nur sind in einer freiwilligen Versicherung regelmäßig deutlich weniger Menschen versichert als in einer Pflichtversicherung – und gerade ein staatliches Sicherungssystem sollte eine möglichst breite Abdeckung aufweisen –, die freiwillige Versicherung birgt auch die Gefahr der Wahl eines zu geringen Versicherungsbeitrages.

d. Problemgruppe: Informell Beschäftigte

Informell beschäftigte Personen sind von Versicherungssystemen – im Unterschied zu einer Staatsbürgerversorgung – regelmäßig nicht erfasst. Informelle Arbeit birgt damit das Risiko, das Schutzsystem Sozialversicherung zu durchlöchern. Im Gegensatz zu formeller Arbeit hat sie in der Regel eine niedrigere und unbeständigere Bezahlung sowie schlechtere Arbeitsbedingungen zur Folge.[1484] Häufig entsteht sie aus der Not heraus, weil keine formelle Beschäftigung gefunden wird. Sie wird zum Teil aber auch gezielt gewählt, um Besteuerungen und Regulierungen – wohl gerade auch sozialrechtliche Abgaben – zu umgehen.[1485] Für viele Bürger gibt es ein Hin und Her zwischen formellen und informellen Arbeitsplätzen, die Versicherungsbiographien sind dementsprechend lückenhaft.[1486] Für die Stärkung sozialer Sicherungssysteme, aber auch die Reduzierung von Armut und Ausbeutung ist informelle Arbeit möglichst zu verhindern und zu bekämpfen.

aa. Definition informeller Arbeit

Um informelle Beschäftigung international überhaupt statistisch erheben und vergleichen zu können, hat die ILO im Laufe der Jahre verschiedene Definitionen entwickelt.[1487] Zum ersten Mal verwendete sie den Begriff in

---

1484 *ILO*, Global Employment Trends 2014, S. 24.

1485 Ebenda.

1486 *ISSA*, Social security coverage extension in the BRICS, S. 38.

1487 Siehe hierzu *Hussmanns*, Statistical definition of informal employment; Resolution concerning statistics of employment in the informal sector, adopted by the Fifteenth International Conference of Labour Statisticians (January 1993), http://ww w.ilo.org/wcmsp5/groups/public/@dgreports/@stat/documents/normativeinstru

einer Studie zum Arbeitsmarkt in Kenia und deklarierte als informell wirtschaftliche Aktivitäten von Selbständigen und Kleinstunternehmern, die sich insbesondere durch mangelnde Regulierung, außerschulisch erworbenes Wissen, die Nutzung indigener Ressourcen, geringe Produktivität und den familiären Besitz des Betriebes auszeichneten.[1488] Die erste offizielle, im Jahr 2000 entwickelte ILO-Definition geht davon aus, dass die in Unternehmen des informellen Sektors verrichtete Arbeit informeller Art ist und bezeichnete im Ergebnis wirtschaftliche Aktivitäten als informell, bei denen es an einer Trennung von Unternehmen und Privathaushalt fehlt; das Unternehmen des informellen Sektors wird hiernach – stark zusammengefasst – von einer Privatperson geführt, ihm kommt keine eigene Rechtspersönlichkeit zu und es wird weder rechtlich noch tatsächlich als solches erfasst.[1489] Der später entwickelten (und heute vornehmlich verwendeten) ILO-Definition von 2003 liegt ein weiteres, arbeitsplatzbasiertes Konzept (*job-based concept*) zugrunde.[1490] Dieses Konzept will jegliche informelle Arbeit erfassen, auch solche innerhalb des formellen Sektors; verwendet wird zunehmend der entsprechend als weiter verstandene Begriff der „informellen Wirtschaft" (*informal economy*).[1491] Eine abhängige Beschäftigung wird hiernach dann als informell qualifiziert, wenn sie de jure oder de facto nicht von nationalem Recht – etwa Arbeits-, Einkommensteuer- und Sozialrecht – erfasst ist.[1492] Dies kann beispielsweise der Fall sein, weil sich schlicht nicht an das Gesetz gehalten wird – die Arbeit etwa unangezeigt verrichtet wird –, die Tätigkeit ihrer Art nach rechtlich nicht erfasst wird, etwa weil sie als „atypisch" angesehen wird, sie zwar rechtlich erfasst wird, das Recht aber nicht angewendet wird oder weil die Arbeit aufgrund ihrer zeitlichen Dauer oder des Entgelts unter die Grenzen dessen fällt, was als formelle Beschäftigung in der jeweiligen Rechtsordnung erfasst ist.[1493] In der Regel ist auch die Mithilfe Familienangehöriger als informell zu

ment/wcms_087484.pdf (Stand: 8.8.2020); *ILO*, Guidelines concerning a statistical definition of informal employment.

1488 *ILO*, Employment, incomes and equality, S. 6.
1489 Vgl. *Hussmanns*, Statistical definition of informal employment, S. 3 f.
1490 Siehe hierzu ausführlich *Hussmanns*, Statistical definition of informal employment, S. 4 ff.
1491 *ILO*, Resolution concerning decent work and the informal economy, Meeting document vom 1.6.2002, Punkt 3.
1492 *ILO*, Guidelines concerning a statistical definition of informal employment, Punkt 3.(5).
1493 Ebenda.

qualifizieren.[1494] Auf der 17. Internationalen Konferenz der Arbeitsstatistiker der ILO war dem dargestellten Konzept folgend diskutiert worden, den Terminus *informal employment* durch *unprotected employment* zu ersetzten; hierauf hat man sich jedoch nicht einigen können.[1495] Eine einheitliche Verwendung finden die Begriffe jedoch bis heute nicht, was mit der Komplexität des Themas zusammenhängen dürfte.

bb. Informelle Arbeit in Brasilien, China und Deutschland

Der weiteren Definition folgend ist letztlich nationales Recht ausschlaggebend dafür, welche Arbeit im jeweiligen Staat als informell einzuordnen ist, denn das nationale Recht entscheidet darüber, was es erfasst oder auch nicht. Auch hier gilt: je weiter der (formelle) Arbeitnehmer- und Beschäftigtenbegriff und damit die rechtliche Erfassung, desto geringer der Spielraum für die Entstehung informeller Arbeit.

In Deutschland denkt man bei informeller Arbeit regelmäßig an die sogenannte Schwarzarbeit und für die Bundesrepublik ist dieser Gedanke auch folgerichtig, denn schon aufgrund des weiten Beschäftigten- beziehungsweise Arbeitnehmerbegriffs, aber vor allem aufgrund insgesamt umfassender gesetzlicher Regelungen verbleibt als informelle Arbeit lediglich die illegale Arbeit; sie ist de facto nicht erfasst.

In Entwicklungsländern meint atypische Arbeit häufig informelle Arbeit, denn atypische Arbeit hat dort regelmäßig zur Folge, dass diejenigen, die sie verrichten, nicht den (arbeitsrechtlichen) Schutz genießen, der regulär Beschäftigten zukommt.[1496] China dürfte zu diesen Ländern zu zählen sein. Denn hier existiert eine Reihe von als atypisch qualifizierten Beschäftigungsverhältnissen, die schon arbeitsrechtlich nicht geschützt und auch sozialrechtlich nicht erfasst werden – die unspezifische Möglichkeit für quasi jedermann, sich in der Grundrentenversicherung für die städtischen und ländlichen Bewohner zu versichern, sei einmal außer Betracht gelassen. Nicht nur de facto nicht erfasste „Schwarzarbeiter", sondern sämtliche atypisch Beschäftigte wie Nebenbeschäftigte und Hausangestellte werden

---

1494 Ebenda, Punkt 3.(2)(iii); *ILO*, Resolution concerning decent work and the informal economy, Meeting document vom 1.6.2002, Punkt 3.

1495 *ILO*, Report of the Seventeenth International Conference of Labour Statisticians, S. 12.

1496 *Vanek et al.*, WIEGO Working Paper No. 2, S. 1.

in China als informell eingestuft und, wie gezeigt, auch nicht in die Grundrentenversicherung für die Beschäftigten einbezogen.

In Brasilien gibt es verschiedene Gruppen von Beschäftigten, die nicht als Arbeitnehmer qualifiziert werden, und dennoch ist der formale rechtliche Schutz weit gefasst. Viele arbeitsrechtlich als atypisch qualifizierte Beschäftigungsverhältnisse sind zumindest sozialversicherungsrechtlich geregelt und von der Versicherungspflicht erfasst, so dass auch hier vor allem die sogenannte Schwarzarbeit als informell zu bewerten ist.

Die Erfahrungen zeigen, dass informelle Arbeit in Entwicklungsländern signifikant stärker verbreitet ist als in entwickelten Ländern,[1497] in Schwellenländern stärker als in entwickelten Industrienationen. Häufig wird (unter anderem daher) für soziale Absicherung in Entwicklungs- und Schwellenländern das System einer Staatsbürgerversorgung empfohlen, um einen ausreichenden Schutz der Menschen zu erreichen. Brasilien und China aber haben sich gegen eine Staatsbürgerversorgung und grundsätzlich für Rentenversicherungssysteme entschieden. Will man hier die Absicherung auf die informell Beschäftigten ausdehnen, bleibt kein anderer Weg als sie zu formell Beschäftigten zu machen – informelle Arbeit muss rechtlich und tatsächlich bekämpft werden.

Dass China und Brasilien dabei noch viel Arbeit vor sich haben, zeigen Statistiken der ILO aus 2018, die den Anteil informeller Arbeit in China bei insgesamt 54,4% und in Brasilien bei 46% verorten.[1498] In Deutschland ist der Anteil informeller Arbeit vergleichsweise niedrig und liegt (immerhin aber noch) bei 10,2%.[1499]

Interessant erscheint auch ein Blick auf die in den Staaten zu verzeichnenden Korruptionswerte,[1500] denn Korruption ist bekanntlich ein gerne verwendetes Mittel, um Rechtsanwendungen zu umgehen. Auf einer Skala von Null bis Hundert, wobei Null hoch korrupt und Hundert sehr sauber beziehungsweise nicht korrupt bedeutet, liegt Brasilien 2019 bei

---

1497 Vgl. *ILO*, World employment and social outlook, S. 13.
1498 *ILO*, Women and men in the informal economy, S. 87 f.
1499 Ebenda, S. 90.
1500 Gemessen mit dem „Corruption Perceptions Index" von Transparency International, siehe hierzu *Transparency International*, Corruption Perceptions Index 2019.

35,[1501] China bei 41[1502] und Deutschland bei 80.[1503] China und vor allem Brasilien müssen besonders stark daran arbeiten, ihre Mechanismen zur Rechtsdurchsetzung zu stärken.

Die Zahlen zeigen, dass informelle Arbeit in allen drei Ländern etabliert ist. Ganz verschwinden wird sie wohl nie, aber auf eine Verringerung sollten die Staaten gezielt hinwirken. Dies würde auch den Rentenversicherungssystemen zugutekommen.

Internationale Erfahrungen zeigen, dass die Gestaltung von Systemen sozialer Sicherheit dazu beitragen kann, formelle Arbeit zu fördern. Die ILO nennt als illustrierendes Beispiel die Ausweitung sozialer Sicherheit auf im Haushalt beschäftigte Personen durch das Eingehen auf die besonderen Bedürfnisse beider Seiten; sie würdigt unter anderem die in Brasilien und Deutschland bestehenden Beitragserleichterungen für den Arbeitgeber.[1504] Und Brasilien ist diesbezüglich auch in der jüngsten Rentenreform tätig geworden. So sollen einkommensschwache Arbeitnehmer, die aufgrund ihres unterhalb eines Mindestlohnes liegenden Einkommens von der Sozialversicherung bisher nicht erfasst und insofern auch als informell betrachtet werden, nach der Rentenreform von 2019 in ein neu zu schaffendes soziales Eingliederungssystem mit (nochmals) niedrigeren Beitragssätzen integriert werden.[1505]

Wollen Systeme sozialer Sicherheit in der Bekämpfung informeller Arbeit erfolgreich sein, müssen sie insbesondere Anreize für eine Formalisierung und Absicherung schaffen. Für die Rentenversicherung bedeutet dies etwa, dass die Aussicht auf den Rentenbezug für Erwerbstätige attraktiv sein muss, was unter anderem voraussetzt, dass sich das Rentenniveau vom Leistungsniveau der Sozialhilfe absetzt. Kritisch gesehen werden kann insofern, dass die brasilianische Mindestrente die gleiche Höhe hat wie die Sozialhilfe im Alter.[1506] Es erstaunt nicht, dass der Rentenreformentwurf von 2016 vorsah, die Voraussetzungen für den Bezug der Alters-Sozialhilfe zu erhöhen; ihr Bezug sollte statt mit 65 Jahren erst ab einem Alter von 70

1501 Es liegt damit von 180 mit dem „Corruption Perceptions Index" bewerteten Staaten auf Platz 106, *Transparency International*, Corruption Perceptions Index 2019.

1502 China nimmt damit Platz 80 der 180 weltweit bewerteten Staaten ein, *Transparency International*, Corruption Perceptions Index 2019.

1503 Deutschland liegt damit auf Platz 9 der 180 bewerteten Staaten, *Transparency International*, Corruption Perceptions Index 2019.

1504 *ILO*, Social security for social justice and a fair globalization, S. 91.

1505 So der neue Art. 201 § 12 der brasilianischen Verfassung.

1506 Art. 20 Gesetz Nr. 8.742/93.

Jahren möglich sein und ihr Wert unterhalb des Mindestlohnes liegen.[1507] Hiervon ist in der nun beschlossenen Rentenreform jedoch keine Rede mehr.

Ferner muss der Versicherungsbeitrag für beide Seiten tragbar und bürokratische Hürden dürfen nicht zu hoch sein. In Brasilien und China ist der Beitragssatz auf Seiten des Arbeitgebers hoch; es liegt die Vermutung nahe, dass es nicht selten die Arbeitgeber sind, die informelle Beschäftigung forcieren, sei es schlicht durch „Schwarzarbeit" oder durch geschickte Umgehung der Versicherungspflicht durch die Arbeitsgestaltung.

Eine Umgehung war bisher vor allem in China einfach, denn Kontrollen fanden hier nur unzureichend statt, die sozialversicherungsrechtlichen Meldungen der Arbeitgeber wurden selten überprüft. Mit der jüngst beschlossenen flächendeckenden Übertragung der Beitragserhebung auf die Steuerbehörden könnte sich dieser Zustand etwas verbessern, sind die Steuerbehörden doch bereits vergleichsweise umfassend über die Unternehmensstrukturen informiert oder sollten es sein. Dennoch dürfte die Überprüfung sich nicht als allzu einfach für den Prüfer gestalten, denn ein Arbeitsverhältnis lässt sich schnell als atypisch ausgestalten und die Versicherungspflicht so umgehen. Gerade hier wäre es hilfreich, rechtliche Schutzlücken, die schon durch den engen Arbeitnehmerkreis entstehen, zu schließen.

Problematisch werden dürfte es für die Anreizstruktur schließlich, wenn sich das Rentenniveau angesichts der demographischen Entwicklung (zu sehr) reduziert – die Staaten befinden sich hier politisch wie rechtlich gewissermaßen in einer Zwickmühle.[1508]

e. Ländliche / agrarökonomische Alterssicherung

Alle hier betrachteten Staaten widmen sich auch der Absicherung ihrer landwirtschaftlich tätigen Bevölkerung, wenngleich in völlig unterschiedlicher Weise.

Gemeinsam haben sie, dass sich der landwirtschaftliche Sektor in den vergangenen Jahren beziehungsweise Jahrzehnten zugunsten der Industrie

---

1507 So der geplante Art. 203 der Verfassung nach dem Verfassungsreformentwurf vom 5.12.2016, *Proposta de Emenda à Constituição* (PEC) 287/2016; siehe hierzu auch *Rudolph/Zviniene/Olinto*, Summary note on pension reform in Brazil, S. 15.
1508 Zum Rentenniveau siehe unten, D.IV.5.a.

reduziert hat und weiter reduziert, die Zahl der Rentner hier dementsprechend höher ist als die der Erwerbstätigen. Diese Entwicklung ist mitunter auch eine Folge der Landflucht und Urbanisierung, die in allen Staaten mit der Industrialisierung eingesetzt hat. Besonders bemerkbar macht sich dies in China, wo sich der Anteil der landwirtschaftlichen Beschäftigung an der Gesamtbeschäftigung von etwa 70% zu Beginn der 1980er Jahre auf 27% in 2018/2019 reduziert[1509] und damit mehr als halbiert hat. In Brasilien machte die landwirtschaftliche Beschäftigung 2019 noch einen Anteil von 9% und in Deutschland, wo der Prozess bereits am längsten andauert, von nur noch 1% aus.[1510] Diese Zahlen spiegeln sich auch in dem Anteil der Landwirtschaft am Bruttosozialprodukt wider: In China betrug der Anteil der Landwirtschaft 2019 7,1% des Bruttosozialproduktes, in Brasilien waren es immerhin 4,4% und in Deutschland nur 0,8%.[1511] Eine (dementsprechend) weitere Gemeinsamkeit ist, dass alle Länder mehr oder weniger beachtliche finanzielle Mittel aufwenden müssen, um die Systeme in der Balance zu halten.

Das Erfordernis finanzieller Unterstützung hat aber nicht nur den Strukturwandel als Ursache. Saisonarbeit ist weit verbreitet, das Einkommen häufig niedrig sowie unbeständig und vor allem kleine landwirtschaftliche Unternehmen oder solche, die sogar zum Teil noch Subsistenzwirtschaft betreiben, sind naturgemäß schwierig zu erfassen. Dies gilt in besonderem Maße in China und Brasilien. Es muss sichergestellt werden, dass gerade die Einkommensschwachen in der Lage sind, ihre Beiträge zu zahlen – die Integration von Landwirten, in der Landwirtschaft tätigen Personen und gegebenenfalls auch überhaupt auf dem Land lebenden Personen in eine Form der Rentenversicherung kann eine außerordentliche Herausforderung sein.

Sowohl Deutschland als auch China und Brasilien haben für landwirtschaftliche Arbeit in irgendeiner Weise und Ausprägung besondere Regelungen gefunden, mit denen sie diesen Aspekten Rechnung tragen wollen. Sie alle haben dabei gemeinsam, dass sie, wenn auch aus unterschiedlichen Beweggründen, in erster Linie (nur) eine Basissicherung schaffen wollen. Die Staaten gehen in der Handhabung jedoch schon strukturell ganz unterschiedlich vor.

1509 *ILO*, Global Employment Trends 2014, S. 28; *The World Bank*, Data: Employment in agriculture (% of total employment) (modelled ILO estimate).

1510 *The World Bank*, Data: Employment in agriculture (% of total employment) (modelled ILO estimate).

1511 *The World Bank*, Data: Agriculture, forestry, and fishing, value added (% of GDP).

Die Bundesrepublik ist das einzige der zu vergleichenden Länder, das Landwirte einem eigenen obligatorischen Versicherungszweig zuordnet. Erfasst sind neben den landwirtschaftlichen Unternehmern deren Ehegatten und mitarbeitende Familienangehörige. Dem deutschen Rentenversicherungszweig für die Landwirte lag von Beginn an ein anderes Konzept zugrunde als der übrigen Rentenversicherung, bestand das Ziel doch stets darin, nur eine finanzielle Ergänzung für den Ruhestand zu gewähren und nicht, den Lebensstandard des Einzelnen zu erhalten.[1512] Man ging und geht davon aus, dass die Landwirte durch den Wert ihres Unternehmens bereits über einen bestimmten Grad an Absicherung verfügen. Gerade deshalb sind auch anders als in China und zum Teil auch in Brasilien von „landwirtschaftlichen Sonderregelungen" nur die Unternehmensinhaber selbst und nicht etwa deren Beschäftigte betroffen. Und dementsprechend ist die Beitragshöhe unabhängig vom Einkommen und für alle einheitlich festgesetzt, ebenso die Rente. Eine besondere staatliche Unterstützung finanzieller Art erfahren aber diejenigen, deren Einkommen nur gering ist, deren Unternehmen also offenbar (doch) nicht genug abwirft: Unterhalb einer Einkommensgrenze werden mit sinkendem Einkommen steigende staatliche Zuschüsse entrichtet, um sicherzustellen, dass die einkommensunabhängigen Beiträge auch von den Einkommensschwachen geleistet werden können. Schließlich ist hier soziale Absicherung in besonderem Maße erforderlich. Und insbesondere weil man die Mindestsicherung für erforderlich hält, ist das System obligatorisch ausgestaltet. Vollständig vom Versicherungsprinzip lösen will man sich letztlich jedoch nicht – die Versicherungspflicht setzt wie in der gesetzlichen Rentenversicherung auch erst ab Überschreiten einer Geringfügigkeitsgrenze ein, wenn das Unternehmen also eine (nicht allzu hoch angesetzte) Mindestgröße aufweist.

Ein vollständig anderes Vorgehen zeigt sich in China. Dort schaffte man nicht nur für alle in der Landwirtschaft Tätigen, sondern für sämtliche ländliche Bewohner ein eigenes, auf Freiwilligkeit basierendes System und integrierte sie später in die ebenfalls (nur) freiwillig ausgestaltete Grundrentenversicherung für die städtischen und ländlichen Bewohner. Die Mitgliedschaft in der Grundrentenversicherung für die Beschäftigten bleibt damit auch den ländlichen „Angestellten" verwehrt. Anders als in Deutschland und Brasilien gelten ländliche Arbeiter aber auch weder als

---

1512 Dies will die gesetzliche Rentenversicherung mittlerweile allerdings auch nicht mehr.

Arbeitnehmer im Sinne des Arbeitsrechts noch als Beschäftigte im Sinne des Sozialrechts.[1513] Da die Rentenversicherung für die städtischen und ländlichen Bewohner alle Bürger erfasst, die nicht in das System für die Beschäftigten integriert sind, gibt es keine Spezialbedingungen nur für die landwirtschaftlich Tätigen allein. Die relativ starke finanzielle Unterstützung, die sie erfahren, kommt innerhalb dieses Systems allen Versicherten gleichermaßen zugute. Finanziell unterstützt werden die Erfassten zum einen recht kreativ dadurch, dass die Versicherung die unmittelbare Gewährung einer Rente für ansonsten nicht rentenberechtigte Eltern mit sich bringt, und zum anderen mittels einer Form von kollektiven Zuschüssen und Regierungssubventionen auf die Rentenversicherungsbeiträge. Das aus der Grundrentenversicherung für die Beschäftigten bekannte Grundmodell Basisrente mit (kapitalgedecktem) individuellem Konto gilt auch hier, die Basisrente ist aber – im Gegensatz zur Grundrentenversicherung für die Beschäftigten – staatlich finanziert. Die Höhe der finanziellen Unterstützung steigt allerdings mit der Höhe der entrichteten Beiträge. Dies ist in Brasilien und Deutschland gewissermaßen umgekehrt, soll in China aber die Bürger dazu bewegen, höhere Beiträge zu zahlen. Denn über deren Höhe kann der Einzelne – anders als in Brasilien und Deutschland und geschuldet der freiwilligen Ausgestaltung des Systems – innerhalb bestimmter Stufen frei wählen. Da die staatliche/kommunale finanzielle Unterstützung in der Regel deutlich höher ist als der Versicherungsbeitrag, lässt sich das System, wie bereits erläutert, kaum noch als Versicherung bezeichnen. Die Zuschüsse und Subventionen sind aber zum einen erforderlich, um Anreize für die Teilnahme an dem freiwilligen System zu schaffen, und zum anderen, um das in der Regel verschwindend geringe Leistungsniveau zumindest ein wenig aufzubessern.

In Brasilien sind die landwirtschaftlich Tätigen zwar – wie alle anderen Versicherten des privaten Sektors auch – obligatorisch erfasst und dem allgemeinen Rentenversicherungsregime zugeordnet, hier wiederum erfahren sie jedoch eine Spezialbehandlung. Diese besteht insbesondere in einer erheblichen finanziellen Unterstützung, die – zumindest für einen Teil der landwirtschaftlichen Arbeiter – ein solches Ausmaß annimmt, dass nicht mehr von Versicherung gesprochen werden kann. Nach den Sonderregelungen der sogenannten *Previdência Social Rural* müssen die Sonderversicherten, die „kleinen" Bauern, für den Rentenbezug nicht das Entrichten von Beiträgen nachweisen, sondern nur, dass sie für die Dauer der Karenz-

---

1513 Siehe hierzu oben unter D.II.3.a.aa.

zeit in der Landwirtschaft tätig gewesen sind. Diese Spezialbehandlung gilt für die Dauer einer 2020 endenden Übergangszeit nicht nur für „kleine" Bauern und deren Familien, sondern für sämtliche in der Landwirtschaft beschäftigte Personen. Ihre Absicherung ist also de facto beitragsfrei. Im Gegenzug wird ihnen aber auch „nur" eine Mindestsicherung in Höhe eines Mindestlohnes garantiert, sofern sie nicht freiwillig Beiträge in einer ausreichenden Höhe entrichtet haben. Nach Ende der Übergangszeit soll differenziert werden zwischen den „großen" und „kleinen" Landwirten, indem die zu Verfügung stehenden Ländereien und die Arbeitsstruktur ins Visier genommen werden. Den „kleinen" (selbständigen) Landwirten nimmt man ihre Beitragspflichten auch weiterhin ab. Zwar sollen 1,2% der bei der Erstkommerzialisierung ihrer Produkte erwirtschafteten Erträge entrichtet werden, da der Nachweis der Entrichtung aber, wie beschrieben, nicht Voraussetzung für den Rentenbezug ist, erscheint diese Regelung eher als Makulatur. Auch müssen die Sonderversicherten für von ihnen beschäftigte Personen keinerlei Arbeitgeberbeiträge zahlen – die Beschäftigung von Arbeitern ist in dieser Kategorie allerdings ohnehin nur kurzfristig erlaubt. Die Einkommensschwachen erfahren damit – wie auch in Deutschland – eine höhere finanzielle staatliche Unterstützung.

Ein Bedürfnis für Sonderbedingungen sieht man in Brasilien auch auf Arbeitgeberseite: Die „großen" Landwirte müssen, falls sie Personal beschäftigen, was regelmäßig der Fall sein dürfte, nicht die üblichen arbeitgeberseitigen Rentenversicherungsbeiträge in Höhe von 20% des Entgelts entrichten, sondern nur pauschal 1,2% oder 1,7% (je nachdem, ob natürliche oder juristische Person) des bei der Erstkommerzialisierung ihrer Produkte erzielten Bruttoerlöses. Die Beiträge werden also an die Einnahmen gekoppelt, um die Leistungsfähigkeit zu gewährleisten.

Derartige Sonderregelungen auf Arbeitgeberseite finden sich in Deutschland nicht. In China müssen ländliche „Arbeitgeber" ohnehin keine Rentenversicherungsbeiträge für von ihnen beschäftigte Personen entrichten, weil das gesamte Rentensystem auf dem Land nur freiwillig ausgestaltet ist. Der Landwirt ist in China darüber hinaus nicht als „Arbeitgebersubjekt" anerkannt, also rechtlich gesehen kein Arbeitgeber. Brasilien hat damit die mit Abstand komplexesten Regelungen im Hinblick auf seine in der Landwirtschaft tätigen Bürger.

Brasilien erreicht mit der Einbindung der „kleinen" Bauern (und Fischer, die ebenfalls als Sonderversicherte gelten) in das allgemeine Rentenversicherungsregime eine vergleichsweise starke Umverteilung, da ihre Renten theoretisch von den Beiträgen der übrigen Versicherten mitfinanziert werden müssen. Dies gilt umso mehr, solange für die Dauer der Übergangszeit auch alle anderen landwirtschaftlich Tätigen zu einem Teil von ihrer Beitragspflicht befreit sind. In 2017 waren etwa 5% aller Versicherten sogenannte Sonderversicherte.[1514] Um die finanzielle Balance zu halten, die durch die Garantie einer Mindestrente ohne entsprechende Gegenleistung in Gefahr ist und nur mittels der Versichertenbeiträge nicht aufrecht erhalten werden kann, muss der Staat das System zwangsweise signifikant finanziell unterstützen. Während im Jahr 2018 die Einnahmen der *Previdência Social Rural* 9,9 Millionen Reais betrugen, lagen die Ausgaben für die Renten bei 123,7 Millionen Reais.[1515] Damit musste der ländliche Teil der Rentenversicherung theoretisch zu 80% aus anderen Quellen finanziert werden. Ob dieser Prozentsatz allzu schnell sinkt, ist, selbst wenn nach Ende der Übergangsregelungen die Beitragspflichten durchgesetzt werden, fraglich und hängt davon ab, wie sich der Strukturwandel in Brasilien weiterentwickelt. Die brasilianische Vorgehensweise zeigt, dass die Rentenversicherung in Brasilien – mehr als in den anderen beiden Staaten – als Mittel zur Armutsbekämpfung eingesetzt wird. Das Versicherungsprinzip wird mit einer Art Fürsorgeleistung vermischt.

Auch in Deutschland ist der Anteil der finanziellen Unterstützung des Systems durch den Staat in diesem Bereich hoch. Hier ist dies aber hauptsächlich auf den Strukturwandel zurückzuführen, dem nur durch staatliche Unterstützung Rechnung getragen werden kann. 2018 bestand der Haushalt des umlagefinanzierten Systems mit mehr als doppelt so vielen Rentnern wie aktiv Versicherten zu etwa 80% aus Bundesmitteln.[1516] Staatliche Zuschüsse bei der Beitragsentrichtung mussten in 2018 für 23.124 der 188.694 in der Alterskasse für Landwirte Versicherten entrichtet werden,[1517] was einer Quote von etwa 12,25% entspricht. Gerade aufgrund des Wandels dürfte die Finanzierung in absoluten Zahlen gemessen aber auf Dauer sinken.

In China wurde die Grundrentenversicherung für die städtischen und ländlichen Bewohner im Jahre 2013 Schätzungen zufolge zu etwa 69% vom

---

1514 *Secretaria de Previdência*, Cobertura da Previdência Social no Brasil – 2017, Gliederungspunkt 1.1.

1515 *Ministério da Economia*, Bekanntmachung vom 8.6.2020.

1516 Von den Gesamteinnahmen in Höhe 2.815,80 stammten 2.260,44 aus Bundesmitteln, *Sozialversicherung für Landwirtschaft, Forsten und Gartenbau*, Auf einen Blick, S. 14.

1517 Ebenda, S. 12.

Staat finanziert und nur zu 31% aus Beiträgen.[1518] Ohne Änderung der Systemstruktur ist ein Sinken der finanziellen Unterstützung nicht zu erwarten. Etwas anderes würde – absolut gesehen – nur gelten, wenn es in Zukunft weniger Versicherte gäbe – und gerade hier liegt auch ein Risiko der chinesischen Grundrentenversicherung für die städtischen und ländlichen Bewohner. Um eine hohe Deckungsrate in einer freiwilligen Versicherung zu erreichen und beizubehalten, bedarf es ausreichender Anreize. Diese können in den staatlichen Zuschüssen erblickt werden, die dann aber auch weiterhin erbracht werden müssen. Aktuell sind auch die Rentenleistungen an die Eltern, die der Staat dann zahlt, wenn sich das Kind versichert, als Anreiz zu bewerten. Dieser Anreiz wird aber mit zunehmender Versorgung wegfallen. Möglicherweise gilt es dann, neue Anreize zu finden.

Die Systeme könnten unterschiedlicher kaum sein und haben demnach auch völlig verschiedene Vor- und Nachteile. Da Landwirte in Deutschland in vielerlei Hinsicht – etwa auch in Bezug auf das Erbrecht – Sonderregelungen unterliegen und man außerdem von einer anderen Schutzbedürftigkeit ausging und -geht als bei dem Rest der Bevölkerung, erscheint es nachvollziehbar und konsequent, sie sozialversicherungsrechtlich besonders beziehungsweise separat zu behandeln. Eine solche Ausgliederung verhindert überdies Konfliktpotential, wie es in Brasilien besteht.

In Brasilien geht die Solidarität, die das System den Versicherten aufgrund der Sonderstellung der Landwirte abverlangt, vielen zu weit. Ein nicht zu unterschätzender Vorteil ist sicherlich die Auswirkung, die es auf die Verringerung der Armutsquote in Brasilien haben dürfte. Eine solche Wirkung kann jedoch auch mittels staatlicher Sozialhilfe erreicht werden.

China hat mit seiner Grundrentenversicherung für die städtischen und ländlichen Bewohner eindrucksvoll gezeigt, wie man die Absicherungsquote in kürzester Zeit größtmöglich erhöht – das System ist erst 2009 mit Pilotplänen eingeführt worden und erfasst inzwischen über eine halbe Milliarde Menschen.[1519] Ein langfristiges Manko ist indes die fehlende Versicherungspflicht sowie die dauerhaft erforderliche hohe finanzielle Unterstützung.

[1518] *ILO*, People's Republic of China: Universal pension coverage, S. 2.

[1519] *National Bureau of Statistics of China*, Statistical Communiqué 2019, Gliederungspunkt IX. Dazu auch noch sogleich unter D.IV.2.g.aa.

f. Beamte

Beamte wurden in allen hier betrachteten Staaten lange Zeit klassischerweise über ein Versorgungs- und nicht ein Versicherungssystem gegen das Risiko Alter abgesichert. Beamte haben eine Sonderstellung innerhalb des Staates inne, die sich hierin widerspiegelte.

Vor allem in Brasilien, aber auch in China führte diese Sonderstellung jedoch zu derart generösen Vorzugsbehandlungen, dass die Versorgung weder auf Dauer finanzierbar war noch vom übrigen Volk akzeptiert wurde. Beide Staaten sahen sich gedrängt, die Versorgung in eine Versicherung zu transformieren. Während Brasilien ein eigenes Versicherungssystem für Beamte geschaffen hat, das, wenn auch mit abnehmender Tendenz, zum Teil noch Sonderbedingungen gegenüber dem System für den privaten Sektor enthält, hat China 2015 mit dem sogenannten Gleichstellungsplan[1520] beschlossen, dass für Beamte von nun an exakt die gleichen Bedingungen gelten wie für Beschäftigte, wenngleich ebenfalls in einem eigenen System. Die Gleichstellung war in China in tatsächlicher Hinsicht wohl insbesondere deshalb ohne sonderlich große Schwierigkeiten umsetzbar, weil Beamte und Beschäftigte vor nicht allzu langer Zeit noch mehr oder weniger gleich behandelt worden waren. Bevor einhergehend mit der zunehmenden Privatisierung der Wirtschaft 1986 die Beitragspflicht in der Rentenversicherung für die Beschäftigten eingeführt wurde,[1521] hatten allein die staatlichen Unternehmen die Rentenversicherungsbeiträge zu tragen und damit im Ergebnis – wie bei den Beamten auch – der Staat.

In Deutschland wird eine Änderung beziehungsweise Abschaffung der Beamtenversorgung zwar in regelmäßigen Abständen gefordert, jedoch bislang nicht ernsthaft politisch verfolgt.[1522] Dies hängt nicht nur mit ihrem besonderen verfassungsrechtlichen Schutz zusammen, sondern auch damit, dass die Integration von Beamten in die gesetzliche Rentenversicherung insgesamt wohl nicht mit der gewünschten Kostenersparnis für den Staat einhergehen würde. Nicht nur müssten die Bezüge der Beamten, sollten sie nun Rentenversicherungsbeiträge entrichten müssen, erhöht werden, da sonst die verfassungsrechtlich geforderte angemessene Entlohnung nicht mehr sichergestellt wäre, auch wäre eine Einbeziehung von bereits pensio-

---

1520 Beschluss des Staatsrates über die Reform der Altersversorgung von Staatsbediensteten vom 3.1.2015 (Nr. 2).
1521 Siehe oben unter C.II.1.
1522 Siehe hierzu und zum Folgenden oben unter D.III.3.

nierten Beamten mit Mehrausgaben für die Rentenversicherung verbunden. Zudem macht ihre durchschnittlich höhere Lebenserwartung die Beamten aus rententechnischer Sicht zu einem „teuren Risiko".[1523] Schließlich wird die historisch gewachsene Beamtenversorgung, die in Deutschland eine längere Tradition hat als die gesetzliche Rentenversicherung, im Allgemeinen anerkannt und respektiert – sie wird von der Mehrheit der Bevölkerung nicht als übermäßig privilegierend oder ungerecht angesehen, teilweise wohl auch, weil der Beamtensold im Vergleich zu dem in der freien Wirtschaft zu erzielenden Einkommen im Regelfall nicht als zu hoch – mitunter angesichts der geforderten Qualifikationen sogar (zu) niedrig – erscheint. Mit einer Vereinheitlichung der Systeme wie in China oder der Einführung einer Beitragspflicht wie in Brasilien dürfte nicht ohne Weiteres zu rechnen sein.

g. Die tatsächliche Rentenabdeckung in den Ländern

Die Erfassung durch rechtliche Regelungen sagt noch nichts über die faktische Abdeckung aus. Vielmehr liegt die tatsächliche Erfassung leider – so die Beurteilung der ILO – überall hinter der rechtlichen zurück, auch wenn sie in den vergangenen Jahren insgesamt angestiegen ist.[1524] Während 2013 etwa 77% der arbeitenden Bevölkerung weltweit rechtlich von einem Altersvorsorgesystem erfasst wurden, lag der tatsächliche Anteil bei lediglich 51,5%.[1525] Und während man lange glaubte, die wirtschaftliche Entwicklung würde automatisch eine höhere Absicherungsrate mit sich bringen, ist man heute eines Besseren belehrt.[1526]

aa. Erfassung der erwerbstätigen Bevölkerung

International vergleichenden Daten der ILO zufolge partizipierten 2015 in Brasilien 52,5% der Erwerbstätigen über 15 Jahren aktiv in der Rentenversicherung, in China 69,8% (die Zahl bezieht sich ausdrücklich auf beide

---

1523 Siehe hierzu oben unter D.III.3.

1524 *ILO*, World Employment and social outlook, S. 83 f.

1525 *Bonnet*, in: World of Work Report 2/2015, S. 73 (83 f.).

1526 *ILO*, Social security for social justice and a fair globalization, S. 29.

Rentenversicherungssysteme zusammen) und in Deutschland 86,0%.[1527] Genaueren Aufschluss darüber, wie sich diese Zahlen zusammenstellen, gibt die ILO nicht.

Brasiliens eigene Angaben sind präziser. Das Land dokumentiert recht genau, wie seine Bürger erfasst sind oder eben auch nicht, und die Zahlen unterscheiden sich auf den ersten Blick von denen der ILO. Ihnen zufolge waren 2015 72,5% der erwerbstätigen Bevölkerung im Alter von 16–59 Jahren von einem der beiden Rentenversicherungssysteme erfasst, 64,6% vom RGPS und 7,9% vom RPPS.[1528] Von den 27,5% derjenigen Erwerbstätigen, die unerfasst blieben, bezogen 11,8% einen Lohn, der unterhalb eines Mindestlohnes lag, so dass sie nicht versicherungspflichtig waren.[1529] Es verblieben 15,7% der Erwerbstätigen, die aus anderen Gründen nicht erfasst waren; hierzu dürften vor allem die informell erwerbstätigen Personen gehören. Etwas aktuellere brasilianische Zahlen von 2017[1530] geben ein ähnliches Bild. Zwar ist der Prozentsatz der erfassten erwerbstätigen Bevölkerung im Alter von 16–59 Jahren mit nun 71,3% leicht gesunken, ebenfalls gesunken ist mit nun 24,2% aber auch der Anteil der unerfassten Erwerbstätigen. Während 11,7% der Erwerbstätigen, die unerfasst blieben, einen Lohn unterhalb des Mindestlohnes bezogen, waren es nur noch 11,5%, die aus anderen Gründen unerfasst blieben. Dass sich die brasilianischen Angaben von denen der ILO unterscheiden, dürfte zumindest teilweise daran liegen, dass die ILO zum einen nur die aktiv Versicherten, die Beitragszahler erfasst – Sonderversicherte sind aber ohne tatsächliche Beitragsentrichtung versichert und machen nach brasilianischen Angaben 2015 6,7%[1531] der Versicherten aus – und zum anderen wohl Beamte außer Betracht lässt.[1532]

Aktuellen chinesischen Statistiken zufolge partizipierten Ende 2019 434,82 Millionen Bürger an der Grundrentenversicherung für die Beschäf-

---

1527 *ILO*, World Social Protection Report 2017–2019, S. 357 ff.
1528 *Ministério da Fazenda*, Informe de Previdência Social 12/2016, S. 3, 4.
1529 Ebenda.
1530 *Secretaria de Previdência*, Cobertura da Previdência Social no Brasil – 2017, Gliederungspunkt 1.1.
1531 *Ministério da Fazenda*, Informe de Previdência Social 12/2016, S. 4.
1532 Bei der Darstellung der Hauptcharakteristika der brasilianischen Rentenversicherung geht die ILO nur auf das RGPS und die Sozialhilfe ein, nicht aber auf das RPPS, *ILO*, World Social Protection Report 2017–2019, S. 317. Dies lässt den Schluss zu, dass das RPPS auch bei Darstellung der Abdeckung außer Betracht geblieben ist.

tigten und 532,66 Millionen an der Grundrentenversicherung für die städtischen und ländlichen Bewohner, Rentner inbegriffen.[1533] Die Statistik zählt zum gleichen Zeitpunkt insgesamt 774,71 Millionen Erwerbstätige einschließlich Selbständiger, davon 442,47 Millionen in städtischem Gebiet.[1534] Die Einstufung als erwerbstätig sagt laut Statistik aber nichts darüber aus, ob die Tätigkeit eine Sozialversicherungspflicht auslöst; es sind auch diejenigen Erwerbstätigen aufgezählt, die nicht sozialversicherungspflichtig sind.[1535] Wie viele der tatsächlich versicherungspflichtigen Personen von der Grundrentenversicherung für die Beschäftigten erfasst sind, kann aus den Zahlen daher nicht abgelesen werden. Außerdem können sich in der Grundrentenversicherung für die städtischen und ländlichen Bewohner gerade auch Personen versichern, die nicht erwerbstätig sind. Aus diesem Grund vermag anhand der Daten keine genauere Aussage über den Stand der Erfassung getroffen zu werden, als dass insgesamt immerhin 967.480.000 der 1.150.280.000 Bürger im Alter von über 15 Jahren,[1536] entsprechend etwa 84%, von einem der beiden Rentenversicherungssysteme erfasst sind – allerdings sowohl aktiv als auch passiv, was die Unterschiede zu den Daten der ILO teilweise erklären dürfte.[1537] Die Daten der ILO sind zudem älter und die chinesischen Rentensysteme in den vergangenen Jahren enorm gewachsen. So hat die Grundrentenversicherung für die Beschäftigten 2019 im Vergleich zum Vorjahr einen Zuwachs von 15,81 Millionen und die Grundrentenversicherung für die städtischen und ländlichen Bewohner von 8,74 Millionen Versicherten verzeichnen können,[1538] womit es gelang, den Ausbau erneut zu voranzutreiben. Von 2017 auf 2018 hatte die Grundrentenversicherung für die Beschäftigten 15,55 Millionen und die Grundrentenversicherung für die städtischen und ländlichen Bewohner 11,37 Millionen Mitglieder hinzu gewinnen können.[1539] Schätzungen von

---

1533 *National Bureau of Statistics of China*, Statistical Communiqué 2019, Gliederungspunkt IX.

1534 Ebenda, Gliederungspunkt I.

1535 Vgl. *National Bureau of Statistics of China*, China Statistical Yearbook 2019, Gliederungspunkt 4, Explanatory Notes on Main Statistical Indicators.

1536 *National Bureau of Statistics*, Statistical Communiqué 2019, Gliederungspunkte I und IX.

1537 Da in den chinesischen Versichertenzahlen die Rentner mit inbegriffen sind, kann kein Prozentsatz der aktiven Bevölkerung, die sich noch nicht im Ruhestand befindet, gebildet werden.

1538 *National Bureau of Statistics of China*, Statistical Communiqué 2019, Gliederungspunkt IX.

1539 *National Bureau of Statistics*, Statistical Communiqué 2018, Gliederungspunkt IX.

2017 gehen davon aus, dass etwa zwei Drittel der (städtisch) arbeitenden Bevölkerung versichert sind.[1540] Besonders gering ist aber die Absicherung für die Wanderarbeiter, von denen wohl über 70% nicht versichert sind.[1541] Angesichts dessen, dass die Versicherung für sie aufgrund der Systemzersplitterung immer noch mit zahlreichen Schwierigkeiten behaftet ist, sich häufig als Verlustgeschäft darstellt und selbst Arbeitgeber den Wanderarbeitern helfen, die Versicherungspflicht zu umgehen und ihnen kompensatorisch Gelder auf ein „normales" Konto zahlen, erstaunt diese Zahl nicht. 2020 will China das Ziel einer universellen Abdeckung erreichen.[1542]

Deutschen Angaben zufolge waren 2017 44.155.000 Menschen in der Bundesrepublik erwerbstätig[1543] und 38.173.354 Menschen Ende 2017 aktiv versichert in der gesetzlichen Rentenversicherung (jedoch nicht alle als Erwerbstätige), 32.866.889 von ihnen als Versicherungspflichtige.[1544] Die berufsständischen Versorgungswerke verzeichneten Ende 2017 rund eine Million Mitglieder,[1545] als Beamte, Richter und Soldaten abgesichert waren 2017 1.843.315 Personen.[1546] Spricht die ILO von einer Absicherungsquote von 86% der aktiv Erwerbstätigen in 2015, erscheint das mithin nicht unpassend, der aktuellere Prozentsatz dürfte nach den dargestellten Zahlen etwas höher liegen.

Absicherungslücken finden sich sämtlichen Quellen zufolge in allen Sicherungssystemen. Während Lücken in Deutschland nach der vorangegangenen Analyse vornehmlich rechtlicher Art sind, sind die Lücken in Brasilien in erster Linie auf mangelnde Durchsetzung zurückzuführen. In China findet sich eine Mischung aus beidem. Eine hundertprozentige Absicherung aller Erwerbstätigen wird wohl nie erreicht werden können, schon wegen der geltenden unteren Beitragsbemessungsgrenzen. Aber natürlich sollten die Bestrebungen, so viele Bürger wie möglich einzubeziehen, groß sein, denn nur so können Sicherungsziele, aber auch eine breite Risikoverteilung sowie eine stabile Finanzierung am besten erreicht werden.

In Deutschland werden, wie bereits gezeigt, insbesondere viele Selbständige nicht obligatorisch von der Rentenversicherung erfasst, obwohl für

---

1540 *Gruat*, Some striking features of the Chinese pension system, S. 6.
1541 Ebenda.
1542 *ILO*, People's Republic of China: Universal pension coverage, S. 1.
1543 *Statistisches Bundesamt*, Jahrbuch 2019, S. 358.
1544 *Deutsche Rentenversicherung Bund*, Rentenversicherung in Zahlen 2019, S. 28.
1545 *Arbeitsgemeinschaft berufsständischer Versorgungseinrichtungen e.V.*, Daten und Fakten, Die Mitgliederstruktur.
1546 *DBB Beamtenbund und Tarifunion*, Zahlen Daten Fakten 2019, S. 14.

sie eine Absicherung in der Regel nicht weniger notwendig ist als für die meisten anderen Erwerbstätigen auch. Zwar haben sie die Möglichkeit, sich freiwillig zu versichern beziehungsweise auf Antrag versicherungspflichtig zu werden, davon machen aber nur wenige Selbständige Gebrauch.[1547] Außerdem gibt es in Deutschland zunehmend Formen atypischer Beschäftigung, mit denen die Versicherungspflicht umgangen werden kann – wenn auch häufig auf illegale Weise –, wie beispielsweise durch unterschiedliche Formen der Teilzeitarbeit, befristete Beschäftigungen, Scheinselbständigkeit und Werkverträge. Ein kürzlich veröffentlichter OECD-Bericht empfiehlt nachvollziehbarerweise, dieser Entwicklung entgegen zu treten und vor allem Selbständige vollständig von der Versicherungspflicht zu erfassen[1548] – die Einführung einer Altersvorsorgepflicht für Selbständige ist von der Politik auch zumindest bereits vorgesehen.[1549] Gleichwohl stellt sich die schwierig zu beantwortende Frage der Finanzierung. Interessant und zumindest mit dem Versicherungsprinzip vereinbar – wenngleich auch bürokratisch – erscheint die Herangehensweise Brasiliens, auch Unternehmen Versicherungsbeiträge für die von ihnen beschäftigten Selbständigen entrichten zu lassen. Vergleichbar hiermit stellt sich die Situation der (wohl nicht allzu zahlreichen) deutschen Hausgewerbetreibenden dar, denen – obwohl selbständig – die Beitragstragung zur Hälfte durch ihren „Arbeitgeber" abgenommen wird (§ 169 Nr. 3 SGB VI, § 12 Abs. 1, 3 SGB IV). Auch über die Künstlersozialabgabe werden in Deutschland Dritte zur Finanzierung herangezogen. Eine Ausweitung dieses Modells oder Gedankens ist in Deutschland jedoch bisher nicht das Mittel der Wahl[1550] und kann es wohl aus verfassungsrechtlichen Gründen auch nicht werden.[1551] Denn das Bundesverfassungsgericht fordert als Rechtfertigung für eine Belastung Dritter mit Sozialversicherungsbeiträgen spezifische Solidaritäts- und Verantwortlichkeitsbeziehungen zwischen Zahlungsverpflichteten und Versicherten, die in den Lebensverhältnissen, wie sie sich geschichtlich entwickelt haben und weiter entwickeln, angelegt sind.[1552] Solche Beziehungen dürften bei

---

1547 Siehe oben, D.IV.2.b.
1548 *OECD*, Pensions at a Glance 2017 – How does Germany compare?, letzter Absatz; OECD, Pensions at a Glance 2019 – How does Germany compare?
1549 Koalitionsvertrag zwischen CDU, CSU und SPD vom 12.3.2018, S. 93.
1550 Vgl. *BMAS*, Weissbuch Arbeiten 4.0, S. 173.
1551 Hierzu ausführlich *Steinmeyer*, Gutachten 73. DJT, S. B 60 f.
1552 BVerfG, Beschluss vom 8.4.1987, 2 BvR 909/82 u. a., NJW 1987, 3115 (3118).

einem Großteil der Selbständigen – vor allem solchen mit einer Vielzahl von Kunden beziehungsweise Auftraggebern – wohl zu verneinen sein.[1553]

Da Brasilien de jure all seine Erwerbstätigen oberhalb der unteren Beitragsbemessungsgrenze von der Versicherungspflicht erfasst – und zukünftig sogar diejenigen unterhalb dieser Grenze erfassen will –,[1554] sind die bestehenden Lücken hier entweder einem zu niedrigen Einkommen oder mangelnder Rechtsdurchsetzung geschuldet. Trotz dieser Lücken aber wurde Brasilien schon 2011 von der ILO gelobt, da es zeige, dass eine hohe Deckungsrate auch in einem Land mit (nur) mittlerem Einkommen erreicht werden könne.[1555]

Umsetzungslücken sind heute tatsächlich eine wesentliche Ursache für die Nichtabsicherung. Während 1990 eine fehlende Absicherung weltweit noch in 80% der Fälle mit dem Fehlen rechtlicher Regelungen und nur zu 20% mit Umsetzungslücken zu erklären war, basierte die Nichtabsicherung 2013 zu 55% auf mangelhafter Realisierung.[1556] Die Ursachen wiederum für Umsetzungslücken beziehungsweise das bewusste Umgehen der Rentenversicherungspflicht sind vielfältig und können mit dem Fehlen effektiver Umsetzungs- und staatlicher Kontrollmechanismen zusammenhängen, einer Unangemessenheit der Renten, der fehlenden individuellen Möglichkeit zur Beitragsaufbringung, dem mangelnden Bewusstsein der Notwendigkeit von Vorsorge und dem nicht ausreichenden Vertrauen der Bürger in die Rentenversicherung an sich und in den Staat.[1557]

Sicherlich kommen in Brasilien viele dieser Gründe zusammen, insbesondere aber dürfte das Augenmerk auf stärkere Anreize für die Teilnahme an der Versicherung zu richten sein. Insofern als problematisch bezeichnet werden kann, dass, wie bereits erwähnt, die Sozialhilfe für ältere (und behinderte) Menschen[1558] die gleiche Höhe hat wie die Mindestrente; beide liegen bei einem Mindestlohn. Für den Bezug der Sozialhilfe muss zwar Bedürftigkeit nachgewiesen werden, wofür das Familieneinkommen in den Blick genommen wird, dieser Nachweis dürfte aber, wenn eine Rente nicht bezogen wird, nicht allzu schwierig sein. Wird diese (in der Regel niedrige)

1553 Hierzu ausführlich *Steinmeyer*, Gutachten 73. DJT, S. B 60 f.
1554 So Art. 201 § 12 der brasilianischen Verfassung nach der Verfassungsänderung Nr. 103 vom 12.11.2019.
1555 *ILO*, Social security for social justice and a fair globalization, S. 55.
1556 *ILO*, World employment and social outlook, S. 83 f.
1557 Vgl. ebenda, S. 83.
1558 Nach dem *Lei Orgânica da Assistência Social – LOAS*, Gesetz Nr. 8.742 vom 7.12.1993, veröffentlicht im *Diário Oficial da União* vom 8.12.1993, Teil 1, S. 18769.

Hürde genommen, ergibt sich kaum ein Nachteil im Vergleich zur Altersrente – nur ein Weihnachtsgeld gewährt die Sozialhilfe im Gegensatz zur Rente nicht. Die – letztlich nicht umgesetzten – brasilianischen Überlegungen dahingehend, mit der Rentenreform die Altersgrenze für den Bezug der Sozialhilfe von 65 auf 70 Jahre zu erhöhen und ihren Wert unter den eines Mindestlohnes abzusenken, um so die Anreize für den Rentenbezug zu verstärken,[1559] erscheinen – zumindest insofern – nachvollziehbar.

Auch die chinesischen Sicherungssysteme sind, wenngleich China die Alterssicherung seiner Bürger in rasantem Tempo ausbaut, anfällig für Lücken. Bei der Grundrentenversicherung für die städtischen und ländlichen Bewohner ist das Erreichen einer umfassenden Erfassung aufgrund der freiwilligen Ausgestaltung per se schwieriger und bedarf attraktiver Anreize. Aktuell existieren ganz offenbar wirkungsvolle Methoden, um den Deckungsgrad möglichst schnell auszuweiten, es besteht aber, wie bereits an verschiedener Stelle erwähnt, die Gefahr, dass das gegenwärtige Anreizsystem nicht dauerhaft aufrechterhalten werden kann. So ist das Gelingen der Einbeziehung wohl insbesondere auf die großzügige finanzielle Unterstützung durch den Staat zurückzuführen, die langfristig zumindest in derartigem Umfang schwierig beizubehalten sein dürfte und wenig nachhaltig erscheint. Es sollten Wege gefunden werden, wie sich das System stärker aus sich selbst heraus finanzieren kann, wenn eine – dann aber auch für alle gleiche – Staatsbürgerversorgung nicht das Ziel ist. Die nicht obligatorische Ausgestaltung kann eine Hürde auf dem Weg zu einer umfassenden Absicherung sein.

In der Grundrentenversicherung für die Beschäftigten werden rechtliche Lücken verursacht durch die starke Einschränkung des Arbeitgeber- und Beschäftigtenbegriffs sowie die nicht-obligatorische Erfassung von sämtlichen Selbständigen und atypisch Beschäftigten – viele Erwerbstätige sind bereits de jure nicht erfasst. Zusätzliche tatsächliche Lücken entstehen durch mangelnde Kontrolle – die sich durch die nunmehr flächendeckende Übertragung der Beitragserhebung auf die bereits über diverse Informationen verfügenden Steuerbehörden hoffentlich verbessert – und vielfältig praktizierte Umgehungsgestaltungen, die in erster Linie auf hohe bürokratische Hürden und mangelnde Anreize zurückzuführen sein dürften. Dazu gehören hohe Beitragssätze auf Arbeitgeberseite, mangelnde Transparenz

---

1559 So der geplante Art. 203 der Verfassung nach dem Verfassungsreformentwurf vom 5.12.2016, *Proposta de Emenda à Constituição* (PEC) 287/2016; siehe hierzu auch *Rudolph/Zviniene/Olinto*, Summary note on pension reform in Brazil, S. 15.

bei der Rentenberechnung, die Systemzersplitterung und die dadurch bei einem Wechsel verursachten finanziellen Verluste, ein sinkendes Rentenniveau (dazu noch sogleich) und wohl auch mangelndes Vertrauen in das System, was unter anderem auf die umfangreich zweckentfremdeten Gelder und leeren Konten zurückzuführen ist.

bb. Personen im Rentenalter

Nach Angaben der ILO bezogen in China 2015 100% der Personen im Rentenalter eine Form der Altersrente, in Deutschland ebenfalls 100%, in Brasilien aber nur 78,3%.[1560]

China hat demnach nicht nur die Zahl der erfassten Personen im erwerbsfähigen Alter, sondern vor allem die der Rentner in den vergangenen Jahren enorm ausweiten können – im Jahr 2000, als es bislang nur die Grundrentenversicherung für die Beschäftigten gab, betrug der Anteil der mit einer Altersrente versorgten Personen insgesamt nur rund 24%.[1561] In Brasilien hingegen war die Abdeckungsrate zuletzt offenbar rückläufig. In 2000 waren 84% und 2009 86,3% erfasst gewesen,[1562] 2015 jedoch nur noch die eingangs genannten 78,3%.[1563] Brasilien selbst schätzte 2015 81,7% der Personen im Rentenalter als abgesichert ein.[1564] Konkrete Gründe für den Rückgang sind nicht unmittelbar ersichtlich. Möglich erscheint, dass durch die strengere Ausgestaltung der Rente nach Beitragszeit weniger Menschen die Voraussetzungen erfüllen (oder erfüllen wollen) und stattdessen auf die Sozialhilfe zurückgreifen (müssen), für die sie lediglich Bedürftigkeit nachzuweisen haben, die aber – wie die Mindestrente auch – die Höhe eines Mindestlohnes hat. Sie tritt anders als in Deutschland und China an die Stelle einer Rente. Sie hinzugerechnet ist in Brasilien von einer deutlich höheren Absicherungsquote auszugehen. Für 2017 schätzt Brasilien die Absicherungsquote im Alter aber auch bereits wieder auf immerhin 84,7%.[1565]

1560 *ILO*, World Social Protection Report 2017–2019, S. 362 ff.
1561 *ILO*, World Social Protection Report 2014/15, S. 87, Abb. 4.11.
1562 Ebenda.
1563 *ILO*, World Social Protection Report 2017–2019, S. 84, Abb. 4.6.
1564 *Ministério da Fazenda*, Informe de Previdência Social 12/2016, S. 5.
1565 *Secretaria de Previdência*, Cobertura da Previdência Social no Brasil – 2017, Gliederungspunkt 2.1.

Tatsächlich hätte man insgesamt größere Unterschiede beziehungsweise einen geringeren Abdeckungsgrad in den Schwellenländern China und Brasilien erwarten können. Dass die beiden Länder mit einer hohen Erfassungsquote von Personen im Rentenalter aufwarten können, ist zu einem großen Teil auf eine Politik zurückzuführen, die den Rentenbezug auch ohne oder mit nur geringer Einzahlung in das jeweilige Rentenversicherungssystem ermöglicht – in Brasilien, indem unter vergleichsweise geringen Anforderungen ein Anspruch auf eine Rente in Höhe eines Mindestlohnes erlangt werden kann, und in China durch staatliche Subventionen sowie die kreative Möglichkeit, durch den Rentenversicherungsbeitritt des Kindes einen Rentenanspruch der Eltern zu generieren.

Deutschland schafft es den Daten nach offenbar, mit seinen Altersvorsorgesystemen Personen im Rentenalter vollständig zu erfassen. Nach Angaben des Bundesministeriums für Arbeit und Soziales bezogen 2015 91% der Seniorinnen und Senioren eine Rente aus der gesetzlichen Rentenversicherung.[1566] Die übrigen 9% der Ruheständler werden demnach über die berufsständischen Versorgungswerke, die Alterssicherung der Landwirte, den Staat selbst und/oder private Altersvorsorgepläne versorgt.[1567]

Über die Wertigkeit der Erfassung lässt sich anhand dieser Daten natürlich für keines der Länder eine Angabe machen. Dass die Zahlen der aktiv Versicherten unterhalb denen der Rentenbezieher liegen, kann etwa an lückenhaften Versicherungsbiografien liegen, die in der Regel auch zu niedrigeren Renten führen. Auch dann, wenn Renten ohne entsprechende Beitragsentrichtung bezogen werden, darf wohl nicht mit einem allzu großzügigen Leistungsniveau gerechnet werden.

h. Resümee

Alle Länder haben es sich gewissermaßen zum Ziel gesetzt, ihre Rentenversicherungssysteme möglichst umfassend auszubauen. Dies ist – wie bereits erwähnt – für ein Versicherungssystem, das seiner Konzeption nach gerade nicht pauschal die ganze Bevölkerung erfasst, ein ambitioniertes Vorhaben

---

1566 *BMAS*, Gesamtkonzept zur Alterssicherung, S. 16.
1567 Eine Definition dessen, was die ILO in ihrem Bericht unter *pension beneficiaries* in Deutschland konkret versteht – ob sie etwa auch die Empfänger der Grundsicherung im Alter als Empfänger einer „sozialen Rente" ansieht –, lässt sich dem Bericht leider nicht entnehmen.

und mit dem Versicherungsgedanken nicht immer in Einklang zu bringen. Der Kreis der Sozialversicherten definiert sich infolge einer solchen Zielsetzung und Entwicklung nicht mehr in dem Maße über die „Gemeinsamkeiten des gesellschaftlichen Lebens"[1568] wie zuvor, mit der Folge, dass Sonderregelungen erforderlich werden, die nicht immer dem Versicherungsprinzip entsprechen. So bleibt zwar das Nachgehen einer Erwerbstätigkeit Grundvoraussetzung (jedenfalls für die Versicherungspflicht), das Vorhandensein eines gleichartigen sozialen Schutzbedürfnisses ist aber ebenso in den Hintergrund gerückt wie – zumindest teilweise – die Voraussetzung, ein Erwerbseinkommen zu haben, das auch in vollem Maße zur Entrichtung von Beiträgen befähigt.

Dies wird aber hingenommen, insbesondere im Hinblick auf die eingangs genannten positiven Auswirkungen auf die Allgemeinheit – wie Verminderung von Ungleichheit, Antrieb wirtschaftlichen Wachstums, Gewährleistung von Frieden und gesellschaftlicher Stabilität, sozialen Zusammenhalt durch soziale Gerechtigkeit – und auch im Hinblick auf das Ziel der Vermeidung von Altersarmut, die man zunehmend mit der Rentenversicherung zu bekämpfen versucht. In allen drei Ländern ist es letztlich der Staat, der die trotz Schutzbedürftigkeit nicht Abgesicherten in Form der Sozialhilfe aufzufangen hat, und dieses Risiko versucht er, mit der Rentenversicherung zu minimieren.

Auf dem Weg zum Ziel einer personell möglichst umfassenden Absicherung im Alter ergeben sich für alle Staaten – nach wie vor – einige Hindernisse.

Die im Vergleich zur deutschen Rentenversicherung jüngeren Rentenversicherungssysteme Brasiliens und ganz besonders Chinas haben es in den vergangenen Jahren geschafft, ihren Versichertenkreis enorm auszuweiten. Erreicht haben sie dies durch eine Kombination aus Versicherungssystem und mehr oder weniger beitragsfreier Absicherung für weniger finanzstarke Bürger – also nur durch Lösen vom Versicherungsgedanken. Beide Länder streben eine universelle Deckung an, gehen aber sehr unterschiedlich vor.

Brasilien gestaltet sein Versicherungssystem konsequent rechtlich universell aus und bezieht insbesondere Selbständige vollständig obligatorisch mit ein. Die Absicherung wird finanziell zum Teil über Umverteilungsmechanismen ermöglicht, die es in dem Umfang in Deutschland und China nicht

---

[1568] *Isensee*, NZS 2004, 393 (396), der als Gemeinsamkeiten, die die Sozialversicherten definieren, das Innehaben einer Erwerbstätigkeit, ein gleiches soziales Schutzbedürfnis und ein Erwerbseinkommen, das zur Beitragsleistung befähigt, ansieht.

gibt. Erwähnt werden können etwa die Beitragsbefreiungen der „kleinen" Bauern und die zusätzlichen Beiträge für (leistungsstarke) Unternehmen. Die Finanzstärkeren werden in Brasilien signifikant stärker belastet, zum Teil durch steuerliche Abgaben, die nicht mehr als Beiträge zu qualifizieren sind wie die zusätzlichen Abgaben für Unternehmen,[1569] die nicht an den gezahlten Lohn, sondern die Wertschöpfung des Unternehmens anknüpfen. Ferner spielt damit der Grundgedanke, dass die Sozialversicherung ein Verband für diejenigen ist, die sie sich auch leisten können, teilweise keine Rolle mehr. Nicht nur wird das versicherungsrechtliche Äquivalenzprinzip hier verlassen, es werden auch Fürsorgeelemente in die Rentenversicherung integriert und die Grenze hin zu einem Steuertransfersystem verschwimmt. Systemprinzipien werden durchbrochen und dies vor allem, weil Brasilien mit der Rentenversicherung klar das Ziel der Armutsreduzierung verfolgt. Dass das Land sein Ziel der umfassenden Erfassung bisher nicht erreicht, dürfte zum einen damit zusammenhängen, dass es nicht wenige Menschen gibt, deren Einkommen unterhalb der Bemessungsgrenze liegt, ohne dass sie (bisher) von einer Sonderregelung erfasst sind, und zum anderen mit dem nicht geringen, zwangsläufig nicht erfassten Anteil informeller Arbeit sowie nicht ausreichenden Kontroll- und Durchsetzungsmechanismen.

China tut das Ziel der universellen Deckung zwar lautstark kund, eine entsprechende rechtliche Ausgestaltung der Versicherungspflicht sucht man hier aber vergebens. Viele Erwerbstätige, insbesondere atypisch Beschäftigte und Selbständige, sind nicht erfasst, wohl auch, weil man sich über die Finanzierung im Unklaren ist. Dies bietet für Arbeitgeber vielfältige Umgehungsmöglichkeiten, die durch bisher unzureichende Durchsetzungs- und Kontrollmechanismen nochmals erleichtert werden.[1570] Das Erlangen von Versicherungsschutz wird erschwert durch die vielen für die Absicherung zu erfüllenden Formalitäten wie diverse arbeitgeberseitige Anmeldungen, die erforderliche Qualifikation des Arbeitgebers als Arbeitgebersubjekt und das (faktische) Erfordernis eines schriftlichen Arbeitsvertrages. Nochmals erschwerend hinzu kommt die enge Ausgestaltung des Arbeitnehmerbegriffs. Wären die chinesischen Kontrollmechanismen besser, könnte man sicherlich auf viele der formellen Erfordernisse, die in erster Linie dem Nachweis eines versicherungspflichtigen Arbeitsverhältnisses gegenüber den Behörden dienen, verzichten. Um eine universelle Deckung zu errei-

---

1569 COFINS und CSLL, hierzu oben, D.I.1.e.bb.(1).

1570 Vgl. auch *Drouin/Thompson*, Perspectives on the social security system of China, S. 35.

chen, setzt China offenbar ganz besonders auf die jedem offenstehende und ohne besondere Voraussetzungen zugängliche, freiwillig ausgestaltete „Grundrentenversicherung" für die ländlichen und städtischen Bewohner. Dies wohl auch in dem Bewusstsein, dass die Pflichtversicherungsbeiträge für viele Bürger kaum zu finanzieren wären; eine Leistung ganz ohne Gegenleistung ist in China – auch in der Rentenversicherung für die städtischen und ländlichen Bewohner – in der Regel nicht vorgesehen, auch wenn man die gezahlten Beiträge hoch subventioniert. Das Risiko einer nur niedrigen Abdeckungsrate ist aber in Sicherungssystemen, die auf Freiwilligkeit basieren, erwiesenermaßen hoch; Pflichtsysteme erreichen regelmäßig eine höhere Abdeckung.[1571] Begegnen will man diesem Risiko in erster Linie durch eine außerordentlich großzügige finanzielle Unterstützung von staatlicher Seite. Es lässt sich zusammenfassen, dass Sicherungslücken in China sowohl rechtlicher als auch tatsächlicher Natur sind – in beide Richtungen besteht Ausbaupotential.

Die deutsche Rentenversicherung ist nach wie vor bemüht, ihren bereits breiten Deckungsgrad auszuweiten und die Teilnahme für bestimmte Personengruppen attraktiver zu gestalten. Dabei hat sie sich zumindest teilweise auch vom Versicherungsgedanken gelöst, so etwa bei der Einbeziehung von Künstlern und Publizisten oder auch bei der jüngsten Reformierung der Regelungen für die sogenannte Gleitzone, nun Übergangsbereich genannt, bei der die Beiträge anhand eines fiktiven geringeren Arbeitseinkommens, die Renten aber anhand des tatsächlichen Arbeitseinkommens berechnet werden. In puncto Selbständige ist die Bundesrepublik trotz diesbezüglich im Koalitionsvertrag zwischen CDU, CSU und SPD vom 12. März 2018 festgeschriebenen Vorhabens noch nicht vorangeschritten. Dies wohl auch, weil deren Einbeziehung in die Rentenversicherung (wenn auch mit Opt-Out-Möglichkeit) bei gleichzeitiger Wahrung des Versicherungsgedankens Schwierigkeiten bereitet. Denn bei Selbständigen ist nicht ohne Weiteres gewährleistet, dass sie in der Lage sind, den Versicherungsbeitrag zu entrichten.

So gibt es in allen Ländern Luft nach oben. Es macht sich bemerkbar, dass in allen Staaten Ausgangspunkt das reguläre Beschäftigungsverhältnis ist – eine Ausweitung auf andere Beschäftigungsformen bereitet Schwierigkeiten und ist mitunter nur auf Kosten systematischer Prinzipien zu erlangen.

[1571] *ILO*, World employment and social outlook, S. 86; *Bonnet*, in: World of Work Report 2/2015, S. 73 (86).

Bei alldem ist anzumerken, dass die Absicherung immer auch von diversen äußeren Umständen abhängig ist, nicht zuletzt vom Arbeitsmarkt. So wird die höchste Abdeckung dann erreicht, wenn möglichst viele Menschen einer abhängigen Beschäftigung nachgehen und über unbefristete Arbeitsverträge verfügen.[1572] Wichtig ist auch, dass die Systeme für den Bürger transparent sind: Der Einzelne muss beispielsweise in der Lage sein, zu verstehen, ob und wann ihm ein Anspruch zusteht. Denn nur dies versetzt ihn in die Position, seinen Anspruch durchsetzen zu können, und bewirkt damit, dass die Leistungen bei der Zielgruppe ankommen sowie Vertrauensverlusten und Korruption entgegengewirkt wird.[1573] Politik und Gesetzgeber sind – nach wie vor – in vielerlei Hinsicht gefragt.

3. Die Finanzierung

Die Finanzierung ist Dreh- und Angelpunkt für das Funktionieren der Rentenversicherungssysteme und bedarf eines umsichtigen Balanceakts. Häufig wird von dem Erfordernis einer nachhaltigen Finanzierung gesprochen, womit im Wesentlichen gemeint ist, dass ein Rentensystem in der Lage sein muss, über einen langen Zeitraum unter realistischen Annahmen nicht nur gegenwärtige, sondern auch zukünftige Renten zu gewährleisten, ohne große finanzielle Belastungen auf folgende Generationen zu verlagern und ohne dass dafür Renten gekürzt, Beiträge erhöht oder die Leistungsvoraussetzungen verändert werden müssen.[1574] Am Erreichen dieses Idealzustandes – das ist an dieser Stelle schon klar – müssen alle drei Staaten noch arbeiten. Hier soll der Status quo vergleichend in den Blick genommen werden.

Alle hier betrachteten Akteure finanzieren ihre Rentenversicherungssysteme sowohl mit Beiträgen als auch staatlichen Mitteln und bedienen sich – wenngleich China nur zum Teil – des Umlageverfahrens. Ein solches Finanzierungssystem kann – simpel zusammengefasst – in der Regel problemlos funktionieren, solange den Rentnern eine genügende Anzahl ausreichend leistungsfähiger Beitragszahler gegenübersteht und Arbeitsmarkt- sowie Wirtschaftslage einigermaßen stabil sind; Einnahmen und Ausgaben müssen sich decken. Die Untersuchung von Einflüssen und Reaktionsmög-

---

1572 *ILO*, World employment and social outlook, S. 86.
1573 *ILO*, Social security for social justice and a fair globalization, S. 112.
1574 *Pallares-Miralles/Romero/Whitehouse*, International Patterns of Pension Provision II, S. 83.

lichkeiten auf die Arbeitsmarkt- und Wirtschaftslage muss vornehmlich anderen Arbeiten vorbehalten bleiben. Wie aber die Staaten rechtlich auf die demographische Entwicklung reagieren können, die die Finanzierung zu gefährden scheint, soll hier vergleichend erörtert werden.

Die Finanzierung der ländlichen Systeme unterliegt in allen drei Staaten Sonderbedingungen, die bereits zuvor beleuchtet wurden und auf die hier nur an geeigneter Stelle, aber nicht nochmals gesondert eingegangen werden soll.

Im Folgenden wird zunächst die Finanzierung im Umlageverfahren einem kritischen Blick unterzogen (a.). Es folgt die Darstellung der Ausgaben insgesamt (b.). Sodann werden die Höhe der Versicherungsbeiträge sowie die staatlichen Zuschüsse vergleichend untersucht (d.). Die Darstellung der Finanzierung endet mit einem Resümee (e.).

a. Das Umlageverfahren

Für die Finanzierung von Rentenversicherungssystemen bieten sich zwei unterschiedliche Methoden an, deren Vor- und Nachteile in der Wissenschaft viel diskutiert und umstritten sind: das Kapitaldeckungs- und das Umlageverfahren. Bei Anwendung des Kapitaldeckungsverfahrens bauen die Versicherten während der Phase ihrer Erwerbstätigkeit einen Kapitalstock auf, der sich durch Verzinsung vergrößern und für die späteren Rentenzahlungen verwendet werden soll.[1575] Bei Anwendung des Umlageverfahrens dagegen werden die aktuellen Renten eines bestimmten Zeitraums – in der Regel eines Jahres – direkt aus den laufenden Einnahmen beziehungsweise Versicherungsbeiträgen aus demselben Zeitraum finanziert.[1576] Es geht damit im Kern vor allem darum, „in welchem Zeitraum (und für welche Personengesamtheit) ein Ausgleich von Einnahmen und Ausgaben angestrebt wird".[1577]

Als Vorteile des Kapitaldeckungsverfahrens werden etwa eine höhere Rendite, vermehrte Spartätigkeit verbunden mit Wirtschaftswachstum sowie die Unabhängigkeit der Alterssicherung von negativen Entwicklungen

---

1575 *v. Koppenfels-Spies*, Sozialrecht, Rn. 72 m.w.N.
1576 Ebenda.
1577 *Schmähl*, in: Wengst, Geschichte der Sozialpolitik in Deutschland seit 1945, S. 401 (419).

am Arbeitsmarkt und der demographischen Entwicklung genannt.[1578] Und die Nachteile des Umlageverfahrens wurden bereits an verschiedener Stelle angesprochen: So kann es bei dem hier praktizierten Wirtschaften „von der Hand in den Mund"[1579] zu Schwierigkeiten kommen, wenn zu wenige Hände zu viele Münder füttern müssen, es besteht eine Abhängigkeit der Sozialleistungen von der wirtschaftlichen Leistungsfähigkeit und schließlich hängt der Fortbestand des Systems von der Leistungsbereitschaft künftiger Generationen ab.[1580] Hin und wieder wird daher für Rentenversicherungssysteme eine Umstellung des Umlageverfahrens auf das Kapitaldeckungsverfahren gefordert.

Dass indes mit einer Umstellung auf das Kapitaldeckungsverfahren alle Probleme gelöst wären, dürfte ein Irrglaube sein. So hinterlässt etwa die demographische Entwicklung auch bei dem Kapitaldeckungsverfahren Spuren. Denn die Altersstrukturverschiebung beruht auch zu einem nicht geringen Teil auf der steigenden Lebenserwartung, die entweder einen höheren Kapitalstock und damit höhere Prämien fordert oder aber zu geringeren Leistungen zwingt[1581] – ganz abgesehen davon, dass sich auch die Rendite wie erwartet entwickeln muss.[1582] Ferner hat die Geschichte der hier untersuchten Länder gezeigt, dass die Kapitalbildung in jedem Fall politische Begehrlichkeiten wecken kann.[1583] So kam es in Zeiten, in denen die Staaten sich des Kapitaldeckungsverfahrens bedienten, immer auch zu einer Zweckentfremdung der Gelder, was in China in Form von leeren Konten noch bis heute nachwirkt. Zudem besteht das Risiko eines Wertverfalls; so haben viele Rentenfonds weltweit infolge der globalen Finanz- und Wirtschaftskrise enorme Verluste hinnehmen müssen.[1584] In China ist die Einkommenswachstumsrate deutlich höher als die Verzinsung der kapitalgedeckten individuellen Konten, was zu einem sinkenden Rentenniveau führt.[1585] Darüber hinaus wird angeführt, dass – egal ob

---

1578 Vgl. *Ebert*, Generationengerechtigkeit in der gesetzlichen Rentenversicherung, S. 36; *Bäcker/Kistler*, Dossier Rentenpolitik, Finanzierungsprobleme – Kapitaldeckungsverfahren als Finanzierungsalternative? – Pro und Contra.

1579 *Eichenhofer*, Sozialrecht, Rn. 62.

1580 Ebenda.

1581 Siehe hierzu auch *Ruland*, in: v. Maydell/Becker/Ruland, § 17 Rn. 234; *Meinhold*, in: Schmähl, Versicherungsprinzip und soziale Sicherung, S. 13 (18).

1582 *Wasem*, SozFort 1984, 215 (216).

1583 So auch *Eichenhofer*, Sozialrecht, Rn. 62.

1584 *ILO*, Social security for social justice and a fair globalization, S. 61.

1585 *Gruat*, Some striking features of the Chinese pension system, S. 7.

Kapitaldeckungs- oder Umlageverfahren – die Sozial- einschließlich der Rentenversicherungsleistungen (ohnehin) stets aus dem laufenden Sozialprodukt der betreffenden Periode finanziert werden müssen (Mackenroth-These),[1586] wenngleich dies keinesfalls so weit verstanden werden darf, als dass es volkswirtschaftlich immer nur ein Umlageverfahren gäbe.[1587] Das Europäische Parlament jedenfalls hat sich 2011 überzeugt gezeigt, „dass umlagefinanzierte staatliche Rentensysteme im Belastungstest der Finanz- und Wirtschaftskrise ihre Stabilität und Zuverlässigkeit unter Beweis gestellt haben".[1588] Und auch die Kommission Verlässlicher Generationenvertrag hat in ihrem jüngst veröffentlichten Bericht für Deutschland konstatiert: „Das Umlageverfahren gestaltet die gesetzliche Rentenversicherung durch seine Anpassungsfähigkeit zukunftsfest. Dies hat die gesetzliche Rentenversicherung immer wieder unter Beweis gestellt."[1589]

Bei allen Vor- und Nachteilen der jeweiligen Finanzierungssysteme[1590] dürfte letztlich in keinem der hier betrachteten Staaten das Kapitaldeckungsverfahren das Umlageverfahren realistischerweise ersetzen (können). Eine derartige systematische Reform ist in Deutschland bisher immer daran gescheitert, dass der dafür erforderliche immense Kapitalstock nicht aufzubringen geschweige denn sinnvoll anzulegen wäre.[1591] Und dies gilt für die deutlich bevölkerungsreicheren Länder Brasilien und China umso mehr. Nicht nur müssten die laufenden Renten, für die kein Kapitalstock existiert, weiter finanziert werden, es müsste auch für die Erwerbstätigen, die bereits für einige Jahre Beiträge entrichtet haben, ein entsprechender Kapitalstock zur Verfügung gestellt werden und gleichzeitig Kapital für die neu eingetretenen Versicherten angesammelt werden – eine ungeheure Belastung für die erwerbstätige Generation. Schon für Deutschland wird das

---

1586 Hierzu *Meinhold*, in: Schmähl, Versicherungsprinzip und soziale Sicherung, S. 13 (17 f.); *Kaltenstein*, NZS 2017, 1 (3); *Kreikebohm*, in: ders., SGB VI, Einleitung Rn. 6 f.; *Schmähl*, in: Hamburger Jahrbuch für Wirtschafts- und Gesellschaftspolitik 1981, S. 147 ff.

1587 Hierzu *Rürup*, in: Handelsblatt Research Institute vom 5.8.2016; siehe auch *Steinmeyer*, Gutachten 73. DJT, S. B 14.

1588 *Europäisches Parlament*, Angemessene, nachhaltige und sichere europäische Pensions- und Rentensysteme, Rn. 18.

1589 *Kommission Verlässlicher Generationenvertrag*, Bericht der Kommission, Bd. I, S. 14.

1590 Siehe hierzu insgesamt *Bäcker/Kistler*, Dossier Rentenpolitik, Finanzierungsprobleme – Kapitaldeckungsverfahren als Finanzierungsalternative? – Pro und Contra.

1591 *Ruland*, in: v. Maydell/Becker/Ruland, § 17 Rn. 233.

erforderliche Deckungskapital auf über acht Billionen Euro geschätzt.[1592] Wie schwierig der Aufbau eines solchen Kapitalstocks in der Tat ist, erfährt China bis heute. Die Volksrepublik muss seit Einführung des Teilkapitaldeckungsverfahrens nicht nur die – in der Theorie – kapitalgedeckten individuellen Konten der bisher nicht beitragspflichtigen Staatsbediensteten füllen, sondern auch die individuellen Konten, die aufgrund der in der Vergangenheit stattgefundenen beispiellosen Zweckentfremdung leer sind. Gelingen tut ihr dies bis heute nur begrenzt. Die Volksrepublik macht aber in gewisser Weise vor, was aufgrund der Schwächen und Stärken beider Systeme häufig empfohlen wird: nicht ein „Entweder – Oder", sondern eine Kombination aus beiden Verfahren. Diese Mischung muss nicht zwingend innerhalb einer Säule stattfinden, sie kann auch, wie teilweise in Brasilien und Deutschland, im Zusammenspiel mit privaten und/oder betrieblichen Altersvorsorgesystemen entstehen.

Letztendlich müssen sich womöglich alle Staaten sinnvollerweise damit „begnügen", ihr Umlageverfahren an die sich ändernden Rahmenbedingungen bestmöglich anzupassen. Dies schließlich auch deshalb, weil eine Umstellung des Finanzierungsverfahrens eine Beschneidung von Rechten mit sich brächte, die die Bürger mit ihrer Beitragszahlung bereits erworben haben – in Deutschland besonders geschützt durch die im Grundgesetz verankerte Eigentumsgarantie. Zusätzliche kapitalgedeckte Systeme können Entlastung bringen, eine Ersetzung aber wäre nur mit neuen Risiken und vor allem wohl nicht aufbringbaren finanziellen Mitteln verbunden.

b. Die Ausgaben

Die Ausgaben eines Landes für Sozialleistungen sind Ausgangspunkt für die Analyse des finanziellen Status quo seiner Systeme. Um internationale Vergleiche anstellen zu können, werden die Ausgaben regelmäßig in ein Verhältnis zum Bruttoinlandsprodukt (BIP) – der Summe der in einem Jahr im Inland erzeugten Güter und Dienstleistungen – als zentralem Indikator für die wirtschaftliche Leistungskraft eines Landes gesetzt; man spricht von der Sozialleistungsquote.[1593] Die Renten machen meist den

---

1592 Ebenda, Rn. 169 m.w.N.
1593 Vgl. *BMAS*, Sozialbericht 2017, S. 197.

größten Anteil der Sozialleistungen – also auch der Quote – aus, zumindest in wohlhabenderen Ländern.[1594]

Die finanziellen Ausgaben für Renten sind in den vergangenen Jahren weltweit deutlich gestiegen. Begründet wird dies insbesondere mit der demographischen Entwicklung.[1595] Natürlich kann eine Ausgabensteigerung aber beispielsweise auch mit dem Auf- und Ausbau von Sozialleistungen zusammenhängen, einer Preissteigerung oder einer zunehmenden Zahl an Versicherten. Aufgrund dessen ist die Aussagekraft der Sozialleistungsquote in gewisser Hinsicht auch immer beschränkt. Schwankungen im Zeitverlauf müssen insbesondere nicht nur Ergebnis der Ausgabenentwicklung sein, sondern können auch auf die Entwicklung des BIPs zurückzuführen sein. Denn verändert sich die Bezugsgröße, sinkt also das BIP, dann steigt auch bei unveränderten Ausgaben die Quote.[1596] Die Sozialleistungsquote ist also mit Vorsicht zu genießen, kann aber eine Tendenz anzeigen.

Eine niedrige Quote kann als Ausdruck einer nachhaltigen Finanzierung gewertet werden, sie kann aber auch bedeuten, dass die Renten keine adäquate Absicherung gewährleisten.[1597] Eine adäquate Rentenabsicherung setzt aber wiederum eine nachhaltige Finanzierung voraus. Viele Länder haben aufgrund des signifikanten Ausgabenanstiegs inzwischen Reformen eingeleitet, um Ausgaben in Zukunft zu reduzieren oder jedenfalls einen weiteren Anstieg zu verhindern – sie sehen die Nachhaltigkeit der Systeme auf Dauer bedroht.

In Brasilien betrugen die öffentlichen Ausgaben für die Rentenversicherung 2015–2016 nach Schätzungen der OECD rund 9,1% des BIPs.[1598] Weltbank-Schätzungen von 2017 verorten sie sogar bei rund 11% des BIPs.[1599] Die Ausgaben sind, insbesondere gemessen an dem noch niedrigen Altersquotienten – nach OECD-Angaben 13 im Jahr 2015,[1600] nach Weltbank-An-

---

1594 Ebenfalls hoch und in ärmeren Ländern meist höher sind die Ausgaben für die Gesundheitsversorgung.

1595 *Marcinkiewicz/Chybalski*, International Journal of Business and Management II (4) 2014, 43 (49 ff.); *OECD*, Social Expenditure Update 2016.

1596 Siehe hierzu ausführlich *Schmidt*, Sozialpolitik in Deutschland, S. 213 f.

1597 Siehe hierzu *Marcinkiewicz/Chybalski*, International Journal of Business and Management II (4) 2014, 43 (53).

1598 *OECD*, Pensions at a Glance 2019, S. 203.

1599 *The World Bank*, A Fair Adjustment: Efficiency and Equity of Public Spending in Brazil, S. 70.

1600 *OECD*, Pensions at a Glance 2017, S. 123.

gaben etwa 11,5 im Jahr 2015 und 13 im Jahr 2019 –,[1601] hoch. In den OECD-Ländern, in denen der Altersquotient 2015 im Durchschnitt etwa bei 27,9 lag,[1602] betrug die Sozialleistungsquote (2015–2016) durchschnittlich 8,8%.[1603]

Die demographische Entwicklung ist in Brasilien, anders als in vielen wohlhabenderen Ländern, noch nicht die Hauptursache für die hohe Quote, sie wird aber in Zukunft einen noch weiteren Anstieg verursachen, wenn nicht entgegengewirkt wird. Einer der Gründe für die hohe Quote dürfte vor allem die zum Teil besonders großzügige Ausgestaltung der Systeme sein. Allein das RPPS – die Rentenversicherung für die Beamten – ist für Ausgaben in Höhe von etwa 4% des BIPs verantwortlich, und das, obwohl es nur 1,5% der Bevölkerung versorgt.[1604] Die Ausgaben für das RPPS sind damit überdurchschnittlich hoch, in OECD-Ländern betragen die Renten- oder Pensionsausgaben für den öffentlichen Sektor im Schnitt 1,5% des BIPs.[1605] Die Ausgabenhöhe des brasilianischen RPPS ist wenig erstaunlich angesichts dessen, wie spendabel das System für die Beamten in der Vergangenheit ausgestaltet war – was nachwirkt – und zum Teil auch immer noch ausgestaltet ist. Dass aber auch das RGPS für hohe Ausgaben verantwortlich ist, dürfte nicht zuletzt daran liegen, dass das System – anders als viele andere einschließlich der hier betrachteten Rentenversicherungssysteme – einem jeden Versicherten eine Mindestrente gewährt, die natürlich auch das Rentenniveau ansteigen lässt.[1606]

In China lagen die Rentenausgaben 2015–2016 nach OECD-Berechnungen bei 4,1% des dortigen BIPs.[1607] Die Zahlen erscheinen vergleichsweise niedrig, dabei dürfte aber auch zu berücksichtigen sein, dass das BIP in China in den vergangenen Jahren ein hohes Wachstum vorzuweisen hatte. Zudem lag der Altersquotient mit 14,5 zumindest noch deutlich niedriger als in den OECD-Staaten.[1608] Bis 2050 wird für die Ausgaben insgesamt

---

1601 *The World Bank*, Data: Age dependency ratio, old (% of working-age population) – Brazil; *The World Bank*, A Fair Adjustment: Efficiency and Equity of Public Spending in Brazil, S. 70.

1602 *OECD*, Pensions at a Glance 2017, S. 123.

1603 *OECD*, Pensions at a Glance 2019, S. 203.

1604 *Rudolph/Zviniene/Olinto*, Summary note on pension reform in Brazil, S. 5.

1605 *Whitehouse*, Pensions for Public-Sector Employees, S. 11.

1606 Hierzu sogleich, D.IV.5.a.

1607 *OECD*, Pensions at a Glance 2019, S. 203.

1608 *OECD*, Pensions at a Glance 2017, S. 123.

ein Anstieg auf 9,5% prognostiziert.[1609] Die Ausgaben für die Rentenversicherung für die ländlichen und städtischen Bewohner werden auf 1,7% des BIPs pro Kopf geschätzt.[1610] Die Pro-Kopf-Angabe für die brasilianische *Previdência Social Rural*, also die brasilianischen landwirtschaftlich Tätigen, beträgt im Vergleich dazu 33,3%,[1611] das brasilianische System dürfte also spendabler sein. Tatsächlich gibt kein Land weltweit mit „sozialen Renten",[1612] das für diese – in Relation zum BIP gesehen – so wenig pro Kopf ausgibt wie China für die Rentenversicherung für die ländlichen und städtischen Bewohner.[1613] Abmildernd muss aber nochmals angeführt werden, dass wohl auch kaum ein Land in der Vergangenheit ein so hohes BIP vorzuweisen hatte wie die Volksrepublik.

Die Rentenausgaben in Deutschland sind im Vergleich am höchsten und lagen 2015–2016 bei 10,1% des BIPs.[1614] Der Altersquotient lag dabei mit 34,8 oberhalb des OECD-Durchschnitts.[1615] Prognostiziert wird ein Ausgaben-Anstieg auf 12,2% in 2050, während hingegen der OECD-Durchschnitt 2050 bei 9,4% gesehen wird.[1616] Die vergangenen Reformen zielten vielfach jedenfalls auch darauf ab, die Ausgaben der Rentenversicherung stabil zu halten; verantwortlich gemacht wird für den Anstieg in erster Linie die demographische Entwicklung.

c. Die Höhe der Versicherungsbeiträge

Die Finanzierung eines Systems sozialer Sicherheit enthält längst nicht nur eine technische und wirtschaftliche, sondern auch eine nicht zu unterschätzende psychologische Komponente. So hat die Finanzierung mittels Beiträgen anstelle von Steuern psychologisch gesehen den entscheidenden Vorteil, dass die Bereitschaft, Beiträge zu entrichten, in aller Regel größer

---

1609 *OECD*, Pensions at a Glance 2019, S. 203.
1610 *HelpAge International*, Social Pensions Database.
1611 Ebenda.
1612 Als solche werden beitragsfreie, regelmäßige Transferleistung für ältere Menschen definiert, vgl. *HelpAge International*, Why social pensions are needed now, S. 2.
1613 *HelpAge International*, Social Pensions Database. Die Social Pensions Database von HelpAge International fasst das Rentensystem für die städtischen und ländlichen Bewohner als soziale Rente auf.
1614 *OECD*, Pensions at a Glance 2019, S. 203.
1615 *OECD*, Pensions at a Glance 2017, S. 123.
1616 *OECD*, Pensions at a Glance 2019, S. 203.

ist als die Bereitschaft, Steuern zu zahlen, denn mit der Beitragsentrichtung geht – anders als mit der Steuerzahlung – die Überzeugung einher, eine (äquivalente) Gegenleistung zu erhalten.[1617] Aber diese Bereitschaft hält sich natürlich in Grenzen und der psychologische Vorteil währt nur so lange, wie Beitrag und Leistung auch tatsächlich in einem adäquaten Verhältnis zueinander stehen und die Beiträge bezahlbar sind.

Dies ist wiederum auch wirtschaftlich von Bedeutung. Die Beitragshöhe orientiert sich in allen hier betrachteten Staaten in der Regel am jeweiligen Arbeitseinkommen des Versicherten und unterliegt einer Ober- und Untergrenze. Nicht herangezogen werden anderweitige Einnahmen wie etwa solche aus Kapitalerträgen. Die Koppelung der Sozialversicherungsbeiträge an das Arbeitsentgelt wird aus volkswirtschaftlicher Sicht als problematisch angesehen; hohe Abzüge auf Arbeitnehmerseite können zu einer verringerten Leistungsbereitschaft führen und hohe Bruttolohnkosten auf Arbeitgeberseite zu einer verminderten Bereitschaft, Arbeitsplätze aufrechtzuerhalten oder zu schaffen – sie können insgesamt die Leistungsanreize mindern.[1618] Der Gesamtumfang der Sozialabgaben ist also auch vor diesem Hintergrund rechtlich und tatsächlich in gewissen Grenzen zu halten. Ein allgemeines Limit lässt sich hierfür wohl nicht definieren; wo ein Land die Grenze setzt, hängt von den Gesamtumständen, insbesondere auch den Gesamtabgaben vor Ort ab. Dass die Beiträge mit einer zunehmenden Bevölkerungsalterung tendenziell am oberen Ende zu veranschlagen sind, liegt auf der Hand.

Der Vergleich der Beitragssätze ergibt, dass diese – Sonderregelungen außer Betracht gelassen – mit nunmehr etwa 24% in China bereits hoch und mit nach der Reform 27,5–36,5% in Brasilien besonders hoch sind. Der OECD-Durchschnitt liegt bei 18,4%.[1619] Deutschland „begnügt" sich (2020) mit einem Beitragssatz von 18,6%. Der Altersquotient ist dabei aber mit etwa 13 in Brasilien und 16 in China niedrig im Vergleich zu 33 in Deutschland[1620] – Werte, bei denen man in Brasilien und China einen geringeren Beitragssatz erwarten könnte. Spielraum nach oben dürfte dort kaum bestehen, und das auch nicht, wenn sich der Altersquotient in der

---

1617 *Schulte*, in: EISS Yearbook 1987, S. 175 (185).
1618 *Baßeler/Heinrich/Utecht*, Grundlagen und Probleme der Volkswirtschaft, 15.3.1.
1619 *OECD*, Pensions at a Glance 2019, Chapter 8, Mandatory pension contributions, Table 8.1.
1620 Werte für 2019, *The World Bank*, Data: Age dependency ratio, old (% of working-age population).

Zukunft ändert. Die demographische Stellschraube, so könnte man sagen, ist hier bereits am Anschlag.

Schätzungen der Weltbank zufolge müsste Brasilien, wollte es das bisherige Rentenniveau beibehalten ohne die (ohnehin schon hohen) Staatsausgaben für die Rentenversicherung zu erhöhen, den Gesamtbeitragssatz aufgrund der demographischen Entwicklung bis 2035 auf 60% anheben, 2065 müsste er sogar bei 120% liegen.[1621] Diese Angaben beziehen allerdings die aktuelle Rentenreform, die dieser Entwicklung entgegen wirken will,[1622] noch nicht mit ein. Für China dürfte die Tendenz ähnlich aussehen. Dies kann ersichtlich keine Lösung sein, es muss an anderer Stelle gegengesteuert und im Ergebnis wohl auf eine in der Gesamtschau weniger großzügige Ausgestaltung der Rentensysteme hingewirkt werden.[1623] Bei den Beiträgen wäre zwar daran zu denken, die überall existierende (obere) Beitragsbemessungsgrenze an- oder aufzuheben, da dies aber – bei Wahrung des Äquivalenzprinzips – auch zu entsprechend höheren Leistungen führen müsste, käme es hierdurch nicht zu einer Erweiterung der Finanzierungsbasis.[1624]

In Deutschland will man eine übermäßige Erhöhung der Beitragssätze gesetzlich verhindern; § 154 Abs. 3 S. 1, 2 Nr. 1 SGB VI legt fest, dass der Beitragssatz bis 2025 nicht die Grenze von 20% und bis 2030 nicht die Grenze von 22% überschreiten soll. Geschieht dies dennoch, was aufgrund der mehr oder weniger automatischen jährlichen Justierung des Beitragssatzes grundsätzlich möglich ist, hat die Bundesregierung entgegen zu wirken. Ein Anstieg wird also nicht automatisch verhindert, sondern die Politik wird – und das ist besonders – gesetzlich angehalten, tätig zu werden. Ein Entgegenwirken kann, soll es aus dem System selbst heraus bewirkt werden, de facto nur durch eine Erhöhung der Regelaltersgrenze oder eine Verringerung der Renten realisiert werden.[1625] Da dies jedoch von der Politik nicht gewollt war, hat man mit der Rentenreform von 2018

1621 *Rudolph/Zviniene/Olinto*, Summary note on pension reform in Brazil, S. 4.

1622 Siehe zur Rentenreform oben unter D.I.1.i.

1623 Zu denken ist zwar etwa auch an die Straffung des Verwaltungsapparates; administrative Kosten sollen und können hier aber nicht analysiert werden. Eine Erhöhung staatlicher Zuschüsse käme wohl aufgrund der ohnehin bereits hohen Defizite der Systeme ebenfalls nicht in Betracht (siehe dazu im nächsten Punkt, D.IV.3.c.) und würde auch das Versicherungsprinzip weiter aufweichen.

1624 Vgl. *Steinmeyer*, Gutachten 73. DJT, S. B 27.

1625 Bundeszuschüsse haben nur versicherungsfremde Leistungen auszugleichen, sie können nicht ohne Weiteres erhöht werden. Eine andere Bezuschussung müsste als fürsorgerische Leistung zugunsten der Rentenversicherung gewertet werden, was dem Versicherungsprinzip entgegenstünde.

einen anderen Weg gesucht, und zwar über sogenannte Sonderzahlungen des Bundes, die zusätzlich zu den Bundeszuschüssen gewährt werden sollen. Der Versicherungsgedanke wird an dieser Stelle verlassen, die Grenze hin zu einem Steuertransfersystem aufgeweicht. Dass eine Anhebung des Beitragssatzes nach 2030 dennoch nicht vermeidbar sein wird, darin sind sich wohl alle einig; Beitragssatzschätzungen für 2045 liegen zwischen 22% und 24%, für 2060 zwischen 22% und 25,5%.[1626]

Es fällt bei dem Vergleich der Länder aber auch auf, dass es allein in Deutschland einen Anpassungsmechanismus für die Höhe des Beitragssatzes gibt; nur hier wird er nach vorgeschriebenen Parametern mittels Rechtsverordnung jährlich neu festgesetzt und dies so, dass er die voraussichtlichen Ausgaben deckt. Der Konzeption nach sollte der Beitragssatz der unmittelbaren Einflussnahme der Politik entzogen werden, indem sich seine Höhe, der Bundeszuschuss und der aktuelle Rentenwert – automatisch – gegenseitig beeinflussen.[1627] Da es dem Gesetzgeber aber natürlich unbenommen bleibt, die Parameter der Anpassung (gesetzlich) zu ändern und auch – wie gerade geschildert – anderweitig auf die Höhe des Beitragssatzes einzuwirken, ist das Ziel, eine politische Einflussnahme zu verhindern, aktuell und in den letzten Jahren kaum mehr geglückt.[1628]

Die automatische Anpassung des Beitragssatzes, bei der unter anderem auch der Nachhaltigkeitsfaktor und damit die Relation von Rentnern zu Erwerbstätigen berücksichtig wird, ist vergleichsweise selten und auch in den OECD-Ländern nicht häufig vorzufinden.[1629] Durch die Anpassung werden die Beitragszahler so viel wie erforderlich, aber nicht mehr als nötig belastet. Kritisieren kann man hieran allerdings, dass das Äquivalenzprinzip aufgeweicht wird. Weder Brasilien noch China bedienen sich eines derartigen Mechanismus, hier kann nur „manuell" eingewirkt werden.

In der Volksrepublik lässt sich flexibel reagieren, da für den Arbeitgeberbeitragssatz gesetzlich nur ein Rahmen besteht, innerhalb dessen die Regionen in der Gestaltung frei sind und die Bedürfnisse vor Ort berücksichtigen können. Es zeigt sich, dass er dort am höchsten ist, wo die demographische Entwicklung bereits am weitesten fortgeschritten ist, so etwa

---

1626 *Börsch-Supan* u.a., Entwicklung der Demographie, der Erwerbstätigkeit sowie des Leistungsniveaus und der Finanzierung der gesetzlichen Rentenversicherung, S. 32.

1627 *von Koch*, in: BeckOK Sozialrecht, § 158 SGB VI Rn. 2.

1628 Vgl. ebenda.

1629 *D'Addio/Whitehouse*, Towards Financial Sustainability of Pension Systems, S. 24, 40.

in Shanghai.[1630] In Brasilien ist ein derartig freies Vorgehen nicht denkbar, die Beitragssätze sind äußerst dezidiert gesetzlich geregelt. Während sie lange Zeit keinen allzu großen Änderungen unterlagen,[1631] wurde mit der Rentenreform von 2019 eine größere Beitragssatzvariation auf Versichertenseite eingeführt – es wurden mehr Beitragskategorien geschaffen und der Beitragssatz für Geringverdiener um 0,5 Prozentpunkte reduziert, für Gutverdiener um zwei Prozentpunkte erhöht. Eine allgemeine Reduzierung ist ohne (weitere) kostensenkende Maßnahmen finanziell kaum möglich, eine (noch stärkere) Erhöhung schon wirtschaftlich, aber auch mit Blick auf den Vertrauens- und Verhältnismäßigkeitsgrundsatz höchst problematisch.

d. Staatliche Zuschüsse

In allen hier betrachteten Ländern beteiligt sich auch der Staat selbst an der Finanzierung der Rentenversicherungssysteme. Dabei kommt ihm immer vor allem eine Art Auffangfunktion zu – reichen die Einnahmen nicht aus, um die Ausgaben zu decken, hat er einzuspringen, und sei es nur in Form eines zinslosen Darlehens. Die Staaten haben naturgemäß ein Interesse daran, die Zuschüsse oder gar ein so entstehendes „Defizit" möglichst klein zu halten.[1632] Dieses Interesse kollidiert aber aktuell vor allem mit der demographischen Entwicklung, die tendenziell Ausgaben steigen und Einnahmen sinken lässt.

In Brasilien wird mit Sorge ein stetiger Anstieg des – auch als solches bezeichneten – „Defizits" der Rentenversicherung beobachtet,[1633] das besonders in der aktuellen Wirtschaftskrise drastisch gewachsen ist. Schon

---

1630 Dort lag er vor der Beitragssatzsenkung von 2019 mit 22% sogar oberhalb des eigentlich zu dem Zeitpunkt bis 20% festgesteckten Rahmens, *Turner/Xu/Boado-Penas*, A Financial Assessment of the Chinese Pay-As-You-Go Pension System, S. 6.
1631 Siehe zu der Entwicklung *Gerstenberger*, Alterssicherung in Brasilien, S. 164 ff.
1632 Das Wort „Defizit" ist streng genommen nicht ganz korrekt. Nicht in jedem Fall kann, wenn der Staat Geld beisteuert, von einem Defizit gesprochen werden, da in verschiedenen Fällen staatliche Zuschüsse explizit für die Finanzierung der Rentenversicherung vorgesehen sind. In Deutschland etwa sollen die Bundeszuschüsse „versicherungsfremde" nicht beitragsgedeckte Leistungen ausgleichen.
1633 So etwa das Rentenversicherungs-Sekretariat des Wirtschaftsministeriums auf seiner Internetseite am 29.1.2019 unter dem Titel „Previdência Social teve déficit de R$ 195,2 bilhões em 2018", https://www.gov.br/previdencia/pt-br/assuntos/noticia s/previdencia/regime-geral/previdencia-social-teve-deficit-de-r-1952-bilhoes-em-2 018 (Stand: 8.8.2020).

2017 wurde in Medienberichten vom höchsten Stand seit 1995 berichtet,[1634] 2018 war das Defizit nochmals gestiegen. Im RGPS standen 2018 Einnahmen von 391,2 Milliarden Reais Ausgaben von 586,4 Milliarden Reais gegenüber.[1635] Die so entstandene Differenz von 195,2 Milliarden Reais entspricht einem Prozentsatz von etwa 33% der Ausgaben. Das „Defizit" des RGPS lag damit bei 2,9% des Bruttoinlandproduktes.[1636] Verantwortlich sein dürfte die insgesamt großzügige Ausgestaltung einschließlich einer Mindestrentenregelung sowie die Möglichkeit eines frühen Renteneintritts mit entsprechend langem Rentenbezug.[1637] Zu etwa 58% hat dieses Defizit der ländliche Rentenversicherungszweig verursacht,[1638] was angesichts der dort weitgehend geltenden Beitragsfreiheit und der dementsprechenden Vermischung von einer Art Fürsorgeleistung und Versicherungsprinzip nicht verwunderlich ist. Die Rentenreform von 2019 will dies durch Einführung der Beitragspflicht für (fast) alle ändern.

Vor der Reform von 2019 vorgenommene Schätzungen der Weltbank prognostizieren für das RGPS ohne Veränderungen bis 2066 ein Defizit-Anstieg auf 16%,[1639] während hingegen bei Umsetzung von Reformvorhaben innerhalb von zehn Jahren ein Absinken auf 2,2% des Bruttoinlandprodukts denkbar sei.[1640] Das System für die Beamten, das RPPS, ist ebenfalls defizitär. Bis 2015 hatte es ein Defizit in Höhe von etwa 2,2% des Bruttoinlandprodukts angesammelt.[1641] Es ist nachvollziehbar, dass die brasilianische Regierung die Reformierung der Rentenversicherung vor allem auch mit dem hohen Anteil erforderlicher staatlicher Finanzmittel beziehungsweise dem Finanzierungsdefizit der Rentenversicherung begründet.

Offizielle Angaben der chinesischen Regierung zu einem etwaigen „Defizit" der Rentenversicherungssysteme lassen sich – soweit ersichtlich – nicht finden. Außer Frage steht, dass die Systeme nur mithilfe staatlicher Mittel unterhalten werden können – und auch sollen.[1642] Die Grundrentenversi-

---

1634 *Martello*, in: O Globo vom 22.1.2018; Deutsche Welle vom 26.1.2017.
1635 Angaben des Rentenversicherungs-Sekretariats des Wirtschaftsministeriums, siehe Fn. 1633.
1636 Ebenda.
1637 Verantwortlich sein dürften auch andere Renten und Leistungen, die das System über die Altersrenten hinaus gewährt.
1638 Dieses betrug 113,8 Milliarden Reais, siehe Fn. 1633.
1639 *Rudolph/Zviniene/Olinto*, Summary note on pension reform in Brazil, S. 4.
1640 Ebenda, S. 10.
1641 Ebenda, S. 2.
1642 Siehe hierzu *Gruat*, Some striking features of the Chinese pension system, S. 24.

cherung für die städtischen und ländlichen Bewohner wird, wie bereits erwähnt, zu 61% staatlich finanziert, was schließlich auch dem Konzept dieser beinahe schon fürsorgeorientierten Absicherung entspricht. Auch in der Grundrentenversicherung für die Beschäftigten ist von hohen staatlichen Zuschüssen auszugehen, insbesondere aufgrund der vielen leeren individuellen Konten und der Tatsache, dass die Renten der ehemaligen Beschäftigten der Staatsunternehmen, die aufgrund der für sie früher nicht bestehenden Beitragspflicht nie in die Rentenversicherung eingezahlt haben, ebenfalls finanziert werden müssen. Die Verantwortlichen halten sich hier offenbar lieber bedeckt. Offizielle chinesische Statistiken legen zwar die Einnahmen und Ausgaben dar, zu ihrer jeweiligen Zusammensetzung gibt es jedoch keine Informationen. Den Angaben zufolge jedenfalls liegen die Einnahmen stets über den Ausgaben.[1643] Schätzungen aber gehen von einem hohen und – insbesondere angesichts der demographischen Entwicklung – steigenden Defizit aus.[1644] Dabei lassen sich aufgrund starker Binnenmigration signifikante Unterschiede zwischen den Regionen verzeichnen. In den armen Regionen im Osten, aus denen immer mehr Menschen wegziehen, ist der Altersquotient besonders hoch; das Defizit wird dort dementsprechend ebenfalls als hoch eingeschätzt. Schätzungen fallen zwar insgesamt sehr unterschiedlich aus, liegen aber meist im Trillionen-Bereich (Yuan).[1645] Reformmaßnahmen – wie etwa die Anhebung der Regelaltersgrenze – können unmöglich dauerhaft mit immer höheren staatlichen Zuschüssen an die Rentenfonds vermieden werden. Auch der Reservefonds, den die chinesische Regierung zu diesen Zwecken eingeführt hat, ist – selbst wenn er angeblich Ende 2018 immerhin den stolzen Betrag von 8.977,55 Milliarden Yuan aufwies –[1646] endlich.

In Deutschland standen im Jahr 2018 Einnahmen in Höhe von insgesamt 306.642 Millionen Euro Ausgaben von 302.210 Millionen Euro gegenüber.[1647] Da die Einnahmen die Ausgaben überstiegen, wuchs die Nachhaltigkeitsrücklage auf einen vergleichsweise hohen Wert von 38.219 Millionen

1643 *National Bureau of Statistics of China*, China Statistical Yearbook 2019, Punkte 24-26, 24-27.
1644 Bloomberg News vom 26.6.2017; siehe auch Insurance Journal vom 6.2.2018; *Zhang*, in: УПРАВЛЕНЧЕСКОЕ КОНСУЛЬТИРОВАНИЕ 11/2016, 100 (105); *Reiche*, in: manager magazin vom 10.3.2015.
1645 *Queisser/Reilly/Hu*, EPS 4 (2016), 345 (362); Bloomberg News vom 26.6.2017.
1646 *National Bureau of Statistics of China*, China Statistical Yearbook 2019, Punkt 24-24.
1647 *Deutsche Rentenversicherung Bund*, Rentenversicherung in Zahlen 2019, S. 22.

Euro.[1648] Gemäß § 216 Abs. 2 SGB VI soll die Nachhaltigkeitsrücklage einen gewissen Rahmen nicht überschreiten, denn sie ist nicht dafür konzipiert, Vermögen für die Zukunft anzuhäufen, wie es etwa der Reservefonds des chinesischen Rentenversicherungssystems zum Ziel hat. Reagiert wird daher mit einer Veränderung des Beitragssatzes, § 158 SGB VI. Die Nachhaltigkeitsrücklage der Rentenversicherung soll in den nächsten Jahren Schritt für Schritt abgebaut werden; prognostiziert wird, dass der Beitragssatz zur Rentenversicherung spätestens 2025 wieder angehoben werden wird.[1649] In den Einnahmen waren 2018 Bundeszuschüsse von insgesamt 69.505 Millionen Euro enthalten,[1650] was rund 22,7% der Einnahmen ausmachte.

e. Resümee

Die Rentenversicherungssysteme stehen finanziell unter Druck, die Ausgaben sind in allen Ländern hoch. In Deutschland lässt sich dies in erster Linie auf die demographische Entwicklung zurückführen, die hier am weitesten fortgeschritten ist, aber die Politik auch bereits hat reagieren lassen. Es dürfte als Vorteil des deutschen Systems zu bewerten sein, dass die Beiträge automatisch an die voraussichtlichen Ausgaben angepasst und damit der unmittelbaren Einflussnahme der Politik – zumindest ein Stück weit – entzogen werden.

In Brasilien sind es vor allem die zum Teil recht großzügigen Ausgestaltungen – insbesondere die Möglichkeit eines frühen Renteneintritts, die Mindestrentenregelung und zum Teil Beitragsbefreiungen –, die für finanzielle Schwierigkeiten sorgen und die Finanzierung ohne signifikante staatliche Unterstützung unmöglich machen. In China sind es vornehmlich die Systemstrukturen und die zahlreichen leeren individuellen Konten, die ein Einspringen des Staates fordern.

Die demographische Entwicklung wird in China und Brasilien noch deutlich an Fahrt gewinnen und für Schwierigkeiten sorgen, wenn nicht entsprechend reagiert wird. Es liegt nahe, dass auf der im Folgenden betrachteten Leistungsseite der Rentenversicherungssysteme Änderungen vorzunehmen sind. In Deutschland dürfte eine Stabilisierung im Mittelpunkt stehen.

1648 Ebenda, S. 23.
1649 BT-Drucks. 19/18473, S. 28.
1650 *Deutsche Rentenversicherung Bund*, Rentenversicherung in Zahlen 2019, S. 22.

4. Die Leistungsvoraussetzungen

Alle hier betrachteten Staaten fordern für den Bezug einer Rente im Regelfall das Erreichen einer Altersgrenze (a.) und das Erfüllen einer Mindestversicherungszeit (b.).

a. Das Erreichen der Regelaltersgrenze

Vom Grundverständnis her ist eine der Kernvoraussetzungen für den Bezug einer Altersrente das „Altsein". Definiert wird das Altsein in der Rentenversicherung durch die Festlegung einer Regelaltersgrenze[1651] und ist in den hier betrachteten Ländern (erstaunlicherweise) unabhängig von der tatsächlichen beziehungsweise wissenschaftlich ermittelten Lebenserwartung. Dies fällt besonders in China und Brasilien auf, wo die Regelaltersgrenze für Frauen niedriger ist als für Männer, obwohl die durchschnittliche Lebenserwartung von Frauen höher ist.

aa. Die Höhe der Regelaltersgrenzen und ihr Verhältnis zur Lebenserwartung

Die im Vergleich höchste Regelaltersgrenze gilt in Deutschland, wo sie nach Ende der seit 2012 geltenden Übergangsregelungen ab 2031 für beide Geschlechter bei 67 Jahren liegt. 2019 etwa war der Renteneintritt für die in dem Jahr regulär in Altersrente gehenden Geburtsjahrgänge 1953/1954 aufgrund der Übergangsregelungen bereits – oder noch – mit 65 Jahren und 7 beziehungsweise 8 Monaten möglich. Ausnahmen gelten insbesondere für besonders langjährig Versicherte.

Es folgt Brasilien, wo ein Renteneintritt für Männer grundsätzlich mit 65 Jahren und für Frauen nach der Reform mit 62 (statt vorher 60) Jahren möglich ist, wenn sie eine Regelaltersrente beziehen wollen. Insbesondere bei landwirtschaftlicher Arbeit, aber auch für Lehrer gilt eine um fünf Jahre verringerte Regelaltersgrenze. Für den Bezug der Rente nach Beitragszeit, welche mit der Rentenreform abgeschafft wird, ist – und dies ist ungewöhnlich – kein Mindestalter erforderlich.

1651 Hier soll, wie bereits geschildert, einheitlich der Begriff Regelaltersgrenze (für den „Regelfall" der Altersrente) verwendet werden.

In China liegen die Grenzen am niedrigsten: für Männer bei 60 und für Frauen bei nur 50 Jahren. Immerhin 60 Jahre sind es seit 2015 für weibliche Kader und weibliche Fachkräfte in staatlichen Institutionen, 70 beziehungsweise 75 Jahre sogar für einige hochrangige „Experten".[1652] In der chinesischen Grundrentenversicherung für die städtischen und ländlichen Bewohner gilt einheitlich eine Regelaltersgrenze von 60 Jahren.

Diese Reihenfolge geht mit der Reihenfolge in puncto Restlebenserwartung konform. In Deutschland ist sie im Vergleich am höchsten, es folgt Brasilien und dann China. Abstrakt verglichen werden kann hier etwa die aktuelle Restlebenserwartung der 60-jährigen Bevölkerung: in Deutschland beträgt sie durchschnittlich 23,95 Jahre, in Brasilien 22,11 und in China 20,21 Jahre.[1653] Hinsichtlich der Lebenserwartung bei Geburt überholt China Brasilien allerdings bereits.[1654]

Setzt man die Restlebenserwartung in ein Verhältnis zur Regelaltersgrenze für die Regelaltersrente, so ergibt sich der größte Kontrast für chinesische Frauen: Sie haben (bezogen auf den Zeitraum 2015–2020) im Alter von 50 Jahren (entsprechend der Regelaltersgrenze in der Grundrentenversicherung für die Beschäftigten) noch eine Restlebenserwartung von stolzen 30,02 Jahren und im Alter von 60 Jahren, der (nunmehrigen) Regelaltersgrenze für weibliche Kader, von 21,95 Jahren (2015, als die Altersgrenze für sie noch 55 betrug, waren es 26,41 Jahre).[1655] Auf dem Land beträgt die Regelaltersgrenze ebenfalls 60 Jahre und die Restlebenserwartung für Frauen damit theoretisch auch 21,95 Jahre, allerdings ist zu bedenken, dass die Lebenserwartung zwischen den einzelnen Regionen der Volksrepublik große Unterschiede aufweisen kann und gerade auf dem Land de facto regelmäßig geringer ist; die genannte Zahl ist dementsprechend mit Vorsicht zu genießen.

Großzügige Regelungen gelten auch für brasilianische Frauen: Sie können, wenn sie im Zeitraum 2015–2020 mit 60 Jahren in Rente gehen, er-

---

1652 Siehe hierzu ausführlich *Jin*, Entwicklung des gesetzlichen sozialen Grundaltersversicherungssystems in der Volksrepublik China, S. 207 f.

1653 *United Nations*, World Population Prospects 2019, Data Query, Life expectancy, e(x), at exact age x (years), Zahlen für den Zeitraum 2015–2020; bei den Zahlen für China sind Hong Kong, Macau und Taiwan nicht berücksichtigt, dort ist die Lebenserwartung noch höher.

1654 Siehe oben, D.IV.1.a.

1655 *United Nations*, World Population Prospects 2019, Data Query, Life expectancy, e(x), at exact age x (years), Zahlen für den Zeitraum 2015–2020.

warten, durchschnittlich noch 23,87 Jahre zu leben.[1656] Eine brasilianische Frau, die sich bereits mit 55 Jahren zur Ruhe setzt, etwa weil sie ländliche Arbeit verrichtet hat oder die Voraussetzungen für eine Rente nach Beitragszeit erfüllt, hat sogar eine durchschnittliche Restlebenserwartung von 28,06 Jahren.[1657] Bei landwirtschaftlicher Arbeit ist zwar regelmäßig nicht nur die Regelaltersgrenze niedriger, sondern auch die verbleibende Lebenserwartung, der Unterschied hinsichtlich der Lebenserwartung ist in diesem Alter jedoch nicht mehr so gravierend wie er es zum Zeitpunkt der Geburt war.[1658] Mit der Anhebung des Regelaltersgrenze auf 62 Jahre im Zuge der Reform von 2019 dürfte sich die Restlebenserwartung natürlich ein wenig verringern.

Die Restlebenserwartung deutscher Frauen zum Zeitpunkt eines Renteneintritts mit 65 Jahren ist mit 21,28 Jahren[1659] im Vergleich zwar am niedrigsten, abstrakt betrachtet aber keinesfalls gering. Zahlen für die Restlebenserwartung mit 67 Jahren sind nicht verfügbar, da die Lebenserwartung aber insgesamt steigt und die Regelaltersgrenze von (vollen) 67 Jahren erst ab 2031 gilt, ist kein allzu großer Unterschied zu erwarten. Sie wird dann im Alter von 65 Jahren bereits bei etwa 22,25 Jahren liegen.[1660] Höher ist die verbleibende Lebenserwartung natürlich theoretisch bei den früher in Rente gehenden (besonders) langjährig Versicherten.

Männer genießen in der Regel eine kürzere Ruhestandszeit als Frauen. Im Staatenvergleich führt auch hier wieder China mit 18,55 Jahren bei einem 60-jährigen Mann.[1661] Bei einem 65-jährigen deutschen Mann beträgt die Restlebenserwartung 18,29 Jahre und bei einem 65-jährigen brasilianischen Mann immerhin noch 16,67 Jahre.[1662]

Es gibt keine allgemeingültige fixe Zahl, welche die verbleibende Lebenserwartung zum Zeitpunkt des Renteneintritts erreichen oder nicht überschreiten sollte – relevant ist, dass die Restlebenserwartung in einem angemessenen Verhältnis zur Arbeitszeit steht und die Renten gleichzeitig

---

1656 Ebenda.
1657 Ebenda.
1658 *Rudolph/Zviniene/Olinto*, Summary Note on Pension Reform in Brazil, S. 7.
1659 *United Nations*, World Population Prospects 2019, Data Query, Life expectancy, e(x), at exact age x (years), Zahlen für den Zeitraum 2015–2020.
1660 *United Nations*, World Population Prospects 2019, Data Query, Life expectancy, e(x), at exact age x (years), Zahlen für den Zeitraum 2030–2035.
1661 *United Nations*, World Population Prospects 2019, Data Query, Life expectancy, e(x), at exact age x (years), Zahlen für den Zeitraum 2015–2020.
1662 Ebenda.

finanzierbar bleiben. Je großzügiger die Regelungen, desto schwieriger die Finanzierung. Haben brasilianische Frauen, wenn sie mit (bisher) 60 Jahren in Rente gehen, 30 Jahre lang Beiträge entrichtet, erhalten sie – nach den bis zur Reform geltenden Regelungen – eine Rente von 100% des Referenzeinkommens, und dies mithin für durchschnittlich 24 Jahre – einbezahlt wurden aber nur 28 bis 30% des Einkommens (den höheren Arbeitgeberanteil inbegriffen). Es ist auch ohne genaue Berechnungen unschwer vorstellbar, dass dies zu finanziellen Schwierigkeiten führen muss. Hätte Brasilien die Regelaltersgrenze, wie ursprünglich geplant, auf einheitlich 65 Jahre angehoben, dann hätte sich für Frauen noch immer eine Restlebenserwartung von aktuell 19,95 Jahren ergeben;[1663] mit der neuen Regelaltersgrenze von 62 Jahren liegt sie dazwischen.

bb. Das tatsächliche Renteneintrittsalter

Noch schwieriger gestaltet sich die Finanzierung, wenn die Bürger sich bereits vor Erreichen der Regelaltersgrenze verrenten lassen, das tatsächliche Renteneintrittsalter also noch niedriger ist als das gesetzliche, oder wenn es, wie bisher in Brasilien, zum Teil gar kein Mindestalter gibt. Dass das reale Renteneintrittsalter nicht selten unter der Regelaltersgrenze liegt, zeigt sich dementsprechend vor allem in Brasilien. Im RGPS treten Frauen durchschnittlich tatsächlich bereits mit 58,6 und Männer mit 60,3 Jahren in den Ruhestand ein.[1664] Bei denjenigen, die sich für die Rente nach Beitragszeit entscheiden, liegt der Durchschnitt bei den Frauen sogar bei nur 54,7 Jahren und bei den Männern bei 60,8 Jahren.[1665] Im RPPS, in dem eine Rente nach Beitragszeit ohne Mindestalter nicht existiert, liegt das reale Renteneintrittsalter bei Frauen im Schnitt bei 63,2 und bei Männern bei 64,3 Jahren.[1666] Zwar wollte man bei der Rente nach Beitragszeit eine frühe Verrentung unattraktiv machen, indem man die Rentenhöhe mit dem vor wenigen Jahren eingeführten Rentenfaktor oder der neuen Formel 85/95 umso mehr verringerte, je früher die Rente beantragt wurde, möglich blieb der frühe Renteneintritt aber dennoch. Und die geringe Rentenhöhe ist zunächst wenig spürbar, solange auch im Ruhestand noch weitergearbeitet wird, was in der Anfangszeit des Rentenbezuges in Brasilien der Regelfall

---

1663 Ebenda.
1664 *Rudolph/Zviniene/Olinto*, Summary note on Pension Reform in Brazil, S. 7.
1665 *Ministério da Previdência Social*, Informe da Fazenda 02/2017, S. 5.
1666 *Rudolph/Zviniene/Olinto*, Summary note on Pension Reform in Brazil, S. 7.

ist. Deutschland verhindert Letzteres – wenngleich ein früherer Rentenbezug hier ohnehin nur in engeren Grenzen möglich ist – zum Teil durch Festsetzung einer Zuverdienstgrenze für den Fall des Rentenbezuges vor Erreichen der Regelaltersgrenze. Nur über die Risiken einer zu geringen Rente aufzuklären und zu hoffen, dass dies die Menschen zu einem späteren Renteneintritt bewegen könnte, mutet riskant beziehungsweise wenig erfolgversprechend an. Es erscheint insgesamt nachvollziehbar und sinnvoll, dass Brasilien die Rente nach Beitragszeit mit der Reform von 2019 abgeschafft hat beziehungsweise abschaffz.

In China existieren – soweit ersichtlich – keine offiziellen Daten zum tatsächlichen Renteneintrittsalter; einige schätzen, dass sich die Menschen im Durchschnitt mit 54 Jahren in den Ruhestand verabschieden.[1667] Nicht wenige chinesische Staatsbürger machen sich die Regelung zunutze, sich im Falle der Verrichtung gefährlicher Arbeit oder bei arbeitsbedingter Arbeitsunfähigkeit früher in den Ruhestand verabschieden zu können – Frauen bereits mit 45 und Männer mit 55 beziehungsweise 50 Jahren.[1668] Die Termini „gefährliche Arbeitsbedingungen" und „Arbeitsunfähigkeit" wurden bisher nicht verbindlich bestimmt oder definiert.[1669] Arbeitgeber tendieren dazu, ihren Arbeitnehmern bei der Beantragung einer solchen Frührente unter die Arme zu greifen, da dies die Arbeitskosten für möglicherweise nicht mehr ganz so leistungsfähige ältere Arbeitnehmer reduziert.[1670] Es gibt aber auch Stimmen, die meinen, dass zum Teil länger als bis zur Regelaltersgrenze gearbeitet werde, weil ansonsten die Mindestbeitragszeiten für die Rente nicht erfüllt werden könnten.[1671]

In Deutschland ist das reale Rentenzugangsalter bei der Altersrente in den vergangenen Jahren zwar etwas angestiegen, es lag 2018 mit durchschnittlich 64,1 Jahren (64,0 bei Frauen und 64,1 bei Männern)[1672] aber immer noch unterhalb der Regelaltersgrenze.

1667 Laut OECD hat man dieses durchschnittliche Renteneintrittsalter 2010 in mehreren Provinzen messen können und aktuellere Schätzungen lauten ähnlich, so *Queisser/Reilly/Hu*, EPS 4 (2016), 345 (352).
1668 Vorausgesetzt, sie haben auch die Mindestbeitragszeit von 15 Jahren erfüllt.
1669 So die Auskünfte der chinesischen Wissenschaftlicher im Rahmen des „China-Projekts".
1670 Siehe hierzu insgesamt *Turner/Xu/Boado-Penas*, A Financial Assessment of the Chinese Pay-As-You-Go Pension System, S. 6.
1671 So die Auskünfte der chinesischen Wissenschaftlicher im Rahmen des „China-Projekts".
1672 *BMAS*, Rentenversicherungsbericht 2019, S. 67.

Als kontraproduktiv im Hinblick auf das Erfordernis, das Renteneintrittsalter zu erhöhen und Frühverrentung zu reduzieren, müssen die jüngeren deutschen Neuregelungen zur Rente für besonders langjährig Versicherte bewertet werden.[1673] Weltweit scheut man sich im Allgemeinen und verständlicherweise davor, unbeliebte strengere Rentenregelungen einzuführen, insbesondere die Regelaltersgrenze anzuheben – bestehende Regelungen großzügiger auszugestalten, kommt angesichts der demographischen Entwicklung allerdings auch kaum jemandem in den Sinn. Die deutsche Regelung widerspricht insbesondere dem rentenversicherungsrechtlichen Äquivalenzprinzip – nach dem gleiche Beiträge zu gleicher Zeit zu gleich hohen Renten zu führen haben –, und dies auf Kosten der Solidargemeinschaft.[1674] Sie hat zwar für eine begrenzte Bevölkerungsgruppe eine Verbesserung herbeigeführt, gleichzeitig aber die Lage für wenig verdienende Beitragszahler, die mit zur Finanzierung herangezogen werden, verschlechtert.[1675] Zu einer allgemeinen Stärkung des Vertrauens in das System führt sie damit wohl gerade nicht. Zum Vorbild nehmen sollten sich Brasilien und China die deutsche Gestaltung keinesfalls.

Alle hier betrachteten Akteure sollten mit Blick auf die Wirtschaftlichkeit und finanzielle Nachhaltigkeit ihrer Rentenversicherungssysteme auf eine Reduzierung der Anreize und Möglichkeiten zur Frühverrentung hinarbeiten. Für den Fall, dass Menschen wegen der Art ihrer Arbeit, wegen Krankheit oder aus anderen relevanten Gründen nicht bis zum Erreichen der Regelaltersgrenze arbeiten können, besteht immer noch die Möglichkeit für konkrete Sonderregelungen.

cc. Handlungsbedarf und (rechtliche) Handlungsmöglichkeiten

Dass Menschen länger leben, ist zu begrüßen. Die staatlichen Rentenversicherungssysteme sind aber nicht ohne Weiteres in der Lage, das längere Leben zu finanzieren – schon gar nicht, wenn die Geburtenrate sinkt oder stagniert. Die aktuelle Finanzlage der Systeme sieht in keinem der Länder rosig aus. Realistischerweise muss auch der Einzelne selbst zur Verantwortung gezogen werden und dass dies (jedenfalls auch) im Wege

---

1673 Von *Ruland*, NZS 2016, 721 (727), wird die eingeräumte Möglichkeit, mit 63 bzw. 65 Jahren abschlagsfrei in Rente gehen zu können, als „krasse Fehlentscheidung des Gesetzgebers" bezeichnet.

1674 Siehe hierzu oben unter D.III.1.e.cc.

1675 Vgl. *Börsch-Supan*, Armut im Alter, S. 1.

der Lebensarbeitszeitverlängerung möglich ist und zumutbar sein dürfte, zeigen die dargestellten Zahlen. Auch wenn die Lebenserwartung in Brasilien und China noch nicht so hoch ist wie in Deutschland, so rechtfertigen diese Unterschiede keinesfalls eine so viel geringere Regelaltersgrenze. Die Stellschraube Regelaltersgrenze befindet sich alles andere als am Anschlag.

Die Bundesrepublik wird zwar dafür gelobt, dass es ihr gelungen ist, die Erwerbsquote älterer Erwerbstätiger (55–64 Jahre) seit dem Jahre 2000 um 34% zu erhöhen.[1676] Dies sagt aber natürlich nichts über den Renteneintritt aus, und die Erwerbsquote der 65- bis 69-Jährigen wird gleichzeitig als niedrig bezeichnet.[1677] Selbst hier, wo die Erhöhung der Regelaltersgrenze bereits im Gange ist, steigt die Lebenserwartung im Vergleich immer noch schneller an als das Alter des Renteneintritts.[1678] Es ist Demographen und Wirtschaftsforschern nicht zu verdenken, wenn sie eine weitere Erhöhung empfehlen. Nicht nur die OECD drängt auf eine schnellere und noch weitergehende Erhöhung der Regelaltersgrenze,[1679] sondern unter anderem auch die Bundesbank[1680] und der Internationale Währungsfonds (IWF).[1681] Gleichzeitig raten sie dazu, die Regelaltersgrenze mit der Lebenserwartung zu koppeln. Vorgeschlagen wird dabei, das Verhältnis von Rentenbezugsdauer und Erwerbsphase konstant zu halten und dafür das Rentenalter so zu dynamisieren, dass Rentenbezugsdauer und Lebensarbeitszeit in einem Verhältnis von zwei zu eins ansteigen.[1682] Bei einer derartigen automatischen Anpassung bedürfte es keiner weiteren, möglicherweise politisch schwierigen Durchsetzungsprozesse und das erforderliche angemessene Verhältnis zwischen Lebensarbeitszeit und Ruhestand wäre stets gewahrt. Auch würde nicht erst kostbare Zeit vergehen, bis erforderliche Anpassungen stattfinden könnten. In der Hälfte der OECD-Staaten besteht bereits eine automatische Verbindung zwischen Lebenserwartung und Rentenansprüchen.[1683]

1676 *OECD*, Pensions at a Glance 2019 – How does Germany compare?, Key findings.
1677 Ebenda.
1678 *Demographieportal des Bundes und der Länder*, Zahlen und Fakten: Renteneintrittsalter und Lebenserwartung.
1679 *OECD*, 2015 Pension Policy Notes and Reviews Germany; *OECD*, OECD-Wirtschaftsberichte: Deutschland 2016, S. 109.
1680 *Deutsche Bundesbank*, Monatsbericht August 2016, S. 11.
1681 *Detragiache/Natal/Pereira*, Bevölkerungsalterung: Deutschland braucht Reformen, S. 2; *Schießl*, in: Spiegel Online vom 9.5.2016.
1682 *Börsch-Supan*, Stellungnahme zur Bundestagsanhörung am 23. Januar 2017, S. 1; *Sachverständigenrat*, Herausforderungen des demografischen Wandels, S. 194.
1683 *OECD*, OECD-Wirtschaftsberichte: Deutschland 2016, S. 108.

Verfassungsrechtlich bestünden für eine – angemessene – Erhöhung der Regelaltersgrenze in Deutschland keine Hindernisse. Zwar ist nach der Rechtsprechung des Bundesverfassungsgerichts die rentenversicherungsrechtliche Position insgesamt Schutzobjekt von Art. 14 GG,[1684] die Anhebung der Regelaltersgrenze stellt aber eine Inhalts- und Schrankenbestimmung dar, bei der dem Gesetzgeber ein weiter Gestaltungsspielraum zusteht.[1685] Eingriffe sind verfassungsrechtlich gerechtfertigt, sofern sie einem Gemeinwohlzweck dienen und verhältnismäßig sind; die Sicherung der Finanzierung der gesetzlichen Rentenversicherung und die Erhaltung der Funktions- und Leistungsfähigkeit des Systems im Interesse aller ist in der Rechtsprechung des Bundesverfassungsgerichts als Zielsetzung des öffentlichen Interesses anerkannt.[1686] Der Gestaltungsspielraum ist umso weiter, je weniger eine Rechtsposition einen personalen Bezug aufweist und durch eigene Leistung erworben wurde.[1687] Beitragsunabhängige Faktoren wie die Regelaltersgrenze[1688] beruhen weniger auf eigenen Leistungen als beitragsabhängige Faktoren wie etwa die Rentenanpassung, so dass ihnen ein geringerer verfassungsrechtlich geschützter personaler Bezug zukommt.[1689] Der Vertrauensgrundsatz gebietet Übergangsregelungen.

In China ist die Regelaltersgrenze in der Grundrentenversicherung für die Beschäftigten bislang nie angetastet worden. Eine Anhebung auf wohl 65 Jahre ist zwar inzwischen vorgesehen,[1690] aber noch nicht umgesetzt – hierfür ist es höchste Zeit. Rein rechtlich dürfte dies in China keinen Schwierigkeiten begegnen; die (ohnehin wenig verbindliche) Verfassung macht hierzu keine Vorgaben. Dass aber seit Einführung der Rentenversicherung bisher nie eine Anpassung der Regelaltersgrenze stattgefunden hat, obwohl eine solche längst überfällig ist, zeigt, wie hoch politische Hürden

---

1684 BVerfG, Beschluss vom 1.7.1981, 1 BvR 874/77, 1 BvR 322/78, BvR 324/78, 1 BvR 472/78, 1 BvR 543/78, 1 BvR 694/78, 1 BvR 752/78, 1 BvR 753/78, 1 BvR 754/78, 1 BvL 33/80, 1 BvL 10/81, 1 BvL 11/81, NJW 1982, 155.

1685 BVerfG, Beschluss vom 5.2.2009, 1 BvR 1631/04, NZS 2009, 621.

1686 Ebenda, 621 f.

1687 BVerfG, Beschluss vom 1.7.1981, 1 BvR 874/77, 1 BvR 322/78, BvR 324/78, 1 BvR 472/78, 1 BvR 543/78, 1 BvR 694/78, 1 BvR 752/78, 1 BvR 753/78, 1 BvR 754/78, 1 BvL 33/80, 1 BvL 10/81, 1 BvL 11/81, NJW 1982, 155 (156).

1688 *Papier*, in: FS Leisner, S. 721 (730); *Sodan*, NZS 2005, 561 (564); *BMGS*, Bericht der Kommission, S. 88 ff.

1689 Vgl. BVerfG, Beschluss vom 1.7.1981, 1 BvR 874/77, 1 BvR 322/78, BvR 324/78, 1 BvR 472/78, 1 BvR 543/78, 1 BvR 694/78, 1 BvR 752/78, 1 BvR 753/78, 1 BvR 754/78, 1 BvL 33/80, 1 BvL 10/81, 1 BvL 11/81, NJW 1982, 155 (156); siehe hierzu auch *Sodan*, NZS 2005, 561 (564).

1690 Hierzu oben unter D.II.3.d.aa.

sein können. Eine automatische Korrelation zwischen Lebenserwartung und Regelaltersgrenze hätte das Potential, einen derartigen Stillstand – sofern gewollt – in Zukunft zu verhindern.

In Brasilien setzt die dringend erforderliche und geplante Erhöhung der Regelaltersgrenze eine Änderung der Verfassung voraus, wie sie nach langem Ringen im Jahre 2019 auch schließlich erreicht wurde. Der verfassungsrechtliche Vertrauensgrundsatz fordert Übergangsregelungen. Gewinnen konnte man die erforderliche Drei-Fünftel-Mehrheit für die Verfassungsänderung 2019 aber nur für die Erhöhung der Regelaltersgrenze für Frauen von 60 auf nunmehr 62 Jahre. Der deutlich weiter reichende Verfassungsreformentwurf von 2016, der nicht nur eine einheitliche Regelaltersgrenze von 65 Jahren, sondern auch die Einführung eines Anpassungsmechanismus vorsah, mit dem die Regelaltersgrenze automatisch an die Lebenserwartung angeglichen werden sollte,[1691] um politische Schwierigkeiten zu reduzieren und einen gesetzgeberischen Stillstand zu verhindern, konnte sich nicht durchsetzen. Brasilien wäre damit das erste der hier betrachteten Länder gewesen, das über einen derartigen Anpassungsmechanismus verfügt hätte.

Bei der Anhebung der Regelaltersgrenzen muss aber – wie bereits angedeutet – stets auch bedacht werden, dass ein späterer Renteneintritt nicht immer für jedermann möglich ist. Es muss eine tatsächliche Chance zur Weiterarbeit bestehen und die Gesundheit ein Weiterarbeiten zulassen. Eine spätere Regelaltersgrenze hat einherzugehen mit einer Politik, die es Menschen ermöglicht und sie auch motiviert, länger zu arbeiten. Dazu gehören etwa gute, insbesondere sichere und gesunde Arbeitsbedingungen, die Bekämpfung von Vorurteilen und Diskriminierung in Bezug auf das Alter, die Förderung von lebenslangem Lernen, angepasste Arbeitszeiten und eine entsprechende Arbeitsorganisation.[1692]

b. Das Erfüllen einer Mindestversicherungszeit

In allen drei Ländern ist neben dem Erreichen der Altersgrenze auch die Erfüllung einer bestimmten Mindestversicherungszeit Voraussetzung für den Rentenbezug.

1691 So Art. 1 *Proposta de Emenda à Constituição* (PEC) 287/2016 vom 5.12.2016 zu Art. 201 §§ 7, 15.
1692 *ILO*, Social security for social justice and a fair globalization, S. 88 f.

Mit der Mindestversicherungszeit soll in der staatlichen Rentenversicherung – wie auch in der Privatversicherung – der Versicherungsschutz für „besonders schlechte Risiken" ausgeschlossen[1693] und darüber hinaus Manipulationen zulasten der Solidargemeinschaft vorgebeugt werden.[1694] Eine Sozialversicherung kann und will den Beitritt „schlechter Risiken" zwar nicht verhindern, sie kann aber mit der Voraussetzung einer Mindestversicherungsdauer einen gewissen Schutz gewähren, der erforderlich ist, weil die Beitragzahler in der Sozialversicherung auch einen sozialen Ausgleich mitfinanzieren.[1695] Ferner entsteht der Rentenversicherung für einen jeden Versicherten Verwaltungsaufwand, dessen Finanzierung durch die Solidargemeinschaft Grenzen zu setzen sind.

In Deutschland ist diese Zeit mit nur 5 Jahren (Wartezeit) für die Altersrente vergleichsweise gering; China fordert 15 Jahre und Brasilien nach der Reform von 2019 für Männer sogar 20 Jahre, für Frauen bleibt es bei 15 Jahren. Der brasilianische Verfassungsreformentwurf von 2016 hatte sogar eine allgemeine Anhebung auf 25 Jahre vorgesehen.[1696] Ganz offenbar sind in Brasilien und China die Finanzierungs- und Manipulationsängste größer als in Deutschland, was insbesondere auf weniger gut bis eher schlecht funktionierende Kontrollmechanismen und vielfältige Umgehungsmöglichkeiten zurückzuführen sein dürfte.

In der Volksrepublik muss die Mindestversicherungs- beziehungsweise Mindestbeitragzeit dann, wenn eine Rente aus der Grundrentenversicherung für die Beschäftigten bezogen werden soll, sogar vollständig in diesem System erfüllt worden sein; Versicherungszeiten aus der Grundrentenversicherung für die städtischen und ländlichen Bewohner werden nicht anerkannt. Das stellt eine Herausforderung für diejenigen dar, die im Laufe ihres Arbeitslebens zwischen den Systemen gewechselt sind. Für die vielen chinesischen Wanderarbeiter ist ein Wechsel gang und gäbe. Haben sie – was einfacher zu erreichen ist – in beiden Systemen zusammen insgesamt 15 Jahre eingezahlt, steht ihnen immerhin eine Rente aus der Grundrentenversicherung für die städtischen und ländlichen Bewohner zu. Dieses System gewährt geringere Leistungen, womit auch Finanzierungs- und Manipulationsrisiken weniger schwer wiegen. Die Mindestbeitragzeit

---

1693 *Gürtner*, in: Kasseler Kommentar, § 50 SGB VI Rn. 3.
1694 *Kreikebohm*, in: Knickrehm/Kreikebohm/Waltermann, Kommentar zum Sozialrecht, § 50 SGB VI Rn. 2.
1695 Ebenda.
1696 So der mit Verfassungsreformentwurf Nr. 287/2016 vom 5.12.2016 geplante Art. 201 § 7 der Verfassung.

stößt in der chinesischen Bevölkerung auf Kritik, eine Änderung erscheint aber derzeit – auch nach Übertragung der Aufgabe der Beitragserhebung auf die Steuerbehörden – nicht in Sicht; sie müsste jedenfalls einhergehen mit besseren Kontrollmechanismen.

Beweggrund für die teilweise Anhebung der Mindestbeitragszeit in Brasilien dürfte in erster Linie sein, dass mit ihrem Erreichen auch eine Mindestrente bezogen werden kann. Diese hat die Höhe eines Mindestlohnes und fällt damit recht spendabel aus. So liegt der Mindestlohn in Brasilien bei etwa 70% des Medianeinkommens[1697][1698] – die OECD zieht die Armutsgrenze bei 50% des Medianeinkommens[1699] und etwa dort liegt durchschnittlich auch das Mindesteinkommen in den OECD-Ländern.[1700] Wo allerdings ein adäquates Mindesteinkommen zu liegen hat, kann nicht generell, sondern nur anhand der Gesamtumstände vor Ort bestimmt werden.[1701] Der Mindestlohn ist in Brasilien in den vergangenen Jahren zumindest signifikant und stärker als die Verbraucherpreise gestiegen.[1702] Vor allem aber bezogen auf eine Beitragszeit von nur 15 Jahren erscheint die Rentengewährung von einem Mindestlohn großzügig. In OECD-Ländern müssen durchschnittlich 26 Jahre lang Beiträge entrichtet worden sein, um in den Genuss einer Mindestrente – sofern es eine solche gibt – zu kommen.[1703] Angaben der OECD zufolge beziehen zwei Drittel der Rentner in Brasilien eine Mindestrente.[1704] Dementsprechend überrascht die Verlängerung der Mindestbeitragszeit nicht. Eine Kürzung der verfassungsrechtlich garantierten Mindestrente dürfte kaum realisierbar sein, der Vertrauensverlust der Bevölkerung in Staat und System wäre groß. Angesichts des mit der brasilianischen Rentenversicherung verfolgten Ziels, auch Armut zu verringern – ein Ziel, dessen Erreichen mittels Rentenversicherung allerdings systematisch nicht korrekt und angesichts der existierenden Sozialhilfe für alte Menschen keinesfalls zwingend ist –, dürfte eine solche Änderung jedenfalls sozialpolitisch auch kontraproduktiv sein.

1697 *Rudolph/Zviniene/Olinto*, Summary note on pension reform in Brazil, S. 8.
1698 Das Medianeinkommen (auch mittleres Einkommen) ist das Einkommen, bei dem es genauso viele Menschen mit einem höheren wie mit einem niedrigeren Einkommen gibt, *DIW*, Glossar, Medianeinkommen.
1699 *OECD*, Pensions at a Glance 2015, S. 61.
1700 *OECD*, OECD Employment Outlook 2015, S. 34.
1701 Ebenda.
1702 *OECD*, Pensions at a Glance 2015, S. 223.
1703 *OECD*, OECD Policy Memo: Pension reform in Brazil, S. 4.
1704 Ebenda, S. 3.

In Deutschland gibt es keine Mindestrente, die in ihrer konkreten Ausgestaltung der brasilianischen entspricht. Der Bezug der neuen deutschen „Grundrente" setzt mindestens 33 Beitragsjahre beziehungsweise 33 Jahre Grundrentenzeiten nebst der Erfüllung weiterer Bedingungen voraus und wird damit gerade nicht jedem, der nur die Wartezeit erfüllt, gewährt werden.[1705] Das in Brasilien auftretende Problem stellt sich dementsprechend in Deutschland nicht. Wer nur fünf Jahre lang (Wartezeit) in die Rentenversicherung einzahlt, enthält auch eine entsprechend geringe Rente. In China existiert eine Mindestrente nur in dem System für die städtischen und ländlichen Bewohner und sie fällt verschwindend gering aus, so dass die Mindestbeitragszeit von 15 Jahren insofern jedenfalls nicht als unangemessen niedrig bewertet werden kann.

Die lange Mindestbeitragszeit in Brasilien und China kann insgesamt als Ausdruck dafür verstanden werden, dass man dem Bürger weniger vertraut – dahingehend, dass er von sich aus ausreichend vorsorgt oder vorsorgen kann (daher auch die Zusage von Mindestrenten), und dahingehend, dass er sich an die Regeln hält. Dabei wird natürlich gerade damit, dass eine Mindestsicherung zugesichert wird und das Rentenziel wegen der langen Mindestversicherungszeit mitunter nur schwerlich erreicht werden kann, die Motivation, sich an die Regeln zu halten und Beiträge zu entrichten, geschwächt. In gewisser Weise entsteht eine Art Teufelskreis, dem man aber vor allem in China mit besseren Kontrollmechanismen begegnen könnte. In Brasilien würde es sich anbieten, die Mindestbeitragszeit nur für den Bezug einer Mindestrente heraufzusetzen; entrichtet jemand regelmäßig Beiträge, die den Erhalt einer Rente oberhalb der Mindestrente rechtfertigen, besteht kein Bedürfnis für ein Anheben der Mindestbeitragszeit. Das Versicherungsprinzip jedenfalls fordert Mindestbeitrags- oder Mindestversicherungszeiten nicht.

5. Die Rente

a. Die Rentenleistung

Die Altersrente soll den Versicherten im Alter finanziell das Ausscheiden aus dem Arbeitsleben ermöglichen. Inwiefern sie das kann beziehungsweise wie auskömmlich sie ist, hängt – abgesehen natürlich von den jeweiligen Lebensumständen – vor allem von den individuellen Leistungen

---

1705 Dazu oben unter D.III.4.b. und auch noch sogleich.

des Einzelnen ab. Denn Grundparameter für die Rentenberechnung ist – entsprechend dem in Versicherungssystemen (mehr oder weniger streng) herrschenden Äquivalenzprinzip – stets das für die Beitragsentrichtung herangezogene versicherte Arbeitseinkommen; die Rente ist im Grundsatz als Lohnersatzleistung ausgestaltet.

Von Bedeutung sind aber auch Zielrichtung und Ausgestaltung der Versicherungssysteme an sich. Der Blick auf die Geschichte der deutschen Rentenversicherung hat gezeigt, dass diese mehrere Funktionenwechsel vollzogen hat. Während sie nach der Konzeption Bismarcks ursprünglich nur einen Zuschuss zum Lebensunterhalt gewähren sollte, wurde der Rente mit der Reform von 1957 eine Lohnersatzfunktion zuerkannt, sie sollte von nun an den Lebensstandard sichern. Dafür war vorgesehen, dass sie nach 40 Versicherungsjahren die Höhe von 60% des Bruttoeinkommens erreicht, entsprechend damals 75% des letzten Nettoverdienstes.[1706] Diese Entwicklung hin zu einer Lebensstandardsicherungsrente war für viele Länder beispielhaft.[1707] Auch China und Brasilien strebten zu Beginn allein eine Basissicherung an, steigerten aber – jedenfalls teilweise – mit der Zeit zunehmend die Leistungen zumindest in Richtung Lebensstandardsicherung.

In Deutschland ließ sich ein derartiges Niveau langfristig jedoch nicht aufrechterhalten, geschuldet vor allem der demographischen Entwicklung. Mit den Rentenreformen der Nullerjahre wurde der regelmäßig so bezeichnete Paradigmenwechsel weg von der „lebensstandardsichernden Rente hin zum Leitbild der Lebensstandardsicherung aus mehreren Säulen"[1708] vollzogen. Im Fokus stand nun nicht mehr das Leistungsniveau, sondern die Stabilisierung des Beitragssatzes, um die Rentenversicherung dauerhaft finanzierbar und wettbewerbsfähig zu halten – an die Stelle eines „leistungsdefinierten" Systems ist ein primär „beitragsdefiniertes" System getreten.[1709] Dies spiegelt sich in der Entwicklung des Rentenniveaus wider, das sich in Deutschland in den vergangenen Jahren reduziert hat und – ohne Entgegenwirken – weiter reduzieren würde.[1710]

1706 Regierungsentwurf eines Gesetzes zur Neuregelung des Rechts der Rentenversicherung der Arbeiter und der Angestellten, BT-Drucks. 2/2437, 73; *Kaltenstein*, NZS 2017, 1 (6).

1707 *v. Maydell*, in: Köhler/Zacher, Beiträge zu Geschichte und aktueller Situation der Rentenversicherung, S. 369 (383).

1708 *Rische/Thiede*, NZS 2013, 601 (603).

1709 *Kaltenstein*, NZS 2017, 1 (6).

1710 Ebenda; *Hartmann*, Zahlen und Fakten: Die soziale Situation in Deutschland, Alter und Alterssicherung, Standardrentenniveau.

aa. Das Rentenniveau

Die Bruttolohnersatzquote[1711] in Deutschland liegt laut OECD für einen Durchschnittsverdiener (nur noch) bei 38,7% (für beide Geschlechter und bei einem Renteneintrittsalter von 67 Jahren), was einer Nettolohnersatzquote von 51,9% entspricht.[1712] Der OECD-Durchschnitt für obligatorische Altersvorsorgesysteme liegt für Männer (bei einem Renteneintrittsalter von 66,1 Jahren) brutto bei 49% und netto bei 58,6%.[1713] Für Frauen sind es (bei einem Renteneintrittsalter von 65,7 Jahren) brutto 48,2% und netto 57,6%. Zu berücksichtigen ist dabei aber, dass die Absicherungsrate durch Zusatz-Rentensysteme in Deutschland im Vergleich zu anderen OECD-Ländern mit zu den höchsten zählt.[1714]

Bewirkt wurde die mit dem sogenannten Paradigmenwechsel eingeleitete Reduzierung des Rentenniveaus in Deutschland – vor allem langfristig – insbesondere durch die Berücksichtigung des Altersvorsorgeanteils (Riester-Faktors) und des Nachhaltigkeitsfaktors bei der Bestimmung des aktuellen Rentenwertes sowie der dadurch bedingten (weiteren) Loslösung der Renten von der Einkommensentwicklung.[1715] Damit werden Renten nicht etwa gekürzt, sie steigen aber geringer an als die Löhne.

Ein deutlicher Kontrast zeigt sich im Vergleich zu den Rentenniveaus in China und Brasilien. Die Bruttolohnersatzquote liegt in Brasilien für einen Durchschnittsverdiener bei 58,9% (bei einem Renteneintrittsalter von 57 Jahren) und in China bei 71,6% (bei einem Renteneintrittsalter von 60 Jahren); netto sind dies 64,8% in Brasilien und 79,4% in China.[1716] Die genannten Werte gelten allerdings nur für Männer und in China auch nur für die obligatorische Grundrentenversicherung für die Beschäftigten. Für die

---

1711 Die (Lohn-)Ersatzquote gibt das Verhältnis zwischen der (durchschnittlichen) Rente einer Person (oder einer bestimmten Bevölkerung) in einem bestimmten Zeitraum und dem (durchschnittlichen) Einkommen in einem bestimmten Zeitraum an. Die Nettoersatzquote ist (bei den verwendeten Daten der OECD) definiert als der individuelle Nettorentenanspruch dividiert durch den Nettovorruhestandslohn unter Berücksichtigung der von Erwerbstätigen und Rentnern gezahlten Einkommensteuern und Sozialversicherungsbeiträgen. Die Bruttoersatzquote ist definiert als der individuelle Bruttorentenanspruch dividiert durch den Bruttovorruhestandslohn. Vgl. *OECD*, Pensions at a Glance 2019, S. 146, 154.
1712 *OECD*, Pensions at a Glance 2019, S. 147, 155.
1713 Ebenda.
1714 *OECD*, Pensions at a Glance 2017, S. 27; *OECD*, Pensions at a Glance 2019, S. 150.
1715 *Kaltenstein*, NZS 2017, 1 (6).
1716 *OECD*, Pensions at a Glance 2019, S. 147, 155.

in diesen Ländern regelmäßig früher in Rente gehenden Frauen liegen sie darunter, nämlich bei 46,1% brutto und 50,6% netto in Brasilien (bei einem Renteneintrittsalter von 52 Jahren) und 60,8% brutto sowie 67,7% netto in China (bei einem Renteneintrittsalter von 55 Jahren).[1717] Ein Grund mehr, die Regelaltersgrenzen für beide Geschlechter zu vereinheitlichen.

Aufgrund der Zahlen lässt sich vermuten, dass die obligatorischen Rentenversicherungssysteme in Brasilien und China besser in der Lage sein sollten, Lohnersatz zu gewährleisten, als in Deutschland, auch wenn die Lohnersatzquoten dort in den vergangenen Jahren gesunken sind.[1718] Aber wollen China und Brasilien dieses Ziel auch nur annähernd erreichen, müssen ihre gesetzlichen Systeme auch ein höheres Sicherungsniveau bieten, denn betriebliche und (staatlich geförderte) private Säulen der Alterssicherung sind längst nicht so ausgebaut wie in Deutschland.[1719] Ergänzende Altersvorsorgesysteme heben das Rentenniveau in Deutschland auf immerhin 52,2% brutto und 68,0% netto an,[1720] während sie jedenfalls 2016 für China und Brasilien noch keinen erkennbaren Unterschied im Hinblick auf das Rentenniveau bewirkten.[1721]

Das höhere Leistungsniveau in Brasilien und China wird zum einen teuer erkauft – die Beitragssätze liegen, wie gezeigt, vor allem in Brasilien deutlich über denen in Deutschland – und zum anderen aufgrund der dennoch erforderlichen hohen finanziellen Zuschüsse von staatlicher Seite[1722] wohl nicht dauerhaft gehalten werden können. Dementsprechend macht sich auch in diesen beiden Ländern eine Tendenz des Gegensteuerns bemerkbar.

Dass das Rentenniveau in Brasilien vergleichsweise hoch ist, hängt zum einen damit zusammen, dass Brasilien eines der wenigen Länder weltweit ist, in dem die Rente den Wert von 100% des Referenzeinkommens erreichen kann. Dies war bisher bereits nach nur dreißig Beitragsjahren möglich

---

1717 Ebenda. Auch in Deutschland ist die Rentenersatzquote für Frauen de facto häufig niedriger als für Männer, was mit Unterschieden in der Erwerbsbiografie zusammenhängt. Ausgeglichen werden können Unterschiede beispielsweise durch Anrechnungszeiten für die Kindererziehung. Es handelt sich dabei insgesamt um ein komplexes Thema, das in dieser Arbeit leider außen vor bleiben muss.

1718 Siehe zum Vergleich *OECD*, Pensions at a Glance 2017, S. 101, 107.

1719 Siehe zum Status quo in China *Jin*, Entwicklung des gesetzlichen sozialen Grundaltersversicherungssystems in der Volksrepublik China, S. 201 ff., 240 f.

1720 *OECD*, Pensions at a Glance 2019, S. 157; entsprechende Daten für China und Brasilien nennt die Statistik nicht.

1721 *OECD*, Pensions at a Glance 2017, S. 27.

1722 Hierzu bereits oben, D.IV.3.d.

und das Referenzeinkommen berechnete sich zudem bislang auf Grundlage der höchsten 80% der Beitragsjahre.[1723] Die Leistungsberechnung war damit außerordentlich großzügig. Aufgrund finanzieller Überforderung veränderte man diese Parameter mit der Reform von 2019, wonach nunmehr das gesamte versicherte Einkommen als Berechnungsgrundlage herangezogen wird, die sogenannte Rente nach Beitragszeit ohne Mindestalter abgeschafft wird und das Erreichen einer Rente entsprechend 100% des Referenzeinkommens für Frauen „erst" ab 35 und für Männer ab 40 Jahren Beitragszeit möglich ist (nach 15 beziehungsweise 20 Jahren Mindestbeitragszeit soll dem Versicherten eine Rente von 60% des Referenzeinkommens zustehen, die sich pro Jahr um zwei Prozentpunkte erhöht).

Das derzeit hohe Leistungsniveau in Brasilien hängt zum anderen aber auch damit zusammen, dass die Rentenversicherung – anders als in Deutschland und China – jedem Versicherten eine Mindestrente in Höhe eines Mindestlohnes von (2020) 1.045,00 Reais[1724] garantiert. Etwa zwei Drittel der Rentner beziehen die Mindestrente,[1725] der Durchschnittsrentenwert der regulären Altersrente liegt dementsprechend nicht übermäßig viel höher; im November 2019 betrug er beispielsweise 1.202,12 Reais.[1726] Es kann davon ausgegangen werden, dass das Einkommen vieler Brasilianer nicht besonders hoch ist und mit der Mindestrente eine hohe Lohnersatzquote schnell erreicht ist. Die Mindestrente in Höhe eines Mindestlohnes ist in Brasilien Teil der Strategie zur Armutsbekämpfung. Sie wird deshalb jedem Versicherten gewährt, der die Voraussetzungen des Rentenbezuges erfüllt. Zwar ist sie natürlich auf Versicherte beschränkt, in Brasilien gilt jedoch, wie bereits festgestellt, eine weitgehende Versicherungspflicht, die insbesondere auch Selbständige umfasst. Die Rentenversicherung dient mit der vorrangigen Zielsetzung der Armutsminderung auch vornehmlich der Mindestsicherung, wenngleich diese für die Betroffenen nicht selten mit der Lebensstandardsicherung einhergeht. Dass die Strategie der Armutsbekämpfung erfolgreich ist, belegen brasilianische Statistiken: Diesen zufolge reduzierten Rentenversicherungsleistungen die Armutsquote 2018 um

---

1723 Weltweit gibt es wohl nur zehn weitere Länder, die ebenfalls eine Quote von 100% ermöglichen, *Rudolph/Zviniene/Olinto*, Summary note on pension reform in Brazil, S. 7.

1724 Art. 2 Gesetz Nr. 14.013/20 (zuvor Art. 1 *Medida Provisória* Nr. 919 vom 30.1.2020).

1725 *OECD*, OECD Policy Memo: Pension reform in Brazil, S. 3.

1726 *Secretaria de Previdência*, Boletim Estatístico da Previdência Social 11/2019, Gliederungspunkt 10.

16,7% von 47,1% auf 30,4%.[1727] Die Reduzierung der Armutsquote wird mit zunehmendem Alter immer deutlicher: bei der 78-jährigen Bevölkerung liegt die Armutsquote nur noch bei 6,8%.[1728] Die Mindestrente dürfte hieran einen nicht zu vernachlässigenden Anteil haben und ist insofern zu begrüßen, auch wenn sie als eine Art Fürsorgeleistung von der Konzeption her nicht zum Versicherungssystem passt und insofern gleichzeitig zu Schwierigkeiten führt (dazu auch noch sogleich). Die Rentenreform von 2019 behält die verfassungsrechtlich verankerte Mindestrente bei, auch wenn sie das System beziehungsweise den Staat viel kostet. Die hierfür zu erfüllenden Anforderungen erhöht sie aber zumindest für Männer; statt bisher nur 15 Beitragsjahre sollen sie nunmehr 20 Beitragsjahre nachweisen müssen.

Brasilien strebt also vor allem eine insgesamt strengere Ausgestaltung des Systems einschließlich der Leistungsberechnung an, mit der teilweise das Leistungsniveau reduziert, vor allem aber Einnahmen und Ausgaben in ein besseres Verhältnis gebracht werden sollen. Das Ziel der Armutsbekämpfung dürfte dem nicht entgegenstehen, denn Statistiken zeigen, dass diejenigen, die am meisten von staatlichen Zuschüssen zur Rentenversicherung, die für die Aufrechterhaltung des (hohen) Leistungsniveaus aufgebracht werden müssen, profitieren, nicht die Ärmsten sind. Fast die Hälfte der Rentenversicherungszuschüsse fließen tatsächlich in die Taschen der beiden obersten Einkommensquintile der Bevölkerung, nur 4% kommen bei dem ärmsten Quintil (den 20% der Bevölkerung mit dem niedrigsten Einkommen) an und nur 14% bei dem zweituntersten Einkommensquintil.[1729]

Auch China senkt wegen langfristig nicht finanzierbarer Renten bereits seit einiger Zeit das Rentenniveau. In verschiedenen Quellen ist davon die Rede, dass das System inzwischen nur noch durchschnittlich eine Bruttolohnersatzquote von etwa 45% erreicht.[1730] Zu berücksichtigen ist bei derartigen pauschalen Aussagen, dass die Ersatzquote in China von Region zu Region stark variiert; während etwa die durchschnittliche Ersatzquote

---

1727 *Ministério da Economia*, Informe de Previdência Social 11/2019, Gliederungspunkt 4, Impactos da Previdência Social sobre o nível de pobreza; als arm gelten ausweislich der Statistik Personen mit weniger als einem halben Mindestlohn als Pro-Kopf-Haushaltseinkommen.

1728 Ebenda.

1729 *Rudolph/Zviniene/Olinto*, Summary note on pension reform in Brazil, S. 10.

1730 *Turner/Xu/Boado-Penas*, A Financial Assessment of the Chinese Pay-As-You-Go Pension System, S. 3; *Queisser/Reilly/Hu*, EPS 4 (2016), 345 (355); *Gruat*, Some striking features of the Chinese pension system, S. 8.

in Shandong 2012 bei 70,5% lag, betrug sie in Chongqing bereits nur noch 43,2%.[1731] Ursachen für das eingangs genannte, im Durchschnitt zunächst vergleichsweise hoch erscheinende Rentenniveau können in China nicht so konkret ausfindig gemacht werden wie in Brasilien; kausal dürften hauptsächlich die Rentenberechnung an sich sowie die Rentenanpassung an Löhne und Preise sein – Mechanismen, die in China wenig transparent ablaufen. Auf die gleiche Art und Weise dürfte auch eine Absenkung des Rentenniveaus bewerkstelligt werden, wobei die Rentenformel in den vergangenen Jahren allerdings keiner Änderung unterzogen wurde. Als rentenregulierender Anpassungsmechanismus fungiert zudem die in die Berechnung einbezogene durchschnittliche Lebenserwartung, mit der ein Stück weit auch die demographische Entwicklung berücksichtigt wird. Zu einem gewissen Grad dürfte das Rentenniveau unbeabsichtigt dadurch gesunken sein und weiter sinken, dass das Wachstum der verzinsten Gelder auf den individuellen Konten deutlich geringer ausfiel und -fällt, als die Wachstumsrate der Löhne und Gehälter. Es wird davon ausgegangen, dass die individuellen Konten im Vergleich zur Einkommensentwicklung einen Verlust in Höhe von 10% jährlich hinnehmen müssen.[1732] Da sich die Staatsobrigen dessen bewusst sind und ein noch weiteres Absinken verhindern wollen, werden die Buchhaltungszinssätze seit 2017 vereinheitlicht vom Staat vorgegeben.[1733] Schließlich lässt sich noch die Tendenz erkennen, dass Arbeitgeber nur für einen Teil des Entgelts der Beschäftigten Sozialversicherungsbeiträge abführen, was (ebenfalls ungewollt) zu einem Auseinanderfallen des Einkommens- und Rentenniveaus führt.[1734]

In China gelten die genannten Ersatzquoten nicht für die Grundrentenversicherung für die städtischen und ländlichen Bewohner. Hier ist das Rentenniveau im Regelfall deutlich niedriger; 2016 lag es zwischen 10 und 13%.[1735] Auf dem Land ist aber auch – und das gilt nicht nur für

---

1731 *ILO*, People's Republic of China: Universal pension coverage, S. 3.
1732 *Gruat*, Some striking features of the Chinese pension system, S. 8.
1733 Bekanntmachung des Ministeriums für Humanressourcen und soziale Sicherheit sowie des Finanzministeriums über die Verabschiedung von Maßnahmen zur Vereinheitlichung und Standardisierung der Buchhaltungszinssätze für die persönlichen Rentenversicherungskonten der Beschäftigten vom 13.4.2017 (Nr. 31), in Englisch: http://en.pkulaw.cn/display.aspx?cgid=33d39127c1ab4b15bdfb&lib=law (Stand: 8.8.2020); siehe hierzu *Jin*, Entwicklung des gesetzlichen sozialen Grundaltersversicherungssystems in der Volksrepublik China, S. 197 f.
1734 *Gruat*, Some striking features of the Chinese pension system, S. 7.
1735 Ebenda, S. 13.

China, sondern insbesondere auch für Brasilien – nicht die Erhaltung des Lebensstandards, sondern vielmehr die Existenzsicherung das vorrangig verfolgte Ziel. Das Rentenniveau der chinesischen Grundrentenversicherung für die städtischen und ländlichen Bewohner ist allerdings so niedrig, dass selbst das Erreichen dieses Ziels fraglich ist. Tatsächlich dürfte die soziale Mindestsicherung sogar häufig über dem Niveau der Grundrentenversicherung für die städtischen und ländlichen Bewohner liegen oder jedenfalls gelegen haben, wie das Beispiel Beijing zeigt: Hier betrug die Sozialhilfe im Jahr 2014 650 Yuan pro Monat, die durchschnittliche Monatsrente aus dem System für die städtischen und ländlichen Bewohner hingegen nur 496 Yuan.[1736] Staatlichen Angaben zufolge gelingt es dennoch zunehmend, insbesondere auch mittels Rentenversicherung, die Anzahl der in Armut lebenden Menschen auf dem Lande zu reduzieren. Für das Jahr 2017 wurden 30,46 Millionen Menschen auf dem Land als arm eingestuft, was im Vergleich zum Vorjahr bereits einen Rückgang um 12,89 Millionen ausmachte.[1737] 2018 wurden 16,60 Millionen Arme auf dem Land gezählt[1738] und 2019 nur noch 5,51 Millionen.[1739] Die Armutsquote wurde für 2019 auf dem Land mit 0,6% beziffert.[1740]

Es lässt sich zusammenfassen, dass die Entwicklungen der Rentenniveaus in Brasilien und China letztlich der gleichen Richtung folgen wie in Deutschland und vielen anderen Ländern weltweit: Sie werden auf Dauer tendenziell sinken. Ob China und Brasilien sich Anpassungsmechanismen bedienen werden, die – wie etwa der deutsche Nachhaltigkeitsfaktor – das Verhältnis von Rentnern zu Beitragszahlern und die Arbeitsmarktlage bei der Rentenberechnung berücksichtigen, oder sogar solcher, welche die private Altersvorsorge mit einkalkulieren – wie der deutsche sogenannte Riester-Faktor –, bleibt abzuwarten. Letzteres würde voraussetzen, dass die beiden Länder ihre zusätzlichen Altersvorsorgesysteme weiter ausbauen und möglichst staatlich unterstützen – eine Entwicklung, die allgemein von Bedeutung ist, wenn das Rentenniveau der staatlichen Versicherungssysteme sinkt.

Bei der zusätzlichen Altersvorsorge sieht die Kommission Verlässlicher Generationenvertrag auch in Deutschland in ihrem jüngst vorgelegten Be-

---

1736 Ebenda.
1737 *National Bureau of Statistics*, Statistical Communiqué 2017, Gliederungspunkt IX.
1738 *National Bureau of Statistics*, Statistical Communiqué 2018, Gliederungspunkt I.
1739 *National Bureau of Statistics*, Statistical Communiqué 2019, Gliederungspunkt I.
1740 Ebenda.

richt nach wie vor Handlungsbedarf und hält es für notwendig, dass die Erwerbstätigen möglichst umfassend erreicht werden.[1741] Sei dies bis 2025 in Deutschland nicht der Fall, solle die Verbesserung bestehender Instrumente und die Prüfung weitergehender Maßnahmen erfolgen.[1742] Die Bundesregierung solle bis dahin unter anderem auch eine verpflichtende Lösung mit der Möglichkeit der individuellen Befreiung bei Vorliegen einer gleichwertigen Vorsorge prüfen;[1743] ein Vorhaben, das verfassungsrechtlich durchaus möglich wäre.[1744]

bb. Niedriges Rentenniveau als „Gefahr"?

Ein sinkendes Rentenniveau bringt die Sorge mit sich, dass in Zukunft keine adäquaten Leistungen mehr gewährleistet werden können und mehr Bürger auf staatliche Sicherungsnetze angewiesen sind. Die deutschen Bestrebungen der Beitragsregulierung und der damit einhergehenden Rentenniveausenkung sind in den vergangenen Jahren so weit vorangeschritten, dass dies sowohl die Frage nach der Existenzberechtigung des Systems als auch die Angst vor Altersarmut auf den Plan gerufen hat.

Die von Deutschland und Brasilien ratifizierte ILO Konvention Nr. 102 von 1952[1745] sieht eine Mindest-Lohersatzquote von 40% (für einen Mann mit einer Frau im Rentenalter – so die Beschreibung) nach 30 Beitragsbeziehungsweise Arbeitsjahren vor (Anhang zu Teil XI, Art. 29 Ziff. 4), ohne allerdings diese Mindest-Lohersatzquote näher – etwa hinsichtlich brutto oder netto – zu definieren.[1746] Die ILO geht bei der Festlegung eines Mindestniveaus davon aus, dass Rentensysteme nicht nur der finanziellen, sondern auch der „sozialen" Stabilisierung bedürfen, womit gemeint ist, dass das Leistungsniveau nicht unter einen Mindeststandard fallen darf.[1747]

1741 *Kommission Verlässlicher Generationenvertrag*, Bericht der Kommission, Bd. I, S. 26.

1742 Ebenda, S. 27.

1743 Ebenda, S. 27 f.

1744 Siehe hierzu ausführlich *Steinmeyer*, Rechtsgutachten zu verfassungsmäßigen Grenzen für ein Obligatorium von Opting-Out-Modellen in der zusätzlichen Altersvorsorge.

1745 ILO Social Security (Minimum Standards) Convention (Nr. 102), verabschiedet am 28.6.1952.

1746 Siehe auch *Holzmann/Hinz*, Old-Age Income Support in the 21st Century, S. 180.

1747 *ILO*, Social security for social justice and a fair globalization, S. 117.

Die von Deutschland ratifizierte ILO Konvention Nr. 128 von 1967[1748] erhöht die Mindest-Lohnersatzquote auf 45% und die die Konvention be-
gleitende Empfehlung Nr. 131 rät zu einer Erhöhung um nochmals zehn
Prozentpunkte.[1749]

Welches Sicherungsniveau aber in einem Land als adäquat zu bewerten
ist, ist eine höchst komplexe Frage und kann auch von der ILO nicht
pauschal beantwortet werden. Für Deutschland sieht sie eine Einkommensersatzrate von 53,9% als erforderlich an; insgesamt sei der Wert für Niedrigverdiener zwischen 50–90% anzusiedeln.[1750] Die Spanne ist also denkbar
breit.

Die Reduzierung des Rentenniveaus in Deutschland wird zum Teil
scharf kritisiert; insbesondere die Koppelung von Rentenleistungen an
sogenannte Nachhaltigkeitsfaktoren berge in Krisen die Gefahr, dass ein adäquates Rentenniveau nicht mehr garantiert werde.[1751] Und nach Bekanntgabe von Zahlen der OECD, denen zufolge das deutsche Rentenniveau
weit hinter dem anderer Länder zurück liege,[1752] waren Aufregung und
Besorgnis bei vielen groß.

Die Sorge ist aber nicht neu. So war bereits mit Wirkung ab dem 1. Januar 2005 gesetzlich vorgesehen gewesen, dass das deutsche Netto-Rentenniveau (vor Steuern) bis 2020 nicht unter 46% und bis 2030 nicht unter
43% sinken soll.[1753] Nach 2030 ist Schätzungen zufolge aber mit einem
weiteren Absinken zu rechnen, bis 2045 auf unter 42%.[1754] Mit der aktuellen
Rentenreform wurde die Regelung des § 154 Abs. 3 SGB VI dahingehend
verschärft, dass bis 2025 ein Rentenniveau von 48% – das Niveau, auf
dem die Rente derzeit verortet wird – beizubehalten ist.[1755] Da Prognosen
zufolge das Rentenniveau aber 2025 erstmals überhaupt unter 48% sinken

---

1748 ILO Invalidity, Old-Age and Survivors' Benefits Convention vom 7.6.1967
(Nr. 128).

1749 Teil IV, Ziff. 22 der Invalidity, Old-Age and Survivors' Benefits Recommendation
vom 29.6.1967 (Nr. 131).

1750 *ILO*, Social protection for older persons, S. 24.

1751 Z.B. *ILO*, World Social Protection Report 2014/15, S. 95; *ILO*, Social protection for
older persons, S. 29 f.

1752 Hierzu etwa *OECD*, Pensions at a Glance 2017 – How does Germany compare?;
vgl. auch *OECD*, Pensions at a Glance 2019 – How does Germany compare?

1753 § 154 Abs. 3 S. 1 Nr. 2 SGB VI in der Fassung mit Wirkung ab dem 1.1.2005.

1754 *BMAS*, Gesamtkonzept zur Alterssicherung, S. 26; *Ruland*, DRV 2018, 1 (6) m.w.N.

1755 BT-Drucks. 19/4668, S. 10.

soll,[1756] erscheint diese Regelung – separat betrachtet – wenig wirkungsvoll. Ein Absinken nach 2025 beziehungsweise 2030 verhindert sie nicht.

Will man ab einem gewissen Punkt ein weiteres Absinken des Rentenniveaus verhindern, wie es derzeit in Deutschland der Fall ist, stellt sich die Frage, wie dies finanziert werden kann. Wenn – wie in der Bundesrepublik – die üblicherweise zur Finanzierung herangezogenen Beitragssätze nicht über eine bestimmte Grenze hinausgehen sollen und man die Lebensarbeitszeit nicht weiter verlängern will, bleibt dem Staat im Grunde nichts anderes übrig, als das System mit zusätzlichen staatlichen Mitteln zu unterstützen, wie er es in Deutschland mit der neuen Gesetzesänderung bis 2025 auch zugesagt hat. Dann aber leidet zunehmend der Versicherungscharakter des Systems und auch diese Finanzierungsquelle ist nicht unerschöpflich; sie ist vor allem abhängig von der Wirtschaftsleistung eines Staates, die natürlich – wie aktuell im Falle der Corona-Pandemie – sehr schwächeln kann. Wie also geht es langfristig weiter? Dass nach 2025 die Kosten für die Beibehaltung des Sicherungsniveaus noch einmal steigen werden, da insbesondere auch die Renteneintritte der geburtenstarken Jahrgänge anstehen, liegt auf der Hand. Es scheinen, auch wenn die Kommission Verlässlicher Generationenvertrag das Beibehalten von „Haltelinien" auch über 2025 hinaus empfiehlt,[1757] einige Fragen bislang ungeklärt.

Die damit verbundene Debatte um das Thema Altersarmut ist in Deutschland in vollem Gange, die Meinungen sind vielfältig und ob der Forschungsstand zu diesem vielschichtigen Thema ausreicht, um das teilweise betriebene Schüren von Angst fundiert zu stützen, ist fraglich. Das Sicherungsniveau der Rentenversicherung allein ist jedenfalls in der Regel kein Indikator für Altersarmut, denn seine Aussagekraft ist nur begrenzt – das gilt für alle Staaten.[1758] Ob jemand bedürftig wird oder nicht, hängt von der gesamten individuellen Erwerbsbiografie und dem Gesamteinkommen im Alter ab. Dementsprechend muss beispielsweise nicht nur die gesetzliche, sondern auch eine betriebliche und/oder private Altersvorsorge Berücksichtigung finden, mit denen eine Rente zusammentreffen kann oder sollte, sowie sonstiges vorhandenes Vermögen. Ferner muss die Kaufkraft

---

1756 BT-Drucks. 19/140, S. 30.

1757 Hierzu bereits oben unter D.III.4.a.; *Kommission Verlässlicher Generationenvertrag*, Bericht der Kommission, Bd. I, S. 64 ff.

1758 Ist das Niveau allerding so niedrig, wie in der chinesischen Rentenversicherung für die städtischen und ländlichen Bewohner und sind Menschen betroffen, die ohnehin bereits vielfach an der Armutsgrenze leben, kommt man nicht umhin, das niedrige Niveau als Indikator für Armut anzusehen.

eines Landes und ihre Entwicklung in Augenschein genommen werden; für Deutschland etwa wird ein Kaufkraftanstieg prognostiziert, der das Absinken des Rentenniveaus abmildern könnte.[1759] Auch kann das – als Lohnersatzquote ausgewiesene – Rentenniveau allein deshalb steigen, weil das durchschnittliche Einkommen – wie womöglich aktuell bedingt durch die Corona-Pandemie – sinkt; die konkrete Höhe der Rente benennt das Rentenniveau nicht.[1760]

Üblicherweise am meisten bedroht von Altersarmut sind vor allem Personen mit lückenhaften Erwerbsbiographien (beispielsweise aufgrund vorübergehender nicht versicherter selbständiger Erwerbstätigkeit), vorzeitig Invalide, Langzeitarbeitslose, Alleinerziehende und Geringqualifizierte beziehungsweise im Niedriglohnsektor Tätige – Personen, die bereits vor der Rente über ein niedriges Einkommen verfügen und häufig auch dann schon auf staatliche Fürsorgeleistungen angewiesen sind.[1761] Dementsprechend ist es nachvollziehbar, dass empfohlen wird, (renten-)politische Maßnahmen zur Vermeidung von Altersarmut speziell auf diese Personengruppen auszurichten[1762] beziehungsweise Prävention zu betreiben.[1763] Die allgemeine Anhebung des Sicherungsniveaus der Rentenversicherung zur Armutsvermeidung birgt jedenfalls die Gefahr, wenig zielgenau zu wirken, da hierdurch ebenfalls die Renten derjenigen erhöht würden, die von Armut gar nicht bedroht sind. Aber natürlich gilt es Altersarmut insgesamt zu verhindern und es sind – auch in diesem Zusammenhang – einem bodenlosen Fallen des Rentenniveaus rechtlich wie tatsächlich Grenzen zu setzen, worauf noch näher einzugehen sein wird.

Anzumerken ist schließlich ein Aspekt, der im Grundsatz für alle Länder gilt: Frauen unterliegen in der Regel einem höheren Altersarmutsrisiko.[1764] Nicht nur leben sie länger, es gelingt häufig auch nicht, die Rentenversicherungssysteme auf die Bedürfnisse von Frauen unter Gleichheitsaspekten anzupassen.[1765] Für viele Frauen ist es meist schlicht nicht möglich, Ren-

---

1759 *Börsch-Supan*, Stellungnahme zur Bundestagsanhörung am 23. Januar 2017, S. 3; siehe auch *Börsch-Supan*, DRV 2020, 77 (80 f.).

1760 Vgl. *Kreikebohm*, NZS 2020, 401 (402 ff.).

1761 Vgl. *Rische/Thiede*, NZS 2013, 601 (602); *Börsch-Supan*, Stellungnahme zur Bundestagsanhörung am 23. Januar 2017, S. 4; *Papier*, DRV 2019, 1.

1762 So *Börsch-Supan*, Stellungnahme zur Bundestagsanhörung am 23. Januar 2017, S. 4.

1763 *Rische/Thiede*, NZS 2013, 601 (602).

1764 So auch *ILO*, World Social Protection Report 2014/15, S. 88.

1765 Ebenda.

tenanwartschaften in gleicher Weise zu sammeln, wie Männer dies tun. Nicht nur verdienen sie im Schnitt immer noch weniger als Männer, auch unterbrechen Frauen ihre Arbeitstätigkeit deutlich häufiger, um für die Familie zu sorgen, und sie arbeiten zudem häufiger in informellen, unsicheren oder „kleinen" Arbeitsverhältnissen.[1766] Gleichzeitig können Frauen in China und Brasilien früher in Rente gehen als Männer, was die Renten tendenziell zusätzlich schmälert. Zwar ist ein früher Renteneintritt kein Muss, das Erreichen der Regelaltersgrenze und damit das Gelten als „alt" kann den Erhalt der Arbeitsstelle und auch das Finden einer neuen Arbeitsstelle aber erschweren. Zusätzlich mangelt es nicht selten an einer ausreichenden Aufklärung über die Nachteile eines frühen Renteneintritts. Die OECD hat Deutschland 2017 scharf dafür kritisiert, dass die Rentenlücke zwischen Frauen und Männern mit 46% die höchste in den OECD-Ländern ist.[1767] Alle hier betrachteten Länder müssen entsprechende Maßnahmen ergreifen. Wie diese konkret aussehen können und sollten, ist aber ein komplexes Thema, das den Rahmen dieser Arbeit leider sprengen würde.

cc. Rentenleistung und Mindestsicherung

Brasilien hebt sich hinsichtlich der Rentenleistungen in einem Punkt ab: Nur dort wird ausnahmslos jedem Versicherten eine Mindestrente zugesichert[1768] und die hat immerhin die Höhe eines Mindestlohnes, entsprechend etwa 40% des Durchschnittseinkommens.[1769] Für die nicht wenigen Brasilianer, die diese Mindestrente beziehen, wird sich ein in Brasilien mit der jüngsten Rentenreform erwartetes Absinken des Rentenniveaus nicht bemerkbar machen. An dieser Stelle wird, wie auch bereits zuvor erläutert, ersichtlich, dass die Rentenversicherung in Brasilien, mehr oder anders als in Deutschland und China, ein Mittel zur Armutsbekämpfung ist. Eine derartige Mindestrente gibt es in Deutschland und China (bisher) nicht, jedenfalls nicht per definitionem.

Deutsche Rentner können im Falle der Bedürftigkeit auf die ergänzenden Leistungen der Grundsicherung im Alter zurückgreifen,

---

1766 Ebenda.
1767 *OECD*, Pensions at a Glance 2017 – How does Germany compare?, Key findings.
1768 Und zwar sowohl im RGPS als auch im RPPS.
1769 *Rudolph/Zviniene/Olinto*, Summary note on pension reform in Brazil, S. 8.

§§ 41 ff. SGB XII[1770]. Die Aufgabe, Armut zu verhindern, obliegt in Deutschland dogmatisch (allein) dem System der Sozialhilfe beziehungsweise der staatlichen Fürsorge. Der Funktion nach mag die im Sozialhilferecht angesiedelte Grundsicherung im Alter als Mindestrente gewertet werden;[1771] anders als eine Mindestrente setzt sie aber insbesondere Bedürftigkeit, nicht hingegen die Mitgliedschaft in der Rentenversicherung voraus. Die Leistungen erreichen zudem – anders als in Brasilien – nur etwa 20% des Durchschnittseinkommens.[1772]

China folgt dem gleichen systematischen Ansatz wie (bisher) Deutschland, denn auch hier steht Rentnern bei Bedürftigkeit eine zusätzliche Sozialhilfe zu. Diese fällt je nach Region und je nachdem, ob städtisch oder ländlich, sehr unterschiedlich aus. Auf dem Land ist das Niveau der Sozialhilfe in der Regel allerdings so niedrig, dass sie die Rentenleistung nicht überbietet; Rente und Sozialhilfe dürften hier praktisch also selten gleichzeitig gewährt werden. Theoretisch kann die Sozialhilfe aber sowohl in China als auch in Deutschland die Rente ergänzen. Dies ist in Brasilien nicht der Fall, Renten- und Sozialhilfebezug schließen sich gegenseitig aus.

Kritisieren lässt sich an der brasilianischen Mindestrente, dass mit ihr eine Art Fürsorge- beziehungsweise Versorgungsleistung in ein System integriert wird, das vom Konzept her dem Versicherungsprinzip folgen sollte. Die Regelungen schwächen durch Aufbürdung einer Aufgabe, die grundsätzlich der Allgemeinheit der Steuerzahler obliegt, das Äquivalenzprinzip und bergen damit das Risiko, die Akzeptanz des Systems zu beeinträchtigen.[1773] Viele Menschen in Brasilien sind nicht damit einverstanden, dass – so die Sichtweise – mit ihren Beiträgen auch die Renten derjenigen finanziert werden, die gar keine oder nur sehr geringe Beiträge entrichten. Die Gewährung einer Mindestrente führt in Brasilien auch zwangsläufig zu Fällen, in denen derjenige, der gerade so viel eingezahlt hat, dass seine Rente die Höhe eines Mindestlohnes erreicht, eine genau so hohe Rente erhält wie derjenige, der deutlich weniger (oder sogar gar keine) Beiträge geleistet hat. Dass dies in Bezug auf den Gleichbehandlungsgrundsatz problematisch ist, den Betroffenen nicht das Gefühl gibt, fair behandelt zu werden, und die Motivation zur Beitragsentrichtung schmälert, liegt auf der

---

1770 Sozialgesetzbuch Zwölftes Buch – Sozialhilfe – (Art. 1 des Gesetzes vom 27.12.2003, BGBl. 2003 I, S. 3022) zuletzt geändert durch Art. 314 Elfte ZuständigkeitsanpassungsVO vom 19.6.2020 (BGBl. 2020 I, S. 1328).

1771 *Eichenhofer*, NZS 2007, 57 (61).

1772 *OECD*, Pensions at a Glance 2017 – How does Germany compare?, Key findings.

1773 Vgl. *Rische/Thiede*, NZS 2013, 601 (602).

Hand. Die Mindestrente führt ferner dazu, dass der Staat, wie gezeigt, eine hohe finanzielle Unterstützung leisten muss.

Die chinesische und bisherige deutsche Form der Mindestsicherung über die Sozialhilfe – zur neuen deutschen Grundrente sogleich – hat den Vorteil, dass sie das Versicherungsprinzip weniger mit Fürsorge- oder Versorgungselementen durchlöchert und sich das Äquivalenzprinzip stärker durchsetzen kann, was sich grundsätzlich wiederum positiv auf Vertrauen und Akzeptanz in Bezug auf das System auswirkt.[1774] In Deutschland kommt hinzu, dass sich bei einer solchen Vorgehensweise der verfassungsrechtliche Eigentumsschutz von Rentenanwartschaften und -ansprüchen voll entfalten kann. Ferner kann angeführt werden, dass sich Armut besser und effizienter durch gezielte Leistungen (nur) für Bedürftige bekämpfen lässt, als durch eine pauschale Mindestsicherung, die das Versicherungssystem finanziell stark belastet und auf Versicherte beschränkt ist.

Auf der anderen Seite lässt sich wiederum einwenden, dass auch dann das System an Akzeptanz – und auch Legitimation – verlieren kann, wenn Menschen, die über viele Jahre Beiträge entrichtet haben, im Alter keine höheren Leistungen erhalten als Menschen, die überhaupt keine Altersvorsorge betrieben haben.[1775] Zudem kann das Verhältnismäßigkeitsprinzip hierdurch verletzt werden.[1776] Dies offenbar vor Augen ist in Deutschland jüngst – wie bereits im Koalitionsvertrag zwischen CDU, CSU und SPD vom 12. März 2018 angekündigt – die Einführung der sogenannten Grundrente beschlossen worden. Sie soll langjährig Versicherten mit niedrigem Einkommen einen Zuschlag auf ihre Rente garantieren, so dass diese oberhalb des Sozialhilfeniveaus liegt.[1777] Mit der Grundrente geht die Zielsetzung einher, „das Vertrauen in das Grundversprechen des Sozialstaats und in die Leistungsfähigkeit der gesetzlichen Rentenversicherung zu stärken";[1778] die Menschen sollen „darauf vertrauen können, dass sie nach einem langen Arbeitsleben – auch bei unterdurchschnittlichem Einkommen – ordentlich abgesichert sind und besser dastehen als jemand, der

---

1774 Zur These, dass die Wahrung des Äquivalenzprinzips die Akzeptanz des Systems fördert beispielsweise *Sozialbeirat*, Gutachten zum Rentenversicherungsbericht 2015, Rn. 53; *Schmähl*, in: ders., Versicherungsprinzip und soziale Sicherung, S. 204 (210 f.); vgl. auch *Thiede*, NZS 2013, 601 (602).

1775 So z.B. *Köhler-Rama*, Wirtschaftsdienst 2018, 76; siehe auch *Kaltenstein*, NZS 2017, 1 (6).

1776 So jedenfalls in Bezug auf Deutschland *Sodan*, NZS 2005, 561 (564).

1777 Siehe hierzu ausführlich oben unter D.III.4.b.

1778 BT-Drucks. 19/18473, S. 1.

wenig oder gar nicht gearbeitet und somit wenige oder keine Pflichtbeiträge zur gesetzlichen Rentenversicherung gezahlt hat".[1779] Das im Koalitionsvertrag ursprünglich angegebene Ziel, mit der Grundrente Altersarmut zu verhindern,[1780] findet sich in den Gesetzesbeschlüssen hingegen
nicht mehr ausdrücklich wieder. Denn abgesehen davon, dass dieses Ziel
dogmatisch dem System der Sozialhilfe zuzuordnen ist, hätte es mit der
Grundrente wohl auch kaum erreicht werden können, da ihr Adressaten-
kreis beschränkt ist auf langjährig Versicherte (mindestens 33 Jahre an Beitragszeiten), die die ausgemachten Hauptarmutsursachen wie lückenhafte
Erwerbsbiographien, Langzeitarbeitslosigkeit und vorzeitige Invalidität –
mit Ausnahme vielleicht der Beschäftigung im Niedriglohnsektor – gerade
nicht aufweisen[1781] und vielmehr unterdurchschnittlich von Armut bedroht
sind.[1782] Hinzu kommt, dass der Versichertenkreis der deutschen Rentenversicherung per se bereits beschränkt ist, indem er längst nicht alle Personengruppen einbezieht, insbesondere Selbständige außen vor lässt.

Insofern ergeben sich konzeptionell auch gewichtige Unterschiede zu
dem System Brasiliens beziehungsweise der dortigen Mindestrente, mit
der nicht nur eine „Lebensleistung" anerkannt werden, sondern tatsächlich Armut verhindert werden soll: Die brasilianische Rentenversicherung
versucht, möglichst alle Bürger obligatorisch einzubeziehen, so dass sich
bereits die „Beschränkung" der Mindestrentenleistung auf Versicherte hier
jedenfalls in der Theorie nicht so sehr auswirkt, wie dies in Deutschland
oder China der Fall wäre. Davon abgesehen sind in Brasilien auch keine
weiteren Voraussetzungen an den Mindestrentenbezug geknüpft als das
Erreichen der allgemeinen Leistungsvoraussetzungen für den Rentenbezug. Und tatsächlich scheint die brasilianische Mindestrente, wie soeben
gezeigt,[1783] einen signifikanten Beitrag zur Armutsreduzierung zu leisten.
Mit der brasilianischen Mindestrente ist die deutsche Grundrente nicht
vergleichbar.

Bei der deutschen Grundrente bleibt aber, auch wenn sie ihrer Konzeption nach nicht in erster Linie Armut verhindern soll, ein inhaltlicher Bezug
zur dieses Ziel verfolgenden Sozialhilfe bestehen, denn die Grundrentenbe-

---

1779   Ebenda.
1780   Koalitionsvertrag zwischen CDU, CSU und SPD vom 12.3.2018, S. 14.
1781   Vgl. *Rische/Thiede*, NZS 2013, 601 (602); *Börsch-Supan*, Stellungnahme zur Bun-
       destagsanhörung am 23. Januar 2017, S. 4; *Papier*, DRV 2019, 1.
1782   *Sozialbeirat*, Gutachten zum Rentenversicherungsbericht 2019, Rn. 41; *Ruland*,
       NZS 2019, 881 (884).
1783   Siehe oben unter IV.5.a.aa.

zieher sollen eine Leistung oberhalb von Fürsorgeleistungen erhalten. Dies jedoch ohne Bedürftigkeitsprüfung, da eine solche als „unbillig hart"[1784] empfunden werde; die Grundsicherung im Alter wird hier gewissermaßen diskreditiert.[1785] Damit aber erweist sich die Grundrente als „von der Intention getragen, eine Sozialhilfeleistung zu vermeiden",[1786] jedenfalls für die Gruppe der Grundrentenempfänger; für sie wird eine Hilfsbedürftigkeit – in den Grenzen der statt einer Bedürftigkeitsprüfung durchgeführten Bedarfsprüfung – gewissermaßen vermutet.[1787] Gesprochen werden kann von einer „verkappten Sozialhilfeleistung"[1788] oder einer „Sozialhilfe de luxe"[1789],[1790] die wenig zielgenau wirkt. Durch das Versehen mit fürsorgerischen, „systemsprengenden Elementen" verliert die gesetzliche Rentenversicherung entscheidend an Systemgerechtigkeit.[1791] Mit der Grundrente gehen zudem – wie bereits zuvor erläutert –[1792] nicht nur erhebliche Gleichbehandlungsschwierigkeiten sowie eine Schmälerung der Eigentumsqualität der Rentenanwartschaften und -ansprüche einher, auch verschwimmen die Grenzen hin zu einem Steuertransfersystem. Besonders widersinnig erscheint es, das Vertrauen stärkende Äquivalenzprinzip[1793] so sehr zu verletzen, wenn man doch eigentlich eine Stärkung von Akzeptanz und Vertrauen in die Rentenversicherung erreichen will. Angesichts der vielfältigen grundrechtlichen und systematischen Schwierigkeiten ist letztlich fraglich, ob das anvisierte Ziel der Akzeptanzstärkung der Rentenversicherung mit der Grundrente erreicht werden kann oder ob hierfür nicht vielmehr ein alternativer, systemwahrender Weg[1794] hätte eingeschlagen werden müssen.

In China jedenfalls erscheint eine Grund- oder Mindestrente derzeit nicht in Sicht.

1784 BT-Drucks. 19/18473, S. 5.
1785 *Cremer*, DRV 2020, 127 (133).
1786 *Steinmeyer*, Gutachten 73. DJT, S. B 76.
1787 Ebenda.
1788 Ebenda.
1789 *Ruland*, NZS 2016, 721 (726).
1790 Sich dieser Einschätzung anschließend auch *Papier*, DRV 2019, 1 (6).
1791 *Papier*, DRV 2019, 1 (7); vgl. auch *Steinmeyer*, Gutachten 73. DJT, S. B 74 ff.
1792 Siehe hierzu bereits oben unter D.III.4.b.
1793 Vgl. *Sozialbeirat*, Gutachten zum Rentenversicherungsbericht 2015, Rn. 53; *Schmähl*, in: ders., Versicherungsprinzip und soziale Sicherung, S. 204 (210 f.); *Steinmeyer*, Gutachten 73. DJT, S. B 74; *Thiede*, NZS 2013, 601 (602).
1794 Siehe hierzu unter D.III.4.b.

b. Rentenanpassungen

Der Anpassung von Sozialversicherungsleistungen kommt eine nicht zu unterschätzende Bedeutung zu. Dabei sind Anpassungsmechanismen ursprünglich nicht etwa zur Reduzierung des Rentenniveaus wegen demographischer Schwierigkeiten, sondern aus ganz anderen Gründen eingeführt worden. Als die Rente in Deutschland 1957 erstmals dynamisiert wurde, war erklärtes Anliegen, ein „Auseinanderfallen von Verdienenden und Nicht-Erwerbstätigen für die Gegenwart zu beseitigen und für die Zukunft zu verhindern".[1795] Man wollte die Rentner am wachsenden wirtschaftlichen Wohlstand teilhaben lassen. Dafür war es wichtig, einem Wertverfall der Renten entgegen zu wirken.

Das gilt vor dem Hintergrund der Generationengerechtigkeit aber auch anders herum; beide Generationen sollten gleichermaßen das Risiko wirtschaftlicher Schwächephasen tragen. Dass Wirtschafts- und Finanzkrisen kein Phänomen sind, das der Vergangenheit angehört, zeigt sich immer wieder. Natürlich muss das Rentenniveau dementsprechend auch die wirtschaftliche Lage berücksichtigen können, wenn die finanzielle Leistungsfähigkeit langfristig erhalten bleiben soll. Denn die Ausgaben für die Renten nehmen in den hier untersuchten Ländern jeweils einen hohen Anteil am Bruttoinlandsprodukt ein und sind damit volkswirtschaftlich von signifikanter Bedeutung.

Die Gründe für Anpassungen sind insgesamt vielfältig und geprägt von politischem Willen, sozialpolitischen Notwendigkeiten und ganz besonders von volkswirtschaftlichen Zwängen.[1796] Der komplexe Problemkreis kann hier nur angerissen werden.

Anpassungen werden regelmäßig bereits vorgenommen, bevor die Rente überhaupt erstmalig bezogen wird, und zwar in Bezug auf das versicherte Einkommen. Nur so kann der Tatsache Rechnung getragen werden, dass sich Wirtschaft und Löhne schon während des Erwerbslebens stetig verändern – der reale Wert des für die Beitragsberechnung berücksichtigten Einkommens ist zu konservieren beziehungsweise zu aktualisieren. China und Deutschland schaffen dies, indem sie das Einkommen des Einzelnen in ein Verhältnis zum Brutto-Durchschnittseinkommen (in China das der jeweiligen Region) setzen und so eine persönliche Bemessungsgrundlage

---

[1795] BT-Drucks. 11/2437, S. 58.
[1796] Vgl. *v. Maydell*, in: Köhler/Zacher, Beiträge zu Geschichte und aktueller Situation der Sozialversicherung, S. 369 (390).

schaffen. Brasilien hingegen nimmt die Verbraucherpreisentwicklung – die Inflation – als Maßstab.

Die gleichen Faktoren werden auch für die in allen drei Ländern jährlich und automatisch vorgenommene Wertanpassung der aktuellen Rentenzahlungen, die sogenannte Dynamisierung herangezogen. In Brasilien wird jährlich die Inflationsrate bestimmt und der Rentenwert entsprechend angepasst. China berücksichtigt nicht nur die Bruttoeinkommensentwicklung, sondern zieht bei der Anpassung auch die Preisentwicklung mit heran. Die Berechnung wird hier zentral vorgenommen, die Anpassung an sich obliegt aber den einzelnen Provinzen und kann dementsprechend unterschiedlich ausfallen. Eine transparente Anpassungsformel gibt es hier nicht, was die Ergebnisse schwierig vorhersehbar macht.[1797]

In Deutschland hat sich gezeigt, dass die zunächst vorgenommene Anpassung (allein) an das (modifizierte)[1798] Bruttoentgelt langfristig finanziell nicht haltbar war, da sich Sterbe- und Geburtenrate einschließlich der Lebenserwartung nicht so entwickelten wie gedacht oder erhofft und der Beitragssatz stieg. Daher wurden anpassungsdämpfende Faktoren wie der Nachhaltigkeits- und der Riester-Faktor in die Rentenanpassungsformel aufgenommen. Mit diesen Faktoren finden die Arbeitsmarktlage, die demographische Entwicklung beziehungsweise das Verhältnis von Rentnern zu Beitragszahlern sowie die zusätzliche Altersvorsorge Berücksichtigung. Der Nachhaltigkeitsfaktor kann zwar bei einer positiven Entwicklung des Rentnerquotienten zu einer Erhöhung der Rentenanpassung führen, in den kommenden Jahren ist jedoch mit einer Dämpfung zu rechnen.[1799] Dabei besteht natürlich, wie erläutert, immer die Gefahr, dass ein adäquates Rentenniveau nicht gehalten werden kann. Brasilien und China bedienen sich derartiger Mechanismen bisher nicht.[1800] Dass in naher Zukunft eine

---

1797 *Jin,* Entwicklung des gesetzlichen sozialen Grundaltersversicherungssystems in der Volksrepublik China, S. 158, 238.

1798 Da nur das Einkommen der Aktiven und nicht der Rentner von Beitrags- und Steuerlasten betroffen war, stiegen die Nettorenten ständig an. Nachdem eine Nettorentenanpassung ebenfalls Schwierigkeiten mit sich brachte, insbesondere wenn Steuern gesenkt wurden, ging man zur „modifizierten Bruttolohnanpassung" über. Siehe hierzu *Ruland,* NZS 2017, 721 (725 f.).

1799 Vgl. Rentenversicherungsbericht 2016, BT-Drucks. 18/10570, S. 42 f.; *Ruland,* NZS 2017, 721 (726).

1800 In Brasilien findet nur bei der Rente nach Beitragszeit die demographische Entwicklung Berücksichtigung, und zwar vornehmlich durch den Rentenfaktor, der das Renteneintrittsalter und die Restlebenserwartung in die Berechnung einbringt.

Anpassung an demographische Faktoren stattfinden wird, erscheint aber nicht fernliegend.

Anmerken lässt sich in Bezug auf China, dass das erläuterte Anpassungsverfahren so nur in der Grundrentenversicherung für die Beschäftigten vorgenommen wird. Die Grundrentenversicherung für die städtischen und ländlichen Bewohner lässt (verbindliche) Anpassungsmechanismen hingegen völlig vermissen, allerdings ist es schwierig, hier von der Gefahr einer Rentenentwertung zu sprechen, da es sich ja (bei dem Basisrententeil) um staatliche Subventionen handelt. Hier stellt sich vielmehr insgesamt die Frage eines adäquaten Leistungsniveaus.

c. (Rechtliche) Handlungsgrenzen

Bei aller Notwendigkeit der Anpassung beziehungsweise Reduzierung von Rentenleistungen zur Wahrung finanzieller Stabilität darf nicht vergessen werden, dass damit zum Teil Ziele verfolgt werden, die außerhalb des Alterssicherungszwecks liegen. Die Anpassung von Rentenleistungen kann zu einer Lockerung des Äquivalenzprinzips führen. Da der Bürger aber zum Zwecke der Alterssicherung Beiträge entrichtet hat, anhand derer seine Rente zu bemessen sein sollte, sind dem Grenzen zu setzen. Dies folgt schon aus dem versicherungsrechtlichen Äquivalenzprinzip, welches die Sonderbelastung der Versicherten mit Beiträgen rechtfertigt[1801] und auch einen „Sicherheitsabstand" zu den Leistungen der Sozialhilfe fordert.[1802] Mit einem Rentenniveau, das sich nicht von dem Niveau der Sozialhilfe abhebt, drohte das System seine rechtliche und gesellschaftliche Legitimation zu verlieren; der Tragung einer Sonderlast stünde kein Sondervorteil mehr gegenüber und der Sozialversicherungsbeitrag erschiene als „eine Art zweite Lohnsteuer".[1803] Vertrauensverlust nebst Verunsicherung wären naturgemäß die Folgen.[1804]

Die alternative Formel 85/95 führt lediglich zu einem späteren Renteneintritt. Die Rentenreform von 2019 hat die Rente nach Beitragszeit abgeschafft.

1801 Vgl. *Ruland*, NZS 2019, 881 (884); vgl. auch *Becker*, in: FS Ruland, S. 575 (584); *Rolfs*, Das Versicherungsprinzip im Sozialversicherungsrecht, S. 561.

1802 Vgl. *Rolfs*, Das Versicherungsprinzip im Sozialversicherungsrecht, S. 550.

1803 *Rolfs*, Das Versicherungsprinzip im Sozialversicherungsrecht, S. 550.

1804 *Kaltenstein*, NZS 2017, 1 (6); *Köhler-Rama*, Wirtschaftsdienst 2018, 76.

Der Grundsatz des Vertrauensschutzes zieht in Rechtsstaaten für Rentenkürzungen auch verfassungsrechtlich eine Grenze.[1805] Abgeleitet wird er regelmäßig aus dem Rechtsstaatprinzip und soll in erster Linie das Vertrauen des Bürgers in die „Kontinuität von Recht im Sinne individueller Erwartungssicherheit" schützen.[1806] In Deutschland und Brasilien steht seine Gewährleistung außer Frage, aber auch Staaten, deren Verfassungen keinen solchen Schutz gewähren – wie China –, berücksichtigen diese Grundregel in der Praxis.[1807]

Eine besondere verfassungsrechtliche Ausformung des brasilianischen Vertrauensschutz-Grundsatzes ist der sogenannte Schutz erworbener Rechte.[1808] Er kommt zum Tragen, sobald der Einzelne alle Leistungsvoraussetzungen erfüllt hat und entspricht damit in etwa dem deutschen Verbot der echten Rückwirkung. Er bewirkt, dass die Konditionen der Rentengewährung nicht mehr (wesentlich) verändert werden dürfen. Das bedeutet auch, dass für Bestandsrentner nicht ohne Weiteres ein neuer Anpassungsmechanismus Verwendung finden darf. Der Schutz setzt aber erst mit der Erfüllung aller Leistungsvoraussetzungen ein – zuvor greift nur der „einfache" Vertrauensschutz und sorgt immerhin für umfassende Übergangsregelungen. Dass es Anpassungsmechanismen für die Renten zu geben hat, schreibt die Verfassung an verschiedenen Stellen ausdrücklich vor;[1809] ihre Ausgestaltung überlässt sie den einfachen Gesetzen – hier sind Neuerungen ausnahmsweise einmal ohne Verfassungsänderung möglich.

In Deutschland geht der verfassungsrechtliche Schutz über das einfache Vertrauensschutzprinzip hinaus: Rentenanwartschaften und -ansprüche genießen nach der Rechtsprechung des Bundesverfassungsgerichts Eigentumsschutz nach Art. 14 GG.[1810] Ebenfalls vom Schutz erfasst wird die regelmäßige Anpassung der Renten zur Wahrung einer adäquaten Leistung; insbesondere „dürfen die Regelungen über die Rentenanpassung nicht zu einer substantiellen Entwertung der erreichten Ansprüche und

---

1805 Vgl. *Becker*, in : FS Ruland, S. 575 (609).

1806 So jedenfalls für das deutsche Grundgesetz *Grzeszick*, in: Maunz/Dürig, Grundgesetz-Kommentar, Art. 20 VII Rn. 69. Die Aussage dürfte verallgemeinerungsfähig sein.

1807 *Becker*, in: FS Ruland, S. 575 (610).

1808 Hergeleitet aus Art. 5 XXXVI der Verfassung, siehe hierzu auch oben unter B.I.2.

1809 Art. 6 IV; 40 § 8; 201 § 4 der brasilianischen Verfassung.

1810 Siehe hierzu bereits oben, B.III.1.

Anwartschaften mit der Folge führen, dass diese im Ergebnis leer laufen".[1811] Die Voraussetzungen für eine solche substantielle Entwertung sind aber hoch und es gilt zu berücksichtigen, dass aus Sicht des Bundesverfassungsgerichts gerade in der Rentenversicherung die Möglichkeit zur Anpassung an geänderte Verhältnisse von vornherein angelegt ist.[1812] Die Erhaltung und Finanzierbarkeit der Sozialversicherung stellt einen vom Bundesverfassungsgericht in seiner Rechtsprechung anerkannten Grund für die Veränderung und Beschränkung der von Art. 14 GG geschützten Rentenposition dar.[1813] Das bedeutet, dass Veränderungen zum Nachteil des Bürgers auch mittels Anpassungsmechanismen und im Hinblick auf das Rentenniveau zum Zwecke der langfristigen Finanzierbarkeit der Rentenversicherung möglich sind, solange sie verhältnismäßig ausfallen; es hat eine Abwägung zwischen der durch Rentenkürzungen verursachten Belastung der Versicherten einerseits und der finanziellen Stabilität der Rentenversicherung andererseits stattzufinden.[1814] Ein Rentenniveau, das nicht mehr „deutlich über dem Sozialhilfeniveau liegt", wäre jedoch als Verstoß gegen den Verhältnismäßigkeitsgrundsatz zu werten.[1815]

Sowohl in Deutschland als auch in Brasilien und theoretisch auch in China, kann zudem der jeweils verfassungsrechtlich verankerte Gleichheitsgrundsatz – in China beschränkt auf chinesische Bürger, Art. 33 der Verfassung – zum Tragen kommen, der es verbietet, wesentlich Gleiches ohne sachlich rechtfertigenden Grund ungleich zu behandeln. Anzudenken wäre, derzeitige und zukünftige Rentenbezieher als Vergleichsgruppen heranzuziehen und zu prüfen, ob unterschiedliche Rentenniveaus zu einer ungerechtfertigten Ungleichbehandlung führen.[1816]

Die verfassungsrechtlichen Gewährleistungen in China müssen im Vergleich zu Deutschland und Brasilien als schwach bewertet werden. Hier fehlt es bereits am Grundsatz des Vertrauensschutzes, als Eigentum werden etwaige „Rentenanwartschaften" verfassungsrechtlich nicht bewertet und die Einhaltung des Gleichheitsgrundsatzes ist zumindest fraglich – das

---

1811 BVerfG, Nichtannahmebeschluss vom 26.7.2007, 1 BvR 823-03, 1247/07, NZS 2008, 254 (256).
1812 BVerfG, Beschluss vom 18.2.1998, 1 BvR 1318–86 und 1 BvR 1484–86, NJW 1998, 3109 (3111).
1813 *Papier*, in: FS Jaeger, S. 285 (293); siehe auch *Wieland*, in: Dreier, Grundgesetz-Kommentar, Bd. I, Art. 14 Rn. 45.
1814 *Sodan*, NZS 2005, 561 (564).
1815 Ebenda.
1816 Hierzu *Sodan*, NZS 2005, 561 (566).

Land ist schließlich kein Rechtsstaat in dem hier verstandenen Sinne.[1817] Dass dennoch in der Regel keine radikalen Änderungen zum Nachteil der Bürger vorgenommen werden, hängt damit zusammen, dass das System Rentenversicherung dadurch seine gesellschaftliche Legitimation und der Staat das Vertrauen der Bürger (noch mehr) verlieren würde. Die chinesische Regierung beziehungsweise Kommunistische Partei will mit sozialen Sicherungssystemen für Stabilität und Ruhe im Land sorgen, Zuspruch gewinnen und schließlich die eigene Vormachtstellung rechtfertigen. Auffällige Rentenkürzungen wären da höchst kontraproduktiv. Faktisch sind auch in China Änderungen Grenzen gesetzt.

Letztlich geht es im Kern in allen drei Staaten um das Vertrauen der Bürger in das System und in den Staat. In China belegen Studien ein starkes Vertrauensdefizit der Bevölkerung außerhalb der Familie und gegenüber dem Staat.[1818] Die Theorien zu den Ursachen sind vielfältig. Angeführt werden neben den sozial-ökonomischen Entwicklungen im Allgemeinen und dem großen Wohlstandsgefälle die starke Machtposition und der umfangreiche Ermessensspielraum der Regierung sowie die daraus resultierende Ungewissheit bei den „Rechtsunterworfenen".[1819] Darüber hinaus werden ein Justizsystem, das als parteiisch und ineffizient angesehen wird, aber auch fehlende Transparenz und unklare eigentumsrechtliche Regelungen genannt.[1820] All dies spricht dafür, dass das Vertrauen des Bürgers mit einer rechtsstaatlichen Verankerung von Grundsätzen in einer verbindlichen Verfassung eine ungemeine Stärkung und Aufwertung erfahren kann.

d. Resümee

Es bleibt festzuhalten, dass Brasilien und China der in Deutschland vorherrschenden Tendenz der Beitragsregulierung und der damit einhergehenden Absenkung des Rentenniveaus folgen – inwieweit, ist aktuell noch schwierig zu sagen. Faktoren, die bei der Rentenberechnung – wie der deutsche Nachhaltigkeitsfaktor – die demographische Entwicklung oder die Arbeitsmarktlage (dämpfend) berücksichtigen, gibt es dort bisher nicht. Die Einführung derartiger Faktoren als automatische Anpassungsmechanismen wäre angesichts des zunehmenden demographischen Drucks nachvollzieh-

---

1817 Siehe hierzu oben unter B.II.3.
1818 Siehe hierzu ausführlich *Scheil*, ZChinR 18 (2011), 1 ff.
1819 *Scheil*, ZChinR 18 (2011), 1 (10).
1820 Ebenda (10, 13).

bar und als vergleichsweise transparentes Verfahren zu qualifizieren, das – einmal integriert – für eine Stabilisierung sorgen könnte, ohne dass der Gesetzgeber fortwährend eingreifen müsste. Derartige Anpassungsmechanismen lockern aber auch das Äquivalenzprinzip und bergen die Gefahr einer zu starken Rentenentwertung; sie dürfen – wenn – nur mit Maß verwendet werden.

Eine Senkung des Rentenniveaus darf nicht ohne Ausgleichsmöglichkeiten von statten gehen, zum Beispiel über betriebliche oder private Altersvorsorgesysteme. Hier besteht in Brasilien und China Handlungsbedarf. Fördert man diese Systeme wie etwa in Deutschland, wo derzeit sogar eine verpflichtende Ausgestaltung der zusätzlichen Altersvorsorge in der Diskussion ist,[1821] darf nicht außer Acht gelassen werden, dass diese Förderung nicht allen zugutekommt und letztlich natürlich auch finanziert werden muss.[1822]

Bei allem Druck, das Rentenniveau langfristig zu senken, bleibt es – teilweise aus verfassungsrechtlichen, überall aber auch aus tatsächlichen Gründen – unerlässlich, gewisse Untergrenzen nicht zu unterschreiten sowie aktuelle Renten anzupassen, zu dynamisieren und damit (auch) einem Wertverlust entgegen zu wirken. Die verschiedenen Ziele sind nicht einfach miteinander in Einklang zu bringen. Die stärkste Entlastung brächte letztlich wohl eine (weitere) Anhebung der jeweiligen Regelaltersgrenzen.

6. Schlussbetrachtung

Dass sozialer Sicherheit ein großes Potential zugesprochen werden kann, dass sie ein wichtiger Faktor für gesellschaftliche Stabilität und wirtschaftliches Wachstum ist, hatte man bereits zu Gründungszeiten der Sozial- und Rentenversicherungssysteme erkannt. Bis heute gilt nichts anderes. Dies zugrunde gelegt sollten soziale Sicherungssysteme auch in Zeiten von Globalisierung, demographischer Entwicklung und anderen Herausforderungen nicht als Hindernis oder lästige Notwendigkeit, sondern als lohnende Investition betrachtet werden.

1821 *Kommission Verlässlicher Generationenvertrag*, Bericht der Kommission, Bd. I, S. 26 ff., 121 f.; *Steinmeyer*, Rechtsgutachten zu verfassungsmäßigen Grenzen für ein Obligatorium und von Opting-Out-Modellen in der zusätzlichen Altersvorsorge.

1822 Siehe hierzu *Schmähl*, in: Butterwegge/Bosbach/Birkwald, Armut im Alter, S. 42 (54).

Die hier untersuchten Staaten scheinen dem im Grundsatz zuzustimmen. Sie bemühen sich ganz offensichtlich, Systeme sozialer Sicherheit im Alter aufzubauen beziehungsweise aufrecht zu erhalten, zu erweitern, anzupassen und zu optimieren. Sie alle haben sich dafür entschieden, ihre Bürger nicht nur auf individuelle Sparmechanismen zu verweisen, sondern solidarische staatliche Rentenversicherungssysteme zu etablieren, festgeschrieben – mehr oder weniger konkret – in gesetzlichen Regelungen und den Verfassungswerken.

Alle hier untersuchten Rentenversicherungssysteme – ausgenommen die chinesische Grundrentenversicherung für die städtischen und ländlichen Bewohner, die nach den Untersuchungsergebnissen streng genommen dogmatisch nicht als Versicherung bezeichnet werden kann – verfügen über gemeinsame Grundstrukturen, dennoch aber über völlig unterschiedliche Ausgestaltungen im Detail sowie unterschiedliche Ausprägungen des Versicherungsgedankens. Und sie alle sehen sich vielfachen und häufig sehr ähnlichen Herausforderungen ausgesetzt, dies jedoch in völlig verschiedenen Realitäten. Es können grundsätzlich gemeinsame Leitideen für Reformen entwickelt werden – um Bestehendes zu verändern, muss aber immer an Bestehendes angeknüpft werden.[1823] Das Funktionieren aller Systeme erfordert rechtliche Anpassungen und in der Durchsetzung sind die nationalen Gesetzgeber in unterschiedlicher Weise frei.

Die Schlussbetrachtung soll zunächst zusammenfassen, welche Spielräume den nationalen Gesetzgebern für ihr reformerisches Handeln zur Verfügung stehen (a.). Dann soll darauf eingegangen werden, wo, weshalb und wie gehandelt werden sollte oder könnte (b.). Abschließend soll ein Ausblick gewagt werden (c.).

a. Rechtliche Handlungsspielräume für Reformen

So wenig frei in seinem gesetzgeberischen Handeln wie kaum ein anderes Land in Bezug auf die Rentenversicherung ist Brasilien. Die Untersuchung hat gezeigt, mit welcher Ausführlichkeit sich die brasilianische Verfassung der Rentenversicherung widmet und es für den Gesetzgeber schwierig macht, Reformen durchzusetzen. Eine Reform ohne Verfassungsänderung ist in Brasilien kaum möglich. Die Verfassung erreicht das von ihren

---

1823 Vgl. *Eichenhofer*, NZS 2007, 57.

Gründungsvätern anvisierte Ziel und verhindert willkürliches Vorgehen in einem auf Änderungen sensibel reagierenden Rechtsgebiet. Teils schießt sie aber über das Ziel hinaus und verhindert – oder jedenfalls verlangsamt – dringend notwendigen Fortschritt. Die umfangreiche, aber gebotene Rentenreform von 2019 ließ sich lange Zeit nicht durchsetzen, weil die für eine Verfassungsänderung erforderliche Drei-Fünftel-Mehrheit in dem (in der Regel äußerst zerstrittenen) Viel-Parteiensystem nicht erreicht wurde. Das Reformergebnis ist überdies deutlich weniger weitgehend als diverse vorangegangene Reformvorschläge. Das mit dem verfassungsrechtlichen Schutz einhergehende Risiko des Reformstillstandes hat sich gewissermaßen realisiert. Dies hat den Staat viel Geld gekostet, eine Abstufung seiner Kreditwürdigkeit verursacht[1824] und bürdet zukünftigen Generationen größere Lasten auf. Zwar hat der jeweilige brasilianische Präsident – obwohl Exekutivorgan – stets die besondere Möglichkeit, selbst gesetzgeberisch tätig zu werden durch den Erlass einstweiliger Anordnungen mit unmittelbarer Gesetzeskraft, er darf dabei aber natürlich nicht gegen die Verfassung verstoßen; in Brasilien gelten rechtsstaatliche Grundsätze. Man kommt angesichts des quälenden Verlaufs (und des gemäßigten Ergebnisses) der aktuellen Rentenreform nicht umher, in Bezug auf Brasilien von einer gefährlichen „Überkonstitutionalisierung" zu sprechen.

In Deutschland hat man es da einfacher, auch wenn das Wort „einfach" bei Rentenreformen wohl eher fehl am Platz ist. Zu komplex und unbeliebt sind vorzunehmende Änderungen in der Regel, als dass Reformentscheidungen leichtfielen. Rechtlich betrachtet verpflichtet das im Grundgesetz verankerte Sozialstaatsprinzip den Gesetzgeber zwar zum Handeln, gewährt ihm aber umfangreiche Handlungsspielräume und regelt keinerlei Details. Grenzen setzt dem deutschen Gesetzgeber vor allem der verfassungsrechtliche Schutz der Rentenansprüche und -anwartschaften durch die in Art. 14 GG verankerte Eigentumsgarantie – eine Ausgestaltung, die in den anderen Ländern vergeblich ihresgleichen sucht. Bei Änderungen innerhalb des Systems kommt dieser Schutz allerdings kaum einmal zum Tragen, denn der Gesetzgeber scheut sich in der Regel, das Vertrauen der Bevölkerung durch unverhältnismäßige Neuerungen allzu schnell zu verspielen, und die Gerichte sind tendenziell großzügig. So großzügig im „Durchwinken" von Rentenrechtsstreichungen, dass manche den ver-

---

1824 Insbesondere aufgrund der nicht gelungenen Durchsetzung der Rentenreform stufte die US-Ratingagentur Standard & Poor's im Januar 2018 Brasiliens Kreditwürdigkeit herab, *Spring/Paraguassu*, in: Reuters vom 12.1.2018.

fassungsrechtlichen Schutz als „stumpfes Schwert" bezeichnen.[1825] Eine Änderung des Systems selbst – etwa die Umstellung des Finanzierungsverfahrens – macht der Eigentumsschutz aber, wie gezeigt, schwierig und vor allem äußerst kostspielig.

Der verfassungsrechtliche Schutz von Rentenanwartschaften und -ansprüchen, wie er in Deutschland gewährleistet ist, hat das Potential, Menschen das Vertrauen und die Sicherheit zu geben, die ein System, welches langfristige Planung voraussetzt sowie Vorhersehbarkeit und Rechtssicherheit erfordert, braucht. In der Praxis kann dieses Vertrauen aber schnell verschwinden, wenn der Schutz nicht ausreichend zum Tragen kommt oder er auf andere Weise – etwa ein Schüren von Zukunftsangst in der Politik[1826] – genommen wird.

Das Vertrauen der Bürger ist es auch, das dem chinesischen „Gesetzgeber" Grenzen setzt, will er doch mittels sozialer Sicherheit gerade dieses in der Bevölkerung gewinnen. Die Sozialversicherung soll dem autokratischen chinesischen Regime Legitimation verleihen und die darf es sich nicht verspielen. Rechtlich hingegen ist die alle Staatsgewalten gleichzeitig ausübende chinesische Führung frei. Die Verfassung verhält sich zur Rentenversicherung nur vage und vermag sich rechtlich kaum durchzusetzen; sie ist in China nicht mehr als ein Ausdruck der aktuellen politischen Linie, ein Spielball der Parteipolitik. Die Volksrepublik ist kein Rechtsstaat, jedenfalls nicht nach westlichem Verständnis, und das Recht hat hier eine andere Tradition; an oberster Stelle steht stets die Partei. Die chinesische Verfassung und die chinesischen Gesetze sind verbindlich, aber nur so lange und soweit die (Partei-)Obersten dies wollen.

Wie schwierig oder einfach das rechtliche Handeln in den einzelnen Staaten auch ist, aktuelle Herausforderungen verlangen ein Tätigwerden, und zwar sowohl in Brasilien als auch in China und Deutschland. Rechtlich wie tatsächlich hat der Vergleich gezeigt, dass dabei in allen drei Staaten

---

1825 So Dr. Jens Kaltenstein, Richter am Bundessozialgericht, auf der Tagung des Verbandsausschusses des Deutschen Sozialverbandes, *Schmidt*, SRa 2017, 12 (14).

1826 So soll der ehemalige Bundeskanzler Schröder im Jahr 2004 vor Führungskräften des Allgemeinen Wirtschaftsdienst (AWD) aufgetreten sein und laut einer internen AWD-Mitarbeiterzeitung erklärt haben: „Sie als AWD-Mitarbeiter erfüllen eine staatsersetzende Funktion. Sichern Sie die Rente Ihrer Mandanten, denn der Staat kann es nicht". So *Maron*, in: FAZ vom 9.1.2012, die sich auf einen Wikipedia-Eintrag bezieht. Siehe hierzu auch *Schmähl*, in: Butterwegge/Bosbach/Birkwald, Armut im Alter, S. 42 (51).

letztlich statt eines radikalen Systemwechsels ein Systemwandel das Mittel der Wahl zu sein scheint.[1827]

b. Handlungsbedarf

Was ist also zu tun oder was kann getan werden? Reagiert werden muss auf Schwierigkeiten externer und interner Art[1828] – auf Änderungen der Rahmenbedingungen, auf die sich die Systeme einstellen müssen (aa.), und auf Schwierigkeiten, die im System selbst angelegt sind und sein Funktionieren von innen heraus gefährden (bb.). Hilfreich erscheint es hierbei im Blick zu behalten, dass man sich für die Grundstruktur eines Sozialversicherungssystems entschieden hat. Es sollen einige wichtige Punkte zur Verdeutlichung herausgegriffen werden.

aa. Anpassung an die äußeren Rahmenbedingungen

(1) Die demographische Entwicklung

Eine der größten Herausforderungen für die Rentenversicherungssysteme stellt ohne Zweifel die demographische Entwicklung dar. Mehr Rentnern stehen weniger Beitragszahler gegenüber, was die umlagefinanzierten Systeme unter Druck setzt.

Die Untersuchung hat gezeigt, dass diese Entwicklung in Deutschland, dem Land mit dem 2019 neunthöchsten Altersabhängigkeitsquotienten weltweit,[1829] bereits am längsten im Gange und am weitesten fortgeschritten ist. Wie zu erwarten oder zu hoffen war, gibt es dementsprechend in der Bundesrepublik auch die im Vergleich bisher einschneidendsten rentenversicherungsrechtlichen Reaktionen. Chinas demographische Entwicklung unternimmt einen rasanten Verfolgungsritt. Etwa 2035 wird sie den gleichen Stand erreichen wie aktuell Deutschland.[1830] Und auch in Brasilien

---

1827 Vgl. hierzu allgemein *Eichenhofer*, Sozialrecht, Rn. 72.
1828 *v. Maydell*, in: Köhler/Zacher, Beiträge zu Geschichte und aktueller Situation der Sozialversicherung, S. 369 (398).
1829 *United Nations*, World Population Ageing, S. 12.
1830 Aussage bezogen auf die Altersquotienten, *United Nations*, World Population Prospects 2019, Data Query, Old-age dependency ratio (ratio of population aged 65+ per 100 population 20-64).

lassen Geburtenrückgang und Lebenserwartungsanstieg längst nicht mehr auf sich warten. Das Land wird Prognosen zufolge etwa 2045 auf der gleichen Entwicklungsstufe sein wie die Bundesrepublik heute.[1831] Auch China und Brasilien müssen also gegensteuern.

Die Reaktionsmöglichkeiten der Rentenversicherungssysteme sind – wie erörtert – begrenzt und führen leider wohl nicht zu einer qualitativen Verbesserung der Absicherung. Im Ergebnis lassen sich innersystemisch drei Stellschrauben bedienen – die Erhöhung der Einnahmen durch Beitragserhöhungen, die Reduzierung der Ausgaben durch Senken des Rentenniveaus und die Verlängerung der Lebensarbeitszeit durch Anheben des Renteneintrittsalters – und der Handhabung sind Grenzen gesetzt, rechtlicher und/ oder tatsächlicher Art.

Bei der Beitragssatzhöhe ist der Spielraum in allen drei Staaten gering. Mit nunmehr 27,5–36,5% sind die Beitragssätze in Brasilien bereits außergewöhnlich hoch und mit etwa 24% in China alles andere als niedrig. Dies führt bereits jetzt unter anderem dazu, dass nicht wenige versuchen, die Versicherungspflicht zu umgehen. Die Länder können es sich – wollen sie wettbewerbsfähig bleiben, ihre Bürger nicht verprellen und zur Umgehung animieren – nicht erlauben, die Beiträge zu erhöhen. Deutschland würde Prognosen zufolge bei unverändertem Fortlauf Beitragssatzerhöhungen kaum umgehen können. Um dem entgegenzuwirken, hat man sich jüngst für eine Unterstützung mit Steuermitteln entschieden, die den Beitragssatz zumindest vorerst in einem festgelegten Rahmen halten soll. Damit aber werden die finanziellen Auswirkungen der demographischen Entwicklung nicht durch das System selbst beziehungsweise die Versichertengemeinschaft aufgefangen, sondern durch die Allgemeinheit der Steuerzahler – ein Vorgehen, das dem nicht rentenversicherten Steuerzahler gegenüber zu rechtfertigen ist und die Rentenversicherung ein Stück weit in Richtung Steuertransfersystem bewegt.[1832] Dass diese Art von Ressource zudem nicht unendlich ist, vor allem wenn Ausgaben stetig weiter steigen, liegt auf der Hand; ob damit eine zufriedenstellende Dauerlösung gefunden wurde, dürfte zumindest fraglich sein.

Dies zeigt zudem, wie schwierig es dauerhaft auch für China und Brasilien sein wird, das Rentenniveau zu halten. Ein Absinken scheint

---

1831 Ebenda.
1832 Ab einem gewissen Grad staatlicher Finanzierung kann womöglich sogar die Zuordnung der Rentenversicherung zum Recht der Sozialversicherung im Sinne des Art. 74 Abs. 1 Nr. 12 GG in Frage gestellt werden, siehe hierzu oben unter D.III.4.a.

vielmehr wahrscheinlich und ist auch bereits angedacht. Ein sinkendes Rentenniveau aber dürfte in allen Ländern ab einem gewissen Grad nicht nur – wie beschrieben –[1833] zu einem Vertrauens- und Akzeptanzverlust führen, sondern auch unter Gleichheits- und Verhältnismäßigkeitsgesichtspunkten Schwierigkeiten hervorrufen. Zudem wird die Gewährleistung der Unterhaltssicherung der Versicherten als eines der zentralen Ziele der Rentenversicherungen in Frage gestellt. In Deutschland ist eine Senkung des Rentenniveaus auch stets im Rahmen der Eigentumsgarantie (Art. 14 GG) auf die Verhältnismäßigkeit hin zu überprüfen. Auch ist der die allgemeine Handlungsfreiheit (Art. 2 Abs. 1 GG) beschneidende und daher zu rechtfertigende Zwangscharakter der Versicherung ab einem gewissen Punkt zu hinterfragen. Das Versicherungsprinzip fordert schließlich im Allgemeinen ein Sicherungsniveau, das über dem der Sozialhilfe liegt.[1834]

Eine Rentenniveau-Senkung steigert nicht pauschal das Risiko von Altersarmut, zu wenig aussagekräftig ist es für das Gesamteinkommen im Alter und die tatsächliche Kaufkraft.[1835] Es bringt aber die Assoziation von Altersarmut mit sich, so dass sich die Frage stellt, inwiefern die Rentenversicherung sich dieser Zielsetzung annehmen sollte und darf, etwa indem sie eine Mindestsicherung bietet. Interessant ist hier ein Blick auf Brasilien: Dort gibt es, wie gezeigt, eine Mindestrente in der Rentenversicherung, die zwar offenbar erfolgreich das Armutsrisiko vieler verringert,[1836] aber auch zu Problemen führt. Insbesondere verursacht sie Unzufriedenheit, da versicherte Bürger das Gefühl haben, dass die von ihnen entrichteten Beiträge ihnen nicht voll zugutekommen, und es als unfair empfinden, dass diejenigen, die kaum – oder tatsächlich sogar keine – Beiträge einzahlen, eine genauso oder ähnlich hohe Rente erhalten, wie diejenigen, die höhere Beiträge entrichten. Dies ist nicht nur unter Gleichheitsgesichtspunkten problematisch, sondern schmälert gleichzeitig die Anreizfunktion, was sich auch darin widerspiegelt, dass etwa zwei Drittel der Bürger nur eine Mindestrente beziehen[1837] und auch der Anteil informeller Arbeit nicht ganz gering ist;[1838] die Menschen sind offenbar tendenziell weniger bereit, vorzusorgen. Es war daher in Brasilien ursprünglich vorgesehen, die Voraussetzungen für den Bezug einer Mindestrente mit der Rentenreform

---

1833 Siehe hierzu oben unter D.IV.5.a.bb. und D.IV.5.c.
1834 *Rolfs*, Das Versicherungsprinzip im Sozialversicherungsrecht, S. 550.
1835 Siehe hierzu oben unter D.IV.5.a.bb.
1836 Siehe hierzu oben unter D.IV.5.a.aa.
1837 *OECD*, OECD Policy Memo: Pension reform in Brazil, S. 3.
1838 Zur informellen Arbeit siehe oben unter D.IV.2.d.bb.

deutlich anzuheben und sie vom – gleich hohen – Sozialhilfeniveau stärker abzugrenzen, was sich jedoch mangels Findens ausreichender Fürsprecher letztlich nicht durchsetzen ließ. Zudem ist der brasilianische Staat gezwungen, die Rentenversicherung finanziell stark zu unterstützen. In Brasilien weiß man inzwischen, dass eine Vermischung von Versicherungs- und Fürsorgeelementen zu Schwierigkeiten führt. Abschaffen kann man das „Mischsystem" nun nicht mehr; der Vertrauensverlust wäre zu groß.

Auch wenn in Brasilien nicht allein das Mischsystem ursächlich ist für die beschriebenen Probleme, sondern auch die fehlende Abgrenzung der Mindestrente zum Sozialhilfeniveau und die teilweise fehlende Beitragspflicht, sprechen die brasilianischen Erfahrungen in Bezug auf Deutschland und China dafür, ein Mischsystem möglichst gar nicht erst einzuführen, sondern die Aufgabe der Armutsbekämpfung bei der staatlichen Sozialhilfe zu belassen, wo ihr sehr viel gezielter begegnet werden kann als im System der Rentenversicherung.[1839] Dies zudem auch aus dem einfachen Grund, dass der Versichertenkreis in Deutschland und vor allem in China deutlich beschränkter ist als in Brasilien, auf Armutsminderung gerichtete Elemente mithin bereits deshalb weit weniger effektiv wirken könnten.

In Deutschland stünde eine zu starke Vermengung des Systems der Sozialversicherung mit Elementen sozialer Fürsorge schon mit der Konzeption der Rechtsordnung dogmatisch nicht im Einklang.[1840] Die Belastung der Versicherten mit Beiträgen stößt im Rahmen des allgemeinen Gleichheitssatzes (Art. 3 Abs. 1 GG) jedenfalls dann an die Grenzen verfassungsrechtlicher Rechtfertigung, wenn das Äquivalenzprinzip nicht mehr nur zugunsten des solidaren Ausgleichs relativiert, sondern vollkommen ignoriert würde.[1841] Würde die Versichertengemeinschaft mit einer Aufgabe belastet, die der Allgemeinheit der Steuerpflichtigen obliegt, käme es zu „gleichheitswidrigen Systembrüchen".[1842] Bei einer Finanzierung mit Steuermitteln würde die Eigentumsqualität von Rentenansprüchen und -anwartschaften empfindlich geschmälert und ab einem gewissen Grad staatlicher Finanzierung stünde wohl sogar die Qualifikation des Systems als Versicherung in Frage.[1843] Dies betrifft auch die in Deutschland jüngst beschlossene Grund-

---

1839 So auch ausführlich *Ruland*, NZS 2016, 721 (726); *Sozialbeirat*, Gutachten zum Rentenversicherungsbericht 2015, S. 24 ff.; *Waltermann*, NZS 2017, 247 (251).

1840 So etwa auch *Waltermann*, NZS 2017, 247 (251).

1841 *Papier*, DRV 2019, 1 (5).

1842 *Ruland*, NZS 2016, 721 (726).

1843 Siehe hierzu oben unter D.III.4.a.

rente, die für ein erhebliches grundrechtliches Konfliktpotential insbesondere im Hinblick auf Gleichheitsfragen sorgt.[1844] Sie greift nicht ansatzweise so weit wie die brasilianische Mindestrente, da die Regelungen nur langjährig Versicherte (mindestens 33 Jahre Grundrentenzeiten) betreffen und der Grundrentenzuschlag nur innerhalb bestimmter Einkommensgrenzen gezahlt wird.[1845] Da ihre Zielgruppe wenig von Altersarmut bedroht ist, wird sie auch nicht (mehr) explizit als Instrument zur Verhinderung von Altersarmut bezeichnet, bringt aber dennoch gewisse Fürsorgeelemente in die Rentenversicherung ein, was als problematisch bezeichnet werden darf.[1846]

Auch wenn Mindestsicherungselemente in der Rentenversicherung grundsätzlich zulässig sein dürften, solange das Solidarprinzip das Versicherungsprinzip nur relativiert und nicht vollkommen ignoriert oder verdrängt,[1847] dürfte den Staaten im Hinblick auf das Ziel der Armutsvermeidung eher zu raten sein, gezielte Maßnahmen für diejenigen zu ergreifen, die am meisten von Altersarmut bedroht sind und für die ein Absinken des Rentenniveaus die größten Probleme bereitet.

Neben dem dargestellten Einwirken auf Einnahmen- und Ausgabenseite der Rentenversicherung ist wohl die einfachste und zugleich unbeliebteste Methode, der demographischen Entwicklung und den mit ihr einhergehenden Finanzierungsschwierigkeiten zu begegnen, die Erhöhung der Regelaltersgrenzen. In allen drei Ländern ist diese Stellschraube längst nicht am Anschlag und nirgends orientiert man sich, wie man es vielleicht erwarten könnte, an der (statistischen) Lebenserwartung. Brasilien und China haben es (erstaunlicherweise) bisher vermeiden können, überhaupt jemals das Rentenzugangsalter rechtlich anzuheben. Inzwischen sind endlich Änderungen vorgenommen worden oder zumindest in Sicht. In Deutschland steigt die Lebenserwartung trotz zwischenzeitiger stufenweiser Erhöhung noch immer schneller als die Regelaltersgrenze.[1848] Der Angst vor einer längeren Lebensarbeitszeit muss bewusst entgegengehalten werden, dass sie – natürlich – auch mit einer längeren Ruhestandszeit einhergeht. Dies scheint häufig vergessen zu werden.

1844 Siehe hierzu ausführlich oben unter D.III.4.b.
1845 Ebenda.
1846 Ebenda.
1847 *Papier*, DRV 2019, 1 (5).
1848 *Demographieportal des Bundes und der Länder*, Zahlen und Fakten: Renteneintrittsalter und Lebenserwartung.

Möglich und wohl auch sinnvoll wäre es, die Lebenserwartung bei der Festlegung der Regelaltersgrenze mit einzubeziehen. Auf diese Weise könnte eine vergleichsweise gerechte und transparente sowie gleichzeitig effiziente Anpassung an die demographische Entwicklung vorgenommen werden. In Brasilien war dies in der Planung; der Verfassungsreformentwurf von 2016 sah vor, dass dann, wenn sich die Lebenserwartung für beide Geschlechter um ein volles Jahr verlängert, auch die Regelaltersgrenze angepasst wird.[1849] Brasilien wäre mit einer solchen Regelung den anderen beiden Ländern einen Schritt voraus gewesen; durchsetzen können hat sich das Vorhaben jedoch nicht. Es bleibt abzuwarten, wann ein solcher Vorschlag erneut vorgebracht wird.

Einherzugehen hat ein Drehen an der Stellschraube Regelaltersgrenze aber stets auch mit flankierenden Maßnahmen. So muss ein späterer Renteneintritt für den Einzelnen auch tatsächlich möglich sein. Kann dies nicht gewährleistet werden, etwa aufgrund körperlich schwieriger Arbeitsbedingungen, können Sonderregelungen geschaffen werden. Auch die Möglichkeit eines flexiblen Übergangs in den Ruhestand, mit dem auf individuelle Bedürfnisse eingegangen werden kann – wie bei der deutschen „Flexirente" –, erscheint in gewissem Rahmen sinnvoll. Gleichzeitig ist aber der in allen Staaten vorhandenen Tendenz zur Frühverrentung entgegenzutreten. Fehlanreize dazu sollten beseitigt und die Menschen über die entstehenden Nachteile ausreichend aufgeklärt werden.

Es bleibt festzuhalten, dass die Staaten nicht umherkommen, an den ihnen zur Verfügung stehenden Stellschrauben mehr oder weniger stark zu drehen. Und wie die Geschichte zeigt, reicht es meistens nicht aus, dies nur einmal zu tun. Vielmehr bedarf es von Zeit zu Zeit eines Nachjustierens. Wirtschaftlich und zugleich politisch sinnvoll kann es daher sein, Mechanismen zu etablieren, welche die Stellschrauben mehr oder weniger automatisch bedienen. Darüber hinaus fordern die äußeren Rahmenbedingungen aber offenbar nicht nur Anpassungen des jeweiligen Systems, sondern auch eine Anpassung des Einzelnen, nämlich im Wege von mehr Eigenvorsorge. Nur durch sie kann der Einzelne ein sinkendes Niveau der staatlichen Rentenversicherung ausgleichen.

Man kann den Staaten und Regierungen möglicherweise vorwerfen, dass sie sich angesichts finanzwirtschaftlicher Schwierigkeiten und der de-

---

1849 So sah es der Verfassungsentwurf vom 5.12.2016 in dem geplanten Art. 40 § 22 für Beamte und in Art. 201 § 15 für den privaten Sektor vor, *Proposta de Emenda à Constituição* (PEC) 287/2016. Näheres sollte ein Gesetz regeln.

mographischen Entwicklung zunehmend davor drücken, Verantwortung für die Gewährleistung von Renteneinkommen tragen zu wollen und deshalb das Rentenniveau senken.[1850] Dies greift indes wohl zu kurz, wenn einem gewissen staatlichen Rückzug in der ersten Säule – wie in Deutschland – neue Formen staatlicher Intervention folgen, insbesondere in Form der Förderung zusätzlicher Altersvorsorge durch Entgeltumwandlung oder Riester-Förderung.[1851] Zusatzsysteme sind in der Bundesrepublik mittlerweile in der Lage, das Rentenniveau anzuheben und so für viele den Lebensstandard zu verbessern. Schätzungen zufolge können 78% der Haushalte die Rentenlücke füllen.[1852] Dies sind aber immer noch längst nicht alle und weniger als geplant,[1853] was zu einem nicht geringen Teil aber auch auf individuelle Gründe wie mangelnde Altersvorsorgeplanung, nicht ausreichendes Finanzwissen oder eine Unterschätzung der persönlichen Lebenserwartung zurückgeführt wird.[1854] In Deutschland ist daher, wie bereits erwähnt, nun sogar eine verpflichtende Ausgestaltung der zusätzlichen Altersvorsorge in der Diskussion.[1855] In China und Brasilien können zusätzliche Vorsorgesysteme bisher wohl nicht einmal zu einem geringen Prozentsatz das Rentenniveau anheben.[1856] Im Bereich Förderung zusätzlicher Absicherung müssen sich Deutschland, aber vor allem auch China und Brasilien um Fortschritte bemühen. Denn die Vornahme von Leistungskürzungen in der Rentenversicherung ohne entsprechende Gegenmaßnahmen kann „Verlassensängste" auslösen, die das Vertrauen der Menschen in den Staat zerstören und den Fortbestand des Systems gefährden.[1857] Und es darf nicht dazu kommen, dass die Mehrheit nicht in der Lage ist, einem absinkenden Rentenniveau „hinterherzusparen".[1858]

1850 *Holzmann*, ISSR 66 (2/2013), 1 (26).
1851 *Eichenhofer*, NZS 2007, 57 (60).
1852 *Börsch-Supan* u.a., 15 Jahre Riester – Eine Bilanz, S. 5.
1853 Vgl. *Eichenhofer*, NZS 2007, 57 (62); *Schmidt*, SRa 2017, 12.
1854 *Börsch-Supan* u.a., 15 Jahre Riester – Eine Bilanz, S. 5.
1855 *Kommission Verlässlicher Generationenvertrag*, Bericht der Kommission, Bd. I, S. 26 ff., 121 f.; *Steinmeyer*, Rechtsgutachten zu verfassungsmäßigen Grenzen für ein Obligatorium und von Opting-Out-Modellen in der zusätzlichen Altersvorsorge.
1856 *OECD*, Pensions at a Glance 2017, S. 27.
1857 *Eichenhofer*, Sozialrecht, Rn. 72.
1858 *Schmidt*, SRa 2017, 12.

(2) Weitere Faktoren

Bei aller Konzentration auf die demographische Entwicklung darf nicht vergessen werden, dass auch zahlreiche andere Faktoren von außen auf die Rentenversicherung einwirken. Während die demographische Entwicklung Kosten in die Höhe treibt, zwingen die Globalisierung und die damit einhergehenden Wettbewerbsverschärfungen dazu, Kosten – im Gegenteil – möglichst gering zu halten. Die Wirtschaft muss aber nicht nur aus Kostengesichtspunkten, sondern auch aufgrund ihrer Fähigkeiten – als Gesamtpaket – wettbewerbsfähig sein. Das in allen drei Ländern nicht dauerhaft auf hohem Level anhaltende wirtschaftliche Wachstum, welches Wohlstand und Arbeitsmarkt beeinflusst, kann Schwierigkeiten für die Rentenversicherungssysteme verursachen. Gerade vom Arbeitsmarkt hängt das Funktionieren von Rentenversicherungssystemen in besonderem Maße ab; Arbeitslosigkeit und prekäre Arbeitsverhältnisse gilt es zu vermeiden. Eine Herausforderung wird diesbezüglich der technische Fortschritt sein, der Ersatz menschlicher Arbeit durch Technik.

Brasilien hat den technischen Fortschritt gewissermaßen in der Rentenversicherung aufgegriffen, indem es Unternehmen, die in besonderer Weise technisiert arbeiten, zu höheren Abgaben an die Rentenversicherung verpflichtet. Damit vergleichbar wurde in Deutschland in der jüngeren Zeit erneut der Vorschlag eines sogenannten Maschinenbeitrages vorgetragen,[1859] wie er insbesondere in den 1980er Jahren bereits diskutiert worden war.[1860] Die Arbeitgeberbeiträge zur Rentenversicherung sollen sich, so die Idee, an der gesamten Wertschöpfung des Unternehmens orientieren und nicht nur am gezahlten Arbeitsentgelt.[1861] Eine solche Abgabe ist dogmatisch jedoch nicht als Beitrag, sondern als Steuer zu qualifizieren, kommt sie doch – aus allgemeinpolitischen Zwecken – allen Versicherten zugute und nicht nur den Arbeitnehmern, für die der Arbeitgeber aufgrund seiner Fürsorgepflicht Beiträge entrichtet.[1862] Der „Maschinenbeitrag" wird daher von einigen als verfassungswidrig angesehen.[1863] Das Versicherungsprinzip jedenfalls, bei dem Leistung und Gegenleistung in einem Entsprechungsverhältnis zu stehen haben, würde an dieser Stelle – wie es in Brasilien

---

1859 *Rürup*, in: Handelsblatt vom 2.5.2017.
1860 *Butterwegge*, Krise und Zukunft des Sozialstaates, S. 403; *Boss*, StuW 1981, 75 f.; *Gehrmann*, in: Zeit Online vom 5.4.1985.
1861 Hierzu auch *Ruland*, DRV 2018, 1 (11).
1862 *Boss*, StuW 1981, 75 (76); *Ruland*, DRV 2018, 1 (11) m.w.N.
1863 *Merten*, NZS 1998, 545 (547); *Ruland*, DRV 2018, 1 (11) m.w.N.

aufgrund der genannten Abgabe bereits der Fall ist – durchbrochen und das System in Richtung eines Steuertransfersystems verändert.

Der technische Fortschritt ist aber nur eine der Herausforderungen, denen sich auch die Rentenversicherung zu stellen hat. Insgesamt zeigt sich, dass das Sozialrecht mehr als die meisten anderen Rechtsgebiete verwoben ist mit sämtlichen Ebenen menschlichen Zusammenlebens. Nicht auf alles kann die Rentenversicherung selbst reagieren – sie ist darauf angewiesen, dass auch in den anderen Bereichen die „Hausaufgaben" gemacht werden. Die Aufgaben für die Rentenversicherungssysteme wachsen, die Möglichkeiten, die Lasten zu tragen, werden jedoch nicht größer.[1864]

bb. Bewältigung systeminterner Herausforderungen

(1) Das Schließen von Sicherungslücken

In allen drei Ländern hat sich gezeigt, dass die Rentenversicherungssysteme personelle Sicherungslücken aufweisen. Bleiben aber viele Bürger unerfasst, verhindert dies nicht nur das Erreichen der verfolgten Sicherungsziele, sondern schmälert auch die finanzielle Leistungskraft der Systeme und reduziert die Risikoverteilung. Und es droht in allen hier betrachteten Staaten ein Einspringen des Staates im Wege der sozialen Fürsorge erforderlich zu werden. Wenigstens doch diese finanzielle Überlegung sollte Staaten zum Handeln bewegen können; Sicherungslücken sind – soweit im Versicherungssystem möglich – zu schließen.

Brasilien ist Deutschland und China zumindest auf dem Papier einen Schritt voraus, denn das Land hat es geschafft, sein Versicherungssystem rechtlich nahezu universell verpflichtend auszugestalten, so dass Sicherungslücken in erster Linie faktischer Natur sind. So fallen aus dem Sicherungsnetz – abgesehen von denjenigen, die nicht erwerbstätig sind und deren Einkommen unterhalb der dortigen Geringfügigkeitsgrenze liegt – nur diejenigen heraus, die sich dem System mittels informeller Arbeit entziehen. Dies sind jedoch, wie gezeigt, nicht all zu wenige; Brasilien sollte an der Stärkung seiner Durchsetzungsmechanismen arbeiten. Zu beachten gilt allerdings auch, dass die brasilianische Rentenversicherung (zumindest bisher) zum Teil ohne Beitragstragung funktioniert – eine Vorgehensweise, die zwar zu einer Ausweitung der Deckung führt, aber nicht dem Versiche-

---

1864 Vgl. *Eichenhofer*, Sozialrecht, Rn. 70.

rungsprinzip entspricht, Akzeptanz- sowie Finanzierungsprobleme verursacht und daher als äußerst kritisch zu bewerten ist.

Durchsetzungsmechanismen in Deutschland funktionieren weitestgehend; hier kann vielmehr als problematisch bewertet werden, dass zahlreiche Selbständige nicht obligatorisch in die Versicherung mit einbezogen sind. Die nicht selten als Volksversicherung bezeichnete deutsche gesetzliche Rentenversicherung schafft es de facto nicht, die Bürger flächendeckend abzusichern. Sie ist im Kern noch eine Arbeitnehmerversicherung geblieben, dabei stünde der – inzwischen immerhin geplanten – Ausweitung verfassungsrechtlich nichts entgegen.[1865]

Das gilt so auch für die Volksrepublik, in der Selbständige überhaupt nicht als Versicherungspflichtige in die Rentenversicherung für die Beschäftigten einbezogen sind. Das Land erschwert die Erlangung von Versicherungsschutz zudem durch die Verwendung eines engen Beschäftigtenbegriffs, der sämtliche „atypisch" Beschäftigte außen vor lässt, durch Verwendung eines ebenfalls engen Arbeitgeberbegriffs, der insbesondere natürliche Personen nicht als Arbeitgeber anerkennt, sowie durch die Auferlegung bürokratischer Hürden wie das (faktische) Erfordernis eines schriftlichen Arbeitsvertrages und vielfältiger Registrierungspflichten. Der Umfang der Rentenversicherungspflicht ist in China mit Abstand am geringsten und bedarf der Erweiterung. Zudem werden vielfältige Umgehungsgestaltungen praktiziert, die tatsächliche Lücken zu den rechtlichen hinzukommen lassen. Dies nicht zuletzt wohl auch, weil die Rentenberechnung wenig vorhersehbar verläuft und eine sichere Planung erschwert – hier wären mehr Transparenz und ein einheitlicheres Vorgehen wünschenswert. Es ist zu hoffen, dass sich tatsächliche Lücken mit der jüngst beschlossenen flächendeckenden Übertragung der Aufgabe der Beitragserhebung auf die Steuerbehörden, die bereits über dezidierte Informationen über die jeweiligen Arbeitsbeziehungen verfügen sollten, zumindest reduzieren. In der Grundrentenversicherung für die städtischen und ländlichen Bewohner kann die freiwillige Ausgestaltung als Hindernis für eine umfassende Erfassung gewertet werden und als Absicherungslücke das dort viel zu niedrige Rentenniveau.

Während sich Deutschland und China die umfassende Einbeziehung Selbständiger in die Rentenversicherung in Brasilien zum Vorbild nehmen dürfen, könnten China und Brasilien einen Blick auf deutsche Durchsetzungsmechanismen werfen. In China dürfte es darüber hinaus äußerst

---

1865 Siehe oben unter D.III.1.b.bb. und D.III.4.c.

sinnvoll sein, den Kreis der (versicherungspflichtigen) Beschäftigten auszuweiten. Allen Ländern wäre für das Schließen von Sicherungslücken zudem
zu raten, ausreichende Leistungsanreize zu schaffen und insbesondere ein
gewisses Leistungsniveau zu halten – Unterfangen, die vor allem angesichts
der demographischen Entwicklung, wie gezeigt, schwierig umzusetzen
sind.

(2) Die Finanzierung

Das Finanzierungsverfahren ist bei allen drei Akteuren wiederholt in der
Diskussion und wurde überall mindestens einmal vom Kapitaldeckungsverfahren auf das Umlageverfahren umgestellt, und zwar stets dann, wenn
das Erstgenannte versagt hatte. Das Kapitaldeckungsverfahren hat in der
Vergangenheit meist zu Schwierigkeiten geführt und vor allem politische
Begehrlichkeiten geweckt; das Umlageverfahren hingegen hat sich als stabil
und anpassungsfähig erwiesen. Eine erneute (vollständige) Umstellung auf
das Kapitaldeckungsverfahren wäre davon abgesehen – das hat die Untersuchung gezeigt – mit immensen Kosten verbunden, die sich realistischerweise wohl keines der Länder finanziell leisten könnte.[1866] Eine derartige
systematische Reform erscheint insgesamt wenig realitätsnah oder sinnvoll
und wäre in jedem Fall verbunden mit neuen Schwierigkeiten, vor allem
einer ungeheuren Belastung der erwerbstätigen Generation.

Die überall angestellten Überlegungen, sich angesichts der demographischen Entwicklung dem Kapitaldeckungsverfahren zuzuwenden, sind dennoch nicht verkehrt, sollten sich aber sinnvollerweise auf eine andere Säule
als die der staatlichen Basissicherung beziehen. Alle drei Staaten unterhalten von der Grundstruktur her ein Mehrsäulensystem und darin hat eine
kapitalgedeckte zweite Säule beispielsweise – wie sie in Deutschland ja
bereits existiert – das Potential, Lasten zu verteilen und Risiken zu verringern.[1867]

Bezogen auf die Finanzierung der ersten Säule wiederum ist schließlich
auch in keinem der Länder ein Wandel hin zu einem (rein) steuerfinanzierten System mit universellen Leistungen für jedermann eine ernsthafte

---

1866 Siehe hierzu ausführlich oben unter D.IV.3.a.
1867 *Steinmeyer*, Gutachten 73. DJT, S. B 90.

Alternative.[1868] Man hat sich bewusst für ein Versicherungssystem entschieden und für all die Mühen, die sein Aufbau kostet. Seine Abschaffung und die damit einhergehende Entwertung bereits gezahlter Beiträge wäre nicht nur rechtlich höchst problematisch, sondern dürfte auch in der Bevölkerung schlicht auf Unverständnis stoßen; eine derartige Änderung erscheint rechtlich wie politisch nicht ohne Weiteres durchsetzbar.[1869] Mit der Beitragsentrichtung geht zudem – anders als mit der Steuerzahlung – die Überzeugung einher, eine (äquivalente) Gegenleistung zu erhalten; die Bereitschaft Beiträge zu entrichten ist in aller Regel größer als die Bereitschaft Steuern zu zahlen.[1870] Diesen psychologischen Vorteil will und sollte man nicht verlieren. Bei einer Umstellung auf ein steuerfinanziertes System dürften zudem Trittbrettfahrer und Fehlanreize für die Teilnahme am Arbeitsmarkt gefürchtet werden.[1871] Der informelle Sektor würde schließlich nicht nur administrativ die Umsetzung gefährden, sondern möglicherweise sogar wachsen.

Im Ergebnis dürfte das beitragsfinanzierte Umlageverfahren – trotz seiner Nachteile – aufgrund seiner entscheidenden Vorteile beizubehalten, in verschiedenen Punkten gezielt anzupassen und zukunftsfähig auszubauen sein.

(3) Besonderheiten in Brasilien und China

Brasilien und China sind – auch wenn dies am Ende der Untersuchung vielleicht schon weniger so erscheint als noch zu Beginn – anders als Deutschland nicht nur dabei, ihre Rentenversicherungssysteme anzupassen und zu optimieren, sondern sie zu einem gewissen Grad auch noch auf- und auszubauen. Die Systeme sind – vor allem in China – jünger als das deutsche.

Beide Länder sollten dabei daran arbeiten, dass ihre Rentenversicherungssysteme sich mehr aus sich selbst heraus zu tragen vermögen, insbesondere indem mehr Bürger – entsprechend dem Versicherungsprinzip –

1868   Dass im Rahmen der üblichen Rentenversicherungsfinanzierung nicht nur durch Beiträge, sondern auch durch staatliche Mittel in gewissem Umfang Steuermittel in das System der Rentenversicherung einfließen, kann als systemimmanent bezeichnet werden.

1869   Vgl. *Ruland*, ZRP 2009, 165 (167) m.w.N.; siehe hierzu oben unter D.IV.3.a.

1870   *Schulte*, in: EISS Yearbook 1987, S. 175 (185).

1871   Siehe für China *Stepan*, China Monitor 6/2014, S. 3.

beitragspflichtig versichert sind. Bisher wurde und wird der Fokus darauf gelegt, möglichst viele Bürger einzubeziehen. So ist in beiden Ländern die Erlangung von Versicherungsschutz zum Teil ohne Beitragstragung möglich – in Brasilien mindestens für die „kleinen" Bauern und Fischer, in China jedenfalls für Eltern auf dem Lande im Rahmen der Grundrentenversicherung für die städtischen und ländlichen Bewohner. Und in beiden Ländern funktionieren die Systeme mit großzügiger finanzieller Unterstützung durch den Staat. In Brasilien ist dies vor allem zurückzuführen auf die (recht einfach zu erlangende) Mindestrente, in China werden in der Grundrentenversicherung für die städtischen und ländlichen Bewohner systemimmanent hohe staatliche Subventionen geleistet und in der Rentenversicherung für die Beschäftigten müssen insbesondere die (theoretisch) kapitalgedeckten individuellen Konten signifikant finanziell unterstützt werden. Für die dauerhafte Finanzierbarkeit aber ist das Versicherungsprinzip zu straffen.[1872]

In China ist darüber hinaus eine der dringlichsten Aufgaben, die Systemzersplitterung zu beseitigen und funktionierende Koordinierungsmechanismen zu etablieren beziehungsweise anzuwenden. Insbesondere die zahlreichen chinesischen Wanderarbeiter sind nach wie vor in einer prekären Lage – zwar unterliegen sie grundsätzlich der Sozialversicherungspflicht, verlieren aber infolge ihrer Mobilität durch die vielen Systemwechsel häufig einen Großteil ihrer Rentenanwartschaften. Dies bewegt sie nachvollziehbarerweise dazu, die Versicherungspflicht zu umgehen. Im Ergebnis stehen die Wanderarbeiter vielfach schutzlos dar.[1873] Eine stärkere Systemeinheit würde darüber hinaus aber auch zu einer größeren Transparenz führen und könnte das Vertrauen der Bevölkerung in das System stärken; zentrale Vorgaben könnten nicht mehr so unterschiedlich umgesetzt werden wie bisher. Auch wenn in den anderen beiden Ländern ebenfalls Schwierigkeiten bei dem Wechsel zwischen den Systemen auftreten können,[1874] so ist die chinesische Systemzersplitterung einschließlich der damit verbundenen Probleme doch einzigartig, geschuldet unter anderem der riesigen Größe des Landes, dem geltenden Haushaltsregistrierungssystem sowie dem enor-

---

1872 Dass dafür auch Arbeitsmarktlage und wirtschaftliche Entwicklung mitspielen müssen, liegt auf der Hand.

1873 Zur besseren Koordinierung soll an dieser Stelle auf die oben entwickelten Lösungsvorschläge verwiesen werden, D.II.3.f.(3).

1874 Vgl. zu Schwierigkeiten bei einem Wechsel in Deutschland *Steinmeyer*, Gutachten 73. DJT, S. B 67 ff.

men Umwälzungsprozess, den die dortige Wirtschaft in den vergangenen Jahren erfahren hat.

Eine Herausforderung, die China und Brasilien gleichermaßen zu bewältigen haben und der sie sich auch bereits stellen, ist die Beseitigung von unverhältnismäßigen Privilegien, vor allem derjenigen der Beamten. China ist dies jüngst äußerst zielstrebig angegangen, indem es die stark bevorzugte Beamtenversorgung mit Pensionen etwa viermal so hoch wie die Renten[1875] kurzerhand in eine Beamtenversicherung mit identischen Bedingungen wie in der Grundrentenversicherung für die Beschäftigten umgewandelt hat. Brasilien, dessen Beamte in der Vergangenheit zum Teil sogar höhere Pensionen als Bezüge während der Erwerbstätigkeit bezogen, hat sich ebenfalls dafür entschieden, die Versorgung in eine Versicherung umzuwandeln, die jedoch bis heute noch der Rentenversicherung des privaten Sektors angeglichen wird.

c. Ausblick

Eine allgemeingültige und perfekte Lösung für eine stabile und zukunftsfähige Rentenversicherung gibt es nicht – nicht für ein einzelnes Land und noch viel weniger für alle zusammen. Das Recht, aber auch die tatsächlichen Umstände tragen in jedem Land dazu bei, tradierte Strukturen zu verfestigen und eine gewisse „Pfadabhängigkeit" sozialstaatlicher Entwicklung zu befördern.[1876] Sozialpolitische Leitideen für Reformen müssen sich stets individuell auf Bestehendes einlassen und an dieses anknüpfen, wenn sie erfolgreich sein wollen.

Die Entwicklung sozialer Sicherungssysteme insgesamt hängt von vielfältigen und unterschiedlich zusammenwirkenden Faktoren ab – den gesellschaftlichen und kulturellen Rahmenbedingungen, der wirtschaftlichen und technischen Entwicklung, geschichtlichen Hintergründen und Traditionen sowie der Arbeitsmarktlage. Sie beruht in besonderem Maße auch auf der mit ihr verfolgten Politik.[1877] Ist diese liberal und sieht soziale Sicherheit tendenziell als notwendiges Übel an, die auf ein Mindestmaß zu

---

1875 *Mercator Institute for China Studies*, China Update Nr. 2/2016, S. 3.
1876 *Eichenhofer*, Sozialrecht, Rn. 72.
1877 Siehe zu den im Folgenden skizzierten politischen Strömungen ausführlich *Eichenhofer*, NZS 2007, 57 (59), der sich auf die drei Wohlfahrtsstaatsmodelle des dänischen Soziologen Gøsta Esping-Anderson bezieht, die dieser in seiner Studie „The Three Worlds of Welfare Capitalism" von 1990 präsentiert.

begrenzen ist? Ist sie eher konservativ und will jedem die soziale Sicherheit gewähren, die seinem gesellschaftlichen und finanziellen Stand entspricht? Oder ist sie sozialdemokratisch und will den Mehrheitsbelangen der Gesellschaft durch staatlichen Schutz genügen und dafür die gleiche Freiheit aller sichern? Ein Ausblick erscheint gewagt.

Die hier betrachteten Staaten haben sich bisher immer für die Rentenversicherung entschieden – trotz der Globalisierung und vielfältiger anderer Herausforderungen. Es ist mit einer Portion Optimismus davon auszugehen, dass dies auch auf Dauer der Fall sein wird. Zu groß ist ihr Potential und ihre Bedeutung für die gesellschaftliche, aber auch wirtschaftliche Stabilität, zu sehr könnten die Erwartungen der Bürger enttäuscht werden, zu gut ist sie in Brasilien und Deutschland verfassungsrechtlich geschützt und zu wichtig in China für die Herrschaftslegitimation der Partei.

Dennoch wird die wohl größte Herausforderung für die Rentenversicherungssysteme, die demographische Entwicklung, (weitere) Einschnitte voraussichtlich unvermeidbar machen. Sie wird die Ausgaben ansteigen lassen, ohne dass damit qualitative Verbesserungen werden einhergehen können. Alle Staaten arbeiten derzeit – wenngleich auf unterschiedlichen Stufen – an der Stabilisierung ihrer Rentenversicherungssysteme, und es wäre zu wünschen, dass sie die Lösung der bestehenden und anstehenden Probleme möglichst schnell erfolgreich angehen. Je eher sie mit erforderlichen Reformen reagieren, desto gerechter lassen sich zu tragende Lasten verteilen.

Es erscheint sinnvoll, sich bei Reformen darauf zu besinnen, für welches Grundkonzept man sich entschieden hat, nämlich das der Renten*versicherung*. Das System Sozialversicherung hat das Potential, Abgaben eine besondere Akzeptanz des Einzelnen zu verleihen, indem nämlich mit der Leistung unmittelbar eine Gegenleistung verbunden ist – je stärker die Relation zwischen Leistung und Gegenleistung und damit die Wahrung des sozialversicherungsrechtlichen Äquivalenzprinzips, desto mehr Akzeptanz erfährt die Rentenversicherung in der Bevölkerung, desto geringer sind Abgabenwiderstand und Anlass zu ausweichenden Maßnahmen und desto stärker kann letztlich das Gefühl subjektiver Sicherheit sein.[1878] Das Äquivalenzprinzip – der Grundsatz, dass höhere Leistungen zu höheren Gegenleistungen führen – entspricht weitgehend dem Gerechtigkeitsempfinden der Menschen und ist damit nicht nur als schlichtes Beharren auf Prinzipi-

---

1878 Hierzu ausführlich *Schmähl*, in: ders., Versicherungsprinzip und soziale Sicherung, S. 204 (210 f.).

en zu verstehen.[1879] Je weiter das Äquivalenzgefüge hingegen verlassen wird, desto mehr nimmt die Bereitschaft des Einzelnen zur Solidarität ab.[1880] Die Zufriedenheit oder Unzufriedenheit mit dem System der Rentenversicherung hat juristisch fassbare Gründe.[1881]

Gleichzeitig müssen Reformen die Systeme langfristig offen lassen für Veränderungen, denn auch in der Zukunft wird flexibles Reagieren wichtig sein. Nur dann, wenn die Rentenversicherungssysteme sich anpassen, bleiben sie zukunftsfähig; da sie aber anpassungsfähig sind, können sie auch zukunftsfähig ausgestaltet werden, jedes in seiner eigenen sozialen Realität.

1879 So auch *Sozialbeirat*, Gutachten zum Rentenversicherungsbericht 2015, S. 28.
1880 *Rolfs*, Das Versicherungsprinzip im Sozialversicherungsrecht, S. 2.
1881 Vgl. ebenda, S. 550.

Literaturverzeichnis

Adam, Hermann, Bausteine der Politik – Eine Einführung, Wiesbaden 2007 (zit.: *Adam*, Bausteine der Politik, S.)

Ahl, Björn, China auf dem Weg zum Rechtsstaat?, in: Die Politische Meinung (PM) Ausgabe 423 (Februar 2005), S. 25–30 [zit.: *Ahl*, PM 423 (2005), S.]

Ahl, Björn, Rechtswesen und Rechtsstaatsentwicklung in China, in: *Fischer, Doris/Müller-Hofstede, Christoph* (Hrsg.), Länderbericht China, Bonn 2014, S. 289–326 (zit.: *Ahl*, in: Fischer/Müller-Hofstede, Länderbericht China, S.)

Almeida, Amador Paes de, CLT comentada, 8. Aufl., São Paulo 2014 (zit.: *Almeida*, CLT comentada, S.)

Alpermann, Björn, Dimensionen sozialer Probleme in der VR China – regionale und sektorale Facetten, in: *Kupfer, Kristin* (Hrsg.), Sozialer Sprengstoff in China? Dimensionen sozialer Herausforderungen in der Volksrepublik, Schriftenreihe Focus Asien des Asienhauses, Essen 2004, S. 7–19 (zit.: *Alpermann*, in: Kupfer, Sozialer Sprengstoff in China?, S.)

Althammer, Jörg W./Lampert, Heinz, Lehrbuch der Sozialpolitik, 9. Aufl., Berlin Heidelberg 2014 (zit.: *Althammer/Lampert*, Lehrbuch der Sozialpolitik, S.)

Altmann, Jörn, Volkswirtschaftslehre, 7. Aufl., Stuttgart 2009 (zit.: *Altmann*, Volkswirtschaftslehre, S.)

Aly, Götz, Hitlers Volksstaat, Raub, Rassenkrieg und nationaler Sozialismus, 3. Aufl., Frankfurt a. M. 2015 (zit.: *Aly*, Hitlers Volksstaat, S.)

Amado, Frederico Augusto di Trindade, Direito Previdênciario Sistematizado, Salvador (Bahia) 2010 (zit.: *Amado*, Direito Previdênciario Sistematizado, S.)

Amado, Frederico, Curso de Direito e Processo Previdenciário, 10. Aufl., Salvador (Bahia) 2018 (zit.: *Amado*, Curso de Direito e Processo Previdenciário, S.)

Appy, Bernard, Por que reformar a Previdência?, in: Revista síntese consulex Nr. 423 (2014), S. 40–41 [zit.: *Appy*, Revista síntese consulex 423 (2014), S.]

Arbeitsgemeinschaft berufsständischer Versorgungseinrichtungen e.V., Daten und Fakten, http://www.abv.de/daten-und-fakten.html (Stand: 8.8.2020) (zit.: *Arbeitsgemeinschaft berufsständischer Versorgungseinrichtungen e.V.*, Daten und Fakten, Gliederungspunkt)

Bäcker, Gerhard/Kistler, Ernst, Dossier Rentenpolitik, Internet-Dossier für die Bundeszentrale für politische Bildung, Bonn 2012–2016, http://www.bpb.de/politik/innenpolitik/rentenpolitik/ (Stand: 8.8.2020) (zit.: *Bäcker/Kistler*, Dossier Rentenpolitik, Unterthema)

Balera, Wagner, Previdência Social Comentada, Lei n° 8.212 e Lei n° 8.213, São Paulo 2008 (zit.: *Balera*, Previdência Social Comentada, S.)

Baohua, Dong/Runqing, Dong, Case Analysis on latest PRC Labor Contract Law, China 2007 (zit.: *Baohua/Runqing*, Case Analysis on latest PRC Labor Contract Law, S.)

Baßeler, Ulrich/Heinrich, Jürgen/Utecht, Burkhard, Grundlagen und Probleme der Volkswirtschaft, 19. Aufl., Stuttgart 2010 (zit.: *Baßeler/Heinrich/Utecht*, Grundlagen und Probleme der Volkswirtschaft, Gliederungspunkt)

Battis, Ulrich/Kersten, Jens, Die Bildung von Versorgungsrücklagen für die Alterssicherung von Beamten – Zur Verfassungsmäßigkeit des § 14a BBesG, in: Neue Zeitschrift für Verwaltungsrecht (NVwZ) 2000, S. 1337–1343 (zit.: *Battis/Kersten*, NVwZ 2000, S.)

Bauman, Zygmunt, Glokalisierung oder: Was für die einen Globalisierung, ist für die anderen Lokalisierung, in: Das Argument 217 (1996), S. 653–664 [zit.: *Baumann*, Das Argument 217 (1996), S.]

Bechstein, Friedrich (Hrsg.), Das Königlich Preußische Civil-Pensions-Reglement vom 30. April 1823, 2. Aufl., Leipzig 1859 [zit.: *Bechstein* (Hrsg.), Das Königlich Preußische Civil-Pensions-Reglement vom 30. April 1823, S.]

Beck'scher Online-Kommentar Grundgesetz siehe unter *Epping, Volker/Hillgruber, Christian*

Beck'scher Online-Kommentar Sozialrecht siehe unter *Rolfs, Christian/Giesen, Richard/Kreikebohm, Ralf/Udsching, Peter*

Becker, Ulrich, Alterssicherung im internationalen Vergleich, in: *Becker, Ulrich/Kaufmann, Franz-Xaver/Maydell, Bernd Baron von/Schmähl, Winfried/Zacher, Hans F.* (Hrsg.), Alterssicherung in Deutschland, Festschrift für Franz Ruland zum 65. Geburtstag, Baden-Baden 2007, S. 575–610 (zit.: *Becker*, in: FS Ruland, S.)

Beltrão, Kaizô/Pinhanez, Monica, Brazil's social security system: Prospective trajectory and reform alternatives, in: Public Administration Development (PAD) 34 (2014), S. 305–319 [zit.: *Beltrão/Pinhanez*, PAD 34 (2014), S.]

Bernecker, Walther L./Pietschmann, Horst/Zoller, Rüdiger, Eine kleine Geschichte Brasiliens, Frankfurt am Main 2000 (zit.: *Bernecker/Pietschmann/Zoller*, Eine kleine Geschichte Brasiliens, S.)

Berner, Frank, Das Zusammenspiel der drei Säulen der Alterssicherung und die Entstehung der staatlichen Alterssicherungspolitik, in: Deutsche Rentenversicherung (DRV) 2007, S. 562–575 (zit.: *Berner*, DRV 2007, S.)

Berthold, Norbert/Neumann, Michael, Europas Sozialstaaten im Schatten der Globalisierung, in: *Linzbach, Christoph/Lübking, Uwe/Scholz, Stephanie/Schulte, Bernd* (Hrsg.), Globalisierung und Europäisches Sozialmodell, Baden-Baden 2007, S. 27–47 (zit.: *Berthold/Neumann*, in: Linzbach et al., Globalisierung und Europäisches Sozialmodell, S.)

Bianco, Dânae dal, Previdência dos servidores públicos, 2. Aufl., São Paulo 2013 (zit.: *Bianco*, Previdência dos servidores públicos, S.)

Bickel, Christoph, Rentenreform in Brasilien: Ein Schritt in Richtung mehr soziale Gerechtigkeit? Die Reform des Alterssicherungssystems für die Beschäftigten im öffentlichen Dienst unter der Regierung Lula, Saarbrücken 2008 (zit.: *Bickel*, Rentenreform in Brasilien, S.)

Birk, Rolf, Globalisierung und Entstaatlichung des Rechts – Fragestellungen und Entwicklungen am Beispiel des Arbeits- und Sozialrechts, in: *Schwarze, Jürgen* (Hrsg.), Globalisierung und Entstaatlichung des Rechts, Tübingen 2008, S. 3–19 (zit.: *Birk,* in: Schwarze, Globalisierung und Entstaatlichung des Rechts, S.)

Bismarck, Otto Fürst von, Abdruck der Kaiserlichen Botschaft vom 17. November 1881, in: Zeitschrift für Sozialreform (ZSR) 27 (1981), S. 730–735 [zit.: *Bismarck,* ZSR 27 (1981), S.]

Blaustein, Albert P., Fundamental Legal Documents of Communist China, South Hackensack 1962 (zit.: *Blaustein,* Fundamental Legal Documents of Communist China, S.)

Bley, Helmar/Kreikebohm, Ralf/Marschner, Andreas, Sozialrecht, 9. Aufl., München 2007 (zit.: *Bley/Kreikebohm/Marschner,* Sozialrecht, Rn.)

Blomeyer, Wolfgang, Die „Riester-Rente" nach dem Altersvermögensgesetz (AVmG), in: Neue Zeitschrift für Arbeitsrecht (NZA) 2001, S. 913–919 (zit.: *Blomeyer,* NZA 2001, S.)

Bofinger, Peter, Grundzüge der Volkswirtschaftslehre – Eine Einführung in die Wissenschaft von Märkten, 4. Aufl., Hallbergmoos 2015 (zit.: *Bofinger,* Grundzüge der Volkswirtschaftslehre, Gliederungspunkt)

Bonnet, Florence, Social protection coverage across employment patterns, in: World of Work Report Ausgabe 2 2015, S. 73–109 (zit.: *Bonnet,* in: World of Work Report 2/2015, S.)

Börsch-Supan, Axel, Alternativlose Rentenpolitik: Anpassung an die demografischen Veränderungen, in: Deutsche Rentenversicherung (DRV) 2020, S. 77–91 (zit.: *Börsch-Supan,* DRV 2020, S.)

Börsch-Supan, Axel, Armut im Alter, MEA Discussion Papers 11-2015, Munich Center for the Economics of Ageing (MEA), München 2015 (zit.: *Börsch-Supan,* Armut im Alter, S.)

Börsch-Supan, Axel, Stellungnahme zur Bundestagsanhörung am 23. Januar 2017 (Thema: Rentenpolitik), https://www.mpisoc.mpg.de/fileadmin/user_upload/data/MEA/max-planck-institut-mea-Stellungnahm-zur-Bundestagsanhoerung-rentenpolitik.pdf (Stand: 8.8.2020) (zit.: *Börsch-Supan,* Stellungnahme zur Bundestagsanhörung am 23. Januar 2017, S.)

Börsch-Supan, Axel/Bucher-Koenen, Tabea/Goll, Nicolas/Maier, Christina, 15 Jahre Riester – Eine Bilanz, Expertise für den Sachverständigenrat zur Begutachtung der gesamtwirtschaftlichen Entwicklung, Arbeitspapier 12/2016, München 2016 (zit.: *Börsch-Supan u.a.,* 15 Jahre Riester – Eine Bilanz, S.)

Börsch-Supan, Axel/Rausch, Johannes/Buslei, Hermann/Geyer, Johannes, Entwicklung der Demographie, der Erwerbstätigkeit sowie des Leistungsniveaus und der Finanzierung der gesetzlichen Rentenversicherung, DIW Discussion Papers, No. 1857, Deutsches Institut für Wirtschaftsforschung (DIW), Berlin 2020 (zit.: *Börsch-Supan u.a.,* Entwicklung der Demographie, der Erwerbstätigkeit sowie des Leistungsniveaus und der Finanzierung der gesetzlichen Rentenversicherung, S.)

Bösch, Matthias, Soziale Sicherung in China – Bestandsaufnahme und Ausblick, Marburg 2012 (zit.: *Bösch,* Soziale Sicherung in China, S.)

Boss, Alfred, Maschinen-Beitrag zur Sozialversicherung?, in: Steuer und Wirtschaft (StuW) 1981, S. 75–76 (zit.: *Boss*, StuW 1981, S.)

Braun, Anne J., Das Ende der billigen Arbeit in China – Arbeitsrechte, Sozialschutz und Unternehmensförderung für informell Beschäftigte, Wiesbaden 2011 (zit.: *Braun*, Das Ende der billigen Arbeit in China, S.)

Brosius-Gersdorf, Frauke, Verfassungsrechtlicher Spielraum für Reformen der gesetzlichen Rentenversicherung zur Bewältigung des demografischen Wandels, in: Deutsche Rentenversicherung (DRV) 2020, S. 45–76 (zit.: *Brosius-Gersdorf*, DRV 2020, S.)

Brumm, Nicole/Langelüddeke, Anne/Zanker, Dagmar, Der Generationenvertrag – ein Plädoyer für eine differenzierte Betrachtungsweise, in: Deutsche Rentenversicherung (DRV) 2018, S. 209–227 (zit.: *Brumm/Langelüddeke/Zanker*, DRV 2018, S.)

Brunner, Georg, Die Problematik der sozialen Grundrechte, Tübingen 1971 (zit.: *Brunner*, Die Problematik der sozialen Grundrechte, S.)

Brunner, Georg/Meissner, Boris (Hrsg.), Verfassungen der kommunistischen Staaten, Paderborn u. a. 1979 (zit.: *Bearbeiter*, Kapitel, in: Brunner/Meissner, Verfassungen der kommunistischen Staaten, S.)

Bu, Yuashi, Einführung in das Recht Chinas, München 2009 (zit.: *Bu*, Einführung in das Recht Chinas, S.)

Bulos, Uadi Lammêgo, Curso de Direito Constitucional, 9. Aufl., São Paulo 2015 (zit.: *Bulos*, Curso de Direito Constitucional, S.)

Bundesministerium der Finanzen (BMF), Globalisierung: Entwicklungen in Schwellenländern und ihre Auswirkungen, Monatsbericht des BMF, April 2006, S. 73–84 (zit.: *BMF*, Monatsbericht 04/2006, S.)

Bundesministerium für Arbeit und Soziales (BMAS), Ergänzender Bericht der Bundesregierung zum Rentenversicherungsbericht 2016 gemäß § 154 Abs. 2 SGB VI (Alterssicherungsbericht 2016) (zit.: *BMAS*, Alterssicherungsbericht 2016, S.)

Bundesministerium für Arbeit und Soziales (BMAS), Gesamtkonzept zur Alterssicherung, Berlin 2016 (zit.: *BMAS*, Gesamtkonzept zur Alterssicherung, S.)

Bundesministerium für Arbeit und Soziales (BMAS), Rentenversicherungsbericht 2019, Berlin 2019 (zit.: *BMAS*, Rentenversicherungsbericht 2019, S.)

Bundesministerium für Arbeit und Soziales (BMAS), Sozialbericht 2017, Bonn 2017 (zit.: *BMAS*, Sozialbericht 2017, S.)

Bundesministerium für Arbeit und Soziales (BMAS), Weissbuch Arbeiten 4.0, Berlin 2017 (zit.: *BMAS*, Weissbuch Arbeiten 4.0, S.)

Bundesministerium für Gesundheit und soziale Sicherung (BMGS), Nachhaltigkeit in der Finanzierung der gesetzlichen Rentenversicherung, Bericht der Kommission, Berlin 2003 (zit.: *BMGS*, Bericht der Kommission, S.)

Bundesministerium für wirtschaftliche Zusammenarbeit und Entwicklung (BMZ), Soziale Sicherungssysteme in Entwicklungsländern stärken, Armut bekämpfen – Globalisierung gerecht gestalten, Bonn, Berlin 2008 (zit.: *BMZ*, Soziale Sicherungssysteme in Entwicklungsländern stärken, S.)

Burkhoff, Amy, „One Exam Determines One's Life": 2014 Reforms to the Chinese National College Entrance Exam, in: Fordham International Law Journal 38 (2014), S. 1473–1509 [zit.: *Burkhoff*, Fordham International Law Journal 38 (2014), S.]

Butterwegge, Christoph, Krise und Zukunft des Sozialstaates, 5. Aufl., Wiesbaden 2014 (zit.: *Butterwegge*, Krise und Zukunft des Sozialstaates, S.)

Butzer, Hermann, Fremdlasten in der Sozialversicherung, Tübingen 2001 (zit.: *Butzer*, Fremdlasten in der Sozialversicherung, S.)

Cai, Fang/Giles, John/O'Keefe, Philip/Wang, Dewen, The Elderly and Old Age Support in Rural China – Challenges and Prospects, The World Bank, Washington, D.C. 2012 (zit.: *Cai et al.*, The Elderly and Old Age Support in Rural China, S.)

Cai, Yong/Cheng, Yuan, Pension reform in China: challenges and opportunities, in: Journal of economic surveys 28 (2014), S. 636–651 [zit.: *Cai/Cheng*, Pension Reform in China: Challenges and Opportunities, Journal of economic surveys 28 (2014), S.]

Cairo Júnior, José, Curso de Direito do Trabalho, 9. Aufl., Pituba 2014 (zit.: *Cairo Júnior*, Curso de Direito do Trabalho, S.)

Calvo, Esteban/Fang, Lianquan/Williamson, John B., Rural Pension Reform: The Case of China, Documentos de trabajo Nr. 28, Agosto 2016 (zit.: *Calvo/Fang/Williamson*, Rural Pension Reform: The Case of China, S.)

Campos, Marcelo Barroso Lima Brito de, Regime Próprio de Previdência Social dos servidores públicos, 5. Aufl., Juruá 2014 (zit.: *Campos*, Regime Próprio de Previdência Social dos servidores públicos, S.).

Carls, Kristin, Decent work for domestic workers, An ACTRAV/ITC-ILO report realized in cooperation with ETUC and EFFAT, 2013, http://www.ilo.org/wcmsp5/group s/public/---ed_dialogue/---actrav/documents/publication/wcms_218133.pdf (Stand: 8.8.2020) (zit.: *Carls*, Decent work for domestic workers, S.)

Castro, Carlos Alberto Pereira de/Lazzari, João Batista/Duarte, Maria Raquel, Os Regimes Próprios de Previdência Social no Ordenamento jurídico Brasileiro, in: Revista de Direito Previdênciario (RDP) 4 (2011), S. 11–20 [zit.: *Castro/Lazzari/Duarte*, RDP 4 (2011), S.]

Castro, Carlos Alberto Pereira de/Lazzari, João Batista/Duarte, Maria Raquel, Regimes próprios de Previdência Social – Aspectos destacados das reformas constitucionais, in: Revista de Direito Previdenciário (RDP) 4 (2011), S. 55–63 [zit.: *Castro/Lazzari/Duarte*, RDP 4 (2011), S.]

Chan, Kam Wing/Zhang, Li, The Hukou System and Rural-Urban Migration in China: Processes and Changes, in: The China Quarterly 160 (Dezember 1999), S. 818–855 [zit.: *Chan/Zhang*, The China Quarterly 160 (1999), S.]

Chen, Albert H.Y., Socialist Law, Civil Law, Common Law, and the Classification of Contemporary Chinese law, in: *Zhu, Sanzhu* (Hrsg.), Law and Institutions of Modern China, Bd. I, Legal Development of the People's Republic of China, S. 306–326 (zit.: *Chen*, in: Zhu, Law and Institutions of Modern China, S.)

Chen, Taichang, The pension system in China: an overview, in: *Harper, Sarah/Hamblin, Kate* (Hrsg.), International handbook on ageing and public policy, Cheltenham (UK)/Northhampton (MA, USA) 2014, S. 318–331 (zit.: *Chen*, in: Harper/Hamblin, International handbook on ageing and social policy, S.)

Chen, Tianhong/Turner, John A., Extending social security coverage to the rural sector in China, in: International Social Security Review (ISSR) 67 (2014), S. 49–70 [zit.: *Chen/Turner*, ISSR 67 (2014), S.]

Chen, Tianhong/Turner, John A., Fragmentation in social security old-age benefit provision in China, in: Journal of Aging and Social Policy 27 (2015), S. 107–122 [zit.: *Chen/Turner*, Journal of Aging and Social Policy 27 (2015), S.]

China Internet Information Center, Kurzer Überblick über den 13. Fünf-Jahres-Plan: geplante konkrete Reformmaßnahmen, 16.2.2016, http://german.china.org.cn/chin a/archive/lianghui2016/2016-02/16/content_37795836.htm (Stand: 8.8.2020) (zit.: *China Internet Information Center*, Kurzer Überblick über den 13. Fünf-Jahres-Plan, Gliederungspunkt)

Chow, Nelson W.S., Socialist Welfare with Chinese Characteristics, Hong Kong 2000 (zit.: *Chow*, Socialist Welfare with Chinese Characteristics, S.)

Communist Party of China, Communiqué of the Fourth Plenary Session of the 18th Central Committee, 23.10.2014, Übersetzung des Compilation and Translation Bureau of the Central Committee of the Communist Party of China, 2014, http://www w.china.org.cn/china/fourth_plenary_session/2014-12/02/content_34208801.htm (Stand: 8.8.2020) (zit.: *Communist Party of China*, Communiqué of the Fourth Plenary Session of the 18th Central Committee)

Correia, Marcus Orione Gonçalvez/Correia, Érica Paula Barcha, Curso de Direito da Seguridade Social, 7. Aufl., São Paulo 2013 (zit.: *Correia/Correia*, Curso de Direito da Seguridade Social, S.)

Costa, Sérgio, Das politische System Brasiliens, in: Der Bürger im Staat (BIS) 2013, S. 23–33 (zit.: *Costa*, BIS 2013, S.)

Creifelds, Carl (Begr.), Rechtswörterbuch, 23. Aufl., München 2019 (zit.: *Creifelds*, Rechtswörterbuch, Stichwort)

Cremer, Georg, Armut im Alter: zum Verantwortungsbereich von Rentenversicherung und Sozialhilfe, in: Deutsche Rentenversicherung (DRV) 2020, S. 127–144 (zit.: *Cremer*, DRV 2020, S.)

D'Addio, Anna Christina/Whitehouse, Edward, Towards Financial Sustainability of Pension Systems: The Role of Automatic-Adjustment Mechanisms in OECD and EU Countries, Beiträge zur Sozialen Sicherheit, Forschungsbericht 8/12, Bern 2012, (zit.: *D'Addio/Whitehouse*, Towards Financial Sustainability of Pension Systems, S.)

Darimont, Barbara, Alterssicherung in China vor dem Hintergrund konfuzianischer und marxistischer Lebensvorstellungen, China Analysis 48, Trier 2005 (zit.: *Darimont*, Alterssicherung in China vor dem Hintergrund konfuzianischer und marxistischer Lebensvorstellungen, S.)

Darimont, Barbara, Antworten aus Beijing: „Die Sozialpolitik der chinesischen Regierung", in: *Kupfer, Kristin* (Hrsg.) Sozialer Sprengstoff in China? Dimensionen sozialer Herausforderungen in der Volksrepublik, Schriftenreihe Focus Asien des Asienhauses, Essen 2004, S. 67–78 (zit.: *Darimont*, in: Kupfer, Sozialer Sprengstoff in China?, S.)

Darimont, Barbara, Das Sozialversicherungsgesetz der VR China, in: Zeitschrift für Chinesisches Recht (ZChinR) 18 (2011), S. 266–274 [zit.: *Darimont*, ZChinR 18 (2011), S.]

Darimont, Barbara, Rechtsgrundlagen der chinesischen Sozialversicherung, in: China aktuell, September 2003, S. 1102–1116 (zit.: *Darimont*, China aktuell 2003, S.)

Darimont, Barbara, Rezeption und die Bedeutung für das deutsche Sozialrecht, in: *Becker, Ulrich/Zheng, Gongcheng/Darimont, Barbara* (Hrsg.), Grundfragen und Organisation der Sozialversicherung in China und Deutschland, Baden-Baden 2005, S. 127–136 (zit.: *Darimont*, in: Becker/Zheng/Darimont, Grundfragen und Organisation der Sozialversicherung, S.)

Darimont, Barbara, Sozialversicherungsrecht der V. R. China – Unter besonderer Berücksichtigung der Rentenversicherung und ihrer Reformfragen, Baden-Baden 2004 (zit.: *Darimont*, Sozialversicherungsrecht der V. R. China, S.)

Darimont, Barbara, V.R. China: Frührente für Frauen zur Bekämpfung der Arbeitslosigkeit, in: Zeitschrift für ausländisches und internationales Arbeits- und Sozialrecht (ZIAS) 21 (2007), S. 119–126 [zit.: *Darimont*, ZIAS 21 (2007), S.]

Darimont, Barbara/Liu, Dongmei, Das Recht der sozialen Hilfe und des Wohngeldes, in: Zeitschrift für Chinesisches Recht (ZChinR) 17 (2010), S. 338–348 [zit.: *Darimont/Liu*, ZChinR 17 (2010), S.]

Davies, Ron, Self-employment and social security – Effects on innovation and economic growth, European Parliament Think Tank, 2013, http://www.europarl.europa.eu/thinktank/en/document.html?reference=LDM_BRI(2013)130646 (Stand: 8.8.2020) (zit.: *Davies*, Self-employment and social security, S.)

DBB Beamtenbund und Tarifunion (Hrsg.), Zahlen Daten Fakten 2019, Berlin 2019, https://www.dbb.de/fileadmin/pdfs/2019/zdf_2019.pdf (Stand: 8.8.2020) (zit.: *DBB Beamtenbund und Tarifunion*, Zahlen Daten Fakten 2019, S.)

Demographieportal des Bundes und der Länder, Informieren: Zahlen und Fakten, Renteneintrittsalter und Lebenserwartung, https://www.demografie-portal.de/SharedDocs/Informieren/DE/ZahlenFakten/Renteneintrittsalter_Lebenserwartung.html;jsesionid=A5000154364335A17D661885E4B02B8C.1_cid389 (Stand: 8.8.2020) (zit.: *Demographieportal des Bundes und der Länder*, Zahlen und Fakten: Renteneintrittsalter und Lebenserwartung)

Detragiache, Enrica/Natal, Jean-Marc/Pereira, Joana, Bevölkerungsalterung: Deutschland braucht Reformen, 29.6.2016, http://www.imf.org/external/lang/german/np/blog/2016/062916g.pdf (Stand: 8.8.2020) (zit.: *Detragiache/Natal/Pereira*, Bevölkerungsalterung: Deutschland braucht Reformen, S.)

Deutsche Bundesbank, Monatsbericht August 2016, Frankfurt am Main 2016 (zit.: *Deutsche Bundesbank*, Monatsbericht August 2016, S.)

Deutsche Rentenversicherung Bund (Hrsg.), 125 Jahre gesetzliche Rentenversicherung, München 2014 (zit.: *Deutsche Rentenversicherung Bund*, 125 Jahre gesetzliche Rentenversicherung, S.)

Deutsche Rentenversicherung Bund (Hrsg.), Rentenversicherung in Zahlen 2019, Berlin 2019 (zit.: *Deutsche Rentenversicherung Bund*, Rentenversicherung in Zahlen 2019, S.)

Deutsche Rentenversicherung Bund (Hrsg.), Versichertenbericht 2017, Berlin 2017 (zit.: *Deutsche Rentenversicherung Bund*, Versichertenbericht 2017, S.)

Deutsche Rentenversicherung Bund (Hrsg.), Versichertenbericht 2018, Berlin 2018 (zit.: *Deutsche Rentenversicherung Bund*, Versichertenbericht 2018, S.)

Deutsches Institut für Wirtschaftsforschung (DIW) (Hrsg.), DIW Glossar, https://www.diw.de/de/diw_01.c.413207.de/presse/glossar/glossar.html (Stand: 8.8.2020) (zit.: DIW, Glossar, Stichwort)

Dixon, John, China, in: *Dixon, John/Macarov, David* (Hrsg.), Social Welfare in Socialist Countries, London und New York 1992, S. 10–46 (zit.: *Dixon*, in: Dixon/Macarov, Social Welfare in Socialist Countries, S.)

Dixon, John, The Chinese Welfare System, 1949–1979, New York 1981 (zit.: *Dixon*, The Chinese Welfare System, S.)

Dixon, John/Kim, Hyung Shik, Social Welfare under Socialism, in: *Dixon, John/Macarov, David* (Hrsg.), Social Welfare in Socialist Countries, London und New York 1992, S. 1–9 (zit.: *Dixon/Kim*, in: Dixon/Macarov, Social Welfare in Socialist Countries, S.)

Dohmen, Holger, Soziale Sicherheit in China, Hamburg 1979 (zit.: *Dohmen*, Soziale Sicherheit in China, S.)

Döring, Diether, Grundlinien der langfristigen Systementwicklung der gesetzlichen Rentenversicherung, in: *Fisch, Stefan/Haerendel, Ulrike* (Hrsg.), Geschichte und Gegenwart der Rentenversicherung in Deutschland, Berlin 2000, S. 169–187 (zit.: *Döring*, in: Fisch/Haerendel, Geschichte und Gegenwart der Rentenversicherung in Deutschland, S.)

Dreier, Horst (Hrsg.), Grundgesetz Kommentar, Bd. I, 3. Aufl., Tübingen 2013 (zit.: *Bearbeiter*, in: Dreier, Grundgesetz-Kommentar, Bd. I, Art. Rn.)

Dreier, Horst (Hrsg.), Grundgesetz Kommentar, Bd. II, 3. Aufl., Tübingen 2015 (zit.: *Bearbeiter*, in: Dreier, Grundgesetz-Kommentar, Bd. II, Art. Rn.)

Dreier, Horst (Hrsg.), Grundgesetz Kommentar, Bd. III, 3. Aufl., Tübingen 2018 (zit.: *Bearbeiter*, in: Dreier, Grundgesetz-Kommentar, Bd. III, Art. Rn.)

Drouin, Anne/Thompson, Lawrence H., Perspectives on the social security system of China, Extension of social security, ESS Paper Nr. 25, International Labour Organization, Genf 2006 (zit.: *Drouin/Thompson*, Perspectives on the social security system of China, S.)

Ebert, Thomas, Generationengerechtigkeit in der gesetzlichen Rentenversicherung – Delegitimation des Sozialstaates?, Edition der Hans-Böckler-Stiftung Nr. 149, Düsseldorf 2005 (zit.: *Ebert*, Generationengerechtigkeit in der gesetzlichen Rentenversicherung, S.)

Eichenhofer, Eberhard, Einführung in die Sozialrechtsvergleichung, in: Neue Zeitschrift für Sozialrecht (NZS) 1997, S. 97–102 (zit.: *Eichenhofer*, NZS 1997, S.)

Eichenhofer, Eberhard, Geschichte des Sozialstaats in Europa – Von der „sozialen Frage" bis zur Globalisierung, München 2007 (zit.: *Eichenhofer*, Geschichte des Sozialstaats in Europa, S.)

Eichenhofer, Eberhard, Globalisierung und internationales Sozialrecht, in: Sozialer Fortschritt 60 (2011), S. 215–221 [zit.: *Eichenhofer*, Sozialer Fortschritt 60 (2011), S.]

Eichenhofer, Eberhard, Sozialrecht, 11. Aufl., Tübingen 2019 (zit.: *Eichenhofer*, Sozialrecht, Rn.)

Eichenhofer, Eberhard, Sozialreformen zwischen Vision und Wirklichkeit, in: Neue Zeitschrift für Sozialrecht (NZS) 2007, S. 57–63 (zit.: *Eichenhofer*, NZS 2007, S.)

Epping, Volker/Hillgruber, Christian (Hrsg.), Beck'scher Online-Kommentar Grundgesetz, 43. Edition, München 2020, Stand: 15.5.2020 (zit.: *Bearbeiter*, in: BeckOK Grundgesetz, Art. Rn.)

Erfurter Kommentar zum Arbeitsrecht siehe unter *Müller-Glöge, Rudi/Preis, Ulrich/Schmidt, Ingrid* (Hrsg.)

Europäisches Parlament, Angemessene, nachhaltige und sichere europäische Pensions- und Rentensysteme, Entschließung des Europäischen Parlaments vom 16. Februar 2011 zu dem Grünbuch mit dem Titel „Angemessene, nachhaltige und sichere europäische Pensions- und Rentensysteme", 2010/2239(INI), Initiativentschließung (zit.: *Europäisches Parlament*, Angemessene, nachhaltige und sichere europäische Pensions- und Rentensysteme, Rn.)

Fan, Jinming, Alterssicherung in China – Entwicklung einer einheitlichen staatlichen Rentenversicherung für die Volksrepublik China, Frankfurt am Main 1999 (zit.: *Fan*, Alterssicherung in China, S.)

Färber, Gisela/Funke, Melanie/Walther, Speyer, Die Entwicklung der Beamtenversorgung in Deutschland seit 1992 und künftige Finanzierungsprobleme der Gebietskörperschaften, in: Die öffentliche Verwaltung (DÖV) 2009, S. 133–146 (zit.: *Färber/Funke/Walther*, DÖV 2009, S.)

Favaro, Luciano Monti, O princípio do direito adquirido na Seguridade Social, in: Revista do mestrado em direito UCB 3 (2009), S. 163–176 [zit.: *Favaro*, Revista do mestrado em direito UCB 3 (2009), S.]

Fischer, Doris/Schüller, Margot, Wandel der ordnungspolitischen Konzeption seit 1949, in: *Fischer, Doris/Lackner, Michael* (Hrsg.), Länderbericht China – Geschichte, Politik, Wirtschaft, Gesellschaft, 3. Aufl., Bonn 2007, S. 227–247 (zit.: *Fischer/Schüller*, in: Fischer/Lackner, Länderbericht China, S.)

Fischer, Wolfram, Der Wandel der sozialen Frage, in: *Külp, Bernhard/Hasse, Heinz Dieter* (Hrsg.), Soziale Probleme der modernen Industriegesellschaft, I. Halbband, Verhandlungen auf der Arbeitstagung des Vereins für Sozialpolitik, Berlin 1977, S. 35–68 (zit.: *Fischer*, in: Külp/Hasse, Soziale Probleme der modernen Industriegesellschaft, S.)

Fischer, Wolfram, Wirtschaftliche Bedingungen und Faktoren bei der Entstehung und Entwicklung von Sozialversicherung, in: *Zacher, Hans F.* (Hrsg.), Bedingungen für die Entstehung und Entwicklung von Sozialversicherung, Berlin 1979, S. 91–102 (zit.: *Fischer*, in: Zacher, Bedingungen für die Entstehung und Entwicklung von Sozialversicherung, S.)

Folsom, Ralph H./Minan, John H., Law in the People's Republic of China, Dordrecht 1989 (zit.: *Folsom/Minan*, Law in the People's Republic of China, S.)

Franz, Uli, Porträt: Deng Xiaoping, in: Dossier China, Internet-Dossier für die Bundeszentrale für politische Bildung, Bonn 2008, http://www.bpb.de/internationales/asien/china/44262/deng-xiaoping?p=all (Stand: 8.8.2020) (zit.: *Franz*, Portrait: Deng Xiaoping)

Gao, Yongxian, Überblick und aktuelle Probleme der Sozialversicherung in China, in: *Becker, Ulrich/Zheng, Gongcheng/Darimont, Barbara* (Hrsg.), Grundfragen und Organisation der Sozialversicherung in China und Deutschland, Baden-Baden 2005, S. 19–24 (zit.: *Gao*, in: Becker/Zheng/Darimont, Grundfragen und Organisation der Sozialversicherung in China und Deutschland, S.)

Geppert, Franz, Otto Fürst von Bismarck – Eine Biographie, Hamburg 2013 (zit.: *Geppert*, Otto Fürst von Bismarck, S.)

Gerstenberger, Björn, Alterssicherung in Brasilien, Marburg 2007, zugl. Diss. Köln 2007 (zit.: *Gerstenberger*, Alterssicherung in Brasilien, S.)

Gerstenberger, Björn, Das Rentensystem in Brasilien: Reformiert und reformbedürftig, in: Orientierungen zur Wirtschafts- und Gesellschaftspolitik Nr. 114 (Dezember 2007), S. 35–40 (zit.: *Gerstenberger*, Orientierungen zur Wirtschafts- und Gesellschaftspolitik 114, S.)

Giles, John/Wang, Deven/Park, Albert, Expanding Social Insurance Coverage in Urban China, 2012, The World Bank, Policy Research Working Paper (zit.: *Giles/Wang/Park*, Expanding Social Insurance Coverage in Urban China, S.)

Ginneken, Wouter van, Extending social security: Policies for developing countries, ESS Paper No. 13, Genf 2003 (zit.: *van Ginneken*, Extending social security, S.)

Goodburn, Charlotte, The end of the hukou system? Not yet, in: China Policy Institute Policy Paper No. 2 (2014) [zit.: *Goodburn*, China Policy Institute Policy Paper 2 (2014), S.]

Gransow, Bettina, Binnenmigration in China – Chance oder Falle?, in: Focus Migration, Kurzdossier Nr. 19, Dezember 2012 (zit.: *Gransow*, Focus Migration, S.)

Großkord, Hans R., Beamtenversorgung und gesetzliche Rentenversicherung – Wechselseitige Beziehungen unter besonderer Berücksichtigung des § 55 Beamtenversorgungsgesetz, Göttingen 1986 (zit.: *Großkord*, Beamtenversorgung und gesetzliche Rentenversicherung, S.)

Gruat, Jean-Victor, Some striking features of the Chinese pension system, EU-China Social Protection Reform Project, September 2017, http://www.sprp-cn.eu/reports /strikingfeatures.pdf (Stand: 8.8.2020) (zit.: *Gruat*, Some striking features of the Chinese pension system, S.)

Haase, Florian F., Einführung in die Methodik der Rechtsvergleichung, in: Juristische Arbeitsblätter (JA) 2005, S. 232–237 (zit.: *Haase*, JA 2005, S.)

Haerendel, Ulrike, Die Anfänge der gesetzlichen Rentenversicherung in Deutschland: die Invaliditäts- und Altersversicherung von 1889 im Spannungsfeld von Reichsverwaltung, Bundesrat und Parlament, Speyer 2001 (zit.: *Haerendel*, Die Anfänge der gesetzlichen Rentenversicherung in Deutschland, S.)

Hambüchen, Ulrich/Schlegel, Rainer, Chinas langer Marsch in eine geordnete Sozialverfassung, in: Vierteljahrsschrift für Sozialrecht (VSSR) 2009, S. 259–282 (zit.: *Hambüchen/Schlegel*, VSSR 2009, S.)

Hartmann, Christian, Zahlen und Fakten: Die soziale Situation in Deutschland, Bundeszentrale für politische Bildung (Hrsg.), Bonn 2014, https://www.bpb.de/nachs chlagen/zahlen-und-fakten/soziale-situation-in-deutschland/ (Stand: 8.8.2020) (zit.: *Hartmann*, Zahlen und Fakten: Die soziale Situation in Deutschland, Rubrik, Unterthema)

Hartmann, Jürgen, Politik in China – Eine Einführung, Wiesbaden 2006 (zit.: *Hartmann*, Politik in China, S.)

He, Wan/Goodkind, Daniel/Kowal, Paul, An Aging World: 2015, International Population Reports, Washington D.C. 2016 (zit.: *He/Goodkind/Kowal*, An Aging World: 2015, S.)

Hebel, Jutta/Schucher, Günter, Beschäftigungsstrukturen und Arbeitsmärkte, in: *Fischer, Doris/Lackner, Michael* (Hrsg.), Länderbericht China – Geschichte, Politik, Wirtschaft, Gesellschaft, 3. Aufl., Bonn 2007, S. 284–301 (zit.: *Hebel/Schucher*, in: Fischer/Lackner, Länderbericht China, S.)

Heilmann, Sebastian, Das politische System der Volksrepublik China, 2. Aufl., Wiesbaden 2004 (zit.: *Heilmann*, Das politische System der Volksrepublik China, S.)

Heilmann, Sebastian, Das politische System der Volksrepublik China im Überblick, China Analysis Nr. 70, Trier 2009 (zit.: *Heilmann*, Das politische System der Volksrepublik China im Überblick, S.)

HelpAge International, Social Pensions Database, Version vom 1.3.2018, http://www.p ension-watch.net/social-pensions-database/social-pensions-database--/ (Stand: 8.8.2020) (zit.: *HelpAge International*, Social Pensions Database)

HelpAge International, Why social pensions are needed now, Briefing on social pensions, London 2003, https://www.helpage.org/silo/files/why-social-pensions-are-needed-now.pdf (Stand: 8.8.2020) (zit.: *HelpAge International*, Why social pensions are needed now, S.)

Heuer, Caroline, Das Altersrentensystem in der Volksrepublik China, China Analysis Nr. 31, Trier 2004, (zit.: *Heuer*, Das Altersrentensystem in der Volksrepublik China, S.)

Heuser, Robert, Einführung in die chinesische Rechtskultur, 3. Aufl., Hamburg 2006 (zit.: *Heuser*, Einführung in die chinesische Rechtskultur, S.)

Hochman, Gilberto/Williamson John B., Das öffentliche Rentensystem in Brasilien: Grundsätzliche Änderungen, politische Wirkungen, in: Internationale Revue für Soziale Sicherheit (IRSS) 48 (2/1995), S. 33–51 [zit.: *Hochman/Williamson*, IRSS 48 (2/1995), S.]

Höfer, Reinhold, Die Neuregelung des Betriebsrentenrechts durch das Altersvermögensgesetz (AVmG), in: Der Betrieb (DB) 2001, S. 1145–1150 (zit.: *Höfer*, DB 2001, S.)

Holzmann, Robert, Global pension systems and their reform: Worldwide drivers, trends and challenges, in: International Social Security Review (ISSR) 66 (2/2013), S. 1–29 [zit.: *Holzmann*, ISSR 66 (2/2013), S.]

Holzmann, Robert/Hinz, Richard, Old-Age Income Support in the 21st Century, An International Perspective on Pension Systems and Reform, The World Bank, Washington D.C. 2005 (zit.: *Holzmann/Hinz*, Old-Age Income Support in the 21st Century, S.)

Hussmanns, Ralf, Statistical definition of informal employment: Guidelines endorsed by the Seventeenth International Conference of Labour Statisticians (2003), Genf 2004 (zit.: *Hussmanns,* Statistical definition of informal employment, S.)

Ibrahim, Fábio Zambitte, A Previdência Social no Estado Contemporâneo, Niteroí 2011 (zit.: *Ibrahim,* A Previdência Social no Estado Contemporâneo, S.)

Ibrahim, Fábio Zambitte, Curso de Direito Previdenciário, 21. Aufl., Niterói 2015 (zit.: *Ibrahim,* Curso de Direito Previdenciário, S.)

Igl, Gerhard/Welti, Felix, Sozialrecht, 8. Aufl., Neuwied 2008 (zit.: *Igl/Welti,* Sozialrecht, Paragraph Randnummer)

Instituto Brasileiro de Geografia e Estatística (IBGE) (Hrsg.), Perfil dos Municípios Brasileiros, Rio de Janeiro 2012 (zit.: *IBGE,* Perfil dos Municípios Brasileiros, Fundstelle)

International Labour Organization (ILO) (Hrsg.), Can low-income countries afford basic social security?, Social Security Policy Briefings Paper 3, Genf 2008 (zit.: *ILO,* Can low-income countries afford basic social security?, S.)

International Labour Organization (ILO) (Hrsg.), Domestic workers across the world: global and regional statistics and the extent of legal protection, Genf 2013 (zit.: *ILO,* Domestic workers across the world, S.)

International Labour Organization (ILO) (Hrsg.), Employment, incomes and equality, a strategy for increasing productive employment in Kenya, Genf 1972 (zit.: *ILO,* Employment, incomes and equality, S.)

International Labour Organization (ILO) (Hrsg.), Global Employment Trends 2014: Risk of a jobless recovery?, Genf 2014 (zit.: *ILO,* Global Employment Trends 2014, S.)

International Labour Organization (ILO) (Hrsg.), Guidelines concerning a statistical definition of informal employment, Genf 2003 (zit.: *ILO,* Guidelines concerning a statistical definition of informal employment, Gliederungspunkt)

International Labour Organization (ILO) (Hrsg.), People's Republic of China: Universal pension coverage, Genf 2015, (zit.: *ILO,* People's Republic of China: Universal pension coverage, S.)

International Labour Organization (ILO) (Hrsg.), Resolution concerning decent work and the informal economy, Genf 2002 (zit.: *ILO,* Resolution concerning decent work and the informal economy)

International Labour Organization (ILO) (Hrsg.), Social protection for older persons: Key policy trends and statistics, Genf 2014 (zit.: *ILO,* Social protection for older persons, S.)

International Labour Organization (ILO) (Hrsg.), Social security for all: investing in social justice and economic development, Social Security Department, Genf 2009 (zit.: *ILO,* Social security for all, S.)

International Labour Organization (ILO) (Hrsg.), Social security for social justice and a fair globalization, Report VI der International Labour Conference, 100th Session, Genf 2011 (zit.: *ILO,* Social security for social justice and a fair globalization, S.)

International Labour Organization (ILO) (Hrsg.), Women and men in the informal economy: a statistical picture, 3. Aufl., Genf 2018, (zit.: ILO, Women and men in the informal economy, S.)

International Labour Organization (ILO) (Hrsg.), World employment and social outlook – The changing nature of jobs, Genf 2015 (zit.: *ILO*, World employment and social outlook, S.)

International Labour Organization (ILO) (Hrsg.), World Social Protection Report 2014/15: Building economic recovery, inclusive development and social justice, Genf 2014 (zit.: *ILO*, World Social Protection Report 2014/15, S.)

International Labour Organization (ILO) (Hrsg.), World Social Protection Report 2017–2019: Universal social protection to achieve the Sustainable Development Goals, Genf 2017 (zit.: *ILO*, World Social Protection Report 2017–2019, S.)

International Social Security Association (ISSA) (Hrsg.), Social security coverage extension in the BRICS, Genf 2013 (zit.: *ISSA*, Social security coverage extension in the BRICS, S.)

Isensee, Josef, „Bürgerversicherung" im Koordinatensystem der Verfassung, in: Neue Zeitschrift für Sozialrecht (NZS) 2004, S. 393–401 (zit.: *Isensee*, NZS 2004, S.)

Isensee, Josef, Verfassung ohne soziale Grundrechte, Ein Wesenszug des Grundgesetzes, in: Der Staat 19 (1980), S. 367–384 [zit.: *Isensee*, Der Staat 19 (1980), S.]

Jarass, Hans D., Sicherung der Rentenfinanzierung und Verfassungsrecht, in: Neue Zeitschrift für Sozialrecht (NZS) 1997, S. 545–551 (zit.: *Jarass*, NZS 1997, S.)

Jarass, Hans D./Pieroth, Bodo, Grundgesetz für die Bundesrepublik Deutschland, Kommentar, 16. Aufl., München 2020 (zit.: *Bearbeiter*, in: Jarass/Pieroth, Grundgesetz Kommentar, Art. Rn.)

Jia, Lin/Porsche-Ludwig, Markus, China, in: *Porsche-Ludwig, Markus/Bellers, Jürgen/Gieler, Wolfgang* (Hrsg.), Sozialpolitik in Asien, Berlin 2013, S. 48–56 (zit.: *Jia/Porsche-Ludwig*, in: Porsche-Ludwig et al., Sozialpolitik in Asien, S.)

Jianfan, Wu, Building new China's legal system, in: Columbia Journal of Transnational Law 22 (1/1983), S. 1–40 [zit.: *Jianfan*, Columbia Journal of Transnational Law 22 (1/1983), S.]

Jin, Yuxi, Entwicklung des gesetzlichen sozialen Grundaltersversicherungssystems in der Volksrepublik China – Nachhaltigkeit als gesetzliches Prinzip im Sozialversicherungsgesetz, Baden-Baden 2019, zugl. Diss. jur. Münster 2019 (zit.: *Jin*, Entwicklung des gesetzlichen sozialen Grundaltersversicherungssystems in der Volksrepublik China, S.)

Jones, William C., Trying to understand the current Chinese legal system, in: *Zhu, Sanzhu* (Hrsg.), Law and institutions of modern China, Vol. I, Legal development of the people's republic of China, S. 275–305 (zit.: *Jones*, in: Zhu, Law and institutions of modern China, S.)

Jürgens, Andrea, Soziale Sicherung in der VR China seit Beginn der Reformpolitik, Hamburg 1992 (zit.: *Jürgens*, Soziale Sicherung in der VR China seit Beginn der Reformpolitik, S.)

Kaltenstein, Jens, 60 Jahre „Große Rentenreform" von 1957 – Rückblick auf eine systemprägende „Jahrhundert-Reform", in: Neue Zeitschrift für Sozialrecht (NZS) 2017, S. 1–7 (zit.: *Kaltenstein*, NZS 2017, S.)

Kasseler Kommentar siehe unter *Körner, Anne/Leitherer, Stephan/Mutschler, Bernd/Rolfs, Christian* (Hrsg.)

Kischel, Uwe, Rechtsvergleichung, München 2015 (zit.: *Kischel*, Rechtsvergleichung, S.)

Klaschka, Siegfried, Die politische Geschichte im 20. Jahrhundert, in: *Fischer, Doris/Lackner, Michael* (Hrsg.), Länderbericht China – Geschichte, Politik, Wirtschaft, Gesellschaft, 3. Aufl., Bonn 2007, S. 129–155 (zit.: *Klaschka*, in: Fischer/Lackner, Länderbericht China, S.)

Kleining, Jochen, Zehn Annahmen über China, Länderprogramm der Konrad-Adenauer-Stiftung, Volksrepublik China, 29.7.2008, http://www.kas.de/wf/doc/kas_14256-5 44-1-30.pdf?080730165221 (Stand: 8.8.2020) (zit.: *Kleining*, Zehn Annahmen über China, S.)

Knels, Christopher, Das Sozialversicherungsprinzip als wesentliches Merkmal der Sozialversicherung und seine verfassungsrechtliche Relevanz, Berlin 2007 (zit.: *Knels*, Das Sozialversicherungsprinzip, S.)

Knickrehm, Sabine/Kreikebohm, Ralf/Waltermann, Raimund (Hrsg.), Kommentar zum Sozialrecht, 6. Aufl., München 2019 (zit.: *Bearbeiter*, in: Knickrehm/Kreikebohm/Waltermann, Kommentar zum Sozialrecht, § Gesetz Rn.)

Koalitionsvertrag zwischen CDU, CSU und SPD: Ein neuer Aufbruch für Europa – Eine neue Dynamik für Deutschland – Ein neuer Zusammenhalt für unser Land, Berlin, 12. März 2018 (zit.: Koalitionsvertrag zwischen CDU, CSU und SPD vom 12.3.2018, S.)

Koch, Ulrich (Hrsg.), Arbeitsrecht von A–Z, 21. Aufl., München 2017 *(zit.: Bearbeiter*, in: Koch, Arbeitsrecht von A–Z, Stichwort)

Kohl, Horst (Hrsg.), Reden und Ansprachen des Ministerpräsidenten und Reichskanzlers a. D. Fürsten von Bismarck, Historisch-kritische Gesamtausgabe, 13. Bd., 1890–1897, Stuttgart und Berlin 1905 (zit.: *Kohl*, Reden und Ansprachen Bismarcks, S.)

Köhler-Rama, Tim, Kommt jetzt die Grundrente?, in: Wirtschaftsdienst 2018, S. 76 (zit.: *Köhler-Rama*, Wirtschaftsdienst 2018, S.)

Köhler, Peter A., Entstehung von Sozialversicherung – Ein Zwischenbericht, in: *Zacher, Hans F.* (Hrsg.), Bedingungen für die Entstehung und Entwicklung von Sozialversicherung, Berlin 1979, S. 19–88 (zit.: *Köhler*, in: Zacher, Bedingungen für die Entstehung und Entwicklung von Sozialversicherung, S.)

Köhler, Peter A., Entwicklungslinien der 100jährigen Geschichte der gesetzlichen Rentenversicherung: Die Zeit von 1891–1957, in: *Ruland, Franz* (Hrsg.), Handbuch der gesetzlichen Rentenversicherung (HDR), Festschrift aus Anlass des 100jährigen Bestehens der gesetzlichen Rentenversicherung, Bd. 1, Neuwied 1990, S. 51–92 (zit.: *Köhler*, in: Ruland, HDR, Bd. 1, Rn.)

Kolb, Rudolf, Die Bedeutung des Versicherungsprinzips für die gesetzliche Rentenversicherung, in: *Schmähl, Winfried* (Hrsg.), Versicherungsprinzip und soziale Sicherheit, Tübingen 1985, S. 120–140 (zit.: *Kolb*, in: Schmähl, Versicherungsprinzip und soziale Sicherung, S.)

Kommission Verlässlicher Generationenvertrag (Hrsg.), Bericht der Kommission Verlässlicher Generationenvertrag, Bd. I – Empfehlungen, Berlin, 30.3.2020, https://www.bmas.de/DE/Themen/Rente/Kommission-Verlaesslicher-Generationenvertrag/Bericht%20der%20Kommission/bericht-der-kommission.html (Stand: 8.8.2020) (zit.: *Kommission Verlässlicher Generationenvertrag*, Bericht der Kommission, Bd. I, S.)

Konrad-Adenauer-Stiftung, Wahlsystem und Hintergrundinformationen, Online-Information: https://www.kas.de/de/statische-inhalte-detail/-/content/wahlsystem-und-hintergrundinformationen (Stand: 8.8.2020) (zit.: *Konrad-Adenauer-Stiftung*, Wahlsystem und Hintergrundinformationen)

Koop, Thorsten, Die „Mütterrente" im verfassungsrechtlichen Kontext, in: Neue Zeitschrift für Sozialrecht (NZS) 2015, S. 650–655 (zit.: *Koop*, NZS 2015, S.)

Koppenfels-Spies, Katharina von, Sozialrecht, Tübingen 2018 (zit.: *v. Koppenfels-Spies*, Sozialrecht, Rn.)

Körner, Anne/Leitherer, Stephan/Mutschler, Bernd/Rolfs, Christian (Hrsg.), Kasseler Kommentar Sozialversicherungsrecht, 108. EGL, März 2020, München 2020 (zit.: *Bearbeiter*, in: Kasseler Kommentar, § Rn.)

Körtek, Yasemin, Die Beamtenversorgung in der Bundesrepublik Deutschland, in: *Becker, Ulrich/Köhler, Peter A./Körtek, Yasemin* (Hrsg.), Die Alterssicherung von Beamten und ihre Reformen im Rechtsvergleich, Baden-Baden 2010, S. 47–66 (zit.: *Körtek*, in: Becker et al., Die Alterssicherung von Beamten und ihre Reformen im Rechtsvergleich, S.)

Kravchynchyn, Gisele Lemos, Desaposentação e o pincípio da isonomia, in: Revista de Previdência Social 394 (2013), S. 776–786 [zit.: *Kravchynchyn*, Revista de Previdência Social 394 (2013), S.]

Kreikebohm, Ralf (Hrsg.), Sozialgesetzbuch, Gesetzliche Rentenversicherung – SGB VI –, Kommentar, 5. Aufl., München 2017 (zit.: *Bearbeiter*, in: Kreikebohm, SGB VI, § Rn.)

Kreikebohm, Ralf, Eine Reform der Alterssicherung bleibt nun – erst recht – auf der Tagesordnung, in: Neue Zeitschrift für Sozialrecht (NZS) 2020, S. 401–410 (zit.: *Kreikebohm*, NZS 2020, S.)

Kretschmer, Hans-Jürgen, Abhängige und selbständige Erwerbstätigkeit in der Sozialversicherung – Bemerkungen zum Problem der „abhängigen Selbständigkeit", in: Zeitschrift für Sozialreform (ZSR) 1994, S. 462–484 (zit.: *Kretschmer*, ZSR 1994, S.)

Küble, Horst, Besoldung und Lebenshaltung der unmittelbaren preußischen Staatsbeamten im 19. Jahrhundert, Nürnberg 1976 (zit.: *Küble*, Besoldung und Lebenshaltung der unmittelbaren preußischen Staatsbeamten im 19. Jahrhundert, S.)

Lange, Klaus, Soziale Grundrechte in der deutschen Verfassungsentwicklung und in den derzeitigen Länderverfassungen, in: *Böckenförde, Ernst-Wolfgang/Jekewitz, Jürgen/Ramm, Thilo* (Hrsg.), Soziale Grundrechte, Heidelberg & Karlsruhe 1981, S. 49–60 (zit.: *Lange*, in: Böckenförde et al., Soziale Grundrechte, S.)

Langheid, Theo/Wandt, Manfred (Hrsg.), Münchener Kommentar zum Versicherungsvertragsgesetz (VVG), Bd. 2, 2. Aufl. München 2017, (zit.: *Bearbeiter*, in: Langheid/Wandt, Münchener Kommentar zum VVG, § Rn.)

Larraín Ríos, Guillermo, Enhancing the Success of the Chilean Pension System, in: *Inter-American Development Bank* (Hrsg.), A Quarter Century of Pension Reform in Latin America and the Caribbean, Washington D.C. 2005, S. 219–239 (zit.: *Larraín Ríos*, in: Inter-American Development Bank, A Quarter Century of Pension Reform, S.)

Laudage, Christiane/Zimmermann-Lössel, Christine/ Schröder, Carola, Soziale Sicherheit in der Volksrepublik China, in: *Hofmeister, Wilhelm/Thesing, Josef* (Hrsg.), Soziale Sicherheit in Asien, Bonn 1999, S. 101–190 (zit.: *Laudage/Zimmermann-Lössel/Schröder*, in: Hofmeister/Thesing, Soziale Sicherheit in Asien, S.)

Lessenich, Stephan, „Aktivierender" Sozialstaat: eine politisch-soziologische Zwischenbilanz, in: *Bispinck, Reinhard/Bosch, Gerhard/Hofemann, Klaus/Naegele, Gerhard* (Hrsg.), Sozialpolitik und Sozialstaat, Festschrift für Gerhard Bäcker, Wiesbaden 2012, S. 41–53 (zit.: *Lessenich*, in: FS Bäcker, S.)

Li, Zhen, The basic old-age insurance of China: Challenges and countermeasures, Paper World Pension Summit 2013, Amsterdam 2013 (zit.: *Li*, The basic old-age insurance of China, S.)

Lima, Manoel Hermes de, Novas regras do fator previdenciário, in: Juris Plenum Previdenciária 3 (11/2015), S. 137–144 [zit.: *Lima*, Juris Plenum Previdenciária 3 (11/2015), S.]

Lin, Yi, Ein Bezugsrahmen für eine Analyse der institutionellen Grundlagen der Entwicklung öffentlicher Renten, in: Zeitschrift für ausländisches und internationales Arbeits- und Sozialrecht (ZIAS) 2000, S. 30–60 (zit.: *Lin*, ZIAS 2000, S.)

Lin, Yi, Reform des Altersrentensystems in China, in: Zeitschrift für ausländisches und internationales Arbeits- und Sozialrecht (ZIAS) 1993, S. 96–123 (zit.: *Lin*, ZIAS 1993, S.)

Liu, Ciu Xiao, Die Alterssicherung der Landwirte in der Volksrepublik China, in: Zeitschrift für ausländisches und internationales Arbeits- und Sozialrecht (ZIAS) 2000, S. 61–69 (zit.: *Liu*, ZIAS 2000, S.)

Liu, Dongmei, Reformen des Sozialleistungsrechts in der Volksrepublik China – Unter besonderer Berücksichtigung der Rolle der Verfassung und des Einflusses internationaler Organisationen, München 2011, zugl. Diss. München 2010 (zit.: *Liu*, Reformen des Sozialleistungsrechts in der Volksrepublik China, S.)

Liu, Tao/Sun, Li, Pension Reform in China, in: Journal of Aging and Social Policy 28 (2016), S. 15–28 [zit.: *Liu/Sun*, Journal of Aging and Social Policy 28 (2016), S.]

Lohmann, Ulrich, Zur Staats- und Rechtsordnung der DDR, Wiesbaden 2015 (zit.: *Lohmann*, Zur Staats- und Rechtsordnung der DDR, S.)

Lu, Quan/Stepan, Matthias, The Establishment of China's New Type Rural Social Insurance Pension: A Process Perspective, in: Journal of Current Chinese Affairs 45 (2/2016), S. 113–147 [zit.: *Lu/Stepan*, Journal of Current Chines Affairs 45 (2/2016), S.]

Malloy, James M., Politics, fiscal crisis and social security reform in Brazil, Latin American Issues Bd. 2 Heft 1, Meadville 1985 (zit.: *Malloy*, Politics, fiscal crisis and social security reform in Brazil, S.)

Malloy, James M., The politics of social security in Brazil, Pittsburgh 1979 (zit.: *Malloy*, The politics of social security in Brazil, S.)

Manow, Philip, Kapitaldeckung oder Umlage: Zur Geschichte einer anhaltenden Debatte, in: *Fisch, Stefan/Haerendel, Ulrike* (Hrsg.), Geschichte und Gegenwart der Rentenversicherung in Deutschland, Berlin 2000, S. 145–168 (zit.: *Manow*, in: Fisch/Haerendel, Geschichte und Gegenwart der Rentenversicherung in Deutschland, S.)

Marcinkiewicz, Edyta/Chybalski, Filip, How to measure and compare pension expenditure in cross-country analyses? Some methodological remarks, in: International Journal of Business and Management Vol. II (4) 2014, S. 43–59 [zit.: *Marcinkiewicz/Chybalski*, International Journal of Business and Management II (4) 2014, S.]

Marjan, Attila, EU-China Cooperation, Modern Diplomacy, Special Reports, October 2015, Issue 11 (zit.: *Marjan*, EU-China Cooperation, S.)

Martins, Sergio Pinto, Comentários à Lei No. 8.212/91: custeio da seguridade social, São Paulo 2013 (zit.: *Martins*, Comentários à Lei No. 8.212/91, S.)

Marx, Karl, Das Kapital, in: *Institut für Marxismus-Leninismus beim ZK der SED* (Hrsg.), Karl Marx – Friedrich Engels – Werke (MFW), Bd. 23, Berlin/DDR 1962 (zit.: *Marx*, in: MFW, Bd. 23, S.)

Matijascic, Milko/Kay, Stephen J., Understanding the Brazilian social policy model: Myths, milestones and dynamic social security, in: International Social Security Review (ISSR) 67 (3–4/2014), S. 105–126 [zit.: *Matijascic/Kay*, ISSR 67 (3–4/2014), S.]

Maunz, Theodor/Dürig, Günter (Begr.), Grundgesetz Kommentar, Stand: 90. EGL 2020, München (zit.: *Bearbeiter*, in: Maunz/Dürig, Grundgesetz-Kommentar, Artikel ggf. Gliederungspunkt Rn.)

Maurer, Hartmut, Staatsrecht I, 6. Aufl., München 2010 (zit.: *Maurer*, Staatsrecht I, Teil § Rn.)

Maydell, Bernd Baron von, Alter und Tod, in: *Köhler, Peter A./Zacher, Hans F.* (Hrsg.), Beiträge zu Geschichte und aktueller Situation der Sozialversicherung, Berlin 1983, S. 369–404 (zit.: *v. Maydell*, in: Köhler/Zacher, Beiträge zu Geschichte und aktueller Situation der Sozialversicherung, S.)

Maydell, Bernd Baron von, Fundamental approaches and concepts of social security, in: *Blanpain, Roger* (Hrsg.), Law in Motion: Recent Developments in Civil Procedure, Constitutional, Contract, Criminal, Environmental, Family & Succession, Intellectual Property, Labour, Medical, Social Security, Transport Law, The Hague 1997, S. 1029–1058 (zit.: *v. Maydell*, in: Blanpain, Law in Motion, S.)

Meier, Wolfgang, Das Versorgungsreformgesetz 1998 – Die gesetzgeberische Umsetzung des Versorgungsberichts der Bundesregierung, in: Neue Zeitschrift für Verwaltungsrecht (NVwZ) 1998, S. 1246–1251 (zit.: *Meier*, NVwZ 1998, S.)

Meinhold, Helmut, Ordnungspolitische Bedeutung des Versicherungsprinzips, in: *Schmähl, Winfried* (Hrsg.), Versicherungsprinzip und soziale Sicherung, Tübingen 1985, S. 13–26 (zit.: *Meinhold*, in: Schmähl, Versicherungsprinzip und soziale Sicherung, S.)

Mendes, Gilmar Ferreira, Die abstrakte Normenkontrolle vor dem Bundesverfassungsgericht und vor dem brasilianischen Supremo Tribunal Federal, Berlin 1991, zugl. Diss. Münster 1990 (zit.: *Mendes*, Die abstrakte Normenkontrolle vor dem Bundesverfassungsgericht und vor dem brasilianischen Supremo Tribunal Federal, S.)

Mendes, Gilmar Ferreira/Branco, Paulo Gustavo Gonet, Curso de Direito Constitucional, 9. Aufl., São Paulo 2014 (zit.: *Mendes/Branco*, Curso de Direito Constitucional, S.)

Mercator Institute for China Studies (Hrsg.), China Update, fortlaufender Newsletter, https://merics.org/de/analysen?field_topic=All&field_publication_type=16 (Stand: 8.8.2020) (zit.: *Mercator Institute for China Studies*, China Update Nr./Jahr, S.)

Merten, Detlef, Aktuelle Probleme des Beamtenversorgungsrechts, in: Neue Zeitschrift für Verwaltungsrecht (NVwZ) 1999, S. 809–816 (zit.: *Merten*, NVwZ 1999, S.)

Merten, Detlef, Die Ausweitung der Sozialversicherungspflicht und die Grenzen der Verfassung, in: Neue Zeitschrift für Sozialrecht (NZS) 1998, S. 545–551 (zit.: *Merten*, NZS 1998, S.)

Mesa-Lago, Carmelo, Social insurance (pensions and health), labour markets and coverage in Latin America, Social Policy and Development Programme Paper Number 36, Genf 2008 [zit.: *Mesa-Lago*, Social insurance (pensions and health), labour markets and coverage in Latin America, S.]

Metz, Karl H., Die Geschichte der sozialen Sicherheit, Stuttgart 2008 (zit.: *Metz*, Die Geschichte der sozialen Sicherheit, S.)

Ministério da Economia, Informe de Previdência Social, monatliche Veröffentlichung mit aktuellen Informationen zur Rentenversicherung, fortlaufend, https://www.gov.br/previdencia/pt-br/centrais-de-conteudo/publicacoes/publicacoes-sobre-previdencia-social/informes/informes-de-previdencia-social (Stand: 8.8.2020) (zit.: *Ministério da Economia*, Informe de Previdência Social Monat/Jahr, Gliederungspunkt)

Ministério da Economia, Previdência Social teve déficit de R$ 195,2 bilhões em 2018, Bekanntmachung vom 8.6.2020, https://www.gov.br/previdencia/pt-br/assuntos/noticias/previdencia/regime-geral/previdencia-social-teve-deficit-de-r-1952-biloes-em-2018 (Stand: 8.8.2020) (zit.: *Ministério da Economia*, Bekanntmachung vom 8.6.2020)

Ministério da Fazenda, Informe de Previdência Social, monatliche Veröffentlichung mit aktuellen Informationen zur Rentenversicherung, fortlaufend, https://www.gov.br/previdencia/pt-br/centrais-de-conteudo/publicacoes/publicacoes-sobre-previdencia-social/informes/informes-de-previdencia-social (Stand: 8.8.2020) (zit.: *Ministério da Fazenda*, Informe de Previdência Social Monat/Jahr, S.)

Ministério da Previdência Social, Informe de Previdência Social, monatliche Veröffentlichung mit aktuellen Informationen zur Rentenversicherung, fortlaufend, https://www.gov.br/previdencia/pt-br/centrais-de-conteudo/publicacoes/publicacoes-sobre-previdencia-social/informes/informes-de-previdencia-social (Stand: 8.8.2020) (zit.: *Ministério da Previdência Social*, Informe de Previdência Social Monat/Jahr, S.)

Ministério de Planejamento, Orçamento e Gestão, Boletim Estatístico de Pessoal e Informações Organizacionais, Bd. 21 Nr. 249 Januar 2017, Brasília 2017 (zit.: *Ministério de Planejamento*, Boletim Estatístico de Pessoal e Informações Organizacionais 1/2017, S.)

Ministry of Human Resources and Social Security of the People's Republic of China, Decision of 26 February 2014, Material for the press conference of the State Council Information Office, http://www.china.com.cn/zhibo/zhuanti/ch-xinwen/2014-02/26/content_31600033.htm (Stand: 8.8.2020) (zit.: *Ministry of Human Resources and Social Security of the People's Republic of China*, Decision of 26 February 2014, Material for the press conference)

Moraes, Alexandre de, Direito Constitucional, 30. Aufl., São Paulo 2014 (zit.: *Moraes*, Direito Constitucional, S.)

Mrozynski, Peter, Sozialgesetzbuch Allgemeiner Teil, Kommentar, 6. Aufl., München 2019 (zit.: *Mrozynski*, SGB I, § Rn.)

Muckel, Stefan/Ogorek, Markus, Rixen, Stephan, Sozialrecht, 5. Aufl., München 2019 (zit.: *Muckel/Ogorek/Rixen*, Sozialrecht, § Rn.)

Müller-Glöge, Rudi/Preis, Ulrich/Schmidt, Ingrid (Hrsg.), Erfurter Kommentar zum Arbeitsrecht, 20. Aufl., München 2020 (zit.: *Bearbeiter*, in: Erfurter Kommentar zum Arbeitsrecht, § Rn.)

Münzel, Frank, Chinas Recht – Kommentierte Übersetzungen aus dem Recht der Volksrepublik China, seit 1983, http://www.chinas-recht.de (Stand: 8.8.2020) (zit.: *Münzel*, Chinas Recht, Datum der Norm/Ordnungszahl)

National Bureau of Statistics of China, China Statistical Yearbook 2019, Beijing, http://www.stats.gov.cn/tjsj/ndsj/2019/indexeh.htm (Stand: 8.8.2020) (zit.: *National Bureau of Statistics of China*, China Statistical Yearbook 2019, Gliederungspunkt)

National Bureau of Statistics of China, Statistical Communiqué of the People's Republic of China on the 2017 National Economic and Social Development, 28. Februar 2018, http://www.stats.gov.cn/english/pressrelease/201802/t20180228_1585666.html (Stand: 8.8.2020) (zit.: *National Bureau of Statistics of China*, Statistical Communiqué 2017, Gliederungspunkt)

National Bureau of Statistics of China, Statistical Communiqué of the People's Republic of China on the 2018 National Economic and Social Development, 28. Februar 2019, http://www.stats.gov.cn/english/PressRelease/201902/t20190228_1651335.html (Stand: 8.8.2020) (zit.: *National Bureau of Statistics of China*, Statistical Communiqué 2018, Gliederungspunkt)

National Bureau of Statistics of China, Statistical Communiqué of the People's Republic of China on the 2019 National Economic and Social Development, 28. Februar 2020, http://www.stats.gov.cn/english/PressRelease/202002/t20200228_1728917.html (Stand: 8.8.2020) (zit.: *National Bureau of Statistics of China*, Statistical Communiqué 2019, Gliederungspunkt)

Nicolau, Jairo/Stadler, Julia, Das brasilianische Wahlsystem, in: *Fontaine, Dana de la/Stehnken, Thomas* (Hrsg.), Das politische System Brasiliens, Wiesbaden 2012, S. 103–120 (zit.: *Nicolau/Stadler*, in: Fontaine/Stehnken, Das politische System Brasiliens, S.)

Nußberger, Angelika, Soziale Rechte und Sozialstandards auf internationaler Ebene, in: *Linzbach, Christoph/Lübking, Uwe/Scholz, Stephanie/Schulte, Bernd* (Hrsg.), Globalisierung und Europäisches Sozialmodell, Baden-Baden 2007, S. 295–316 (zit.: *Nußberger*, in: Linzbach et al., Globalisierung und Europäisches Sozialmodell, S.)

Office of Science and Technology Austria (OSTA), Wissenschaft und Technologie in China 2016, Beijing, Oktober 2016, http://www.austria-scitech-china.at/wp-content/uploads/2016/10/OSTA-Beijing-Wissenschaft-und-Technologie-in-China-2016-FINAL.pdf (Stand: 8.8.2020) (zit.: *OSTA*, Wissenschaft und Technologie in China 2016, S.)

Oliveira, Aparecido Sebastião de/Dantas, James Bill/Toledo, Heloisa do Rocio Ramos, Fator Previdenciário, in: Revista Síntese Direito Previdenciário 14 (67/2015), S. 29–64 [zit.: *Oliveira/Dantas/Toledo,* Revista Síntese Direito Previdenciário 14 (67/2015), S.]

Oliveira, Francisco Eduardo Barreto de/Beltrão, Kaizô Iwakami, The Brazilian social security system, Texto para Discussão (TD) do Ipea, Nr. 775, 2000 (zit.: *Oliveira/ Beltrão,* TD 775/2000, S.)

Oliveira, Francisco Eduardo Barreto de/Beltrão, Kaizô Iwakami/David, Antonio Carlos de Albuquerque, A dívida da União com a Previdência Social: uma perspectiva histórica, Texto para Discussão (TD) do Ipea, Nr. 638, 1999 (zit.: *Oliveira/Beltrão/ David,* TD 638/1999, S.)

Oliveira, Francisco Eduardo Barreto de/Beltrão, Kaizô Iwakami/Ferreira, Mônica Guerra, Reforma da Previdência, Texto para Discussão (TD) do Ipea, Nr. 508, 1997 (*Oliveira/Beltrão/Ferreira,* TD 508/1997, S.)

Organisation for Economic Co-operation and Development (OECD), 2015 Pension Policy Notes and Reviews Germany, https://www.oecd.org/germany/PAG2015_ Germany.pdf (Stand: 8.8.2020) (zit.: *OECD,* 2015 Pension Policy Notes and Reviews Germany, S.)

Organisation for Economic Co-operation and Development (OECD), OECD Economic Surveys: China 2019, Paris 2019 (zit.: *OECD,* Economic Surveys: China 2019, S.)

Organisation for Economic Co-operation and Development (OECD), OECD Employment Outlook 2015, Paris 2015 (zit.: *OECD,* OECD Employment Outlook 2015, S.)

Organisation for Economic Co-operation and Development (OECD), OECD Policy Memo: Pension Reform in Brazil, April 2017, https://www.oecd.org/brazil/refor ming-brazil-pension-system-april-2017-oecd-policy-memo.pdf (Stand: 8.8.2020) (zit.: *OECD,* OECD Policy Memo: Pension Reform in Brazil, S.)

Organisation for Economic Co-operation and Development (OECD), OECD-Wirtschaftsberichte: Deutschland 2016, Paris 2016 (zit.: *OECD,* OECD-Wirtschaftsberichte: Deutschland 2016, S.)

Organisation for Economic Co-operation and Development (OECD), OECD-Wirtschaftsberichte: Deutschland 2018, Paris 2018 (zit.: *OECD,* OECD-Wirtschaftsberichte: Deutschland 2018, S.)

Organisation for Economic Co-operation and Development (OECD), Pensions at a Glance 2017 – How does Germany compare?, Dezember 2017, http://www.oecd.o rg/germany/PAG2017-DEU.pdf (Stand: 8.8.2020) (zit.: *OECD,* Pensions at a Glance 2017 – How does Germany compare?, Abschnitt)

Organisation for Economic Co-operation and Development (OECD), Pensions at a Glance 2019 – How does Germany compare?, November 2019, https://www.oecd.or g/germany/PAG2019-DEU.pdf (Stand: 8.8.2020) (zit.: *OECD,* Pensions at a Glance 2019 – How does Germany compare?)

Organisation for Economic Co-operation and Development (OECD), Social Expenditure Update 2016, Oktober 2016, http://www.oecd.org/els/soc/OECD2016-Social-Expenditure-Update.pdf (Stand: 8.8.2020) (zit.: *OECD,* Social Expenditure Update 2016)

Organization for Economic Co-operation and Development (OECD), Pensions at a Glance 2019, OECD and G20 Indicators, Paris 2019 (zit.: *OECD*, Pensions at a Glance 2019, S.)

Organization for Economic Co-operation and Development (OECD), Pensions at a Glance 2015, OECD and G20 indicators, Paris 2015 (zit.: *OECD*, Pensions at a Glance 2015, S.)

Pallares-Miralles, Montserrat/Romero, Carolina/Whitehouse, Edward, International Patterns of Pension Provision II, A Worldwide Overview of Facts and Figures, Washington D.C., Juni 2012 (zit.: *Pallares-Miralles/Romero/Whitehouse*, International Patterns of Pension Provision II, S.)

Papier, Hans-Jürgen, Alterssicherung und Eigentumsschutz, in: *Isensee, Josef/Lecheler, Helmut* (Hrsg.), Freiheit und Eigentum: Festschrift für Walter Leisner zum 70. Geburtstag, Berlin 1999, S. 721–742 (zit.: *Papier*, in: FS Leisner, S.)

Papier, Hans-Jürgen, Mindestsicherungselemente im System der Alterssicherung: Spielräume und Grenzen aus verfassungsrechtlicher Sicht, in: Deutsche Rentenversicherung (DRV) 2019, S. 1–7 (zit.: *Papier*, DRV 2019, S.)

Papier, Hans-Jürgen, Sozialstaatlichkeit unter dem Grundgesetz, in: *Hohmann-Dennhardt, Christine/Masuch, Peter/Villiger, Mark* (Hrsg.), Grundrechte und Solidarität, Durchsetzung und Verfahren, Festschrift für Renate Jaeger, Kehl am Rhein 2011, S. 285–296 (zit.: *Papier*, in: FS Jaeger, S.)

Pieters, Danny, Social Security Law and the Challenge of Globalization, in: *Schwarze, Jürgen* (Hrsg.), Globalisierung und Entstaatlichung des Rechts, Tübingen 2008, S. 191–209 (zit.: *Pieters*, in: Schwarze, Globalisierung und Entstaatlichung des Rechts, S.)

Pieters, Danny/Schoukens, Paul, Social Security in the BRIC Countries, Washington D.C., 2012 (zit.: *Pieters/Schoukens*, Social Security in the BRIC Countries, S.)

Ponfick, Friedrich, Wilhelm, Geschichte der Sozialversicherung im Zeitalter der Aufklärung, Dresden 1940 (zit.: *Ponfick*, Geschichte der Sozialversicherung im Zeitalter der Aufklärung, S.)

Posner, Ernst/Skalweit, Stephan/Baumgart, Peter/Heinrich, Gerd, Acta Borussica, Denkmäler der Preußischen Staatsverwaltung im 18. Jahrhundert, 16. Bd., 1. Teil, Die Behördenorganisation und die allgemeine Staatsverwaltung Preussens im 18. Jahrhundert, Hamburg und Berlin 1970 (zit.: *Posner et al.*, Acta Borussica, S.)

Prölss, Jürgen/Martin, Anton (Hrsg.), Versicherungsvertragsgesetz, 30. Aufl., München 2018 (zit.: *Bearbeiter*, in: Prölss/Martin, Versicherungsvertragsgesetz, § Rn.)

Prutsch, Ursula/Rodrigues-Moura, Enrique, Brasilien, Eine Kulturgeschichte, Bonn 2014 (zit.: *Prutsch/Rodrigues-Moura*, Brasilien, S.)

Qing, Lianbin, Die Notwendigkeit eines umfassenden Systems der sozialen Absicherung für ländliche Arbeitsmigranten, in: *Hanns Seidel Stiftung (HSS)* (Hrsg.), Wirtschaft und Gesellschaft im Zeichen der Krise, Peking 2009, S. 55–65 (zit.: *Qing*, in: HSS, Wirtschaft und Gesellschaft im Zeichen der Krise, S.)

Queisser, Monika/Reilly, Andrew/Hu, Yuwei, China's pension system and reform: an OECD perspective, in: Economic and political studies (EPS) 4 (2016), S. 345–367 [zit.: *Queisser/Reilly/Hu*, EPS 4 (2016), S.]

Richter, Lutz, Sozialversicherungsrecht, Berlin 1931 (zit.: *Richter*, Sozialversicherungs-recht, S.)

Rieger, Elmar/Leibfried, Stephan, Wohlfahrtsstaat und Sozialpolitik in Ostasien, in: *Schmidt, Gert/Trinczek, Rainer* (Hrsg.), Globalisierung, Ökonomische und soziale Herausforderungen am Ende des zwanzigsten Jahrhunderts, Baden-Baden 1999, S. 413–499 (zit.: *Rieger/Leibfried*, in: Schmidt/Trinczek, Globalisierung, S.)

Rische, Herbert/Thiede, Reinhold, Die Zukunft der gesetzlichen Rentenversicherung, in: Neue Zeitschrift für Sozialrecht 2013, S. 601–605 (zit.: *Rische/Thiede*, NZS 2013, S.)

Ritter, Gerhard A., Bismarck und die Grundlegung des deutschen Sozialstaates, in: *Ruland, Franz/Papier, Hans-Jürgen/Maydell, Bernd Baron von* (Hrsg.), Verfassung, Theorie und Praxis des Sozialstaates, Festschrift für Hans F. Zacher zum 70. Geburtstag, Heidelberg 1998, S. 789–820 (zit.: *Ritter*, in: FS Zacher, S.)

Ritter, Gerhard A., Sozialversicherung in Deutschland und England, Entstehung und Grundzüge im Vergleich, München 1983 (zit.: *Ritter*, Sozialversicherung in Deutschland und England, S.)

Rixen, Stephan, Abschied von der Solidarität? Zum Verhältnis von Sozialer Arbeit, Sozialrecht und Sozialpolitik am Beispiel des Fallmanagements (§§ 14, 15 SGB II), in: Sozialrecht aktuell (SRa) 2008, S. 81–88 (zit.: *Rixen*, SRa 2008, S.)

Rocha, Daniel Machado da/Baltazar Junior, José Paulo, Comentários a Lei de Benefícios da Previdência Social, 11. Aufl., Porto Alegre 2012 (zit.: *Rocha/Baltazar Junior*, Comentários a Lei de Benefícios da Previdência Social, S.)

Rodrigues, Itiberê de Oliveira, Gesetzmäßigkeit der Verwaltung, Rechtsdogmatische Grundlagen des Vorrangs und Vorbehalts des Gesetzes im deutschen und brasilianischen Recht, Münster 2005 (zit.: *Rodrigues*, Gesetzmäßigkeit der Verwaltung, S.)

Rolfs, Christian, Das Versicherungsprinzip im Sozialversicherungsrecht, München 2000 (zit.: *Rolfs*, Das Versicherungsprinzip im Sozialversicherungsrecht, S.)

Rolfs, Christian/Giesen, Richard/Kreikebohm, Ralf/Udsching, Peter (Hrsg.), Beck'scher Online-Kommentar Sozialrecht, 57. Edition, München 2020, Stand: 1.6.2020 (zit.: *Bearbeiter*, in: BeckOK Sozialrecht, § Rn.)

Roser, Max, Life Expectancy, 2020, OurWorldInData.org; https://ourworldindata.org/life-expectancy (Stand: 8.8.2020) (zit.: *Roser*, Life Expectancy, Überschrift)

Rothfels, Hans, Bismarck und der Staat, Ausgewählte Dokumente, 2. Aufl., Darmstadt 1953 (zit.: *Rothfels*, Bismarck und der Staat, S.)

Rückert, Joachim, Entstehung und Vorläufer der gesetzlichen Rentenversicherung, in: *Ruland, Franz* (Hrsg.), Handbuch der gesetzlichen Rentenversicherung, Festschrift aus Anlass des 100jährigen Bestehens der gesetzlichen Rentenversicherung, Neuwied 1990, S. 1–50 (zit.: *Rückert*, in: Ruland, FS gesetzliche Rentenversicherung, S.)

Rudolph, Heinz P./Zviniene, Asta/Olinto, Pedro, Summary Note on Pension Reform in Brazil: Why is it needed and what will be its impact? The World Bank, Washington D.C. 2017 (zit.: *Rudolph/Zviniene/Olinto*, Summary Note on Pension Reform in Brazil, S.)

Ruland, Franz, 60 Jahre dynamische Rente – Eine sozialpolitische Einordnung, in: Neue Zeitschrift für Sozialrecht (NZS) 2017, S. 721–727 (zit.: *Ruland*, NZS 2017, S.)

Ruland, Franz, Ausbau der Rentenversicherung zu einer allgemeinen Erwerbstätigen-versicherung?, in: Zeitschrift für Rechtspolitik (ZRP) 2009, S. 165–169 (zit.: *Ruland*, ZRP 2009, S.)

Ruland, Franz, Das Grundgesetz und die Entwicklung des Rentenversicherungsrechts, in: Neue Zeitschrift für Sozialrecht (NZS) 2010, S. 121–129 (zit.: *Ruland*, NZS 2010, S.)

Ruland, Franz, Demographie und Sozialstaat, in: Neue Zeitschrift für Sozialrecht (NZS) 2018, S. 793–803 (zit.: *Ruland*, NZS 2018, S.)

Ruland, Franz, Der Kompromiss der Koalition zur Grundrente – der Vorschlag bleibt verfassungswidrig, ineffizient und ungerecht, in: Neue Zeitschrift für Sozialrecht (NZS) 2019, S. 881–887 (zit.: *Ruland*, NZS 2019, S.)

Ruland, Franz, Die Beamtenversorgung, in: *ders./Rürup, Bernd* (Hrsg.), Alterssiche-rung und Besteuerung, Wiesbaden 2008, § 4, S. 89–113 [zit.: *Ruland*, in: ders./Rürup, Alterssicherung und Besteuerung, S. 89 (Rn.)]

Ruland, Franz, Die Rentenpolitik vor schwierigen Entscheidungen – der Koalitionsver-trag und die rentenpolitischen Notwendigkeiten, in: Deutsche Rentenversicherung (DRV) 2018, S. 1–21 (zit.: *Ruland*, DRV 2018, S.)

Ruland, Franz, Die Rentenreform unter besonderer Berücksichtigung der staatlich geförderten zusätzlichen Altersvorsorge, in: Neue Zeitschrift für Sozialrecht (NZS) 2002, S. 505–510 (zit.: *Ruland*, NZS 2002, S.)

Ruland, Franz, Plädoyer für eine nachhaltige Rentenpolitik auch über 2030 hinaus, in: Neue Zeitschrift für Sozialrecht (NZS) 2016, S. 721–729 (zit.: *Ruland*, NZS 2016, S.)

Ruland, Franz, Rente mit 67 – Ökonomische Notwendigkeit oder Sozialabbau?, in: Neue Juristische Wochenschrift (NJW) 2012, S. 492–496 (zit.: *Ruland*, NJW 2012, S.)

Ruland, Franz, Rentenversicherung nach der Reform – vor der Reform, in: Neue Zeitschrift für Sozialrecht (NZS) 2001, S. 393–401 (zit.: *Ruland*, NZS 2001, S.)

Ruland, Franz, Zur Zukunft von gesetzlicher Rentenversicherung und Beamtenversor-gung, in: Neue Zeitschrift für Verwaltungsrecht (NVwZ) 1995, S. 417–426 (zit.: *Ru-land*, NVwZ 1995, S.)

Ruland, Franz/Becker, Ulrich/Axer, Peter (Hrsg.), Sozialrechtshandbuch SRH, 6. Aufl., Baden-Baden 2018 (zit.: *Bearbeiter*, in: Ruland/Becker/Axer, SRH, § Rn.)

Sachs, Michael (Hrsg.), Grundgesetz, Kommentar, 8. Aufl., München 2018 (zit.: *Bear-beiter*, in: Sachs, Grundgesetz, Art. Rn.)

Sachverständigenkommission Alterssicherungssysteme, Möglichkeiten und Grenzen einer Annäherung der Beamtenversorgung an die gesetzliche Rentenversicherung, Anlageband B zum Gutachten der Sachverständigenkommission vom 19. November 1983, Stuttgart u. a. 1983 (zit.: *Sachverständigenkommission Alterssicherungssysteme*, Möglichkeiten und Grenzen einer Annäherung der Beamtenversorgung an die ge-setzliche Rentenversicherung, S. Rn.)

Sachverständigenrat zur Begutachtung der gesamtwirtschaftlichen Entwicklung, Heraus-forderungen des demografischen Wandels, Expertise im Auftrag der Bundesregie-rung, Mai 2011 (zit.: *Sachverständigenrat*, Herausforderungen des demografischen Wandels, S.)

Saich, Tony, Governance and Politics of China, 3. Aufl., Basingstoke, New York 2011 (zit.: *Saich*, Governance and Politics of China, S.)

Sarlet, Ingo Wolfgang, Die Problematik der sozialen Grundrechte in der brasilianischen Verfassung und im deutschen Grundgesetz, Frankfurt am Main 1997, zugl. Diss. München 1996 (*Sarlet*, Die Problematik der sozialen Grundrechte in der brasilianischen Verfassung und im deutschen Grundgesetz, S.)

Sarlet, Ingo Wolfgang, Rechtsschutz und soziale Rechte in Südamerika – ein Überblick anhand einiger Beispiele, in: Zeitschrift für ausländisches und internationales Arbeits- und Sozialrecht (ZIAS), 2005, S. 217–262 (zit.: *Sarlet*, ZIAS 2005, S.)

Sarlet, Ingo Wolfgang, Soziale Grundrechte in Brasilien, in: Zeitschrift für ausländisches und internationales Arbeits- und Sozialrecht (ZIAS) 2002, S. 1–21 (zit.: *Sarlet*, ZIAS 2002, S.)

Sarlet, Ingo Wolfgang, Soziale Grundrechte und Privatrecht behandelt am Beispiel Brasilien, in: *Heldrich, Andreas/Koller, Ingo/Prölss, Jürgen u. a.* (Hrsg.), Festschrift für Claus-Wilhelm Canaris zum 70. Geburtstag, Bd. II, München 2007, S. 771–794 (zit.: *Sarlet*, in: FS Canaris, S.)

Scheil, Jörg-Michael, Vertrauen in der chinesischen Rechtswirklichkeit, in: Zeitschrift für Chinesisches Recht (ZChinR) 18 (2011), S. 1–13 [zit.: *Scheil*, ZChinR 18 (2011), S.]

Schetelig, Patricia, Das System der sozialen Sicherung und seine Umsetzung in den ländlichen Unternehmen im Kreis Qingpu, in: *Weigelin-Schwiedrzik, Susanne/Hauff, Dagmar* (Hrsg.), Ländliche Unternehmen in der Volksrepublik China, Berlin 1999, S. 173–193 (zit.: *Schetelig*, in: Weigelin-Schwiedrzik/Hauff, Das System der sozialen Sicherung und seine Umsetzung in den ländlichen Unternehmen im Kreis Qingpu, S.)

Schludi, Martin, The reform of the Bismarckian pension systems, Amsterdam 2005 (zit.: *Schludi*, The reform of the Bismarckian pension systems, S.)

Schmähl, Winfried, „Versicherungsgedanke und Sozialversicherung – Konzept und politische Bedeutung" und „Zur Bedeutung des Versicherungsgedankens für die weitere Entwicklung der gesetzlichen Rentenversicherung", in: *ders.* (Hrsg.), Versicherungsprinzip und soziale Sicherung, Tübingen 1985, S. 1–12 und 204–234 (zit.: *Schmähl*, in: ders., Versicherungsprinzip und soziale Sicherung, S.)

Schmähl, Winfried, Sicherung bei Alter, Invalidität und für Hinterbliebene, in: *Wengst, Udo* (Hrsg.): Geschichte der Sozialpolitik in Deutschland seit 1945, Bd. 2, 1945–1949: Die Zeit der Besatzungszonen, Baden-Baden 2001, S. 401–459 (zit.: *Schmähl*, in: Wengst, Geschichte der Sozialpolitik in Deutschland seit 1945, S.)

Schmähl, Winfried, Über den Satz „Aller Sozialaufwand muß immer aus dem Volkseinkommen der laufenden Periode gedeckt werden" – Methodische und dogmenhistorische Anmerkungen zur „Belastung" in einer Volkswirtschaft durch Nichterwerbstätige und durch Sozialausgaben, in: Hamburger Jahrbuch für Wirtschafts- und Gesellschaftspolitik, 26. Jahrgang 1981, S. 147–171 (zit.: *Schmähl*, in: Hamburger Jahrbuch für Wirtschafts- und Gesellschaftspolitik 1981, S.)

Schmähl, Winfried, Vergangenheit, Gegenwart und Zukunft der gesetzlichen Rentenversicherung: Verhinderung von Armut im Alter?, in: *Butterwegge, Christoph/Bosbach, Gerd/Birkwald, Matthias W.* (Hrsg.), Armut im Alter, Probleme und Perspektive der sozialen Sicherung, Frankfurt a. M. 2012, S. 42–64 (zit.: *Schmähl*, in: Butterwegge/Bosbach/Birkwald, Armut im Alter, S.)

Schmidt-Bleibtreu, Bruno (Begr.)/*Hofmann, Hans/Henneke, Hans-Günter* (Hrsg.), GG Kommentar zum Grundgesetz, 14. Aufl., Köln 2018 (zit.: *Bearbeiter*, in: Schmidt-Bleibtreu/Hofmann/Henneke, GG, Art. Rn.)

Schmidt, Manfred G., Sozialpolitik in Deutschland, Historische Entwicklung und internationaler Vergleich, Wiesbaden 2005 (zit.: *Schmidt*, Sozialpolitik in Deutschland, S.)

Schmidt, Manfred G./Ostheim, Tobias/Siegel, Nico A./Zolnhöfer, Reimut (Hrsg.), Der Wohlfahrtsstaat, Wiesbaden 2007 (*Bearbeiter*, in: Schmidt et al., Der Wohlfahrtsstaat, S.)

Schmidt, Steffen, Wohin steuert die Altersvorsorge? Bericht über die Tagung des Verbandsausschusses des Deutschen Sozialrechtsverbandes, in: Sozialrecht aktuell (SRa) 2017, S. 12–15 (zit.: *Schmidt*, SRa 2017, S.)

Schmitz, Britta/Kleining, Jochen, China auf dem Weg zum Rechtsstaat?, Länderprogramm der Konrad Adenauer Stiftung, 11. Juni 2008, http://www.kas.de/wf/doc/ka s_13945-1522-1-30.pdf (Stand: 8.8.2020) (zit.: *Schmitz/Kleining*, China auf dem Weg zum Rechtsstaat?, S.)

Schnapp, Friedrich, E., BVerwGE 1, 159: Magna Charta des Anspruchs auf das Existenzminimum?, in: Neue Zeitschrift für Sozialrecht (NZS) 2010, S. 136–138 (zit.: *Schnapp*, NZS 2010, S.)

Schneider, Gerd/Toyka-Seid, Christiane, Das junge Politik-Lexikon, Bundeszentrale für politische Bildung, Bonn 2017, https://www.bpb.de/nachschlagen/lexika/das-junge -politik-lexikon/ (Stand: 23.7.2020) (zit.: *Schneider/Toyka-Seid*, Das junge Politik-Lexikon, Begriff)

Schubert, Klaus/Klein, Martina, Das Politiklexikon – Begriffe, Fakten, Zusammenhänge, 7. Aufl., Bonn 2018 (zit.: *Schubert/Klein*, Das Politiklexikon, Begriff)

Schulte-Kulkmann, Nicole, Der Einfluss westlicher Rechtsberatung auf die Rechtsreformen in der Volksrepublik China: Zur Rolle von Akteuren und Interessen in der chinesisch-westlichen Rechtsberatung, China Analysis Nr. 13, Trier 2002 (zit.: *Schulte-Kulkmann*, Der Einfluss westlicher Rechtsberatung auf die Rechtsreformen in der Volksrepublik China, S.)

Schulte, Bernd, Sozial-, verfassungs- und europarechtliche Fragen der Einbeziehung Selbständiger in die gesetzliche Rentenversicherung, in: *Friedrich-Ebert-Stiftung* (Hrsg.), Erwerbstätigenversicherung – Ein kleiner Schritt in die richtige Richtung, WISO-Diskurs, Oktober 2008, S. 16–34 (*zit.: Schulte*, in: Friedrich-Ebert-Stiftung, Erwerbstätigenversicherung, S.)

Schulte, Bernd, Which guarantees can the system of social security offer?, in: *European Institute of Social Security (EISS)* (Hrsg.), Structural problems of social security today and tomorrow, EISS Yearbook 1987, Leuven 1988, S. 175–208 (zit.: *Schulte*, in: EISS Yearbook 1987, S.)

Schulze, Isabelle/Jochem, Sven, Germany: beyond policy gridlock, in: *Immergut, Ellen M./Anderson, Karen M./Schulze, Isabelle* (Hrsg.), The Handbook of West European Pension Politics, New York 2007, S. 660–695 (zit.: *Schulze/Jochem*, in: Immergut et al., The Handbook of West European Pension Politics, S.)

Schwarzer, Helmut, Previdência rural e combate à pobreza no Brasil – Resultados de um estudo de caso no Pará, in: Estudos Sociedade e Agricultura (ESA) 8 (14/2000), S. 72–102 [zit.: *Schwarzer*, ESA 8 (14/2000), S.]

Schwarzer, Helmut, Sozialstaatliche Rentenreformen in Lateinamerika? Der Fall Brasilien, Frankfurt am Main 2003, zugl. Diss Berlin 2002 (zit.: *Schwarzer*, Sozialstaatliche Rentenreformen in Lateinamerika, S.)

Secretaria de Previdência, Boletim Estatístico da Previdência Social, November 2019, Brasília 2019, http://sa.previdencia.gov.br/site/2019/12/Bepsl112019_trab_Finall_portal.pdf (Stand: 8.8.2020) (zit.: *Secretaria de Previdência*, Boletim Estatístico da Previdência Social 11/2019, Gliederungspunkt)

Secretaria de Previdenvia, Cobertura da Previdência Social no Brasil – 2017, Brasília 2018, http://sa.previdencia.gov.br/site/2018/06/Apresentacao-Feruccio-Cobertura-2017.pdf (Stand: 8.8.2020) (zit.: *Secretaria de Previdenvia*, Cobertura da Previdência Social no Brasil – 2017, Gliederungspunkt)

Seibert, Nils, Die Begründung und Beendigung von Arbeitsverhältnissen und Arbeitsverträgen – Eine Darstellung und Analyse der chinesischen Rechtslage, Frankfurt am Main 2012, zugl. Diss. Göttingen 2011 (zit.: *Seibert*, Die Begründung und Beendigung von Arbeitsverhältnissen und Arbeitsverträgen, S.)

Seliger, Bernhard, Die Krise der sozialen Sicherung und die Globalisierung – Politische Mythen und ordnungspolitische Wirklichkeit, in: Jahrbuch für die Ordnung von Wirtschaft und Gesellschaft (ORDO) 52 (2001), S. 215–238 [zit.: *Seliger*, ORDO 52 (2001), S.]

Senger, Harro von, Einführung in das chinesische Recht, München 1994 (zit.: *v. Senger*, Einführung in das chinesische Recht, S.)

Shi, Meixia, Die chinesische Verfassung und die soziale Sicherheit, in: *Becker, Ulrich/Zheng, Gongcheng/Darimont, Barbara* (Hrsg.), Grundfragen und Organisation der Sozialversicherung in China und Deutschland, Baden-Baden 2005, S. 57–72 (zit.: *Shi*, in: Becker/Zheng/Darimont, Grundfragen und Organisation der Sozialversicherung in China und Deutschland, S.)

Sicular, Terry, The Challenge of High Inequality in China, in: The World Bank, Inequality in focus, August 2013, http://www.worldbank.org/content/dam/Worldbank/document/Poverty%20documents/Inequality-In-Focus-0813.pdf (Stand: 8.8.2020) (zit.: *Sicular*, The Challenge of High Inequality in China, S.)

Silva, Delúbio Gomes Pereira da, Regime de Previdência Social dos Servidores Públicos no Brasil: Perspectivas, Brasília 2002 (zit.: *Silva*, Regime de Previdência Social dos Servidores Públicos no Brasil, S.)

Social Security Administration (SSA) of the United States, China Implements Measures to Lower Social Insurance Contribution Rates, International Update – Recent Developments in Foreign Public and Private Pensions, July 2019, S. 3, https://www.ssa.gov/policy/docs/progdesc/intl_update/2019-07/2019-07.pdf (Stand: 8.8.2020) (zit.: *SSA*, International Update July 2019)

Sodan, Helge, Verfassungsrechtliche Determinanten der gesetzlichen Rentenversicherung, in: Neue Zeitschrift für Sozialrecht (NZS) 2005, S. 561–568 (zit.: *Sodan*, NZS 2005, S.)

Sozialbeirat, Gutachten des Sozialbeirats zum Rentenversicherungsbericht 2015, Berlin 2015 (zit.: *Sozialbeirat*, Gutachten zum Rentenversicherungsbericht 2015, Rn.)

Sozialbeirat, Gutachten des Sozialbeirats zum Rentenversicherungsbericht 2019, Berlin 2019 (zit.: *Sozialbeirat*, Gutachten zum Rentenversicherungsbericht 2019, Rn.)

Sozialversicherung für Landwirtschaft, Forsten und Gartenbau (Hrsg.), Auf einen Blick, Daten und Zahlen 2018, Kassel 2019 (zit.: *Sozialversicherung für Landwirtschaft, Forsten und Gartenbau*, Auf einen Blick, S.)

Statistisches Bundesamt (Hrsg.), Statistisches Jahrbuch 2019, Zwickau 2019 (zit.: *Statistisches Bundesamt*, Statistisches Jahrbuch 2019, S.)

Stauvermann, Peter J./Hu, Jin, What can China Expect from an Increase of the Mandatory Retirement Age?, in: Annals of Economics and Finance 2018, S. 229–246 (zit.: *Stauvermann/Hu*, Annals of Economics and Finance, S.)

Steinmeyer, Heinz-Dietrich, Altersvorsorge und Demographie – Herausforderungen und Regelungsbedarf, Verhandlungen des 73. Deutschen Juristentages (DJT), Bd. I, Gutachten B, München 2020 (zit.: *Steinmeyer*, Gutachten 73. DJT, S.)

Steinmeyer, Heinz-Dietrich, Das Verhältnis der Selbständigen zur staatlichen Versicherung und die Rolle privater Vorsorge (Vom Kaiserreich bis in die Bundesrepublik), in: *Fisch, Stefan/Haerendel, Ulrike* (Hrsg.), Geschichte und Gegenwart der Rentenversicherung in Deutschland, Berlin 2000, S. 209–223 (zit.: *Steinmeyer*, in: Fisch/Haerendel, Geschichte und Gegenwart der Rentenversicherung in Deutschland, S.)

Steinmeyer, Heinz-Dietrich, Der versicherte Personenkreis in der gesetzlichen Rentenversicherung – problematische Fragen, in: *Boecken, Winfried/Hänlein, Andreas/Kruse, Jürgen/Steinmeyer, Heinz-Dietrich* (Hrsg.), Öffentliche und private Sicherung gegen soziale Risiken, Colloquium zum 65. Geburtstag Bernd Baron von Maydell, Baden-Baden 2000, S. 29–49 (zit.: *Steinmeyer*, in: Boecken et al., Öffentliche und private Sicherung gegen soziale Risiken, S.)

Steinmeyer, Heinz-Dietrich, Rechtsgutachten zu verfassungsmäßigen Grenzen für ein Obligatorium von Opting-Out-Modellen in der zusätzlichen Altersvorsorge, in: Bericht der Kommission Verlässlicher Generationenvertrag, Bd. II – Materialien, https://www.bmas.de/SharedDocs/Downloads/DE/Thema-Rente/Kommission-Verlaesslicher-Generationenvertrag/bericht-der-kommission-band-2.pdf?__blob=publicationFile&v=5 (Stand: 8.8.2020) (zit.: *Steinmeyer*, Rechtsgutachten zu verfassungsmäßigen Grenzen für ein Obligatorium von Opting-Out-Modellen in der zusätzlichen Altersvorsorge, S.)

Steinmeyer, Heinz-Dietrich, Verfassungsrechtliche Rahmenbedingungen und Grenzen für Reformen der Sozialsysteme im Zeitalter der Globalisierung, in: Neue Zeitschrift für Sozialrecht (NZS) 2012, S. 721–727 (zit.: *Steinmeyer*, NZS 2012, S.)

Steinmeyer, Heinz-Dietrich, Was bleibt übrig? Erfahrungen aus Beratungstätigkeiten in Mittel-, Ost- und Südeuropa, in: Gegen den Strich, Festschrift für Klaus Adomeit, Köln 2008, S. 737–746 (zit.: *Steinmeyer*, in: FS Adomeit, S.)

Stepan, Matthias, Soziale Sicherheit mit chinesischen Besonderheiten, in: China Monitor Nr. 6, 14.4.2014 (zit.: *Stepan*, China Monitor 6/2014, S.)

Stepan, Matthias/Lu, Quan, Free movement of labor, free movement with social entitlements? How to avoid social policy becoming a source of inequality for the internal migrant workers within the EU and in the P.R. China?, Paper prepared for the Joint Annual Conference of the East Asian Social Policy Research Network (EASP) and the United Kingdom Social Policy Association (SPA), University of York, United Kingdom 2012 (zit.: *Stepan/Lu*, Free movement of labor, free movement with social entitlements?, S.)

Stöllger, Yesko Quiroga, Brasilien: Sozialer Fortschritt, demokratische Unruhe und internationaler Gestaltungsanspruch, in: Aus Politik und Zeitgeschichte (APuZ) 50–51/2013, S. 19–24 (zit.: *Stöllger*, APuZ 50–51/2013, S.)

Taube, Markus, Wirtschaftliche Entwicklung und ordnungspolitischer Wandel in der Volksrepublik China seit 1949, in: *Fischer, Doris/Müller-Hofstede, Christoph* (Hrsg.), Länderbericht China, Bonn 2014, S. 645–679 (zitiert: *Taube*, in: Fischer/Müller-Hofstede, Länderbericht China, S.)

Tay, Alice Erh-Soon/Kamenka, Eugene, Law, legal theory and legal education in the people's republic of China, in: New York Law School Journal of International and Comparative Law, Vol. 7, No. 1, 1986, S. 1–38 [zit.: *Tay/Kamenka*, New York Law School Journal of International and Comparative Law 7:1 (1986), S.]

Teixeira, Ib, Como Brasília arruinou a previdência social, in: Revista Conjuntura Econômica (RCE), März 1997, S. 43–45 (zit.: *Teixeira*, RCE 1997, S.)

Tennstedt, Florian, Vorläufer der gesetzlichen Rentenversicherung, in: *Fisch, Stefan/Haerendel, Ulrike* (Hrsg.), Geschichte und Gegenwart der Rentenversicherung in Deutschland, Berlin 2000, S. 31–48 (zit.: *Tennstedt*, in: Fisch/Haerendel, Geschichte und Gegenwart der Rentenversicherung in Deutschland, S.)

Thamm, Claudia, Probleme der verfassungsrechtlichen Positivierung sozialer Grundrechte, Diss. Bielefeld 1990 (zit.: *Thamm*, Probleme der verfassungsrechtlichen Positivierung sozialer Grundrechte, S.)

The State Council, China to lower costs for real economy enterprises, Mitteilung vom 22.8.2016, http://english.www.gov.cn/policies/latest_releases/2016/08/22/content_281475423238563.htm (Stand: 8.8.2020) (zit.: *The State Council*, China to lower costs for real economy enterprises)

The State Council, Constitution of the People's Republic of China, Englische Übersetzung der chinesischen Verfassung, 2014, http://english.gov.cn/archive/laws_regulations/2014/08/23/content_281474982987458.htm (Stand: 8.8.2020) (zit.: *The State Council*, Constitution of the People's Republic of China)

The State Council, Social security contributions to be cut, Bekanntmachung vom 4.4.2019, http://english.www.gov.cn/policies/latest_releases/2019/04/04/content_281476594486430.htm (Stand: 8.8.2020) (zit.: *The State Council*, Social security contributions to be cut)

The World Bank (Hrsg.), Old Age Security – Pension Reform in China, Washington, D.C. 1997 (zit.: *The World Bank*, Old Age Security, S.)

The World Bank (Hrsg.), World Development Indicators 2013, Washington D.C. 2013 (zit.: *The World Bank*, World Development Indicators 2013, S.)

The World Bank, A Fair Adjustment: Efficiency and Equity of Public Spending in Brazil, November 2017, http://documents.worldbank.org/curated/en/643471520 429223428/pdf/Volume-1-Overview.pdf (8.8.2020) (zit.: *The World Bank*, A Fair Adjustment: Efficiency and Equity of Public Spending in Brazil, S.)

The World Bank, World Bank Open Data, Online-Datenbank, 2020, https://data.world bank.org (Stand: 8.8.2020) (zit.: *The World Bank*, Data: Tabelle)

The World Bank, World Development Indicators, Zeitreihe, Datentabellen, 2020, http://wdi.worldbank.org/tables (Stand: 8.8.2020) (zit.: *The World Bank*, World Development Indicators, Tabelle)

Till, Gerhard, Die Entwicklung des Alimentationsprinzips, München 1979 (zit.: *Till*, die Entwicklung des Alimentationsprinzips, S.)

Transparency International, Corruption Perceptions Index 2019, Berlin 2020, https://www.transparency.org/cpi2019 (Stand: 8.8.2020) (zit.: *Transparency International*, Corruption Perceptions Index 2019)

Turner, John A./Xu, Jing/Boado-Penas, María del Carmen, A Financial Assessment of the Chinese Pay-As-You-Go Pension System, Publikation für das PBSS/IACA Colloquium Cancun 2017, http://www.actuaries.org/cancun2017/Papers/33.%20Turner,%20Xu,%20Boado_Paper.pdf (Stand: 8.8.2020) (zit.: *Turner/Xu/Boado-Penas*, A Financial Assessment of the Chinese Pay-As-You-Go Pension System, S.)

Turowski, Jan, Sozialdemokratische Reformdiskurse, Wiesbaden 2010 (zit.: *Turoswki*, Sozialdemokratische Reformdiskurse, S.)

United Nations Research Institute for Social Development (UNRISD), Combating Poverty and Inequality – Structural Change, Social Policy and Politics, Genf 2010 (zit.: *UNRISD*, Combating Poverty and Inequality, S.)

United Nations, World Population Ageing 2019, New York 2019 (zit.: *United Nations*, World Population Ageing 2019, S.)

United Nations, World Population Prospects 2019, Data Query, interaktive Online-Datenbank, New York City 2019, https://population.un.org/wpp/DataQuery/ (Stand: 8.8.2020) (zit.: *United Nations*, World Population Prospects 2019, Data Query, Kategorie)

Vanek, Joann/Chen, Martha Alter/Carré, Françoise/Heintz, James/Hussmanns, Ralf, Statistics on the Informal Economy: Definitions, Regional Estimates & Challenges, WIEGO Working Paper (Statistics) No. 2, April 2014 (zit.: *Vanek et al.*, WIEGO Working Paper No. 2, S.)

Vogelsang, Kai, Geschichte Chinas, 3. Aufl., Stuttgart 2013 (zit.: *Vogelsang*, Geschichte Chinas, S.)

Voigt, Rüdiger, Rechtssysteme im Zeitalter der Globalisierung, in: *Mayer, Tilman/Meyer, Robert/Miliopoulos, Lazarus/Ohly, H. Peter/Weede, Erich* (Hrsg.), Globalisierung im Fokus von Politik, Wirtschaft, Gesellschaft – Eine Bestandsaufnahme, Wiesbaden 2011, S. 123–132 (zit.: *Voigt*, in: Mayer et al., Globalisierung im Fokus von Politik, Wirtschaft, Gesellschaft, S.)

Wagner, Balera/Mussi, Christiane Miziara, Direito Previdenciário, 11. Aufl., São Paulo 2015 (zit.: *Wagner/Mussi*, Direito Previdenciário, S.)

Waltermann, Raimund, Niedriglohnsektor und Mindestlohn – Nachhaltigkeit im Arbeitsrecht und Sozialrecht, in: Neue Zeitschrift für Sozialrecht (NZS) 2017, S. 247–252 (zit.: *Waltermann*, NZS 2017, S.)

Waltermann, Raimund, Sozialrecht, 13. Aufl., Heidelberg 2018 (zit.: *Waltermann*, Sozialrecht, Rn.)

Wang, James C. F., Contemporary Chinese Politics – An Introduction, 7. Aufl., Upper Saddle River 2002 (zit.: *Wang*, Contemporary Chinese Politics, S.)

Wasem, Jürgen, Kapitaldeckungsverfahren für die GRV?, in: Sozialer Fortschritt (SozFort) 1984, S. 215–217 (zit.: *Wasem*, SozFort 1984, S.)

West, Loraine E., Demographic underpinnings of China's old-age pension reform, in: *Yin, Jason Z./Lin, Shuanglin/Gates, David F.* (Hrsg.), Social security reform: Options for China, Singapore 2000, S. 117–131 (zit.: *West*, in: Yin/Lin/Gates, Social security reform: Options for China, S.)

Whitefort, Peter, From enterprise protection to social protection, in: Global Social Policy (GSP) 2003, S. 45–77 (zit.: *Whitefort*, GSP 2003, S.)

Whitehouse, Edward, Pension indicators, Reliable statistics to improve pension policymaking, Washington D.C. 2012 (zit.: *Whitehouse*, Pension indicators, S.)

Whitehouse, Edward, Pensions for Public-Sector Employees: Lessons from OECD Countries' Experience, Social Protection and Labor Discussion Paper No. 1612, Washington D.C. 2016 (zit.: *Whitehouse*, Pensions for Public-Sector Employees, S.)

Woyke, Wichard/Varwick, Johannes (Hrsg.), Handwörterbuch Internationale Politik, Opladen und Toronto 2015 (zit.: *Verfasser*, in: Woyke/Varwick (Hrsg.), Handwörterbuch Internationale Politik, S.)

Wunder, Bernd, Geschichte der Bürokratie in Deutschland, Frankfurt a.M. 1986 (zit.: *Wunder*, Geschichte der Bürokratie in Deutschland, S.)

Xie, Libin, Chinesisches und deutsches Wirtschaftsverfassungsrecht, Köln 2007 (zit.: *Xie*, Chinesisches und deutsches Wirtschaftsverfassungsrecht, S.)

Yan, Heng, Bericht aus Shanghai – Staatliche Rentenversicherung soll die Bevölkerung beruhigen, in: Versicherungswirtschaft (VW) 2011, S. 945 (zit.: *Yan*, VW 2011, S.)

Yu, Jeanette, Chinese Social Insurance Policies, in: EuroBiz, Journal of the European Union Chamber of Commerce in China, 10.12.2019, https://www.eurobiz.com.cn/chinese-social-insurance-policies/#_ftn4 (Stand: 8.8.2020) (zit.: *Yu*, EuroBiz 10.12.2019)

Zacher, Hans F., „Einleitung" und „Vorfragen und Methoden der Sozialrechtsvergleichung", in: *ders.* (Hrsg.), Methodische Probleme des Sozialrechtsvergleichs, Berlin 1977, S. 7–19 und 21–74 (zit.: *Zacher*, in: ders., Methodische Probleme des Sozialrechtsvergleichs, S.)

Zacher, Hans F., Einleitung und Ziele der Alterssicherung und Formen ihrer Verwirklichung, in: *ders.* (Hrsg.), Bedingungen für die Entstehung und Entwicklung von Sozialversicherung, Berlin 1979, S. 7–113 (zit.: *Zacher*, in: ders., Bedingungen für die Entstehung und Entwicklung von Sozialversicherung, S.)

Zacher, Hans F., Globale Sozialpolitik, in: *Herdegen, Matthias/Klein, Hans Hugo/Papier, Hans-Jürgen/Scholz, Rupert* (Hrsg.), Staatsrecht und Politik, Festschrift für Roman Herzog zu 75. Geburtstag, München 2009, S. 537–558 (zit.: *Zacher*, in: FS Herzog, S.)

Zacher, Hans F./Mager, Cornelius, Bundesrepublik Deutschland, Landesbericht, in: *Zacher, Hans F.* (Hrsg.), Alterssicherung im Rechtsvergleich, S. 151–191 (zit.: *Zacher/Mager,* in: Zacher, Alterssicherung im Rechtsvergleich, S.)

Zhang, Jinfan, The tradition and modern transition of Chinese law, Heidelberg 2014 (*Zhang,* The tradition and modern transition of Chinese law, S.)

Zhang, Junyong, Issues on China's Pension System: Dilemma and Solutions, in: УПРАВЛЕНЧЕСКОЕ КОНСУЛЬТИРОВАНИЕ 11/2016, S. 100–110, https://cyberleninka.ru/article/n/issues-on-china-s-pension-system-dilemma-and-solutions (Stand: 8.8.2020) (zit.: *Zhang,* in: УПРАВЛЕНЧЕСКОЕ КОНСУЛЬТИРОВАНИЕ 11/2016, S.)

Zhao, Yaohui/Wen, James G., Chinese rural social security and land holding, in: *Yin, Jason Z./Lin, Shuanglin/Gates, David F.* (Hrsg.), Social security reform: Options for China, Singapore 2000, S. 278–295 (zit.: *Zhao/Wen,* in: Yin/Lin/Gates, Social security reform: Options for China, S.)

Zheng, Bingwen, China: An innovative hybrid pension design proposal, in: *Holzmann, Robert/Palmer, Edward/Robalino, David* (Hrsg.), Nonfinancial defined contribution pension schemes in a changing pension world, Vol. 1, Washington D.C. 2012, S. 189–209 (zit.: *Zheng,* in: Holzmann/Palmer/Robalino, Nonfinancial defined contribution pension schemes in a changing pension world, S.)

Zheng, Chunrong, Die Arbeitsbeziehungen in China nach dem „Arbeitsvertragsgesetz", in: *Egner, Björn/Haus, Michael/Terizakis, Georgios* (Hrsg.), Regieren, Festschrift für Hubert Heinelt, Wiesbaden 2012, S. 549–563 (zit.: *Zheng,* in: FS Heinelt, S.)

Zhu, Sanzhu, Modern Chinese law and institutions sixty years on, in: *ders.* (Hrsg.), Law and institutions of modern China, Vol. I, Legal development of the people's republic of China, S. 1–34 (zit.: *Zhu,* in: ders., Law and institutions of modern China, S.)

Zou, Jing, Ein Rechtsvergleich der agrarsozialen Sicherung zwischen der VR China und Deutschland, Hamburg 2011 (zit.: *Zou,* Ein Rechtsvergleich der agrarsozialen Sicherung zwischen der VR China und Deutschland, S.)

Zuo, Jing, Das neue Sozialversicherungsgesetz der VR China, in: Zeitschrift für ausländisches und internationales Arbeits- und Sozialrecht (ZIAS) 2010/2011, S. 322–351 (zit.: *Zuo,* ZIAS 2010/2011, S.)

Zweigert, Konrad/Kötz, Hein, Einführung in die Rechtsvergleichung auf dem Gebiete des Privatrechts, 3. Aufl., Tübingen 1996 (zit.: *Zweigert/Kötz,* Einführung in die Rechtsvergleichung, S.)

Zeitungsartikel

Abdi-Herrle, Sasan, Merkel will Rente als Wahlkampfthema verhindern, in: Zeit Online vom 18.4.2016, http://www.zeit.de/politik/deutschland/2016-04/altersvorsorge-ang ela-merkel-bundestagswahlkampf-rente-spd-andrea-nahles (Stand: 8.8.2020) (zit.: *Abdi-Herrle*, in: Zeit Online vom 18.4.2016)

Beijing Rundschau, Die 13 Höhepunkte des 13. Fünfjahresplans, zusammengestellt vom Chongyang Institute for Financial Studies der Renmin University of China, 10.11.2015, http://www.bjrundschau.com/China/201511/t20151110_800042264_1.html (Stand: 8.8.2020) (zit.: Beijing Rundschau vom 10.11.2015, Gliederungspunkt)

Bloomberg News, China's pension gap is growing as aging becomes economic risk, 26.6.2017, https://www.bloomberg.com/news/articles/2017-06-26/china-s-pension-gap-is-growing-and-nobody-wants-to-talk-about-it (Stand: 8.8.2020) (zit.: Bloomberg News vom 26.6.2017)

Branigan, Tania, China reforms hukou system to improve migrant workers' rights, The Guardian vom 31.7.2014, http://www.theguardian.com/world/2014/jul/31/china-reform-hukou-migrant-workers (Stand: 8.8.2020) (zit.: *Branigan*, in: The Guardian vom 31.7.2014)

Brühwiller, Tjerk, „Zweites Ende der Sklaverei" in Brasilien, in: *Neue Zürcher Zeitung* vom 29.3.2013, http://www.nzz.ch/zweites-ende-der-sklaverei-in-brasilien-1.18055547 (Stand: 8.8.2020) (zit.: *Brühwiller*, in: Neue Zürcher Zeitung vom 29.3.2013)

Deutsche Welle, Previdência registra maior déficit desde 1995, 26.1.2017, http://ww w.dw.com/pt-br/previdência-registra-maior-déficit-desde-1995/a-37294248 (Stand: 8.8.2020) (zit.: Deutsche Welle vom 26.1.2017)

Gehrmann, Wolfgang, Roboter als Rentenretter?, in: Zeit Online vom 5.4.1985, https:/ /www.zeit.de/1985/15/roboter-als-renten-retter/komplettansicht (Stand: 8.8.2020) (zit.: *Gehrmann*, in: Zeit Online vom 5.4.1985)

Hairong, Wang, Hukou-System wird reformiert, in: Beijing Rundschau vom 18.8.2014, http://german.beijingreview.com.cn/german2010/Focus/2014-08/18/con ent_635643_2.htm (Stand: 8.8.2020) (zit.: *Wang*, in: Beijing Rundschau vom 18.8.2014)

Heilmann, Sebastian, „Sozialismus chinesischer Prägung", in: Frankfurter Allge-meine Zeitung (FAZ) vom 13.6.2008, http://www.faz.net/aktuell/politik/c hina-spezial/politisches-system/staatsideologie-sozialismus-chinesischer-prae-ung-1546098.html?printPagedArticle=true#pageIndex_2 (Stand: 8.8.2020) (zit.: *Heilmann*, in: FAZ vom 13.6.2008)

Hong'e, Mo, Retirement age may be raised beyond 60: official, China News Service vom 13.3.2018, http://www.ecns.cn/cns-wire/2018/03-13/295606.shtml (Stand: 8.8.2020) (zit.: *Hong'e*, China News Service vom 13.3.2018)

Insurance Journal, China's 'Biggest Fiscal Risk is Pension Risk' from Aging Population, 6.2.2018, https://www.insurancejournal.com/news/international/2018/02/06/479684.htm (Stand: 8.8.2020) (zit.: Insurance Journal vom 6.2.2018)

Maron, Monika, Der Einbruch des Halbseidenen in die Politik, in: Frankfurter Allgemeine Zeitung (FAZ) vom 9.1.2012, http://www.faz.net/aktuell/feuilleton/wulff-debatte-der-einbruch-des-halbseidenen-in-die-politik-11597750.html (Stand: 8.8.2020) (zit.: *Maron*, in: FAZ vom 9.1.2012)

Martello, Alexandro, Rombo da Previdência sobe para R$ 268,8 bilhões em 2017, novo recorde, in: O Globo vom 22.1.2018, https://g1.globo.com/economia/noticia/deficit-da-previdencia-social-do-setor-privado-e-da-uniao-sobe-para-r-2687-bilhoes-em-2018.ghtml (Stand: 8.8.2020) (zit.: *Martello*, in: O Globo vom 22.1.2018)

Mascarenhas, Gabriel, Supremo barra aumento de benefício para aposentado que trabalha, in: Folha de São Paulo vom 26.10.2016, http://www1.folha.uol.com.br/mercado/2016/10/1826544-maioria-do-stf-decide-que-desaposentacao-e-ilegal.shtml (Stand: 8.8.2020) (zit.: *Mascarenhas*, in: Folha des São Paulo vom 26.10.2016)

Reiche, Lutz, China fehlen künftig Billionen in der Rentenkasse, in: manager magazin vom 10.3.2015, http://www.manager-magazin.de/politik/artikel/china-fehlen-kuenftig-billionen-in-der-rentenkasse-a-1022676.html (Stand: 8.8.2020) (zit.: *Reiche*, in: manager magazin vom 10.3.2015)

Rürup, Bert, „Mackenroths Theorem": Ein Zombie der Rentenpolitik, in: Handelsblatt Research Institute vom 5.8.2016, https://research.handelsblatt.com/assets/uploads/AnalyseMackenrothTheorem.pdf (Stand: 8.8.2020) (zit.: *Rürup*, in: Handelsblatt Research Institute vom 5.8.2016)

Rürup, Bert, Abgabenbescheide für Roboter, in: Handelsblatt vom 2.5.2017 (zit.: *Rürup*, in: Handelsblatt vom 2.5.2017)

Schießl, Michaela, Deutsche sollen länger arbeiten, in: Spiegel Online vom 9.5.2016, http://www.spiegel.de/wirtschaft/soziales/iwf-fordert-von-deutschland-rentenreform-a-1091442.html (Stand: 8.8.2020) (zit.: *Schießl*, in: Spiegel Online vom 9.5.2016)

Spiegel Online, Anti-Korruptionskampf – China brüstet sich mit Erfolgen, 10.1.2017, https://www.spiegel.de/politik/ausland/china-praesident-xi-jinping-zieht-bilanz-zu-kampf-gegen-korruption-a-1129312.html (Stand: 8.8.2020) (zit.: Spiegel Online vom 10.1.2017)

Spring, Jake/Paraguassu, Lisandra, S&P cuts Brazil debt rating as pension reform doubts grow, in: Reuters vom 12.1.2018, https://www.reuters.com/article/us-brazil-sovereign-downgrade/sp-cuts-brazil-debt-rating-as-pension-reform-doubts-grow-idUSKBN1F101Q (Stand: 8.8.2020) (zit.: *Spring/Paraguassu*, in: Reuters vom 12.1.2018)

Stürzenhofecker, Michael, China beendet Ein-Kind-Politik, in: Zeit Online vom 29.10.2015, http://www.zeit.de/gesellschaft/zeitgeschehen/2015-10/china-ein-kind-politik-abschaffung (Stand: 8.8.2020) (zit.: *Stürzenhofecker*, in: Zeit Online vom 29.10.2015)

Wei, Xu/Xiaodong, Wang/Jinran, Zheng, Capital opens door to hukou applicants, in: China Daily vom 11.12.2015, ebenfalls veröffentlicht auf der Internetseite des chinesischen Staatsrates, http://english.gov.cn/news/top_news/2015/12/11/content_281475252115146.htm (Stand: 8.8.2020) (zit.: *Wei et al.*, in: China Daily vom 11.12.2015)

Xiaomeng, Guan, Increase in retirement age to cover pension gap, in: China Daily vom 11.3.2015, http://www.chinadaily.com.cn/china/2015twosession/2015-03/11/content_19783859.htm (Stand: 8.8.2020) (zit.: *Xiaomeng,* in: China Daily vom 11.3.2015)

Yanfei, Wang, Procedures in works for hukou reform, in: China Daily vom 18.4.2015, ebenfalls veröffentlicht auf der Internetseite des chinesischen Staatsrates, http://english.gov.cn/state_council/ministries/2016/04/18/content_281475330110700.htm (Stand: 8.8.2020) (zit.: *Yanfei,* in: China Daily vom 18.4.2016)

Zhou, Su, China plans to raise age of retirement, in: China Daily vom 1.3.2016, https://www.chinadaily.com.cn/china/2016-03/01/content_23692220_2.htm (Stand: 8.8.2020) (zit.: *Zhou,* in: China Daily vom 1.3.2016)